历史教师专业发展丛书

丛书主编：何成刚

史学阅读与微课设计

中国古代史（上）

何成刚　郑继明　闫　璟　邢新宝◎主编

北京师范大学出版集团
BEIJING NORMAL UNIVERSITY PUBLISHING GROUP
北京师范大学出版社

图书在版编目(CIP) 数据

中国古代史.上／何成刚等主编. —北京：北京师范大学出版社，
2017.7（2021.1 重印）
（历史教师专业发展丛书. 第2辑：史学阅读与微课设计）
ISBN 978-7-303-19761-3

Ⅰ . ①中…　Ⅱ . ①何…　Ⅲ . ①中国史课—教学设计—中学
Ⅳ . ①G633.512

中国版本图书馆CIP数据核字（2015）第281088号

ZHONGGUO GUDAISHI（SHANG）

出版发行：北京师范大学出版社 www.bnupg.com
　　　　　北京市西城区新街口外大街12-3号
　　　　　邮政编码：100088
印　　刷：北京京师印务有限公司
经　　销：全国新华书店
开　　本：787mm×1092mm　1/16
印　　张：38
字　　数：630千字
版　　次：2017 年 7 月第 1 版
印　　次：2021 年 1 月第 3 次印刷
定　　价：97.00元

策划编辑：唐正才　　　　责任编辑：唐正才　徐　杰
美术编辑：王　蕊 纪　潇　装帧设计：楠竹文化
责任校对：陈　民　　　　责任印制：李汝星

前　言

　　随着基础教育改革的不断发展，中学历史教学改革的深入推进，以及对历史教学专业性与学术性要求的不断提高，历史教师的史学素养就显得更为关键。从整体上看，广大中学历史教师的史学素养现状不容乐观。北京市历史特级教师、中国人民大学附属中学李晓风老师对此深有感触："许多年来，我接触和指导了许多青年教师，我发现，大部分青年教师成长过程中的最大问题，就是在大学毕业以后，就中断了系统的专业学习和知识更新，随着教学年头的增长，知识日益陈旧，知识面日益狭窄，只剩下与中学教材相关的知识。这种情况严重地制约了中学历史教学的水平，制约了素质教育目标的落实。"体现在历史教学实践中，以历史教科书为本的"教教材"现象还比较普遍，知识传授型的浅表层教学还大行其道，教科书中的观点被顶礼膜拜，等等。这些问题的存在，大多与历史教师的史学素养不高有关。换句话说，历史教学的三维目标能否有效实现，学生的史学素养能否得到发展提高，在根本上取决于历史教师史学素养的高低。

　　提高历史教师的史学素养，最重要的途径，就是要重视和加强史学阅读，努力做到密切关注史学的最新发展，广泛汲取史学研究成果，及时了解史学界关于相关历史教学内容的新观点、新论述、新材料，基于历史课程标准、历史教科书和学生的实际情况，将史学研究成果、优质史学资源与历史教学进行深度融合。这一点，实事求是地说，恰恰是目前中学历史课堂教学和历史教师专业发展过程中最欠缺的。虽然广大历史教师对先进的教育教学理念较为熟悉，但是，如果没有高质量的史学研究成果和有价值的史学资源作支撑，先进的教育教学理念只会给历史教学带来"花拳绣腿"，并可能将历史教学引向形式主义的歧途。其实，这已被大量的课堂实践所证实。

　　为此，我们依据教育部颁布的历史课程标准，依照北京师范大学出版社修订后的历史教科书，遴选历史教学核心内容，组织北京市，江苏省昆山市、苏州市，广东省东莞市、深圳市，安徽省淮北市、阜阳市、怀远县，陕西省西安市，河北省石家庄市，福建省福州市等地的历史教学专家、优秀教研员和优秀教师，通过分工合作的方式，开展了为期一年多大量有深度的史学阅读。据不完全统计，我们共阅读了700多本著作、2000多篇论文。在此基础上，精选史学研究成果，编撰成"学术引领"，旨在帮助历史教师了解学术研究前沿，提高对教学内容的认知水平，增强驾驭教科书的能力，切实推动历史教学由"教教材"向"用教材教"的根本转变。同时，我们围绕历史教学核心内容，从不同视角进行了基于史料（材料）教学的微课设计，重视将历史研究的思想方法融入历史教学之中，以培养学生的历史思维能力，并希望能为广大历史教师的日常备课和教学提供专业支持。我们还搜集整理了大量有价值的史学资源，特别是史料资源，供历史教师日常教学选用，进而增强历史教师的课程资源意识，树立开放多元的内容观，不断拓展历史教学的视野。

总之，深化历史教学改革，必须重视和加强历史教师的史学阅读，必须坚持史学研究成果与历史教学的深度融合。这是我们从事此项研究的深刻体会，也是我们始终坚持的基本理念。在长期的教学实践中，我们亦以此为指导，并取得了显著成效。在此基础上，承蒙北京师范大学出版社的大力支持，我们编著了这套丛书，以与全国同仁交流，更希望大家不吝指教。

教育部基础教育课程教材发展中心

何成刚

目录

北京人、考古、化石

自古以来，"人类起源"就是一个神秘的话题。从人类进入文明时代开始，东西方的学者们都力图从理性出发来合理地说明人类的起源与发展的问题。19世纪以后，随着近代科学体系的确立与完善，人类对于自身起源与发展的认识才渐趋明朗。

一百多年来，"人是由古猿进化而来"这一观点已在科学界逐渐得到了认同。科学家们通过研究发现，在人类漫长的进化过程中，直立人阶段是人类由猿进化到现代人的过渡阶段。北京人化石则是中国境内最早发现的直立人化石。北京人遗址中发现的化石和各类文化遗存，在世界直立人类遗址中是最集中和最典型的。科学家们通过对遗址中的化石和各类文化遗存进行深入研究，全面阐述了北京人的形体特征、智力水平、生存能力等方面的情况。北京人遗址的发现和相关考古研究，为合理解析人类的进化演变提供了充分的科学依据。

一、北京人的发现与研究

（一）"北京人"的发现和发掘

关莹在《周口店发现与发掘大事记》（载《化石》，2011年第4期）一文中指出，北京人的发现与发掘历程主要包括了以下三个阶段：

第一，北京人的发现及其遗址的第一次系统发掘。1921年，瑞典人安特生（J. G. Andersson）带领着美国人格兰阶（Walter Granger）和奥地利人师丹斯基（Otto Zdansky）来到周口店。他们在周口店龙骨山北坡发现了后来被称为"北京猿人遗址"的周口店第一地点。1921年和1923年，师丹斯基在发掘中先后发现了2枚已磨损的古人类牙齿。1927年，丁文江、李捷及瑞典人步林（B. Bohlin）负责发掘工作，开始正式对北京猿人遗址进行系统发掘。他们发现了1枚保存完好的人类牙齿化石。1928年，杨钟健、步林主持发掘，发现了多件人类化石。

第二，抗战前的突破性发掘。1929年，裴文中在主持发掘工作时，发掘出第一个完整的北京人头盖骨化石。1930年，考古工作者在北京猿人遗址发现了一些石制品和经火烧的碎骨和鹿角，还修理出一具中国猿人头盖骨。1931年，考古人员发现了一层富含石英制品和化石的层位，以及含有火堆遗迹的人类生活面，此外还有大量的烧骨、烧石、烧过的朴树籽和紫荆木炭。1934年，考古人员还发现了大量石制品、丰富的用火遗迹、很多哺乳动物化石和多件中国猿人化石，包括头骨残片、下颌骨和牙齿。1935年，卞美年、贾兰坡和德国人魏敦瑞（Weidenreich Franz）主持发掘工作，发现了丰富的石制品和人工用火遗迹。1936年，贾兰坡主持发掘工作，他先后发现了3具保存比较完好的"北京人"头盖骨。1937年4月下旬至6月，考古人员还发现一些头盖骨碎片、5枚牙齿、1段残股骨、中国猿人上颌骨和一些石制品，还有1件中国猿人眉脊骨，经拼对属于1936年发现的第二具头盖骨。1941年，珍珠港事件爆发，1927—1937年发掘出土的全部中国猿人化石在战争中丢失。

第三，新中国成立前后对北京人遗址的发掘。1949年9月27日，新中国恢复对北京人遗址的发掘工作。1949—1959年，考古工作者共发现了北京人3枚牙齿、1具完整的中国猿人下颌骨、一些石制品、用火遗迹、哺乳动物化石。1966年，裴文中主持发掘工作，发现了中国猿人2块头骨和1枚牙齿，2块头骨与1934年发现的2块拼合成一件完整的头盖骨，称为5号头盖骨。1966—1979年，考古工作者还发现了大量的用火遗迹、石制品和哺乳动物化石。2009年至今，高星主持考古工作，对北京猿人遗址的西剖面进行保护性发掘，再次发现了灰烬、火塘，为"北京人"用火增添了新的证据和材料。

关于"北京人"这一古人类的命名，徐钦琦在《周口店北京人遗址的发现与意义》（载《科学中国人》，1995年第4期）一文中指出，1927年，时任协和医学院解剖系教授的加拿大人步达生（Davison Black）根据对最初的3枚古人类牙齿的研究，正式给这一古人类取了一个拉丁文名字，中文译为"中国猿人北京种"（Sinanthropus Pekinensis），又被称为"中国猿人"或"北京猿人"。当时，北京大学地质系主任、美国地质学家葛利普（Amadeus William Grabau）把这一古人类简称为"北京人"（Peking Men），这个称呼一直沿用到今天。

林圣龙、吴新智在《远古人类的家园：周口店北京猿人遗址》（14～15页，北京：中国大百科全书出版社，1998）一书中指出，中国猿人的化石和学名问世以后，世界上又发现了越来越多的各种古人类的化石，研究也越来越深入。对中国猿人在生物界中的分类位置也有了各种不同的看法，学名也随着有了变化。到20世纪60年代，科学界基本上同意采用Homo erectus作为周口店这种古人类的学名，中文译为"人属直立种或直立人"。为了与世界上其他地区发现的直立人有所区别，科学界又将这一古人类的学名全称命名为"北京直立人"。

（二）北京人的形体特征

贾兰坡在《周口店遗址》（载《文物（月刊）》，1978年第11期）一文中指出，北京人遗址中前后总共发现了6具完整或比较完整的头盖骨、8块头盖骨残片、6块面骨、15件下颌骨、153颗牙齿、7段残破的大腿骨、1段残胫骨、3段上臂骨、1件锁骨和1件腕骨。全部材料代表着40多个男女老幼的个体。材料虽残破和不足，但许多部位遗骨的重复出现，是相同时期其他化石所不能比拟的。

学者们结合考古发现的北京人化石，从头部结构、脑容量、肢骨、行走姿势等方面做了全面研究。

1. 头部结构和脑容量测量

安家媛在《北京人的发现：中国重要古人类遗址》（49～53页，天津：天津古籍出版社，2008）一书中指出，北京人的头部构造保留着较多的猿类特征，却较少有现代人的特征。文中主要从以下五个方面做了详细的比较分析。

第一，颅骨和颅脑内膜。北京人的颅骨低矮，颅骨最宽位置是靠近颅基部的耳孔上方，再向上颅骨的宽度便逐渐减少，脑颅较扁。而现代人头骨的最宽处是靠近头顶附近，脑颅呈球形。北京人颅骨的骨壁很厚，据科学测量，其头骨厚度约是现代人头骨厚度的1倍。厚骨壁是人类进化中比较原始的一种特征，也是人类初始阶段人体对恶劣自然条件的一种适应与反映。北京人的脑颅内膜，其前额叶很小，前方向下弯曲明显，脑膜中动脉分枝形状，前枝小而后枝大，这些构造与猿类很类似，与现代人刚好相反。

第二，额骨。北京人的额骨低平，较现代人向后倾斜，但与猿类比较则明显的隆起。左右眼眶上各有一条粗壮的眉脊，两边的眉脊连在一起，形成一条一字形的横脊，向前方突出。沿着额骨的鳞部有一条矢状脊，向后延长到两块顶骨之间的头顶正中线上。

第三，头骨枕部。北京人的枕部有发达的枕骨圆枕，在所发现的6个头骨上有4个含有印加骨的特征。印加骨是顶骨与枕骨之间的一块小三角形骨，这种骨头一般在现代人中很少见，却常见于美洲古印第安人的印加帝国的头骨中，故称这块骨为印加骨。

第四，下颌骨。北京人下颌骨相当粗壮，前部明显向后倾斜，齿槽前缘非常突出，下颌联合底缘后缩，没有下巴颏，但多颏孔。男性与女性的下颌骨厚度相差不大，但高度相差很大。多颏孔和下颌骨在性别上存在较大的差异这两个特点，是原始性状的一种表现。因为在现代人中无论是头骨还是下颌骨，两性之间的差异都比较小，而猿类头骨的性别差异则很大。

第五，牙齿。北京人的牙齿比现代人粗大，门齿呈铲状，两侧边缘在齿冠基部交会，形成明显的底结节。臼齿的最大特点是咬合面上的纹路较现代人复杂，齿尖保存得也比现代人完全。齿冠基部与齿根相接处的釉质增厚，形成一圈齿带或齿扣，像腰带一样环绕在齿冠与齿根之间，而现代人的牙齿是没有齿带的。北京人的牙齿髓腔比现代人粗大，第二下臼齿的咬合面积大于第一臼齿，这些特点与猿类相似，而与现代人不同。

邱中郎、顾玉珉、张银运、张森水在《周口店新发现的北京猿人化石及文化遗物》（载《古脊椎动物与古人类》，1973年第2期）一文中，对考古发现的6个北京人头骨化石的脑容量作了测量，见下表。

猿人颅骨测量值的比较表

类 型	蓝田猿人	爪哇猿人				北京猿人					
头骨号	1	1	2	4	5	2	3	10	11	12	5
颅长（g-op）	189	183	176.5	199	184	194？	188	199	192	195.5	213.0
颅宽（au-ou）	149	130	135	156	139		141	147	143	151	148.5
颅高	87	92	89	90	102	100	95	105	93.5	100	99.5
额角		47.5°	55°				62°	63°	61°	56°	53°
枕角		108°	103°	91°	115°		106°	104°？	105°	98°	101°？
脑容量	780	900	775	900	975	1030	915	1225	1015	1030	1140

表中蓝田猿人数值引自吴汝康（1966）；北京猿人2，3，10，11，12数值和爪哇猿人额角数值引自魏敦瑞（1943），爪哇猿人其余数值引自Teuku Jacob（1966）。长度单位为毫米，容量单位为毫升。

安家媛在《北京人的发现：中国重要古人类遗址》（49～50页，天津：天津古籍出版社，2008）一书中指出，3号头骨属于八九岁的少年个体，其余5个成年头骨的脑容量平均数为1088毫升。现代人的平均脑容量为1400毫升，而类人猿的平均脑容量为800毫升。遗址中，5号头骨发现于堆积物的第3层，年代距今约23万年，其余的头骨都出自洞穴堆积的第8～10层，年代大约超过40万年。5号头骨时代最晚，而脑容量却比较大，仅小于10号头骨的脑容量，但比其他4个头骨的脑容量都大，这意味着北京人的脑容量随着时间的发展在慢慢地变大。

2. 肢骨和行走姿态

贾兰坡在《周口店遗址》（载《文物（月刊）》，1978年第11期）一文中指出，北京人的肢骨同现代人基本相似，但有若干原始性质。北京人大腿骨的中部左右直径大于前后径，骨壁较厚，髓腔较小，这些特征与现代人恰好相反。北京人的上臂骨也具有现代人的形状，所不同的也是骨壁较厚，髓腔较小。这些遗骨可以证明北京人使用上臂和手的灵活程度与现代人相差不远，已能用两手自由劳动。下肢保留的原始性质虽多于上肢，但已能直立行走，甚至还善跳。

林圣龙、吴新智在《远古人类的家园：周口店北京猿人遗址》（27页，北京：中国大百科全书出版社，1998）一书中指出，北京人大腿骨的后面与现代人一样也有一条很粗的自上向下的骨脊，解剖学上叫作股骨脊。人类大腿骨的前面和左右两侧包着一块很大的肌肉，叫作股四头肌。人类的股四头肌很发达，才有足够的力量把膝关节拉直。这样，人才能两腿伸直稳稳地站着。北京人也有股骨脊，表示他也有很发达的股四头肌，能两腿伸直站得很稳。

安家嫒在《北京人的发现：中国重要古人类遗址》（54～55页，天津：天津古籍出版社，2008）一书中认为，北京人直立行走的程度与现代人相比，还是有一定的区别。所发现的北京人的股骨，形状粗壮，弯曲度较小，向前弯曲，弯曲部位在股骨干的下部，与现代人相比，北京人的股骨有些短宽，股骨干的弯曲度大、位置低，说明北京人在直立行走方面还不如现代人挺直、自如。

乔玉成在《进化·退化：人类体质的演变及其成因分析》（载《体育科学》，2011年第6期）一文中指出，习惯性地直立行走是人类在进化史上迈出的关键一步，是区分人类与其他动物的重要标志。直立行走不仅可以减少能量消耗，解放双手，开阔视野，还引发了人类体质形态学上的巨大改变，是形成人类独特身体结构的重要机制。直立行走所引发的人类体质形态的改变可归纳为四个方面：第一，为适应人体的直立稳定性以及负重、行走、跳跃、奔跑等活动，人类的下肢逐步变长、增粗、重量增加，小腿骨变得粗壮，足大拇指变粗，足弓变高，臀部肌肉、下肢伸肌发达，跟腱延长。第二，为适应手的抓握和上肢活动的复杂性、多样性和灵活性，人类上肢的旋肌、屈肌、锁骨变得特别发达，大拇指变长，拇指和食指功能强化，肩关节活动度加大。第三，头面部的变化逐步适应于直立身体的平衡和智力的发展，面颅部逐渐缩小，脊柱的支撑功能逐步完善，脑的相对重量与绝对重量不断增加，脑皮质发达，大脑皮层沟回数量增多，顶额叶发达。这为语言、智力、思维的快速发展奠定了基础。第四，脊柱由颈椎向下逐渐变粗，躯干与脊柱逐步演变成更加适应于减轻震荡、保护内脏的装置，胸廓宽阔，胸腔横断面呈肾形，使重心后移，有利于保持平衡。

吴汝康在《对人类进化全过程的思索》（载《人类学学报》，1995年第4期）一文中指出，直立行走、制造工具、多的脑容量、语言、意识和社会等特征，长期被人们认为是人与动物之间本质区别的标志。而人类的这些重要特征不是同时起源的，这些重要特征的形成是一个漫长的过程，因为从猿到人必然有一个过渡时期。而这个过渡时期开始的标志是两足直立行走，完成的标志是开始制造工具、社会形成。意识和语言则是萌发于制造工具之前。两足直立行走的重要含义不仅在于这种行动的方式，而更在于这是人类其他重要特征产生的必要前提。如果不能两足直立行走，使双手从支持作用中解放出来，便不可能经常使用天然工具进而能制造工具，以从事社会性的生产实践活动；如果不能两足直立行走，脑子便不可能得到发展，语言器官也不能形成，意识和语言便不可能产生。

安家媛在《北京人的发现：中国重要古人类遗址》（55页，天津：天津古籍出版社，2008）一书中指出，根据化石材料，可以推断出北京人的形体特征和大致形象。北京人的头骨较原始，前额低平，眉脊粗壮，鼻子短宽，嘴巴阔大，没有下巴颏，头部保留一些与现代黄种人相似而与其他人种相差较大的特征，如脸面较扁，颧骨高突，上门牙内侧呈铲形。北京人的肢体与现代人差不多，但行走可能不如现代人挺直。北京人的个头比现代人要矮一些。人类学家利用大腿骨的长度与身高之间的函数关系，推算出北京人一女性身高为1.56米。总之，北京人在外形上介于猿与现代人之间。

关于"北京人头脑的发展为何落后于四肢发展"的问题，吴汝康在《中国猿人体质发展不平衡性及其对"劳动创造人类"理论的意义》（载《古脊椎动物与古人类》，1960年第1期）一文中指出，人类的起源与进化是一个不平衡的过程。人体是一个完整而严密的联系体。在进化过程中，身体各部分是同时进行而又相互影响的，但由于劳动在人类演化过程中起着十分重要的作用，且身体各部分器官在劳动中所负担的功能不同，它们的进化速度有快慢的差别。手是劳动的器官，上肢在劳动中起着最重要的作用，因而最早向现代人的方向演化。由于手的使用，使手脚发生了分化，下肢成为比较活动的部分，它起着支撑身体、走路和负重的作用，所以下肢进化也较快。而脑及头骨是因手的劳动、手脚分化而随之发展起来的，头骨最主要的功能是保护脑髓，它和劳动的联系远不如上、下肢那样直接和密切，因此头骨的演化相对较缓慢。

（三）北京人的生活环境和生活年代

1. 生活环境

张乐、汤卓炜在《有关北京猿人生存环境的探讨》（载《人类学学报》，2007年第1期）一文中指出，结合对遗址中各个文化层所含的植物孢粉、动物群化石和沉积物的综合分析得知，第11～10层偏干，草原面积较大；第9～8层温暖湿润，森林发育；第7层，以灌木草原为主的环境，具有冷暖、干湿交替的特点；第6层温暖湿润，环境为温带阔叶林夹草原；第5层温暖湿润，森林环境占优势；第4层干凉，森林减少草原面积增大；第3～1层，草原面积较大，但气候冷暖、干湿变化频繁。总之，北京人的生活环境呈现一个冷暖与干湿相互交替的特点。

李炎贤、计宏祥在《北京猿人生活时期自然环境及其变迁的探讨》（载《古脊椎动物与古人类》，1981年第4期）一文中指出，北京猿人遗址共发现了99个种类的哺乳动物化石。从动物的地理分布来分析，大致可归纳出动物种类的三个特点：①大部分是温带古北界的种类。古北界的种类中多数和今天华北地区的现生种类有联系，它们之间或者是同种，或者是不同的种，但形态上基本相似。②地理分布偏南的种类多于偏北的种类。③偏北的种类离周口店地区较近，而南方的成分中有远离华北地区的种类。由此，可以推测当时周口店一带的气候为温带气候，和今日华北地区接近，但偏暖的程度比偏冷的程度更为鲜明。

李炎贤、计宏祥还指出，遗址发现的动物化石，依生活习性大致可分为下列几类：①适应生态环境幅度较大的种类；②习惯栖息于森林中的种类；③习惯栖息于草原或干燥地区的种类；④习惯栖息于丛林或疏林草原的种类；⑤习惯栖息或活动于河湖沼泽旁边的种类。这几种生活习性不同的动物，发现于同一层位之中，表示了周口店附近不是单一的自然景观，而是有山地、平原、河湖沼泽，远处有较为干旱的草地，甚至可能出现沙地。北京猿人生存时的地貌同现在相似，所不同的自然景观是高山上有茂密的森林，山地与平原过渡区是属于疏林草原的景观，平原上是草地，河湖沼泽星罗棋布。当然稍远的地方，可能有较为干燥的地区。

2. 生活年代

陈铁梅、周力平在《周口店北京猿人遗址的年代综述兼评该遗址的铝铍埋藏年龄》（载《人类学学报》，2009年第3期）一文中，汇总了20世纪以来科学家们借助多种科学技术所测定出的北京人生活年代的相关数据，见下表。根据表中数据分析，北京人是生活在距今约70万—23万年前的古人类。

周口店第一地点测年数据汇总表

层 位	厚度（m）	基于20世纪测量数据的老框架				基于20世纪测量数据的新框架	
		裂变径迹年龄（万年）	骨化石铀系年龄（万年）	古地磁年龄（万年）	牙化石ESR最大极限年龄（万年）	钙板铀系年龄（万年）	石英砂铝铍埋藏年龄（万年）
1	1.5		23±5（4）				
2上	1.7		23±5（4）			32±1（2）	
2下			23±5（4）			40±1（4）	
3	3.6		23±5（4）		35±3（4）		
4	6.9	30.6±5.6	30±4（1）		28±4（1）		
5	0.4				≥60（8）		
6	7.1				39±2（3）		
7	1.5			38	39±2（3）		77±8（6）
8—9	4.0				42±5（1）		77±8（6）
10	0.6	46.2±4.5			50±5（12）		77±8（6）
11	0.8				58±7（1）		
12	1.5						
13	4.8			晚于78			
14—15	7			早于78			

注：（1）老框架的数据中未列入热释光年龄。（2）有的情况下，测年样品采自相邻的多个层位并作为一个层位处理，如第1～3层的骨化石铀系年龄，第3～4层的ESR年龄和第7～10层的石英砂埋藏年龄等。（3）括号中的数字为测量的样品数。（4）第13层及更高层位的古地磁年龄均低于78万年。（5）ESR年龄系铀匀速加入模式年龄，可看作ESR年龄的最大极限值。

张宏彦在《中国史前考古学导论》（第2版，36页，北京：科学出版社，2011）一书中，还结合《中国史前考古学分期表》进行分析，得出北京人在史前考古分期中的阶段定位，北京人是属于旧石器时代早期的晚期直立人。

中国史前考古学分期表

第四纪划分		人类发展阶段划分	史前文化分期		距今时间（万年）
全新世	冰后期	现代人	历史时期		0.4～
			新石器时代	晚期	0.5～0.4
				中期	0.7～0.5
				早期	0.9～0.7
				初期	1.2～0.9

续 表

第四纪划分		人类发展阶段划分	史前文化分期		距今时间（万年）
更新世	晚期 后段	晚期智人	旧石器时代	晚期	5～1.2
	晚期 前段	早期智人		中期	20～5
	中期	晚期直立人		早期	100～20
	早期	早期直立人		初期	200～100

（四）北京人的生产生活状况

1. 使用天然火

安家媛在《北京人的发现：中国重要古人类遗址》（66页，天津：天津古籍出版社，2008）一书中指出，在世界直立人的遗址中，最被人肯定的、最丰富的用火遗迹当属北京人的用火遗迹。在北京人遗址中的13层文化堆积里，共发现了5层面积较大、堆积较厚的灰烬和其他用火的遗迹。灰烬层集中见于第10层底部、第8～9层、鸽子堂Ⅱ层、第4～5层和第3层。其中第4层的灰烬最厚，有的厚达6米。灰烬成堆分布，含有烧过的朴树籽、木炭、烧石、烧过的鹿角和各种动物骨骼。被烧后的朴树籽呈灰白色，烧石上有烧炙后的裂纹，烧骨呈黑褐色、黑蓝色等。灰烬成堆、成层分布的现象，表明北京人已具有管理火的能力，对火的使用能力具有相对的连续性。

美国学者诺埃尔·T.博阿兹（Noel T. Boaz）和拉塞尔·L.乔昆（Russell L. Ciochon）在《龙骨山：冰河时代的直立人传奇》（陈淳、陈虹、沈辛成译，105页，上海：上海辞书出版社，2011）一书中指出，经得起推敲的最佳用火证据是烧骨。遗址出土的部分烧骨呈蓝色、青绿色或灰蓝色。只有骨骼化石加热到600摄氏度，才会变成这种颜色（新鲜骨头不是变黑就是变灰）。同时，洞穴里还有火裂石的存在，虽然当时洞穴里有大量潜在的可燃的鸟粪和蝙蝠粪的堆积，但在有相当多积水的洞穴中，自然起火的可能性远没有直立人将火引入洞内的可能性大。这些证据都说明了古人类在龙骨山用过火。

贾兰坡、王建在《人类用火的历史和火在社会发展中的作用》（载《历史教学》，1956年第12期）一文中认为，遗址中的用火遗迹不是自然火燃烧形成的，是由人为用火所形成的。从洞穴中大量的灰烬遗存看，灰烬堆积非常厚实，显然不是少量薪柴燃烧而成的，而北京人生活的山洞中不会有大量薪柴天然产生，除非有人将薪柴源源不断搬入，燃烧相当长的时间才会有这样的遗迹。猿人洞穴堆积中的灰烬，有的地方很厚，有的地方很薄或间断。这种现象说明了北京人不但用火，而且已能够把火控制起来，使之不至蔓延，成为灾祸。

贾兰坡、王建还认为，根据考古学的探讨，人工取火不可能在猿人阶段就能谋得，人工取火也只有在人类的文化发展到相当水平时才有可能。因此，人类最初使用的火，绝非人工制造的，而是借助于自然得来的。人类在漫长的岁月中，由于劳动的结果，使他们由猿人转变为古人，由古人转变为新人，新人阶段是由旧石器时代晚期开始的。旧石器时代晚期，人类发明了绘图、雕刻、装饰品以及骨针和鱼权。鱼权和鱼骨的发现，说明此时的人类已把生活面扩展到水中。按照恩格斯（Friedrich Engels）的意见，人工取火是从有了鱼类（虾、贝壳及其他水栖动物都包括在内）食物开始的。根据在地层里发掘出来的材料来看，旧石器时代晚期，人类已分布到非常广阔的地面。假如此时人类还是依赖着保持火种而不发明人工取火的办法，那么，人类的分布是不会相当广泛的。因此，人类从旧石器时代晚期开始，才懂得人工取火。

武仙竹、李禹阶、刘武在《旧石器时代人类用火遗迹的发现与研究》（载《考古》，2010年第6期）一文中指出，火的使用在人类进化中所起的作用可归纳为四个方面。第一，从生活方式看，古人类能用火来取暖照明，驱赶猛兽，聚群而居，加工食物，以及制作和创造新的生活资料等，从而提高人类抵御自然的生存能力；第二，从行为模式看，控制性用火（长期保存火种和控制火源）能够培养早期人类的群居意识和进行群体间的思想交流；第三，从体质变化看，火的使用能增加人类可食用物质的种类，改变物质营养成分，使人类逐渐摆脱"茹毛饮血"的生活，促进体质上的进化；第四，从分布区域看，火的使用能促进人类从温暖、食物丰足的区域向生存环境相对较差的区域迁徙。

2. 制作并使用工具

恩格斯在《自然辩证法·劳动在从猿到人的转变中的作用》（见《马克思恩格斯选集（第4卷）》，第2版，378～379页，北京：人民出版社，1995）一文中指出，人类社会区别于猿群的特征是劳动，而劳动是从制造工具开始的。根据所发现的史前时期的人的遗物来判断，又根据最早历史时期的人群和现在最不开化的野蛮人的生活方式来判断，最古老的工具是打猎的工具和捕鱼的工具，前者同时也是武器。而打猎捕鱼的前提，是从只吃植物过渡到同时也吃肉，而这又是转化为人的重要的一步。

石制品是北京人留下来的最重要的文化遗物。沈辰、张晓凌在《北京猿人怎样制作和使用工具？》（载《化石》，2011年第4期）一文中指出，据科学统计，北京猿人的石制品（有工具，也有半成品、石坯、废品等）共有17131件。这个统计数字中还有大部分北京猿人制作石器时留下的半成品和废品没有计算在内，因此，实际的数字可能会远远大于两万件。石器的制作过程包括以下三个具体步骤：第一，选择原料。北京猿人石器的原料是就地取材，也就是说作为石器主要原料的脉石英均来自周口店附近的龙骨山或者其东北面的花岗岩区。遗址出土的一万多件石器中，能够鉴定出来的石器工具所使用的岩石原材料约有40余种。最常用的是石英，其次是水晶、砂岩和燧石等。第二，打制石坯。选择好石料之后，北京猿人就从石料上打下制作石器所需的石坯，或称石片。然后再通过砸击法、锤击法和碰砧法这三种打制方法，将石坯或石片加工修理成理想的工具类型，称为石器。通过这个过程，就将自然状态的岩石原料转化成代表旧石器时代石器技术的石制品。北京猿人的石器是以石片石器为主的，石器工具大量使用断片和小石片作为石坯是北京猿人文化的重要特点。第三，石器加工。通过使用鹿角类的工具，对石坯的刃缘作进一步加工和修理，是石器制作的最后一个阶段。石制品的边缘被修理成有使用功效的刃口，是考古学家在类型学上给予石器制品相应名称的根据，比如刮削器、尖刃器、雕刻器和石锥等。

张森水在《中国旧石器文化》（116～123页，天津：天津科学技术出版社，1987）一书中指出，北京人遗址中发现的石器主要有六大类：①刮削器（占总数的75.2%），是最常用的工具，体积比较小，长度一般为30～50毫米，重量很少超过20克，主要用来刮削物体，切割食物；②尖状器（占13.7%），绝大部分是用石片做的，体积相当小，长度为20～40毫米，多数的重量少于10克，少数尖状器长度超过60毫米。尖状器的修理精细，比任何其他工具都要好一些，用途目前还没有一致看法，或用来挖掘切割，或用来剔挖肌头筋脑；③砍砸器（占5.4%），粗大厚重，加工粗糙，用作砍伐工具，类似斧子；④雕刻器（占3.81%），体形较小，可能具有刮削器的功能；⑤石锥（占1.58%），是北京人石器发展的产物，是较具特色的工具，修理精致，用途目前尚不清楚；⑥球形器（只占0.27%），用作锤去砸击坚果。

北京人遗址中另一重要遗物是一些碎骨片，主要以鹿类骨骼为主。关于"北京人是否会制作骨器"这一问题，学术界主要存在两种不同意见。

第一，贾兰坡在《周口店遗址》（载《文物（月刊）》，1978年第11期）一文中认为，北京人会制作骨器。因为在北京人遗址中发现的破碎的骨片和鹿角上不仅有人工打击的痕迹，而且有加工的痕迹。除了有用肢骨制作的尖状器和刀状器外，还有截断了的鹿角根。粗壮坚实的鹿角根，可作锤子使用，截断了的鹿角尖，作挖掘工具很适手。

第二，裴文中在《关于中国猿人骨器问题的说明和意见》（载《考古学报》，1960年第2期）一文中则认为，在北京人遗址堆积中的碎骨，的确有人工打击的痕迹，但不是为了制作骨器，而是为"敲骨吸髓"打碎的，有的是被食肉类动物，特别是鬣狗咬碎的，并不是骨器。在一般考古常识中，如果要称为"器"，除打击的痕迹外，还要有使用的痕迹，或者第二步加工的痕迹。只有人工打裂的痕迹，不能称为"器"，只能叫骨片、碎骨。而许多碎骨没有人工使用或第二步加工的痕迹。

项隆元在《中国物质文明史》（第2版，6～7页，杭州：浙江大学出版社，2013）一书中指出，北京人遗址中发现的石制工具和用火遗迹表明，处于"从猿到人"中间环节的这一类原始人类，他们不仅懂得选取岩石、制作石器，用它作为工具或武器，而且已懂得使用火、支配火，掌握了保存火种的方法。工具制造与火的使用，既是人类与动物界最终揖别的重要标志，也是推动旧石器时代文化走向昌盛、并向新的文化时代发展的主要动力。

3. 生活状况

裴文中、张森水在《中国猿人石器研究》（6页，北京：科学出版社，1985）一书中指出，北京人栖息地"猿人洞"是一个巨大的石灰岩山洞，进入中更新世某一时期，洞内形成了比较平坦的地面。在水小的季节，地面变干，开始成为鬣狗和其他动物的栖居地，留下成层的鬣狗粪化石。后来，洞内出现较干燥地面后，北京人来到这里，驱逐走了野兽，成为这个洞穴长期的主人。

魏生生在《北京猿人的生活环境》（载《化石》，2007年第2期）一文中认为，北京人并不是一直长期持续地居住在"猿人洞"里。在猿人洞第6层的上部和下部，有相当厚的鬣狗粪化石层，第13层的鬣狗粪厚达40厘米，第8～10层也有鬣狗粪化石，这说明鬣狗曾多次较长时间占用这个山洞，而在含鬣狗粪的岩层里，都没有发现过人类的化石和较多的石器等文化遗物。可见，北京人的生活是游动的。由于北京人还没有改造自然的能力，为了生活和延续，总是在不断地迁徙游动，寻找最适合他们生存的地方。

安家媛在《北京人的发现：中国重要古人类遗址》（61～64页，天津：天津古籍出版社，2008）一书中指出，采集和狩猎是北京人获取食物的两种方式。男性主要从事狩猎，女性主要从事采集。虽然周口店的环境有利于北京人生存，周边有着丰富的动植物资源，可供人们狩猎和采集，但这并不意味着当时人们的生存很容易。当时，人们的狩猎能力不高，能够猎取的动物很有限。因此，就当时人的生产力水平和狩猎能力来看，采集是北京人主要的经济活动。从北京人地层处发现了大量的朴树籽来看，北京人可能采集朴树果为食。根据对北京人地层中出土的植物孢粉的分析，表明那里有榛、胡桃、松、榆等植物大量存在。这说明了除朴树果以外，北京人还采集榛子、胡桃、松、榆等果实和种子食用。另外，遗址中发现了石球，它们可作为砸击坚果的工具。这从侧面传达出北京人采集食用坚果的信息。从洞穴中出土的动物化石看，肉类动物化石较稀少，食草类动物化石占较大比例，而食草类动物又以肿骨大角鹿和葛氏斑鹿为主。以上这些情况，表明了北京人主要以采集植物种子、果实和猎取食草类动物作为主要的食物来源。

张之恒、黄建秋、吴建民在《中国旧石器时代考古》（第2版，136～137页，南京：南京大学出版社，2003）一书中指出，采集和狩猎要受天然资源的限制，人类要获得食物就必须经常迁徙。而且直立人时期的人类，其生产力水平十分低下。因此，当时人类过着游动集团的生活，不可能有长期固定的住所，当某一地方可食的食物被消耗完了，就要成群地转移到别的地方去。

张之恒、黄建秋、吴建民还指出，由于直立人时期的生产力十分低下，人们必须以一个群体为单位，以群的集体力量来防御敌害和获取食物。人类学家认为，直立人阶段，采集狩猎的群体平均为20～50人。因生产力很低，每个集团不具有再分裂成更多集团的条件。这样大小的人群构成了原始家庭或称原始家族。每个集团构成一个独立的家族，实现家族内婚（即族内群婚），即一个家族内的兄弟姐妹互为婚姻，婚姻集团是按辈分来划分，这样的婚姻与家庭叫作"血缘婚"和"血缘家庭"。这种社会形态在早期的直立人阶段已经出现，这是第一个社会组织形式，也是区别人类与古猿的重要标志之一。而晚期直立人的体质形态和生产力都比早期直立人要进步。生产力的提高，必然引起生产关系的变化（包括社会组织形态的变化）。由于北京人处于晚期直立人阶段，其社会形态属于血缘家庭的高级时期。

（五）北京人遗址的发现意义

北京人遗址的发现，为印证"人是由古猿进化而来"这一观点提供了有力的科学依据，也为探索黄种人的起源与发展提供重要的线索。贾兰坡、杜耀西在《北京人在人类学上的贡献》（载《中国历史博物馆馆刊》，1985年第00期）一文中指出，北京人遗址是世界直立人类遗址中最集中和最典型的，共发现了40多个包括男、女、老、幼的个体，在其生活的洞穴中还挖掘到各类生产工具、用火遗迹和同时期的动物化石。北京人化石个体之多，文化遗物包含内容之丰富是举世罕见的，这为人类进化史的研究提供了重要资料。人类历史的发展大体经历了"南猿——直立人——智人"三个发展阶段。结合对北京人化石的研究所得出的形态特征，如头部的原始性、肢骨与现代人的相似性等，足以确定北京人是从猿到人之间的过渡类型，从而确立了直立人阶段的科学基础，填补了从南猿到现代人的中间环节。此外，北京人化石上所呈现的一些特征，如头骨顶部的矢状脊、头骨上有额中缝、枕间骨、下颌骨上的"下颌圆枕"、杓形的上门齿齿冠等特征，都与现代黄种人相似。而在我国境内的，比北京人生活时期稍早或稍晚的其他古人类化石上，都能显示出黄种人的这些特征。这显示了从早到晚连续性发展的脉络，为研究黄色人种的形成提供了一个线索。中国各个时期化石人类所显示的黄种人的特征，说明我国是黄种人的重要诞生地，而北京人的发现与研究，为探索黄种人的起源和发展，开创了新的领域。

北京直立人遗址的发现，为旧石器时代的人类文化研究和人类生存方式提供了大量的证据。高星、张双权、陈福友在《论周口店遗址的科学价值与研究潜力——纪念裴文中先生诞辰100周年》（载《第四纪研究》，2004年第3期）一文中指出，遗址中丰富的石器，是东亚地区旧石器时代早期的典型代表，是研究东亚古人类的石器技术及其发展过程、建立中国旧石器时代考古学体系和进行东、西方远古文化比较研究的材料基础；有控制的用火遗迹和狩获大型猎物的遗存，为研究古人类的适应生存能力、行为方式、社会组织和智力发展水平提供了丰富的资料，这也成为建立东亚地区古人类生存模式的重要依据。

二、考古的含义及其研究意义

夏鼐在《什么是考古学》（载《考古》，1984年第10期）一文中指出，汉文中"考古学"一名，译自欧文，而欧文中一切"考古学"的字源，都是源于希腊文，泛指古代史的研究。现代意义上的考古学，是指根据古代人类活动遗留下的实物资料（即物质的遗存，包括遗物和遗迹），来研究人类古代社会情况的一门科学。这里的"古代"是指一定时间以前的古代，近代史和现代史是不属于考古学的范围。考古学是历史科学的一个部门，它和利用文献记载进行历史研究的狭义历史学都是历史科学的两个主要的组成部分，两者是历史科学中两个关系密切而各自独立的部门。夏鼐还对考古学的研究意义做进一步阐述。他认为，对人类遗留的物质遗存的考古研究，能使人们了解古代社会的结构和演化。从横向看，借助考古研究，我们可以了解人类的各种活动情况和这些活动之间的相互关系；从纵向看，通过研究人类各种活动在时间上的演化，我们能进一步阐明这些历史过程的规律。历史越古老，文字记载越稀少，考古学的研究也就越重要。到了没有文字记载的史前时代，史前史的研究几乎完全依赖考古学。

王巍在《中国考古学大辞典》（1页，上海：上海辞书出版社，2014）一书中指出，考古学是主要根据古代人类活动所遗留下来的实物遗存研究当时人们的生活及其社会的状况，并进而解析人类文化与社会发展的历史过程，探索其发展变化的背景、原因和规律的一门科学。考古学属于广义历史学的一部分，与文献历史学共同承担着研究人类历史的任务。由于考古学是以研究人类的文化和社会为目的，故属于人文学科的范畴。又由于获取和研究这些遗迹和遗物需要利用多种自然科学的技术手段（包括地质学、生物学、物理学、化学、医学、环境科学、农学、计算机科学等），而通过这些遗存解释过去人们的意识、行为以及社会状况，还需要运用各种人文社会科学的方法（包括文献历史学、语言学、社会学、民族学与民俗学、人类学、宗教学、经济学、政治学、法学等）。因此，它又是最大的一个交叉学科。借助考古学，可以研究和阐述人类所走过的道路、所积累的历史经验，为人类社会解决面临的各种重大问题提供历史经验的借鉴和参考。

张光直在《考古学专题六讲》（55～56页，北京：文物出版社，1986）一书中指出，考古学的分类有两个"两分法"，分别是"广义"和"狭义"之分，还有"有史时代"和"史前时代"之分。广义的考古学，指对考古调查、发掘所产生的一切遗物遗迹的分析和研究，包括对动植物、矿物等各种资料的分析研究。狭义的考古学，指专对人工产品或文化遗物的分析和研究。对那些非人工遗物的研究，我们可以根据研究的对象，以及所使用的科学手段，在考古学前面加一个限定名词，比如动物考古学、植物考古学、土壤考古学、金属考古学等。这些加以限定词的考古学，都是用自然科学手段来做研究的，可以简称为科学考古学。科学考古学与狭义考古学的研究目标是完全一致的。

张光直还指出，考古学对历史研究的贡献，在史前和有史时代是有所区别的。史前时代的考古学，提供并研究文字产生之前人类历史的资料。换言之，史前人类历史的全部资料，都是由考古学产生的。有史时代的考古学，则提供新的历史资料。有史时代的考古学提供新的资料并对新、旧资料加以研究，也属于历史学的范畴。

张宏彦在《中国史前考古学导论》（第2版，3～5页，北京：科学出版社，2011）一书中指出，考古学的研究对象是古代人类活动遗留下来的实物资料。这些实物资料应是古代人类有意识加工过的人工制品，如工具、武器、用品，或人类修造的房屋、坟墓、城堡等建筑文化遗存。如果是未经人类加工的自然物，则必须确定其与人类活动有关，或能反映人类的活动，如用于修筑房屋的自然石块和采集渔猎活动所遗留的动植物遗存等。就古人类的文化遗存而言，考古学的研究对象，一般可分为遗物、遗迹、遗址、考古学文化等。遗物，是指古代人类活动遗留下来的、各种具有可移动性的器物；遗迹，是指古代人类活动遗留下来的具有不可移动的迹象；遗址，指古代某一社群居民日常居住、生活范围内遗留的连续分布的遗迹、遗物的集合体；考古学文化，是指代表同一时代的、集中于一定地域的、有一定地方性特征的古代人类遗存共同体。遗物、遗迹、遗址和考古文化，构成了考古研究的不同层次的资料。对不同层次的考古资料的研究，反映出一个由微观到宏观的考古学研究过程，即从以器物为本位的遗物、遗迹观察入手，通过中间阶段的以聚落遗址为本位的遗迹、遗物间相互关系的分析，最后上升到以文化为本位的全面而宏观的考古学文化研究。最后通过更大时空范围各种考古学文化的比较，建立起人类文化发展的时空框架，进而阐明人类文化的发生、发展、演变过程及其规律性。

三、化石的概念及其研究价值

刘宪亭在《没有文字的记录——化石》（载《生物学通报》，1960年第4期）一文中指出，凡是古代的动植物的遗骸或遗迹，被人类从地层里挖掘出来，能借以了解往时生物的形态和习性，以及它们的生存历史，借它们了解往时的自然界现象，都可以叫作化石。它不仅包括生物的遗骸或遗迹，也包括与生物有关的东西。化石的形成过程，首先要经过埋藏，比如湖泊、河口三角洲，矿泉和火山灰的沉积，海洋的沉积，洞穴的坍塌，还有造山造陆运动均能造成生物埋藏的机会。前几种是最普遍的埋藏方式和场所，洞穴虽然是不大常见，但很适合保存高等陆栖脊椎动物，动物穴居其中，一旦洞穴坍塌，洞内居住者被压在底下，天长日久成了化石。周口店中国猿人（即北京人）产地便是一个洞穴堆积的实例。其次是石化作用，即生物体被掩埋后，掩覆体中的水分子或带有矿物质的水与生物的有机质接触，开始了替换作用，有机物质逐渐散失，矿物质慢慢加多，直到完全矿化了。

刘宪亭还指出，从生物方面看，化石称得上是一部没有文字的生命记录。由于化石是一部分古代生物遗骸或与其有关的物质形成的，它可以反映出古代生物的一系列特征。化石能帮助我们认识不同地质时代的生物，及其从出现到绝灭的发展过程，也就是认识生物的演化史。借助化石，我们不仅能了解过去的生物，同时与现今生物的资料相比，作综合分析研究，证实了生物的发展有着一定的规律，合乎从低级到高级，从简单到复杂的演化规律。从地学方面看，化石是保存在地层里，不同的生物化石特征能够反映了不同的地层情况。地层的规律是老的堆积在底下，新的堆积在上面，也就是地层的上下关系。生物的进化也有规律可循，低等的先出现，高等的后出现。利用自然界这两个规律，依靠化石在形态上所表现的特征，是原始还是进步，就可以辨别岩层的先后次序及其沉积的时代，恢复地层原有的上下关系。从环境方面看，由于生物与环境有着密切关系，化石在研究古地理、古气候方面有一定的作用，可以借它来了解古代的海陆分布、气候变化，从而了解古代生物的生活环境。

吴新智在《与中国现代人起源问题有联系的分子生物学研究成果的讨论》（载《人类学学报》，2005年第4期）一文中指出，人类进化过程的直接证据——化石虽然不能百分之百地与当时当地大多数人的骨骼状况相同，但一般不会相去太远。借助对古人类化石的研究，能够进一步了解人类进化的具体情况。随着年代测定技术的改进，古人类学家能够以更加精细的尺度比较各地化石的形态细节。经比较发现，有的比较古老的化石在某些形态特征上反而比另外一些较晚的化石似乎更加进步。在有的年代相近的化石之间，地理距离比较近的化石之间的形态差异比地理距离比较远的化石之间的形态差异更大。这些化石的形态差异反映出人类进化是一个交错、曲折而复杂的过程。

通过阅读有关"北京人"的学术文献，我们不仅能借助学术界对北京人遗址中的各类文化遗物的研究，全面了解"北京人"这一古人类的形体特征和生产生活情况，认识到直立行走和制造工具成为了人与猿之间的根本区别，也能认识到考古发现的化石和相关的遗迹遗物是研究古人类进化及其生产生活情况的重要依据，这也成为了微课设计的切入点。

微课设计

微课设计一：北京人形体特征的探究

设计意图

通过引导学生探究北京人化石资料，合理推断北京人的形体特征，进而认识化石是研究史前人类的重要依据，初步树立历史学科的实证意识。

设计方案

教师讲述：北京人是生活在距今约70万—23万年的远古人类。那么，生活在几十万年前的北京人到底长什么模子呢？下面，让我们一起来借助北京人的一些化石资料，学习考古学家的研究方法，对北京人的骨化石进行分析，共同探讨北京人的神秘样貌及其形体特征。

一、北京人的头部样貌

材料呈现：

材料一

南方古猿生活图
——吴新智主编：《人类进化足迹》，79页，北京：北京教育出版社，2002

材料二

北京人头部复原图　　　　　山顶洞人①头部复原图
——朱汉国主编、马世力副主编：《义务教育教科书·中国历史》（七年级上册），
3页、5页，北京：北京师范大学出版社，2016

---

① 山顶洞人是生活在北京房山周口店的、距今约3万年前的一种原始人类。因其遗骨化石是在龙骨山顶部的洞穴中发现的，他们因此被命名为"山顶洞人"。山顶洞人的体质、面貌和现代人已经没有多大区别，迈入了人类进化的一个新阶段。

教师设问：请观察上述材料中的三幅图片，结合下面的表格，探究古猿、北京人、山顶洞人的头部样貌特征，比较北京人的头部样貌与古猿、山顶洞人之间有什么相似与不同之处？

比较项目	头骨高度、前额	眼眶上的眉骨	面 部	嘴 巴	下 巴
南方古猿					
北京人					
山顶洞人					

教师引导学生分析：从图示分析，北京人的头部样貌与南方古猿较为相似，他们之间有几处相似的地方，如头盖骨比较低平，前额向后倾斜，眉骨粗大、凸起，嘴巴阔大，向前凸出，没有下巴。但北京人的面部和嘴巴并没有古猿那么大。山顶洞人虽是距今约3万年前的原始人类，但他的样貌和现代人没有太大的区别，其头骨较高，前额比北京人高、直，眉骨细平，嘴巴不像古猿、北京人那么大，嘴部不突出，上下唇平整，有明显的下巴。北京人的头部样貌与山顶洞人相差较大。

教师设问：根据刚才的学习，你能简单描述北京人的头部样貌特征吗？

教师引导学生分析：通过对头部样貌的比较分析，我们可以看到北京人的头部样貌虽然还保留着较多与猿相似的特点，但不完全像猿。可以说，北京人的头部保留较多的原始性，较少有现代人的特点。那么，这种较原始的头骨构造会使北京人具有怎样的脑容量呢？下面，请看看考古学家对6个北京人头骨的脑容量所做的研究分析。

二、北京人的脑容量

材料呈现：

材料三　北京人遗址中先后共发现了6个直立人的头盖骨，第一个头盖骨编号为3号，属于一个八九岁的儿童……10号和12号头盖骨属于成年男性……11号头盖骨属于成年女性……2号头盖骨，由于不够完整无法判断其性别，只估计属于成年人……以上头骨都出自于洞穴堆积的八、九层，年代大约超过40万年前。编号为5的头骨发现于堆积物的第三层，为一成年男性……年代大约距今23万年。

……如果不论时代早晚把五具成年头盖骨放在一起计算，北京人的平均脑容量应该为

1088毫升。5号头骨时代最晚，其脑容量较大，这意味着北京人在30万年的时间里，脑子在慢慢地变大。现代人平均脑容量平均为1400毫升，而类人猿的脑容量为800毫升。……

——安家瑗：《北京人的发现：中国重要古人类遗址》，49～50页，

天津：天津古籍出版社，2008

教师设问：根据材料三填写以下的表格，并指出北京人的脑容量呈现怎样的发展趋势。

平均脑容量对比表

对比项目	平均脑容量（毫升）
类人猿	
北京人	
现代人	

教师引导学生分析：从材料看，在发现的6个北京人的头骨中，5号头骨时代最晚，脑容量较大。这说明了随着时间的发展，北京人的脑容量呈现逐步变大的发展趋势。对比表格中类人猿、北京人和现代人的平均脑容量，可以看出北京人的脑容量比古猿大，已经发展到大约75%的现代人水平。这就说明了北京人正在逐渐地由猿向现代人进化，北京人正处于由猿向现代人进化发展中的过渡阶段。

三、北京人的肢骨

教师讲述：北京人的头部与古猿较为相似。那么，北京人身体上的其他部位又具有怎样的特征呢？下面，我们再来探究北京人的肢骨特征。

材料呈现：

材料四　北京人的上臂骨也具有现代人的形状，所不同的也是骨壁较厚，髓腔较小。这些遗骨可以证明北京人使用上臂和手的灵活程度和现代人相差不远，已能用两手自由劳动。下肢保留的原始性质虽多于上肢，但已能直立行走，甚至还善跳。

——贾兰坡：《周口店遗址》，载《文物（月刊）》，1978年第11期

材料五　北京猿人大腿骨的后面与现代人一样也有一条很粗的自上向下的骨脊，解剖学上叫做股骨粗线或股骨脊。人类大腿骨的前面和左右两侧包着一块很大的肌肉，叫

做股四头肌。人类的股四头肌很发达，才有足够的力量把膝关节拉直。这样，人才能两腿伸直稳稳地站着。北京猿人也有股骨脊，表示他也有很发达的股四头肌，能两腿伸直站得很稳。而其他所有用四条腿走路的动物的大腿骨都没有股骨脊。

——林圣龙、吴新智：《远古人类的家园：周口店北京猿人遗址》，27页，

北京：中国大百科全书出版社，1998

教师设问：根据材料四说一说，北京人是怎样行走的。结合材料四和材料五，找出能推断北京人会采取这种行走方式的依据。

教师引导学生分析：材料四显示北京人已能直立行走。根据材料五可知，判断北京人会直立行走的证据，主要是北京人的腿骨上有着与现代人一样的身体结构。这个相同的身体构造叫股骨脊，而且股骨脊上有股四头肌。股骨脊是其他四脚走路的动物所没有的。

四、北京人的形体特征

教师设问：结合以上的探究，请概述北京人的样貌和形体特征。

教师引导学生分析：北京人的头部还保留着猿的一些特征，上下肢有了明显分工，能直立行走，但不如现代人挺直。总的来说，"北京人正处于'从猿到人'的转变过程中，他们的体质构造在某些方面保留有猿的特征，但也更具有人的性质，正向现代人方面发展。"[1] "有人曾经将北京猿人的模样形象地概括成和我们基本一样的身子上长着一颗有点像猿猴的脑袋。"[2]

教师设问：在整个探究过程中，我们能推断出北京人这种形体特征的主要依据是什么？

教师引导学生小结：通过本节课的探究，我们借助化石，运用了比较分析的方法，推断出北京人的大致形象，初步了解了北京人的形体特征。可见，化石是研究远古人类进化的重要证据。我们所了解的远古人类的形态样貌和进化情况，是在科学分析考古发掘的古人类化石的基础上推断出来的。所以，只有借助考古发现的遗物遗迹，我们才能有依有据地合理分析史前时代人类的体质发展状况。

---

[1] 贾兰坡：《周口店遗址》，载《文物（月刊）》，1978（11）。
[2] 吴新智：《周口店北京猿人研究》，载《生物学通报》，2001（6）。

✎ 设计点评

本微课从"北京人的样貌和形体特征"这一兴趣点切入，运用北京人各部位的化石材料，通过图片展示、图表比较等多种方法，由浅入深地逐步引导学生分析、探究北京人头部、四肢等各部位的构造，并与现代人、古猿相关部位的比较探究。在探究中，学生形成了对北京人的形体特征的全面认识。这种借助化石探究的过程，也使学生能认识到化石是研究古人类进化的重要依据，初步树立历史学习的实证意识。

微课设计二：北京人生产生活状况的探究

✎ 设计意图

通过引导学生探究北京人遗址中的遗物、遗迹，帮助其合理推断北京人的生产和生活状况，认识劳动在猿到人的进化过程中发挥的重要作用。

✎ 设计方案

教师讲述：考古学家在北京人遗址中，不仅发现了大量的人骨化石，还发掘出许多的遗迹、遗物。下面，我们来借助这些遗迹、遗物的资料，共同探究北京人的生产和生活情况。

一、北京人的生产情况

材料呈现：

材料一　北京猿人遗址……发现大量的人类化石、10万余件石制品、具有人工砍砸痕迹的骨片和丰富的人类用火遗迹等。……石器的打片方法以砸击法为主，锤击法常见，还有碰砧法。石器以石片石器为主，以中、小型石器居多，主要类型有刮削器、尖状器、石锥、雕刻器、砍砸器、球形器、石锥、石砧等。在各类石器中，刮削器最多，占75%；尖状器次之，占14%；砍砸器仅占5.4%。

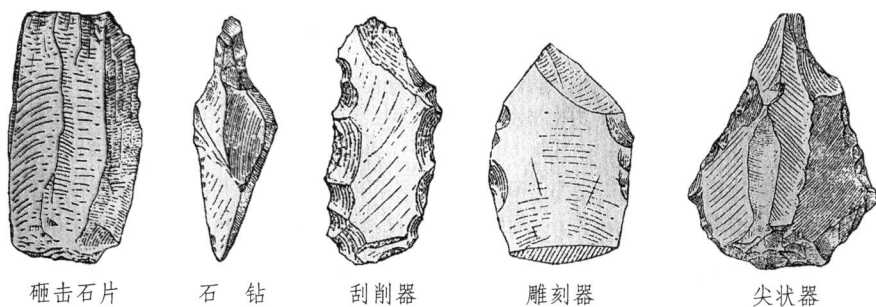

| 砸击石片 | 石　钻 | 刮削器 | 雕刻器 | 尖状器 |

北京猿人石制品

——张宏彦：《中国史前考古学导论》，第2版，120页，北京：科学出版社，2011

　　材料二　北京人遗址发现的兽骨绝大部分是破碎的，破碎的原因很多，可以肯定有一部分是制作的骨器。因为破碎的骨片和鹿角上不仅有人工打击的痕迹，而且有加工的痕迹。除了有用肢骨制作的尖状器和刀状器外，还有截断了的鹿角根。鹿角根既粗壮又坚实，可作锤子使用，截断了的鹿角尖，作挖掘工具很适手。

　　　　　　　　　　——贾兰坡：《周口店遗址》，载《文物（月刊）》，1978年第11期

　　教师设问：根据材料一、材料二，说说北京人已掌握了什么生活技能？并阐述你推断的理由。

　　教师引导学生分析：从材料看，北京人已懂得制作和使用工具，其生产工具包括石器和骨器。从材料一呈现的石器看，种类繁多，形状各异，并有明显的加工痕迹过的，做工较为精细，这些充分说明了北京人会制作和使用石器。从材料二遗址中发现的鹿角看，有人类加工的痕迹。这也说明，北京人可能会使用骨头作生活用具。

　　教师设问：根据材料一和材料二，试想一下北京人所使用的这些工具有何用途？

　　教师引导学生分析：材料显示，北京人制作的工具种类多，从工具的命名和形状来看，不同的工具有着不同的用途。砍砸器可能用来砍击动物、砍伐木头。刮削器可能用来刮削木棒、切割兽肉。在吃动物筋脑时可能会用尖状器来剔挖。粗壮的鹿角根可能会被用来锤击坚硬的果实或者兽骨，而鹿角尖可能类似尖状器，可用作挖掘工具。北京人遗址中发现的石器和碎骨，说明了北京人已掌握了一定的生产技能。

二、北京人的生活情况

材料呈现：

　　材料三　采集和狩猎是北京人获取食物的两种方式。……从北京人地层处发现了大量

的朴树籽来看，北京人可能采集朴树果为食。……对北京人地层中出土的植物孢粉的分析，表明那里有榛、胡桃、松、榆等植物大量存在。这说明了除朴树果以外，北京人还采集榛子、胡桃、松、榆等果实和种子食用。……就当时人的生产力水平和狩猎能力来看，狩猎不可能是他们的主要经济形态，采集活动应该是其主要经济活动。……人们的狩猎能力不高，能够猎取的动物很有限。……凡北京人居住在洞穴的时候，这一层位肉食动物的化石就比较稀少，而食草类动物的化石则占较大的比例。食草类动物中又以肿骨大角鹿和葛氏斑鹿的数量最多。

——安家媛：《北京人的发现：中国重要古人类遗址》，63～64页，

天津：天津古籍出版社，2008

教师设问：根据材料三，请指出北京人在日常生活中会吃哪些食物？这些食物是通过哪些途径获取的？食物主要以什么类型为主？

教师引导学生分析：从材料三来看，遗址中所发现的大量的朴树籽、植物孢粉和食草类动物的化石，说明北京人的食物主要以植物类的种子和食草类的动物为主。采集和狩猎是北京人获取食物的主要方式。但从北京人所使用的各类石器工具大多以中、小型为主来看，他们的狩猎能力并不高，不可能经常捕获动物。因此，北京人的食物主要以植物类果实为主。

材料呈现：

材料四　北京人遗址从上至下的13层文化堆积中，共发现了五层面积较大、堆积较厚的灰烬和其他用火的遗迹。灰烬层集中见于第10层底部、第8～9层、鸽子堂Ⅱ层，第4～5层和第3层。其中第4层的灰烬最厚，有的厚达6米。灰烬成堆分布，含烧过的朴树籽、木炭、烧石、烧过的鹿角和各种动物骨骼。

——安家媛：《北京人的发现：中国重要古人类遗址》，66页，

天津：天津古籍出版社，2008

教师设问：请根据材料四分析，北京人的饮食习惯是生食还是熟食？并说明你的理由。

教师引导学生分析：根据遗址中烧过的朴树籽、鹿角和成堆的灰烬层看，可推断北京人已懂得使用火烤熟食物后再吃。从遗址的灰烬看，有的厚度达到6米，这说明了北京人已掌握了控制火和保存火的技术。材料还显示，灰烬是在遗址中第3～10层发现

的，这就说明年代较早的北京人可能只会生吃，年代较晚的北京人则会懂得用火，并逐步学会将食物烤熟之后再吃。

材料呈现：

材料五 ……北京猿人生活期间的气候和环境是怎样的呢？猿人洞精典地质剖面中的动植物化石及演变可以告诉我们。

第11～10层……草原动物多于森林动物，气候温和、干燥。

第9～8层……气候温暖、湿润。食肉类动物占绝对优势，如剑齿虎、棕熊、中国鬣狗、猎豹等。

第7～6层……为温暖气候。第6层上部、下部都有很厚的鬣狗粪化石。

第5层……逐渐变冷，一些喜暖动物减少。

第4层……变得干冷，荒漠性动物重新出现。化石以鼠类为多，也有猴子、兔子、狼及周口店犀、三门马及肿骨鹿等。

第1～3层……向温热气候转变，荒漠草原型动物失缺，南方热带种群出现。

——魏生生：《北京猿人的生活环境》，载《化石》，2007年第2期

教师设问：根据材料五，试推断火的用途。

教师引导学生分析：根据材料五推断，北京人生活的地方，气候时而温和湿润，时而寒冷干燥，周边丛林茂密，水草充沛，动植物资源丰富，为北京人提供了充足的食物来源。但时而寒冷的气候和出没无常的野兽，使北京人的生存面临着极大的威胁。所以，北京人能够用火来抵御自然界中的种种威胁，还可以用火来照明、取暖、驱赶野兽等，为生存提供了更多的保障。

材料呈现：

材料六 ……身体各部分由于机能的不同而有着不同的进化速度，因而产生了形态发展上的不平衡性。

……

从中国猿人化石研究的结果，可以明显看出中国猿人的上肢骨（可能也连同躯干骨）与现代人极为相似，下肢骨虽一般与现代人相似，但又具有若干明显的原始性质，而头骨则较现代人为原始，脑容量也远在现代人之下……上肢……最初是由于劳动，由于制造和使用工具，是最早向现代人的方向发展的，发展的速度最快；由于手的使用而使

手足发生了分化，下肢发展的速度较慢……脑以及脑的外壳的头骨，是因为手的劳动，四肢的分化而随着发展起来的，因此中国猿人头部的许多结构还保留着很多原始的性质，现代人的发达的脑是随着工具的使用和制造的进一步发展而得到扩大的。这种结果证明了手足的分化远早于脑子的发展……

————吴汝康：《中国猿人体质发展不平衡性及其对"劳动创造人类"

理论的意义》，载《古脊椎动物与古人类》，1960年第1期

材料七　人类社会区别于猿群的特征在我们看来又是什么呢？是劳动。……劳动是从制造工具开始的。……根据已发现的史前时期的人的遗物来判断，并且根据最早历史时期的人群和现在的最不开化的野蛮人的生活来判断，最古老的工具是……打猎的工具和捕鱼的工具，而前者同时又是武器。

————［德］恩格斯：《自然辩证法·劳动在从猿到人的转变中的作用》，见《马克思

恩格斯选集》（第4卷），第2版，378～379页，北京：人民出版社，1995

材料八　有了火人们才开始熟食。熟食缩短了咀嚼和消化的过程，可吸收更多的营养，有利于人体特别是大脑的进化。

————安家媛：《北京人的发现：中国重要古人类遗址》，68页，

天津：天津古籍出版社，2008

教师设问：根据以上三则材料分析，制作、使用工具和火的使用，对北京人的进化与发展会有什么作用？

教师引导学生小结：从材料六、材料七看，制作和使用工具，促使了北京人手脚在长期的劳动中得到较快的进化，上肢成为主要劳动器官，并得到最快的进化，与现代人极为相似。正如恩格斯所说："手不仅是劳动的器官，它还是劳动的产物。"[1]虽然头部进化较慢，但人的进化过程中，人类身体各部分又是相互影响，上肢的活动会促使大脑的发展，也促使手脚得到分化，北京人也因此能直立行走。而"直立行走、手足分工、制造使用工具是猿进化成人的主要标志。"[2]从材料八看，火的使用，使远古人类开始熟食。熟食能缩短消化过程和减少肠胃疾病，促进人类体质的进化，尤其是促进大脑的进化。

---

[1] ［德］恩格斯：《自然辩证法·劳动在从猿到人的转变中的作用》，见《马克思恩格斯选集》（第4卷），第2版，375页，北京：人民出版社，1995。
[2] 乔玉成：《进化·退化：人类体质的演变及其成因分析》，载《体育科学》，2011（6）。

由此可见，制造、使用工具，以及火的使用这两项劳动技能，在促使猿向人的进化过程中发挥着重大的作用。这也正是恩格斯所说的："劳动创造了人本身。"①

设计点评

本微课立足于考古发现的遗物、遗迹，采用大胆推断、小心求证的探究方式，来探究北京人的生产生活状况，认识人与猿的根本区别；同时，能借助问题和材料的层层引领，有效化解难点，较好地诠释了"劳动创造了人"的含义。这种探究过程，将枯燥、难懂的内容化解在学生小心的求证和积极的思辨中，较好地锻炼了学生分析问题的能力，更好地认识到历史的客观事实，并能初步掌握"史必有证，论从史出"的历史研究的基本原则。

教学资源

资源1：人类祖先在对环境的适应过程中，活动能力开始有了明显的提高，或者需要寻找到更多的食物。那时，他开始经常性地从一片丛林穿越旷野到达另一片丛林。来到空旷的原野，最大的问题可能就是安全问题。因为，在开阔地上，没有树木丛林作屏障，那里又经常出没食肉的猛兽，所以，可能为了预防不测，在移动时，人类祖先就会将棍棒之类东西携带在身边，作防身的武器。当时，人类祖先需要携带棍棒可能比携带食物更具有意义。另外，棍棒除了对付来敌的侵犯之外，他每经一处停留时，遇到四周缺少树木丛林的时候，就可能用树林里曾习惯于利用物体支撑的方式，将棍棒柱地置于身前，用上肢持握的方式保持直立。这样，他既能开阔视野看得很远和在移动中持续地发生直立的行为，又能为经常出入旷野地而不必担惊受怕了。于是，人类祖先开始以"持棍柱地"的方式维持直立的姿势，随着远离安全避难所的次数日益增多，直立发生的机会也愈加频繁。在适用与发展中，人类祖先采用"持棍柱地"方式可能在保持直立姿势上是有深刻的影响。

——丁国强：《人类两足直立姿势的由来》，载《化石》，1992年第4期

---

① ［德］恩格斯：《自然辩证法·劳动在从猿到人的转变中的作用》，见《马克思恩格斯选集》（第4卷），第2版，374页，北京：人民出版社，1995。

资源2：

各阶段古人类的体质特征一览表

进化阶段（距今年数）		考古发现（代表化石）	体质特征
古人猿	古猿（700万—500万年前）	森林古猿、拉玛古猿、托麦人	身高100cm左右，体重15～20kg，为人类和类人猿的共同祖先，体质特征界于猿类与人类之间，肢骨尚未特化，既可向现代猿类方向发展，也可向现代人类方向发展
古猿人	南方古猿（420万—100万年前）	南猿阿法种、纤细种、粗壮种	身高120cm左右，雄性平均体重为65kg，雌性35kg，颅骨比较光滑，没有矢状突起，眉弓明显突出，面骨比较小，能直立行走，颅容量450～530mL
古人	猿能人（200万—175万年前）	卢道尔夫人	颅骨壁变薄，颅容量约680mL，上颌和下颌小于南方古猿，手骨和足骨与现代人相似，手脚变化先于脑容量的增大，能制造工具
	人直立人（200万—20万年前）	爪哇猿人、海德堡人、北京猿人、元谋猿人、蓝田人等	身高约160cm，平均体重约60kg，头盖骨低平、眉嵴粗壮、吻部前伸，下颌骨无颏、枕骨大孔在颅底的位置与现代人相近，鼻孔宽大、鼻梁扁塌、牙齿较大，颅容量约800～1200mL，上下肢已经有了明显的分工，但仍带有猿类特征
新人	早期智人（古人）（20万—5万年前）	尼安德特人、大荔人、马坝人、丁村人等	其体质形态已和现代人接近，但仍带有一些原始特点，如眉脊发达，前额低斜，枕部突出，鼻部扁宽，头盖骨向后倾斜，颏部前突，其他骨骼和现代人已十分相似，颅容量平均为1350mL
	晚期智人（5万—1万年前）	山顶洞人、河套人、柳江人、峙峪人等	其体质形态和现代人大致相同，脑颅较高较圆，眉脊减弱，颅高增大，颏部退缩，下颏明显，门齿相对较小，颅容量平均为1400mL以上

——乔玉成：《进化·退化：人类体质的演变及其成因分析》，

载《体育科学》，2011年第6期

资源3：尽管食肉和用火大大增强了原始人类的体质，提高了生存能力，改善了他们的生活环境，但是，北京猿人的谋生手段和使用的工具还很原始、很简陋，他们既不懂科学，又缺乏知识，所以他们的寿命大都不长。根据对北京猿人38个人的化石统计，除16人不能鉴定出死亡的年龄外，其余22人，有15人死亡年龄在14岁以下，占68%，15～30岁的有3人，40～50岁的有3人，只有一名女性活到了50～60岁。

——魏生生：《北京猿人的生活环境》，载《化石》，2007年第2期

资源4：北京人制作石器的3种方法：砸击法、锤击法、碰砧法。

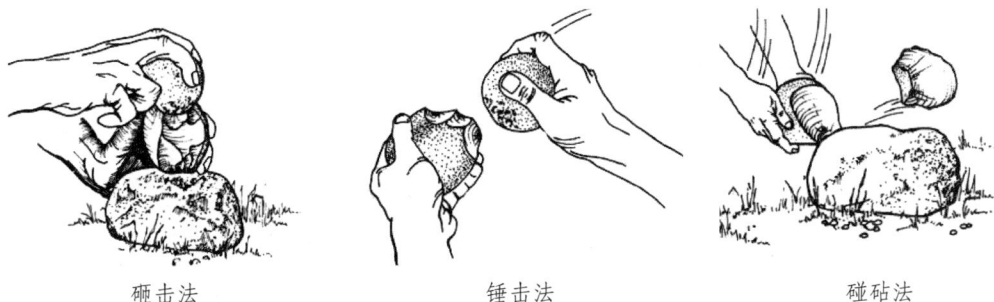

砸击法　　　　　　　　　锤击法　　　　　　　　　碰砧法

——沈辰、张晓凌：《北京猿人怎样制作和使用工具？》，载《化石》，2011年第4期

资源5：针对周口店北京猿人遗址是否存在原地用火证据的争议，对遗址第1地点第4堆积层（据贾兰坡1959年划分方案）中新发现的疑似用火遗迹进行系统野外采样以及磁化率和色度测量。结果显示，部分疑似用火区沉积物的磁化率、红度均显著异常，磁化率值较周围沉积物高出22倍，红度高出近3倍。……

……针对考古遗址的磁学研究发现，燃烧可导致土壤及其他沉积物磁性显著增强，原因是加热过程中新生成了磁铁矿、磁赤铁矿等强磁性矿物。因此，磁学方法被广泛应用于考古材料的研究。各种燃烧条件实验结果也表明，磁学方法可用来有效地识别考古遗址中的用火区域，尤其对年代久远、炉床原始结构保存不完整的遗址更为有效。

……

前人用火实验结果显示，营火等人类控制用火（一般情况下，燃烧会集中在一个地点，并持续一定时间或反复发生）造成的沉积物磁化率增强可达周围未经加热样品磁化率的50%。……而自然火（如树桩、草地等起火）则无法使沉积物发生显著磁学性质改变，主要原因在于二者燃烧温度的差异。营火人类控制用火燃烧中心区地表温度可达600℃以上，最高可达860℃，燃烧区周边地表温度则急剧降低，一般小于300℃。……热磁分析（即 x^{-T} 曲线）结果则进一步表明，疑似用火区沉积物很可能经历了700℃以上的高温加热。由于自然火不太可能造成疑似用火区沉积物如此显著的磁化率增强，因而此结果更可能反映人类控制用火作用。

——张岩、郭正堂、邓成龙等《周口店第1地点用火的磁化率和色度证据》，

载《科学通报》，2014年第8期

资源6：硅质体被认为是植物燃烧后形成的灰烬中所含的一种 Si、Al、Fe 和 K 的聚合物，在水和酸中不溶解，因此可作为判断早期人类遗迹是否用火的一种证据指标。

对周口店猿人是否用火的证据进行了重新检验，分析测试灰烬中是否有硅质体存在，从周口店第一地点取样，其中3个样品取自第4层，1个样品取自第6层。

……

研究发现周口店第一地点的第4层和第6层灰烬中含有硅质体，也即找到了证明北京猿人用火的一种证据，说明北京猿人在第4层和第6层位所处的年代已经可以控制用火。

——钟茂华、史聪灵、高星等：《周口店北京猿人用火的可能性》，

载《科学通报》，2014年第15期

资源7：周口店直立人作为亚洲直立人的一个典型代表，同非洲直立人（或匠人）一样，是人类演化树上的重要分支之一。对于周口店直立人的演化地位，目前存在很多争议：一种观点认为以周口店直立人为代表的亚洲直立人表现出许多衍生性状，是人类演化上灭绝的旁支，而非洲直立人最终演化成了早期的智人；第二种观点认为直立人是一个具有地域性特征的多态性人种，各地区直立人之间的差异可能与当时的气候环境造成的相对隔离有关，提出东亚地区的直立人和智人连续演化的模式，周口店直立人是我们智人的祖先；还有一种观点认为所有的直立人都是人类演化的旁支，现代智人是由能人演化而来。目前的化石发现和研究积累还不足以对这些问题做出明确的结论。

——吴秀杰：《周口店直立人化石告诉我们什么——北京人是我们的祖先吗？》，

载《化石》，2011年第4期

资源8：

测定绝对年代的现代科学技术表

断代技术	样品物质	测年范围
放射性碳素（^{14}C）	含碳物质（动植物遗体）	5万年以内
古地磁	黏土	3万年以上
热释光（TL）	陶器、火烧土	100万年以内
含氟量（F）	骨、牙	数百万年以内
钾—氩（K—Ar）	火成岩	10万年以上
裂变径迹（FT）	火山灰、玻璃、石器、陶器	数千年至数百万年
树木年轮	木	1万年以内
氨基酸外消旋	骨	数千年至数百万年

续表

断代技术	样品物质	测年范围
黑曜岩水合	黑曜岩制品	几十万年以内
铀系	碳酸岩、骨、牙、贝壳	数千年至45万年

——张宏彦：《中国史前考古学导论》，第2版，23页，北京：科学出版社，2011

资源9：1937年日本发动了全面侵华战争，战争很快威胁到周口店。战争爆发的第三天，即7月9日，周口店遗址的考古发掘工作被迫停止。当时在工地上主持发掘的是贾兰坡，考虑到日本人可能会进入周口店掠夺北京人化石，他果断决定尽快把北京人化石运抵北京城。当时从周口店开往北京的火车已经停运，只好雇佣民工用马驮骡运，走了整整两天，才将这些文物运抵北京城，锁在地质研究所的文物仓库。

1941年初，日美关系恶化，时任地质调查所新生代研究室名誉主任的魏敦瑞建议，把化石暂存美国保管。1941年11月初，美国大使指派协和医院院长胡顿和总务长博文两人负责办理装运文物。12月5日早上5点钟，海军陆战队的专列载着北京人化石，向秦皇岛驶去。两天之后，日军偷袭了珍珠港，太平洋战争爆发了。12月8日，日军占领了北京包括协和医院在内的所有美国机构，扣押了胡顿、博文等美国人。两箱北京猿人化石就此失踪，成为考古学史上的世纪存疑。一种猜测是日军攻占了秦皇岛和天津后，获得了大量的战利品，其中包括北京人化石，但在由秦皇岛取道渤海运往日本横滨的途中遭到美国空军的轰炸，全部沉入海底。另一种猜想是美国人想将化石据为己有，搞了调包计。

——吴鼎：《北京人发现始末》，载《历史教学（中学版）》，2007年第12期

资源10：关于北京人生活时期的自然环境可以从下面几种方法进行推测。

1. 哺乳动物。迄今已知的97种哺乳动物，可大致归并如下：

——第13层有扁角鹿、中国鬣①狗、三门马和大丁氏鼢鼠②，似乎代表草原河沼环境；第12层有双角犀，属草原种类；第11层有28种，草原与林栖动物的比例是55：45；第10层与第11层相似；第8～9层共37种，以森林动物占优势，气候较暖湿；

———
① 鬣（liè），马、狮子等颈上的长毛，很柔软，适合做一些工具。
② 鼢（fén）鼠，哺乳动物，在地下打洞，损害农作物的根及牧草，甚至危害河堤。亦称"盲鼠""地羊"。

第7层有17种，属森林环境的7种、草原的5种、喜水者5种，可见当时多水而湿；第6层有18种，似7层；第5层有29种，林栖动物比例高，喜水者和岩性均反映气候温湿；第4层有20余种，草原者与森林者比例为9∶5，表明此时草原面积扩大，森林缩小；第3层以草原动物为主。

从动物地理学分析，哺乳动物大都是古北界的种类，且较偏南，可推测当时那里属温带气候，和现在华北地区相仿，但略偏暖。

2. 鸟类。共有62种鸟类，为世界上人类化石地点所罕见。其中多为北方繁殖鸟类，草原沙漠中有10多种。众多鸟类反映当时周口店一带植被繁茂，森林葱郁。

3. 孢粉。据有关人员研究，地层从下至上反映的植被，经历了针阔叶混交林——温带落叶阔叶林——温带落叶阔叶林夹草原——针阔叶混交林夹草原——温带灌丛草原的变化过程。尽管其间气候有波动，但总的来看属于温带植被。

4. 岩性。根据沉积物性质，有人认为北京猿人生活时期的气候特点是由半湿润的暖温带气候向半湿润的温带气候转变，在中更新世末期变为半干旱温带气候。另一种意见是：北京猿人生活时期适为黄土高原红色土沉积时期，而洞穴中的堆积物又恰似褐土型土壤，故可与今日河南以北—黄河以南地区相类似。

综上所述，哺乳动物、鸟类、孢粉和岩性特征等所反映的自然环境，说明北京猿人生活时期应为温带气候，但比现今暖和、湿润些。

——计宏祥：《北京猿人遗址的若干资料》，载《化石》，1989年第1期

甲骨文
与青铜器

商朝是中华文明史上一个重要的时期，这一时期的青铜器和甲骨文代表了早期中华文明的辉煌成就。商朝的青铜器主要用于王室和贵族的礼典、祭祀等重要活动。青铜器的大小、形制和数量组合，是等级身份和政治地位的象征。青铜器上还铸有动物纹饰，商代人相信这些动物能帮助他们与祖先或神灵沟通，以庇护其世间的权力和财富，于是青铜器就被赋予了沟通天地和支持政治权力的功能。商朝的甲骨文是我国目前所发现的比较成熟的汉字，它是商人刻在甲骨上用来记载占卜情况的古文字。目前已发现的甲骨文单字约有5000个，其中已辨识的字约有1000多个。从结构和造字法来看，甲骨文已经具备了汉字的结构和使用的规律，是一种较为成熟的古文字。甲骨文真实记载了商朝社会各个领域的历史状况，为我们探究商朝历史提供了第一手资料。

一、甲骨文

（一）甲骨文的形成

王晖在《中国文字起源时代研究》（载《陕西师范大学学报（哲学社会科学版）》，2011年第3期）一文中认为，中国早期文字的起源可分为三个阶段：一是汉字正式产生之前酝酿、孕育时期的"文字画"和文字性符号阶段；二是汉字正式诞生的阶段；三是中国早期文字广泛使用并逐步成熟的阶段。首先，从考古出土陶器上刻画的符号看，"文字画"开始于距今七八千年的河南省舞阳县贾湖村的裴李岗文化贾湖遗址、江苏省淮安市青莲村的青莲文化双墩遗址，并盛行于仰韶文化晚期与大汶口文化晚期。这些"文字画"的记事方式是刻画符号及图案图形，尽管它们不能用来记录语言，故不能被称作严格意义上的早期"文字"，但是它们以形表意且与后来商周甲骨金文的字形有前后继承关系，因此它们可被称为"文字画"或"文字性的符号"。其次，中国早期文字正式诞生的时代应是新石器晚期。从山东、江苏的龙山文化，苏南浙北的良渚文化以及晋南的陶寺文化遗址出土的资料看，这一时期不仅有组字成句的早期正式文字，还有早期文字与图画以及为图形加注表音文字的现象。同时，在陶寺文化遗址还出土了朱书笔写的陶文，反映了这是一个早期文字正式形成的特殊时代。再次，夏商时代，中国早期文字被广泛使用并逐步成熟。不过，我国文字的完全成熟要到西周时代，因为从文字所反映的是词、词组还是句子等语言层位关系看，即使在殷墟甲骨文中，甲骨文字还有反映"字符——句子文字""字符——词组文字"的现象，这种现象是"文字画"的残余现象；只有在西周金文中，这种现象才完全消失。这表明即使是商代甲骨文也还不是完全成熟的文字，我国汉字的发展的确经历了一个比较漫长的过程。

王晖在《从甲骨金文与考古资料的比较看汉字起源时代——并论良渚文化组词类陶文与汉字的起源》（载《考古学报》，2013年第3期）一文中指出，殷墟甲骨文是比较成熟的文字，但是它的起源应该比较早，而且有较长的发展过程，商代甲骨文中有相当一批文字符号是在新石器仰韶文化和龙山文化时期就开始出现了。甲骨文中"酉"等字的写法与仰韶文化晚期小口尖底瓶形状十分相似，从字形束腰的这一特征看，其字应是仰韶文化晚期小口尖底瓶的形状特征。从出土考古资料看，仰韶文化之前的老官台文化和磁山文化还没有这样的尖底瓶。龙山文化早期之后，这种小口尖底瓶也已经消失了。因此，尖底瓶是仰韶文化最具标志性的器物。据此我们可以说，甲骨文的"酉"字，造字时代在仰韶文化晚期，距今约5500—5000年。

李万福在《文字起源的突变特征》（载《西南民族大学学报（人文社科版）》，2008年第8期）一文中指出，人类早期的原始书写符号与甲骨文之间存在非常明显的断层。纵观其他独自起源文字的历史，同样会发现原始书写符号与文字之间的明显断层。藉此，李万福认为文字起源具有突变特征。没有原始书写符号，不可能有文字；但原始书写符号普遍存在，文字仅仅出现在为数不多的早期人类文明社会里，而且看来无例外地是一些人与人的关系特别复杂、等级制度的组织极为细密的社会。当然，原始书写符号的发展也好，社会组织细密也罢，并非一定产生文字，像墨西哥的阿兹特克和印第安的印加那样的庞大帝国也没有文字。文字不是书写符号发展和社会进步的必然结果。文字的产生与书写符号的使用、社会的发展、人们的语言认识等许多因素相关，而结果又具有不确定性，显然属于复杂现象。法国数学家托姆创立的突变理论被公认为描述复杂现象的有效工具之一。李万福运用这一理论分析认为，文字的书写系统具有突变的几乎全部特征。

周艳涛在《汉字起源"渐变论"质疑——以甲骨文为例》（载《南阳理工学院学报》，2014年第5期）一文中认为，汉字系统的形成实际上是在一个较短时期内由少数人完成的。就汉字的实际情况来看，甲骨文时代前的符号同甲骨文文字系统中的符号相同或相近的占极少数，按照《新编甲骨文字典》所收3000字来看，这种相同或相近符号只占1.3%左右，至少现在来看，并不能说甲骨文字系统源于原始记事符号的积累。纵使我们假设甲骨文字系统衍生于原始记事符号的积累这一说法正确，数量上的积累增加，也并不能够完整地解决将这些符号逐个切分，并同语言中的词汇一一对应这个关键性问题。处于下层的一般人对文字系统的需求程度并不高，所以由原始记事符号转变到完整的文字系统，这中间的最大推手应该是对文字有着极大需要的少数人，比如史[①]、卜[②]、祝[③]等专业职官。

周艳涛指出，无论是从数量积累上，还是从原始符号进化为文字所需的技术条件和

---

① 史，设于商朝，原为驻外武官，后来成为在王左右掌握祭祀和记事的官员。
② 卜，专管占卜的官员。
③ 祝，王室中在祭祀时负责致告鬼神词的人。

人员构成上来看，"渐变论"的说法都是不太合适的，如果说"渐变"，那也只能是就少数在形体上有着相近特点的单个字符而言的。甲骨文这一较为完整的文字体系的形成，包括其中的绝大部分字符，应当是史、卜、祝一类对文字有着极大需求的人，在意识到可以用刻画符号来代表和记录语言单位这个关键性的问题之后，在一个相对较短的时期内创造出来的，他们有这个需求，他们所负责的日益繁杂的工作，需要找到一种能够清晰、完整和固定地表达的符号系统。他们也有这个条件，服务于王公贵族使他们不必为生计操心，有足够的时间和精力去思考关于文字的问题，必要的情况下，他们甚至可以借助王公贵族的权力，调动各方面资源来为文字系统的创制服务。

（二）甲骨文起源的影响因素

饶宗颐在《符号·初文与字母——汉字树》（27页，上海：上海书店出版社，2000）一书中指出，符号可能是重复表示作为器物的一种纹饰[1]，以连串排列成为某种特殊的纹样。或者被人从连串符号中选取一两个符号来作为陶物上的标记，这种标记使用久了，逐渐与语言结合，给予某一称谓和名目，因之成为文字。在使用字母的国家，这种符号有时可能被选择作为某一字母。人类在未有文字以前，似乎是要经过使用纹饰与符号的阶段。

李家样在《远古巫文化与汉字起源》（载《贵州民族学院学报（哲学社会科学版）》，2001年第3期）一文中指出，"仓颉[2]造字"反映了远古时代的巫[3]文化对文字的产生，有直接而深远的影响。第一，在远古时代巫、史是合一的，而且先有巫而无史，之后才由巫生史。史产生后，巫、史分职，巫管卜；史开始时管记卜，其后才转为管记史。而且，史作为专职，产生较晚，即使到了殷商时代，也尚未有专门的史官，在巫管卜时，卜辞也由巫进行记录，甲骨文就是巫师所记巫卜的历史见证。第二，古人描绘仓颉造字之时的情景是"天雨粟，鬼夜哭"[4]，并将仓颉描写为龙颜侈侈[5]，"四目灵光"[6]的

---

① 纹饰，一称纹样，器物上的装饰花纹的总称。

② 仓颉，根据历史文献记载，仓颉为黄帝左史官，为造字圣人。

③ 巫，古人认为巫能够与鬼神相沟通，能调动鬼神之力为人消灾致富，如降神、预言、祈雨、医病等，久而久之成为古代社会生活中一种不可缺少的职业。

④ （西汉）刘安：《淮南子卷八·本经训》，64页，长沙：岳麓出版社，2015。

⑤ 侈（chǐ）侈，繁盛，繁多。

⑥ 安居香山、中村璋八辑：《纬书集成·春秋篇：春秋元命苞》（中），590页，石家庄：河北人民出版社，1994。

巫现神道。由此可见，仓颉是巫，他在行巫作符时，头戴炯炯四目、威武不凌的龙头面具，呼风雨，泣鬼神。总之，无论仓颉是在造字还是在理字，他都是以巫师的身份出现，以巫符的形式表达意向的，因而才会使"天雨粟"，使"鬼夜哭"，这种情形就和传说中伯夷行巫作符时出现的龙登玄云，神栖昆仑之巫情巫状相似。

李一在《甲骨文与青铜纹样再利用的教学探索》（载《美术大观》，2014年第8期）一文中指出，甲骨文和青铜纹样均属于表情达意的符号系统。语言是人类最重要的交际工具，它是人们进行沟通交流的各种表达符号，是民族文化传承的具体载体。人类的语言分为多种形式，既有文字的又有图案的，既有发声的又有无声的，甚至还有形体的，等等。甲骨文就属于语言的范畴，是表情达意的符号系统。它是我国目前已知最早的成体系的文字形式，它上承原始刻绘符号，下启青铜铭文，是汉字发展的关键形态。毋庸置疑，现代汉字即由甲骨文演变而来。青铜纹样应该算是青铜铭文的最初形式，比甲骨文诞生得更早。相比较文字而言，它具有更形象、更具体、更大信息量等特点。所以青铜纹样也和甲骨文一样，是另一种表情达意的符号系统。青铜纹样也是中国文化积淀的结果之一。纹样是装饰中的一个重要内容，并且按照一定图案结构规律经过变化、抽象等方法而规则化、定型化。

（三）甲骨文的特点与主要内容

左民安在《细说汉字——1000个汉字的起源与演变》（16页，北京：九州出版社，2005）一书中认为，甲骨文的特点有三：第一，形体不固定，笔画有多有少，写法有反有正。第二，行文的程式不统一。从左到右、从右到左的都有，所以读起来也相当困难。第三，因为文字是用石刀刻在龟甲和兽骨上的，所以笔画细而硬，而且多用方笔，圆笔很少。（如下）

"止"：（是脚的象形）

"牢"：（是圈牛羊的地方）

"车"：（是战车的象形）

刘一曼在《甲骨文字的特点及主要内容》（载《档案与历史》，2000年第1期）一文概括了甲骨文的特点和主要内容。

首先，甲骨文的特点。第一，一字异形。字的结构不大固定，即一个字既可正写又可反书；偏旁可左右（或上下）移动；字的笔画或多或少。如父、卜、得、雨、御、田等，不胜枚举。第二，异字同形。如山与火、甲与七、巳与子、正与足、月与夕均同一形体。第三，合文。甲骨文中合文比较普遍。即把两个或三个字刻（写）在一起，在行款上只占一个字的位置。如上甲、祖乙、五十、三千、十二月等。合文多见于数字、月份、祖先庙号、习语等。

其次，甲骨文的主要内容。甲骨文中的绝大部分是卜辞，是占卜的记录。在商代，占卜之风极盛，成为国家政治生活的一个重要组成部分。占卜盛行的原因是：其一，商代人，包括统治阶级十分迷信；其二，当时的统治阶级，特别是商王，要利用占卜作为维护其统治的重要手段和工具。商代后期，上至天文星象，下至王的生活小事，都要求神问卜，以测吉凶祸福，决定人的活动。卜问的主要对象是上帝、鬼神、祖先，占卜的结果就是上帝、神灵或祖先的意志。商王把自己的所作所为说成是代表上帝和神灵的意志行事。实际上商王把自己神化了，借助于神权来欺骗被统治阶级，强化贵族阶层的统治。所以占卜成了当时国家政治生活中的大事，商王由此设置了专门的占卜机构，有专职人员担任占卜的工作。

占卜的材料是龟甲、兽骨（绝大多数是牛肩胛骨）。占卜之前先对龟甲、兽骨进行加工整治，然后在甲骨的反面挖出长方形或梭形的槽，甲骨学者称之为"凿"，在槽的旁边再挖出椭圆形的小窝（称为"钻"）。占卜时，卜官用火柱烧灼钻穴，这样甲骨之正面就会出现"卜"字形的裂纹，这种裂纹称之为"卜兆"。商王或卜官根据兆纹的形状来判断吉凶。占卜以后，在卜兆旁刻上卜问的内容或应验的情况，这就叫"卜辞"。

卜辞均有一定的格式，一条完整的卜辞有前辞、命辞、占辞、验辞四部分。前辞是占卜的日期和卜人的名字，命辞是要卜问的事情，占辞是王或卜官看了卜兆之后作出的判断，验辞是占卜过之后，事情应验的情况。不过甲骨卜辞中，包括这四部分内容的卜辞不多，大多数都省去了其中的某些部分。常见的卜辞是只保留前辞和命辞。

（四）甲骨文里的文化印记与审美追求

吴芬芬、徐小霞在《殷墟甲骨文化影响之浅探——自然崇拜的力量》（载《吉林省教育学院学报》，2014年第5期）一文中认为，甲骨文作为上古时代的真实镜像，蕴含着深厚的华夏民族精神。作为目前发现的中国现存最早的文字，甲骨文记载了上古祖先在恶劣的生存环境中对强大的自然崇拜。上古祖先对大自然客观物质世界、人的本身还没有达到理智成熟的程度，他们相信万物皆有灵性，出于依赖和畏惧的心理，诸多神崇拜形式由此产生。上古祖先崇拜对象广泛，其中有自然崇拜，如日月星辰、风雨雷电等天象或气象的崇拜。这种与自然神秘的互动反映了上古祖先心中对那种客观不存在的力量的幻想，这就是我们后代所谓的"神"。当然，与后代的那些内容丰富、情节曲折的神话或翔实生动的史书相比，卜辞上的记载显得古拙、简单，甚至可称作幼稚，但这正反映了早期人类身处的社会历史状况和思维特征。这种自然崇拜反映的自然与人的关系以及人对社会的认识，影响了中华民族几千年的天人思想的发端与雏形。

二、青铜器

（一）青铜器的特点

胡永贺、崔锋在《中国古代青铜器的特点》（载《兰台世界》，2009年第15期）一文中认为，中国古代青铜器有以下几个特点。

第一，量大。从汉代出土青铜器至今，仅仅有铭文的青铜器就在一万件以上。当然有铭文的青铜器毕竟是少数，反过来推算，加上没有铭文的青铜器，其数量之多就可想而知了。《中国青铜器全集》16本，集中了国内外博物馆的精华，收藏了3000多件青铜器精品。

第二，品种繁多，造型丰富。古代青铜器有酒器、食器、水器、乐器、兵器、农具与工具、车马器、各种生活用具、货币、玺印等。仅酒器就有爵、角、觯（zhì）、斝（jiǎ）、尊、壶、卣（yǒu）、方彝、觥、罍（léi）、盉（hé）等二十多个器种。而每一器种在每个时代都呈现不同的风采，同一时代同一器种的式样也多姿多彩，而不同地区的青铜器也有差异，犹如百花齐放，五彩缤纷。

第三，千姿百态，制作精湛。中国青铜器精品极多。尤其在商末周初，青铜器制造处于顶峰阶段，以其制作精湛、形制瑰异、花纹繁缛、富丽堂皇而为收藏家们所钟爱。

第四，地域跨度大，风格各异。从黄河流域到长江流域，从东北到广东，从西藏到东海渔岛，都发现有青铜器。而由于各地文化的差异，它们表现出各自独特的艺术风格。例如，晋北、陕北及内蒙古河套地区的青铜器，即我们以前称之为"鄂尔多斯文化"的青铜器，有不少青铜制品不同于中原地区，像以羊首、马首、鹿首之类的动物头像作为装饰，还有短剑、短刀和饰牌等，别具一格；三星堆青铜器怪异的人头像则凸显了古蜀国的风韵。如此种种，它们体现出了中国青铜文化的多样性和民族性。

第五，优美的铭文，历史的见证。西周时期是铭文大发展时期，鸿篇巨制不少，如毛公鼎铭文达497字，是铭文最长的青铜器。而到了春秋以后，铭文渐趋减少。这些铭文书体或粗犷或瘦劲，或工细或秀美，本身具有很高的书法欣赏价值。而文字对于历史研究十分重要，一篇长篇铭文不亚于一篇尚书，可见其珍贵程度。

第六，以青铜礼器为大宗。在每一个奴隶制王朝，青铜礼器被统治阶级用来祭天祀祖，宴飨宾客，歌功颂德，死后埋葬于地下，显然它是为奴隶制统治服务的。对于一个奴隶制国家来说，青铜礼器，尤其像鼎之类的重器，是社稷的象征，它的存亡就是国家的存亡，所以《左传》有"桀有昏德，鼎迁于商""商纣暴虐，鼎迁于周"①的说法。

第七，悠久的历史，1500年的流行。中国青铜器流行时间很长，就青铜容器来说，在相当于夏代的二里头文化时期已经出现，经过商、西周、春秋、战国，直至汉代。战国以后青铜礼器便衰落了。

第八，贵族身份地位的表征，严格的组合形式。青铜礼器是奴隶主贵族制度在青铜器上的"物化"，它用以表明奴隶制等级制度，以器的多寡与不同的组合形式来显示不同的地位身份。西周时期形成"列鼎"制度，天子九鼎八簋（guǐ），诸侯七鼎六簋，卿大夫五鼎四簋，士三鼎二簋，都有一定的规矩。

第九，独特、成熟的制作工艺。用陶质的复合范浇铸制作青铜器的合范法，在中国古代得到充分的发展。陶范的选料、制模、翻范、花纹均极为考究，浑铸、分铸、铸接、叠铸、锡焊、铜焊等技术非常成熟。

第十，诱人的艺术魅力，极高的艺术欣赏价值。中国古代青铜器不但有很高的历史和科学研究价值，而且具有很高的艺术欣赏价值，给人以赏心悦目的艺术享受。

（二）青铜器的制造工艺

吴静霞在《商周青铜器铭文的制作工艺和西周颂鼎复制》（载《文物保护和考古科学》，2008年第4期）一文中指出，商周青铜器的制作工艺主要以范铸工艺为主，其中陶范铸造技术，是这一时期范铸工艺中应用最为广泛的主流工艺技术。陶范材料的配置和

---

① 刘利、纪凌云译注：《左传·宣公三年·王孙满对楚子》，148页，北京：中华书局，2007。

炼泥、器形的雕塑和刻纹、外范的翻制和组合、青铜器的浑铸和分铸、青铜合金的冶炼和应用等工艺技术极为高超，创造出大量器形复杂、纹饰精致的青铜器。青铜器铭文的位置多处于器腹的内壁或盖的内壁上，其制作方法与纹饰一样是以陶范铸造为主。铭文大多为下凹的阴文正字，应该是由器物泥芯上形成的上凸的阳文反字，在浇铸青铜器的同时铸造出铭文。

董亚巍在《论商周青铜器与中国人的规矩》（载《四川文物》，2011年第1期）一文中认为，商周青铜器的制作中，逐渐形成了规矩，按规矩制作出来的范就是规范，即当今"规范"一词的原型及原意。这种按规矩操作的工艺思想，一直被延续至今，并体现在当今的各行各业之中。从青铜时代的早期阶段开始，中国青铜器的范铸工艺，就按照一定的规矩在制作。在制模阶段，用的是原始的规矩，在纹饰的制作阶段，用的是意识形态的规矩。从先秦的政治家到普通百姓，无不意识到各种规矩的存在，无不按照一定的规矩在进行各种事务的运作。如果商周时期没有规矩，就不会有光辉灿烂的青铜文化。只要掌握了规矩，不一定需要懂雕塑，不一定需要懂绘画，就可以制作出规整的青铜器。司马迁说："人道经纬万端，规矩无所不贯。"[1]规矩贯通着整个中国历史及各种生产与事务，还将会继续贯通未来。

宋淑悌在《司母戊鼎的X光检测及其铸造工艺》（载《东南文化》，1998年第3期）一文中指出，司母戊鼎[2]的铸造是一项极其复杂困难的铸造工程，在当时的简单协作式的手工作坊条件下，不能不说是一件人间奇迹。在商代晚期的技术条件下，铸造司母戊鼎这种大型青铜礼器，无疑是当时的一项重大工程。这不仅需要大批具有熟练铸造技术和丰富铸造经验的工匠，还需要有严密的组织。根据考古发现和有关专家的研究，结合X光检测的结果，可以判断司母戊鼎铸造的工艺流程大体分为以下几个步骤：第一步，制模。即用可塑性较强的泥土制成大小外形与司母戊鼎相同的模型。模型制成后，用火烘烤以增加其硬度。第二步，制范。先将司母戊鼎模型倒置在台座上，然后将可塑性强的范泥压附在模型四周及上部，用刀加以切割。第三步，装配型范。为了便于浇注，型

---

[1]（西汉）司马迁：《史记卷二十三·礼书第一》（第4册），1157页，北京：中华书局，1959。

[2] 司，是祭祀的意思；戊，此处指商朝国王武丁的妻子。司母戊鼎是商王武丁的儿子为祭祀母亲而铸造的鼎。原器1939年3月在河南安阳农民刚发现时称之为"古炉"。后郭沫若据鼎中铭文将其命名为"司母戊"，"祭祀母亲戊"之意。司母戊鼎是商周时期青铜文化的代表作。现藏于中国国家博物馆。

范必须在比熔铜炉位置低的地方。因此，事先须挖一个比大鼎宽深的长方形铸坑。第四步，熔铜和浇注。据有关专家估计，铸造司母戊鼎所用金属料可达1200千克。需要同时使用六个大型坩埚，这种坩埚直径达83厘米、壁厚4～5厘米，一次至少可熔铜200千克左右。为了保证大鼎的浇铸质量，各坩埚需同时熔铜，以便在浇注时青铜液能持续不断地注入浇注口，使鼎身一次浑铸成形。第五步，完成大鼎东腹壁和鼎足的补铸。第六步，在鼎的口沿上塑模、制范，铸成双耳。还要指出的是，事先进行的精密设计工作，是全部大鼎铸造工艺的先决条件。

（三）青铜器里的文化印记与审美追求

闫晓琳在《浅析商周青铜器纹饰的美学特征》（载《艺术评论》，2008年第6期）一文中指出，商周青铜器的造型和纹饰都已经相对纯熟，装饰风格鲜明独特，纹饰图案庄严、厚重，还有一种难以琢磨的神秘和惊悚，具有骇异[①]、狞厉[②]、苍劲的美学特征。商代后期，青铜器铸造水平达到了高峰。青铜器皿种类繁多，数量极大。随着社会的进步，生产力的发展也促使人们在审美上的需求逐步升高，这时的原始工匠们除了使器皿造型更加美观外，还开始在器皿的外表上饰以花纹。西周建立后，青铜器得到更大的发展，其技术水平和艺术水平都已经炉火纯青，并且，按其使用功能将青铜器皿铸造为工具、兵器、炊器、食器、酒器、水器、乐器、车马饰、铜镜、带钩和度量衡器等。因为器皿使用功能的不同，在器皿外表装饰的花纹形式也不相同，其造型多样、纹饰精美，即使是在世界工艺史上也是非常罕见的。人类是从蒙昧逐渐走向文明的，我们的祖先也从动物开始，使用野蛮、残酷的动物般的手段，开创了自己的历史。在这个过程中，万千生灵被无情地践踏。以种种凶狠残暴的动物形象作为"美"的载体，并以威严、神秘象征超自然力量的青铜器纹样，出现在人类由野蛮向文明过渡的血腥的奴隶时代，它将天堂的幻像模糊，隐现地狱中精芒四射的诡异。狞厉的美昭示神秘的威力，也蛰伏着对生命的热情和悲悯。在看来狞厉可畏的威吓神秘中，也还沉淀着一股浊重的力量，神秘恐怖与虔诚尊崇凝结在一起。在血腥、凶残、野蛮、暴戾的时代，这种神秘化的动物变形，威吓、震慑着古人们的身心。可以想象，祭祀时，面前是青灰色图案的、盛满牲畜祭品的器皿，周围烟雾缭绕，气氛神秘诡异，祖先们虔诚的拜祭，相信人与某种动植

---

① 骇异，惊骇怪异。
② 狞厉，凶恶可怕。

物之间一定存在一种特殊的关系，在冥冥之中环顾。青铜器上的纹样是相对物化了的人的意志和精神，是原始文化积淀的结果，也是传统文化的特殊印记和古人们审美追求的结果。

曾曦在《从青铜器的纹饰艺术看商周文化的变迁》（载《兰台世界》，2015年第12期）一文中指出，在不同发展时期，商周青铜器的用途和分类都有一定的不同，并且可以反映社会的发展和变化。在中国古代青铜器的发展中，商周时期是一个非常关键的时期，它以深厚的历史和文化底蕴而形成了自己独特的青铜文化。在商周早期，礼器和兵器是青铜器的主要应用形式，从其纹饰特点来看，人们对天和神具有较强的敬畏思想。这一时期，人们对自然的认识不够深刻，并且力量也不够强大，在思想观念中存在万物皆有灵性，以及自然是不可战胜的等观点，对大自然具有很高的崇拜感和敬畏感，认为大自然主导了人类，因此神秘、威严、狰狞以及肃穆等成为青铜器的主要特征，并且通过一些神秘怪异的现象来表现这一思想，例如兽首纹以及夔（kuí）纹等。到了西周中晚期，青铜器大多为礼器，而在纹饰方面则开始发展写实的特点。这一方面体现了商周早期鬼神文化在不断地瓦解，另一方面也体现了人们原始宗教意识的淡化和艺术写实能力的提高。最后，到了东周，周礼逐渐削弱，而人本主义逐渐加强，人与自然之间的关系得到了重新的审视，青铜器的铸造由"神"的艺术开始向"人"的艺术过渡。青铜器开始在人们的生活中普及应用，纹饰特点更多体现了社会生活的场景。

微课设计

微课设计一：从甲骨文看汉字的起源

设计意图

文字是人类进入文明时代的重要标志之一。商朝甲骨文是我国目前所发现最早的成熟的汉字，是商人在甲骨上用来记载占卜情况的古文字，甲骨文代表了早期中华文明的辉煌成就。中华文明有文字记载的历史是从商朝开始的，这种历史记载所用文字就是甲骨文。通过甲骨文这一视角来看汉字的起源，旨在让学生认识到中国古代文明的辉煌，并从甲骨文中了解早期社会各个领域的历史状况以及古代早期文明的特征。

设计方案

教师讲述： 汉字是记录汉语的文字系统，是世界上最古老的文字之一，拥有4500年以上的历史。汉字使用最晚始于商代，历经甲骨文、金文、大篆、小篆、隶书、楷书、草书、行书，诸般书体变化。关于汉字的出现，还衍生出了"仓颉造字"的神话故事。

材料呈现： 古人描绘仓颉造字之时的情景是"天雨粟，鬼夜哭"。并将其人描写为龙颜侈侈，"四目灵光"的巫现神道。

——李家样：《远古巫文化与汉字起源》，

载《贵州民族学院学报（哲学社会科学版）》，2001年第3期

教师设问：

（1）从材料中可以看出，古人认为汉字是如何出现的？（参考答案：仓颉造字。）

（2）结合材料指出，古人认为汉字出现受到什么因素影响？古人为什么会有这种认识？（参考答案：巫文化或神。受到生产力发展水平的限制。）

教师讲述： 在人类社会早期，受人类自身发展水平所限，对很多自然现象、历史现象无法给出合理的解释，只能把这些历史现象和自然现象归结为神的力量。于是，"仓颉造字"的传说就应运而生了。原始社会时，就出现了专门从事沟通天人，降福氏族的巫。王权出现后，为使王权更具有权威性和神秘性，逐渐形成了为王权服务的一整套的巫、祝、卜、史的专业职官。这样，处理人间事务的"王"与侍奉鬼神事务的"巫"就紧密相连，即"巫政合一"。这种形态成为中国古代文明的一个重要特征，并深深影响着中华文化的发展变迁。

教师继续讲述： 从今天的视角来看，甲骨文就是巫师所记巫卜的历史见证，其构成了汉字起源的基本形态。汉字随着社会生活的发展而不断发展完善，并最终形成了规模宏大、自成体系、自有规律的汉语书面符号系统。在九州大地上延续四五千年，代代承传，青春永葆。

材料呈现： 当然，与后代的那些内容丰富、情节曲折的神话或翔实生动的史书相

比，甲骨卜辞的记载显得古拙、简单，甚至可称作幼稚，但这正反映了早期人类身处的社会历史状况和思维特征，这种自然崇拜反映的自然与人的关系以及人对社会的认识可以说是影响了中华民族几千年的天人思想的发端与雏形。

——吴芬芬、徐小霞：《殷墟甲骨文化影响之浅探——自然崇拜的力量》，

载《吉林省教育学院学报》，2014年第5期

教师设问：

（1）甲骨文的记载中反映出怎样的社会现象？（参考答案：自然崇拜。）

（2）这种现象对中华文化的发展有何影响？（参考答案：丰富和推动了中华文化的成长。）

教师讲述： 自然崇拜是世界各民族历史上普遍存在的信仰形式，包括天、地、日、月、星、雷等多种崇拜形式。自然崇拜对古代中国的哲学、政治、军事、经济、衣食住行、文学艺术等都产生过巨大的影响，推动了中华文化的发展，在中国文化史上占有重要地位。

教师继续讲述： 古人关于汉字的起源有着神奇而美丽的故事，带着浓郁的神话色彩，并深深地刻有早期文明的烙印。从今天的研究看，甲骨文是商人在甲骨上用来记载占卜情况的古文字，是我国目前所发现的成熟的汉字，它在中国汉字起源发展过程中发挥着重要作用。

材料呈现： 甲骨文属于语言的范畴，我们说它是表情达意的符号系统较好理解。它是我国目前已知最早的成体系的文字形式，它上承原始刻绘符号，下启青铜铭文，是汉字发展的关键形态。毋庸置疑，现代汉字即由甲骨文演变而来。

——李一：《甲骨文与青铜纹样再利用的教学探索》，载《美术大观》，2014年第8期

教师设问：

（1）中国早期汉字经历了哪几个阶段？（参考答案：刻绘符号、甲骨文、青铜铭文。）

（2）甲骨文在汉字起源过程中发挥了怎样的作用？（参考答案：是汉字发展的关键形态，现代汉字的来源。）

教师讲述： 甲骨文是研究古汉字的宝贵资料。中国的文字萌芽较早，在新石器时代仰韶文化的陶器上，就发现了各种刻画符号，成为中国文字的雏形，经过二三千年的孕育、发展，到了商代，中国的文字达到基本成熟阶段。甲骨文具有一定体系并有比较严密的规律，刻画精湛，内容丰富，对中国古文字研究有重要作用。但是，对于汉字起源

问题本身，不同的学者又有着不同的认识。

材料呈现：处于下层的一般人对文字系统的需求程度并不高，所以由原始记事符号转变到完整的文字系统，这中间的最大推手应该是对文字有着极大需要的少数人（比如史官、卜祝等）。

——周艳涛：《汉字起源"渐变论"质疑——以甲骨文为例》，

载《南阳理工学院学报》，2014年第5期

教师设问：

（1）从材料中判断，作者认为甲骨文的产生是否来自原始符号的积累？汉字是如何起源的？（参考答案：不是；少数人完成的。）

（2）从材料看，关于汉字起源问题的认识有何差异？（参考答案：渐变与突变的差异。）

教师讲述：历史是客观存在的事实，真相只有一个。为什么关于文字起源问题会有不同认识呢？因为在史学研究中，要依据历史资料来进行判断，但是历史资料也有局限。一方面，它与实际历史相比，历史资料的数量有极大的局限。无论是史迹遗存还是文献资料都是如此。另一方面，史料的质量也有局限。由于历史文献的记录者和撰述者，受到时代性、阶级性、个人见解、见识程度等多重主客观因素的制约，各种文献资料都带有不同程度的片面性。因此，人们通过历史资料来认识历史事实时，要充分发掘历史资料、翔实地占有历史资料并科学地运用历史资料，才能够接近历史的真实。总之，在历史研究中，掌握史料的多少、史学研究视野的大小和运用史料的方法，都会直接影响对历史的认识。

甲骨文在汉字漫长的发展历史上具有极其重要的地位，作为现代汉字的鼻祖是当之无愧的。它不仅对研究汉字的发展有着重要价值，而且还反映了商朝的政治和经济情况，此外，由于殷商灭亡周朝兴起之后，甲骨文还使用了一段时期，因此，它还是研究西周早期社会历史的重要资料。

设计点评

本微课从关于甲骨文起源问题的史料出发，培养学生论从史出的意识，有利于学生认识到中国古代早期文明由于受时代限制，呈现出独特的发展特征，并对中华文化的发展产生深远的影响。同时，通过对文字起源问题分歧的认识，以及对甲骨文记载的分析，有助于学生掌握历史研究的基本方法，培养学生对历史及历史学的基本认识。

微课设计二：从商周青铜器看早期中华文明

设计意图

商周青铜器代表了早期中华文明的辉煌成就。商朝青铜器的制作与使用以及其被赋予的各种功能，全面反映了商周时期社会政治、经济、文化等方面的基本情况。通过史料的运用，一方面培养学生阅读史料和解读史料的能力；另一方面，通过青铜器这一视角，可以让学生较为全面地认识商周时期的社会状况。

设计方案

教师讲述： 青铜器是指以青铜为基本原料加工而制成的器皿、用器等。青铜，古称金或吉金①，是红铜与锡、镍等其他化学物质的合金，其铜锈呈青绿色，因而得名。史学上把大量使用青铜工具及青铜礼器的时期称为"青铜时代"。据保守估计，这一时期主要从夏商周直至秦汉，时间跨度约为两千年，是青铜器发展、成熟乃至鼎盛的辉煌期。由于青铜器以其独特的器形、精美的纹饰、典雅的铭文向人们揭示了先秦时期的铸造工艺，文化水平和历史源流，因此被史学家们称为"一部活生生的史书"。我国目前所发现的最大的青铜器是司母戊鼎，重达832.84千克，被称为中国古代青铜文化一大奇迹。1939年首先从河南安阳武官村盗掘出土，而后被盗掘者打掉鼎耳，埋入地下达十年之久，最终几经周折，于1959年藏入中国历史博物馆。它不仅形制巨大，而且造型端庄，文饰精美，集中表现了商代晚期铜铸造工艺的高超水平。

材料呈现：

材料一　据有关专家估计，铸造司母戊鼎所用金属料可达1200千克。……在河南安阳苗圃北地的商代晚期铸铜遗址中，发现了一种直径为83厘米、壁厚4～5厘米的大型坩埚②。这种坩埚，每个至少可熔铜200千克左右，因此，只要有六个这种大型坩埚就足敷铸造司母戊鼎的熔铜需要了。

——宋淑怡：《司母戊鼎的X光检测及其铸造工艺》，

载《东南文化》，1998年第3期

---

① 吉金，古代鼎彝等古器物。古以祭祀为吉礼，故称铜铸之祭器为"吉金"。

② 中国科学院考古研究所安阳发掘队：《1958—1959年殷墟发掘简报》，载《考古》，1961（2）。

材料二　在殷墟和郑州商朝遗址，都发现有为王室所专用的青铜器铸造作坊，都有比较细致分工，有世代从事生产擅长专精技艺的工匠。生产规模之大和技艺水平之高，是当时世界所罕见的。

——朱绍侯：《中国古代史》（上册），72页，福州：福建人民出版社，1990

教师设问：结合以上材料，指出商朝能够铸造出司母戊鼎的条件？（参考答案：分工细致；技艺专精；规模大。）

教师讲述：在商代，经济力量有限，只有简单协作式的手工作坊，在当时的技术条件下，铸造司母戊鼎这种大型青铜礼器，不能不说是一件人间奇迹。从今天的研究来看，司母戊鼎的铸造工艺极其复杂，在当时无疑是一项重大工程。这不仅需要大批有熟练铸造技术和丰富铸造经验的工匠，还需要有严密的组织以及足够的财力物力的支持。在制作大量青铜器的历史过程中，勤劳、智慧的商周人还形成了独特、成熟的制作工艺。

材料呈现：商周青铜器的纹饰制作，靠的是几何造形，不是靠任意绘画技巧造形。在这些工艺的操作中，逐渐形成了规矩。按规矩制作出来的范就是规范，即当今"规范"一词的原型及原意。按规矩制作出的青铜器纹饰，属于规范纹饰。只要掌握规矩，虽隔千里可制作出相同的青铜器。这种按规矩操作的工艺思想，一直被延续至今，并体现在当今的各行各业之中。

——董亚巍：《论商周青铜器与中国人的规矩》，载《四川文物》，2011年第1期

教师设问：商周青铜器制作中所体现的工艺思想是什么？（参考答案：按照规矩制作。）

教师讲述：司马迁说："人道经纬万端，规矩无所不贯。"我们说，"不以规矩，不成方圆"，"循规蹈矩"。其实，这些都是青铜器制作工艺在观念方面的影响。今天，在现代企事业单位中，各种规章制度就是规矩。在生活中，法律就是规矩。在各种生产中，定制的工艺流程就是规矩。"规矩"逐渐演变成一种普遍的思想意识，影响着整个中国历史及各种生产与事务。而且，作为一种民族文化心理还将会继续影响未来。除此之外，我们还可以通过商周青铜器这一视角，了解和认识当时哪些社会状况呢？

材料呈现：据考古报告，妇好①墓出土的仅青铜器至少就有1.6吨。更可骇者，殉葬

---

① 妇好，商朝君主武丁的妻子，中国历史上有据可查（甲骨文）的第一位女性军事统帅，同时也是一位杰出的女政治家。

人数不少于16人。其中，有100多件兵器，显示着其重要军事家身份。更说明问题的是，其中有4件青铜钺①，有两件特别大，一件重8.5千克，一件重9千克。上面铸有妇好的铭文。

——王瑞英：《从甲骨文金文看商周妇女地位的变化及原因》，

载《求索》，2008年第6期

教师设问：妇好墓中出土的物品能反映出哪些历史现象？（参考答案：殉葬制度；青铜制作发达；商朝已经有了金文。）

教师讲述：商周的青铜器主要用于王室和贵族的礼典、祭祀等重要活动。青铜器的大小、数量等，都是等级身份和政治地位的象征。青铜器上还铸有动物纹饰，人们相信这些动物能帮助他们与祖先或神灵沟通，以庇护其世间的权力和财产。青铜器被赋予了沟通天地，支持政治权力的功能。通过青铜器，我们不仅能认识一些历史现象，还可以了解古代先民的审美追求。

材料呈现：商、周青铜器造型和纹饰都已经相对纯熟，装饰风格鲜明独特，纹饰图案庄严、厚重，还有一种难以琢磨的神秘和惊悚，具有骇异、狞厉、苍劲的美学特征。

——闫晓琳：《浅析商周青铜器纹饰的美学特征》，载《艺术评论》，2008年第6期

教师设问：从材料中看，商周青铜器的美学特征是什么？（参考答案：骇异、狞厉、苍劲。）

教师讲述：在人类由野蛮向文明过渡的血腥的时代，人们将对死亡的恐惧，对自然力量的敬畏，通过青铜器纹饰进行表现。骇异的美，彰显了对自然的敬畏；狞厉的美，昭示了神秘的威力；而苍劲的美，则体现着生命的热情。

材料呈现：在商周早期，礼器和兵器是青铜器的主要应用形式，从其纹饰特点来看，人们对天和神具有较强的敬畏思想；到了西周中晚期，青铜器大多为礼器，而在纹饰方面则开始发展写实的特点；最后，到了东周，青铜器开始在人们的生活中普及应用，纹饰特点更多的体现了社会生活的场面。

——曾曦：《从青铜器的纹饰艺术看商周文化的变迁》，

载《兰台世界》，2015年第12期

---

① 钺，古代一种汉族兵器，青铜或铁制成，形状像板斧而较大。

教师设问：人们对天和神有较强的敬畏思想的原因是什么？（参考答案：发展水平所限。）

教师讲述：这一时期，人们对自然的认识不够深刻，力量也不够强大。在思想观念中存在万物皆有灵性，以及自然是不可战胜的等观点，对大自然具有很高的崇拜感和敬畏感。

教师引导学生小结：商周青铜器制作精湛，数量繁多。它体现了中国早期文明的辉煌成就，反映了那个时代政治、经济生活状况，折射出中国早期的民族文化心理以及审美追求等。通过对商周青铜器的认识，我们可以对早期中华文明有较为全面的认识。

设计点评

本微课以商周青铜器为切入点，通过对青铜器的制作、技术、造型、纹饰等解读和分析，可以较为全面地了解商周时期的社会政治、经济、文化状况，激发学生的学习兴趣，有助于学生更好地感知、理解商周文化，认识早期中华文明的特征。

教学资源

资源1：许慎《说文解字·叙》说："黄帝之史仓颉，见鸟兽蹄远之迹，知分理之可相别异也，初造书契。"[1] 在"鸟兽蹄远之迹"这些参照物中，人们又格外强调"鸟迹"的作用，甚或把"鸟迹"作为唯一的参照物[2]。香港中文大学教授饶宗颐先生在《符号·初文与字母——汉字树》一书中有专文考证仓颉造字与"鸟迹"之关系[3]。文字取象"鸟迹"实际上是鸟图腾崇拜的产物之一。在东夷人的鸟图腾文化中，有以鸟为题材的"图画文字"，也有以鸟为题材的象形文字。鸟图腾崇拜是中国文字产生的源泉之一。

---

[1] 郦承铨著、王云五主编：《说文解字叙讲疏》，1页，北京：商务印书馆，1935。

[2] 例如："仓颉起鸟迹。"见（西汉）王充：《论衡·感类第五十五》，243页，长沙：岳麓书社，2006。"仓颉始视鸟迹之文造书契。"见（东汉）高诱注：《淮南子注·卷八本经训》，116～117页，上海：上海书店，1986。"字画之始，因于鸟迹。"（东汉）蔡邕著、邓安生编：《蔡邕集编年校注·篆势》（下），509页，石家庄：河北教育出版社，2002。

[3] 饶宗颐：《符号·初文与字母——汉字树》，35～36页，上海：上海书店出版社，2000。

以鸟为题材的刻画符号是大汶口文化的一个重大发现。迄今为止，已有山东宁阳堡头，莒县陵阳、大朱村、杭头，诸城前寨，安徽蒙城尉迟寺等六处大汶口文化遗址出土刻画符号，共计28个标本。

完全相同或基本相同的刻画符号在不同的遗址中反复出现，是大汶口文化刻画符号的一个显著特征。这表明，在以陵阳河遗址为中心的方圆400千米左右范围内，这批刻画符号为栖息在这个地区的先民所通用，已是一种"标准符号"。迄今为止，在中国原始文化遗址中，这种现象仅此一例。

——刘德增：《鸟图腾、刻画符号与中国文字起源》，

载《齐鲁师范学院学报》，2011年第2期

资源2：其实，仰韶、马家窑的某些几何纹样已比较清晰的表明，它们是由动物形象的写实而逐渐变为抽象化、符号化的。由再现（模拟）到表现（抽象化），由写实到符号化，这正是一个由内容到形式的积淀过程，也正是美作为"有意味的形式"的原始形成过程。即是说，在后世看来似乎只是"美观""装饰"而并无具体含义和内容的抽象几何纹样，其实在当年却是有着非常重要的内容和含义，即具有严重的原始巫术礼仪的图腾含义的。似乎是"纯"形式的几何纹样，对原始人们的感受却远不只是均衡对称的形式快感，而是有复杂的观念、想象的意义在内。巫术礼仪的图腾形象逐渐简化和抽象化成为纯形式的几何图像（符号），它的原始图腾含义不但没有消失，并且由于几何纹样经常比动物形式更多的布满器身，这种含义反而更加强了。

——李泽厚：《美学三书》，24页，合肥：安徽文艺出版社，1999

资源3：……文字是语言的书写符号，文字反映、表达一定的语言现象，不论哪个国家、民族的文字无疑由一些符号组合而成，但并不是所有的符号都可称之为文字。中国汉字是目前世界上最古老的表意文字，它是形、音、义三者密切结合的产物。完整意义上的文字应是三者缺一不可。在表达语言现象的功能中，不可想象文字的上述三要素可以割裂。早期刻画符号和其他一些具有记事性质的记号（如结绳），一般并不具备文字的三要素，至多也仅有形有义，不能等同于文字。尤其总是以单个和孤立的形式出现，很难证明是语言的记录，我们可以根据文化的传承性和连续性，用与古汉字接近的程度来推测这些符号的意思，但对两者的差异应有充分的认识。

其次，文字既为语言的书写符号，必须具备在一定范围内通用的性质，这就必须有

一个约定俗成的过程，把某些符号以习俗或强力的形式固定下来，而不是任何个人有意或无意，甚至是随心所欲地制造一些符号就可算作文字。

……

第三，随着时代的进步，记事的范围、内容扩大，精神文明进一步发展，对于时代稍晚的刻符和图像，把它们看作图画符号似乎更合理，不排除其中有些形体、内涵与后来的汉字相同，已经属于早期具有文字性质的符号。这些图画符号或标志比早期刻符要复杂得多，对后代汉字的影响也可能大些，可以称之为原始文字。收藏于美国华盛顿弗利尔美术馆的四件良渚文化玉器上的图像符号，有可能是这种情况。

——裘士京：《原始刻划符号性质与文字起源刍议》，
载《吕梁学院学报》，2011年第1期

资源4：第一，刻画符号应是有一定意义，带有记事性质或其他性质的符号，而不是真正意义上的文字，良渚、龙山时代的图像有可能已具有文字性质。刻画符号在六七千年前出现以及它所具有的指事与象形的特征，表明人类思维活动的进步，由于人类早期认识事物具有同一性，不同地区符号个别形体相似，并与以后真正文字有相似之处，是完全正常的现象。

第二，文字不可能创制于原始社会，只有当国家出现，体力劳动和脑力劳动相分离，才有可能出现对文字的需求，也才能推动文字的创制。换言之，文字的出现是人类进入阶级社会以后为适应社会发展需要而创造的。汉字可能创制于商代或更早些，但不会早至六七千年前的原始时代。记事性质的刻符则可能早至七八千年甚至更早就已出现，并在一定范围内流行。

第三，文字不是也不可能由普通劳动群众来创造，而是统治阶级中少数专门从事沟通上天与人间的巫师、僧侣们创造的，他们是最早的一批从事脑力劳动的知识人。文字由他们创造，由他们约定俗成，并不断加以整理、完善和逐步推广。文字在很长时间内与普通群众无缘，既非他所创造，亦非他们所拥有。

第四，强调的是文字起源的多元性，无论中国还是世界，都是如此。就中国而言，先秦时期除汉字外，还可能存在自成体系的文字，只是后来被淘汰而渐趋消亡了。

——裘士京：《原始刻划符号性质与文字起源刍议》，
载《吕梁学院学报》，2011年第1期

资源5：现在所见到的商代文字记录材料主要是保存在甲骨、铜器及其他器物上，其中以甲骨上的为最多，甲骨文即是指这种文字而言，其时代是从武丁到帝辛。甲骨文共有单字约在三千以上，说明商代晚期文字已相当繁多。后人所谓的"六书"，即象形、指事、会意、假借、形声、转注这六种构成文字的原则，在甲骨文中都已具备，则商代晚期已经形成为具有严密规律的文字系统。无疑，这是经过长期发展而来的。不少刻在甲骨或是书写在器物上的文字，书体是非常美观的，都是一些宝贵的书法艺术作品。

甲骨卜辞及铜器铭文长的一般约为四五十字，当时写在简牍上或许更长，周人说"惟殷先人，有册有典"，应该是可信的。

——翦伯赞：《中国史纲要（修订本）》（上册），

25页，北京：人民出版社，1995

资源6：关于甲骨文在中国文学起源中的地位和作用，既不能高估其地位，因为，不论是中国的文字还是文学，甲骨文均为开辟鸿蒙、从无到有、筚路蓝缕的历史阶段，但也不能低估其历史作用和地位。研究中国文学史的起源发生，很多人虽然谈及甲骨金文，但仍然从神话和诗歌的起源谈起，这就无视了甲骨文文献的存在，放着最为可信的最早的文字、文献记载而不研究，反而以后人所作的神话和传说中的所谓上古诗歌作为文学的起源，这是不对的。甲骨文文献所显示出来的文学因素，既是粗糙的、无序的、胚胎的，但又是极为宝贵的、自然的、美妙的，它们在应用的、功利的、历史的记载中，放射出了文学审美的异彩，播种了后来文学的、诗歌的种子。

——木斋、祖秋阳：《中国文学起源问题重议——从甲骨文与中国文字起源

发生说起》，载《安徽师范大学学报（人文社会科学版）》，2014年第4期

资源7：随着青铜器的不断发现，金文越来越起着重要的作用。通过对殷商金文的研究，也能促进甲骨文字与卜辞资料的分组分期等基本问题的探讨，从而进一步推动研究的深入。目前发现的殷商时期的金文资料，很少有鸿篇巨制的文章，其重要性与甲骨文比还有一点的差距。

对周史研究而言，尤其对西周史来讲，西周金文的重要性已得到了相当充分的体现。它们是西周史研究过程中第一手的原始资料，不仅具有比较确切的时代同步性，且数量庞大。很多长篇铭文的史料价值都可以与传世的周初文献相媲美，甚至超过传世文

献。并且在中国书法领域也发挥着重要的作用，商周的铭文朴茂凝重，瑰丽沉雄，整体上呈现出线与块面结合的美，是我们学习书法的重点。我们今天之所以能对周代的历史、政治、经济、文化、社会、历法等有比较清楚的认识，几乎都得益于金文资料的大量出土与相关研究。

目前的金文研究，可以说是考古学的有机组成部分。商周时期许多遗址与墓葬，就是因为有金文资料的出土，才使得一些关键性问题得到解决。同时，作为青铜器的一个重要组成部分，金文本身研究的不断深入，也能促进铜器类型学的日益精准。

——黄善哲：《从青铜器铭文看商周政治与社会》，

载《长春教育学院学报》，2013年第12期

资源8：尽管商周已经进入奴隶制的全盛时期，可毕竟尚且是人类社会的早期，当时生产力低下，人们对世界的认知程度很低，面对难以解释的自然现象，会产生一些虚幻的联想，企求自然界某种神秘力量的庇护，作为精神的寄托来供奉、崇拜。于是，原始的工匠们按照统治者的意志创造出幻想动物纹样，装饰于青铜器物的外表。商周青铜器皿形象端方、庄重，纹样线条刚硬，形式诡秘、怪异，风格郁重、狰狞。再加上青铜金属独有的青灰色彩，还有青铜金属特有的质感，视之不由使人产生的冷畏不言而喻。想象中的怪首化成神灵般的力量进入古代先民的现实生活之中。它敦促人们遵章守制，辛勤耕耘。像荷马诗史、非洲面具这些原始艺术一样，中国的青铜纹饰有些粗野，有些可怖，而且甚或至于还带着些愚化的成分，但却仍然保持着美学魅力。即使今天看来，人们还能感受到它振魂慑魄、威慑苍生的狞厉之美。

——闫晓琳：《浅析商周青铜器纹饰的美学特征》，载《艺术评论》，2008年第6期

资源9：商周青铜器的纹饰有着不同的艺术特征，也具有不同的社会意义。商代的宗教意义大于审美，而周代更体现出生活气息。纹饰是一个社会思想文化和精神文明的载体，它的变化反映着社会的变化，反映着人们生活状态的变化，而作为礼器的青铜器在商周社会占有非常重要的地位。

青铜器的装饰，殷代前期多是直接雕刻在模具的壁上，或者在模壁上再加泥片，进行雕刻，因而产生浅浮雕的效果。商代主要的纹饰是兽面纹，以及兽面纹中的典型纹饰饕餮纹和夔纹。饕餮纹多为中心对称形式，表现庄重的严肃，夔纹则多为二方连续。细看这些

纹饰，似动物形象，具（编者注：应为"据"）分析应该是猪、牛、羊等作为祭祀用品的形象的表现。这种表现是进行了夸张、抽象等综合性处理。既有祭祀意义又有宗教意义。虽然很多制品，在装饰的艺术处理上极为精巧卓越。但这种审美要求，必须服从宗教意义的要求，只有今天的我们，才能彻底摆脱社会思想桎梏，将其纯粹当成欣赏的传统工艺，从而获得更高的精神享受。周代青铜器的装饰有了显著变化，特色是不用地纹，因此总的艺术风格是质朴，富于韵律感和节奏美。与商代的对称装饰手法相比较，运用了二方连续的带状纹样。这种秩序和周代的礼制有很大关系，主要以窃曲纹为主，具有方圆结合的优点。从根本上讲，商周青铜器的变化与发展反映了由神性向人性的回归。

商代是典型的奴隶制社会，在这种社会中，支配人的除了自然之外还有阶级统治的社会力量。因此商代的宗教观念已经由原始社会的多神教转化为一神教。残酷的奴隶制度，使商代青铜器呈现威严、神秘和慑服的力量。饮酒之风的盛行使酒器风靡，祭祀的需要使各种器皿不断诞生，并各有所用。周代则提出了德的观念，同时也比较看重现实生活。注重"礼治"，因此等级和秩序反映在周代的各个方面。纹饰从早期以兽面纹等动物纹样为主发展到后来以环带纹、窃曲纹等占据了主要地位，商代青铜纹饰神秘色彩减退，理性色彩增强。商周青铜器是中国古代青铜器重要的组成部分。其神秘、独特的艺术特征延续了十多个世纪并创造了中国早期文明浓厚的神秘氛围。对后来的中国文化及艺术产生了深远的影响。

——陈静：《古文明的探析——谈等级制度下商周社会的青铜器文化》，

载《赤峰学院学报（汉文哲学社会科学版）》，2014年第1期

资料10：大盂鼎，晚清道光年间出土于陕西。自出土之日起，大盂鼎便广受关注，跻身晚清"四大国宝"之列。近代中国社会浮沉不定，大盂鼎命运多舛。大盂鼎的辗转流传，见证了中华民族的风雨历程。大盂鼎铭文极为珍贵，为我们了解商周历史提供了可靠的资料。

附铭文：唯九月，王在宗周，命盂。王若曰：盂，丕显文王受天有大命。载武王嗣文作邦，辟厥匿，敷有四方，畯正厥民。载越御事，酒无敢，有髭蒸祀无敢醉，故天翼临，子法保先王，敷有四方。我闻殷坠命，唯殷边侯甸，越殷正百辟，率肆于酒，故丧师。

巳，汝昧辰有大服，余唯即朕小学，汝勿余乃辟一人。今我唯即刑禀于文王正德，若

文王命二三正。今余唯命汝盂绍荣，敬雍德经，敏朝夕入谏，享奔走，畏天威。王曰：于，命汝盂，刑乃嗣祖南公。王曰：盂，乃绍夹尸司戎，敏勅罚讼。夙夕绍我一人烝四方。

越我其遹省先王，受民，受疆土。赐汝鬯一卣，冂、衣，市、舄、车、马。赐乃祖南公旂，用兽。赐汝邦司四伯，人鬲自御至于庶人六百又五十又九夫。赐夷司王臣十又三伯，人鬲千又五十夫。迁自厥土。王曰：盂，若敬乃正，勿废朕命。

盂用对王休，用作祖南公宝鼎。唯王廿又三祀。

——谢耀亭：《晚清"四大国宝"之大盂鼎》，载《国宝档案》，2012年第1期

春秋时期的诸侯争霸

学术引领

　　公元前770—前476年，是中国历史上的春秋时期。这一时期，周王室逐渐衰微。各诸侯国为争夺中原霸主地位，互相攻伐，同时积极进行朝聘、会盟等外交活动，形成了霸权迭兴的局面，先后崛起了郑、齐、晋、秦、楚、吴、越等多个实力较强的诸侯国。作为诸侯之长的"霸"，是春秋时期兴起的一个概念，它是"伯"的假借字，指可以号令他国的显赫诸侯。春秋霸主皆是出类拔萃的人物，他们多有不平凡的经历，往往以不同一般的意志和魄力建功立业，在当时的政治、军事舞台上演出了一幕幕气势恢宏的历史剧。

一、争霸战争

　　陈筱芳在《试论春秋列国间的战争》(载《西南师范大学学报（哲学社会科学版）》，1997年第5期）一文中指出，春秋时期列国之间的战争频繁，大小战争共五百多起。这些战争可分为以下四类：第一，掠夺性战争。指骚扰抢掠边境、侵占土地城市、掠夺财货的战争。这类战争多发生在邻国之间。第二，兼并性战争。这类战争多发生在春秋晚期，指大国吞并其邻近的小国。第三，报复性战争。这类战争主要发生在实力相当的国家之间，并带有浓厚的感情色彩，其表层动机是复仇，即追求情绪的宣泄和心理平衡。但背后往往隐藏着更深层的原因，那就是争夺霸主地位。如秦、晋之间崤之战及其后的一系列战争，看起来是为复仇而战，其实是晋要将秦阻遏于西方，以保有自己的霸主之位；秦则欲击破晋的防线，向东发展，夺取中原霸主地位。春秋后期吴、楚之间的战争也是如此，在宣泄仇怨的背后，是为了争夺东南地区乃至中原霸主的地位。第四，争霸性战争。这类战争约占春秋战事的三分之一，多由大国发起，以争霸或巩固霸主地位为目的。大国争霸的关键是争夺更多的盟友，成为盟主，因此这类战争大多不吞并土地，而是迫使对手畏服，以树立自己的威信。

对于春秋时期的战争，孟子曾扼要地评价说："春秋无义战。"①那么，今天应如何评价这些战争呢？陈筱芳在文中指出，如果站在尊重各国主权的角度来看春秋战争，掠夺战争和兼并战争确属非正义的。然而其他类型的战争却有一定的正义性，如遭到侵犯而进行的报复性军事行动、大国救援被侵伐的小国并惩罚侵略者、霸主国救助陷于内乱的国家等，这些军事行动对减少列国间的混战、协调国际秩序，发挥了一定的积极作用，不应简单地视为不义之战。

晁福林在《论春秋霸主》（载《史学月刊》，1991年第5期）一文中指出，春秋时的争霸战争不以灭掉敌国为目标，主要原因是分封制虽然在春秋时走向瓦解，但它还是最主要的社会结构形式。就像周天子虽是天下之主但并不直接统治天下一样，诸侯也不直接统治全国，而是通过向卿大夫发号施令来进行统治。对于春秋时的诸侯来说，灭掉敌国使其变成卿大夫的封地，与对方屈服、俯首纳贡，两者之间没有太大的区别。春秋时诸侯的霸权与汉末曹操的"挟天子以令诸侯"是截然不同的。春秋霸主打着"尊王"的旗帜，才能够取得代天子"礼乐征伐"的合法性，才能够在会盟时被周天子册封为"伯主"，成为大家公认的霸主。尽管周王室失去了西周时的无上尊荣，但始终有自己独立的经济、军事和官僚机构，始终没有成为哪一位霸主的附庸。而汉献帝虽然是最

---

① 万丽华、蓝旭译注：《孟子卷十四·尽心下》，318页，北京：中华书局，2006。

高权力的象征，但他只是曹操的傀儡。

黄朴民在《从"以礼为固"到"兵以诈立"——对春秋时期战争观念与作战方式的考察》（载《学术月刊》，2003年第12期）一文中指出，春秋时期的战争观念是随着时代而逐渐发展变化的。以春秋中期为界，由西周以来崇尚军礼的"以礼为固"，逐渐转变为提倡诡诈权变的"兵以诈立"。西周时，以军礼或称军法来规范和制约军事行动，如军礼具体表现为征讨不义，正大不诈，以礼、仁、德、信为原则等。虽然在春秋前期和中期，军礼的形式和宗旨都遭到了很多批评，但总体上古典军礼仍然得到人们的尊重和遵循。如宋襄公"不重伤，不禽二毛"，即不伤害受伤者，不俘虏头发花白者，就是对军礼的执着。又如晋、楚鄢陵之战中，晋军将领郤至遇楚国国君时，下车脱甲胄致礼，这也是遵循军礼的一种行为。这一时期的军事行动较为温和守礼，多是以军事威慑和外交谋略的方式迫使对方屈服。春秋后期，战争规模不断扩大。各国逐渐打破"国人当兵，野人不当兵"的旧制，实行义务兵役制，不仅国都的居民要当兵，其他地区的居民也应当兵，这使参战人数迅速增加。同时，武器也经过不断改良，杀伤力提高，战争的残酷性达到新的高度。这些因素促使战争的指导观念发生重大变化，诡诈战法被普遍运用，过去那种"鸣鼓而战"的正大战法被否定，偷袭、出奇、设伏等军事行为得到了推崇。正如春秋晚期的兵书《孙子兵法》所言："兵者，诡道也。"①

二、春秋会盟

徐杰令在《春秋会盟礼考》（载《求是学刊》，2004年第2期）一文中指出，春秋会盟的礼仪主要有：① 会而定盟。在盟会上，诸侯或作为其代表的卿大夫经过协商决定是否盟誓。② 除地为坛。决定举行会盟后，盟主将盟誓的时间和地点告知诸侯，并在盟誓的地点封土为坛。③ 起草盟书。由盟主起草，但须征求与盟各国的意见。④ 凿地为坎。在地上挖一方形的坑，称为"坎"。⑤ 杀牲取血。杀一牛为牲，用玉器盛牲血，并割下牲牛的左耳，放于珠盘，由主盟者捧持，称"执牛耳"。⑥ 歃血为誓。盟主及与盟者依次把牲血涂于口上，以示矢志不渝。⑦ 昭告神灵，即请神灵前来监盟。⑧ 宣读盟书。在神灵面前宣读，表明不得更改。⑨ 坎牲加书。将盟书正本放在牲牛上，再埋

---

① （春秋·齐）孙武：《孙子兵法·计篇第一》，见骈宇骞、王建宁、牟虹等：《孙子兵法·孙膑兵法》，7页，北京：中华书局，2006。

入坎坑。⑩藏书盟府。与盟者各取盟书副本一份，归国后置于相关机构保存。⑪飨宴。诸侯会盟结束，由召集会盟的霸主宴请与盟者。春秋会盟的召集和控制权掌握在霸主手中，这导致一切礼仪规范都成为争霸的工具，于是在争霸过程中破坏会盟礼仪之事频频发生。

张全民在《试论春秋会盟的特点》（载《吉林大学社会科学学报》，1995年第4期）一文中指出，与西周的会盟相比，春秋会盟有以下五个特点：第一，会盟的次数多，类型复杂。仅《春秋》和《左传》所记载的会盟就有两百多次。就其内容而言，有强国为争霸而会盟，有霸主为推行霸政、巩固自身地位而会盟，也有列国为改善相互关系、救助灾患而会盟。就参与会盟者的身份而言，既有周天子或王臣参加的诸侯会盟，也有诸侯之间的会盟，还有诸侯与卿大夫的会盟，春秋中后期还出现了卿大夫之间的会盟。第二，礼仪不够完备。杀牲、歃血是结盟非常重要的仪式，而葵丘之盟却"陈牲而不杀"①，也就是说没有杀牲、歃血的仪式。第三，旧有的尊卑关系遭到破坏。会盟中诸侯国的排列次序不再按照西周时的爵秩等级，往往由霸主自行确定。第四，"夷夏之防"逐渐消失。春秋初期，中原诸国视楚为夷狄。后来楚国逐渐接受华夏之礼，不仅参加晋国主持的会盟，还以自身实力主持中原会盟。春秋后期，吴、越相继称霸，也曾主持中原会盟。第五，诚信观念逐渐被抛弃。诚信丧失的表现之一是大国以武力逼盟，这说明诚信观念已被"强者为右"的信条所取代。如宋之盟，楚人在衣服里面穿着铠甲，准备随时以武力相要挟。各国有利则合，无利则散，背盟违约屡屡发生。如果所结之盟对自己不利，诸侯会"口血未干而背之"②。

张全民在《试论春秋会盟的历史作用》（载《吉林大学社会科学学报》，1994年第6期）一文中指出，春秋会盟的历史作用主要有五个方面：第一，政治上，会盟是推行霸政的重要手段。霸主通过会盟来制定新的等级礼，会盟时诸侯国的排列次序由霸主确定；用会盟的办法解决联盟内部的纠纷，保护同盟的小国，处置背盟毁约之国，等等。会盟也是大国与其他国家结盟、壮大自身实力、从而达到称霸目的的方式。大国会盟可以亲近友好国家，巩固自己阵营，争夺中间力量，分化敌对势力。会盟还是列国维持各

① （晋）范宁注、（唐）杨士勋疏：《春秋穀梁传注疏卷八·僖公六年至十八年》，78页，上海：上海古籍出版社，1990。
② 杨伯峻编著：《春秋左传注·襄公九年》（全四册），第2版，971页，北京：中华书局，1990。

国内部旧的统治秩序的工具。春秋时，宗法制遭到破坏，因此，在盟约中反复强调"无易树子，无以妾为妻"①，要求列国坚持嫡长子继承制。同时，各国卿大夫势力日益壮大，使"礼乐征伐自诸侯出"的情况逐渐变为"礼乐征伐自大夫出"②。这样，各国公室与卿大夫、卿大夫与卿大夫之间的矛盾斗争愈演愈烈。当他国新主君位未定或犯臣作乱时，列国常借会盟来协商平定之策。

第二，经济上，维护正常的交流合作秩序。霸主常用会盟来制定贡赋制度。当时弱小国家对周王室、霸主、大国皆有贡赋。列国还通过会盟制定经济盟约。如葵丘之会的盟辞"无曲防，无遏籴"③，即强调不能专控水利而阻断川谷，要互通有无，不能禁止邻国来采购粮食。当他国遭受自然灾害时，列国也常借会盟来寻求救助的办法。

第三，军事上。会盟能够减少战争的爆发，并限制已经爆发的战争的规模。会盟是战争的暂时终结，交战双方以结盟的方式来结束战争，实现和平。如著名的召陵之盟和两次弭兵之会，都缓和了列国局势。但是，会盟又常是新的战争爆发的诱因。霸主不仅为迫使弱国参加会盟而频频发动战争，而且常常为削弱对手而发动新的战争。

第四，国际关系上，会盟是列国修好、结援的一种形式。新君即位时，往往与他国会盟，从而谋求支持，巩固君位。当诸侯国之间有嫌隙时，列国常借会盟做和解工作，并以敌对双方共同参加会盟作为和解的标志。会盟还可以用来商讨对付共同敌人的办法。另外，春秋时列国从联姻到分配赋役等国际事务都离不开会盟。

第五，会盟可以推动中原列国之间、华夏与夷狄之间的文化交流。吴国的文化原本比较落后，参加中原的会盟后，与文化相对发达的诸侯国的交流日益增多，因此深受鲁国礼仪的影响；吴国还学习晋国的政治制度，服饰也逐渐与中原趋同。因此，会盟促进了周边各族与华夏族在礼俗等方面的交流，从而加速了民族交融的进程。

何平立在《略论春秋时期会盟、争霸战争与战争观》（载《军事历史研究》，2008年第2期）一文中指出，春秋会盟与争霸战争是密不可分的。会盟具有维持国际秩序，调节同盟内各种关系的作用，但正是由于频繁的会盟，导致了大规模集团战争的出现。一方面，强国利用盟主地位组建军事联盟，以实施更大的争霸战略；另一方面，弱国借助

① 万丽华、蓝旭译注：《孟子卷十二·告子下》，275页，北京：中华书局，2006。树子，即嫡子。
② 张燕婴译注：《论语·季氏第十六》，253页，北京：中华书局，2006。
③ 万丽华、蓝旭译注：《孟子卷十二·告子下》，275页，北京：中华书局，2006。籴（dí），即"籴"，买进粮食。

会盟求得强国庇护，以保护自己免遭侵略。

黄朴民在《战略均势与弭兵大会》（载《文史知识》，2013年第7期）一文中指出，会盟反映了各国人民厌倦战争、渴望和平的心声，具有广泛的社会基础。周灵王二十六年（公元前546），由宋国大夫向戌发起，在宋国都城商丘举行的弭兵大会，是春秋中后期一次重要的会盟。这次会盟以晋、楚为首，共十四国参加，与会国家一致决定：晋、楚共为盟主，各国共同签订盟约，停止战争，共享和平。这次会盟之所以能够召开，原因之一是当时晋楚争霸进入战略均势状态。晋、楚两国的争霸时间跨度长，大规模的战争多，且谁也无法取得绝对优势。无休止的竞争与角逐使晋、楚两国都陷入泥沼，难以为继，双方都渴望获得一个和平的环境，以恢复国力。郑、宋等中小国家，更是备尝战争的苦果。这次会盟确立了晋楚平分霸权、罢兵休战的格局，在一定程度上带来了比较和平安定的社会环境。

三、春秋霸主

晁福林在《论春秋霸主》（载《史学月刊》，1991年第5期）一文中指出，春秋霸主有不同的层次。第一层次是影响广泛的显赫霸主，齐桓公、晋文公、楚庄王、吴王阖庐和越王勾践这五位国君，他们尊崇王命，安抚诸侯，以不屈不挠的意志建立了丰功伟业。较低层次的霸主比较多，主要有晋国的襄公、景公、厉公、悼公，楚国的文王、成王，齐国的僖公、景公，郑国的庄公，宋国的襄公，秦国的穆公，吴国的夫差，他们在一定时期对诸侯争霸的局势有着举足轻重的影响，为春秋诸侯争霸史增光添彩，使得这个时代的天空群星璀璨。春秋霸主有各自不同的性格特点，这体现了不同的地域文化特色。如齐国居于东方沿海，地域宽广，靠鱼盐之利而民富国强，齐桓公性格浑厚稳重、豁达大度、善于纳谏。楚庄王则是一位争强好胜、性格急躁、豪放无羁的君主，这正是积极进取、蒸蒸日上的楚国文化性格的体现。总之，霸主产生于大国，他们凭借强盛的国力，成为盟主，进而号令诸侯，威震天下。

春秋时期的第一个霸主是齐桓公。童书业在《春秋史》（148～165页，北京：商务印书馆，2010）一书中指出，齐桓公之所以能够成为春秋首霸，主要是因为他适时对内改革，并采取了行之有效的对外战略。齐桓公任用管仲改革内政、军事、财政，使齐国的国力不断增强，并成为东方最富庶的国家。对外，齐桓公推行"尊王""攘夷”的政策。西周末年以来，周王室日益衰微，难以辖制诸侯，中原列国之间互相争霸，内部战争频繁。齐桓公以"攘夷"为借口，打着周天子的旗帜，逐步确立了自己的霸主地位。

陈恩林在《论春秋五伯的争霸战略》（载《吉林大学社会科学学报》，1995年第4期）一文中指出，春秋五霸的争霸战略各不相同，各有特色。齐桓公的争霸战略是安民、尊王、亲邻、攘夷。"安民"是齐桓公政治战略的基础，主要包括"定民之居"和"成民之事"两个方面。他规定士、农、工、商各有所处，不得杂居，使士居于清净之地，以便提高学问与技能；工靠近官府，以便提高生产技术；商靠近市场，以便从事贸易、获得利润；农靠近农田，以便耕作、管理。"尊王"是齐桓公政治战略的核心内容，指尊崇周天子，这成为他号令华夏诸侯的一面大旗。"亲邻"和"攘夷"是齐桓公的军事战略，"亲邻"指不仅团结周边国家，而且要团结整个中原华夏国家；"亲邻"的目的是"攘夷"，齐桓公与宋、鲁等中原诸国结盟抗楚，还出兵解救受戎狄侵扰的燕、卫、邢三国。通过这些措施，齐桓公成为春秋首霸。

陈恩林指出，晋文公的政治、经济战略是尊王、利民、讲信、修礼。"尊王"使文公在争霸过程中师出有名；"利民"指整顿内政，发展经济；"讲信"指形成全国上下重信誉的风气；"修礼"指教育民众遵守等级秩序，形成"推贤让能"的社会风气。晋文公的外交与军事战略是：联结齐、秦，侵伐曹、卫，诱楚北上而击之。楚庄王以德、政、事、礼为政治与外交战略，以刑、典为军事战略。"德"指的是笼络中小国家，作为军事威慑的辅助手段。"政"指的是协调国君与民众的关系，让百姓愿为国君所驱使。"事"指的是协调各行业的关系，发展经济，增强综合国力。"礼"指的是从亲族和世家旧臣中选拔人才，同时建立严格的等级制度。"刑"就是征伐。"典"指的是重视军队建设，强调各种军事法规。

周征松在《晋文公称霸的战略思想》（载《山西师大学报（社会科学版）》，1991年第2期）一文中指出，晋文公以义、信、礼来号召和统治臣民，从而使晋国强大起来。晋文公通过"尊王"和"利民"，树立了"义"的形象。周襄王的弟弟太叔带勾结狄族作乱，襄王被迫逃亡郑国。第二年春，晋发兵将襄王护送回国，并杀了太叔带，帮助周王平定了内乱。这一"尊王"行为，使晋文公赢得了较高的国际声望。对内，晋文公通过整顿吏治，重用人才，减轻税收，进一步推行土地私有制，实行宽农政策等一系列措施，使晋国社会安定，百姓富庶，国力不断增强。晋文公又通过伐原一事树立了"信"的形象。周襄王赏赐晋文公四个地方，其中一个叫原的地方不服，晋文公就派兵包围了原。他下令包围三天，但三天之后原没有投降。谍报说原只能坚持一两天了。大家都要求等一等，晋文公还却仍然命令撤军，并说信是国之宝，得到原却失去信，是得不偿失的。晋文公还建立强大的军队，并以礼治军。他的这些努力，使晋国不仅国力强盛，而且民风文明礼让，积极向上，从而使晋的声威远播。

王德华在《楚庄王的霸业与楚国的出路——楚民族政治理性与民族个性精神的双重提升》（载《史学月刊》，2002年第10期）一文中指出，与齐桓公尊王攘夷、晋文公尊王利民的口号不同，楚国争霸的纲领性主张是"抚有蛮夷""以属诸夏"[①]，这显示了融合夷夏的恢宏气魄。楚庄王执政时期，楚地逐渐形成了理性与个性兼融的民族精神。当时楚国对中原文化的吸收与理解，已经达到了相当的深度。楚庄王的争霸指导思想是对外以德绥远、对内惠恤安民。他以德、礼、义来称霸诸侯，这种政治理性不仅与华夏文化完全一致，而且使偏远的楚国得以成为中原地区的霸主。

微课设计

微课设计一：从城濮之战看晋楚争霸

设计意图

城濮之战是春秋前期的一次大战，也是晋楚争霸过程中的第一次大规模冲突。此战中，晋文公率军击败楚军，从而开创了晋国的霸业，也改变了中原的局势。本微课设计以城濮之战为视角，旨在使学生对晋楚争霸有比较具体的了解，并借以透视春秋时期的争霸活动。

---

① （西晋）杜预：《春秋经传集解第十五·襄公十三年》（全二册），898页，上海：上海古籍出版社，1978。

设计方案

教师讲述：春秋时期第一个霸主齐桓公去世后，楚国的势力不断向北扩张，鲁、宋、卫、郑、陈、蔡等国均归附于楚。而这时晋国正处于内乱之中，献公之子重耳被迫流亡于外。他周历中原诸国后，来到楚国，楚成王热情款待。宴会上成王问重耳，如果能执掌晋国大权，将如何来报答他。重耳答道：

材料呈现：晋、楚治兵，遇于中原，其辟君三舍①。若不获命②……与君周旋③。

——（西晋）杜预：《春秋经传集解第六·僖公二十三年》（全二册），

334页，上海：上海古籍出版社，1978

教师设问：重耳这段话的主旨是什么？（参考答案：楚国是晋国的对手，晋、楚必有一战。）

教师讲述：重耳认识到，晋国要称霸，就必须击退楚国，并抑制楚国的北上。重耳回晋掌权以后，举贤任能，修明政治，积极为争霸做准备。周襄王十六年（公元前636），周王室发生了太叔带之乱，晋文公重耳帮助周王室平定了内乱，将周襄王护送回都。借助这次"尊王"行动，晋国的威望大增。为争夺中原霸权，晋国与楚国的战争一触即发，而战争的导火线是宋国。晋文公"尊王"行动后，宋国率先背楚投晋。为了保持在中原取得的优势地位，楚成王三十九年（公元前633）冬，楚国联合郑、陈、蔡、许诸国，出兵围宋。宋向晋告急。是否相救？在讨论中，晋国大夫先轸提出了这样的观点：

材料呈现：报施④救患，取威定霸，于是乎在矣。

——（西晋）杜预：《春秋经传集解第七·僖公二十七年》（全二册），

365页，上海：上海古籍出版社，1978

教师设问：晋国出兵救宋的主要目的是什么？（参考答案：报答宋国的恩惠；夺取中原霸主的地位。）

教师讲述：既然要救宋，那么怎么去救呢？晋国大夫狐偃提出了如下建议：

---

① 辟君三舍，后退九十里。辟，通"避"。
② 若不获命，若仍然得不到楚停止进攻的命令。
③ 周旋，相互追逐。这里引申为较量、作战的意思。
④ 报施，晋文公流亡经过宋国时，宋襄公赠送马二十乘。

材料呈现：楚始得曹而新昏①于卫，若伐曹、卫，楚必救之，则齐、宋免矣。

——（西晋）杜预：《春秋经传集解第七·僖公二十七年》（全二册），

365页，上海：上海古籍出版社，1978

教师设问：狐偃主张如何救宋？（参考答案：攻打楚的盟友曹国和卫国。）

教师讲述：晋文公流亡时楚成王对他礼遇有加，直接与楚国交战，有失道义。他流亡到曹、卫两国时，受到两国的侮辱，攻打它们理由正当。且曹、卫遭到进攻，楚国定会出兵相救。更重要的是，如此一来楚师不得不长途北上，劳师袭远，晋则可以以逸待劳。晋文公同意了这个方案。很快，晋攻克了卫国的五鹿，又攻下了曹国的都城。然而晋仍然不敢和强楚硬拼，它需要盟友。当时齐、秦两国与楚都有矛盾，晋国怎样才能赢得这两国的支持呢？

材料呈现：先轸曰："使宋舍我而赂齐、秦，藉之告楚。我执曹君而分曹、卫之田以赐宋人。楚爱曹、卫，必不许也。喜赂怒顽②，能无战乎？"

——（西晋）杜预：《春秋经传集解第七·僖公二十八年》（全二册），

373页，上海：上海古籍出版社，1978

教师设问：先轸主张怎样把齐、秦拉入己方？（参考答案：让宋国贿赂齐、秦，使两国卷入战争。）

教师讲述：晋国让宋国贿赂齐、秦两国，使齐、秦替宋国向楚讲和，同时把曹、卫的土地送给宋国。楚国爱护曹、卫，不同意齐、秦的建议，拒绝解除对宋国的包围，这样就把齐、秦推到了楚的对立面，从而成为晋的盟友。面对战争形势发生的变化，楚国统帅子玉采取了怎样的对策？

材料呈现：子玉使宛春③告于晋师曰："请复卫侯而封曹，臣亦释宋之围。"

——（西晋）杜预：《春秋经传集解第七·僖公二十八年》（全二册），

373页，上海：上海古籍出版社，1978

教师设问：楚国将以什么条件来解除对宋的包围？（参考答案：晋国让楚的盟国曹和卫复国。）

---

① 昏，同"婚"，意为通婚。
② 喜赂怒顽，齐、秦喜宋之赂而怒楚之顽。
③ 宛春，楚大夫。

教师讲述：子玉这是一石三鸟之计，晋国如果答应，那就是无功而返，而且宋、曹、卫还得对楚感恩戴德；如果不答应，这三国都会怨恨晋国。子玉此举目的在于使楚国赢得道义。晋国如何破解这个难题呢？先轸说：

材料呈现：不如私许复曹、卫以携①之，执宛春以怒楚，既战而后图之。

——（西晋）杜预：《春秋经传集解第七·僖公二十八年》（全二册），

374页，上海：上海古籍出版社，1978

教师设问：先轸认为，怎样可以使曹、卫两国叛离楚？（参考答案：晋私下允诺曹和卫复国，条件是两国与楚断交。）

教师讲述：曹、卫宣布与楚国断交，晋国破解了子玉设计的外交难题，还拘禁楚使宛春，以激怒楚军统帅子玉。子玉愤而出兵，楚成王四十年（公元前632），晋、楚双方交战于卫地城濮。晋方同盟国有宋、齐、秦，楚方同盟主要有申、息、陈、蔡。晋文公指挥的晋军只有八百乘，而子玉统帅的楚军有千乘左右。晋文公当初流亡楚国时答应楚成王要"退避三舍"，那么退不退呢？晋大将子犯说要退！

材料呈现：我退而楚还，我将何求。若其不还，君退臣犯，曲②在彼矣。

——（西晋）杜预：《春秋经传集解第七·僖公二十八年》（全二册），

374页，上海：上海古籍出版社，1978

教师设问：晋军"退避三舍"的目的是什么？（参考答案：迫使楚要么退兵，要么失去道义。）

教师讲述：当晋文公率军后撤时，楚将子玉发起了进攻。晋文公是君，子玉是臣，君退而臣依旧进犯。所以，人们评价城濮之战时，说晋文公"能以德攻"③，而子玉是"刚而无礼"④。战争的结果是晋以少胜多，子玉在归国途中自杀身亡。城濮战后不久，晋文公在践土之盟中被周襄王册命为"侯伯"，成为齐桓公后的又一位霸主。

教师引导学生小结：春秋时期晋楚两国长期争霸，公元前632年的城濮之战是晋楚争霸的首战，晋文公在齐、秦等国的声援下，以少胜多，大败楚军，使楚国的势力退出

① 携，离也。私许二国，使告绝于楚。
② 曲，理屈，理亏。
③（西晋）杜预：《春秋经传集解第七·僖公二十八年》（全二册），376页，上海：上海古籍出版社，1978。
④（西晋）杜预：《春秋经传集解第七·僖公二十七年》（全二册），365页，上海：上海古籍出版社，1978。

中原，中原诸侯国摆脱了楚国的控制，归附晋国。

设计点评

本微课以城濮之战为切入点，通过展示具体材料进行层层设问，分析城濮之战前后晋、楚双方的激烈斗争情况，有助于学生了解霸业形成的基本途径，并直观地认识春秋时期的争霸历史。

微课设计二：从弭兵之会看春秋争霸

设计意图

春秋诸侯争霸中，会盟是斗争的重要手段和方式之一。周灵王二十六年（公元前546），由宋国大夫向戌发起的弭兵之会是晋、楚两国斗争的反映。以弭兵之会为视角，可以使学生更具体地认识晋、楚两国是怎样通过会盟来争霸的。

设计方案

教师讲述： 春秋以来一百多年，晋、楚两国长期争霸，中原地区战争频繁。晋、楚双方打得精疲力竭，无法决出胜负。无休止的僵持，让双方都陷入泥淖。公元前6世纪中期，争霸的格局呈现出以相持为特征的战略均势，双方都需要达成一定的妥协。在长期的争霸角逐中，晋国对楚国拥有相对的优势，大部分时间处于上风，但晋国的这一优势没有发展为胜势。这时的晋国为何主动提出"弭兵"？

材料呈现： 晋厉公……欲尽去群大夫，而立其左右。

——（西晋）杜预：《春秋经传集解第十三·成公十七年》（全二册），

776页，上海：上海古籍出版社，1978

教师设问： 晋厉公打算如何加强自己的权力？（参考答案：铲除卿大夫的势力，改立亲信。）

教师讲述： 晋国国内公室日益衰微，国君大权逐渐旁落，卿大夫势力不断膨胀，国君与卿大夫之间的矛盾日趋尖锐。为了调和内部矛盾，解决国内问题，需要一个缓和的外部环境。那么，楚国为什么也想停战？

材料呈现：巫臣①请使于吴……乃通吴于晋。……吴始伐楚……蛮夷属于楚者，吴尽取之。

——（西晋）杜预：《春秋经传集解第十二·成公七年》（全二册），

689页，上海：上海古籍出版社，1978

教师设问：楚国面临着怎样的危机？（参考答案：晋国联吴制楚，楚国及其属地遭到吴国的进攻。）

教师讲述：晋、楚两国希望停止大规模的争霸战争，追随晋、楚的诸侯国，也饱受战争之苦。地处晋、楚之间的宋、郑两国，更是成为双方争夺的对象和逐鹿的战场，苦不堪言。停止战争、恢复和平成为各诸侯国的共同心声。宋国大夫向戌与晋国执政赵文子赵孟、楚国令尹子木都有很密切的私人交往，他奔走于各国之间，为停战而努力。

材料呈现：宋向戌善于赵文子②，又善于令尹子木，欲弭诸侯之兵以为名。如晋，告赵孟。赵孟谋于诸大夫，韩宣子③曰："兵，民之残也，财用之蠹，小国之大菑④也。将或弭之，虽曰不可，必将许之。弗许，楚将许之，以召诸侯，则我失为盟主矣。"晋人许之。如楚，楚亦许之。

——（西晋）杜预：《春秋经传集解第十八·襄公二十七年》（全二册），

1076页，上海：上海古籍出版社，1978

教师设问：韩宣子十分赞同向戌的"弭兵"建议，为什么？（参考答案：停止战争是广大诸侯国的共同心声，也是晋国保有同盟国以及自己盟主地位的需要。）

教师讲述：公元前546年，在宋都的西门外举行了盛大的弭兵之会，参加会盟的有晋、楚、齐、秦、鲁、宋、郑等十四国，只有偏远的国家如燕、吴、越等没有与会。在会上，晋、楚两国就谁来主盟进行了一番争夺。

材料呈现：晋、楚争先⑤。晋人曰："晋固为诸侯盟主，未有先晋者也。"楚人曰："子

---

① 巫臣，原是楚国大夫，后逃奔晋国，辅佐晋君。
② 赵文子，即赵武，又名赵孟。
③ 韩宣子，晋大夫。
④ 菑，同"灾"。
⑤ 晋、楚争先，争先歃血主盟。

言晋、楚匹①也，若晋常先，是楚弱也。且晋、楚狎②主诸侯之盟也久矣！岂专在晋？"

——（西晋）杜预：《春秋经传集解第十八·襄公二十七年》（全二册），

1078页，上海：上海古籍出版社，1978

教师设问：两国为何要争做主盟者？（参考答案：主盟是成为霸主的重要标志。）

教师讲述：结果由楚国主盟，这极大地提高了楚国的地位和声誉。

材料呈现：晋、楚共为盟主，不分轩轾③，自此之后，中小诸侯国对晋、楚要同时朝贡，"晋、楚之从交相见"④，即晋、楚平分霸权，楚国的盟国要到晋国去朝聘；同理，晋国的盟国也要前往楚国去朝聘。唯有齐国、秦国这两大列强是和晋、楚相当的大国……所以就分别与晋、楚联盟，不向晋、楚朝贡。

——黄朴民：《战略均势与弭兵大会》，载《文史知识》，2013年第7期

教师设问：晋、楚平分霸权对于中小诸侯国产生了怎样的影响？（参考答案：加重了中小诸侯国的负担。）

教师引导学生小结：至此，各国共同期盼的弭兵之会告成。楚国是这次会盟的最大赢家，获得了除大国以外的中原诸侯都来朝贡的地位。中原的传统霸主晋国作出了让步，与楚国平分霸权，但晋国获得了和平的外部环境，这有利于其进行内政改革。会后，晋、楚虽然仍有矛盾，但一直到春秋末年，两国再也没有发生大规模的战争，中原地区进入了相对和平的时期。这对于当时社会经济的恢复和发展，人民生活的安定，起到了积极作用。

✎ 设计点评

本微课以弭兵之会为切入点，对晋、楚等诸侯国会前背景和会后情况进行了具体分析。学生通过学习弭兵之会召开的前因后果，能够加深对春秋会盟的理解，进而对诸侯争霸中会盟的重要作用有更深入的认识。

---

① 匹，匹敌，地位平等。
② 狎（xiá），更替。
③ 轩轾（xuān zhì），车前高后低为"轩"，车前低后高为"轾"，喻指高低轻重。
④ 因版本不同，标点也不相同。例如："请晋、楚之从，交相见也。"（原文大意："晋的从属国要朝贡楚国，而楚的从属国要朝贡晋国。"）见杜预：《春秋经传集解第十八·襄公二十七年》（全二册），1077页，上海：上海古籍出版社，1978。

资源1：首先，齐桓公在管仲辅佐下，励精图治，利用本国的鱼、盐之利，经过政治、经济、军事多方面的改革，强大起来以后，打着"尊王攘夷"的旗号，虽然在一些中原诸侯国中树立了威望，被周襄王承认为"诸侯之长"，当上了称霸中原的第一位霸主，但就齐国的霸业来说，却非常有限：一是称霸时间短，仅及齐桓公自身。充其量，也只有32年。齐桓公死后，齐国便陷入混乱、衰败的深渊，从此一蹶不振，遂成了晋国霸业的附庸。二是称霸规模小。中原地区常见于史册的诸侯国十七八个，齐桓公第一次会盟诸侯，参盟的只有宋、陈、蔡、郑四国，即使在他霸业鼎盛时期，会盟诸侯于葵丘，参盟的也只有鲁、宋、卫、郑、许、曹六国。会盟诸侯是确立霸主地位的重要标志，齐桓公会盟诸侯，最多只占到中原常见诸侯国的三分之一，而且，中原的第一大国晋国，始终都没有参加。三是就齐桓公本人来说，也是善始恶终。据《管子》《庄子》《吕氏春秋》《韩非子》等史书记载，齐桓公多妻多子，当上霸主之后，昏庸腐败、骄横残忍，晚年他吃遍山珍海味，甚至想到要吃婴儿的肉。近侍易牙烹子以献，他便对易牙宠信有加，不听管仲劝阻，委以重任，最后，被易牙囚禁密室，活活饿死。饿死后，数月不葬，落了个遍体蛆虫，臭不可闻的下场。作为一位"春秋霸主"，和善始善终的晋文公、晋悼公等比较起来，实在逊色。

——张玉勤、张辉杰：《论晋国乃"时代霸主"及成因》，

载《山西师大学报（社会科学版）》，2014年第6期

资源2：蔡居淮河、汝水之间，是楚国近邻。春秋初，楚国一路北进，灭吕、灭申、灭息，独存蔡不灭，留作北上门户。所以齐桓公"攘楚，必先有事于蔡"①。

鲁僖公四年（公元前656），齐桓公率齐、鲁、宋、陈、卫、郑、许、曹八国大军侵蔡，蔡不支而联军遂挺进楚国。楚成王派使臣责问桓公，"君处北海，寡人处南海，唯是风马牛不相及也。不虞君之涉吾地也，何故？"②齐以楚不向王室贡苞茅和周昭王南

① （清）顾栋高：《春秋大事表·春秋齐楚争盟表卷廿六》（全三册），吴树平、李解民点校，1958页，北京：中华书局，1993。
② （西晋）杜预：《春秋经传集解第五·僖公四年》（全二册），244页，上海：上海古籍出版社，1978。

征不复相诘。楚接受不贡苞茅的质问而推诿对昭王南征不复的责任。诸侯军进驻陉地，双方形成对峙局面。

楚见诸侯军阵容强大，担心"以此众战，谁能御之，以此攻城，何城不克？"[①]不敢轻启兵端；齐也因兵进异域，楚"方城以为城，汉水以为池"[②]，难以深入取胜。于是，齐、楚双方达成妥协，缔结了召陵之盟。召陵之盟虽未能在军事上重创楚国，但收到了"不战而屈人之兵"的功效，挫折了楚国北进的锋芒，是齐桓公争霸政治战略的一个胜利。

——陈恩林：《论春秋五伯的争霸战略》，

载《吉林大学社会科学学报》，1995年第4期

资源3：具体地说，当时战争更多的是以迫使敌方屈服为基本宗旨，因而军事威慑多于会战。换言之，即以军事威慑和政治外交谋略迫使对方接受自己的条件而屈服，成为这一时期普遍存在的战争指导原则。真正以主力进行会战来决定胜负的战争为数相对有限。当时所谓的"霸主"，一方面固然兼并小国，壮大自己；另一方面，在同其他大、中型国家发生战争时，则多以双方妥协或敌方屈服为结局，而彻底消灭对方武装力量、摧毁对方政权的现象则比较罕见。于是，会盟、"行成"与"平"乃成为当时军事行动中的重要方式。

齐桓公所从事的战争，就突出反映了这一战争指导原则。他在位43年，参与战争20余次。其中除了长勺之战、乾时之战等个别战例外，基本上都是凭借军事行动的威慑作用，来达到预期的战略目的，即所谓"九合诸侯，不以兵车"[③]。这是齐桓公战争指导上的一大特色，也是儒家人物异口同声称道他品德与功业的缘由。

——黄朴民：《从"以礼为固"到"兵以诈立"——对春秋时期战争观念与

作战方式的考察》，载《学术月刊》，2003年第12期

资源4：齐桓公亲自率军北上救燕，齐军风驰电掣，将山戎击溃，燕国不仅避免了亡国之辱，而且还由此增加了方圆五百里的国土面积。

---

① （西晋）杜预：《春秋经传集解第五·僖公四年》（全二册），244～245页，上海：上海古籍出版社，1978。

② （西晋）杜预：《春秋经传集解第五·僖公四年》（全二册），245页，上海：上海古籍出版社，1978。

③ 原文大意：不用武力，多次主持诸侯的和平会盟。见张燕婴译注：《论语·宪问第十四》，213页，北京：中华书局，2007。

国家恢复安定的燕国国君燕庄公，对于齐国的援助感激不尽，亲自送齐桓公回师，不知不觉进入了齐境。按照周礼，诸侯之间相送，不能越过国境，越境相送是只有周天子才能享受的礼仪。

这个时候，齐桓公大度地说："除了天子之外，诸侯相送不出国境。我不可以无礼于燕国。"竟然将燕庄公所至五十里的齐国国土全部割给了燕国，而且再三嘱咐燕庄公，要尊崇礼制，匡扶周室。燕庄公感激涕零，在齐桓公送的齐地上筑起城郭，取名为"燕留"，以颂齐桓公之德。

前有出兵相救，后有分沟礼燕，各国诸侯听说齐桓公大德，都心悦诚服。

——卜宪群总撰稿：《中国通史·从中华先祖到春秋战国》，218页，

北京：华夏出版社，合肥：安徽教育出版社，2016

资源5：葵丘会盟订立了如下盟约：诛杀不孝之人，不废嫡立庶，不让妾占据正妻的地位；尊重贤人，培育人才，表彰有德行的人；尊敬老人，慈爱幼儿，不怠慢他国的宾旅；士不世袭官职，官职不兼任，选士用人要得当，不擅自杀戮大夫；不改变、遏塞河道，不拒绝受灾国家救济的请求，有封赏之事不能不通告盟主；凡是同盟之人，结盟之后，言归于好。盟约维护了以嫡长子继承制为核心的宗法制，力求确保各级宗法层次和整个宗法体系的稳定，重申了西周时期就一再强调的尊贤重德的政治思想，要求中原诸国之间相互扶持。

——卜宪群总撰稿：《中国通史·从中华先祖到春秋战国》，220～221页，

北京：华夏出版社，合肥：安徽教育出版社，2016

资源6：在春秋前中期，诸侯要想成为霸主，就必须打出"尊王"的旗号，争取政治上的主动权。这自齐桓公起，几乎已成为一种定律。晋文公是一位富有政治远见的明主，自然深谙其中的道理，因此，他即位后即注意寻求这样的机会。非常幸运的是，他登基后的第二年，这样的机遇就悄然降临了。

公元前636年，周王室发生内乱，因没有能当上周王而一直心怀不满的太叔带（即王子带）联合狄人的军队进攻成周，大败周军，俘获周室卿士和大夫周公忌父、原伯、毛伯、富辰等人，并乘胜攻占京城洛邑。

周襄王惊慌失措，仓皇出逃到郑国，在那里，惊魂甫定的他要求诸侯国派遣军队勤王。晋大夫狐偃认为："求诸侯，莫如勤王。诸侯信之，且大义也。继文之业而信宣于

诸侯，今为可矣。"①极力主张晋国响应周襄王的呼吁，迅速出兵勤王。晋文公采纳了这一建议，于公元前635年出动军队去支援周襄王。

战略方针制定后，晋文公遂积极采取行动，付诸实施。他先是劝退了前来勤王的秦国部队，由晋国独揽勤王之功，其次是以财物贿赂"草中之戎"与丽土之狄，让他们出兵配合策应晋军的行动。然后，晋文公指挥晋军兵分两路，以"左师"从郑国迎回周襄王；以"右师"攻击狄人和围攻王子带所屯驻的温邑（今河南温县西南）。在晋文公对周襄王的全力支持下，狄人终于被击退，王子带也为周襄王所擒杀，周室内部血腥动乱得以平定了。

晋文公的"勤王"，有力挽狂澜、再造王室之功，周襄王对此自然是感激不尽、没齿难忘。投桃报李，人情之常，为此，他摆设盛宴来慰劳、答谢晋文公，给予晋文公以巨大的荣誉，同时还将周王畿内的阳樊、温、原、州、陉、絺、攒、钘矛等八邑赏赐给晋文公。这八座城邑处于黄河以北，太行山以南，战略地位至为重要，晋人名之为南阳之地。晋文公得到它们之后，等于拥有了南进争霸的重要前哨基地。由此可见，晋文公这次起兵"勤王"，算是名利双收，赚大了。

——黄朴民：《晋文公的图霸战略》，载《文史天地》2014年第6期

资源7：其次，晋文公爱护和重用人才，以他为核心，形成了一个谦虚礼让，勤勉能干的坚强的领导集团。宋国的大司马公孙固说，晋文公重耳在流亡期间，"好善不厌，父事狐偃，师事赵衰，而长事贾佗"②。以上三人是重耳的主要谋士，"狐偃其舅也，而惠以有谋，赵衰其先君之戎御，赵夙之弟也，而文以忠贞。贾佗公族也，而多识以恭敬。"③当秦国护送重耳归国，船至黄河中心时，狐偃将一块玉璧送还给重耳，说："臣从君还轸，巡于天下，怨其多矣！臣犹知之，而况君乎？不忍其死，请由此亡。"④重耳深情地说："所不与舅氏同心者，有如河水。"⑤将那块璧沉入黄河，以示贞信。当重耳

---

① （西晋）杜预：《春秋经传集解第六·僖公二十五年》（全二册），354页，上海：上海古籍出版社，1978。
② 上海师范大学古籍整理研究所校点：《国语卷第十·晋语四》，348页，上海：上海古籍出版社，1998。
③ 上海师范大学古籍整理研究所校点：《国语卷第十·晋语四》，348页，上海：上海古籍出版社，1998。
④ 上海师范大学古籍整理研究所校点：《国语卷第十·晋语四》，365页，上海：上海古籍出版社，1998。
⑤ 原文为："所不与舅氏同心者，有如白水。"见（西晋）杜预：《春秋经传集解第六·僖公二十五年》（全二册），339页，上海：上海古籍出版社，1978。

在齐国，耽于安乐，一时不想动了。狐偃曾设计灌醉重耳，装上车子，拉着上了路。重耳醒来，操起戈来要杀他，并声言要吃他的肉。当狐偃想起这段往事，不免有些后怕，于是有此举动。但晋文公豁达大度，既往不咎。事后也证明，晋文公即位后，不但没有发生过晋惠公和晋怀公时的杀戮事件，而且也没有残杀功臣。所以，文臣武将云集文公之朝，同心戮力，共图霸强。这个领导集团团结礼让，战斗力较强。"赵衰三让"的故事可以说明这一点。晋文公建三军，提出以赵衰为卿，赵衰推辞，并推荐栾枝、先轸、胥臣，说"栾枝贞信，先轸有谋，胥臣多闻"[①]。第二次又提出赵衰为卿，衰又推辞，并推荐狐偃，夸奖他有三德：劝文公纳襄王以示民义；伐原以示民信；大蒐以示民礼。第三次又提出赵衰为卿，衰还推辞，并推荐先且居（先轸之子），赞扬他在城濮之战中的功劳。晋文公给予赵衰三让以很高的评价，说："其所让，皆社稷之卫也。""让，推贤也。"[②]认为有了这种礼让精神，还有什么可怕的呢！

——周征松：《晋文公称霸的战略思想》，

载《山西师大学报（社会科学版）》，1991年第2期

资源8：公元前632年，这一年和城濮之战、践土之盟一起被记录于"春秋经"，有一句据说是孔子亲手改定的经文："天王狩于河阳。"这年冬天，晋文公召集了温之会。周襄王再次亲自参会。和践土之盟是周襄王主动参加的不同，温之会是晋文公"召"周襄王来的。按照周礼，应该由诸侯到京师去朝见周王，晋文公却以诸侯的身份召周王前来相见，严重违背了周礼。据说，孔子读到"春秋经"上的这一段文字时，认为"以臣召君，不可以训"，本着为"尊者讳""且明德也"的原则做了修改，改成了我们今天所看到的"天王狩于河阳"这种隐讳的说法。政治权力上的超越，带来的是礼仪制度上的僭越。

——卜宪群总撰稿：《中国通史·从中华先祖到春秋战国》，225页，

北京：华夏出版社，合肥：安徽教育出版社，2016

资源9：春秋大国争霸的过程，也是诸侯兼并的过程。通过战争，齐先后灭了三十余国，成为东方大国。楚先后灭四十余国，成为南方大国。晋先后灭掉二十余国，征服

---

① 上海师范大学古籍整理研究所校点：《国语卷第十·晋语四》，382页，上海：上海古籍出版社，1998。

② 上海师范大学古籍整理研究所校点：《国语卷第十·晋语四》，383页，上海：上海古籍出版社，1998。

四十余国，成为中原大国。秦并十余国，成为西方大国。中原一直是争霸的中心，随着尊王攘夷的进程，以周礼为核心的中原文化认同感得以加强，中原文化向四周播迁，华夏观念最终形成。

——卜宪群总撰稿：《中国通史·从中华先祖到春秋战国》，226页，

北京：华夏出版社，合肥：安徽教育出版社，2016

资源10：春秋霸主不仅有时代特色，而且有各自的地域文化特色。孔夫子曾用"谲而不正"和"正而不谲"①分别说明晋文公和齐桓公各自的性格特征。齐桓公喜穿紫衣，人们出于对这位霸主的敬仰也都纷纷仿效，以至"一国尽服紫"②，使市场上紫布价格倍增。管仲怕民众为紫衣而靡费钱财，便劝告齐桓公。桓公听从谏劝，改变了自己喜服紫衣的形象，国人也不再以紫衣为贵。雄居于东方的齐国，地域宽广，靠鱼盐之利而民富国强。齐桓公豁达大度、善于纳谏的性格与齐文化的恢弘气势是吻合的。与齐桓公的浑厚、稳重不同，楚庄王则是一位风风火火、性格暴烈、豪放无羁的人物。鲁宣公十四年（公元前595）他派人出使齐国，并令出使途经宋国时不借道以表示对宋国主权的蔑视，结果使臣被宋杀掉。消息传到楚都的时候，"庄王方削袂，闻之曰：'嘻！'，投袂而起，履及诸庭，剑及诸门，车及之蒲疏之市，遂舍于郊，兴师围宋"③。这个记载把楚庄王直露急躁的性格活灵活现地刻画出来。楚庄王性格如是，服饰亦如是。相传他"鲜冠组缨，绛衣博袍，以治其国，其国治"④。色彩鲜明的冠饰、宽大的赤色衣袍，正是楚庄王性格的体现。其实，楚庄王的这种性格也是热烈、火爆而蒸蒸日上的楚文化的一种体现。

——晁福林：《论春秋霸主》，载《史学月刊》，1991年第5期

资源11：鲁昭公二十七年（公元前515），吴公子光杀其君王僚而立，是为吴王阖闾。阖闾素有大志，继位以后就全面展开了争霸战略。

在政治经济上，他采取"比于诸华"，即学习中原华夏国家礼乐文化及亲民政策，

---

① 张燕婴译注：《论语·宪问第十四》，212页，北京：中华书局，2007。
② （战国）韩非子著、张觉译注：《韩非子·第十一卷外储说左上》，629页，贵阳：贵州人民出版社，1992。
③ （战国）吕布韦：《吕氏春秋注译·行论》（修订本），张双棣、张万彬、殷国光等注译，718页，北京：北京大学出版社，2000。
④ 李小龙译注：《墨子·公孟》，223页，北京：中华书局，2007。绛（féng），同"缝"。绛衣，即"缝衣"，宽大的衣服。

"视民如子，辛苦同之"①并"任贤使能，施恩行惠，以仁义闻于诸侯"②，起用伍员、孙武等贤臣，力图在东南光大先祖太王、王季的事业。

在军事上，他"立城郭，设守备，实仓廪，治兵库"③，进一步完善战备工作。在外交上，他继续交好北方的晋、鲁等国。最后，他以"西破楚"，"东并大越"为战略重点。④

——陈恩林：《论春秋五伯的争霸战略》，

载《吉林大学社会科学学报》，1995年第4期

资源12：公元前496年，吴王阖闾听说越王允常逝世，就举兵讨伐越国，却在讨伐中受伤，后来伤势恶化去世。阖闾在弥留之际让王子夫差发誓一定要复仇。三年后，也就是公元前494年，吴王夫差打败了越王勾践。越王勾践退守会稽山，派遣大夫文种去向吴求和。吴王想要答应大夫文种，但吴国臣子伍子胥劝诫吴王不要答应。于是勾践便让大夫文种给太宰伯嚭献上美女珠宝玉器。这一招奏效了，伯嚭说服吴王答应了越国的求和请求。吴王赦免了越王，勾践回国后，深思熟虑，苦心经营，把苦胆挂到座上，坐卧即能仰头尝尝苦胆，饮食也尝尝苦胆。还不断提醒自己："你忘记会稽的耻辱了吗？"发誓要复仇。伍子胥听说了越王勾践简朴的生活事迹后，便多次向吴王夫差进谏，认为千万不能轻视越王勾践这个对手，但夫差并没有采纳他的意见。不仅如此，夫差还听信了太宰伯嚭的谗言，派人赐给伍子胥一把"属镂"剑让他自杀。伍子胥临死之前说道："必树吾墓上以梓，令可以为器；而扶吾眼悬吴东门之上，以观越寇之入灭吴也。"

公元前482年，吴王到北部的黄池去与诸侯会盟，与晋定公争夺诸侯之首的位置。越国便趁此间隙攻入吴国，吴王返回国内向越国求和。后来，在公元前478年越国又大败吴国于笠泽，并于次年包围了吴国。公元前473年，越国灭吴。越王勾践打算安置吴王到浙江一带，但吴王夫差拒绝了他的安排，自杀身亡。

——［日］平势隆郎：《从城市国家到中华：殷周、春秋战国》，周洁译，

278～279页，桂林：广西师范大学出版社，2014

资源13：最初的县都设在边地……春秋初年，晋、楚等大国为了加强集权，加强边

---

① （西晋）杜预：《春秋经传集解第二十六·昭公三十年》（全二册），1586页，上海：上海古籍出版社，1978。

② （东汉）赵晔：《吴越春秋卷第四·阖闾内传》，24页，南京：江苏古籍出版社，1986。

③ （东汉）赵晔：《吴越春秋卷第四·阖闾内传》，25页，南京：江苏古籍出版社，1986。

④ （东汉）赵晔：《吴越春秋卷第四·阖闾内传》，25页，南京：江苏古籍出版社，1986。

地的防守力量，往往把新兼并来的小国改建为县，不作为卿大夫的封邑。县之不同于封邑者，就是县内有一套集中的政治组织和军事组织，特别是有征赋的制度，一方面便于国君的集中统治，另一方面又加强了边防。……

春秋后期，随着社会的变化，晋国出现了代表新兴势力的卿大夫。这些卿大夫就在他们的领地内推行了县制，因而县也就逐渐变成了一种地方行政组织。到了春秋末期，晋国又出现了郡的组织。郡，本来设在新得到的边地，因为边地荒僻，地广人稀，面积虽然远较县为大，但其地位要比县低。……

——白寿彝总主编、徐喜辰、斯维至、杨钊本卷主编：《中国通史（第3卷）·上古时代（上册）》（修订本），793～794页，上海：上海人民出版社，2004

资源14：公元前536年，郑国名臣子产，接到了晋国贤臣叔向一封措辞严厉的来信，信中称"开始我还对你寄予希望，现在没有了"。是什么使这两位曾经相互欣赏的贤人发生了分歧？原因是郑国在子产的主持下铸刑书，公布了成文法。叔向在给子产的信中写道："这样一来，平民知道了有法可依，就不会畏惧身份比他们高的人，就会弃礼，从法而争。弃礼从法，是末世之制。郑国大概要败亡在你的手里了。"子产回信说："我现在不能考虑到子孙后代了，我这样做是为了救世。"公布成文法，是将本来由贵族掌握的法律公之于众，让平民可以视法而动，而不再视贵族而动，在行事上拥有了主动权。平民力量的上升，国家政权对平民的依仗，使法律制度变革势在必行。二十年后，叔向的祖国晋国也铸了刑鼎，公布了成文法。

——卜宪群总撰稿：《中国通史·从中华先祖到春秋战国》，230页，

北京：华夏出版社，合肥：安徽教育出版社，2016

商鞅变法

春秋战国时期，各国为了富国强兵，纷纷推行变法。在这些变法实践中，秦国的商鞅变法最为彻底。商鞅在政治、经济、军事和社会习俗等领域进行了大刀阔斧的改革，迅速改变了秦国的落后局面，推动了社会的进步，促进了经济的繁荣，壮大了国力，为日后秦始皇统一六国奠定了基础，对中国历史的发展也产生了深远影响。

一、商鞅的法治思想

黄中业在《商鞅法治思想的渊源及其贡献》（载《吉林大学社会科学学报》，1988年第6期）一文中指出，商鞅的法治思想源于其青少年时代受到的法治教育和在魏国特定的经历，源于魏文侯改革和吴起变法的无数生动事例和成败得失。商鞅在秦国制定并实行的新法，吸取了魏文侯改革和吴起变法的成功经验以及前辈法家的积极成果，在继承中又有所发展。黄中业还指出，商鞅法治思想的贡献主要有以下两个方面：一是提出了

"当时而立法"①的变法理论；二是制定了打击宗室贵族、禁止私斗、奖励耕织、重农抑商、统一货币度量衡、普遍设县、轻罪重罚、以法为教等一系列法律条文，这些法律条文强化了国家对人民的直接统治，促进了农业生产的发展，对于富国强兵的实现、中央集权政体的建立和增强人们的法治观念等方面有积极的意义。商鞅在法治理论和法治实践上的贡献"无与伦比"，应当给予充分的肯定。

徐进在《商鞅法治理论的缺失——再论法家思想与秦亡的关系》（载《法学研究》，1997年第6期）一文中则有不同的看法，他认为商鞅的法治思想虽有兴秦之功，但也有理论上不完善的地方，存在着严重的缺失，主要表现在以下四个方面：第一，功利主义的法律工具论难以避免对法律的错误使用。当法律成为立法者追求功利目标的工具时，法律便难以避免地成为对社会生活正常秩序的反动，成为纯粹的暴力手段。商鞅还赋予法用废由人的特性，使"背法而治"②成为他的法治论的当然补充。第二，强国弱民的制民论有走向君民对立的可能。商鞅认为，要想国强必须充分有效地"用民"，就是用设置严密法网的方式把民控制在国家手里，最大限度地发掘民的潜能。但商鞅不接受由民富实现国强的道路，坚持认为"民弱国强；国强民弱"③。他要让臣民不断为富贵奋斗，但却永远不能真正实现富贵，在挣扎中把力量献给国家。第三，只见人不见社会的人性论无法培植政权的道德基础。商鞅人性论的残缺决定了建立在这种残缺理论基础上的法治论也不可能是完美的。他对忠孝敬让等伦理道德的蔑视，以及他的法治实施与人们这些社会情感的抵触，造成了严重的社会问题，从而导致民风败坏，政权丧失社会道德支撑，无法避免遭百姓仇视的结局。第四，以奸止为度的重刑论潜藏着一种不崩不止的危机。商鞅主张设重刑，立刑罚之害，让臣民因避刑罚之害而守法。但他对重刑的政治效用估价太高，重刑的标准是"民不敢犯"④，重刑的度就是足以止奸。这种重刑论具备了走向极端重刑的基础，从而可能成为激化社会矛盾的导火索。

徐昱春在《商鞅变法与中国传统法制的初次转型》（载《求索》，2009年第2期）一文中指出，夏、商、西周的先民认为法律是值得信仰的，法律的权威来源于神，只有有德者才可以承受天命，法的内容应当符合代表民众意志的理性及道德。但商鞅变法却从

① 石磊译注：《商君书·更法第一》，7页，北京：中华书局，2009。
② 石磊译注：《商君书·弱民第二十》，175页，北京：中华书局，2009。
③ 石磊译注：《商君书·弱民第二十》，170页，北京：中华书局，2009。
④ 石磊译注：《商君书·画策第十八》，152页，北京：中华书局，2009。

根本上违背了当时社会普遍认可的法律信仰根基，变法后建立的专制法律制度永久地改变了秦国，进而也永久地改变了古代中国法律的基本面貌，造成了秦国法律"去道德化"、秦国法律文化"去诸夏化"、中国古代法律"去三代化"等后果。商鞅变法是中国法制史上划时代的大事，它使夏、商、西周三代的礼治法律文化画上了一个休止符，并建立了全新的法家法律文化，推动了中国传统法制的初次转型。

二、商鞅变法的内容及其意义

（一）经济改革

1. 重农抑商

李维林、赵梦涵在《商鞅的农本思想与激励政策析论》（载《山东大学学报（哲学社会科学版）》，2010年第2期）一文中指出，商鞅变法时期所形成的农本思想与激励政策，顺应了历史发展潮流，成效显著，影响深远，主要表现在：确立了以农为本的战略思想；制定了激励农业发展的土地政策；采用了财税和价格杠杆激励农业；实行了因地制宜的人口管理政策；明确了新的名利分配标准激励农业发展等。该文最后指出，商鞅农本思想与激励政策对现代农业发展的启示是：要树立牢固的重农意识；要以切实有力的政策措施激励农业的发展；要高度重视土地的产权结构与经营模式对农业的激励作用。

施伟青在《论秦自商鞅变法后的商品经济》（载《中国社会经济史研究》，2002年第1期）一文中则有不同的看法，他认为不宜过高估计秦国重农抑商政策的实际作用。施伟青指出，商鞅变法后秦国的商品经济发达，具体表现在：秦国进行交换的商品种类繁多，包括奴隶、牛马、家禽、粮食等；商品贸易活动经常进行，经商者的足迹遍及四面八方，贸易地域广、交易频繁；商品货币关系相当发达，货币作为等价物的职能不断扩大。在实行重农抑商政策的秦国，之所以出现商品经济发达的现象，原因有三：第一，春秋战国以降，传统制度和原有的统治秩序被打破，社会关系发生了重大变化。在这个大变革的时代，发家致富是社会各阶级、各阶层梦寐以求的愿望。这种愿望，绝不是商鞅变法一纸抑商令就能遏制得了的。第二，秦人十分重视世俗利益的价值观，这种价值观，使秦国重农抑商政策的推行大打折扣。当时劳动力缺乏，国家所授之田不能尽垦，但赋税却不能免。为生活所迫，秦人选择弃农经商。第三，秦国的抑商政策存在着不彻底性。商鞅变法规定"事末利及怠而贫者，举以为收孥"①，这个政策本身，就为秦国统治区内商品经济的发展留下了不小的空间。因为从时人认为经商之利十倍于务农来看，因经商致贫者虽不能说必无，但应当不会很多。而只要经商者未陷入贫穷境地，能按规定如数交纳赋税，秦国政府对其也就无可奈何。

2. 统一度量衡

杨宽在《战国史（增订本）》（第3版，206～209页，上海：上海人民出版社，1998）一书中指出，公元前344年，秦国政府下令统一度量衡，并颁布了度量衡标准器。商鞅方升（现藏上海博物馆）就是流传至今的标准器之一。上海市标准计量管理局对商鞅方升进行测定，测算出秦朝1升的容积为202.15毫升，并根据商鞅方升上记载的铭文，推算出1尺约合今23.5厘米。杨宽认为，商鞅统一度量衡，对于统一赋税制度、俸禄制度和发展商业，都有一定的作用。

邓学忠在《商鞅改革度量衡制的历史功绩》（载《中国计量》，2007年第7期）一文中，充分肯定了商鞅在改革度量衡制方面的三大历史功绩：第一，厘定了度量衡单位制。第二，积累了检定、校验、制造、使用度量衡的管理经验。第三，制造了商鞅铜方升等标准器，为以后制作权衡器作出了范例。秦始皇全盘继承商鞅建立的度量衡业绩，并融入他统一全国的宏伟事业中。商鞅开创、秦始皇大力贯彻的中国古代度量衡制，历代遵循，不断改革，沿用了两千多年，为发展经济作出了贡献。商鞅不仅是一位杰出的政治家，也不愧是中国最早的计量学家。

（二）社会改革

张金光在《商鞅变法后秦的家庭制度》（载《历史研究》，1988年第6期）一文中指出，秦自商鞅变法后逐渐形成的个体小家庭制度，开创了中国古代家庭发展史的新时代。商鞅变法前，秦国的家庭形态主要分为宗族集体大家庭和个体小家庭。宗族集体大家庭是贵族社会最根本的社会组织，家庭关系复杂；个体小家庭尚未取得独立地位。秦孝公任用商鞅变法，推行了一系列社会家庭政策，改革家庭制度，主要措施包括：① 严厉推行分户析居的改革政策，规定"民有二男以上不分异者，倍其赋"②，把家庭单

---

① （西汉）司马迁：《史记卷六十八·商君列传第八》（第7册），2230页，北京：中华书局，1959。举以为收孥，指没收其妻子儿女为官奴婢。

② （西汉）司马迁：《史记卷六十八·商君列传第八》（第7册），2230页，北京：中华书局，1959。此规定的宗旨在于鼓励发展生产和增加人口。男，丁男，成年男子。分异，指分家。

位强令分析到最细小程度，这是对宗法制度的彻底否定。②实行移风易俗，提出"父子有别""男女有别"①，禁止父子兄弟同室而居。③分解、打击旧宗族大家庭及其势力。④鼓励并扶持个体小家庭的独立与发展：立户授田，为个体小家庭的真正独立奠定了经济基础；重农劝耕，组织管理生产，限量剥削以促进个体小农家庭的发展；普遍实行"编户齐民"制，使个体小家庭及其成员获得社会、政治上的独立地位。

张金光还指出，商鞅变法时期的社会家庭改革，使秦的家庭形态、家庭制度、家庭关系等方面发生了重大变化。从家庭形态方面看，秦自商鞅变法后，普遍建立了个体小家庭，这是秦家庭组织最基本的形态，具有结构简单、内部关系单纯而亲昵、人数少等特点；秦尚有一种父家长制直系大家庭，家庭结构较为复杂，代层、人口较多，这种家庭实为直系小家庭的扩大型；社会上也有为数甚少的宗法性集体大家庭的残余——巷族等。从家庭制度看，确立了直系同代层位不分男女家产均等共承制的原则，宗子独占家庭祭祀权的格局也被打破了。从家庭关系上看，秦是中国古代史上父权、家长权、夫权最低谷时期。在新兴的个体直系小家庭中，要求"父慈子孝"②的双边对等关系，反对子女无条件地服从于父权；追求夫妻恩爱、家庭稳定，反对丈夫对妻子的统治以及夫妻无原则的离异。因此，秦新兴的个体小家庭日益成为一个最基本的社会组织细胞，在政治上得到了国家的承认，是户籍的最基本单位，在经济上成为一个耕织结合、自给自足的独立经济实体，在社会伦理上又是一个充满天伦之乐的小天地，其积极作用应充分肯定。

高士荣在《秦国商鞅变法中〈分户令〉的重大意义》（载《西安财经学院学报》，2013年第6期）一文中指出，商鞅变法时两次颁布《分户令》，强制推行一夫一妻及未成年子女组成的小家庭。《分户令》不仅是秦国日益强盛的重要因素，而且还具有重大的社会历史意义，主要在于：第一，通过析分大家庭，挖掘出许多闲散劳动力，建立了以小家庭为基础的农业生产单位，形成数量众多的个体小农，调动了广大农民的生产积极性，提高了劳动生产率，也为国家提供了更多的赋税、徭役和兵源。第二，强令把家庭析分到最小程度，阻绝了异辈之间、兄弟之间发生紊乱的婚姻关系，有助于改变戎狄风

---

① （西汉）司马迁：《史记卷六十八·商君列传第八》（第7册），2234页，北京：中华书局，1959。
② 出自《礼记·礼运》："何谓人义？父慈、子孝、兄良、弟悌、夫义、妇听、长惠、幼顺、君仁、臣忠。"见李慧玲、吕友仁注译：《礼记·礼运第九》，92页，郑州：中州古籍出版社，2010。

俗，提高秦人的文化层次，使秦文化从戎狄文化圈中超越出来，达到或超越中原文化的水平。第三，把家庭析分到最小程度，为编订户籍，实行"什伍""连坐"制度创造了条件。自《分户令》推行后，逐渐形成的一夫一妻小家庭，从此成为古代中国人口的基本群体和小农经济的基本单位。

曾宪礼在《"民有二男以上不分异者倍其赋"意义辨》（载《中山大学学报（哲学社会科学版）》，1990年第4期）一文中指出，商鞅变法时规定的"民有二男以上不分异者，倍其赋"，只是倍不分家之民户的赋，目的是在一定限度内增加征赋的单位，以增加政府的赋税收入和应征徭役的人手，这在一定程度上有促使秦民分家而刺激土地开垦的作用，但并不是强迫分家。

（三）军事改革

朱绍侯在《商鞅变法与秦国早期军功爵制》（载《零陵学院学报》，2004年第9期）一文中指出，商鞅变法在秦国所建立的早期军功爵制，虽然与秦汉时期的军功爵制都是二十级，但实际上两者有很大区别，主要表现在以下五个方面：第一，秦国早期军功爵制在一级公士之下还有三级，这三级是军杂人员校、徒、操的爵位；而秦汉二十级军功爵制，一级为公士，一级以下再没有爵称。第二，秦国早期军功爵制由二级上造到十七级大良造只有十六级，大良造是早期军功爵制中的最高级；而秦汉时期的军功爵制由一级公士到彻侯共有二十级，增加了驷车庶长、关内侯和彻侯。第三，秦国早期军功爵制规定有爵位的人有权要求无爵位的庶民给他当庶子，庶子每月给主人服六天劳役或随主人从军打仗，低爵人犯罪免罪后还要给高爵人当仆隶；而秦汉二十级军功爵制中，是没有这些条文的。第四，秦国早期军功爵制，从一级公士到十七级大良造可以逐级晋升，逐级累计赐田宅；而秦汉的二十级爵制则有侯爵、卿爵、大夫爵、小爵四个等级，各个等级之间界限森严，待遇悬殊，难于逾越，低爵仅成为荣誉头衔，权力大大缩小。第五，秦国早期军功爵制规定低级爵位者死后可以享受墓上种树的荣誉，而秦汉二十级军功爵制是没有此规定的。商鞅把军功爵制的价值提到了前所未有的高度，极大地鼓舞了秦军的斗志和士气，使秦国的军队成为战国七雄中战斗力最强的军队，为秦统一六国奠定了基础。

董平均在《从功利主义价值取向看军功爵制对秦人社会生活的影响》（载《人文杂志》，2006年第3期）一文中指出，商鞅变法推行军功爵制，将法家学说与秦人功利主义的文化传统相结合，促进了秦人社会政治生活和军事制度的巨大变革。根据商鞅之法，军功受爵者可以获得以下特权：第一，按照爵位的高低赐予田宅，五大夫以上，还能够享受"税邑""赐邑"的特权。第二，按照爵级不同，获得役使不同数量"庶子"的权利。第三，能够用爵位赎罪或降低爵位抵罪，享受司法特权。第四，按照爵位高低，因公出差的官员享受不同标准的生活待遇。商鞅变法后，秦国以军功爵为杠杆，建立起具有实践意义的奖惩机制，通过对爵位的予夺，构建了以爵禄为里、军功为表的等级秩序，实现对社会成员的有效控制。军功爵制成为冲击传统社会秩序、推动社会变革的锐利武器，对于官僚体制的建立、世卿世禄制与宗法制的瓦解等起到重要作用。

熊梅在《军功爵制与秦军战斗精神的培育》（载《滨州学院学报》，2009年第4期）一文中指出，秦国的军功爵制有效地激发了秦军的战斗精神，提高了秦军的战斗力，其成功经验有以下几个方面：第一，以富国强兵为立法价值的取向，有效聚合了秦国的尚武民风。在秦孝公的支持下，商鞅颁布《军爵律》，用立法的手段强制推行军功爵制，使秦人的尚武民风，进一步得到制度、政策的引导和强化，转变成杀敌立功的主动追求和信仰，提高了秦国军队的战斗力。第二，以厚赏严罚的制度建构为导向，促使秦国尚武民风向战斗精神转化。商鞅以高官厚禄激励官兵英勇杀敌，又以严刑酷法阻止将士临阵退缩。通过厚赏严罚的制度规范和疏导，成功地把尚武民风转化为战斗精神，秦国形成了"民勇于公战，怯于私斗"[1]的局面。第三，以政府公信力和文化传统为执法基础，确保法律实施的自觉性和有效性。商鞅通过"立木求信"[2]，建立了百姓与政府间的信用机制，树立了政府的权威，从而保障了军功爵制的顺利推行。从秦国实行军功爵制的历史经验可以看出，战斗精神的生成和维持离不开法制的激励和规范，建立健全法律制度，为培育战斗精神营造良好的制度文化环境，进而促进军队战斗力的提高，当是军事法制发展的重要目标。

日本学者平势隆郎在《从城市国家到中华：殷周春秋战国》（周洁译，368～374页，桂林：广西师范大学出版社，2014）一书中指出，商鞅变法时期制定的新爵位制度，为构建一个领土国家内中央与地方关系的新秩序提供了方便。战国时代，铁器的日益普及

---

[1]（西汉）司马迁：《史记卷六十八·商君列传第八》（第7册），2231页，北京：中华书局，1959。
[2]（西汉）司马迁：《史记卷六十八·商君列传第八》（第7册），2231页，北京：中华书局，1959。

提高了人们的垦荒能力，使得土地激增，大国控制下的城市日益增多。一些领土国家不再用传统方式来管理国家，而是把控制下的小城市设为县，并派遣直属中央的官吏来进行统治。商鞅变法制定的新爵制就是顺应这种时代需求而构建的新秩序。商鞅在秦国实行十七级爵制，一级至八级为民爵，九级至十七级为官爵。官爵包括派遣到县去进行管理的不同等级的官僚，民爵规定的是官僚统治下庶民的等级。爵位制度成为表示城市与附属小城市以及农村关系的新制度。

三、商鞅变法的消极影响

洪家义在《论商鞅变法》（载《南京大学学报（哲学·人文科学·社会科学）》，1994年第1期）一文中指出，商鞅的耕战政策和法制思想存在着严重的偏差，主要表现在以下三个方面：第一，压抑工商。春秋战国时期，商品经济正以雷霆万钧之力轰击着自然经济。商鞅为了急于推行耕战政策，采取了严厉打击工商业的办法。究其原因，是商鞅认为工商业的发展，势必冲击到自给自足的农业经济，也可能导致兵源消散，征兵制难以推行，侈靡之风兴起，败坏社会风气。商鞅对工商业的认识有偏差的一面，他打击工商业的措施，是与社会经济发展规律背道而驰的。第二，弃绝文化。商鞅为了推行法制、贯彻新法，极力蔑弃和杜绝传统文化。他的用意在于防止人们以古非今，私议政令，阻挠新法的施行。商鞅弃绝传统文化的态度以及独尊法术的方针，严重阻碍了春秋战国以来"百家争鸣"的局面，破坏了文化发展的大好形势。第三，倡导君主独裁。春秋战国时期，王室衰微，礼崩乐坏，诸侯争霸，各自为政，形成割据状态。当时的政体很难用统一的模式来概括，历史发展取向有极大的随机性。但商鞅变法却选择了君主专制，实行中央集权，树立君主的绝对权威，以便推行严酷的法令。变法选错了政治体制的方向，成为导致秦朝速亡的原因之一，并为后世君主独裁埋下了祸根。总之，对商鞅变法，既要看到它正确的一面，也要看到它偏差的一面；既要肯定它的巨大功绩，也要指出它的恶劣影响，这才是实事求是的科学态度。

刘国祥在《试论商鞅变法的负面影响》（载《长春师范学院学报》，2002年第1期）一文中也有类似的观点，认为商鞅变法给秦及秦以后的中国社会发展带来了不可低估的负面影响：以愚民为手段的变法，最终导致整个民族创造性意识的萎缩和窒息；以农耕为主、压制工商业发展的变法举措，最终导致整个民族的民主意识弱化。刘国祥强调，只有充分认识到商鞅变法的种种弊端，才能从前人成功的光环中走出来，冷静地反思历史。

四、商鞅变法与秦文化传统

王绍东在《论商鞅变法对秦文化传统的顺应与整合》（载《内蒙古大学学报（人文社会科学版）》，2002年第5期）一文中指出，秦国在早期的历史发展中，形成了崇武尚战、重功利而轻伦理、宗法观念相对淡薄、注重实际、讲求实效的文化传统。商鞅变法充分顺应了这种文化传统，制定了以奖励耕战、富国强兵为核心的改革措施。由于这些措施和秦文化观念非常一致，从而使他的改革阻力相对较小，改革措施能够深入持久地推行下去。商鞅变法还注重对秦文化传统的改造与整合，把秦文化中的积极因素上升为国家政策，制定出具体而详尽的措施保证其贯彻执行；并根据时代发展的要求和秦国社会的实际对秦文化进行改造，利用政权的力量抑制其消极、落后的内容，继承发扬其能够服务于新制度的内容，使新制度与新文化结合起来，共同推动了秦国社会历史的发展。

焦新顺在《试论商鞅变法的文化环境》（载《河南师范大学学报（哲学社会科学版）》，2003年第2期）一文中则试图从文化环境的角度探讨商鞅变法成功的原因。焦新顺指出，秦国的文化环境是商鞅变法取得成功的重要原因。第一，秦简公、秦孝公的改革为商鞅变法奠定了物质文化基础。秦简公七年（公元前408），秦简公实行"初租禾"[1]，依据实际占有的土地面积向田主征收租税，除公田外，大量的私田也被划为纳租之列，从而扩大了税源，也使田主的私有土地被认可。秦献公十年（公元前375），秦献公推行"户籍为伍"的改革，这种户籍制不仅构成了新的基层行政单位的雏形，还确认了个体小农经济的合法性。第二，宗法制在秦社会中根植不深，为商鞅变法提供了有利的制度文化基础。宗法制的核心是嫡长子继承制，但秦国国君人选却是"择勇猛者而立之"[2]。尽管国君之位也是世袭的，但最高权力的行使并未局限于君主本家族狭小的范围。秦国的国家权力系统和机制呈现出开放的、灵活的、竞争的特点。这一特点表现在选用人才方面，能够冲破宗法罗网、敞开政门、广纳贤才，为商鞅入秦进行改革提供了

---

① （西汉）司马迁：《史记卷十五·六国年表第三》（第2册），708页，北京：中华书局，1959。
② 刘尚慈译注：《春秋公羊传·昭公五年》（全二册），518页，北京：中华书局，2010。

极为有利的政治条件。同时，宗法血缘观念的淡化，也利于秦国内部各阶级、阶层间的变动、重组，减轻了政治改革的障碍。第三，秦人轻视德、仁、义，崇尚货利、积极进取的价值观，为商鞅变法奠定了思想文化基础。在这种价值观的驱使下，秦统治者极力追求权力和空间，促成了秦孝公与商鞅的君臣际遇，保证了变法的彻底进行。

五、商鞅的历史形象

朱立、端木佳睿在《商鞅历史形象毁誉之探析》（载《西安文理学院学报（社会科学版）》，2011年第6期）一文中指出，自古以来，人们对商鞅个人形象的评价，由于受时代、学术观点以及阶级立场等因素的影响，毁誉迥异。毁商鞅者以《史记·商君列传》最具代表性。作者司马迁认为商鞅是"天资刻薄"[①]之人，对其人格彻底否认；认为商鞅落个谋反、被"车裂"的悲惨下场是有缘故的。司马迁所处的汉武帝时期，是西汉政权刚刚经历了黄老之学的无为而治，经济得到了恢复，开始转入名为独尊儒术、实则外儒内法的统治时期。在这一时期，司马迁由于为李陵辩护而身受宫刑，尊严和身体受到双重伤害，对法家无法不产生怨恨。司马迁身为儒家子弟，由于在仁爱上的坚持，对于法家的严苛，有着天然的抵触情绪。这一切影响到对商鞅的评价。《资治通鉴》对商鞅变法不全面的记载，也是编史者个人情感的真实反映。主编司马光作为一个保守派，他对王安石变法的政策极端反对。他编撰《资治通鉴》之时，正是政坛失意之际，对古往今来变法者的态度，必然要受到对王安石变法态度的影响。该文最后指出，历史上商鞅形象的流变往复，常与治乱兴亡相伴，评价迥异，充分反映了历史学是关于"现实的"社会科学的说法。

曾振宇在《历史的商鞅与符号化的商鞅》（载《齐鲁学刊》，2003年第6期）一文中指出，历史上的商鞅与符号化的商鞅是同时存在的。从战国时代的韩非到20世纪70年代的"批林批孔""评法批儒"运动，中国历史在每一次重大转折关头，商鞅的"亡灵"总是一再被人请出，或讴歌、或诋毁、或说论等，这实际上是为了在"托古改制"的幌子下演出一幕幕"历史的新场面"。商鞅已经被符号化了，成了一种象征、一种譬喻，一个时翻时新的寓言故事。我们必须清醒地把历史的商鞅与符号化的商鞅区别开来。

---

① （西汉）司马迁：《史记卷六十八·商君列传第八》（第7册），2237页，北京：中华书局，1959。

微课设计

微课设计一：从"分户令"看商鞅变法

✏ 设计意图

家庭是社会的基本细胞，它既是一个生产单位，又是一个生活单位，也是一个人口生育单位。家庭结构的变化，可以折射出当时政治制度、经济发展、社会习俗、道德观念等方面的变革。本微课设计以"分户令"引起家庭结构的变化为视角，可以帮助学生透过具体的内容，更加深入地认识商鞅变法的深远影响。

✏ 设计方案

教师讲述：商鞅变法前，秦国存在着较多的大家庭。这种大家庭，根据血缘亲疏关系，组成人数众多，组织庞大的集团。最高的大家长（或称族长）对整个集团具有领导、支配的权力，奴役着众多子弟、宗室成员和一些依附的食客等；同时这些大家长也担负着照顾家庭成员的责任。在这样的大家庭中，有些人由于得到宗族长的庇护，可以不用劳动，便能得到群体劳动的收益。这严重挫伤了人们的生产积极性，也不利于国家赋税和徭役的征收。为了改变这种家庭状况，秦孝公六年（公元前356），商鞅第一次颁布"分户令"：

材料呈现：民有二男以上不分异者，倍其赋。

——（西汉）司马迁：《史记卷六十八·商君列传第八》（第7册），

2230页，北京：中华书局，1959

教师设问：商鞅对成年男子不分家另外立户的，采取什么处罚措施？（参考答案：加倍征收户赋。）

材料呈现：禄厚而税多，食口①众者，败农者也。则以其食口之数，赋而重使之②，

① 食口，指依附贵族的食客。
② 赋，收税。使，指徭役。

则辟淫游惰之民①无所于食。无所于食则必农，农则草必垦矣。

——石磊译注：《商君书·垦令第二》，13页，北京：中华书局，2009

教师设问： 商鞅把大家庭的闲散劳动力挖掘出来后，迫使他们做什么？（参考答案：从事农业生产，开垦荒地。）

教师讲述： 秦国地广人稀，荒地较多。商鞅把开垦荒地作为发展农业的重点，鼓励百姓开垦荒地，增加粮食生产。分户后的个体小家庭，从国家获得一份属于自己的土地，男耕女织，齐心协力从事生产。商鞅还颁布了重农抑商的政策，奖励耕织。

材料呈现： 僇力②本业，耕织致粟帛多者复其身。事末利及怠而贫者，举以为收孥。

——（西汉）司马迁：《史记卷六十八·商君列传第八》（第7册），

2230页，北京：中华书局，1959

教师讲述： 商鞅的重农抑商政策，用免除徭役的奖励方式引导个体小家庭发展农业，生产出更多的粮食和布帛；同时对那些不从事耕织而经商者，以及依靠大家庭寄生而"贫"者，予以严惩。这些政策与"分户令"互相配合，保护了新兴的个体小家庭。秦国的个体小家庭普遍兴起，日益成为劳动生产和人口生育的最基本单位，这不仅调动了个体小农的生产积极性、促进了农业的发展，也为国家提供了较多的赋税、徭役，推动了秦国国力的提升。

教师继续讲述： 随着秦国势力的逐渐壮大和向东发展，它与中原各国的文化差异也越来越明显。秦国最初是一个僻居西陲的小国，是通过不断地吞并周围的戎狄部落而发展壮大的，它与中原诸国在社会习俗、婚姻家庭方面差异较大。

材料呈现：

材料一　男女不杂坐，不同椸枷③，不同巾栉④，不亲授。嫂叔不通问⑤。诸母不

---

① 辟淫游惰之民，指游手好闲之徒。辟，邪。
② 僇力，合力，尽力。
③ 椸（yí），晾衣服的竿子。枷，通"架"，衣架。
④ 巾栉，泛指盥洗用具。巾，清洗用的面巾。栉（zhì），梳头发的工具。
⑤ 通问，互相赠送东西。

漱裳①。

——胡平生、陈美兰译注:《礼记·曲礼上》,24页,

北京:中华书局,2007

材料二　始秦戎翟②之教,父子无别,同室而居。今我更制其教,而为其男女之别。

——(西汉)司马迁:《史记卷六十八·商君列传第八》(第7册),

2234页,北京:中华书局,1959

教师设问:商鞅变法前,秦国与中原各国在社会习俗方面有怎样的差别?(参考答案:秦国受戎狄习俗的影响,无男女之别和长幼之别。)

教师讲述:秦人由于受戎狄习俗的影响,成年父子、兄弟同室居住、没有男女之别等"伤风败俗"的行为比比皆是。这些行为,受到了中原各国的排斥,也阻碍了秦国向先进的中原文明地区靠近。公元前350年,商鞅为了革除戎狄习俗,第二次颁布"分户令":

材料呈现:令民父子兄弟同室内息③者为禁。

——(西汉)司马迁:《史记卷六十八·商君列传第八》(第7册),2232页,

北京:中华书局,1959

教师讲述:商鞅用华夏族的风俗教化秦人,严禁成年父子、兄弟同室居住,这阻绝了异辈之间、兄弟之间发生紊乱的婚姻关系的可能,有利于提高秦人的文化素质和道德水平。从此以后,秦国戎狄之俗日趋衰弱。最能说明这一变化的是秦王嬴政时期发生的一次突然事变。秦庄襄王死后,太后私通嫪毐④,并生了两个儿子。事情败露后,嬴政于王政九年(公元前238)杀嫪毐三族,幽禁其母到雍城,太后所生的两个儿子也被杀死。这次事变充分说明了,嬴政时期秦国的社会道德、婚姻礼俗已经发生重大变化,戎狄之风逐渐泯灭,男女关系日益严肃有别。秦国已经脱离了戎狄文化圈,融入华夏文明之中了。

---

① 诸母,即庶母。漱,洗涤。裳,下衣,内衣。古人认为下身所穿的衣服较卑亵,不能让诸母洗涤,以示尊重。
② 翟,同"狄"。
③ 息,休息,居住。
④ 嫪毐(Lào'ǎi,?—前238),战国末期秦国人。

材料呈现：孝公用商鞅之法，移风易俗，民以殷盛，国以富强，百姓乐用，诸侯亲服。

——（西汉）司马迁：《史记卷八十七·李斯列传第二十七》（第8册），

2542页，北京：中华书局，1959

教师设问：商鞅变法后，中原各国对秦国的态度有何变化？（参考答案：诸侯诚心臣服。）

教师引导学生小结：商鞅的家庭制度改革，不仅增加了国家控制下的人力资源，为国家提供了更多的赋税和徭役，还移风易俗，提高了秦人的文化层次，使秦文化从戎狄文化圈中解脱出来，与华夏文明相融合。秦人最终被东方六国人民所接纳，完成了统一六国的大业。

设计点评

本微课以"分户令"引起家庭结构的变化为切入点，通过对比商鞅家庭制度改革前后秦国不同的家庭状况和婚姻习俗的变化，使学生对商鞅的家庭制度改革有了具体、形象的了解。在此基础上，层层设问，由小见大，引导学生充分认识家庭变革与经济发展、政治制度、文化道德等密切相关，有助于加深对商鞅变法的彻底性和深远影响的认识。

微课设计二：从军功爵制看商鞅变法

设计意图

"军爵"一词，始见于《商君书·境内》，军爵就是以军功论爵赏。商鞅把秦国已有的军功爵加以整顿，并赋予它新的生命力，使军功爵制成为秦国的一项重要法律制度，推行于全国，改变了秦国的政治、经济、军事面貌。本微课设计以"军功爵制"为视角，希望使学生认识到，商鞅为提升秦军战斗力和富国强兵所做的积极努力。

设计方案

教师讲述：秦国地处西陲，与西部诸族为邻，经常受到他们的骚扰。秦人在与戎狄部落长期征战的过程中，逐渐形成了崇武尚战的民风。商鞅变法前，这种尚武的民风广泛存在于秦国社会生活的各个方面，其中重要的表现就是血亲复仇、私斗成风等。为了使秦人"勇于公战，怯于私斗"，实现强兵之梦，商鞅实施了一系列军事改革措施。

材料呈现： 有军功者，各以率①受上爵；为私斗者，各以轻重被刑大小。

——（西汉）司马迁：《史记卷六十八·商君列传第八》（第7册），

2230页，北京：中华书局，1959

教师设问： 商鞅采取了哪些军事改革措施？（参考答案：军功授爵；严惩私斗。）

教师讲述： 商鞅把秦国原有的军功授爵方法加以整顿，明确提出奖励军功、严惩私斗，使得秦人思想统一，一致对外。商鞅还制定了一系列具体的、可以量化考核的法律条文，在秦国推行。

材料呈现：

材料一　能得甲首②一者，赏爵一级，益③田一顷，益宅九亩，除庶子④一人，乃得入兵官之吏。

——石磊译注：《商君书·境内第十九》，第165页，北京：中华书局，2009

材料二　宗室⑤非有军功论，不得为属籍⑥。明尊卑爵秩等级，各以差次名田宅⑦，臣妾⑧衣服以家次。有功者显荣，无功者虽富无所芬华⑨。

——（西汉）司马迁：《史记卷六十八·商君列传第八》（第7册），

2230页，北京：中华书局，1959

教师设问：

（1）根据军功爵制，评价一个士兵军功大小的标准是什么？（参考答案：斩敌甲首的数量。）

（2）立有军功的人可以享有哪些政治、经济权利？（参考答案：授爵位、赐田宅、役使庶子、担任官员等。）

---

① 率，同"律"，律令。
② 甲首，甲士之首。也指军队中的伍长，为小军官。
③ 益，增加。
④ 除，给予。庶子，类似奴仆。
⑤ 宗室，此指王族。
⑥ 籍，家族的名册或谱牒。属籍，享有特殊的亲属名册。
⑦ 差次，等级次序。名，占有。
⑧ 臣妾，奴隶。
⑨ 芬华，比喻显荣，即显赫荣耀。

教师引导分析：商鞅制定的军功爵制主要包括两项基本内容：第一，按照军功的大小授予爵位。凡立有军功者，不问出身门第，都可以享受爵禄。军功越大，获得的爵位也越高。人们依照爵位的高低可以享有不同的政治、经济权利。第二，取消宗室贵族的世袭特权。过去秦国的宗室贵族仅凭血缘关系，就可以获得高官厚禄和爵位封邑，以至于这些人只贪图享受，不思进取报国。商鞅规定，贵族没有立军功者，要被开除属籍，剥夺贵族身份。军功爵制的推行，平衡了各阶层力量的对比，极大地鼓舞了社会底层百姓的斗志，让他们看到了加官晋爵、获取更多权利的希望。

材料呈现：

材料一　其狱法，高爵訾下爵级。高爵罢，无给有爵人隶仆。爵自二级以上，有刑罪则贬①。爵自一级以下，有刑罪则已②；小夫死。

　　　　　——石磊译注：《商君书·境内第十九》，166页，北京：中华书局，2009

材料二　公士以上至大夫，其官级一等，其墓树③级一树。

　　　　　——石磊译注：《商君书·境内第十九》，166页，北京：中华书局，2009

教师设问：

（1）拥有军功爵的人在犯罪时，可以享有哪些司法特权？（参考答案：降低爵位赎罪或用爵位抵罪。）

（2）死后可以享有什么特殊荣誉？（参考答案：墓上栽树。）

教师讲述：在秦国，拥有军功爵的人，不仅生时享有种种特权和优待，在死后也享有殊荣。秦的墓树制度，就是专为表彰获有军功爵的死者而制定的。为了使军功爵制能够坚定地推行下去，商鞅一方面用功名利禄相诱惑，另一方面还用严刑峻法对没有战功和临阵脱逃者加以威逼。

材料呈现：不能死④之，千人环规⑤，黥劓⑥于城下。

　　　　　——石磊译注：《商君书·境内第十九》，167页，北京：中华书局，2009

---

① 贬，降级。

② 已，停止，此指取消。

③ 墓树，春秋战国的墓葬文化，在墓旁植树，级别越高种的树越多。

④ 死，拼死力战。

⑤ 环规，围观。规，通"窥"。

⑥ 黥（qíng），在脸上刺字的酷刑。劓（yì），割鼻子的酷刑。

教师设问：商鞅对怕死退缩者，采取什么处罚措施？（参考答案：千人围观下，遭受黥刑或劓刑。）

教师讲述：商鞅依靠严密的惩罚措施，把秦人纳入战争的轨道，使秦兵由最初的自发的、成就个人荣华富贵的"军功"凝聚成为国作战克敌制胜的"军功"。军功不仅仅是个人荣誉，同样也是国家荣誉。这种转变为秦国建立一支军纪严明、所向披靡的军队，创造了条件。

材料呈现：民之见战也，如饿狼之见肉，则民用矣。凡战者，民之所恶也。能使民乐战者，王。

——石磊译注：《商君书·画策第十八》，150页，北京：中华书局，2009

教师设问：作者认为怎样的君主才能称王天下？（参考答案：让民众乐于打仗的君主。）

教师引导学生小结：商鞅变法所确立的军功爵制，极大地鼓舞了秦军的斗志和士气，使秦国最终建立起一支"虎狼之师"，成为战国七雄中战斗力最强的军队，秦始皇就是依靠这支军队完成统一大业的。

✎ **设计点评**

本微课以军功爵制为切入点，通过展示军功授爵的史料，进行层层设问与分析，使学生可以清晰了解军功爵制的内容和奖功罚过的具体办法，进而对商鞅变法在提高秦军战斗力方面的重要影响有更加深入的认识。

教学资源

资源1：公孙鞅曰："前世不同教（政教），何古之法？帝王不相复（重复），何礼之循（遵循）？伏羲、神农教（教化）而不诛（惩罚），黄帝、尧、舜诛而不怒（怒，超过。诛而不怒：刑罚却不过分，意谓刑罚较轻），及至文、武，各当（dàng，顺应）时而立法，因事而制礼。礼、法以时而定，制、令各顺其宜（事，事宜），兵甲器备各便其用。

臣故曰：治世不一道，便国不必法古。汤、武之王也，不循古而兴；殷、夏之灭也，不易礼而亡。然则反古者未必可非，循礼者未足多是（正确）也。君无疑矣。"①

原文大意：公孙鞅说："以前的朝代政教各不相同，应该去效法哪个朝代的古法呢？古代帝王的法度不相互因袭，应该遵循哪一种礼制呢？伏羲、神农施行教化不施行惩罚，黄帝、尧、舜虽然实行惩罚但却用刑不重，到了周文王和周武王的时代，他们各自顺应时势而建立法度，根据国家的具体情况制定了严格的法令。礼制和法令都要根据实际情况来制定，法条、命令都要顺应当时的社会事宜，就像兵器、铠甲、器具、装备的制造都要方便使用一样。所以我说：治理国家不一定都用一种方式，对国家有利不一定非要效法古代。商汤、周武王称王于天下，并不是因为他们遵循古代法度才兴旺的；殷朝和夏朝的灭亡，也不是因为他们更改旧的礼制才覆亡的。既然如此，那么违反旧的法度的人不一定要予以谴责，遵循旧的礼制的人不一定值得大加肯定。国君对变法的事就不要迟疑了。"

——石磊译注：《商君书·更法第一》，7～8页，北京：中华书局，2009

资源2：入其国，观其治，民用者强。奚以知民之见用者也？民之见战也，如饿狼之见肉，则民用矣。凡战者，民之所恶也。能使民乐战者，王。强国之民，父遗（wèi，送）其子，兄遗其弟，妻遗其夫，皆曰："不得，无返。"又曰："失法离（违背）令，若（你）死我死，乡治之。行间（háng jiān，行伍之间，指军中）无所逃，迁徙无所入。"行间之治，连以五，辨之以章（标记，徽章），束之以令，抯（jué，此处抯借作"趹"，逃走）无所处，罢无所生。是以三军之众，从令如流，死而不旋踵（把脚向后转，意谓逃跑。踵，脚跟）。②

原文大意：走进一个国家，观察这个国家的治理情况，民众被调动役使国家就强大。凭什么知道民众被君主调动役使了呢？那就是民众看见打仗，就像饿狼见了肉一样，那么民众就被调动役使了。一般来说，战争是民众讨厌的东西，能让民众乐于去打仗的君主就称王天下。强国的民众，父亲送他的儿子去当兵，哥哥送他的弟弟去当兵，妻子送她的丈夫去当兵，他们都说："不获胜，就不要回来。"又说："不遵守法律，违抗了命令，你死，我也得死，乡里会治我们的罪。军队中没有地方逃，我们要搬迁也没有地方可去。"军队的管理办法，是将五个人编成一伍，用标记来区分他们，用军令来

---

① 文段中加点的字或词及括号中的注释为本书作者所注。
② 文段中加点的字或词及括号中的注释为本书作者所注。

束缚他们，逃走了也没有地方居住，失败了没有活路。所以三军将士服从军令，军令就像流水一样，就是战死也不向后退。

　　　　　　——石磊译注：《商君书·画策第十八》，150～152页，北京：中华书局，2009

　　资源3：充分顺应秦文化的特点，是商鞅变法成功的重要因素。商鞅游说秦孝公的过程，就是他对秦文化认真研究和深入了解的过程。从魏国来到秦国，商鞅第一次进见孝公，"语事良久，孝公时时睡，弗听。"商鞅认识到是自己的学说难以打动孝公，"吾说以帝道，其志不开悟矣。"第二次，他改换了观点，仍然引不起孝公的兴趣，商鞅分析，原因在于"吾说公以王道而未入也。"[1]"帝道"主张无为而治，"王道"主张以仁义治天下，这些理论迂阔而不切实际，难以在短时间内见到成效，与秦国的文化特点和孝公急于改变落后面貌的心理都存在差距，孝公感到"久远，吾不能待"[2]。经过揣摩，第三、第四次，商鞅以"霸道"游说孝公，"霸道"是强化君主集权，使用刑法，奖励耕战，以经济和军事实力称霸天下的理论。由于"霸道"学说，符合当时列国并争的局面与秦国渴望迅速崛起的实际，容易收到立竿见影的效果，孝公被这种学说深深吸引，"公与语，不自知膝之前于席也。语数日不厌。"[3]以"霸道"，也就是法家学说作为秦国变法的指导思想，这既是秦国君主的选择，又是秦国文化的选择，同时也是商鞅根据时代发展的要求和秦国的具体情况提出的改革路线，从而为变法的成功奠定了理论基础。

　　　　　　——王绍东：《论商鞅变法对秦文化传统的顺应与整合》，

　　　　　　载《内蒙古大学学报（人文社会科学版）》，2002年第5期

　　资源4：商鞅第二次变法提出："令民父子兄弟同室内息者为禁。"这项改革是很成功的，商鞅也为此最自负。他说："始秦戎翟之教，父子无别，同室而居。今我更制其教，而为其男女之别"。秦的"戎翟之俗"，可从商鞅变法后贵族层中仍然存在的一些风俗来窥知其一二。秦昭王母宣太后，在他的丈夫死后，与义渠戎王"乱，有二子"[4]。宣太后还曾长期私爱魏丑夫。太后病将死，并令以为殉。足见当时寡妇们有私情人并不受社会的非难。这已是商鞅变法半个多世纪以后的事了，可以想见当其变法之际此风当尤甚。

　　不过，自商鞅实行改革，移风易俗，提出男女有别之后，而此俗则日衰，至秦王政时

---

① （西汉）司马迁：《史记卷六十八·商君列传第八》（第7册），2229页，北京：中华书局，1959。
② （西汉）司马迁：《史记卷六十八·商君列传第八》（第7册），2229页，北京：中华书局，1959。
③ （西汉）司马迁：《史记卷六十八·商君列传第八》（第7册），2229页，北京：中华书局，1959。
④ （西汉）司马迁：《史记卷一百十·匈奴列传第五十》（第9册），2885页，北京：中华书局，1959。

发生一突变。秦庄襄王死后，太后私通嫪毐，生子二人。于是秦王"夷嫪毐三族，杀太后所生两子，而遂迁太后于雍"①。其先，宣太后私魏丑夫是公开的，而王政母私嫪毐却只能暗地进行。对于此类事，昭王不加过问，而王政却是杀二弟，并逐幽禁绝其母。可见当王政之时，社会道德礼俗已为之大变，戎翟之风渐泯，男女关系日渐严肃而有别。……

——张金光：《商鞅变法后秦的家庭制度》，载《历史研究》，1988年第6期

资源5：贾谊批评商鞅变法后的秦俗曰："商君遗礼义，弃仁恩，并心于进取，行之二岁，秦俗日败。故秦人家富子壮则出分，家贫子壮则出赘。借父耰鉏，虑有德色；母取箕帚，立而谇语。抱哺其子，与公併倨。妇姑不相说，则反唇而相稽。"②秦人以耰和鉏借与其父，便容色自矜为恩德；母亲拿了一些箕帚之类的小东西，也会被责难。贾谊所见到的子妇对父母的不礼貌、不道德行为，正是父子分户后子妇有独立经济权的反映；也说明秦国父子之间的经济生活是完全独立的。

——高士荣：《秦国商鞅变法中〈分户令〉的重大意义》，

载《西安财经学院学报》，2013年第6期

资源6：商鞅所建立的军功爵制，虽然并非全属新作，但商鞅为军功爵制所确定的一些原则，却改变了秦国的政治、经济、军事面貌。商鞅颁布了四条与军功爵制有直接关系的法令：一、"有军功者，各以率受上爵，为私斗者，各以轻重被刑"；二、"宗室非有军功论，不得为属籍"；三、"明尊卑爵秩等级，各以差次名田宅，臣妾衣服以家次"；四、"有功者显荣，无功者虽富无所芬华"③。这四条法令对秦国的历史可以说产生了划时代的影响。第一条奖军功，戒私斗，使秦人一致对外，并稳定了秦国的社会秩序。第二条对腐朽的宗室贵族给予了致命打击。宗室贵族原来仅凭血缘关系，就可以坐享荣华富贵，此后如不立有军功，就被开除属籍，失去贵族特权。第三条建立了明确的军功爵等级制度，并根据军功爵的等级享受不同的政治、经济待遇。第四条规定只有在战争中立有军功的人才能得到显贵的荣华，没有军功的人，不管多么富有，也得不到盛德美名。综观商鞅建立军功爵制的目的，就是鼓励秦人杀敌立功，只有立了军功才能得

---

① （西汉）司马迁：《史记卷八十五·吕不韦列传第二十五》（第8册），2512页，北京：中华书局，1959。夷，铲平，杀光。雍，秦国早期的都城，现陕西省宝鸡市凤翔县。

② （东汉）班固：《汉书卷四十八·贾谊传第十八》（第8册），2244页，北京：中华书局，1962。耰（yōu），同"櫌"，古代的一种弄碎土块、平整田地用的农具。耰鉏，锄田去草和碎土平地的农具。稽（chú），计，相与计较。

③ （西汉）司马迁：《史记卷六十八·商君列传第八》（第7册），2230页，北京：中华书局，1959。

到官爵利禄，才能得到荣华富贵，这就是商鞅所说的"利禄官爵抟出于兵"，"富贵之门必出于兵"①，舍此别无出路。

——朱绍侯：《商鞅变法与秦国早期军功爵制》，载《零陵学院学报》，2004年第9期

资源7：《韩非子·定法》篇说："商君之法曰：'斩一首者爵一级，欲为官者为五十石之官；斩二首者爵二级，欲为官者为百石之官'；官爵之迁与斩首之功相称也。今有法曰：'斩首者令为医、匠。'则屋不成而病不已。夫匠者手巧也，而医者齐药也，而以斩首之功为之，则不当其能。今治官者，智能也；今斩首者，勇力之所加也。以勇力之所加而治智能之官，是以斩首之功为医、匠也。故曰：二子之于法术，皆未尽善也。"②选官制度的标准是耕与战，根据军功和事功之大小决定一个人政治地位之高低，通往仕途的大门只有耕战这一座独木桥。韩非认为商鞅这一人才选拔制度不尽合理，理由何在呢？韩非作了一譬喻：让沙场上的英雄去担任政府各级官职，就好比让沙场上的英雄担任医生、工匠，最后必然既治不好病人、也盖不成房屋。一位骁勇善战的英雄未必就是一位好的医生、好的工匠，换言之，一位身经百战的英雄未必能够成为一位很称职的政府大臣。韩非这一责难，并非纯属鸡蛋里挑刺，实际上已触及了近代西方一些经济学家积极探讨的社会分工理论。七十二行，各有其道。每一行业都有其独特的用人标准，某一行业的价值原则仅适用于某一特定的范围与领域。行业与行业之间的价值原则是不能相互替代、混而为一的。韩非的这一责难，实际上也揭示出了商鞅在人才选拔价值观念上的两难困境：一方面，商鞅为了鼓励秦国人民一心从事耕战，创设了"利出一孔"的赐爵制度。对那些精通《诗》《书》的儒家之士和长于雄辩的纵横家进行坚决的打击，仕途之门对他们来说永远都是关闭的；另一方面，摧毁宗法世卿世禄选官制度之后的封建新政权又急需吸纳一大批有才识的知识分子（士人）进入官僚队伍，但这些知识分子因为既不会作战又不谙农事，所以多半被拒之于门外。因此，从选官制度方面来评价，商鞅推行的赐爵制度确有不尽完善之处。

——曾振宇：《历史的商鞅与符号化的商鞅》，载《齐鲁学刊》，2003年第6期

---

① 石磊译注：《商君书·赏刑第十七》，138页、145页，北京：中华书局，2009。抟（zhuān），通"专"，专一。

② 陈秉才译注：《韩非子·定法》，239页，北京：中华书局，2007。首，指甲首，披甲的小军官的头。级，指秦国的爵位级别，秦国的爵位分二十级。齐，同"剂"。齐药，即调配药物。二子，指申不害和商鞅。

资源8：废除贵族的井田制，"开阡陌封疆"。《史记》说：卫鞅"为田开阡陌封疆，而赋税平"①。"开"就是开拓的意思。蔡泽说：商君"决裂阡陌，教民耕战"②。"决裂"的目的是为了废除井田制，董仲舒就曾指出：商君"改帝王之制，除井田，民得买卖"③。"阡陌"是指每一亩田的小田界，"封疆"是指每一顷田（一百亩田）的大田界，合起来总称为"封"。具体地讲，"开阡陌封疆"，就是废除井田制，把原来"百步为亩"的"阡陌"和每一顷田的"封疆"统统废除，开拓为二百四十步为一亩，重新设置"阡陌"和"封疆"。

——杨宽：《战国史》（增订本），第3版，204～205页，上海：人民出版社，1998

资源9："尺"字是个象形字，就像尺蠖爬行时的状态一样，这个字由用手丈量尺度的形象（手的虎口向下，拇指食指尽力张开，其余三指紧紧蜷曲。拇指和食指的距离就是一卡。"尺"的古音为"kǎ"，与"卡"相同）而来。虽然每个人用卡丈量时所使用的手掌部位可能不同，不过正是这一卡一卡的长度变成了后来的"尺"字。考古学家挖掘出的文物中也有尺子。目前我们所知的商代尺子为15～17厘米，战国时代到东汉时代的尺子一般为一尺22～23厘米。前者的长度估计就是人们像尺蠖那样用手量出来的一卡。后者则是两只手并排测量出的结果。

——［日］平势隆郎：《从城市国家到中华：殷周春秋战国》，周洁译，

361页，桂林：广西师范大学出版社，2014

资源10：商鞅为了鼓励农耕，而极力压抑工商业活动。在他的变法中明确规定："戮力本业，耕织致粟帛多者复其身。事末利及怠而贫者，举以为收孥。""事末利"即从事工商业活动。把从事工商业活动的人视为懒汉，并要纠举出来，籍没其妻子为官奴婢。这就把"本业"与"末利"完全对立起来了。

商鞅为什么如此严厉地打击和压抑工商业活动呢？这是有其认识根源的。他认为，如果听任工商业发展，势必导致三个后果：（1）妨碍农耕。他说："民之内事，莫苦于农，故轻治不可以使之。奚谓轻治？其农贫而商富，故其食贱者钱重，食贱则农贫，钱重则商富；末事不禁，则技巧之人利，而游食者众之谓也。故农之用力最苦，而赢利少，不

---

① （西汉）司马迁：《史记卷六十八·商君列传第八》（第7册），2232页，北京：中华书局，1959。
② 缪文远、罗永莲、缪伟译注：《战国策·秦策三·蔡泽见逐于赵》，74页，北京：中华书局，2007。
③ （东汉）班固：《汉书卷二十四上·食货志第四上》（第4册），1137页，北京：中华书局，1962。

如商贾、技巧之人。苟能令商贾、技巧之人无繁，则欲国之无富，不可得也。"①从事农业生产的人，用力最苦而赢利最少，从事工商活动的人用力最少而获利最多，结果是"农贫而商富"。这样，人们便脱离农业而从事工商了。而农业衰落，国家就会陷入贫困境地。显然，在商鞅看来，工商活动与农垦政策是绝对矛盾的。（2）消散兵源，危怠战事。商鞅认为，如果任凭工商业发展，那末，从事工商业活动的人就日益增多。这不但妨碍了农业生产也会导致兵源消散，因而征兵制度就难以贯彻，而且在人民中间还会滋长害怕战争、厌恶战争的情绪，这样，国家就危险了。他说："夫农，民之所苦；而战，民之所危也。"②又说："事商贾，为技艺，皆以避农战。民以此为教，则粟焉得无少，而兵焉得无弱也！""农战之民百人，而有技艺者一人焉，百人者皆怠于农战矣。""国有事……商民善化，技艺之民不用，故其国易破也。"③显然，在商鞅看来，工商业发展与兵战政策也是十分抵触的。（3）败坏社会风气。商鞅认为，工商业者富裕了，生活势必豪华侈靡，而且这种侈靡生活还会败坏整个社会风气。他说："商无得粜，则多岁不加乐。多岁不加乐，则饥岁无裕利。"④使商人不能屯积粮食，那末，来年他就不能更加享乐，灾年也不能牟取暴利。这样，侈靡之风就不会兴起。"声服无通于百县，则民行作不顾，休居不听。休居不听，则气不淫；行作不顾，则意必壹。"⑤淫声异服不能流行于各地，那末，人民劳作时就不顾异服，休息时也不听淫声。从而，风气就不会淫乱，意志就必然专一。他又说："然则商贾少，民不能喜酣奭，大臣不为荒饱。……民不能喜酣奭，则农不慢，大臣不荒，则国事不稽。"⑥商贾少了，侈靡之风就不会盛行，那末，农民就不会嗜酒成性，经常喝得酩酊大醉，官吏们也就不会荒忽职守，而沉湎于酒宴。这样，农民就会勤于耕作，国事就无所滞留。显然在商鞅看来，整个社会都不能容忍工商业的发展。

——洪家义：《论商鞅变法》，载《南京大学学报（哲学·人文科学·社会科学）》，

1994年第1期

---

① 石磊译注：《商君书·外内第二十二》，182页，北京：中华书局，2009。重，贵。钱重，即钱值钱。
② 石磊译注：《商君书·算地第六》，68页，北京：中华书局，2009。危，危险，害怕。
③ 石磊译注：《商君书·农战第三》，29页、31页、34页，北京：中华书局，2009。
④ 石磊译注：《商君书·垦令第二》，14页，北京：中华书局，2009。多岁，丰年。乐，乐岁之乐，指可观的收入。裕，充裕，此指多余。
⑤ 石磊译注：《商君书·垦令第二》，14页，北京：中华书局，2009。声服，淫声异服。行作，行走，劳作。休居，居家休息。淫，精神涣散。壹，专一。
⑥ 石磊译注：《商君书·垦令第二》，17页，北京：中华书局，2009。酣，半醉。奭（shì），盛，过多。酣奭，指饮酒过度。稽，滞留，拖延。

先秦儒学

先秦儒学在中国古代思想史上影响深远。先秦儒家吸收了殷、周以来的文化传统，特别是继承了西周的礼乐文明，并经过创造性的发挥，形成了完整的思想体系。先秦儒家思想经过后代学者的继承和发展，逐渐成为中国传统文化的主流，对于中华文明的繁荣和兴盛，起到了不可磨灭的作用。

一、先秦儒学与礼乐文明

黄宣民、陈寒鸣在《礼乐文化传统与原始儒学》（载《中州学刊》，2006年第5期）一文中指出，诞生于春秋时代的儒学是上古以来礼乐文化传统的集大成者。西周初年周公制礼作乐，形成了孔子所景仰的"郁郁乎文哉"的礼乐文明。孔子不甚注重礼乐的形式，更加重视礼乐的政治伦理意义。孔子不仅传承了巫史以来的传统，更把源自上古并存留于当世的社会习俗提取、转化为自觉的思想意识。既依守传统（如其"礼"学），又创发新知（如其"仁"学），更将此二者熔为一炉，建构起博大精深的思想体系。

商国君在《简论周公思想及其对先秦儒家的影响》（载《武汉大学学报》，2002年第1期）一文中指出，周公的思想及实践对先秦儒家产生了巨大影响。周公认为"天命"就是民心民力，故而在"敬天"的同时，极力提倡"保民"。治国者首先要加强自我克制，处身行事以"德"为规范，同时也要加强对"民"的思想教育。它使先秦儒家"天命观""天人观"又向前跨进一步，在原有基础上更加崇尚人事、注重现实，进而形成系统的"德治"思想和"保民"思想。周公创立了以嫡长子继承为核心，以"尊尊""亲亲"为原则的宗法制，从而解决了由上至下、由政治权力及经济占有的层层法定继承关系，这对先秦儒家仁学的产生有重要的影响。周公深谋远虑、防患未然的忧患思想及相应举措的实施，对先秦儒家忧患意识的产生有重要影响，并由此而转化为一种社会感、使命感、责任感。周公注意修德行事，公而忘私，对先秦儒家产生了极大影响。儒家身体力行的同时，宣扬"执政者"的表率作用，强调"为政"者无论在道德修养，还是在其他诸方面，都要为他人起到良好的表率作用。

聂振斌在《礼乐文化与儒学艺术精神》（载《江海学刊》，2005年第3期）一文中指出，礼乐制度的崩坏，是包括儒家在内的中国学术思想产生的现实根源。以孔子为代表的儒家礼乐思想，是对西周末期至春秋初期所萌生的礼乐思想的继承、发展和系统化。因为礼乐制度赖以存在的社会政治根基已经衰微，儒家企图维护和恢复礼乐制度及其政治功能已不可能，然而儒家的努力，却有巨大的文化意义和深远的历史意义。礼乐因为儒家的解释、论述并贯彻于教育实践中，从而蜕脱了其政治制度外壳而变成纯文化并流传千古。礼作为道德规范和伦理等差观念，依然存在并在现实中起作用。

成云雷在《殷周文化传统与先秦儒家圣人内涵的政治维度》（载《史学月刊》，2007年第10期）一文中指出，先秦儒家圣人的内涵形成与殷代巫文化传统和周代的德文化传统有关。先秦儒家讲到圣人往往和天联系在一起，这种密不可分的关系可以追溯到殷代的巫文化传统。在殷人的思想体系中，整个宇宙秩序都在"天"或"帝"的掌控之下。殷王作为上帝在人间的代理者，其使命在于执行上帝的绝对权能，而要做到这一点，殷王必须"顺通"天的意志，具有与上天沟通的能力。先秦儒家往往把圣人看成是具有最高德性的理想人格，这可追溯到周代的德文化传统。周对于德的重视引发了早期中国文化从神本的巫术宗教型向人本的伦理政治型转变。圣的主要含义由通天转变为聪明、能干，而这种聪明能干往往与处理政治事务的能力有关。

赵法生在《荀子天论与先秦儒家天人观的转折》（载《清华大学学报（哲学社会科学版）》，2015年第2期）一文中指出，荀子消解了传统的"天"在儒家思想中所具有的神圣性和超越性。荀子认为"天"和人各有各的职分和规律，"天"的运行有其客观规律，"天"的客观规律是不以人的意志为转移的。荀子重新界定"天"的属性，是为了探求人对于"天"应有的合理态度，人没有必要畏"天"和羡慕"天"。荀子的天论正是要通过将"天"完全唯物化，彻底消解"天"的精神性和神圣性，从而斩断人与"天"的一切精神联系。

孙军红在《论先秦社会转型与"礼"的理论变迁》（载《哈尔滨学院学报》，2007年第4期）一文中指出，"礼"是在周初确定的一整套的典章、制度、规矩、仪节。它的一个基本特征，是原始巫术礼仪基础上的晚期氏族统治体系的规范化和系统化。孔子认为周礼是最完全的"礼"，希望用"礼"维护分封制和等级制。战国末期，荀子顺应时代的发展要求，提出"礼法互补"的治国模式，实现儒法两家传统治国理论的优势互补。在荀子的政治理论中，法治是保证礼治的推行和维护礼治的手段，而"礼"则是立法的依据和指导原则，将礼治置于法治的价值之上，突出了人的因素在治国实践中的决定性作用。

冯达文在《作为人文教养的早期儒学——兼谈先秦社会历史演变中的贵族与平民》（载《中山大学学报（社会科学版）》，2003年第4期）一文中指出：孔子与早期儒学的初衷是为了培养人文教养和贵族性的精神气质。孔子生活与活动的时代，还是贵族占主导地位的时代。中国上古的贵族阶层，特别是周族统治者，不仅重自然血缘，亦重人文教养。所教"六艺"礼、乐、射、御、书、数，首先是为了营造一种贵族性的精神气质。所以，西周以来的贵族，已经是自然血缘与人文陶冶相结合的产物。春秋时期，出现了更重人文风采与精神气质的贵族阶层，孔子所心仪的正是春秋时期贵族性的精神气质、精神风貌。

宣朝庆、陈强在《个体化时代的文化抉择和社会治理——以孔子为中心的分析》（载《南开学报（哲学社会科学版）》，2015年第5期）指出，面对"礼崩乐坏"的状况，孔子在礼乐背后发现了新的意义和价值，那就是仁爱。孔子以"仁"作为礼乐的尺度、作为礼乐合法性的依据，而仁德则正好是价值理性的体现。在孔子看来，仁德具有内在性与超越性的特点。仁德一方面是隶属于人，具有内在性；另一方面又是隶属于天地之间，具有普遍性和超越性。周礼瓦解后，为重建新型社会制度，孔子采取了道德治理模式，这一治理范式所确立的制度依赖个体的道德行为。

二、先秦儒学的特征

邵龙宝在《先秦儒学的基本特质》（载《学术界》，2010年第7期）一文中指出，儒学的特质主要有三点：第一，不是宗教胜似宗教。孔子把"仁"融入这个自然的和神圣的"天"中建立了"天道"思想和天人关系学说。儒学不追求人离开尘世进入神的世界，而是要在人世间修养成为君子、贤人、圣人，这是儒学不是宗教胜似宗教的根本理据，也是儒学在中国两千年中文化理念的基本走向。第二，政治与伦理合二为一。君主应该是德性崇高的人，君的行为决定了一国人的风气，君是民的榜样。第三，以民为本与君权至上。儒家的民本思想是为君王治天下设计的一种治国理念。以民为本的实质是君权至上，君权只受劝喻、谏诤的约束但权力从来不受民众的限制。

王钧林在《先秦儒学的地域特色、发展线索及其内容特征》（见《国学论衡》编辑委员会编：《国学论衡（第1辑）》，117～119页，兰州：敦煌文艺出版社，1998）一文中指出，先秦儒学具有鲜明的地域特色。仁与礼是先秦儒学的两个最基本的观念，而仁与礼俱出于邹鲁文化。春秋时期，邹鲁地区以其保存了最为丰富的文物典籍和极其重视礼乐的学习、传授与研究，而成为礼乐文化的中心。礼原出于其中的周文化成分，仁原出于其中的东夷文化成分。邹鲁文化及其周文化成分和东夷文化成分，通过仁与礼对先秦儒学施加强烈的影响，从而使其呈现出显而易见的地域特色。

肖谦在《先秦儒学文化核心价值的人文关切》（载《求索》，2009年第10期）一文中指出，作为中国传统文化主流的儒学，形成了关注现世人生的人本观。儒学人本观，在先秦孔子、孟子、荀子那里就奠定了基本架构，"仁爱"思想成为儒学之核心。孔子是在尊重每个人人格的前提下把协调人际关系视为自我完善、自我实现的一种手段或途径的，而且注重关怀人的内在道德修养。孟子认为人对人和物的恻隐、羞恶、辞让、是非之心，是人的本性，是人人内心所具有的类的亲情感，是爱人的发端和根本。孟子的仁，是人的哲学升华与人本精神显现，也是人的本质的体现。荀子提出"尊君爱民"的人本观："君者，舟也；庶人者，水也。水则载舟，水则覆舟"；强调要"平政爱民""隆礼敬士""尚贤使能"①，若能改善政治，仁爱人民，尊重知识之士，任人唯贤唯能，国家就会强盛。儒学文化把修身作为齐家、治国、平天下的起点，使自我融于家、国、天下之中，实现自己的人生价值。尽管它在一定程度上压抑了个性自由，但在客观上却把自我与社会责任联系起来。

张岂之在《孔子儒学的价值理念与精神追求》（载《中原文化研究》，2015年第3期）一文中指出，孔子的很多重要思想已经成为中华儒学的共同准则。从孔子"和而不同"的文化观来看，他坚持用事物多样性的"和"来观察世界，反对单一的"同"，倡导博采众家之长的文化会通精神，强调"人"的地位与作用，这是包括儒学在内的中华文化及其理论的特色之一。孔子把有利于"民"而解除他们患难的行动称之为"圣"，把为"圣"的标准与利"民"联系在一起，极大地影响了后来儒学思想的发展。从孔子开始，经过儒家学者自身对古文献整理研究经验的总结，产生了儒家特殊的经学诠释方法。儒学经书从"五经"到"十三经"，反映了中国社会演进的需要，也是中华文化传承的展示。

吴怀祺在《孔子学说的普世性、民族性与时代性》（载《安徽大学学报（哲学社会科学版）》，2013年第1期）一文中指出，孔子学说具有普世性的特点。第一，孔子的思想主要体现在《论语》中，这本书首章《学而》开篇提出的观念，就体现出普世性：一是求知的"学"与实践的"习"结合起来；二是发展与友朋的睦邻关系。第二，孔子提倡的"爱人"也具有普世性，"爱人"实际是涉及对人类自身的要求，仁是爱人，这是天理的普世信条。第三，关于教育上的"有教无类"②的意义，朱熹的解释是："人性皆善，而其类有善恶之殊者，气习之染也。故君子有教，则人皆可以复于善，而不当复论其类之恶矣。"③这样的理念，更具有普世的价值。第四，孔子学说在哲学层面也具有普世性意义。在孔子哲学的影响下，法国的百科全书派把中国哲学当作唯物论和无神论来接受，德国古典哲学则把它当作辩证法和观念论来接受。由此可见，儒学的逻辑思维与西方哲学是相通的。

修建军在《从儒法之对比谈先秦儒学官学化的失败原因》（载《临沂师范学院学报》，

① 安小兰译注：《荀子·王制》，77页，北京：中华书局，2007。
② 张燕婴译注：《论语·卫灵公第十五》，247页，北京：中华书局，2012。
③（宋）朱熹：《四书章句集注·论语集注卷八》，168页，北京：中华书局，1983。

2001年第1期）一文中指出，先秦儒学官学化失败从一定程度上讲是儒学的超前性特质所决定的。孔子试图以周礼的实施，来防止政权的旁落，最后实现由诸侯共尊周天子的目的。孔子的学说适应了后世的"守天下"，已经具有了超前性的特质，并因此影响和决定了先秦儒学的命运。战国时期，孟子继承和发展了孔子的学说，提出了"仁政"主张，其思想的超前性色彩更加浓厚。孟子认为结束社会混乱状态的唯一途径就是行"仁政"，认为统治者只要按他所设想的五项仁政措施去治理国家，就可以完成统一大业。荀子的思想已经具有了明显的时代适应性，但是仍然没有跳出儒家以仁义统一天下的窠臼。

三、先秦儒学的政治诉求

赵明在《论作为政治哲学的先秦儒学》（载《山东大学学报（哲学社会科学版）》，2005年第3期）一文中指出，先秦儒学的创发正是源于对政治之"道"的高度自觉。儒家之"道德教训"绝非空泛而肤浅的道德说教，它是关于政治正当性的检讨与批判。现实生活中政治秩序的失坠是先秦诸子百家兴起的社会根源，而如何重建政治秩序则尤为孔、孟、荀切切忧思之所在。面对"礼崩乐坏"而"小人当政"的乱世，先秦儒学赋予了"礼"以重要地位，这关涉到社会秩序的建立和稳固。孔子儒学将"正名"直接与重建礼制秩序这一紧迫的现实需要相勾连，"正名"主张的提出预示了政治秩序与人生价值问题必将成为推动先秦儒家政治哲学开展的两轮。先秦儒学的基本使命在于通过"正名"而昭示重建礼制秩序的方向和意义，首先是要重建秩序的价值根基和意义秩序。

王海成在《"德礼"与"道法"：先秦儒、道"治道"的形成及异同》（载《广西社会科学》，2015年第2期）一文中指出，孔子通过对"德"的阐发重建礼的合法性，成为"德礼体系"的真正创立者。"德礼体系"中的"德"虽然也有政治之"德"的意味，但是主要是指人的内在之"德"。在尽可能维护周礼的前提下，儒家的"德礼体系"对周礼之精神进行了重新解释，改变了周礼以血缘、出身为标准分配社会资源和权力的原则，以内在之"德"取而代之，作为人能够配享礼乐的前提条件。"德礼体系"突破了周礼的"亲亲"原则，使得儒家之"礼"能够最大限度地容纳"尊尊""贤贤"之原则。从孔子到荀子，儒家"德礼体系"的"德"的具体内容经历了从"仁"到"仁义"，再到"义"的变迁，但是其理论框架和理论逻辑却一脉相承。

张志宏在《论孟子以"民本"理念为核心的"仁政"思想》（载《社会科学》，2012

年第5期）一文中指出，孟子的"民本"理念集中体现在他的"民贵君轻"思想中。孟子认为统治者权力的来源在于"民意"。孟子虽然肯定了天命，但是他认为天意是通过民意的形式来具体表现出来的。统治者政权的合法性在于是否民心所向。孟子的"仁政"思想是以"民本"理念为核心，建立在其"性善论"基础之上的。孟子的仁政思想在政治方面主要体现在统治者自己要践行仁义和减轻刑罚；在经济方面要减轻赋税和注重农业生产；在教育方面要对人民施行教化，才能保证王道的实现。虽然由于历史和时代背景的局限性，这种"民本"和"仁政"思想难免被统治者所利用成为其专制统治的工具。但是，我们也应该看到这种思想在警示、限制、弱化统治者的专制暴政和缓解社会矛盾方面所起到的积极作用，同时这种思想也为士大夫阶层为民请命，争取权利，反抗暴政提供了强有力的理论支持。

林存光、杨美桂在《先秦儒家的内圣外王观》（载《衡水学院学报》，2015年第3期）一文中指出，先秦儒学具有两个基本的维度：一是对个人独立人格的坚持和对个人道德修养的关注；二是对社会伦理秩序、政治民生问题的关切。所谓的"内圣"指的是孔孟儒家讲的修身之学，而"外王"则是指治国平天下的政治之学。"内圣外王之道"①乃是在内圣的道德修为的基础上来实现外王的事功作为。圣王治世的政治理想诉求，既可以作为一种理论的尺度或标准，被用以批评和反思暴君虐政的现实政治状况。同时，由内圣而外王的表述方式和逻辑推理在历史上也极容易造成一种观念上的误解：那些实现了统一、平治天下政治目标的王，一定是圣人。儒家的圣王观念在历史上常常被歪曲利用为美化现实帝王的一种文化资源。

徐鸿、解光宇在《先秦儒家"大一统"思想论》（载《学术界》，2015年第5期）一文中指出，孔子主张一个国家需要有一个有道的君王来统率，使得天下百姓都能臣服于他，不违反国家统一制度，这样才能实现国家的"大一统"局面。孔子"大一统"的思想还表现在他的"正名"思想，天下百姓都能明白各自的责任和义务，明白各自的职位。孟子指出国家的统一是社会发展的趋势，战国时期混乱的局势最后会"定于一"，孟子明确提出了统一天下的君王必须拥有"不嗜杀人"的基本素质。荀子也极力主张国家的统一，提出了"一天下"和"一制度"的构想。统一不仅是国家和民族的统一，还包括思想的高度统一，按照统一的标准来规定人们的行为，建立新的社会秩序。

---

① 孙海通译注：《庄子·杂篇：天下》，375页，北京：中华书局，2007。

刘学斌在《先秦儒法政治秩序观析论》（载《广西师范大学学报（哲学社会科学版）》，2014年第4期）一文中指出，春秋战国时期，重建政治秩序是当时的时代主题。无论儒家的孔子、孟子，还是法家的商鞅、韩非，他们所论述的政治秩序都是君臣、贵贱、高低、上下、主从分明严整的秩序。在政治秩序问题上，法家认为政治建立在实力的基础上，政治秩序同样也是如此。法家认为由君主掌握最大的实力，能实现对政治的掌控，会使政治处于有序状态。儒家更强调政治秩序的道德性、情感性。儒家对道德在政治、政治秩序问题上作用的重视，不完全是基于对道德的偏好，而且在于道德有极佳的政治功效。当然，儒家并非只重视道德，他们也承认刑政的必要性，只是认为德与刑是主从、主辅关系。

张践在《德导、礼齐、法治——儒家社会治理思想的启迪》（载《孔子研究》，2015年第2期）一文中指出，古代儒家的社会治理思想包括道德引导、礼乐约束、法律治理三方面。儒家政治思想的本质是德治，执政者本人的道德品质是政治合法性的主要依据。从儒家社会治理系统的角度讲，"礼"可分成"礼义"和"礼制"两部分，"礼义"是指儒家从古代文化中继承的礼乐系统的内在意义，是与道德相联系的，是道德教育的一种手段。"礼制"是古礼所规定的各种制度与程序。礼一旦制度化，就对接受者具有制约作用，实际上发挥了西方宪法对管理者与被管理者双向约束的作用。"礼"向上连接"德"，是"德"落实的保障；向下则连接"法"，是中国古代社会治理系统的枢轴。孔子很重视法制建设，他认为刑罚是很有必要的，对于破坏社会礼乐制度底线的人，也要动用法治手段。

黄朴民在《简说先秦政治文明的发展趋势及其基本特征》（载《浙江学刊》，2011年第3期）一文中指出，先秦历史发展过程中，国家政治生活中原始民主制残余的影响缓慢地消失，王权专制主义逐渐得到强化。进入战国时代后，各国通过变法，王权专制主义终于取得了压倒性的胜利，而且在表现形式上成了中央集权制度。国家政治生活中，神权政治的比重不断下降，世俗政治的比重不断增加，以至最终基本排斥神权政治在国家政治生活中的地位。春秋战国时期，神权政治与世俗政治的关系更有了决定性的变化。职官制度上宗教事务官吏的比重日益降低和政治实际影响力的不断缩小，更是神权政治衰微的典型象征。而中央集权官僚体制的构建，文武分职的确立，更将宗教事务官挤到可怜的角落之中。

四、先秦儒学的历史价值

王长华在《论原始儒学对中国文化传统的奠基》（载《河北学刊》，2001年第5期）一文中指出，儒学对中国文化整体框架的构成及发展走向，发挥了重要作用。先秦儒家对理想的个体人格塑造怀有浓厚的兴趣，认为通过学习有望实现完美人格。先秦儒家对于学习已经有了一个相当高的定位，这种定位显然为日后中国文化中的重学传统奠定了坚实的基础。文人从政是原始儒学为中国文化奠基的又一个传统，对后来文人热衷政治施加了决定性的影响。

唐明燕在《论中华民族自强不息精神的思想渊源——以先秦儒学为视角》（载《武汉理工大学学报（社会科学版）》，2010年第4期）一文中指出，先秦儒家为培育中华民族自强不息精神提供了思想内核。先秦儒家倾向于把"天"看作是道德理想的化身，先秦儒家天人合一的理念指的就是人与天在道德、义理意义上的合一。这种"合一"，不需要人对天顶礼膜拜，只需要踏踏实实地提高道德修养。在另一种超自然的力量"命运"面前，先秦儒家反对人完全屈服于命运的安排，认为人在"命运"面前仍可大有作为。"尽人事，听天命"[1]可以说是孔子对传统天命观的发展，也是先秦儒家对待"命"的总体态度。这样一种对人的生命价值的关切和对人存在地位的肯定，挺立起了中华民族在世上生存发展的信心，从心灵层面拓展了中华民族自我发展完善的空间，成为中华民族不畏艰险、积极向上、自强不息的动力之源，为中华民族自强不息精神的建构提供了逻辑起点。

王凌皓、王晶在《先秦儒家礼教思想的历史定位及现代镜鉴》（载《社会科学战线》，2015年第4期）一文中指出，先秦儒家礼教思想是中国传统文化的逻辑起点与核心观念之一，曾经担负着各个历史时期人性教化和国家治理的使命。先秦儒家礼教思想是中国传统社会关于个人伦理、家庭伦理、国家伦理、自然伦理的一整套完备的道德教育理论体系，是中国传统社会特有的与伦理政治思想相得益彰的一种教育思想和教育模式。对于"礼教"的作用和意义，儒家学派创始人孔子明确指出，德、礼兼治比政、刑强制更有利于良好人格的塑造养成。

---

[1] 语出《镜花缘》第六回"尽人事以听天命"，见（清）李汝珍：《镜花缘》（第六回），21页，上海：上海古籍出版社，1991。

微课设计

微课设计一：从天人观的演变看先秦儒家民本思想

设计意图

天人关系和民本思想是先秦儒家关注的重要问题，探讨儒家天人观，可以更深入地引导学生了解儒家民本思想发展的脉络，更好地把握先秦儒学发展的特点。

设计方案

教师讲述：商周时期，人们已经产生"天""神"的观念，开始思考"天""神"与人之间的关系。

材料呈现：殷人尊神，率民以事神，先鬼而后礼。

——李慧玲、吕友仁注译：《礼记·表记第三十二》，291页，

郑州：中州古籍出版社，2010

教师设问：商人对于"神"的态度如何？（参考答案：商人对神极度尊崇，重视对神的祭祀。）

教师讲述：商王认为自己的权力来自于上天，秉承天命来统治人间，而"天"的权力是绝对的，人民必须要无条件服从上天的意志，这是一种典型的"神本"思想。但是在事实上，上天的意志并不能真正决定一个王朝的存亡，例如商纣王自认为自己保有天命，却最终被周武王打败。通过对周灭商这段历史的观察，当时的周人会不会有所反思？

材料呈现：天视自我民视，天听自我民听。

——顾迁注译：《尚书·周书：泰誓中》，137页，郑州：中州古籍出版社，2010

以天为宗，以德为本。

——孙海通译注：《庄子·天下》，374页，北京：中华书局，2007

教师设问：与商人相比，周人对"天人关系"的认识有何异同？（参考答案：不同

点：周人强调民意就是天意的体现，在天与人的关系中，民的地位逐渐提升。共同点：天是有意志、有意识的存在。）

教师引导学生思考：在周人的观念中，天命的归属是有条件的，只有统治者提高自己的道德修养，上天才会去保佑他，如果统治者品德不好，那么上天就会抛弃他。春秋时期，随着社会的发展，更多的人开始思考天命与政权存亡的关系，对天人关系的探讨逐步深入。

材料呈现：获罪于天，无所祷也。

——张燕婴译注：《论语·八佾第三》，31页，北京：中华书局，2006

天何言哉？四时行焉，百物生焉，天何言哉？

——张燕婴译注：《论语·阳货第十七》，272页，北京：中华书局，2006

教师设问：孔子对于"天"持怎样一种态度？（参考答案：孔子对"天"的态度是矛盾的，有时认为"天"是有意志的存在，拥有很大的权力，有时又认为"天"是一种无意志的存在，是大自然的一部分。）

教师讲述：战国时期，孟子继承和发挥了孔子"仁"的思想，进一步对天人关系进行探讨。孟子主张人性本善，强调个人的道德修养。孟子"性本善"思想的提出，与他对天人关系的认识有很大的关系。

材料呈现：仁义忠信，乐善不倦，此天爵也。

——（宋）朱熹：《四书章句集注·孟子集注卷十一》，336页，

北京：中华书局，1983

教师引导学生思考：孟子认为天是有意识、有意志的存在，天和人之间是可以相互联系起来的。人性的善恶也是由上天决定的，上天有道德，所以赋予了人以道德；上天是善良的，所以决定了人性本善。

教师设问："天"赋予了人先天的道德，人在天的面前是不是只能被动地服从？

材料呈现：尽其心者，知其性也。知其性，则知天矣。存其心，养其性，所以事天也。

——（宋）朱熹：《四书章句集注·孟子集注卷十三》，349页，

北京：中华书局，1983

教师引导学生思考：孟子认为人可以主动地去认识"天"，可以通过提升自身的道德修养，去达到"天人合一"的状态。孟子从天人关系的角度，论证了人的价值和地

位。人在上天面前具有如此重要的地位，那么他在现实政治中也应该具有相当重要的地位和作用。

材料呈现：天意既由民意显露，民心向背就成为政权得失的关键。孟子曰："桀纣之失天下也，失其民也。失其民者，失其心也。"[1]

——梁治平：《民本思想源流》，载《中国法律评论》，2014年第3期

教师设问：孟子的主要观点是什么？（参考答案：民意即天意，得天下的关键在于民心的向背。）

教师讲述：从孔子到孟子，先秦儒家对天人关系做了进一步的阐释，在天与人的关系中，人的重要性不断凸显，在现实的政治环境中，人民的地位和价值相对于君主也应该得到提升。君主要想维持统治，一定要以民为本，这就是先秦儒家经常强调的民本思想。孟子多次论述上天、国家、人民、君主之间的关系，将民本思想发展到新的高度，其中最有名的一个论述就是：

材料呈现：民为贵，社稷次之，君为轻。

——（宋）朱熹：《四书章句集注·孟子集注卷十四》，367页，

北京：中华书局，1983

教师讲述：孟子将"民"放在首要的位置，比社稷更重要，一旦君主违背了天意和民意，自身的统治就会出现问题，这个政权都可以被改变。在国家的日常政治生活中，孟子认为人民同样要发挥自身作用。

材料呈现：孟子曰："左右皆曰贤，未可也；诸大夫皆曰贤，未可也；国人皆曰贤，然后察之；见贤焉，然后用之。"

——（宋）朱熹：《四书章句集注·孟子集注卷二》，220页，

北京：中华书局，1983

教师设问：孟子认为"民"有什么权利？（参考答案：参与决定官员的选用。）

教师讲述：齐宣王同孟子讨论选用官员时，孟子主张要发挥人民的舆论监督作用，对官员的任免提出自己的意见，而国君也应该尊重人民的意见。那么统治者必须要考虑人民的利益。

---

[1] 万丽华、蓝旭译注：《孟子卷七·离娄上》，154页，北京：中华书局，2006。

材料呈现：民之为道也，有恒产者有恒心，无恒产者无恒心。

——（宋）朱熹：《四书章句集注·孟子集注卷五》，254页，

北京：中华书局，1983

以不忍人之心，行不忍人之政，治天下可运之掌上。

——（宋）朱熹：《四书章句集注·孟子集注卷三》，237页，

北京：中华书局，1983

教师设问：材料体现了孟子的什么思想？孟子认为统治者最重要的是要解决什么问题？（参考答案：仁政。解决民生问题。）

教师引导学生分析：孟子强调执政者一定要让"民"有饭吃，这样才能维持政治的稳定，这就是仁政。仁政的施行符合天意的要求，同时也符合民意的要求。在孟子看来，因为人性本善，仁政其实并不是很难做到，只是把内在善心向外扩展即可实现。

设计点评

本微课以天人关系为主要切入点，通过对孟子思想的梳理，让学生了解孟子关于民本思想和仁政学说的理论来源，进一步理清先秦儒家思想发展的逻辑线索，从而更好地理解先秦儒学。

微课设计二：孔子的学习观

设计意图

先秦儒家从孔子开始就十分重视教育的作用，突出学习的重要性，通过探讨孔子的学习观，可以更好地促进学生了解儒家思想的特质，有助于理解其独特的思想内涵。

设计方案

教师讲述：学习是学生的一项重要任务，也是人得以成长的重要条件。从孔子开始，先秦儒家就有很多的言论涉及对学习的探讨。

材料呈现：子曰："生而知之者，上也；学而知之者，次也；困而学之，又其次也；困而不学，民斯为下矣！"

——张燕婴译注：《论语·季氏第十六》，257页，北京：中华书局，2006

子曰："我非生而知之者，好古，敏以求之者也。"

——张燕婴译注：《论语·述而第七》，94页，北京：中华书局，2006

教师设问：孔子对学习持什么态度？（参考答案：孔子强调好学的重要性。孔子认为人的天赋会有差异，但是通过后天的努力可以缩小先天的差距。）

材料呈现：子曰："古之学者为己，今之学者为人。"

——张燕婴译注：《论语·宪问第十四》，218页，北京：中华书局，2006

孔子学习的目的很明确：学习不仅仅是知识性的学习，它是超越功利性的。孔子的学习目的是道德人格性的学习，关键在于提升自己的道德境界。

——吴树勤、杨昕：《从〈论语〉首章看儒家学习理念》，

载《山东工商学院学报》，2009年第1期

教师设问：孔子认为学习的目的什么？（参考答案：为了提升和完善自身的道德境界。）

教师引导学生分析：在孔子看来，如果人不去学习，就不会懂得基本的做人道理，就不具备完整的人格，也就不能处理好人与社会、人与人的关系。孔子在这里明确了学习的必要性。

材料呈现：儒学是"内圣外王之学"，"圣"强调的是道德修养所达到的最高程度；"王"强调的是完满的功业成就，也就是能够……把天下治理得很好。

——吴树勤、杨昕：《从〈论语〉首章看儒家学习理念》，

载《山东工商学院学报》，2009年第1期

教师讲述：孔子认为人通过学习可以达到圣人的境界，然后可以像上古时代的圣人尧、舜、禹、汤、文、武、周公一样成为王者，拥有天下。孔子对于学习的重视，实际上反映了先秦儒家所追寻的理想人格和理想政治。正是为了实现这种理想，孔子才如此强调学习的重要性。为了实现理想，应该如何去学习？

材料呈现：子曰："小子何莫学夫《诗》？……多识于鸟兽草木之名。"

——张燕婴译注：《论语·阳货第十七》，268页，北京：中华书局，2006

"不学《诗》，无以言。" …… "不学礼，无以立。"

——张燕婴译注：《论语·季氏第十六》，259页，北京：中华书局，2006

子曰："弟子入则孝，出则弟，谨而信，泛爱众，而亲仁，行有余力，则以学文。"

——张燕婴译注：《论语·学而第一》，4页，北京：中华书局，2007

教师设问：材料反映孔子教育的主要特点是什么？（孔子的教育是以道德教育为中心，重在培养学生的德行修养；重视实践。）

教师讲述：孔子要求弟子们首先要致力于孝悌、谨信、爱众、亲仁，培养良好的道德观念和道德行为，如果还有闲暇时间和余力，则用以学习诗、礼，增长文化知识。孔子认为做人要有六种基本品德：仁、知、信、直、勇、刚。这些品德是在思考与践行中逐渐形成的。所以孔子强调：

材料呈现：好仁不好学，其蔽也愚；好知不好学，其蔽也荡；好信不好学，其蔽也贼；好直不好学，其蔽也绞；好勇不好学，其蔽也乱；好刚不好学，其蔽也狂。

——张燕婴译注：《论语·阳货第十七》，267页，北京：中华书局，2006

教师引导学生分析：孔子强调道德的实践与知识的学习，学有所成之后要有所应用，孔子及其弟子，只要一有机会就参与到政治活动中去。自孔子开始，儒家就向人们展现出了他们对于国家政治生活参与的愿望与热情。

材料呈现：子夏曰：仕而优则学，学而优则仕。

——张燕婴译注：《论语·子张第十九》，295页，北京：中华书局，2006

当子张向孔子学习为官之道时，孔子教导他要多闻多见、慎言慎行，以使言语的错误少、行为的懊悔少……当子贡问政时，孔子教导他要做到使粮食充足、军备充足、获得百姓的信任；当子路学习政事时，孔子教导他要给百姓做出表率，要和百姓一起勤劳地工作；当做了季氏总管的仲弓向孔子请教时，孔子提出要当好模范、宽以待人、提拔优秀人才；当做了莒父县长的子夏向孔子请教时，孔子告诫他"欲速则不达，见小利则大事不成"[①]；等等。

——张方玉：《论儒家文化中关于"学习"的四重意蕴》，

载《教育探索》，2011年第2期

---

① 张燕婴译注：《论语·子路第十三》，195页，北京：中华书局，2006。

教师设问：结合时代背景，思考孔子及其弟子为什么积极参与政治？（春秋时期王室衰微，礼崩乐坏，孔子力图恢复礼乐制度，实现理想政治。）

教师讲述：虽然孔子曾自信地认为假若由他来主持国家事务，三年就会富强起来，但是过于理想化的儒家思想不能解决当时的实际问题，孔子的政治生涯基本上失败的。面对失败，孔子是不是就放弃了自己的理想呢？

材料呈现：子曰："饭疏食，饮水，曲肱而枕之，乐亦在其中矣！不义而富且贵，于我如浮云。"

——张燕婴译注：《论语·述而第七》，92页，北京：中华书局，2006

子曰："朝闻道，夕死可矣。"

——张燕婴译注：《论语·里仁第四》，44页，北京：中华书局，2006

教师设问：材料反映孔子怎样的态度？（参考答案：乐道。）

教师讲述：这里的"道"，指的是真理。面对困境也要乐观面对，这也是学习的一种境界。这种积极的精神对后世影响深远，曾经鼓舞着无数有志之士为了理想而奋斗。孔子勤奋好学、重视道德、强调致用、安贫乐道的学习观，对我们理解儒家思想有重要作用，对我们今天的学习也有重要的借鉴意义。

教师引导学生小结：孔子的学习观实际上是围绕着道德教育这一中心展开的。孔子非常重视学习，他认为学习的目的是要提高道德修养和实现政治抱负，但因为时代的原因，孔子的政治主张无法得到实现，因此他更强调在困境中保持和提升自己的道德水平。在孔子看来，如果有从政的机会就要抓住机会去实现政治抱负，如果没有机会就转而不断提高自己，提升自己的道德才是学习的根本所在。

设计点评

本微课以孔子学习观作为突破口，细致分析了孔子关于学习的思想。通过本微课的学习，有助于学生了解孔子"学习"思想与孔子整体思想的关系，从而更好地理解孔子和先秦儒家思想的特点。

教学资源

资源1：儒学的一个显著特质是政治与伦理合二为一，亦即政治伦理化和伦理政治化。这早已为学界所公认，但是对这一特质的具体阐发和引发的诸多问题则少有研讨。从源头上说，我国古代氏族组织尤其完善，形成家国同构的缜密、圆润的伦理政治和政治伦理的社会组织形态。天子是民之父母，君是臣之父母，家国天下如同一家，是亲亲的关系，又是尊尊的关系，是治理的关系，也是养育的关系。天子与侯伯之姓由天所赐。古代"百姓"指贵族专名，《国语》屡言"百姓"，皆与"兆民"对举。原本有"异姓则异德，异德则异类……同姓则同德，同德则同心"①之说，《礼记·大传》云："系之以姓……虽百世而婚姻不通者，周道然也。"②及至周代发明了一种同姓不婚的制度。这种制度使得异族血统相互通婚，编织成一个庞大的亲戚网络，天子对于诸侯，"同姓谓之伯父，异姓谓之伯舅"③，历经三千年至今未变，形成了中华一体56个民族的大家庭。现在根据DNA的监测来绘制中华民族的血缘地图，结果北方的汉族和北方的少数民族血缘相近的程度超过了北方的汉族和南方的汉族；而南方的汉族和南方的少数民族的血缘接近程度也超过了南方的汉族和北方的汉族。

——邵龙宝：《先秦儒学的基本特质》，载《学术界》，2010年第7期

资源2：首先说会通精神，这里以我国中医药学经典《黄帝内经》为例略加说明。《黄帝内经》的作者们对春秋战国时期的诸子百家学说不抱门户之见，凡有可取之处都加以吸取，其中有儒家思想、墨家主张、道家观点，还有法家的若干见解。此外，名家、兵家，甚至阴阳五行学说中的某些成分也被吸纳，博采众家之长。《黄帝内经》因此也奠定了与中华儿女繁衍发展密切相关的中医药学坚实的理论基础。再举一例：中华文化中比较完整的关于"大同"社会的学说，主要见于《礼记·礼运篇》，这是战国末年或秦汉之际儒家学者的著作，阐述了从据乱世到小康再到大同的历史进化观。"大同"理想不但发挥了早期儒家思想，而且在不少地方继承了墨家思想，例如"选贤与能"就和墨家的"尚贤"原则相似；"老有所终"一段又相似于《墨子·兼爱中》里的一节，

① 徐元诰撰，王树民、沈长云点校：《国语集解·晋语四第十》，337页，北京：中华书局，2002。
② 李慧玲、吕友仁注译：《礼记·大传第十六》，135页，郑州：中州古籍出版社，2010。
③ 陈澔注：《礼记·曲礼下第二》，21页，上海：上海古籍出版社，1987。

甚至"大同"这一名称也可能从墨家所说"尚同"沿袭而来。同时,《礼记·礼运篇》有些地方也受了老子思想的影响,如"大同"世界为"大道之行","大道"就是道家的术语。可见,"大同"理想主要来源于儒家,同时也吸取了墨家和道家的某些思想。

——张岂之:《孔子儒学的价值理念与精神追求》,

载《中原文化研究》,2015年第3期

资源3:孔子通过对"德"的阐发重建礼的合法性,成为"德礼体系"的真正创立者,只有在孔子创立的"德礼体系"中,才能说"'德'是……'无所不在'的精神气质"[①]。"德礼体系"中的"德"虽然也有政治之"德"的意味,但是主要是指人的内在之"德"。在尽可能维护周礼的前提下,儒家的"德礼体系"对周礼之精神进行了重新解释,改变了周礼以血缘、出身为标准分配社会资源和权力的原则,以内在之"德"取而代之,作为人能够配享礼乐的前提条件。周礼本来只施行于贵族阶层,即所谓"礼不下庶人",孔子却"有教无类",不但将包括周礼在类的礼乐文化传播给社会上的各个阶层,而且主张对民要"道之以德,齐之以礼"[②]。按照周礼之"亲亲"原则,官员任用、人才选拔皆举"亲故",孔子却主张"举贤才"[③]"举直错诸枉"[④],最大程度地倡扬"贤贤"之原则。孟子言:"天下有达尊三:爵一,齿一,德一。朝廷莫如爵,乡党莫如齿,辅世长民莫如德。恶得有其一以慢其二哉?"[⑤]孟子虽言自己占有齿与德而齐王只占有爵,因此齐王没有资格在他面前表现出怠慢不恭,但其真正的理由恐怕只在于以有德者自居。在儒家的话语系统中"德"代表道统,可以说正是经过儒家的一番改革和重新阐释,"德"才成为礼的内在精神实质,礼治才成为德治的同义词。"德礼体系"突破了周礼的"亲亲"原则,使得儒家之"礼"能够最大限度地容纳"尊尊""贤贤"之原则。从孔子到荀子,儒家"德礼体系"的"德"的具体内容经历了从"仁"到"仁义",再到"义"的变迁,但是其理论框架和理论逻辑却一脉相承。

——王海成:《"德礼"与"道法":先秦儒、道"治道"的形成及异同》,

载《广西社会科学》,2015年第2期

---

① 郑开:《德礼之间:前诸子时期的思想史》,392~393页,北京:生活·读书·新知三联书店,2009。

② 张燕婴译注:《论语·为政第二》,13页,北京:中华书局,2006。

③ 张燕婴译注:《论语·子路第十三》,187页,北京:中华书局,2006。

④ 张燕婴译注:《论语·为政第二》,20页,北京:中华书局,2006。

⑤ 万丽华、蓝旭译注:《孟子卷四·公孙丑下》,78页,北京:中华书局,2006。

资源4：西周晚期，随着时代的发展，文明的演进，卿事寮为代表的政治势力有了进一步的增长，而以神权职责为中心的太史寮权限及影响则显著减弱。卿事寮地位增长的主要标志，是该系统中的三有司（司土、司马、司工）的地位和权力的迅速提高。在西周早中期，三有司不过是卿事寮系统的普通官吏，这可从金文《卫盉》《五祀卫鼎》等得到充分证明，但在西周晚期，三有司却先后上升为卿一级的大官。所以，尽管太史寮还是一个常设机构，还拥有一定的权力，但实际上其势力却不复如前，这种政治局势的演变，标志着在西周时代，神权政治在国家生活中缓慢地走向中衰。

春秋战国时期，神权政治与世俗政治的关系更有了质的决定性的变化。这一变化既表现在意识形态上，也表现在当时的职官制度建设上。

——黄朴民：《简说先秦政治文明的发展趋势及其基本特征》，

载《浙江学刊》，2011年第3期

资源5：礼治与法治各有其长短得失。礼治的优长在于具有道德教化之功，使人自觉服从，利在长治久安，这是利在当下见效的法治所不具备的。但礼治须具体化为一系列非强制性的行为规范方能实行，靠的是人们的自觉遵守，却不具备制裁的功能，对于违礼的行为往往显得无能为力，因而受到法家的讥刺与诟病。显然，礼治与法治各有其不可替代的功用，它们都是治理国家不可或缺的有效手段。可惜的是，早期的儒家和法家在此问题上各执一端，形同水火，没能将此两种基本的治国理念加以有效的优化整合。礼治与法治的联手，形成优势互补的治国模式理论，直到统一大帝国出现的前夜，才由荀子最终完成。荀子认为礼与法并非是互相排斥的，而是可以互补的，应该联手并用才能取得良好的治国效果，他指出："不教而诛，则刑繁而邪不胜；教而不诛，则奸民不惩；诛而不赏，则勤属之民不劝；诛赏而不类，则下疑俗俭而百姓不一。"[1]他看到了传统儒家专恃礼治的弊端，主张变只讲劝善不讲惩恶为以劝为主、劝惩结合，"以善至者待之以礼，以不善至者待之刑。两者分别则贤不肖不杂，是非不乱。贤不肖不杂则英杰生，是非不乱则国家治。若是，名声日闻，天下愿，令行禁止，王者之事毕矣"[2]。以保证礼治的推行。荀子援法入礼，他常以礼、法联称或并举，正是看准了强制的法可以为礼提

---

[1] 王先谦：《荀子集解》，191页，北京：中华书局，1988。
[2] 王先谦：《荀子集解》，149页、150页，北京：中华书局，1988。

供强有力的支持和保障。

——孙军红：《论先秦社会转型与"礼"的理论变迁》，

载《哈尔滨学院学报》，2007年第4期

资源6：郡县制的推行，选拔制的发展，则又导致了民、臣、君之间的关系的根本改变：在同一区域里生存着不同姓氏、不同血缘的陌生人，处理他们之间的关系，不可能再诉诸于亲情、族情，只能一统于法。臣由选拔产生，君主需要臣，是因为他于我有用。臣之效力君，是因为于我有利。君臣之间的关系，也由亲近的血缘关系，转变为冷漠的利用关系。至于君，其权力与地位从何而来？当时显然还是依据于一种历史的惯性，由世袭确定。然而，在氏族制的体制下，君主所宗之族与相关氏族毕竟有亲缘关系和道义关系，君主作为"天下共主"，其权力实为相关氏族共同赋予，又受这些氏族制约。即便中国上古没有像古罗马发展出长老院那样一种可以制导君主的分权体制，但是，像孟子所说的，君主无道，同族人有权把他撤换（《孟子·万章下》）。孟子此间的观念，其实仍透显着古氏族制的遗风。然而，在变革后的新体制下，君、臣关系只为利用关系。臣之于君，有利则仕，无利则去，他不必顾及君主权力的正当性问题；君之于臣，有用则留，无用则废，他亦不必顾及自己的权力是否要受臣民制约的问题。由是，君主专制成为不可避免的政治体制。秦始皇取这种统治体制，并不一定是他个人想要如此，而是时势使之非得如此。就像先秦社会构成由贵族向平民的演变具有正当性，君主由"天下共主"向"专制君主"的演变，实亦具有历史的正当性。

——冯达文：《作为人文教养的早期儒学——兼谈先秦社会历史演变中的贵族与

平民》，载《中山大学学报（社会科学版）》，2003年第4期

资源7：先秦儒学十分注重人禽之辨，可这不过是其思想的前提，是思想学说建构的起码边界，唯有"人"的世界才是可以真正言说的世界，才是应该关注的世界，才是值得思想的世界。先秦儒家从人与动物相区别的视角，将人看成是一种"合群而居"的存在。荀子明确说道："水火有气而无生，草木有生而无知，禽兽有知而无义，人有气、有生、有知，亦且有义，故最为天下贵也。力不若牛，走不若马，而牛马为用，何也？曰：人能群，彼不能群也。人何以能群？曰：分。分何以能行？曰：义。"[1]动物是没有

---

[1] 安小兰译注：《荀子·王制》，90页，北京：中华书局，2007。

精神的纯粹肉体的存在，本能和欲望的支配是动物生存世界的唯一法则。人首先是动物，同样是基于本能而追逐欲望满足的肉体存在。可人又是具有精神规定性的存在，不能停留于动物的生存状态，而要超越动物世界的生存法则，进入一个真正属人的世界。这个"属人的世界"的基本规定性又是什么呢？在先秦儒学看来是政治。政治所展示的是一种人与人之间的关系，是一种区别于动物世界而为人所独有的、生存方式得以展开的基本秩序。离开了这种关系和秩序，"属人的世界"就不可能得以建立和维持。古希腊哲人亚里士多德把"人"界定为"政治动物"，其实表达的绝非希腊城邦政治的地域性经验，而是揭示了人类走出"蒙昧时代"而进入"文明时代"的普遍性特征。当然，先秦儒学是用"群"概念来对此加以概括和把握的。"轴心时代"的中西方思想家们在思索着同样的问题。

——赵明：《论作为政治哲学的先秦儒学》，

载《山东大学学报（哲学社会科学版）》，2005年第3期

资源8：所谓的"内圣外王之道"，分别来讲，"内圣"指的是孔孟儒家讲的修身之学，孔子所谓的克己和修己，《大学》所谓的诚意、正心和修身，孟子所谓的存心养性，荀子所谓的修身和治气养心，都属于此，这是一种内在品德修养的问题；而"外王"则是指治国平天下的政治之学，孔子所谓的安人和安百姓，孟子所谓的仁政王道，荀子所谓的礼治王道，都属于此，这是一种外在事功作为的问题。按照一般的理解，上述两个方面的问题是彼此关联为一体的，简单讲，所谓的"内圣外王之道"乃是一种由内圣而外王的逻辑思维理路，即在内圣的道德修为的基础上来实现外王的事功作为，按照《大学》的表述方式来讲就是，由格物而致知，由致知而诚意，由诚意而正心，由正心而修身，由修身而齐家，再由齐家而治国，最后是由治国而平天下。

——徐鸿、解光宇：《先秦儒家"大一统"思想论》，载《学术界》，2015年第5期

春秋战国时期的百家争鸣

学术引领

　　春秋战国时期，伴随着政治、经济方面激烈而深刻的变革，思想文化领域出现了百家争鸣的繁荣局面。所谓百家争鸣，指的是两种社会现象：一种是各个学派独立地阐述自己的学说思想，学派之间相互问难，进行辩论；另一种是诸子学以致用，以其所学去游说诸侯，这就不可避免地与诸侯及其官员发生争鸣。①

一、百家争鸣出现的原因

　　薛国中在《论战国时期"百家争鸣"的历史条件》（载《武汉大学学报（人文科学版）》，2015年第3期）一文中指出，战国时期思想领域百家争鸣的出现得益于春秋时期奠定的思想资源基础。"百家争鸣"是战国时期不同学术思想的交锋，其思想资源都来

---

① 樊树志：《国史概要》，第3版，65页，上海：复旦大学出版社，2004。

自《六经》。《六经》又称《六艺》，它包括《诗》《书》《易》《礼》《乐》《春秋》六部，儒家称之为《六经》。《六经》内容博大精深，涉及自然、社会、历史、政治、文化、伦理道德、经济等诸多领域，它不仅是儒家的经典，也是战国"诸子百家"的思想资源。但战国的士子们，接受前代思想资源后，并不是照本宣科，固守先王之道，而是随时代的变迁、自己的理解、社会的需要和自己的处境，从古代经典理论中，各取所需，加以发挥，各论短长，设塾授徒，终成一家之言。

王磊在《一个黄金时代的形成与终结——对战国百家争鸣现象的一种解读》（载《陕西师范大学学报（哲学社会科学版）》，2007年第1期）一文中指出，中国思想史的黄金时代在春秋战国时期出现，得益于此时丰厚的文化积累和良好的文化生态。中国文明社会的历史如果从夏朝算起，到战国时期已近两千年。几千年间无数人的思想资料，一层一层的堆积着，慢慢发酵。沉积和发酵了两千多年后，内在的压力已足够大，加上适当的外部条件，就出现了春秋战国时的文化大喷发，思想大爆炸，造就了中国思想史上的黄金时代。好的文化生态有利于思想发展和多样化的社会文化氛围的形成。春秋战国时期天子形同虚设，诸侯各自为政，形成许多独立的割据政权。由于没有专制的大一统政治体制，也就没有一家独大的思想专制局面，各国诸侯也未以行政命令形式推行某种思想，压制不同学说，这使得春秋战国时期学术活动极少受外在的约束。学者们研究什么，怎样研究，怎样表述自己的思想，完全是个人的选择，人的智慧、想象力、创造力可以得到充分发挥。先秦的学者面对着一望无际的思想处女地，自由地放牧、耕作、探险，所到之处，留下自己深深的脚印，成为后人的路标。

赵世超、卫崇文在《论战国时期的百家争鸣运动》（载《陕西师范大学学报（哲学社会科学版）》，2006年第6期）一文中指出，战国时期百家争鸣运动的核心特征是学术自由，自由著述、自由讲学是百家争鸣的前提和基础。春秋时期，礼乐制度崩坏，国家典籍落入民间。士子国人，初则竞相传诵，继而建派立言，终至酿成自由著述的新局面。诸子著作中有的以用言道，有的以欲言道，有的以法言道，可谓百花竞放。从著作的数量看，《汉书·艺文志》统计为"凡诸子百八十九家"[1]，共著文4324篇。若将六

---

① （东汉）班固：《汉书卷三十·艺文志第十》（第6册），1745页，北京：中华书局，1962。

艺、诗赋、兵书、数术、方技类的书也包括进来，则更要多至596家，13269卷。可见，没有数量可观且又凝结着各派学者独立思考结晶的私家著作，百家争鸣就无由产生。春秋后期，孔子创立私学，他的聚徒讲学对传统的贵族式教育起到了颠覆性作用。由孔子发其端，自由讲学如雨后春笋般蓬勃兴起。在齐国更筑有宏大的稷下学宫①，专供各派学者到此"不治而议论"②。到战国时期，从士阶层中涌现出来的聚徒讲学的贤者大为增加，他们传授的是包括政治论、人生论、宇宙论在内的各自因时势世变所创立的一家之言。贤者之间由于观点不同，师承各异，逐渐形成了以师为核心，以师承为纽带，以师法为准则的许多不同学派。师的独立和自由讲学促进了学派的发展，对百家争鸣运动的兴起起到了至关重要的作用。

陈凡学、王中杰在《诸子百家出现的社会因素》（载《辽宁教育学院学报》，2009年第3期）一文中指出，利禄之争和人口流动是促使春秋战国时期出现"百家争鸣"现象的重要社会因素。春秋战国时期，各路诸侯和国君为了在争霸战争或统一战争中赢得胜利，纷纷招揽人才，给予人才高官厚禄。"士"这一新兴阶层也意识到自身的价值，看到了博取功名利禄的大好契机。他们认为学有所成，为君所用，肯定会收到荣华富贵、飞黄腾达的效果。如平民出身的思想家墨子就坚定地认为，被任用之人享受高官厚禄是天经地义的，并一再强调统治者要对人才"高予之爵，重予之禄"③。有限的禄位带来无限的希冀，僧多粥少，职位有限，所以诸子之间为此势必展开一场唇枪舌战。春秋战国时期，诸侯忙于战争，对人民的控制有所减弱，特别是对"士"这一阶层的精神控制大打折扣，由此直接导致大量的人口流动。观此时各国人才，大多非己所出，主要是从外国招募而来。所以此时的学术交锋，思想冲突，甚至治国思想的相互抵牾，从某种意义上说是当时宽松的社会环境所造成的，是人口流动的"成果"。

陈茵在《春秋战国时期"百家争鸣"的成因》（载《武汉理工大学学报（社会科学版）》，2002年第1期）一文中指出，春秋战国时期思想领域出现"百家争鸣"的原因可以归纳为四方面。

① 稷下学宫，战国时期田齐的官办高等学府，因学宫地处国都临淄城门"稷门"附近而得名。
② （西汉）司马迁：《史记卷四十六·田敬仲完世家第十六》（第6册），1895页，北京：中华书局，1959。
③ 李小龙译注：《墨子·尚贤上》，52页，北京：中华书局，2007。

第一，经济、社会结构解组是"百家争鸣"形成的社会经济条件。社会结构解组表现为旧的精神和力量的衰落、社会规范与控制作用的丧失，旧的制度崩溃，而新的制度尚未建立，内部冲突发生，呈现纷乱的状态。社会结构解组首先表现出的是经济的变迁。春秋战国时期，由于社会生产力的提高，特别是冶铁技术的发明和改进，使农业和手工业出现了长足的进步，商业与城市也随之兴起，整个社会经济呈现出前所未有的繁荣景象。这些为学术思想的产生、争鸣准备了良好的社会经济基础。

第二，上层建筑结构重构为"百家争鸣"提供了政治思想条件。春秋战国时期，周王朝大一统的政治格局被打破，代之以群雄争霸的多元政治格局。各诸侯国为进行争霸战争，出于不同的政治目的，要求有多种学术思想为他们的政治服务，因此允许其境内有多种完全不同甚至尖锐对立的学派存在，这给各种思想、各种学派的产生、存在、发展提供了良好的社会政治条件。同时在长期的兼并战争中，某些统治者从继承于西周的敬天保民思想中体会到天、命、鬼、神不一定可靠，可靠的只有负担赋税的庶民。意识形态领域出现了轻天命重民事的思想解放潮流，为"百家争鸣"准备了思想条件。

第三，文化扩散和教育下移是"百家争鸣"形成的文化知识基础。春秋战国时期，王室衰微，战争频繁，饱学之士流散民间，促使私学之风盛行，这打破了"学在官府"的文化垄断局面。"有教无类"的教育思想盛行，破除了等级、地域和民族的界限，使大量贾人、贱人和农家子弟入学，扩大了教育的范围，使文化知识迅速传播到社会各个阶层，推动了新的知识分子群开始形成。他们逐渐摆脱了宗法束缚，专门从事脑力劳动，活跃在春秋战国大变革时期的舞台上，推动着百家争鸣的到来。

第四，"士"阶层是"百家争鸣"的载体，是形成"百家"的本源。西周时士人地位很低，被限制在宗法制链条上，处于绝对附庸地位，但他们受过"六艺"教育，能武能文。自春秋后，转型时期的社会动荡不安，内部冲突的解决、争霸战争、政权巩固等都使统治者急需网罗文武人才，具有政治经济军事才能的士人为统治者所赏识，成了诸侯、卿大夫搜罗的重要对象，这是士阶层崛起的政治原因。春秋战国时期社会的开放性，使得载有物质、能量、信息的各种士人频繁地在各国、各政治集团，甚至各社会阶层之间交换能量、信息，讲学之风、争辩之风、著述之风一时遍及各国，"百家争鸣"的局面形成了。

二、百家争鸣中的"争鸣"

张秉楠在《稷下学宫与百家争鸣》（载《历史研究》，1990年第5期）一文中指出，学者们在稷下学宫讨论的问题相当广泛，但对战国百家争鸣全局有重要影响的辩题则主要有：天人之辩；性善性恶之辩；德治法治之辩；用兵寝兵之辩等。

第一，天人之辩。西周时，天作为主宰世间的至上神，与人的关系是以天监下民。西周晚期以后，天的观念已逐渐突破主宰之天的宗教构想而具有义理之天、自然之天等多种含义。孟子认为人的内心存在仁、义、礼、智的思想胚芽，这就是人的本性，天也具有仁、义、礼、智的特质，故心性可与天命相通。如能存心养性以扩张仁、义、礼、智四端的作用，就能达到与天理合一的最高境界。在这里，孟子试图从理性、情感上寻求天与人的内在联系。荀子提出"明于天人之分"[1]的理论，这种理论一方面强调天作为自然或自然规律的客观性，另一方面又要求"制天命而用之"[2]，突出人利用和改造自然的能动作用。

第二，性善性恶之辩。孟子是性善论者。他认为人生下来就具有仁义礼智四端而与天理相通，故人性本善，一般人的品质之所以变坏，那是受社会环境影响的缘故。告子则主张"生之谓性"[3]，即"食、色"这类生理欲求是人的本性，它没有道德的属性，故人性是无善无不善的，所谓善德善行则是社会培养的结果。当时还流行另外两种人性论："性可以为善，可以为不善"；"有性善，有性不善"[4]。第五种人性论是荀子的性恶论。他认为人的生理欲求以及好利恶疾等是先天就有的，故人性本恶。荀子把所谓先天性素质与后天性道德区分开来：前者称作"性"，后者称作"伪"，荀子认为孟子的性善论混淆了二者的界限，导致以"伪"代"性"的错误。

第三，德治法治之辩。在稷下，早在齐威王即位之初，淳于髡便提出"修法律而督奸吏"的治国方针。其后，慎到强调国君要依靠国家权力实行法治。宋钘、尹文根据道家无为而治的理论，要求国君一切从道循理，顺乎自然。孟子以其性善论为思想基础，提出"以德行仁"[5]的仁政德治理论，要求统治者施仁政于天下。荀子则从性恶论出发，

① 安小兰译注：《荀子·天论》，109页，北京：中华书局，2007。
② 安小兰译注：《荀子·天论》，121页，北京：中华书局，2007。
③ 万丽华、蓝旭译注：《孟子卷十一·告子上》，240页，北京：中华书局，2006。
④ 万丽华、蓝旭译注：《孟子卷十一·告子上》，245页，北京：中华书局，2006。
⑤ 万丽华、蓝旭译注：《孟子卷三·公孙丑上》，65页，北京：中华书局，2006。

提出隆礼崇法的治国主张：由于人性本恶，善德善行出于人为，故必须依靠礼法，限制人的行为，从而达到治民安国的目的。在以上各种主张中，根本对立的是德治与法治。由于德治重视为政者的表率作用，故也可称作人治。

第四，用兵寝兵之辩。处于诸侯相攻伐的时代，稷下学者不可能不对战争表明自己的态度。宋钘、尹文具有强烈的反战思想而接近墨子的"非攻"。宋、尹又谓"兵不义不可"，可见他们还注意战争的正义性，不是一概地反对战争。孟子进一步提出"义战"的概念，反对非义战争，认为战争的胜负取决于天时、地利、人和三因素，但以人和为上。因此，他赞赏得到人民拥护的仁义之师，而对"争地以战，杀人盈野"①的兼并战争予以猛烈抨击。荀子议兵，也主张"仁义为本"，注重政治因素和民心向背对战争的决定性影响。稷下学者的上述看法，特别是把战争区分为义战与非义战的观点，是战国百家争鸣的一大创见。

于孔宝在《稷下学风与百家争鸣》（载《齐鲁学刊》，2002年第6期）一文中指出，王霸之辩和义利之辩也是稷下学者们辩论的主题。

第一，王霸之辩。所谓"霸道"，就是仗恃国家实力的强大，假借仁义的名义，来称霸诸侯，征服天下。所谓"王道"，是依靠道德礼教而施行仁义，以仁义教化征服天下。在这一问题上，孟子是重王道而轻霸道的。荀子虽然崇尚王道，但面对当时盛行霸道的现实，他也不反对霸道。他甚至认为霸是达王的必经阶段，即由霸而王。他还认为，不论是实行王道还是霸道，归根结底在于使人心归服。而要人心归服，就要有一套服人之道，这就是礼法结合，德威结合，而又以礼德为主，以法威为辅。管仲学派主张王、霸并举，是实行王道还是实行霸道，要视具体情况而定。他们认为"强国众，合强以攻弱，以图霸；强国少，合小以攻大，以图王"②。可见，管仲学派的王霸说更适合当时的时势，更具有现实性。

第二，义利之辩。孟子继承了孔子的思想，把义和利绝对对立起来。他认为，追求利必然损害义；为了保全义，就要舍生而取义。荀子冲破儒家义利观的樊篱，把义利与现实社会紧密联系在一起。他认为对利的追求是人的本性，但人们对物质利益的追求，应保持一定的度，不能放纵，否则就会导致社会的混乱。荀子认为，解决这一问题最有

---

① 万丽华、蓝旭译注：《孟子卷七·离娄上》，159页，北京：中华书局，2006。
② 姚晓娟、汪银峰注译：《管子·霸言》，159页，郑州：中州古籍出版社，2010。

效的办法就是用礼义制约人们的物质欲望，教育人们"先义而后利者荣，先利而后义者辱"①。管仲学派对义利关系的态度是义利并重。讲礼义教化，不要忘记物质利益的激励功能；讲物质利益，也不忽视礼义教化的引导作用，二者相得益彰，相辅相成。

桓占伟在《百家争鸣中的共鸣——以战国诸子"义"思想为中心的考察》（载《史学月刊》，2014年第6期）一文中指出，"亲亲""尊尊"是周代社会得以维系的主导原则。"亲亲"要求人们必须关爱自己的亲属，"尊尊"要求人们在各种场合都要讲尊卑秩序。春秋时期，"亲亲""尊尊"被概括为"义"。战国时期，诸子对"义"的传统含义"亲亲""尊尊"作了选择性继承和改造。墨子以"兼爱"取代"亲亲"，以"尚贤"取代"尊尊"。墨子的"兼爱"是基于个体之间平等关系的爱，也是不同社会主体之间相互的爱，这种"兼爱"的思想大大超越了他所处的时代。所谓"尚贤"即传统的贵贱、亲疏和远近等关系都不足为凭，只有贤者的能力和素质才是被任命为官的关键因素。孟子在把"亲亲"划归于"仁"的基础上，提出"仁者爱人"②的主张，并推恩至于四海。同时孟子把"尊尊"之"义"发展为"敬长"。这样，孟子把传统的"义"改造为儒学的"仁义"，建构了儒学的核心观念。庄子把"义"视为处理君臣、贵贱和上下关系的世俗政治准则加以否定，在破除世俗之"义"的同时，又以"道"为"义"，使"道"成为"义"的新内核。"道"实际上是一种治世之术"无为而治"，"义"成为道术施行后的理想成果。荀子所谓的"义"就是"隆礼尊贤"③。首先，由"尊尊"而"隆礼"，使"礼义"成为理想的王者之制，使个体身份等级的高低完全取决于自身素质，取决于是否合于礼义的制度性要求，而不再依据出身的尊贵或卑贱。其次，由"贵贤"而"尊贤"，使人才选拔不再拘泥于出身的贵贱。韩非出于树立君主威权的需要，把"尊尊"之法奉为强调公平、公正的公义，把"亲亲"之恩斥为损公肥私或因私废公的私义。韩非认为要想建构理想的治道就必须奉行公法，反对私义，从而形成了以法为义的新内核。

段塔丽在《先秦诸子"富民"与"富国"思想初探》（载《宁夏社会科学》，2000年第5期）一文中指出，"富民"与"富国"的关系是先秦诸子着重探讨的问题，其中儒、墨、道、法四家的观点最具代表性。

---

① 安继民注译：《荀子·荣辱篇第四》，36页，郑州：中州古籍出版社，2006。
② 万丽华、蓝旭译注：《孟子卷八·离娄下》，185页，北京：中华书局，2006。
③（唐）杨倞注：《荀子卷第十九·大略》，308页，上海：上海古籍出版社，2010。

第一，儒家。孔子推崇民富先于国富的思想，认为统治者要取得民众的拥戴和信任，就不能忽视民众的切身利益，只有在民"富""足"的基础上，才能为统治者所驱使。这便是孔子著名的"富而后教"思想。在国家财政方面，孔子要求统治者节用薄敛，取民有节，百姓富足了，国家也就有了充裕的财源。孟子是"重民论"和"富民论"的积极鼓吹者，他不仅率先提出了"民贵君轻"之说，而且把富民视为实现治国王天下的一个最基本的条件。荀子认为统治者能否得到人民的拥戴，取决于人民得到实惠的多少，因此统治者必须把富民作为自己的基本国策。他还认为富士、富大夫、富国库都是不足取的，只有富民才能实现王业。可以看出，在富民问题上，荀子坚持富国必先富民，民不富，则国不强；只有将富民与富国有机地结合起来，国家才能富强。

第二，墨家。墨子认为只有让统治阶级厉行节约，以此减轻人民的负担，才能实现"民富国治"。在对待富民与富国的问题上，他认为只有府库充实，才能将养万民。这里他把国家"仓有备粟"看作是对人民生活的有力保障，把官府的充实当作百姓富裕的源泉。简言之，只有国富才能民富，民是从属于国的，富民须在富国的前提下才能实现。

第三，道家。老子对于人民牟利求富的活动，主张听任其自由发展，反对统治者随意干涉人民的经济活动。在对待民富与国富的问题上，道家认为财富愈多，取祸愈甚。因此，追逐财利对于统治者与被统治者来说都是有害的。为此道家劝告统治者，不要去追求过高的物质享受，要去奢崇俭。对于被统治者，老子则要求人们无欲以及满足于极为俭朴的原始生活。可见，道家所说的民富，实际上乃是生产极端落后状态下的普遍贫穷。

第四，法家。法家以富国立论，虽也重视富民，如商鞅奖励耕织、发展农业生产等，但法家富民，是为了充实府库，实现富国强兵、开疆拓土的目的。在富民与富国关系上，法家认为富民不过是实现富国最终目的的一种手段而已，民富或民贫，完全是以是否有利于执政者的统治为转移。因此，从本质上说，法家心目中的富民，不过是男女终年勤劳，节衣缩食，略有盈余罢了。这种在古代社会看来不甚富也不甚穷的农民，既不会犯上作乱，又具有进一步发展农业生产的潜力，恰是统治者借以获取财赋和兵源的最好资本。

杨秀实在《先秦时期"百家争鸣"新论》（载《中南民族学院学报（哲学社会科学版）》，1998年第2期）一文中指出，先秦时期百家争鸣的核心和焦点是政治理论，即统一后的国家采用何种体制。儒家主张建立联邦制集权国家。孔子心中的理想国家模式是西周分封制下的政治体制和国家结构，这种制度类似于近代的联邦制度，但中央与联邦主体的关系并非由法律文件确立，而是由中央的实力作为后盾。孔子企图通过亲疏、尊卑、贵贱、上下的严格划分来重新确立中央（东周王朝）和联邦主体（各诸侯国）之间的权利义务关系。道家主张邦联制的松散国家联盟，即由一系列"邻国"组成一个国家联盟，人民之间不相往来，但统治者之间仍有相当程度的交往。老子希望列国君主能够实施他的政治主张，这样便可将当时的列国形势固定下来，成为其邦联制国家联盟的基础。法家提出了一种全新的国家结构形式，即主张"事在四方，要在中央。圣人执要，四方来效"[1]，毫无疑问，这是单一制的国家结构形式。在这种国家中，君主独操大权，绝不容许出现多元倾向，"俩则争，杂则相伤"[2]，这无疑是一种极端专制的政体。墨子认为天子是由天选择出来的贤者，其产生应具有一定的民主程序，官员政治地位的获得也需要以自己的能力作为基础。墨子思想中也有专制倾向，即主张"尚同"，要求百姓同天子保持一致，不能违背天子的意志。因此，墨子在政体上倾向于专制主义中央集权的模式。但应看到这种专制政体隐藏了若干沟通上下的民主因素，是一种开明的专制。

三、百家争鸣中的"共鸣"

陈学举在《试论先秦诸子学说的共性特征》（载《北京工业大学学报（社会科学版）》，2001年第3期）一文中指出，先秦诸子思想主张千差万别，但其学术思想依然存在着某些共性。

第一，先秦诸子均属于士人阶层，其最强烈的愿望是在政治上得到发言权，发挥政治影响力。因此，他们"上说"，希望得到统治者的信任和重用，以推行其政治主张；他们"下教"，广招门徒，宣传其主张，制造舆论声势。可见，诸子思想立论尽管角度不同，但其中心议题都是如何得到统治者的重视从而治理国家。

第二，诸子均把自己信奉的一套学说当作治世之良方，坚持己见，同其他派别展开争论。这一现象的出现是因为诸子的学说中均包含有排他乃至独尊倾向。为什么诸子纷纷倾向实行文化独尊政策？因为诸子对所处时代社会秩序的混乱感到困惑，他们希望拯救这个世界，但又找不到可靠的解决办法，而三代统一稳定的社会秩序给了他们一种幻觉：思想的统一似乎是这种秩序形成的前提条件，因此他们过于相信思想统治

---

① 陈秉才译注：《韩非子·杨权》，25页，北京：中华书局，2007。
② （战国）慎到：《慎子·德立》（附逸文），7页，北京：中华书局，1985。

的现实力量。

第三，先秦诸子在论证其学说的过程中，表现出强烈的托古心态。为了增强自己学说的权威性，加大批评现实的分量，诸子抓住国君崇古贱今的心理，纷纷抬出古老的传统、先圣先贤的名号，以获取现实统治者的重视。为什么汉民族在那时会形成强烈的向后看心理？诸侯国激烈的竞争所带来的各种严重社会后果，使他们在现实中感到无能为力，乞灵于古代的圣贤，眷恋于古代的文化就成为必然。

王卫平在《大同理想与先秦时期的社会保障思想》（载《苏州科技学院学报（社会科学版）》，2004年第3期）一文中指出，春秋战国时期，思想家们从不同角度提出匡贫救急、施惠于民的思想主张。孔子向往的是这样一种社会：天下贫困之民都能得到应有的帮助和救济，社会上的老年人都能安度晚年，年少者都能得到长者的关怀。孟子认为统治者只有通过实行仁政才能王天下。具体来说，就是以仁义维系人与人的关系，并推己及人，把扶老慈幼的一套道德原则推广到全体社会成员的身上。荀子主张统治阶级应该实行爱民养民的仁政，让老百姓"有余食""有余用""有余材"[1]。墨子要求建立一个"强不执弱，众不劫寡，富不侮贫，贵不敖贱，诈不欺愚"[2]，"民之饥者得食，寒者得衣，劳者得息"[3]的理想社会。为了实现这样的社会理想，墨子主张人们相互之间应"兼相爱，交相利"[4]。老子想象了一个"小国寡民"[5]的社会，在这里民风淳朴，人们自给自足，不必远徙他乡，有舟车不乘，有兵器、文字不用，人人安居乐业，无冻饿之虞，人们之间没有争执，没有往来。同时老子针对贫富差距悬殊的社会现实，提出"高者抑之，下者举之；有余者损之，不足者补之"，即"损有余而补不足"[6]。《管子》一书也提出了极为丰富的社会保障思想。如要求统治者实施老老、慈幼、恤孤、养疾、合独、问病、通穷、振困、接绝等九种惠民的政策，救人危急，救人穷困。由此可见，诸子百家尽管在许多问题上存在争议，有些甚至是完全对立，但基于传统的民本思想，在重视民命、要求统治者实施养民、惠民政策方面却有共同

---

① 安小兰译注：《荀子·王制》，92页、93页，北京：中华书局，2007。
② 李小龙译注：《墨子·兼爱中》，63页，北京：中华书局，2007。劫，胁迫，威逼。
③ 原文为："民有三患：饥者不得食，寒者不得衣，劳者不得息。三者，民之巨患也。"见李小龙译注：《墨子·非乐上》，140页，北京：中华书局，2007。
④ 李小龙译注：《墨子·兼爱中》，68页，北京：中华书局，2007。
⑤ 饶尚宽译注：《老子·下篇：八十章（治国）》，190页，北京：中华书局，2006。
⑥ 饶尚宽译注：《老子·下篇：七十七章（砭时）》，184页，北京：中华书局，2006。

点，而这正是构筑大同社会的基石。

唐贤秋在《先秦诸子的廉政思想及其现代价值初探》(载《唐都学刊》，2003年第2期)一文中指出，先秦诸子尽管学派不同，但对廉政的认识几乎是趋于一致的，即要廉政必须解决好爱民、举贤和法治等问题。爱人、德政、举贤，构成了孔子"仁"政学说的主要内容，这也是孔子廉政思想的基本内容。爱民、举贤、取廉，构成了孟子廉政思想的基本内容。立君为民、举贤用贤、隆礼重法，构成了荀子廉政思想的基本内容。墨子极力主张整顿吏治，只有加强对官吏的治理，实现廉政，正本清源，才能使民心纯朴，社会稳定，而整顿吏治的关键是尚贤。先秦法家的廉政思想突出了以法而治的特点。在如何实现廉政问题上，法家首先强调廉政在于顺民心；其次，法家提出了廉政在于用贤的主张；最后，法家认为，实现廉政的根本在于法治，树立法律的权威，是实现廉政的根本保证。晏子融儒、墨、法家思想于一体，第一个明确提出了"廉政"的命题。在晏子看来，统治者只有实行廉政，才能巩固自己的统治地位并实现社会的长治久安。晏子还提出了爱民、用贤和法治等主张来实现廉政。他认为，只有真正做到惩恶扬善，赏罚分明，才能实现政治的清正廉明。

来洪兵在《从差异到共识：先秦诸子研究的视角转换——以"儒法之争"为例》(载《西南民族大学学报(人文社会科学版)》，2008年第11期)一文中指出，从传世文献的相关记载分析，后人对先秦诸子思想中"统一"与"共识"的认识主要围绕三个方面展开。第一，在"救世"情怀方面，从主观动机来说，先秦各家思想都在追求一种"治世"图景，都渴望能够天下太平、家给人足、繁荣稳定，差别只在于各自欲达成这一理想与愿望的途径与方法不同而已。第二，在基本的政治价值层面，先秦诸子思想都同源于"古之道术"，也就是说，无论先秦诸子之间在具体政见层面存在怎样的观点分歧和矛盾冲突，但在最根本的政治价值层面都不能违背根本的政治原则和总根源。这个根本原则和总根源，就是《庄子·天下篇》所表述的"古之道术"[①]"内圣外王之道"。第三，先秦诸子普遍主张立君为民、天下为公，突出强调了君主存在的正义前提在于有助于实现天下苍生的福祉和利益。从君主制度的发生学视角分析，先秦时期大致存在两种思路，一种思路主张君由天立，另一种思路主张君由民立。但无论哪一种思路，在强

---

① 孙通海译注：《庄子·杂篇：天下》，377页，北京：中华书局，2007。

调君主产生必须符合政治正义、必须有利于人民根本利益这一基本政治价值方面，都保持着理论的高度一致性。

四、百家合流

孙景坛在《百家争鸣新论》（载《安徽师范大学学报（人文社会科学版）》，1996年第2期）一文中指出，理论界在探讨百家争鸣时，多着眼于百家的争鸣，很少谈及百家的合流，而百家合流也是百家争鸣的重要组成部分。百家争鸣在前期和中期，主要表现为争鸣，后期则主要表现为合流。如战国后期两个官办学术中心，齐国的"稷下学宫"与秦国的"吕不韦门客集团"[①]，他们的学术活动，基本都属于百家合流。百家合流的形式，一是理论上的合流，二是实践上的合流。理论上的合流，礼、德、术等三家做得比较好。礼家，如《荀子》《管子》；德家，如《吕氏春秋》；术家，如《公羊春秋》《春秋繁露》等。儒家做得则很差，但儒家将《五经》及各传都纳入其范畴，这样内容也较丰富，基本上包括了礼、德、术、义等思想。实践上的合流，主要指当时的统治者们出于自身的需要，同时立几种思想不同的著作为经，作为治国的主导以及辅助思想。如汉初的"黄老之治"，曾立法家的《经法》《道原》和老子的《道德经》等为经；武帝时期，明令置《五经》博士，合《论语》《孝经》为《七经》治国等，这些都是在实践上的百家合流。

微课设计

微课设计一：从士的演变看百家争鸣

设计意图

春秋战国时期，社会的大动荡、大变革促使思想文化领域出现了百家争鸣的繁荣局

[①] 吕不韦门客集团，战国后期在秦国以相国吕不韦为中心形成的政治、学术集团。

面。百家争鸣的主体是诸子，即所谓的士，以士的演变为视角来观察百家争鸣的发生、发展，可以帮助学生更深入地了解百家争鸣。

设计方案

教师讲述：士是周朝推行分封制的产物。士阶层位于周朝统治阶层的最底层，他们有少量的食田，受过教育，能武能文，战时可充当下级军官，平时可作卿大夫的家臣。西周时，士的地位很低，处于绝对附庸地位，没有自由。随着时代的变迁，到了春秋战国时期，士的处境发生了极大的变化。

材料呈现：今天下诸侯方欲力争，竞招英雄以自辅翼，此乃得士则昌，失士则亡之秋也。

——王钧林、周海生译注：《孔丛子卷二·居卫第七》，

94页，北京：中华书局，2009

教师设问：春秋战国时期，为何诸侯对士如此重视？（参考答案：诸侯争霸对人才的渴求。）

教师讲述：自春秋后，中国历史进入一个大动荡、大变革时期，王室衰微，诸侯并起。转型时期的社会动荡不安，内部冲突的解决、争霸战争、政权巩固等都迫使当时的统治者急需网罗文武人才，而具有政治、经济、军事才能的士子成了诸侯、卿大夫搜罗的重要对象。士子也意识到自身的价值，看到了这一契机。

材料呈现：

材料一　夫天未欲平治天下也，如欲平治天下，当今之世，舍我其谁也？

——万丽华、蓝旭译注：《孟子卷四·公孙丑下》，97页，北京：中华书局，2006

材料二　王公大人用吾言，国必治；匹夫徒步之士用吾言，行必修。

——李小龙译注：《墨子·鲁问》，249页，北京：中华书局，2007

教师设问：面对统治者的招揽，士子们的反应是什么？（参考答案：希望统治者重用自己。）

教师讲述：可见，士子们也希望在诸侯处一展所学。他们或负书，或带剑，不远海内之路，往来于王公之朝。当诸侯赏识士子，任命为官；士子投效诸侯，一展所学时，示范效应显现了。

材料呈现：王登为中牟①令，上言于襄主②曰："中牟有士曰中章、胥己者，其身甚修，其学甚博，君何不举之？"主曰："子见③之，我将为中大夫。"……王登一日而见二中大夫，予之田宅。中牟之人弃其田耘、卖宅圃④而随文学者⑤，邑之半。

——（战国）韩非子著、张觉点校：《韩非子第十一卷·外储说左上第三十二》，
106～107页，长沙：岳麓书社，2015

教师设问：

（1）诸侯重用士子，带来了怎样的影响？（参考答案：促使更多的人去学习各种知识以求诸侯赏识。）

（2）跟随"文学者"学习的人都是哪些人？这些人和传统的士子有什么区别？（参考答案：普通人。传统士子有封田，有地位，能文能武，属于统治阶层。）

教师讲述：越来越多的普通人希望跟随"文学者"学习知识成为新的士子，从而得到统治者的赏识，实现自身的飞黄腾达。这种庞大的社会需求必然推动西周以来的教育体制产生变革。西周时期教育为统治者所垄断，普通人没有受教育机会的局面在新时期被打破，"学在官府"的局面在悄然发生着改变。

材料呈现：

材料一　西周时的学术、教育由负责宗庙祭祀、记事和文书管理的祝、宗、卜、史掌管，而民间没有私学。东周时，王室衰败，诸侯国动荡，这类职官流落民间，于是就把知识带到了民间。

——张岂之：《中国历史·先秦卷》，252页，北京：高等教育出版社，2001

材料二　由孔子发其端，自由讲学如雨后春笋，蓬勃兴起。不仅儒墨显学"有爱子弟者，随而学焉"⑥，不可胜数，就连惠施这样的辩者，外出时追随他的门徒也常常"多

---

① 中牟，战国时期的赵国都城。
② 襄主，即赵襄主，赵襄子，战国时赵国君王。
③ 见，通"荐"。
④ 圃，种植果木瓜菜的园地。
⑤ 文学，泛指文章经籍。
⑥ （汉）高诱注、（清）毕沅校：《吕氏春秋第二卷·仲春纪：当染》，40页，上海：上海古籍出版社，2014。

者数百乘，步者数百人；少者数十乘，步者数十人"①。

——赵世超、卫崇文：《论战国时期的百家争鸣运动》，

载《陕西师范大学学报（哲学社会科学版）》，2006年第6期

教师设问："学在官府"的局面发生了什么变化？（参考答案：由"学在官府"到"学在民间"，私学兴起。）

教师引导学生小结：西周时"学在官府"的局面在春秋战国时期被打破，逐渐演变成了"学在民间"的局面，促使了私学的兴盛。私学破除了等级、地域和民族界限，使大量贾人、贱人和农家子弟入学，扩大了教育的范围，使文化知识迅速传播到社会各个阶层，推动了新的士阶层的形成。这些载有物质、能量、信息的各种士人频繁地在各国、各政治集团，甚至各社会阶层之间交换能量、信息，讲学之风、争辩之风、著述之风一时遍及各国，"百家争鸣"的局面形成了。

📝 设计点评

本微课以士的演变为切入点，结合具体的史料，通过层层递进的设问与分析，在帮助学生了解士阶层演变的同时，让学生对春秋战国时期的百家争鸣运动也有了更深层的认识。

微课设计二：诸子对"义"的解读和改造

📝 设计意图

春秋战国时期，思想领域出现了百家争鸣的局面。诸子百家的思想主张千差万别，相互间讨论的议题也相当广泛。通过对战国百家争鸣有重要影响的辩题，如对传统"义"观念的不同认知，让学生感受"百家"中主要流派儒、墨、道、法等家观点的差异，同时体会百家思想中蕴含的共性，从而对百家"争鸣"有更深层次的认识。

---

① （汉）高诱注、（清）毕沅校：《吕氏春秋第十八卷·审应览：不屈》，430页，上海：上海古籍出版社，2014。

✎ **设计方案**

教师讲述："亲亲""尊尊"是周代社会得以维系的主导原则。"亲亲"要求人们必须关爱自己的亲属，"尊尊"要求人们在各种场合都要讲尊卑秩序。春秋时期，"亲亲""尊尊"被概括为"义"，同时"义"又被人们赋予更多的内涵如公、正、善等。战国时期，虽然"义"已成为诸子普遍接受的观念，但诸子对"义"的传统含义"亲亲""尊尊"仍然做了选择性继承和改造。

材料呈现：仁者人也，亲亲为大。义者宜也，尊贤为大。

——李慧玲、吕友仁注译：《礼记·中庸第三十一》，

260页，郑州：中州古籍出版社，2010

教师设问：《礼记》为孔子的嫡孙子思所著，他对"亲亲""尊尊"做了怎样的改造？（参考答案：把"亲亲"概括为"仁"，把"尊尊"概括为"义"。）

教师讲述：子思把传统的"亲亲""尊尊"改造为儒学的"仁义"，建构了儒学的核心观念。孟子受业子思之门人，他对"亲亲""尊尊"观念做了进一步的改造。

材料呈现：孟子曰："人之所不学而能者，其良能①也；所不虑而知者，其良知也。孩提之童②无不知爱其亲者，及其长也，无不知敬其兄也。亲亲，仁也；敬长，义也；无他，达之天下也。"

——万丽华、蓝旭译注：《孟子卷十三·尽心上》，295页，北京：中华书局，2006

教师设问：孟子对"亲亲""尊尊"观念做了怎样的改造？（参考答案：把"义者尊尊"发展为"义者敬长"。）

教师讲述：表面上看，孟子在继承子思"仁者亲亲"的基础上，把"义者尊尊"改造为"义者敬长"，但孟子的"敬长"和传统的"尊尊"有很大的不同。

材料呈现：用下敬上，谓之贵贵；用上敬下，谓之尊贤。贵贵尊贤，其义一也。

——万丽华、蓝旭译注：《孟子卷十·万章下》，224页，北京：中华书局，2006

教师设问：孟子的"敬长"和传统的"尊尊"有什么不同？（参考答案：尊尊是尊敬身份高贵的人，敬长还包括尊敬贤能的人。）

---

① 良能，指本能的，天然的。
② 孩提之童，指两三岁的小孩子。

教师讲述："尊尊"主要体现了下对上的尊敬，体现了传统宗法关系中的贵贱和等差，是单向的；而"敬长"不仅是下对上要尊敬，上对下也要尊重，是一种新的、具有双向性的上下关系。可见，孟子在子思的基础上，对"亲亲""尊尊"进行选择性继承和改造，使"仁义"观念成为儒家的核心思想。与孟子同时代的墨子也对"亲亲""尊尊"进行了改造，他以"兼爱"取代了"亲亲"，以"尚贤"取代了"尊尊"。

材料呈现：

材料一　子墨子言：视人之国，若视其国；视人之家，若视其家；视人之身，若视其身。是故诸侯相爱，则不野战；家主相爱，则不相篡；人与人相爱，则不相贼；君臣相爱，则惠忠；父子相爱，则慈孝；兄弟相爱，则和调。天下之人皆相爱，强不执弱，众不劫寡，富不侮贫，贵不敖贱，诈不欺愚。凡天下祸篡怨恨，可使毋起者，以相爱生也。是以仁者誉之①。

——（战国）墨子著，蒋重母、邓海霞译注：《墨子·兼爱中》，

114页，长沙：岳麓书社，2014

材料二　以德就列②，以官服事③，以劳殿赏，量功而分禄。故官无常贵，而民无终贱。有能则举之，无能则下之。

——李小龙译注：《墨子·尚贤上》，52页，北京：中华书局，2007

教师设问：

（1）墨子的"兼爱"和传统的"亲亲"之爱有何区别？（参考答案："亲亲"关爱的是自己的亲人，"兼爱"则是平等的无差别的大爱。）

（2）墨子的"尚贤"和传统的"尊尊"有何不同？（参考答案："尊尊"是尊敬身份高贵的人，上下之间有森严的等级差别；"尚贤"只看贤者的能力和素质，不看等级和身份差别。）

教师讲述：墨子的兼爱是个体之间平等的爱，是无差别的爱，这种思想大大超越了他所处的时代，虽几近空想，但闪耀着"人生而平等"的思想火花，蕴含着宗教般的人文关怀。墨子的尚贤使亲疏贵贱不再取决于血统和身份，而取决于个体贤能与否，这对

---

① 之，指"兼相爱，交相利"之法。
② 就列，安排职位。
③ 服事，担任相应的职务。

传统的等级秩序形成挑战。墨子不仅对"亲亲""尊尊"进行改造，而且用具体行动终身实践自己的理想，令人感佩不已！法家对"亲亲""尊尊"的改造不同于墨家，法家是有侧重点的改造。法家思想集大成者韩非剔除了"亲亲""尊尊"中的"亲亲"，斥之为私义；强化了"尊尊"，奉之为公义。

材料呈现：明主之道，必明于公私之分，明法制，去私恩。夫令必行，禁必止，人主之公义也；必行其私，信于朋友，不可为赏劝①，不可为罚沮②，人臣之私义也。私义行则乱，公义行则治，故公私有分。人臣有私心，有公义。修身洁白而行公行正，居官无私，人臣之公义也；污行从欲③，安身利家，人臣之私心也。

——高华平、王齐洲、张三夕译注：《韩非子·饰邪》，

183～184页，北京：中华书局，2010

教师设问：韩非子认为公义包含哪些内容？（参考答案：君主明法制，令行禁止；臣子修身廉洁，办事公正，做官无私。）

教师讲述：韩非对"尊尊"的强化，体现在尊法和尊君的公义上，对臣子而言，尽力守法，专心事主，才是忠臣。韩非强化了臣子对君主单方面的无条件服从，强调君臣上下的贵贱关系不能颠倒，这种对尊尊内涵的强化，有利于维护专制统治的等级秩序。如果说儒、墨、法家对"亲亲""尊尊"的改造主要体现在政治层面，那么以庄子为代表的道家对"亲亲""尊尊"的改造则主要体现为哲学思考。庄子认为传统的"亲亲""尊尊"之义是戕害人性的枷锁和社会动乱的根源，应予以破除，同时赋予"义"新的内涵。

材料呈现：夫德，和也；道，理也。德无不容④，仁也；道无不理⑤，义也。

——孙通海译注：《庄子·外篇：缮性》，235页，北京：中华书局，2007

教师设问：庄子赋予义什么新内涵？（参考答案：以道为义。）

教师讲述：庄子"以道为义"，"道"实际上是一种治世之术"无为而治"，"义"成为道术施行后的理想成果了。

---

① 不可为赏劝，奖赏不能劝勉。
② 不可为罚沮，刑罚不能阻止。
③ 污行，肮脏的行为；"从"，通"纵"。
④ 德无不容，德无所不容。
⑤ 道无不理，道无所不顺、无所不适。

教师引导学生小结：战国时期，各学派在传统"亲亲""尊尊"之义的基础上，竞相确立自身的义，出现了墨子所言的"一人一义"的局面。同时，各学派之间"人是其义，以非人之义"①，相互间的辩驳，推动了思想领域出现百家争鸣的繁荣局面。

设计点评

本微课以诸子对传统"义"观念的不同解读和改造为切入点，通过设问和对具体史料的分析，帮助学生加深对百家争鸣中各主要流派思想差异的了解，有利于学生对百家争鸣运动有更深层次的认识。

教学资源

资源1：百家争鸣是中国思想史上一个古老的概念，它是指学术上不同的流派开展自由讨论的局面。中国历史上第一次出现真正的百家争鸣局面是在战国时代。班固的《汉书·艺文志》首次记录了这一历史。他说："凡诸子百八十九家，四千三百二十四篇。……皆起于王道既微，诸侯力政，时君世主，好恶殊方，是以九家之术蜂出并作，各引一端，崇其所善，以此驰说，取合诸侯。其言虽殊，辟犹水火，相灭亦相生也……"②根据这条重要的史料，我们可以知道，百家之说，不是一个夸大了的概数，而是一个缩小了的略数。无疑，班固所举"百八十九家，四千三百二十四篇"，是一个准确的统计数字，连零头都计算出来了。可惜，至今尚未发现对百八十九家和四千三百二十四篇的详细名目的考证。连一百八十九家的人名都考不全，更不要说四千三百二十四篇学术著作的流传了。之所以形成这样的残缺，我认为原因有二。其一，是一场猛烈的秦火："史官非秦记皆烧之。非博士官所职，天下敢有藏《诗》《书》、百家语者，悉诣守、尉杂烧之。有敢偶语《诗》《书》者弃市。以古非今者族。吏见知不举者与同罪。令下三十日不烧，黥为城旦。所不去者，医药、卜筮、种树之书。"

① 李小龙译注：《墨子·尚同上》，56页，北京：中华书局，2007。
② （东汉）班固：《汉书卷三十·艺文志第十》（第6册），1745～1746页，北京：中华书局，1962。

其二，是时间的选择和淘汰。秦火之后，勉强传下来的，也因为随着时间的推移，不少著述经不起时间的考验而湮没无闻了。所以，到了班固的时代，诸子百家，成了"诸子十家"，而"其可观者九家而已"①了。代表百家的这十家是：儒家、道家、阴阳家、法家、名家、墨家、纵横家、杂家、农家、小说家。上述十家，包括其分支学派，细考之亦有百家之多。这些彼此不同甚至观点相反的学派"蜂出并作，各引一端"，"其言虽殊，辟犹水火"，竟能相安共处，自由争鸣，大大繁荣了我国古代的学术，丰富了我国的思想史，对后代产生了深远的影响。

——曾宪东：《战国百家争鸣考》，载《内蒙古社会科学》，1984年第1期

资源2：齐威王即位以来，任用贤才，"齐国大治。诸侯闻之，莫敢致兵于齐二十余年"②。魏信陵君养士三千，"当是时，诸侯以公子贤，多客，不敢加兵谋魏十余年"③。赵平原君门客毛遂自荐随主出使楚国，合从定盟而归，平原君赞扬："毛先生一至楚，而使赵重于九鼎大吕。毛先生以三寸之舌，强于百万之师。"④一些策士还提出奇谋秘计，化险为夷。如信陵君救赵、孟尝君出秦，皆其门客所为，遂解邯郸之围和田文软禁之厄。这就不能不使国君与封君刮目相看。礼士，必重士之学说、著作，当有利于学术繁荣。

战国处于政治剧变之秋，各阶级、各阶层的政治代表，通过自己的代言人，竞献智力，人才层出不穷。诸侯从富国强兵出发，也不拘一格用士。一旦发现士能打开局面，不论贵贱，均予重任，由布衣一跃而为卿相比比皆是。魏文侯重视拔擢人才，如他任用乐羊、吴起、李克、西门豹等就是例证。鲁缪公任用博士公仪休为相。至于贫士苏秦凭三寸之舌，说服六国诸侯合从而被拜相，更是传为美谈。范雎"家贫无以自资"⑤，后入秦，得昭王赏识，拜相强秦。蔡泽亦然。司马迁史评曰："及二人羁旅入秦，继踵取

---

① （东汉）班固：《汉书卷三十·艺文志第十》（第6册），1746页，北京：中华书局，1962。
② （西汉）司马迁：《史记卷四十六·田敬仲完世家第十六》（第6册），1889页，北京：中华书局，1959。
③ （西汉）司马迁：《史记卷七十七·魏公子列传第十七》（第7册），2377页，北京：中华书局，1959。
④ （西汉）司马迁：《史记卷七十六·平原君虞卿列传第十六》（第7册），2368页，北京：中华书局，1959。
⑤ （西汉）司马迁：《史记卷七十九·范雎列传第十九》（第7册），2401页，北京：中华书局，1959。雎（jū），古书上说的一种鸟。作为一个姓氏，易与睢（su~）混淆。

卿相。"①还有甘茂"起下察闾阎，显名诸侯"②，秦武王任为左丞相。甘茂孙甘罗有奇才，十二岁出使赵国，取得外交胜利，"乃封甘罗以为上卿，复以始甘茂田宅赐之"③。

——赵克尧：《战国百家争鸣初探》，载《浙江学刊》，1986年第4期

资源3：孟子到处游说，能言善辩，一个叫公都子的人问他：别人都说您喜欢辩论，请问为什么？孟子答：我是不得不辩论啊！世道衰微，荒谬的学说、残暴的行为都出来了，臣杀君，子杀父，我要端正人心，消灭邪说，不得已而辩论的。

当时文人学士游说之风很盛，一个很平凡的士，通过游说，一经国君赏识，便可提拔为执政大臣。例如商鞅本是魏相国公叔痤的家臣，入秦游说秦孝公，做到了秦国最高官职大良造；张仪本是魏人，入秦游说，做到了秦惠王的相。商鞅入秦后与甘龙、杜挚"法古"与"反古"的辩论，便是一种"争鸣"。商鞅针对甘龙、杜挚"法古无过，循礼无邪"④的主张，驳斥道："前世不同教，何古之法？帝王不相复，何礼之循？""治世不一道，便国不必法古"，"反古者未必可非，循礼者未足多"，从而提出自己的主张："当时而立法，因事而制礼。"⑤这显然是用既反对复古又反对安于现状的法家思想，批判儒、道两家的"法古"、"循礼"观点。孟子曾游说于齐、魏、滕、薛、宋、邹、梁等国，慷慨陈词，阐述儒家的理论和政见。他到魏国，惠王对他优礼有加，并向他请教治国之道。当魏惠王问他"何以利吾国"时，孟子答："王何必曰利！亦有仁义而已矣。"⑥实际上是在用儒家的义利观批判法家的义利观。孟子在齐国，宣王任他为上卿，据说，他有车数十乘，随从数百人，这都是游说的结果，使当政者能采用其学说与主张，故能显赫一时。

——樊树志：《国史概要》，第2版，61～62页，上海：复旦大学出版社，2002

资源4：中国文明社会的历史如果从夏朝算起，到战国时期已近两千年。如果根据近年的考古发现，可能还要往前推一两千年。那么，战国之前的文明史大约有三四千年。这么长的历史时期，除了很少的甲骨文、金文，没有留下多少文字记载的资料，使我们难以看到文明时代早期人们的显性思想成果。但可以肯定，面对自然变化和社会历

---

① （西汉）司马迁：《史记卷七十九·蔡泽列传第十九》（第7册），2425页，北京：中华书局，1959。
② （西汉）司马迁：《史记卷七十一·甘茂列传第十一》（第7册），2321页，北京：中华书局，1959。
③ （西汉）司马迁：《史记卷七十一·甘茂列传第十一》（第7册），2321页，北京：中华书局，1959。
④ （西汉）司马迁：《史记卷六十八·商君列传第八》（第7册），2229页，北京：中华书局，1959。
⑤ 石磊译注：《商君书·更法第一》，7页，北京：中华书局，2009。
⑥ 万丽华、蓝旭译注：《孟子卷一·梁惠王上》，2页，北京：中华书局，2006。

史变迁，人们一直在思考着，并把思考的结果以神话、故事、寓言、诗歌等形式表达出来，一代代口耳相传。日月运行，四季更替，万物的生老病死，国家的兴衰存亡，战争的胜败，人的善恶祸福，几千年间无数人的思想资料，一层一层的堆积着，慢慢发酵。到春秋战国时，那些有意无意接触到官府秘藏典籍和民间口头传说的文士，自然就产生了厚重的历史感。儒家动辄引述尧舜、文王、周公，法家则讲"三代不同礼而王，五伯不同法而霸"①，出口都是谈历史变迁、王朝盛衰的经验教训。这种文化的积累如同一滴滴水珠、一个个细流涌出的泉眼，慢慢汇聚成奔腾的江河。也许在地下潜行多时，突然间喷出地面，成为瀑布和深潭。在历史积累还不够丰厚的夏朝、商朝，显然还不具备文化喷发的足够条件。沉积和发酵了两千多年后，内在的压力已足够大，加上适当的外部条件，就出现了春秋战国时的文化大喷发，思想大爆炸，造成了中国思想史上的黄金时代。

——王磊：《一个黄金时代的形成与终结——对战国百家争鸣现象的一种解读》，载《陕西师范大学学报（哲学社会科学版）》，2007年第1期

资源5：战国时期有一种中国式的古典民主思潮在百家之中发展。而政治民主是学术自由的不可或缺的前提。当然不能说战国诸君已懂得政治民主了，我们只是根据史料，知道战国的百家之士，的确是以某种程度的民主精神多少影响了统治者的。

史料之一是《孟子》。孟子在他的著述中反复阐述"民为贵，社稷次之，君为轻"的民本主义思想。他说："桀纣之失天下也，失其民也；失其民者，失其心也。"又说："庖有肥肉，厩有肥马，民有饥色，野有饿莩——此率兽而食人也。"②这是多么大胆的思想。杜甫的"朱门"之句，不就是从此而来的吗？难怪到了明代，朱元璋下令删去《孟子》中这所有的带民主色彩的句子，足见孟子思想对专制主义的冲击力了。孟子的这些思想，对学术，对政治观点的争鸣与讨论，无疑是起着打破桎梏作用的。今人的许多研究都指出了孟子的民主思想的可贵，我们从繁荣学术的角度来评价孟子的民本主义，可以推断出战国百家争鸣的原因。

史料之二是邹忌讽齐王纳谏的故事。这是一篇文化界、知识界、政治界无人不知的名文。邹忌能使齐王做到下令全国"群臣吏民能面刺寡人之过者，受上赏！上书谏寡人

---

① （西汉）司马迁：《史记卷六十八·商君列传第八》（第7册），2229页，北京：中华书局，1959。
② 万丽华、蓝旭译注：《孟子卷一·梁惠王上》，7页，北京：中华书局，2006。

者，受中赏！能谤议于市朝，闻寡人之耳者，受下赏！"①这实在太不简单了。这是一种多么可贵的接受意见的民主精神。把这种精神用于学术上，学术能不繁荣么？百家能不争鸣么？考之史，稷下学正在齐国，邹忌先生也恰巧是稷下学的名学者并受到齐王重用，民主作风影响到学术繁荣，民主作风允许学术自由讨论，这不就是战国百家争鸣局面形成的原因么？

——曾宪东：《战国百家争鸣考》，载《内蒙古社会科学》，1984年第1期

资源6：墨子为了辩明"别非而兼是"②，不仅提出人皆本之于天、天对天下之百姓"兼而有之""兼而食焉"③的"天志"思想，借以对抗儒家由人皆本之于父母出发的孝悌观，而且历举《泰誓》《禹誓》《汤说》《周诗》，以证禹、汤、文、武、周公的成功皆在于"均分赏贤罚暴，无有亲戚兄弟之所阿"④，因"先从事乎爱利人之亲"，才换来了"人报我以爱利吾亲"⑤的结果，虑之不可谓不密；韩非为了说明法、术、势结合的必要性，收集了350多个故事，写成《说林》《内外储说》等八篇文字，以备游说或驳斥他人之用，功夫不可谓不深；而庄子为了张扬"独与天地精神往来而不敖倪于万物"的逍遥论，不惜"以卮言为曼衍，以重言为真，以寓言为广"⑥，反复譬喻，使其文辞既参差奇丽，又和适通达，也算用心良苦。

——赵世超，卫崇文：《论战国时期的百家争鸣运动》，

载《陕西师范大学学报（哲学社会科学版）》，2006年第4期

资源7：百家合流是百家争鸣的一个组成部分。百家争鸣虽原则上是各家发表自己的看法，批评别人的意见，但也包含了对其他学派某些思想的吸收。如荀子，虽以礼为思想核心，但也特别隆法与推崇孔子，以致有人将其当作法家，还有人将其当作儒家。就是说，百家争鸣的争鸣是有保留的克服，争鸣中有吸收，吸收是为了更好地争鸣。百家争鸣本身也说明，争鸣各家在学术上都有片面性，只有相互吸取，才能互补并趋于完善。

---

① 缪文远、罗永莲、缪伟译注：《战国策·齐策：邹忌修八尺有余》，118页，北京：中华书局，2006。
② （战国）墨子著，蒋重母、邓海霞译注：《墨子·兼爱下》，125页，长沙：岳麓书社，2014。
③ （战国）墨子著，蒋重母、邓海霞译注：《墨子·天志上》，191页，长沙：岳麓书社，2014。
④ （战国）墨子著，蒋重母、邓海霞译注：《墨子·兼爱下》，132页，长沙：岳麓书社，2014。
⑤ （战国）墨子著，蒋重母、邓海霞译注：《墨子·兼爱下》，133页，长沙：岳麓书社，2014。
⑥ 孙通海译注：《庄子·杂篇：天下》，381页，北京：中华书局，2007。

百家合流在百家争鸣中占有十分重要的地位。争鸣只是探讨问题，合流才是向解决问题迈进，只有百家的有机合流，才是最后解决问题的根本途径。秦之所以没能最后解决当时社会的主要问题并结束百家争鸣，重要原因之一，就是用暴力手段拒绝百家合流，致其走向了灭亡。西汉武帝解决这一问题的关键，就是结合实际进行百家合流。由此可见，要想解决中国当时社会的主要问题，没有百家的有机合流，无论如何都是不可能的。

——孙景坛：《百家争鸣新论》，

载《安徽师范大学学报（人文社会科学版）》，1996年第2期

资源8：孔孟的以德治国方案的本质是道德救世。其途径是通过统治者及其附属的知识阶层榜样的力量，调动起人们心中向善的根基，使全社会都成为道德人，进而实现家庭和谐、社会和谐和对外和谐。西周初年的"礼治"是他们心目中的德治样板。

墨子的以爱治国方案的本质也是道德救世，不过他的道德不是孔孟的忠孝仁义，而是全社会成员互相爱护、互相帮助之心。其途径是教育全社会成员都有"爱心"和爱的行动，建立政长系统和宗教信念以保证爱心的普遍实施，以爱维护社会秩序，实现和谐。

老庄的"以道治国"方案的本质是理念救世。自然规律、社会规律和人们的心理变化规律都必须遵守，不可人为的予以破坏，这是他们的基本理念；为了追求人的精神自由，自然规律和社会规律必须遵守，这是他们的另一基本理念。遵守自然规律，实现"风调雨顺"；遵守社会规律，实现"国泰民安"；遵守心理变化规律，实现"心态平衡"，是他们社会和谐方案的基本内容。

法家的"以法治国"方案的本质是制度救国。其途径是制定法律，建立执行法律的行政系统，激励民众正当的争取物质利益和精神需要，制裁民众有碍社会利益的行为，整个社会在权力制约下有序发展。

——刘晓燕：《诸子百家的社会和谐主张》，

载《宝鸡文理学院学报（社会科学版）》，2006年第5期

资源9：战国时期百家争鸣局面的出现，自然有政治经济方面的原因。但是，在国土辽阔而学术文化信息传播手段还很原始的古代中国，如果没有提供各地文人学士直接进行学术交流和自由发表意见的经常性场所以及与之相适应的文化气候，要想形成百家

争鸣的蔚然大观，也是十分困难的。正是在齐国的原始民主和自由气息还相当活跃的社会条件下创办的稷下学宫（下称"稷下"）持续活动了一百余年（公元前4世纪中叶—公元前3世纪后叶），才促进了战国时期百家争鸣的发展。从这一点来说，没有稷下，也就没有百家争鸣。

稷下开办以后，先后来此活动的文人学士是很多的，高潮时达千百余人。其中有道家、儒家、法家、名家、阴阳家。从墨学对稷下的影响来看，墨者也可能到过这里。总之，大体战国各大学派都在稷下留有印记。凡来此者，无论学术观点、政治倾向以及国别、派别、年龄、资历如何，都可自由发表意见。由于所学不同，相互争辩是不可避免的，其中许多人都是雄辩家。他们相聚一堂，携徒属而演道术，穷事理而互致诘难，大大促进了学术思想的交流与发展。

战国各学派在稷下的竞争、演化和发展，受其理论的社会功利性的制约。讲究理论的实际功用，当时已成为各学派衡量是非的标准。鲁仲连论折田巴便是一个突出事例。齐闵王时，辩者田巴议于稷下，毁五帝，罪三王，訾五伯，离坚白，合同异，一日服千人。年仅十二岁的鲁仲连当面问他：当前楚国兵伐南阳，赵国进攻高唐，燕国十万大军占据聊城，使齐国亡在旦夕，先生有何解救办法？田巴说，我没有什么办法。鲁仲连说，您既然想不出办法，无力转危为安、救亡于存，那算什么贵学士？那就请先生免开尊口。田巴听了十分佩服，自认理输，从此"杜口易业，终身不复谈"[1]。名气很大的田巴之所以折服在十二岁孺子之前，并非年幼的鲁仲连有何超人本领，而是理论的社会功利性在起作用。正是在这一机制的驱动下，促进了稷下各学派的融合、分化、消长，从而推进了战国百家争鸣形势的发展。

——张秉楠：《稷下学宫与百家争鸣》，载《历史研究》，1990年第5期

资源10：稷下学宫的情况，可以说是战国"百家争鸣"的缩影，诸子百家在那里基本都有了。道家的分支黄老之学在稷下占了重要地位，如宋钘、尹文、田骈、慎到、环渊、接予等。儒家有孟子、荀子等；阴阳家有邹衍、邹奭；名家有兒说，貌辩；田齐法家有尹文、慎到、田骈等；淳于髡，"学无所主"，属杂家。作为稷下先生论文集的《管子》，内容庞杂，更是稷下"百家争鸣"的反映。那里有黄老之学的《心术》《白心》

---

[1]（宋）李昉等：《太平御览卷第四百六十四·人事部一〇五：辩（下）》（第3册），2133页，北京：中华书局，1960。

《内业》《宙合》等篇；有阴阳家学说的《幼官》《四时》《五行》《轻重己》《侈靡》《水地》《地员》等篇；属于兵家思想的有《兵法》《七法》《参患》《制分》《地图》等篇；属于儒家思想的有《小称》等篇；属于法家著作的有《法禁》《法法》《霸言》《禁藏》等篇；在《霸言》《禁藏》两篇中有纵横家的纵横捭阖的权术思想，《立政·九败》有对包括墨家在内的诸家的评论，但不批评儒家。

稷下先生都喜欢辩论，孟子人称"好辩"①，他辟杨墨，与许行辩，游说齐宣王言词锋利，使得"王顾左右而言他"②。兒说，"善辩者也"③。邹衍人称"谈天衍"，田骈"号天口骈"④，从外号也可以看出他们善辩。而田巴是"齐辩士"⑤，与人辩论"一日服千人"⑥。发生在稷下的辩论很多，比如孟子与淳于髡关于"礼"的辩论⑦，可算是典型的例子。由于文献逸失，我们很难窥察当时许多辩论的原貌，但他们之间观点的对立今天还能知道不少，比如宋钘主张"禁攻寝兵"⑧，而兵家主张积极进攻；儒家主张"仁"、"义""礼"，法家主张"法""术""势"；就是同属儒家也有观点的对立，比如孟子主张性善，而荀子则主张性恶。同属阴阳家，《管子》中的阴阳家主张五行相生说，而邹衍则主张五行相克说。这些不同学派不同观点的辩论，形成了稷下学宫"百家争鸣"盛况空前的局面。

——孙开泰：《稷下学宫的百家争鸣与相互影响》，载《管子学刊》，1987年第1期

① 万丽华、蓝旭译注：《孟子卷六·滕文公下》，137页，北京：中华书局，2006。
② 万丽华、蓝旭译注：《孟子卷二·梁惠王下》，36页，北京：中华书局，2006。
③ 陈秉才译注：《韩非子·外储说左上》，163页，北京：中华书局，2007。
④ （东汉）班固：《汉书卷三十·艺文志第十》（第6册），1733页、1730页，北京：中华书局，1962。
⑤ （西汉）司马迁：《史记卷九十二·淮阴侯列传第三十二》（第8册），2629页，北京：中华书局，1959。
⑥ （西汉）司马迁：《史记卷八十三·鲁仲连邹阳列传第二十三》（第8册），2459页，北京：中华书局，1959。
⑦ 参见万丽华、蓝旭译注：《孟子卷七·离娄上》，161页，北京：中华书局，2006。
⑧ 安继民、高秀昌注译：《庄子·杂篇·天下第三十三》，479页，郑州：中州古籍出版社，2008。

秦始皇
创立专制主义
中央集权制

学术引领

翦伯赞在《秦汉历史上的若干问题》（《翦伯赞历史论文选集》，404页，北京：人民出版社，1980）一文中指出，在我看来，秦始皇是中国古代统治阶级中的一个杰出的人物。我说秦始皇是中国古代统治阶级中的一个杰出的人物，不是因为他是一个王朝的创立者，而是因为他不自觉地顺应了中国历史发展的倾向，充当了中国新兴地主阶级开辟道路的先锋，在中国历史上，消灭了封建领主制，开创了一个中央集权专制主义的新的历史时代。秦帝国以恢宏的气度、尚法的精神，统一六国，首次开创了中国大一统的政治格局；建立皇帝制，在中央和地方推行官僚制，建立了一套行之有效的地方行政体系，奠定了我国古代官制的基础。秦朝创立的中央集权制度贯穿并影响了中国社会两千多年，对中国历史的发展起到非常重要的作用。关于秦始皇创立的专制主义中央集权制，从古到今，不少学者进行了深入研究和阐述，这是中国古代历史研究的重点和热点问题。

一、专制主义中央集权的概念

汪之渔在《专制主义中央集权制度研究评述》（载《历史教学问题》，1987年第3期）一文中阐释了"专制主义"和"中央集权"概念的联系和区别。联系体现在：专制主义和中央集权密不可分，凡是专制主义皇权加强的时候，往往也是中央集权比较有效的时候。区别体现在："专制"就是独裁，"专制主义"是指与民主政体相对立的个人或极少数人独裁的政权组织形式，体现君主与臣民的关系。凡是实行专制主义制度的地方，不仅权力由个人或极少数人独揽，而且整个统治表现得极其专横残暴。从政体上去理解，"中央集权"则要从政体层面来理解，是指中央能够有效控制地方，它体现的是中央同地方的关系。专制主义与中央集权的强弱并不是正比例同步发展的关系。专制独裁的强化，必然导致权力过分集中，从而破坏中央与地方的正常关系，最终反而削弱中央集权，以至于亡国。

李宪堂在《先秦儒家的专制主义精神：对话新儒家》（31～33页、37页、46页，北京：中国人民大学出版社，2003）一书中认为，作为一种权力现象，"专制"随时随地都会产生，因为它来自于人类支配他人的本能愿望；作为一种政治体制，它是各个民族历史上的一个必经阶段，尽管会表现出不同的形式；作为一种文明形态、一种文化气质，它是"东方的"，扎根于东方文化的土壤之中。专制是一种建立在臣民"同意"基础上的"合法的"统治形式。典型的专制制度——东方式专制——依托的是天道及人伦这种原发性秩序，并且拥有深厚的民族文化传统的支持，因而在一个较长的历史时段内表现出了效率和活力。专制不仅仅是一种政治体制，而且是一种文化现象，是人类生存的方式之一，它与特定的生活方式、思维方式密切相关，既有形而上的又有伦理和心理上的基础。总体性、整体性、同质性是专制的形而上基础，群体主义或集体主义是专制主义的伦理基础。当民众被统治者以天意或历史意志的旗号所代表时，集体主义就成了权力实施奴役的道义性的工具，成了加诸众生头上的闪闪发光的枷锁。专制对立于民主，又不同于独裁、极权、专政等统治形式。同民主一样，专制是一种文明形态，是一定历史条件下的某些社会群体组织资源的方式、运作能量的机制；与独裁等"非正常的"统治形式不同的是，专制是一种原发性秩序，拥有深厚的文化传统的支持，是建立在臣民"同意"基础上的一种"合法的"统治。专制作为一种价值和行为取向，称为专制主义。

宁可在《中国封建社会的专制主义中央集权制度》（载《文史哲》，2009年第1期）一文中指出，专制主义中央集权是把国家一切政治权力，诸如行政权、军权、司法权、立法权、财政权、监察权、选拔用人权等，高度集中到中央政府，最后集中到国家的最高统治者——皇帝的手里，形成最高的、唯一的、绝对的政治权力即皇权。皇帝任命各级官僚机构的人员，令他们秉承皇帝的旨意办理政事、统治人民。中国古代社会专制主义中央集权制度始于战国，成于秦汉，一直延续到清朝。其核心特征是国家把一切政治权力集中到皇帝和他统率的各级官僚机构手上。具体特点有以下三个方面：一是地主阶级把政治权力集中到中央，中央再集中到皇帝，而非层层分割，皇权是最高的、唯一的、绝对的；二是皇权或皇帝通过各级官僚机构和官僚来行使自己的政治权力；三是官僚是任命的，而非世袭的，随时可以调换。

王义保在《中国古代专制主义的政治学分析》（50页，北京：中国社会科学出版社，2012）一书中指出，在中国，专制主义主要是指古代社会的一种特殊的君主制政治制度，即"绝对君主专制制度"。从政治权力的角度来看，在这种政治制度形态下，专制君主一人掌握国家最高政治权力，独揽一切行政、立法、司法、军事、财政大权，长期占有并以世袭的方式世代延续。国家法律和其他机构权力来源于这种政治权力，绝对地接受其领导并对它负责。这种专制主义权力的绝对性意味着君主的政治权力是至上的，君主的政治地位是至尊的；君主的意志是自由的，并且不承担任何政治责任。

二、专制主义中央集权产生的原因

胡如雷在《中国封建社会形态研究》（149～156页，北京：生活·读书·新知三联书店，1979）一书中归纳了学界对专制主义中央集权确立的原因：第一种意见认为，中国与东方处于沙漠地带的国家相同，也是由于大规模灌溉工程的兴修迫切需要集中统治的政府进行组织；所以产生了中央集权制。第二种意见认为，中国与东欧国家相同，是为了抵抗附近民族的进攻，捍卫民族独立，建立了中央集权制。第三种意见认为，中国专制主义中央集权制确立的经济基础是所谓的封建土地国有制。但胡如雷提出，基于马克思经济学理论，中央集权制形成的基础是地主土地所有制和租佃制。我国的地主是采取租佃制剥削佃农，地主对土地的占有是不固定的，对佃农的占有也不稳定，地主本身不能亲自掌握行政权、司法权和军事权。这些权力从土地所有权游离出来以后，必须由专门的官吏掌握。于是在地主经济之外，驾乎整个社会之上，一套完整而复杂的官僚机构由此形成。这种机构体现在地方政权上，就是历代流行的郡县制。

美国学者卡尔·A.魏特夫（Karl August Wittfogel）在《东方专制主义：对于极权力量的比较研究》（徐式谷、爱瑞森、邹如山等译，42～45页，北京：中国社会科学出版社，1989）一书中指出，治水农业是产生东方专制主义制度的主要原因。大规模的治水事业和治水农业需要协作，需要一体化计划和广泛而复杂的遍及全国的组织网，水利灌溉和治水农业推动东方专制主义的产生。在东方治水社会，统治者在军事、行政、经济与宗教等方面采取了一系列措施，巩固了专制主义的统治。主要表现在：君主拥有全国军队的统一指挥和军事上的独断决定权，君主对社会财富拥有最高所有权，君主并通过析产制巩固自己的专制统治，以及使意识形态领域里占优势地位的宗教附属于专制政权。

谢维扬在《中国早期国家》（213～221页，杭州：浙江人民出版社，1995）一书中指出，酋邦模式是人类早期国家走向专制主义政治的重要原因。酋邦社会中，导致专制统治产生的因素有以下三个方面：一是酋邦社会处理再分配的方法，在酋邦社会中酋长作为再分配活动的中间人获得了对分配的过分控制的权力。二是酋邦社会发展中表现出征服和吞并的特征导致了专制政治的发生。三是酋邦社会的分层使得最高权力者有机会将一部分公共财产用于实现个人目的，从而增强他的权力。最高统治者也利用社会分层现象来扶植忠于他和维护他的权力的集团。酋邦的政治权力呈现出宝塔型的结构，并最终集中到一个人的身上。从权力分类中，酋邦的这种权力结构无疑属于"中央集权"类型。酋邦向国家转变之后，从其专制特征的权力结构中发展出人类最早的专制主义政治形式。

叶剑锋在《中国专制主义的历史学解析》（《理论学刊》，2004年第11期）一文中指出，地理环境、国家规模等因素是专制主义产生的原因。他认为，古代中国封闭的地理环境及由此形成的文化隔离状态，直接影响到专制主义的生成；农耕自然经济与宗法社会是成熟形态的中国专制主义生长的沃土；氏族遗制向文明社会的传递，直接赋予早期国家以宗法—专制的特征；原始社会末期，武力直接促进了专制权力的产生；中国宗教从文明社会的开端就匍匐在政治权威的脚下，从另一方面催生了专制主义；而禅让制正是专制主义发生后的有力佐证。

三、专制主义中央集权的基础

关于专制主义中央集权的基础，历来是争论比较激烈的一个问题。汪之渔在《专制主义中央集权制度研究评述》（《历史教学问题》，1987年第3期）一文中，归纳了人们对专制主义中央集权制的经济基础的看法："小农经济说"认为，专制主义中央集权制是建立在"小农经济"的基础上，因为中国古代社会赋税主要是由个体小农负担，只要小农经济大量存在，专制主义政治就不会消失。古代专制制度之所以在中国历久不衰，根本原因是它有个体小农经济这一经济基础。与"小农经济说"相对，"地主土地所有制说"提出反对意见，他们认为专制主义中央集权作为一种上层建筑，是要为经济基础服务的。小农经济具有无法克服的不稳定性，它不可能成为独立的社会经济体系，更不可能成为占主导地位的生产方式，自然也不可能构成专制主义的经济基础。地主土地所有制在中国古代土地所有制中居于绝对的支配地位，成为中国古代社会关系的核心，并对中国很早就形成古代专制主义中央集权的政治结构，产生了决定性的影响。

宁可在《中国封建社会的专制主义中央集权制度》（载《文史哲》，2009年第1期）一文中，通过秦朝和西周土地制度特点的对比、中国古代社会地主制和西欧中世纪领主制内涵的对比，总结出中国专制主义中央集权制度的基础是古代地主土地私有制。宁可指出，在中国古代社会，地主把土地租佃给个体农民耕种，地主和农民是契约关系。个体农民分散，地主难以对分散的农民进行直接的政治统治；同时，地主阶级自身分散，没有互相统属的经济关系和统治关系。为了有效管治，中国古代地主把政治权力交出来，集中起来交给代表他们的皇帝及其各级官僚机构，由皇帝通过其属下官僚机构代表整个地主阶级来行使政治权力，来统治农民、自耕农，也用这种方式来协调地主之间的各种矛盾。总起来说，中国古代专制主义中央集权制度是在地主经济的基础上形成的，而地主经济的一个基本特征是土地私有制。

四、专制主义中央集权的权力结构

汪之渔在《专制主义中央集权制度研究评述》（《历史教学问题》，1987年第3期）一文中认为，中国历史上地方政权和中央政权之间的关系呈现出渐趋集中的内敛化进程，皇帝集立法、司法、行政大权于一身，不仅皇帝的权力在法律上没有任何规定和约束，而且凡是皇帝的谕旨，都具有法律的效力，都是不可抗拒的法令。专制统治下的地方政权结构同样是专制集权型的。中国古代社会的郡守县令是地方的"父母官"，集行政司法诸权于一身，他们在自己所统辖的地区和部门实行的依然是专制主义的集权统治。这种从地方到中央层层专制集权型的统治，是中国古代社会专制主义中央集权制度的一大特色。

白寿彝、高敏、安作璋在《中国通史（第4卷）：中古时代·秦汉时期（上册）》（修订本，181～191页，上海：上海人民出版社，2004）一书中认为，秦代的朝廷，主要由"三公"和诸卿组成。"三公"，即丞相、太尉和御史大夫。"三公"之下，则有分掌朝廷和国家各项行政事务的"诸卿"，或习惯称之为"九卿"。由于三公诸卿为主而组成的古代朝廷，是秦代专制主义政治体制的核心，是古代国家的集中体现，是绝对受制于皇帝并代行皇帝政务的最高权力机关。围绕着这个政权核心，秦王朝组成了遍布全国各地的统治网络。秦始皇分天下以为三十六郡，郡之下设县，县下设乡，乡又由里组成。由郡、县、乡、里组成的郡县制，是春秋战国以来逐渐发展起来的一种政治体制。秦代郡县制的推行，是当时社会政治、经济发展的结果，是适应古代专制政体要求而出现的。它对于结束长期形成的诸侯割据局面，维护国家统一，有着积极的意义。秦始皇实行郡县制，这就建构了从朝廷到地方，从三公诸卿到乡里什伍的一套庞大的、多梯级的统治机构。它恰似一座金字塔，高踞塔尖的是皇帝，而压在塔底的则是劳动群众。

王子今、方光华在《中国历史·秦汉魏晋南北朝卷》（10～12页，北京：高等教育出版社，2001）一书中指出，秦"立百官之职"[1]，汉代"因循"又经进一步健全之后，确立了中国历史王朝官制的基本格局。这种"职臣遵分，各知所行"[2]的政治管理体制，使不同的行政机构并立，不相统属，只对皇帝负责。它在正常运行时，行政效率较高，同时又保证了政治结构的稳固。秦始皇正是因此期望能够确定"常职"，后代世世相传，

---

① （东汉）班固：《汉书卷十九上·百官公卿表第七上》（第3册），722页，北京：中华书局，1962。
② （西汉）司马迁：《史记卷六·秦始皇本纪第六》（第1册），250页，北京：中华书局，1959。

以求"长承圣治"①。

王义保在《中国古代专制主义的政治学分析》（119页、125～136页、142～146页，北京：中国社会科学出版社，2012）一书中，从横向和纵向结构分析秦朝专制主义中央集权的权力结构。不同的权力在同一层次权力主体之间进行划分、配置和制衡，从而形成的横向结构体系。秦朝专制主义中央集权横向结构是指处于同一层次的各种政治权力之间形成的平行关系。在中国古代专制主义社会，为了维护专制君主至高无上的权力，在君权之下形成了"辅助决策、执行、监督"模式的权力结构。君权之下的国家机构分为三个系统，即助理万机的"丞相"，是国家辅助决策系统；拥有国家各部门管理权力的"九卿"是国家职能的执行系统；监察百官的"御史台"，是国家的监督系统。这三个系统直接向君主负责，有效地维护了专制主义统治，构成了中国古代专制主义的横向权力结构。秦朝建立起统一的专制主义帝国之后，中央主要设置了三公辅政机构。三公，即丞相、太尉、御史大夫。丞相总执朝政，太尉掌军政，御史大夫"掌副丞相"②。丞相分置两人，称"右丞相""左丞相"③，以右为上。丞相的地位高于三公中的太尉、御史大夫。秦汉时期的"九卿制"是古代专制主义社会的行政制度。"九卿"是中央行政执行机构，九卿分工明确，各有职责，直接上奏君主，听承皇帝诏令，随时候恭王权调遣，绝对服从王命，成为王权实施专制的重要权力机构。御史大夫是全国最高的监察长官，主持全国监察工作，军队里设置军监，地方上以全国三十六郡县，分设监御史等监察人员，监察各郡的各级官吏。从中央到地方一整套监察制度已初步形成。

王义保指出，国家纵向权力结构是指国家整体与部分之间、全国政府与地方政府之间关系的一种基本模式，表明了一个国家采用什么原则和形式处理整体与部分、中央与地方的关系，即国家的各个部分如何整合为一个国家的问题。从秦建立起专制主义帝国起，君主就严格控制地方各郡，确立了一套从中央到地方层层严密控制的纵向统治网络。君主坐拥中央，王国郡县直接受中央领导，地方没有自治权力，一切听命于君主。一切地方重要官吏由中央直接任命，职权范围、衣食俸禄、升迁任用等职务事宜全部由

① （西汉）司马迁：《史记卷六·秦始皇本纪第六》（第1册），250页，北京：中华书局，1959。
② （东汉）班固：《汉书卷十九上·百官公卿表第七上》（第3册），725页，北京：中华书局，1962。
③ （东汉）班固：《汉书卷十九上·百官公卿表第七上》（第3册），724页，北京：中华书局，1962。

中央决定。地方机构设置、调整按照有利于王权的原则，由中央统一规划。自秦伊始，在地方机构设置上形成了三条垂直而相互制约监督的官僚系统，即丞相、郡守、县令、乡有秩为代表的行政系统，御史大夫、郡监、县丞、乡三老为代表的监察系统，太尉、郡尉、乡游徼、亭长为代表的军事系统。

王义保还指出，秦朝是中国历史上第一个中央集权制的专制主义国家。秦统一后将全国划分三十六郡，郡下设县。郡为地方最高政权，县为基层政权，县下有乡、里、伍等基层组织。郡县官员由中央直接任免，形成了垂直管理的官僚体系。郡县制的实行，将原来分散在各诸侯国的权力收归中央，形成了中央对地方的直接领导。在郡县制下，中国建立了世界上最早的户籍制度和土地管理制度，加上度量衡、文字以及货币等政策的统一，较好地保证了国家财政、赋税、政令的畅通与实施，使专制主义政治有力推进。

五、基于专制主义中央集权制度下的秦朝社会性质

黄敏兰在《近年来学术界对"封建"及"封建社会"问题的反思》（载《史学月刊》，2002年第2期）一文中指出，学界对秦朝社会性质有如下看法：有学者认为，秦汉到晚清，社会特征没有大的改变，这些特征主要是：君主集权制；官僚制；社会等级制；社会秩序与伦理秩序的融合。还有学者把秦汉社会称作"中国官僚社会""专制官僚社会"[1]"专制个体型家国同构农耕社会""东方专制社会""农业—宗法社会"[2]等。

薛国中在《秦汉社会性质的再思考》（载《武汉大学学报（人文科学版）》，2002年第3期）一文中指出，学界依据马克思主义唯物史观的基本原则，考察中世纪时期的西欧和秦汉前的周代，归纳封建社会的本质特征是：政治上的分权制，经济上的土地王有制和阶级关系的农奴制。应该说，凡不具备这三大特征者，概不能称其为封建社会。公元前221年，秦始皇结束了东周后期战国纷争的局面，统一了全中国，同时也结束了自西周开始将近9个世纪的封建制度。这是一次深刻的社会变革，其内容是：政治上废除分封制，实行郡县制；经济上废除土地王（公）有制，确立私有制；阶级关系方面，劳动者农民摆脱了农奴地位，有了独立人格，可以自由迁居择业。这就是从秦朝开始的新社会性质之三大基本特征，其与周代封建社会之基本特征截然相反，不如称之为专制主

---

① 王亚南：《中国官僚政治研究》，54页，北京：中国社会科学出版社，1981。
② 曹大为：《关于新编〈中国大通史〉的几点理论思考》，载《史学理论研究》，1998（3）。

义社会更为贴切。而自秦朝开始的专制主义制度，并不限于政治，还包括经济、文化和军事各领域，共同构成完整体系的社会形态。

冯天瑜在《中国社会史论战中的两种"封建"观》（载《学习与实践》，2006年第2期）一文中归纳了近代以来关于秦汉社会性质的观点：以陶希圣为代表的"古典封建论"认为，秦汉以后中国已经由封建制度进入官僚政治时期，因此主张把秦汉以后两千年的社会命名为"以士大夫身份及农民的势力关系为社会主要构造的社会"[1]。以郭沫若为代表的"泛化封建论"提出，周室东迁以后，中国的社会才由奴隶制逐渐转向封建制。春秋年代，铁的发现作为促进奴隶社会向封建社会转变的媒介。从那时以后，农业方面才有地主和农夫的对立，工商业方面才有师傅和徒弟的对立出现。春秋的五霸，战国的七雄，才是真正的封建诸侯。秦统一后虽然废封建而为郡县，但生产的方法没有变革，封建制度的经济组织和政治组织依然无恙。[2]因此，郭沫若把春秋以后直至近代的中国认定为封建社会。

冯天瑜在《史学术语"封建"误植考辨》（载《学术月刊》，2005年第3期）一文中指出，从"封土建国""封邦建藩"意义论之，"封建制度"在秦汉以降已经退居次要，而代之以"郡县制度"，郡县制遂成为秦汉至明清两千余年间中国君主专制政治结构的重要组成部分，它同选举——科举制、流官制（或曰朝廷官制）一起，大大削弱了世袭制、割据性的封建贵族政治，从而维护了国家的大一统，使中华帝国在两千余年间以政治及文化统一为主流。秦汉以后，"封建"变为郡县，但经过调整后的宗法制度和宗法观念却延袭下来，故秦汉至明清可称"宗法专制帝制社会"，却不宜再称"宗法封建社会"。

六、专制主义中央集权的评价

关于专制主义中央集权制度，古代学者给予了不同的评价。柳宗元在《封建论》（见《柳宗元全集（第3卷）》，曹明纲标点，19～20页，上海：上海古籍出版社，1997）一文中指出："秦有天下，裂都会而为之郡邑，废侯卫而为之守宰，据天下之雄图，都六合之上游，摄制四海，运于掌握之内，此其所以为得也。不数载而天下大坏，其有由

---

① 陶希圣：《中国社会之史的分析》，161页，长沙：岳麓书社，2010。
② 参见郭沫若：《中国古代社会研究》，15页，北京：人民出版社，1954。

矣：亟役万人，暴其威刑，竭其货贿。负锄梃谪戍之徒，圜视而合从，大呼而成群。时则有叛人，而无叛吏，人怨于下，而吏畏于上，天下相合，杀守劫令而并起。咎在人怨，非郡邑之制失也。"秦朝设立郡县制度能掌控局势，管治天下，说明了郡县制的设立是合理的。但秦朝为什么这么快就灭亡呢？主要是秦朝的统治者横征暴敛，施行暴政所致，而非郡县制设立的缘故。

柳宗元认为："然而封建之始，郡邑居半，时则有叛国而无叛郡，秦制之得，亦以明矣。继汉而帝者，虽百代可知也。""秦之事迹，亦断可见矣：有理人之制，而不委郡邑，是矣。有理人之臣，而不使守宰，是矣。郡邑不得正其制，守宰不得行其理。酷刑苦役，而万人侧目。失在于政，不在于制，秦事然也。"中央设立官员，地方设立郡县制能有效管理国家，事实证明是正确的。秦朝的失误在于政策，而不在于郡县制。

柳宗元还认为："秦之所以革之者，其为制，公之大者也，其情，私也，私其一己之威也，私其尽臣畜于我也。然而公天下之端自秦始。"秦朝废除分封制是出于皇帝的私心，皇帝想借此巩固个人的权威，让天下人都臣服于自己。但废除分封制、建立郡县制开启了天下为公的历史。

综上所述，柳宗元对秦朝废除分封制、建立郡县制度基本持肯定态度。他认为，从历史的角度来看，郡县制是进步的。

王夫之在《读通鉴论卷一·秦始皇》（舒士彦点校，1～2页，北京：中华书局，2013）一文中指出："两端争胜，而徒为无益之论者，辨封建者是也。郡县之制，垂二千年而弗能改矣，合古今上下皆安之，势之所趋，岂非理而能然哉？"郡县制建立了将近两千年，没有改变，古往今来人们都安于这种制度，说明这是历史发展的必然。

王夫之认为："郡县之法，已在秦先。秦之所灭者六国耳，非尽灭三代之所封也。则分之为郡，分之为县，俾才可长民者皆居民上以尽其才，而治民之纪，亦何为而非天下之公乎？"秦朝建立后确立了郡县制，使用有才能的人掌握法纪，充分发挥人才的作用，这就是"天下为公"。

王夫之还认为："郡县者，非天子之利也，国祚所以不长也；而为天下计（利）〔则〕害不如封建之滋也多矣。呜呼！秦以私天下之心而罢侯置守，而天假其私以行其大公。存乎神者之不测，有如是夫！"虽然秦始皇是出于私心而废除诸侯，设立郡县制，然而郡县制却对皇帝的统治不利，导致国家寿命短，但它对百姓的危害远远小于分封制。秦从私心出发设立郡守，但却为天下做了一件大好事。

综上所述，王夫之认为郡县制的设立是历史发展的必然，它有利于发挥人的才能来管理国家，为中国历史的发展立下了功劳。

然而，顾炎武在《郡县论一》（见钱仲联主编：《顾炎武文选》，张兵选注评点，1～3页，苏州：苏州大学出版社，2001）一文中指出："知封建之所以变而为郡县，则知郡县之敝而将复变。然则将复变而为封建乎？曰，不能。有圣人起，寓封建之意于郡县之中，而天下治矣。""盖自汉以下之人，莫不谓秦以孤立而亡。不知秦之亡，不封建亡，封建亦亡；而封建之废，固自周衰之日而不自于秦也。封建之废，非一日之故也，虽圣人起，亦将变而为郡县。"分封制的废除和郡县制的建立是历史的必然，秦朝的灭亡与分封制的存废没有关系。

顾炎武认为："方今郡县之敝已极，而无圣人出焉，尚一一仍其故事，此民生之所以日贫，中国之所以日弱而益趋于乱也。""何则？封建之失，其专在下；郡县之失，其专在上。古之圣人，以公心待天下之人，胙之土而分之国；今之君人者，尽四海之内为我郡县犹不足也，人人而疑之，事事而制之，科条文簿日多于一日，而又设之监司，设之督抚，以为如此，守令不得以残害其民矣。不知有司之官，凛凛焉救过之不给，以得代为幸，而无肯为其民兴一日之利者，民乌得而不穷，国乌得而不弱？率此不变，虽千百年，而吾知其与乱同事，日甚一日者矣。然则尊令长之秩，而予之以生财治人之权，罢监司之任，设世官之奖，行辟属之法，所谓寓封建之意于郡县之中，而二千年以来之敝可以复振。后之君苟欲厚民生，强国势，则必用吾言矣。"分封制所带来的影响主要是诸侯势力过大，地方权重，中央权轻，中央无法控制地方；而郡县制虽然避免了地方诸侯割据的局面，但权力都集中到了皇帝一人手中，就极易造成中央的腐败以及暴政，因此顾炎武推崇中央集权与地方分权结合。

综上所述，顾炎武认为郡县制取代分封制是历史的必然，但郡县制所带来的专制权力容易导致暴政的产生。因此，顾炎武认为中央集权和地方分权相结合是管理国家最好的方式。

胡如雷在《中国封建社会形态研究》（156～164页，北京：生活·读书·新知三联书店，1979）一书中指出，中国古代社会的专制主义中央集权政体对社会经济、阶级斗争和多民族国家的形成等方面都具有不容忽视的影响，具体为：中央集权制是全国统一的重要条件，而全国大一统的局面能够为经济发展提供有利的政治环境。统一集权是发展水利事业、推动农业发展的重要政治前提，统一集权的政治环境还有利于全国范围内的经济交流和商品流通。同时，专制主义中央集权体制对我国多民族国家的形成有决定性作用。

胡如雷认为，专制主义中央集权政体的消极影响与其积极影响相比而言是次要的。中央集权制意味着国家须要豢养大量的专职官吏和职业兵，这就必然加重了劳动人民的赋税、徭役和兵役等负担。由于政治集中同经济分散发生严重矛盾，从秦汉开始，国都一带就集中了大量的官吏和军队，须要从全国调运大量物资供其消费。在自然经济占支配地位，各地区间缺乏天然密切的经济联系和交通比较落后的条件下，这种出于财政需要的人为大调运就是一个极大的浪费。而且，商税的沉重和自然经济占支配地位，在一定程度上抵消了中央集权制对商品流通所起的积极作用。同时，专制主义中央集权制对阶级矛盾和阶级斗争也产生过重要影响。在这样的政治体制下，从中央到郡县的各级政权好像组成一个天罗地网，用行政、司法、军事等机构把整个社会紧紧地捆绑起来，劳动人民很难逃脱它的控制。然而，作用越大，反作用也越大，在我国古代社会中，统治、压迫的强化也带来了反统治、反压迫斗争的强化。

汪之渔在《专制主义中央集权制度研究评述》（载《历史教学问题》，1987年第3期）一文中，将历史研究者的主要观点归纳为以下三个方面：第一，专制主义中央集权制度能够把全国分散的物力和人力集中起来，形成强大的军事力量和经济力量，这是巩固统一的必要条件。第二，专制主义中央集权制度在当时及对后世的作用有所区别，在专制主义制度形成之初，对中国的社会发展是有促进作用的，在秦汉时期所起的影响和作用大体是积极的，对社会经济文化的发展、民族的交往起了促进作用，但对后世的消极作用也是很大的。第三，即使在中国古代社会早期，专制主义制度也对经济文化的发展起到阻碍作用。因为专制主义中央集权制度往往导致抑商政策，把经济结构强行改建成单一的小农经济结构，从而使经济失去了活力。

宁可在《中国封建社会的专制主义中央集权制度》（载《文史哲》，2009年第1期）一文中认为，关于专制主义中央集权制度的历史地位，有人认为是流毒，有人认为是优秀文化。这两种看法都是非常极端的。我们要评价专制主义中央集权制度的历史地位，不能脱离当时的历史条件，要看它在当时的具体历史条件下究竟起什么作用，而不能用今天的衡量事物的标准去衡量历史的事物在历史上的作用。专制主义中央集权制度组织严密，控制强烈，各级机构层次分明，统属清楚，互相制约，而权力最后集中到一个人即皇帝身上。因此，它有利于统一。中国的统一对中国历史起了好的作用，统一有利于国力的加强、经济文化的发展与交流，有利于抵抗边疆游牧民族的侵扰，有利于社会的安定，有利于维护国家的统一。它有严密而完备的制度、规章、法令、机构，行政效率相当高。然而，它使权力层层集中到中央，最后集中到皇帝手中，使国家基本是人治，权力缺乏有效监督，导致政治腐败，而且不能自我调节，最终引起社会的破坏崩溃。

张翼飞在《从"形式专制"到"实质专制"——试论中国古代专制国家制度的产生和奠定》（载《中国社会科学院研究生院学报》，2010年第5期）一文中认为，秦的统一建立了中国历史上第一个中央集权的专制主义国家，完成了中国政体从"形式专制"向"实质专制"转变，奠定了我国专制政治的基础，其开创的"大一统"观念也被后世所继承。从此，"统一"的观念获得了价值上的正当性。统一成了常态，分裂成了变态。即使在分裂时期也孕育着统一。以后历代各朝都没有跳出这个框架。

秦始皇创立的专制主义中央集权制度，是我国历史上一项重要的政治制度。透过历史学者对专制主义中央集权制度的多角度阐释、多层次研究，我们对中国古代基本的政治制度产生、初步发展以及基本特征有较为深入的认识。"观今宜鉴古，无古不成今"，对历史的深度解读有助于我们理解中国古代政治文明。对专制主义中央集权制度这一概念的学习，教师要注重运用丰富的史料，创造生动活泼的历史情景，引导学生完整、准确地把握历史概念的深刻内涵。

微课设计

微课设计一：百代之政的肇始

设计意图

本微课的设计，旨在通过引导学生在解读史料中了解秦中央集权制度的形成过程，并进一步理解这一制度的基本内涵。

✎ 设计方案

教师讲述： 秦朝的专制主义中央集权制度自确立以来，在中国延续了两千多年，对中国后世影响深远。这项制度就像一棵大树一样深深扎根于中国历史的深厚土壤中，枝繁叶茂，具有如此强大的生命力，奥秘何在？下面，让我们共同透过它的形成过程来解读它吧。

材料呈现：

材料一　秦代在历史上意味着什么呢？意味着周时已有的中国的力量，由它一个最有生气的成分聚合、集中起来，提高到权力的顶峰。

——［法］雷奈·格鲁塞（René Grousset）：《东方的文明》，常任侠、袁音译，

444页，北京：中华书局，1999

教师设问： 这则材料反映了法国学者对秦朝历史有怎样的认识？下面让我们一起走进秦朝，来了解秦朝是怎样聚合权力的。

一、定鼎天下——皇帝制的确立

材料呈现：

材料二　秦王政二十六年……西历纪元前二百二十一年也。初并天下。……廷尉斯等皆曰："……今陛下兴义兵，诛残贼，平定天下，海内为郡县，法令由一统，自上古以来未尝有，五帝所不及。臣等谨与博士议曰：古有天皇，有地皇，有泰皇，泰皇最贵。臣等昧死上尊号：王为泰皇，命为制令为诏，天子自称曰朕。"王曰："去泰著皇，采上古帝位号，号曰皇帝。他如议。"

——吕思勉：《秦汉史》，5页，上海：上海古籍出版社，2014

教师设问： 嬴政为什么要确立"皇帝"的称号？

教师引导学生分析： 嬴政称皇帝的目的在于突出个人功绩，显示个人权势和地位。神化皇权，巩固统治。

二、三公九卿拱皇权——中央行政机构的设置

材料呈现：

材料三　丞相，"金印紫绶，掌丞天子助理万机。"①……"丞相诸大臣皆受成事，

---

① （东汉）班固：《汉书卷十九上·百官公卿表第七上》（第3册），724页，北京：中华书局，1962。

倚辨于上"①，并无决策权。

……"太尉，秦官，金印紫绶，掌武事。"②……秦皇朝建立后，一些重要活动……不见有太尉。从制度上说，秦朝应有太尉的官位，实际上大概未曾具体选任担当这一职务的官员。……

御史大夫……"位上卿，银印青绶，掌副丞相"③。御史大夫的主要职责，一是承转皇帝诏令制书……二是监察百官……

"三公"之下，则有分掌朝廷和国家各项行政事务的"诸卿"，或习惯地称之为"九卿"，但其实际名额并不限于九。……

> ——白寿彝总主编，白寿彝、高敏、安作璋本卷主编：《中国通史（第4卷）：中古时代·秦汉时期（上册）》，修订本，181～183页，上海：上海人民出版社，2004

教师设问：

（1）材料中秦朝的官职有哪些？

（2）根据材料，试分析秦朝行政架构的特点。

教师引导学生分析： 秦朝的官职设有三公九卿，三公指的是"丞相""太尉""御史大夫"；"九卿"是分掌朝廷和国家各项行政事务的官员。

秦朝建立三公九卿制，形成了金字塔型的权力结构，三公九卿实行分权，互相制约，权力层层集中到中央，最后集中到皇帝手中。

三、管治四海有新方——郡县制的确立

材料呈现：

材料四　丞相王绾等认为："诸侯初破，燕、齐、荆地远，不为置王，毋以填之。"④为此，他建议承袭西周以来的分封制度，"请立诸子"，以建封国。……唯独廷尉李斯不以为然。他说：周文武王所封子弟同姓甚众，然后属疏远，相攻击如仇雠，诸侯更相诛伐，周天子弗能禁止。今海内赖陛下神灵一统，皆为郡县，诸子功臣以公赋税重赏赐之，甚足易制。天下无异意，则安宁之术也。置诸侯不便。

① （西汉）司马迁：《史记卷六·秦始皇本纪第六》（第1册），258页，北京：中华书局，1959。
② （东汉）班固：《汉书卷十九上·百官公卿表第七上》（第3册），725页，北京：中华书局，1962。
③ （东汉）班固：《汉书卷十九上·百官公卿表第七上》（第3册），725页，北京：中华书局，1962。
④ （西汉）司马迁：《史记卷六·秦始皇本纪第六》（第1册），238页，北京：中华书局，1963。填，通"镇"，使安定。

……对于李斯的建议，秦始皇当即予以肯定。他指出：天下共苦战斗不休，以有侯王。赖宗庙，天下初定，又复立国，是树兵也，而求其宁息，岂不难哉！廷尉议是。

——白寿彝总主编，白寿彝、高敏、安作璋本卷主编：《中国通史（第4卷）：中古时代·秦汉时期（上册）》修订本，187～188页，上海：上海人民出版社，2004

教师设问： 王绾和李斯争论的焦点是什么？分封制和郡县制有何不同？秦始皇最后作出了怎样的选择？

教师引导学生分析： 王绾和李斯争论的焦点是推行分封制还是推行郡县制。

分封制和郡县制的区别在于：首先，分封制是与宗法制相联系的，是以血缘关系为基础的；郡县制是在大一统的条件下实行的，是按地域划分的。其次，分封的诸侯王位世袭，并拥有封地；郡县的官吏由皇帝或朝廷任免调动，官位概不世袭，官吏只有俸禄没有封地。最后，诸侯国拥有很强的地方独立性，容易发展为割据势力；郡县则是地方行政机构，有利于中央集权的加强和国家的统一。两者的主要区别在于中央对地方的制约关系及其地方权力的大小。

秦始皇当即肯定了李斯的意见，在秦帝国不设立分封制，转而推行郡县制。

材料呈现：

材料五　秦朝郡县制结构示意图如下：

教师设问： 从秦朝郡县结构示意图看，秦朝地方行政架构有什么特点？

教师引导学生分析：秦朝地方行政机构是与秦朝中央行政机构相配套的，机构完备，结构严密，各司其职，相互制约，工作效能高。

材料呈现：

材料六 ……郡县之制，垂二千年而弗能改矣，合古今上下皆安之，势之所趋……分之为郡，分之为县，俾才可长民者皆居民上以尽其才，而治民之纪，亦何为而非天下之公乎？

……故秦、汉以降，天子孤立无辅，祚不永于商、周……郡县者，非天子之利也，国祚所以不长也；而为天下计（利）[则]害不如封建之滋也多矣。……

——（清）王夫之：《读通鉴论卷一·秦始皇》，

1～2页，北京：中华书局，2013

教师设问：依据上述材料，分析王夫之对郡县制看法。

教师引导学生小结：王夫之认为郡县制的设立有利于任用有才能的人来管治国家，做到人尽其才。郡县制的设立克服了西周分封制的弊端，有利于国家的安宁。郡县制的设立是历史发展的必然，这种制度延续了两千多年。

✏ 设计点评

专制主义中央集权制度的内涵及其形成过程是教学中的难点和重点。比较困难。本微课突出史料教学的特点，精选出有关皇帝制、三公九卿制、郡县制的设立等有关史料，旨在引导学生解读和分析史料，理解专制主义中央集权的内涵，以及通过图表的方式强化学生对中央、地方政权结构的理解，从而培养学生钻研和批判的精神，这比教师单纯的讲授和灌输式教学更为高效。

微课设计二：研秦律 窥集权

✏ 设计意图

学生通过对秦朝社会生活材料的解读来了解秦朝的经济法规和制度，从微观层面理解秦朝中央集权制度的内涵。

设计方案

教师讲述： 秦朝专制主义中央集权制度注重从宏观上构筑一个体系完备、结构严谨的政权架构，为强化统治奠定基础。那么，从微观上，秦朝又通过制定哪些细致入微的规定来编织起有效管治百姓之法网？下面，我们通过农业、手工业等方面的具体律例来认识秦朝专制主义中央集权制度的另一面。

材料呈现：

材料一 《田律》规定：降雨及时，谷物抽穗，各地应当及时以书面形式上报受雨、抽穗的耕地顷数以及虽开垦却没有播种的田地的顷数。禾稼出苗之后降雨，也应当立即报告雨量多少和受益田地的面积。如果发生了旱灾、风灾、涝灾、蝗灾和其他虫灾，使农田作物遭受损害，也要上报灾区范围。距离近的县，由步行快捷的人专程呈送上报文书；距离远的县，由驿站系统交递，都必须在八月底以前送达。

——张岂之主编，王子今、方光华本卷主编：《中国历史·秦汉魏晋南北朝卷》，

15页，北京：高等教育出版社，2001

教师设问： 秦朝为什么对农业生产状况的上报要求如此严格？

教师引导学生分析： 在中国古代社会里，农业是国家的根本，粮食是否充裕直接决定国家的实力和兴衰。所以，从商鞅开始，重农成为国家的基本国策。中央政府执行严格的农业生产状况上报机制，就是为了严密监视生产进度，准确估算当年收成，进而实施必要的管理和指导，为国家提供粮食方面的保障。

材料呈现：

材料二 《厩苑律》规定……如果用牛耕田，牛因过度劳累腰围减瘦，每减瘦一寸，主事者要受到笞打10下的惩罚。……

律文还规定，使用或放牧官有的牛马，牛马若有死亡，应立即向当时所在的县呈报，由县进行检验后将死牛马上缴。如上报不及时，要受到相应的惩罚。……

——张岂之主编，王子今、方光华本卷主编：《中国历史·秦汉魏晋南北朝卷》，

15～16页，北京：高等教育出版社，2001

教师设问： 你认为秦朝政府如此严格管理牛马的原因是什么？

教师引导学生分析： 在中国古代社会，统治者一般视农业生产为国家根本，采取有

效措施激发农民的生产积极性。对农田的精耕细作保证国家粮食的丰收，为富国强兵奠定基础。牛马是开展农业生产最重要的生产工具，因此秦朝统治者制定了非常严格细致的管理措施加强对牛马的管理，对不善于照料牛马导致其变瘦或死亡的予以严惩，目的在于保证农业生产顺利进行，以为国家生产更多的粮食。

材料呈现：

材料三　特别值得注意的，是《工律》中这样的内容："为器同物者，其小大、短长、广亦必等。"① 即使在官营手工业系统，这样讲究标准化的要求，也是值得重视的。《工律》还规定，县和工室由官府有关机构校正其衡器的权、斗桶和升，至少每年应当校正1次。

——张岂之主编，王子今、方光华本卷主编：《中国历史·秦汉魏晋南北朝卷》，

16页，北京：高等教育出版社，2001

教师设问： 秦朝为什么对统一度量衡如此重视？

教师引导学生分析： 秦始皇灭六国后采取措施加强中央集权，其中统一度量衡就是一项重要举措。统一度量衡有利于为公平交易提供保障，推动统一市场的形成，促进商品贸易的繁荣，增强国家经济实力，为加强中央集权奠定基础。秦朝重视度量衡的精准度，由政府组织定期校正，目的在于不断强化统一市场的规范性，提升政府的公信力。

材料呈现：

材料四　《汉书·刑法志》云："秦用商鞅，连相坐之法，造参夷之诛，增加肉刑、大辟，有凿颠、抽胁、镬烹之刑。至于秦始皇，兼吞战国，遂毁先王之法，灭礼谊之官，专任刑罚，躬操文墨，昼断狱夜理书，自程决事，日县石之一。而奸邪并生，赭衣塞路，囹圄成市，天下愁怨，溃而叛之。"②

——翦伯赞：《秦汉史》，65页，北京：北京大学出版社，2001

教师设问： 材料列举出秦朝有哪些刑法？秦朝严酷的刑罚会带来什么消极影响？

教师引导学生分析： 材料中反映了秦朝的刑法有：连坐、诛参夷、肉刑、大辟、凿颠、抽胁、镬烹等刑法。秦始皇遵循法家思想，在商鞅之法的基础上，增加了许多

---

① 张政烺、日知：《云梦竹简［2］ 秦律十八种》，45页，长春：吉林文史出版社，1990。
② （东汉）班固：《汉书卷二十三·刑法志第三》（第4册），1096页，北京：中华书局，1962。

严刑酷法，目的在于震慑百姓，确立他的统治威严，维护高度统一的格局。他勤于政事，事必躬身。然而，严酷的刑罚是一把双刃剑，它可以让人臣服；但过度严酷的刑罚也必然激起人民强烈的仇恨、叛离和反抗，最终导致国家烽烟再起，陷入连绵的战乱之中。

材料呈现：

材料五　《汉书·贾山传》云：秦"为驰道于天下，东穷燕齐，南极吴楚，江湖之上，濒临之观毕至。道广五十步，三丈而树，厚筑其外，隐以金椎，树以青松。"①

——翦伯赞：《秦汉史》，67页，北京：北京大学出版社，2001

教师设问：秦朝修筑驰道给国家和民众带来什么影响？

教师引导学生小结：秦朝修筑的驰道像千万条血脉一样贯穿秦朝的疆域。驰道密切了中央和地方郡县的关系，使秦朝中央政府有力控制四方疆土，并大大促进地区经济文化的交流。但浩大的工程也会给人民带来了深重的负担，激起人民的日益强烈的反抗情绪。

设计点评

本微课使用的材料具体生动，贴近生活，学生乐读易于理解，学习兴趣浓厚。通过解读这些素材，学生可以认识到秦朝政府对老百姓生活的控制全面而具体，细微而严密。秦朝严密而苛刻的法律法规在保证国家高效运转的同时，也使国家蕴藏着深刻的社会危机。

教学资源

资源1：秦王朝的政治制度，在许多方面表现出创新的意义。

秦统一后，国土空前广袤，"地东至海暨朝鲜，西至临洮、羌中，南至北乡户，北

---

① （东汉）班固：《汉书卷五十一·贾山传第二十一》（第8册），2328页，北京：中华书局，1962。

据河为塞，并阴山至辽东。"于是把天下分为36郡，郡置守、尉、监①，分别负责行政、军事、监察。

秦王朝最初设置的36郡，包括：陇西、北地、上郡、汉中、蜀郡、巴郡、邯郸、钜鹿、太原、上党、雁门、代郡、云中、河东、东郡、砀郡、三川、颖川、南郡、黔中、南阳、长沙、楚郡、九江、泗水、薛郡、东海、会稽、齐郡、琅邪、广阳、渔阳、上谷、右北平、辽西、辽东。管辖京畿诸县的"内史"，是和郡平级的行政单位，然而不在36郡之内。后来，随着疆域的扩展，又设九原、南海、桂林、象郡、闽中5郡。于是，除了内史管理的京畿地区外，秦有41郡。

郡的下级单位是县。少数民族地区的县级行政单位则称"道"，这是因为当时中央政府对于这些地区一般只能控制主要交通线，并由此推行政令、集散物资的缘故。秦县的数量大约有1000个。

郡县制度，是春秋战国时期以来逐步形成的地方行政制度。

关于"县"的设置的最早的记载，见诸《史记·秦本纪》秦武公十年（公元前688）伐邽冀戎后"初县之"，以及秦武公十一年（公元前687）"初县杜郑"的记载。《国语·齐语》说齐桓公时，有"三乡为县，县有县帅"的制度。《左传》中，可以看到有关晋国、楚国等国设县的记录。顾炎武《日知录》卷22《郡县》说："当春秋之世，灭人之国者，固已为县矣。"②……通过战国时期的历史可以看到，郡制，也是中原周边地区后起的强国赵、燕、楚、秦初创的新的地方行政制度。

郡县制度为秦王朝继承发展，成为后来历代王朝中央政权控制地方行政的基本形式。

——张岂之主编，王子今、方光华本卷主编：《中国历史·秦汉魏晋南北朝卷》，8～9页，北京：高等教育出版社，2001

资源2："三公"之下又有"九卿"，分工管理不同的政务部门。实际上所谓"九卿"，官职不限于九。这一官僚制度体系大体为西汉王朝所继承。按照《汉书·百官公卿表上》的说法，这一级别的官职有：

---

① （西汉）司马迁：《史记卷六·秦始皇本纪第六》（第1册），239页，北京：中华书局，1959。
② （清）顾炎武著、黄汝成集释：《日知录集释卷之二十二·郡县》（下），488页，上海：上海古籍出版社，2014。

奉常，秦官，掌宗庙礼仪。

郎中令，秦官，掌宫殿门户。

卫尉，秦官，掌宫门卫屯兵。

太仆，秦官，掌舆马。

廷尉，秦官，掌刑辟。典客，秦官，掌诸归义蛮夷。

宗正，秦官，掌亲戚。

治粟内史，秦官，掌谷货。

少府，秦官，掌山海池泽之税，以给供养。

中尉，秦官，掌循游徼京师。

略次一级的官职，又有：

将作少府，秦官，掌治宫室。

詹事，秦官，掌皇后、太子家。

将行，秦官。

典属国，秦官，掌蛮夷降者。

内史，周官，秦因之，掌治京师。

主爵都尉，秦官，掌列侯。

——张岂之主编，王子今、方光华本卷主编，《中国历史·秦汉魏晋南北朝卷》，

11页，北京：高等教育出版社，2001

资源3：始皇二十六年，一法度衡石丈尺，车同轨，书同文字。又琅琊刻石："器械一量，同书文字。"凡此皆所以努力于造成当时一统之局面者。而于社会风俗之统整，秦人亦颇能注意，其事均见于其巡行之刻石。会稽一刻，尤为后人称道。其辞曰："饰省宣义，有子而嫁，倍死不贞。防隔内外，禁止淫泆，男女絜诚。夫为寄豭，杀之无罪，男秉义程。妻为逃嫁，子不得母，咸化廉清。"[1]顾氏亭林称其坊民正俗之意，未异于三王。并为推论其意，谓："考之《国语》，越王勾践栖于会稽，恐国人不蕃，故令壮者无取老妇，老者无取壮妻。女子十七不嫁，丈夫二十不娶，其父母有罪。生子女有赏。《左传》子胥曰：越十年生聚。《吴越春秋》至谓勾践以寡妇淫泆过犯，皆输山上，士有

---

[1]（西汉）司马迁：《史记卷六·秦始皇本纪第六》（第1册），262页，北京：中华书局，1959。泆（yì）同"逸"，放任，不受拘束。

忧思者，令游山上以喜其意。当时勾践欲民之多，不复禁其淫佚，至盛奖之。以至六国之末，而其风犹在。始皇始为之厉禁，而特著于刻石之文，且不著之于燕齐，而独著之于越。"①今按：琅琊刻石云："以明人事，合同父子。"是尚孝也。又曰："皇帝之功，勤劳本事，上农除末，黔首是富。"是重农也。此二者，皆为后来汉治之所重。又曰："匡饰异俗，陵水经地。"②又芝罘刻石曰："黔首改化，远迩同度。"③则秦之注意于全国社会风俗之统整，固不仅会稽一刻为然已。

——钱穆：《秦汉史》，16页，北京：九州出版社，2011

资源4：自封建土地私有在全国确立以后，封建土地所有制在秦、西汉、东汉的四百余年间得到充分发展。中国封建时代土地所有制的主要特点，也在秦汉时期充分表现出来。这些特点是：

（1）封建土地所有制的两种形式——国有和私有制并存。秦汉时代的土地所有制，除属于地主、自耕农的私有制外，还保留着国有土地，如公田和屯田即属于此性质。但此时的国有土地已经是封建国家所有，而不属奴隶制的土地国有。从此以后，终秦汉之世，封建土地国有和私有一直并存。在秦汉之后的两千年封建社会中，这两种所有制形式始终存在，只不过是形式和规模时有变化而已。

（2）封建土地私有构成的三部分——皇室土地、地主土地和自耕农土地。秦汉时代的私有土地，主要由三部分土地构成：①皇室土地。尽管皇帝是封建国家的代表，但在土地所有权方面，皇室和封建国家两者是区别得很清楚的。秦汉时政府机构中清楚地划分出"公""私"两个税收机构，由治粟内史、大农令、大司农所收的田税（即地税）归政府，标志着这部分土地所有权属国家；由

---

① 原文为："'考之《国语》，自越王句践栖于会稽之后，惟恐国人之不蕃，故令壮者无取老妇，老者无取壮妻。女子十七不嫁，其父母有罪。丈夫二十不娶，其父母有罪。生丈夫，二壶酒一犬。生女子，二壶酒一豚。生三人，公与之母。生二人，公与之饩。'《内传》子胥之言亦曰'越十年，生聚'，《吴越春秋》至谓句践'以寡妇淫泆过犯，皆输山上。士有忧思者，令游山上，以喜其意'。当其时，盖欲民之多，而不复禁其淫泆。传至六国之末，而其风犹在，故始皇为之厉禁，而特著于刻石之文。以此与灭六王、并天下之事并提而论，且不著之于燕、齐，而独著之于越，然则秦之任刑虽过，而其坊民正俗之意固未始异于三王也。汉兴以来，承用秦法以至今日者多矣，世之儒者方言及于秦，即以为亡国之法，亦未之深考乎？""句"和"勾"用于书写越王名字时，意义相同，可以通用。见（清）顾炎武著、黄汝成集释：《日知录集释卷之十三·秦纪会稽山刻石》（上），296页，上海：上海古籍出版社，2014。
② （西汉）司马迁：《史记卷六·秦始皇本纪第六》（第1册），245页，北京：中华书局，1959。
③ （西汉）司马迁：《史记卷六·秦始皇本纪第六》（第1册），250页，北京：中华书局，1959。

少府所收的税赋（包括人口税和田税）供皇帝本人及皇室生活开支，称为"私奉养"。所谓"大用由司农，小用由少府，故曰小藏"①说的就是这种情况。除少府外，皇室有时还直接在民间购置土地，如西汉成帝"置私田于民间"②即属这种性质。②私有土地的另一种是除皇室以外的地主土地所有制。这种土地所有制的形成有两条途径：一是由国家"授田"，将大量的土地"赐"给臣下，从而形成地主；二是由土地买卖、兼并，使"富者田连阡伯"，称为地主。③自耕农的土地所有制是封建土地私有的重要部分。由于土地买卖，自耕农不断分化；但自耕农土地所有制仍始终是封建土地所有制中不能缺少的部分。

（3）大地主土地所有制的兼并，和自耕农土地的不断分化、破产，成为封建土地私有制发展的必然规律。至西汉中期，自耕农破产和富人兼并就已成为严重的社会问题。董仲舒所说的"除井田，民得买卖，富者田连阡伯，贫者亡立锥之地"③，正是封建土地所有制发展过程中出现的必然现象。

上述特点，已在秦汉时期充分表现出来，在以后的封建社会中又反复出现，成为中国封建土地所有制的重要特点。

——林剑鸣：《秦汉史》，4～5页，上海：上海人民出版社，2003

资源5：秦始皇大兴土木，连续不断地在咸阳及其他许多地方修筑宫室殿观。早在兼并六国过程中，秦每破一诸侯，始皇就派人"写放其宫室，作之咸阳北阪上"。这些风格各异的大型建筑群，"殿屋複道周阁相属"④，还将从各国掳掠来的美女和乐器充实其中，以供享乐。统一六国后的第二年，始皇在咸阳渭南作极庙和甘泉前殿。秦始皇三十五年（公元前212），他仍感到已有的宫廷太小，于是改在渭南上林苑中大规模营建朝宫，先作前殿阿房。据记载，阿房宫"东西五百步，南北五十丈，上可以坐万人，下可以建五丈旗"⑤。还在殿前为阁道直抵南山，在南山顶峰上立华表以为阙门；又在殿后

---

① （东汉）应劭：《汉官仪卷上·少府》，见王云五主编：《汉官仪及其他二种》，15页，北京：商务印书馆，1939。

② （东汉）班固：《汉书卷二十七中之上·五行志第七中之上》（第5册），1368页，北京：中华书局，1962。

③ （东汉）班固：《汉书卷二十四上·食货志第四上》（第4册），1137页，北京：中华书局，1962。

④ （西汉）司马迁：《史记卷六·秦始皇本纪第六》（第1册），239页，北京：中华书局，1959。複（fù），同"复"。

⑤ （西汉）司马迁：《史记卷六·秦始皇本纪第六》（第1册），256页，北京：中华书局，1959。

修复道渡渭通达咸阳。整个建筑布局象征着天极紫宫星座的结构。为了建筑这座豪华而宏大的宫殿，秦始皇征发了数十万刑徒，砍伐了今四川、湖北、湖南一带的大片林木。"蜀山兀，阿房出"①的著名诗句就是由此而来的。除阿房宫外，秦代还有数以百千计的离宫别馆。"关中计宫三百，关外四百余"②。而咸阳附近二百里内的二百七十座宫观，还皆以"复道甬道相连，帷帐钟鼓美人充之"。秦始皇就经常行幸其间，连丞相群臣也"莫知行之所在"③。

秦始皇不仅滥用民力，修建大量生前享用的华丽宫室，而且煞费苦心经营他死后的地宫。还在他即位之初，就穿治骊山（今陕西临潼境内），为自己修墓。统一六国后，又发全国各地刑徒七十余万人继续大规模营造。陵"上崇山坟，其高五十余丈，周回五里有余"④。合今高为120多米，周长2167余米⑤。陵下"穿三泉，下铜而致椁，宫观百官奇器珍怪徒藏满之。令匠作机弩矢，有所穿近者辄射之。以水银为百川江河大海，机相灌输，上具天文，下具地理。以人鱼膏为烛，度不灭者久之。"⑥以陵墓为主体，附近还修筑了各种大型陪葬工程。现已发掘的三个秦兵马俑坑，就是其中的一部分。一号俑坑已出土陶武士俑五百余件，陶马二十四匹，木车六辆。估计全坑藏有陶俑六千个左右⑦。二号俑坑已试掘出陶兵俑二百二十三件，将军俑一件，陶马九十六匹，木质战车十一辆，如果全部发掘，大约会出土各种陶俑近九百件，陶马四百七十余匹，木车八十九辆⑧。三号俑坑有驷马战车一乘，武士俑六十八件⑨。这些出土的大量陶兵马俑，造型生动，神态逼真，而且与真人真马大小相似。它被誉为世界第八大奇迹，是我国古代文化的珍品。据有关方面试验，在今天的生产技术条件下，复制成功一件原大陶俑，大约需要五六人紧张劳动两个月。在当时要创制成千上万件这样的陶俑，该要付出多少

① 杜牧：《阿房宫赋》，见（清）吴楚材、吴调侯编选，李梦生、史良昭等译注：《古文观止译注》，252页，上海：上海古籍出版社，1999。
② （西汉）司马迁：《史记卷六·秦始皇本纪第六》（第1册），256页，北京：中华书局，1959。
③ （西汉）司马迁：《史记卷六·秦始皇本纪第六》（第1册），257页，北京：中华书局，1959。
④ （东汉）班固：《汉书卷三十六·楚元王传第六》（第7册），1954页，北京：中华书局，1962。
⑤ 土塚未夯，圆锥形，但下部周围因历年掘土耕地，已变成方形。东西现长345米，南北长350米；在冢正西约277.7米处，实测冢高约43米。从这次探出内城周长2.525千米（合5.05华里），外城周长6.294千米（合12.588华里），陵园形状为南北长方形，并探出四个门址（外墙一、内墙三）的位置。见王玉清、雒忠如：《秦始皇陵调查简报》，载《考古》，1962（8）。
⑥ （西汉）司马迁：《史记卷六·秦始皇本纪第六》（第1册），265页，北京：中华书局，1959。
⑦ 始皇陵秦俑坑考古发掘队《临潼县秦俑坑试掘第一号简报》，载《文物》，1975（11）。
⑧ 王玉清：《秦始皇陵东侧第二号兵马俑坑钻探试掘简报》，载《文物》，1978（5）。
⑨ 秦俑坑考古队：《秦始皇陵东侧第三号兵马俑坑清理简报》，载《文物》，1979（12）。

人的血汗和劳动呵！何况这只是始皇陵整个工程的一项。

——白寿彝总主编，白寿彝、高敏、安作璋本卷主编：《中国通史（第4卷）：中古
时代·秦汉时期（上册）》，修订本，228～230页，上海：上海人民出版社，2004

资源6：维持秦王朝统治机构并使其发挥应有的效能，需要有一个庞大的官僚集团。为此，秦王朝建立后又制定和实行了一套选拔和考察官吏的制度。于此相关还有一套等级制度。

官吏的任免　秦自商鞅变法后就废除了士卿世禄制，在秦统一之前就已经有系统的官吏任免制度，并形成为法律。已发现的《睡虎地秦墓竹简》中有《置吏律》和《除吏律》，就是任免官吏的法规。从现有资料可知，秦代的官吏必须经过封建国家正式委任才能任职，若未任命而敢先行使职权，或相"听以遣之"（《置吏律》），即受私人派遣，都要依法治罪。秦律还规定：官吏调职时，不准带随员"啬夫之送（徙）见它官者，不得除其故官佐、吏以之新官"（《置吏律》）。规定的目的是防止官吏形成私人势力，这是封建官吏同奴隶主阶级的"卿""士"的重要区别。

官吏一经任命，就必须服从调遣，不服从者就要受到惩处。除中央政府外，郡、县官也有任命本府属员及掾吏的权力，任免官吏的时间，一般限于十二月初一至次年三月底这四个月内。（以上内容见《睡虎地秦墓竹简·置吏律》及《除吏律》《内史杂》《法律答问》等条）

担任官吏符合种种条件，其中主要有三条：（一）要有一定家资，穷人是无当官吏资格的，如韩信"始为布衣时，贫无行"，所以"不得推择为吏"（《史记·淮阴侯列传》）；（二）要会书写，懂法律；（三）年龄须当"壮"年以上，至少要十七岁才有担任官吏的资格。至于其他条件如立有军功等，也是取得官吏职位的资格，但并不是绝对的。

官吏不称职或违法也可以废官和免官。"废"是削除官籍，永不得为官，免职则可复为官吏。如《睡虎地秦墓竹简》中有"任法（废）官者为吏，赀二甲"（《秦律杂抄》），就是对任废官者为吏行为的处罚规定；又有"官啬夫免，复为啬夫"（《金布律》），就是对免职的官吏复职的法令。

对官吏的考核　秦王朝政府还制定了一套考核官吏的制度。中央政府对郡、县地方官的考核主要有两种方式：一种是朝廷派出御史到各郡监督、视察，称"监"或"监御

史"，监御史考核有关官吏后向皇帝报告结果。另一种是"上计"制，这是在统一前就在秦国实行的制度，统一后继续在全国推行。每年地方官事先要将财税收入的预算写在木券上，送交朝廷。年终时，地方官必须将有关情况如实上报。据《睡虎地秦墓竹简》材料可知：上报的内容要求十分详细，如税收情况不仅要上报征收粮草的总数，而且还把"禾稼""刍""藁"分别开列数目。并"别粲、穤（糯）、秥（黏）、稻。别粲、穤（糯）之襄（酿）"（《仓律》），即各种谷物的种类也要分别写清上报。至于本地人口，气候、灾情、治安等情况更是"上计"的重要内容。各地按时派上计吏将"上计"送至中央以后，有关部门分别审查"上计"，一方面掌握各地动态，一方面据以考核地方官吏"政绩"。

"都官"（即朝廷列卿所属诸官署，解见《云梦秦简研究》第221页），郡、县所属的各官署官吏，也有定期考核制。如对"工官"、漆园、采矿的官吏，每年"省"（即检查）一次（《睡虎地秦墓竹简·秦律杂抄》）。饲养耕牛的厩苑，要在"四月、七月、十月、正月肤田牛"（《厩苑律》），对所养之牛进行评比，以检查官吏的勤惰。

经过考核的官吏，"殿"者要受处罚，"最"者受到奖励。奖励的办法是记"劳"。官吏的劳绩以日、月、年为计算单位。如奖励某官可"赐劳"若干日（《睡虎地秦墓竹简·厩苑律》）。官府设有专门之记劳簿，并有专门的《中劳律》规定官吏劳绩的颁赐办法。

——林剑鸣：《秦汉史》，107～109页，上海：上海人民出版社，2003

资源7：中国历史上秦始皇占据了一个划时代的位置

秦王政，循秦国三世经营征伐。公元前230—前221年，十年之内，吞灭六国，终于统一了当时中国文化涵盖的地区。在他治下，确立了郡县制度，统一度量衡，书同文，车同轨。中国历史上，秦始皇占据了一个划时代的位置。

若从战国时代的情势看，中国的统一乃是必然的发展。孟子早已有了天下终究"定于一"①的观念。当时六国，都有兼并宇内，统一天下的野心。政治的统一与文化的统一，又是难以分隔的平行现象。春秋战国，经过各国间密切的接触与交流，中国文化已

---

① 万丽华、蓝旭译注：《孟子卷一梁惠王上》，10页，北京：中华书局，2006。

经逐渐成形。百家争鸣，显示知识分子已汇合为一个社群。考古数据显示：各地工艺，虽有地方性的特色，基本上差别不大；各国文字，从出土的简牍与铭辞看，也呈现大同小异的现象，秦始皇统一文字，不外标准化而已。

战国时代，战国七雄都有清楚的边界，各自坚持自己的主权。它们的人民对自己的国名，也有清楚的认同。这样的领土国家，与前期封建制度封国有很大的差别，在性质上，其实已与起源于欧洲的近代主权国家理念，相当类似。秦始皇在全国建立郡县，其实也只是延续战国以来各国已纷纷进行的政治改革。秦帝国无非是将基本结构类似的七个国家，合并为一个庞大的国家而已。

秦帝国本质仍是秦国的延续

秦帝国的本质，仍是秦国的延续。始皇自择"皇帝"的称号，只是将周代的王号升了一级。改制度，以六为数；尚黑色，则是五行家宇宙秩序中，秦自以为代表的秩序。皇帝秉承天命，仍与天子受命的观念相当。

秦代的地方官吏，多以秦国的军人担任，这是征服，不是包容。始皇生前治陵，庙寝东向，秦陵兵马俑的阵势也东向布置。碣石离宫与芝罘相对，宛若帝国的东门两阙。始皇出巡五次，于中原地区，只是路过，其行程重点，都在边缘地带：陇西、碣石、会稽——似乎都在确认帝国的边界；秦筑长城，绵延北疆，也是确认边界的意义。凡此诸种现象，显示秦帝国是一个有边界的政治体，还不是真正包有六合的普世天下国家。

我界定的天下国家，比如古代的罗马、波斯，以及此处讨论的古代中国，是指当时观念中把全部人类世界都当做一体，从中央到地方，只有主权的委托，而没有主权的分割。在当时的观念里，天下国家是从天边到天边，其中只有统治权的顺位，没有边界的区划。从传世琅琊刻石的铭辞看，秦始皇又自居为六合之内的共主，"西涉流沙，南尽北户。东有东海，北过大夏。人迹所至，无不臣者"[1]，隐含了四方、四海……诸意，代表了天下国家的观念。这些观念，将于汉代有更为具体的发展。

——许倬云：《万古江河——中国历史文化的转折与开展》，

75～76页，上海：上海文艺出版社，2006

---

[1]（西汉）司马迁：《史记卷六·秦始皇本纪第六》（第1册），245页，北京：中华书局，1959。

秦朝的文化

　　春秋战国时期的秦国，地处西部边陲，建国以来或者受到战争的威胁，或者为了发展而发动战争。在战争环境下而形成的秦文化，具有明显的开放进取、功利实用等特点。具有上述特点的秦文化，促进了秦国走向强大并实现统一。然而统一后，秦用军事征服的方法对待文化统一，采用过激、过急的手段，因此遭到包括原来六国贵族在内的广大人民的反抗，这是秦帝国迅速败亡的重要因素。

一、秦文化内涵与特征

　　王琪玖、孙杨、李任斯在《秦文化的历史价值及其现代性转换》（载《西安社会科学》，2011年第5期）一文中指出，秦文化包括秦族文化、秦国文化和秦王朝文化。它是以秦部族文化为根系，以秦国文化为主干，以秦王朝文化为冠盖的中国传统文化。

　　第一，秦族文化，是指秦部族先后在东夷时期及其西陲时期所创造的文化，这一时期秦文化的主要特征是由游牧文化走向农耕文化，其中游牧文化比重很大，特征极为明显。正因为是游牧文化，秦部族逐水而居，以战立族，视战为习常之事。所以，秦族首领的传承办法，就不是宗法制度下的嫡长子继承制，而是"兄终弟及"，或者是"择勇猛者而立之"。因此，秦的首领都是以勇以武见长的人物，而且大多死于战阵之上。秦族的精神文化，主要是尚武、尚战，以战死为吉祥。秦族的风尚和习俗，重事功而轻伦理，崇厚利而少仁义。在物质文化方面呈现出的特质是，崇尚简朴实用，粗重厚实，尚大唯多。

第二，秦国文化在本源上，属于游牧文化和农耕文化。这一时期，由于秦襄公将兵救周，获得了周平王的诸侯之封，秦人受封于岐周之地，与西戎争战一百多年，最后收周余民，据周之地。后来的秦孝公支持商鞅变法，奖励耕战，农耕文化比重才逐渐增大。秦国的政治制度文化因此有了很大的改变：即由以战立族、以战立国，变为以法立国、以耕战立国，法为国体，农战为国本。其君位传承办法，也由兄终弟及渐变为兼以嫡长子继承制。秦国文化的"尚法、尚战、尚农"，功利主义色彩极浓。

第三，秦王朝文化当然是秦国文化的延续，属于以农业文化为主的耕战文化，但它又有新的特质，即属于帝国文化。秦帝国确立了专制主义的中央集权的官僚体制，这是秦文化对中国文化和中国文明最杰出的贡献。秦帝国精神文化的特征主要表现为，以法治国的理念，也就是依法行政和唯法是依的法治精神。民、官、吏均以法为度；尚法，尚武，尚质，遵礼而不拘礼。物质文化的特征主要表现为尚大唯多、唯精唯细，以"便"是以。所谓"便"，就是便于行事，有利事功，所以秦帝国的科学技术发展水平很高，在管理上，实现了规模化、规范化、科学化、精细化。

王健在《秦文化———一种多维进化模式》（载《社会科学》，1992年第3期）一文中指出，秦文化在整体上是一种兼容清新、刚健、质朴、勇武的积极气质，以及残忍、尚诈、原始、野蛮的落后品格的文化矛盾体，其本质上是一种非理性文化。秦统一六国的文化奥秘隐含在秦文化的特殊进化结构中，专化是秦文化对时代挑战作出的创造性回应，这顺应了东周时期趋于一统的时代潮流，有其历史合理性。然而，秦文化在特殊进化的道路上的演进是一种牺牲文化思想相对自由发展的专化；是建立在摧残六国文化基础上的专化；是抛却三代民主孑遗走向专制的专化；是牺牲商品经济常态发展的专化；是无视乃至剥夺人的生存、人的需要和人的发展的专化。所以在秦文化史上看不到楚文化中屈原、庄周这些文化天才对人的异化的焦虑和反思；相反，秦人缺乏自我反省和理性精神，其最大奢望便是多砍几个东方人的脑袋以求立功受爵而已。这正是秦灭亡的文化原因。

二、秦文化与秦的兴盛

1. 秦文化的开放性促进了秦的兴盛

田文棠、杜乃俭在《秦文化的历史构成与现代诠释》（载《西安财经学院学报》，2007年第6期）一文中指出，由于秦人的宗法观念和等级观念比较淡薄，他们吸收和融合了不同特质的外来文化中的有用因素，并整合于秦文化之中。秦在建国、强国的过程中，先后从中原各国引进了一大批才华出众而社会地位很低的非秦籍人士，并委以重任，使其进入最高统治集团和重要决策机构，以发挥他们的才能和作用，如卫国的商鞅和吕不韦、魏国的张仪和公孙衍、楚国的李斯、祖籍齐国的蒙恬等。尤其是卫国人商鞅，被秦孝公授予变法大权后，大刀阔斧厉行改革，为秦国的强盛作出了巨大的贡献。由此可见，秦人在对外开放方面，确实显示了博大的胸怀和壮阔的气概。

陈怀健在《秦用客与客奔秦论述》（载《学海》，2000年第1期）一文中指出，从秦惠文王始设相到秦朝灭亡的百余年间，担任秦相要职者共24人，而国籍可考者17人中，有16人是以客卿的身份任相的。可见秦国在人才的选用上，具有开放的眼界和胸怀。正因如此，秦国在同东方各国的人才竞争中才具有了主动地位。

2. 秦文化中的务实性促进了秦的兴盛

田文棠、杜乃俭在《秦文化的历史构成与现代诠释》（载《西安财经学院学报》，2007年第6期）一文中指出，秦文化具有实用性的特征。从秦建国到始皇统一天下，秦人津津乐道的问题都是农战、攻伐、垦荒、开塞、徕民、重本、抑末等，对国计民生有直接利害关系的事。他们不屑于仁义礼乐的哲学论证，更无心于超越时空、驰骋古今的玄想，对人伦关系的道德要求，也远不如东方各国那样严格。

王子今在《秦文化的超地域特征和跨时代意义》（载《长安大学学报（社会科学版）》，2010年第3期）一文中指出，秦始皇焚书时，医书、农书、数术之学的著作是不烧的。从史学界掌握的信息看，秦始皇似乎也没有查禁民间的兵书。项梁与项羽的故事、韩信的故事、张良的故事，都反映了民间兵书的流传。重视实用之学，对理论性强的学说相对来说自然不免有所鄙薄。但是，秦文化高度务实的倾向在特定历史条件下的积极作用得以凸显。

3. 秦文化中的进取精神促进了秦的兴盛

邬昊洋、陈晓鸣在《秦文化对秦朝兴亡的影响》（载《三峡大学学报（人文社会科学版）》，2011年第S1期）一文中指出，以"武""勇"为根基的尚武民风，使每个秦人自出生之日起，就受到"以武立国""以武强国"的文化熏陶，以至于他们渴望通过前线杀敌来建立军功，从而光宗耀祖，这使秦军始终保持旺盛的战斗力。秦的国君们，也沿袭了秦人的尚武之风，所以能够锐意进取，奋六世之烈，取百城而纳千地，终使嬴政一统天下。

王健在《事功精神：秦兴亡史的文化阐释》（载《江海学刊》，2002年第2期）一文中指出，秦文化中有一种强烈的进取精神。这种进取精神建基于功利主义取向之上，集中体现在秦历代有为君主对于创霸业帝之目标的恒定取向和韧性追求，从襄公开基建国到穆公击败西戎，从孝公变法强秦到始皇一统，终于实现了秦人数百年的梦想。秦人渊源有自的进取精神，经商鞅变法进一步得到制度、政策和意识形态的引导、激励与强化。至此，执着进取的精神漾溢于朝廷庙堂之上，播散于都邑乡里之间。从人主卿相谋臣到将士农人贩夫走卒，无不并心进取。秦君臣致力于"日月之名""太山之功"[1]的非常之事，百姓则角逐"斩首捕虏"[2]"粟爵粟任"[3]的世俗之功，这无疑构成了秦文化富有生机和活力的历史图景，成为支撑秦人崛起壮大并最终担当一统华夏伟业的文化内驱力。

三、秦文化与秦的衰亡

刘庆东、葛明岩在《法家文化与秦朝的兴亡》（载《晋阳学刊》，2011年第4期）一文中指出，秦灭六国后，面对新的社会力量，秦国没有建立一种可以广纳人才的制度和管道。新增的社会力量一旦无法融入政权中，便会滋生不满情绪，而这些人或是六国贵族，或是侠义之士，在当地都极具社会影响力。特别是在统一过程中，嬴政对六国贵族极其严酷，这导致了六国贵族对秦文化的不认同和排斥心理。例如灭赵时，秦王嬴政亲赴邯郸坑杀一批与之有仇的贵族；灭魏时，杀死投诚的魏王假及诸公子；灭燕国，杀死太子丹，并通缉其门客；诱降齐王建后，又将其活活饿死。

---

[1] 语出"太山之功长立于国家，而日月之名久著于天地"，见陈秉才译注：《韩非子·功名》，140页，北京：中华书局，2007。
[2] （东汉）班固：《汉书卷七·昭帝纪第七》（第1册），223页，北京：中华书局，1962。
[3] 石磊译注：《商君书·去强第四》，51页，北京：中华书局，2009。

统一全国后，秦始皇对六国贵族实行严厉的打击政策，例如迁徙、降为庶人甚至奴仆、严格监视与控制等。因此，当陈胜、吴广起义开始后，六国贵族很快成为反秦队伍的领导者。

雷依群在《重新认识秦亡汉兴》（载《光明日报》，2003-08-26）一文中指出，秦朝灭亡的原因在于秦对传统的蔑视。为追求天下大一统，秦始皇实行专制的思想文化政策，焚书不仅造成大量文化典籍的毁灭，限制了思想的自由发展，还导致秦朝世风日益恶化。这一举措，使秦政权既丧失了传统文化的根基，又丧失了激活创造新文化、新制度的文化原动力。秦王朝在新的思想文化构建上的苍白无力，是其短命的根本原因。

王绍东在《秦朝兴亡的文化探讨》（306页，呼和浩特：内蒙古大学出版社，2004）一书中指出，战争的环境是法家文化盛行的土壤，秦统一后，法家独尊的政治文化背离了社会民众的要求，要想以法家文化为指导实现从战争到和平的转变，这无疑是南辕北辙。

孟祥才在《忽视道德教化：秦王朝灭亡原因的文化视角》（载《西安财经学院学报》，2008年第5期）一文中指出，秦国和秦朝长期推行法家文化，过分强调以利益规范人与人之间的关系，将社会上所有人与人的关系都当作利益交换关系，忽视了道德教化尤其是节操教育，从而斩断了非功利的伦理亲情的联系。而秦文化的这种缺陷直接导致了秦上层的道德堕落，并成为秦王朝迅速灭亡的一个重要原因。

微课设计

微课设计一：从秦文化的开放性看秦的崛起

设计意图

本微课从秦文化的开放性来分析秦的崛起，以引导学生多角度地分析历史，提高历史的发散思维能力和逻辑推理能力，进而深化对秦崛起的认识。

设计方案

教师讲述： 秦从周平王宜臼元年（公元前770）正式成为周朝的诸侯国，到秦始皇二十六年（公元前221）赢政统一六国，历经500多年。秦从一个西部边陲小国，逐渐崛起，并发展为关中大国，进而最终完成统一大业，其奥秘何在？从表面上看，秦的崛起源于其强大的军事力量，但背后却与其开放的文化是密不可分的。

继续讲述： 秦王政十年（公元前237），秦王赢政肃清了嫪毐集团，亲秉朝纲，并准备展开对六国的最后攻击。然而，东方六国联合抗秦，这给赢政的计划造成了非常大的麻烦。如何破坏六国的"合纵"，让秦军以最小的代价迅速消灭六国呢？赢政再次发布招贤令。日益衰败的魏国，有个叫尉缭的人，虽有才能却得不到重用，看到赢政的招贤令后来到秦国，并向秦王赢政提出了对付合纵的办法。

材料呈现：

材料一　以秦之疆，诸侯譬如郡县之君，臣但恐诸侯合从①，翕②而出不意，此乃智伯③、夫差、愍王④之所以亡也。愿大王毋爱财物，赂其豪臣，以乱其谋，不过亡三十万金，则诸侯可尽。

——（西汉）司马迁：《史记卷六·秦始皇本纪第六》（第1册），

230页，北京：中华书局，1959

材料二　秦王从其计，见尉缭亢礼⑤，衣服食饮与缭同。

——（西汉）司马迁：《史记卷六·秦始皇本纪第六》（第1册），

230页，北京：中华书局，1959

教师设问：

（1）从材料一中可以看出尉缭提出了什么建议？（参考答案：贿赂六国官吏。）

（2）从材料二中可以看出秦王赢政怎样的用人政策？（参考答案：礼贤下士，唯才是举。）

---

① 合从，联合。
② 翕（xī），合、聚的意思。
③ 智伯，春秋时晋国卿士。
④ 愍王，战国时齐闵王。
⑤ 亢礼，平等的礼节。

教师讲述： 尉缭的建议就是"离间计"，这一计策由李斯去具体负责实施。李斯同样受到了秦王嬴政的重用。正是因为采纳并有效实施了"离间计"，破坏了六国的"合纵"之策，从而加快了攻灭六国的进程。

材料呈现：

材料一　后胜①相齐，多受秦间金玉，使宾客入秦，皆为变辞②，劝王朝秦，不修攻战之备。

——缪文远、罗永莲、缪伟译注：《战国策·齐湣王之遇杀》，

181页，北京：中华书局，2006

材料二　四十四年③，秦兵击齐。齐王听相后胜计，不战，以兵降秦。秦虏王建，迁之共。遂灭齐为郡。

——（西汉）司马迁：《史记卷四十六·田敬仲完世家第十六》（第6册），

1902页，北京：中华书局，1959

教师设问：

（1）根据材料一指出，后胜在接受秦国的贿赂之后，对齐王提出什么建议？（参考答案：向秦国朝贡，不做战争准备。）

（2）根据材料二指出，秦国攻打齐国遇到抵抗了吗？为什么？（参考答案：没有。齐国不战而降。）

教师讲述： 秦始皇二十六年（公元前221），秦国大将王贲从燕国向南攻打齐国，在没有遇到任何抵抗的情况下攻破齐国，俘虏了齐王建。尉缭的离间计在齐国得到了最好的运用。另外，尉缭的军事战略思想在秦的统一中也发挥了重要作用。尉缭军事思想的根本点是，通过大规模的战争，实现国家统一。在治军方面，尉缭主张赏罚分明，有赏有罚。这些主张适应了秦王嬴政统一天下的需要。事实上像尉缭这样为秦的崛起做出重要贡献的外籍人士还有很多。

材料呈现： 据尚志儒考证：秦始置丞相的时间为秦惠文君前元四年，即公元前334年。从此直到秦灭亡的百余年中，担任秦相要职者共24人，而国籍可考的17人中，16人

---

① 后胜，战国末齐王建之相。

② 变辞，欺诈之言。

③ 公元前221年。

是以客的身份任相。

——陈怀健：《秦用客与客奔秦述论》，载《学海》，2000年第1期

教师设问：秦用六国人为相，这反映了秦文化怎样的特点？（参考答案：开放、包容。）

教师引导学生小结：正是因为秦文化开放、包容的特点，所以吸引了大批的六国人才来到秦国，如卫国的商鞅和吕不韦，韩国的韩非和郑国，魏国的张仪等。这些客卿为秦国的发展与统一六国作出了重大贡献，而这正反映了秦文化的进步意义。

📝 **设计点评**

本微课以秦文化的开放性为视角，以魏国人尉缭为个案，兼带其他六国人，深入浅出地剖析了外籍人士在秦的统一战争中所作出的重要贡献。这有助于学生认识到，开放、包容的文化对于社会的发展和国家进步具有重要意义。

微课设计二：从法家文化对胡亥的影响看秦朝灭亡

📝 **设计意图**

秦朝灭亡的原因众多而又复杂，可谓是仁者见仁，智者见智，本微课将从法家文化对胡亥的影响这一角度分析，引导学生学会从文化视角去认识秦朝，深化其对秦朝灭亡的认识与理解，进而提高其历史思维能力。

📝 **设计方案**

教师讲述：自秦灭亡以来，有学者提出这样的假设，如果秦二世不是秦始皇的小儿子胡亥，而是大儿子扶苏的话，秦朝的历史有可能就要改写。从表面上来看，秦朝二世而亡起于胡亥的政变篡权，带有一定的偶然性，但背后却有着深刻的历史文化背景。

继续讲述：秦国自商鞅变法以来，就尊崇法家学说。法家学说主张奖励耕战，这有利于集中全国的人力、物力，促进统一战争的胜利。但是随着统一的实现，秦始皇日益变得专断独裁，施以严刑峻法，对百姓横征暴敛，法家思想的积极因素被抛弃。这时的

秦始皇非常喜欢胡亥，常常把他带在自己的身边。

教师设问：秦始皇的做法会对胡亥的心灵产生怎样的影响？（参考答案：皇权至上、唯我独尊、凶残暴虐等观念深深地影响着胡亥。）

教师讲述：除了自己的言传身教外，秦始皇还为胡亥挑选了一个老师，这个人就是赵高。

材料呈现：赵高出生在一个罪犯家庭，从小就被处以宫刑，成为宦官。……是一个身心备受摧残，对社会充满仇视和报复情绪的人。他心理阴暗，性格残忍。为了寻求机会发泄仇恨，赵高刻苦读书，学习书法和法律，受到了秦始皇的赏识。

——王绍东：《秦朝兴亡的文化探讨》，292页，呼和浩特：内蒙古大学出版社，2004

教师讲述：这样一个具有报复心理和残忍性格的老师，肯定会对胡亥产生不良影响。胡亥18岁的时候，也就是秦始皇三十四年（公元前213），秦始皇命令在全国范围内焚书。这时正是他世界观形成的时候，他能接触到的学说只有法家学说了，没有选择，没有比较，只能在严刑酷法、残忍暴虐的道路上越走越远。正如贾谊所说：

材料呈现：使赵高傅胡亥而教之狱，所习者非斩劓①人，则夷人之三族也。故胡亥今日即位而明日射人，忠谏者谓之诽谤，深计者谓之妖言，其视杀人若艾草菅然②。

——（东汉）班固：《汉书卷四十八·贾谊传第十八》（第8册），

2251页，北京：中华书局，1962

教师设问：从材料中可以看出，胡亥学习的内容是什么？（参考答案：杀人的酷刑。）

教师讲述：正因为赵高诱导胡亥学习法家极端学说，胡亥才会任意残杀无辜生命，这就是成语"草菅人命"的历史由来。历史在这里开了一个残酷的玩笑，秦始皇焚书的目的是为了实现文化上的统一，从而巩固自己的统治。但是法家文化却把胡亥培养成了秦朝的掘墓人。

继续讲述：秦始皇三十六年（公元前210），秦始皇进行了他的最后一次全国巡游，结果在沙丘病死。赵高阴谋发动政变，篡改秦始皇诏书，赐秦始皇长子扶苏自杀，拥立胡亥为秦二世，这就是沙丘政变。胡亥本身并没有什么建国立功之业，依靠赵高策划的政变上台，并对赵高更加信任。赵高心理阴暗，精通权术，借助策划沙丘政变，成了中

---

① 劓（yì），古代割掉鼻子的一种酷刑。

② 艾草菅然，把人命看的像野草一样。

丞相，便进一步架空和操纵胡亥，实际上掌握了秦国的最高权力。

材料呈现：赵高说二世曰："先帝临制天下久，故群臣不敢为非，进邪说。今陛下富于春秋①，初即位，奈何与公卿廷②决事？事即有误，示群臣短③也。天子称朕，固不闻声。"于是二世常居禁中④，与高决诸事。

——（西汉）司马迁：《史记卷六·秦始皇本纪第六》（第1册），

271页，北京：中华书局，1959

教师设问：

（1）赵高向胡亥提出了怎样的建议？（参考答案：不要与其他官员在朝廷上议决国事。）

（2）这样做会带来什么后果？（参考答案：胡亥被赵高控制，导致政治更加黑暗腐败。）

教师讲述：胡亥完全沦为赵高手中的玩偶。当李斯提醒胡亥注意赵高有篡权夺位的野心和可能后，胡亥竟然把李斯的话传给了赵高，致使李斯被腰斩而死。赵高在朝廷中作威作福，甚至指鹿为马，可见胡亥成了名副其实的昏君。

胡亥通过非正常手段上台，担心众多功臣不服，同胞兄弟篡权，就采用赵高的计谋，先是迫使自己的长兄扶苏、武将蒙恬自杀，接着又将自己的10多个兄弟姐妹杀死，然后又处死蒙毅等功臣。农民起义爆发后，武将章邯率领的军队，曾先后镇压了陈胜、吴广领导的起义军，击溃了项梁的军队，暂时稳定了岌岌可危的政权，这样的功臣却因为一次作战的失利而受到胡亥的指责和猜忌。在这种情况下，章邯转头倒戈，投奔了项羽的军队。秦二世的这种倒行逆施的行为，最终导致了秦朝的灭亡。

教师引导学生小结：秦统一天下，从政治上看，它是胜利者，从文化上看，却是失败者，独尊法家学说，对其他文化的毁灭破坏，使秦二世首先成了最直接的受害者。正是这一文化专制政策的土壤，培植了秦二世这个孽种，成为导致秦朝二世而亡的深层原因。

---

① 春秋，意思是年轻。
② 廷，朝廷。
③ 短，弱点。
④ 禁中，深宫里。

✐ 设计点评

本微课思路流畅清晰，深入浅出，以胡亥成长的历程为线索，从他生活的文化环境、所受的教育入手，层层设问，通过分析，有助于学生得出"秦二世而亡的深层次文化因素——法家学说"这一结论。

教学资源

资源1：在秦日渐强大的历史进程中，秦陇之民还养成一种强烈的事功精神。从秦穆公到孝公再到昭王、庄襄王及至始皇，从百里奚、商鞅到范雎、李斯，就是这一精神的突出体现者。秦人的事功精神源远流长，它建立在文化功利主义取向之上，与秦文化的叛逆性也有着密不可分的联系。这种追求事功的精神，决定了秦人在强国之路上采取法家的主张而绝弃儒学。同尚武精神一样，秦人的事功精神也有反面因素，那就是非道德主义倾向，即为达目的而不择手段。秦人处理邦交，攻伐时，往往背信弃义，翻云覆雨，如秦对楚怀王的欺骗及造成屈原的悲剧就是明显的例子。这种行为与道德准则大相径庭，虽然使秦国在统一的过程中如虎添翼，但也使六国人更加痛恨秦的统治。这就使秦的统一只是国土的统一，而人心反而在一次次的军事与政治胜利中丧失殆尽，并且在统一大业完成后，始皇帝仍不肯收敛事功的程度，大兴土木，强征人民戍边长城，严刑苛政，最终使统一帝国的崩溃一发而不可收。

——刘林智：《秦的崛起与秦陇文化的关系》，载《光明日报》，2004-01-02

资源2：简要地讲，秦族文化与中原文化异质有三：一是"父子无别，同室而居"。也就是一大家子男女老幼住在一间屋子里，无男女长幼，上下尊卑之分。二是尚贤不分亲疏贵贱。山东六国也变法，也"选贤与能"，但是，这种"贤能"之士，绝大多数都是和国君有着血缘关系的王室贵族，如齐桓公时的相管仲，虽然也是举于士，但他的祖先是姬姓的后代，与周王室同宗，父亲管庄是齐国的大夫。齐国的重要大臣，都与齐国国君有着"亲戚"关系；晋文公的相，狐偃，就是晋文公重耳之舅，与晋同祖；楚国的用人制度也是"昭旧族，爱亲戚"，所以吴起任楚令尹，实行变法，最后不得不身死法废。而秦国之尚贤，不分亲疏远近，秦国之王室贵族"无军功，虽富贵而不得芬华"。三是君位继承长期不分嫡庶。如前所述，秦人首领和国君之继承，始终没有丢掉"择勇猛者而立之"的传统，即便是在吸收了中原文化之后，也没有彻底改变这一君嗣习俗。秦孝公、秦庄襄王，秦二世，都是按这一传统而继承君位的。此外，秦人在吸收周文化的同时，大量吸收了游牧的戎狄民族的文化，并与各自在长期发展中形成的文化相结合，形成了独立、质朴、尚武、剽悍、粗犷、坚韧的民族性格。秦俗与关东六国习俗差异很大，秦人墓葬多为东西向，葬式为卷屈特甚的屈肢葬，有别于六国流行的南北向仰身直肢葬。从秦兵马俑服饰中可以看出，秦人的服饰与胡服极为相似，尤其是骑兵的服饰，其靴属于皮革制作，窄袖短腰仍以带钩具带束腰，并取前开襟形式，甲衣也长及腹际，这种装束均便于乘骑作战。秦将军俑所戴鹖冠，也是胡人习俗。

——王琪玖、孙杨、李任斯茹：《秦文化的历史价值及其现代性转换》，
载《西安社会科学》，2011年第5期

资源3：和以农业文明为基石，以血缘关系为纽带，以宗法伦理道德为准则，以保守中庸为特质的中原文化相比，秦文化具有极其鲜明的开放性。秦人来自于东海之滨的东夷族，是以"调训鸟兽"而见长的马背上的民族，由于逐水草而居的生存方式，所以它的文化起点，就与农耕民族不同；又由于这个部族有着东迁西来的族群迁徙经历，长期与西戎相争相战，为了族群的繁盛而不断地寻求生存之道，所以与超稳定的农耕部族相比，其文化视野比较开阔，文化心态也比较开放。我们认为，秦部族是一个苦难的民族，悲剧性的部族，也是一个英雄的部族，屡仆屡起，而且善于学习，勇于实践，对新鲜的与族群生存与发展有用的东西都善于主动拿来，是典型的拿来主义者的心态。比如对周文化的主动吸纳，秦武公对中原文化中的人殉制度，以及对郡县制度的吸纳，还有秦穆公的招降纳叛、尊贤敬老，秦献公初祖禾、令吏初带剑，秦孝公重用商鞅，实行变法，秦始皇接受儒家的礼乐文化，等等，都可以看出秦人善于扬弃，主动吸纳中原文化和文明的开放进取精神。特别是秦人顺应历史潮流，统一天下，统一中华文明更显示了秦的天下情怀。应该指出，春秋战国时期先秦诸子的百家争鸣，实际上围绕的主题就是"一天下"，和用什么方法"一天下"，走向统一，是天下人心所向。孟子的"定于一"，荀子"四海之内若一家"，韩非的专制集权思想，都是统一要求的表现。诸子百

家争论的，主要是由谁统一，用什么方法统一。秦人是实用主义者，功利主义者，重实干，不争论。

——王琪玖、孙杨、李任斯茹：《秦文化的历史价值及其现代性转换》，

载《西安社会科学》，2011年第5期

资源4：功利性是春秋战国之际每个文化族群和邦国所共有的，这一时期"礼乐征伐自天子出"而改为"自诸侯出"，诸侯国都以各种冠冕堂皇的理由，打着各种仁义的旗帜，所谓出师有名，攻城掠地，兼并诸侯，损人肥己，称王称霸。秦部族在夏商周时期，都有着被逐放到"西垂"、与戎杂处的经历，由于生存环境的恶劣，与戎狄相处，高寒苦焦的西垂地区，对于赖以生存的物质资料的占有，存在着有则生、无则死，强则生、弱则死的生存困境，所以秦人事事追求功利。《魏策三》中也记载有这样的话："秦与戎、翟同俗，有虎狼之心，贪戾好利而无信，不识礼义德行。苟有利焉，不顾亲戚兄弟，若禽兽耳。此天下之所同知也，非所施厚积德也。"[1]在睡虎地秦简《日书》中，根本找不到"德""仁""义"这一类表示道德伦理意义的字眼，而最多的是"吉""凶""祸""福""利""害"等与宗法伦理道德毫不相关的概念。对这个功利性，秦人并不避讳，公然自陈。公元前580年，秦桓公为了暂时与晋国和解，就与刚刚即位的晋厉公订立了以黄河为界的"令狐之盟"。但是，秦桓公回国后不久就背弃了盟约，鼓动狄人和楚人一起攻打晋国。他对楚国的国君说："我虽然和晋国有交往，但'唯利是图'，别的什么都不顾。"正是由于秦人急功近利，重事功，有时候未免利令智昏，如秦晋崤之战，就是秦穆公贪功，轻信间谍的话，不听蹇叔之言，以致孟明视等三个大将被俘。还有秦武王野心勃勃，欲"车通三川，窥周室，死不恨矣"[2]。及至到了周东都洛阳，问鼎周室，在东周宫庭内耀武扬威，举鼎受伤而死。

——王琪玖、孙杨、李任斯茹：《秦文化的历史价值及其现代性转换》，

载《西安社会科学》，2011年第5期

资源5：秦文化可以看成是军国主义的扩张文化，其军事性特征极为明显。秦国军制，比别国完备。秦国实行了"军功爵"的政策，"连坐"法，"告奸"法，以军功升进，士兵出外作战，打胜的有赏，打败的有罚，所以人人奋勇，为求军功。《荀子·议兵》

---

[1]（西汉）刘向编订：《战国策卷七·魏：魏将与秦攻韩》，422页，上海：上海古籍出版社，2008。

[2]（西汉）司马迁：《史记卷五·秦本纪第五》（第1册），209页，北京：中华书局，1959。

曰"齐之技击不可以遇魏氏之武卒；魏氏之武卒不可以遇秦之锐士"①。而且秦国军事人才辈出，如吕不韦，商鞅，都不仅是安邦之文臣，更是治军之能将。商鞅、吕不韦都曾经多次领兵为将，攻略魏楚之地，张仪破六国之从约，范雎以远交蚕食韩魏；此外如白起、王翦、王贲等，皆一代名将，为秦统一作战，建立赫赫军功。尤其是商鞅变法，移风易俗之后，秦国民众普遍具有了好战、重战、乐战的心态与功利主义的价值观，正如《商君书》中所说的那样："民之见战也，如饿狼之见肉"，"民闻战而相贺也，起居饮食所歌谣者，战也"②。《韩非子·初见秦》中也记载了当时秦人尚武尚战的精神，其中说秦人"出其父母怀衽之中，生未尝见寇耳；闻战，顿足徒裼，犯白刃，蹈炉炭，断死于前者皆是也"③。这种民众文化心理的变化，给秦国带来的勃勃生机，士兵力战于阵，农人力耕于田，妇女力织于室，人人畏法，个个尊令，数十年间，秦国的国力大大增强，铿锵崛起。

——王琪玖、孙杨、李任斯茹：《秦文化的历史价值及其现代性转换》，载《西安社会科学》，2011年第5期

资源6：秦人之所以能够经历百战、攻灭六国、统一天下，尚武的传统是重要因素之一。秦人早期与西北戎狄杂居，由山区而平原，由林牧而农耕，艰难地发展着有独自特色的经济文化。严酷的环境使得他们在建国与扩张的过程中，经常和其他部族为争夺生存空间进行频繁的战争。戎狄强悍的民风对秦人产生了影响。也正因为"秦杂戎翟之俗""秦与戎翟同俗"，东方诸国对秦人"夷翟遇之"，表现出很深的文化隔阂。这种情形也同时告诉我们，秦人与西方部族有共同的尚武倾向。商鞅推行新法，鼓励民众在战争中立功建业，就是这种尚武风气的反映。军功爵制的有效激励，使秦人在战场上勇于进取，终于使士兵个人成就富贵的"军功"凝聚为国家整体克敌制胜的"军功"。

湖北云梦睡虎地出土秦简中的有关信息，也反映了秦民间意识的尚武倾向。《日书》甲种《生子》篇有通过生子时日预言其未来生活走向的简文。如，"壬辰生子，武而好衣剑"（148正贰），"壬子生子，勇。"（148正肆）又如，"壬午生子，毅而武。"（148正

---

① 安继民注译：《荀子·议兵篇第十五》，230页，郑州：中州古籍出版社，2006。
② 石磊译注：《商君书·赏刑第十七》，145页，北京：中华书局，2009。
③ 陈秉才译注：《韩非子·初见秦》，2页，北京：中华书局，2007。

壹）"甲午生子，武有力。"（140正叁）"丙寅生子，武以圣。"（142正陆）①如此等等，足以说明秦国相当宽广的社会层面对"武""勇"的推重。

——徐卫民：《秦文化的尚武倾向》，载《光明日报》，2006-11-27

资源7：总之，秦人经过不懈的努力，到战国初年已经成为"七雄"中最具实力的强国，荀子曾经亲自到秦国考察，在《强国篇》中，这位儒学大师写下了他的亲身见闻和心理感受，指出秦的强大是历史的必然："其固塞险，形势便，山林川谷美，天才之利多，是形胜也。入境，观其风俗，其百姓朴，其声乐不流污，其服不佻，甚畏有司而顺，古之民也。及都邑官府，其百吏肃然，莫不恭俭、敦敬，忠信而不楛，古之吏也。入其国，观其士大夫，出于其门，入于公门，出于公门，归于其家，无有私事也；不比周，不朋党，恬然莫不明通而公也，古之士大夫也。观其朝廷，其间，听决百事不留，恬然如无治者，古之朝也。故四世有胜，非幸也，数也。是所见也。"②

荀子看到了秦文化的积淀之厚，由衷地发出了"非幸也，数也"的感叹。秦的统一，诚如李斯在《谏逐客书》中所言的，正是秦拥有"泰山不让土壤，故能成其大；河海不择细流，故能就其深"③的博大胸襟，以"上善若水"④的虚心之态对外来文化兼容并包的最终结果，而不是传统认为的完全依靠了暴力。

——李育华、王向辉：《对秦文化的重新审视》，载《理论导刊》，2009年第4期

资源8：任何一个王朝建立之初，都有一个或长或短的文化趋同期，但秦却是趋异。由于秦王朝建立以后，秦的统治政策，政治文化，或者说统治者强力推行的社会核心价值，和人民群众的根本需求不一致，所以就产生文化离心力。就是秦文化缺少凝聚力，秦文化的核心价值观是集权主义、功利主义、实用主义，没有构建起大一统的全社会成员所共遵共享的核心价值观，统治者的意志，没有变成全体社会成员的意志，上下阻隔，离心离德。本来，秦王朝统一后，息兵罢战，休养生息，是社会大众的普遍要求，但是秦王朝没有及时调整统治思想，统治理念及统治方法，尽管有些举措是形势所迫，比如北上防胡、修长城、开发南岭等，但是这种与社会大众心理预期目标相悖的举措，无疑是引起社会反抗的主要原因。这是秦文化当中先天性的缺陷，

---

① 刘乐贤：《睡虎地秦简日书研究（甲种）·生子篇》，180～181页，北京：文津出版社，1994。
② 安继民注译：《荀子·强国篇第十六》，261页，郑州：中州古籍出版社，2006。
③ 阙勋吾、许凌云、张孝美等译注：《古文观止》，240页，长沙：岳麓书社，1988。
④ 饶尚宽译注：《老子上篇·八章（修身）》，20页，北京：中华书局，2006。

或者文化DNA复制的结果。

——王琪玖、孙杨、李任斯茹：《秦文化的历史价值及其现代性转换》，

载《西安社会科学》，2011年第5期

资源9：法家自秦亡之后，背负了两千多年的骂名，之后的封建王朝一边骂法家一边用法家，一直用儒家作幌子而行法家之实，值得庆幸的是，秦朝二世即亡，而法家的思想一世二世……乃至万世。秦朝的覆亡，如果说法家真有过，那么法家之过就在于法家没有让秦王遵循于法家。秦朝在治国理政方面，无论是政治、经济还是法律、文化均没有遵循法家的思想，秦王总是背法而动，极力突出自身"势"的力量，把无穷无尽的私欲建立在人民的疾苦之上，由此看来秦并非亡于法家而是亡于秦王。

——满先进：《秦并非亡于法家》，载《南阳理工学院学报》，2015年第3期

资源10：秦和隋王朝都是中国历史上的短命王朝，其速亡的原因是非常相似的。两个王朝都是在经过长期的分裂割据之后统一天下的，而且都实行了一系列巩固统一的措施，但两朝并非都是实行的法家思想，因此，要说秦亡于法家思想统治是不能成立的。

退一步来讲，秦王朝是在通过对六国的军事征服之后建立起来的大一统国家，在此以前，还没有一个国家有如此大的国土，因此，如何对这样一个国家进行治理，对秦王朝统治者来说应该是一个比较难的问题，况且又没有可以借鉴的治国经验。六国贵族并未从心理上接受秦的统治，他们待机准备夺回失去的政权。正因为如此，秦末农民大起义很快就演变为六国贵族的复辟斗争。这些六国贵族不甘心于被秦消灭，反秦浪潮一直声势浩大，如韩国贵族张良的前辈五世相韩，韩国灭亡后，他由一位韩国尊贵的公子一落而为秦王朝统治下的"黔首"，因而对秦王朝怀有刻骨仇恨，在其弟死后都不举行葬礼，而用全部家财求客刺秦王，为韩报仇。后来参加农民起义的项羽，其目的也是为报国仇家恨。当农民起义爆发时，他们便蠢蠢欲动，企图夺回失去的江山。实质上秦末农民起义最后被六国贵族所利用。

更何况法家思想不像儒家思想有一个长期的实践过程，在长期的实践过程中，儒家思想不停地在汲取法家、道家等思想家的思想，从而使儒家思想得到不断的充实，以更适应于统治阶级的要求，达到长久不衰。但法家思想则缺乏这个机会，存在时间短，因而失去了充实发展的过程。虽然它使秦国很快富强起来了，但由于其他方面的原因导致秦国速亡，也使法家思想失去了再实践的过程。如果法家思想后来能像儒家思想那样继

续作为统治思想，并吸收其他诸子思想，我认为对中国社会的发展肯定会大有好处，我国将会更早一点进入法制化社会。

——徐卫民：《法家思想与秦王朝灭亡关系新论》，

载《西北大学学报（哲学社会科学版）》，2005年第4期

资源11：人们不禁要问：为什么"奋六世之余烈，振长策而御宇内"的秦始皇建立的这个空前强大和统一的皇朝，这个集中了当时中国众多精英人才的大帝国，在落幕的时候是如此的悲寂，竟然找不到一个为之殉难的君王和忠臣？看不到一个如丧考妣、为之恸哭的孝子？秦朝灭亡后，也觅不到一个为之哼唱挽歌的遗民？这里自然有着十分复杂而众多的原因，但正如前面所说，秦国和秦朝从来就不进行道德教育应是其中最重要最直接的原因。秦国的发祥地远在西部的甘陇地区，从其建国时起就处于同戎狄斗争的严酷环境，后来又在同东方六国的战争中度过了春秋战国时代，再加上商鞅、韩非等法家思想的深刻影响，就形成了重视"力""威""耕""战"和倡导"以法为教"[1]"以吏为师"[2]的法家文化传统。秦始皇以武力完成统一六国的大业后，通过强化专制主义的中央集权和"焚书坑儒"进一步强化了这一文化传统。虽然秦朝建立后儒家学者以博士身份进入咸阳的宫廷稍稍扩大了儒学的影响，但并没有从根本上改变法家思想作为主流意识形态的局面。以韩非为代表的法家将荀子的"性恶论"推向极致。荀子虽然坚持"性恶论"，但他同时强调"礼义教化"可以使人改恶向善。而韩非则认为，人性恶不仅是绝对的，而且是不可改变的。这种"性恶"的社会表现就是对个人私利的无厌追求，而这种追求是完全合理的。所以一切仁义道德的说教统统都应该弃之如敝屣。

——孟祥才：《忽视道德教化：秦王朝灭亡原因的文化视角》，

载《西安财经学院学报》，2008年第5期

资源12：法家的这种绝对功利主义的社会伦理学说，斩断了社会上本来就存在的非功利的伦理亲情的联系，将社会上所有人与人的关系全说成是利益交换关系。这种理念作为真理广泛宣传，其对国家民族和社会的危害是显而易见的。深受其害的恰恰就是这一理念的笃信和推行者秦始皇与他建立的皇朝。由于他以纯利害规范君臣和君民关系，必然斩断臣民对这个皇朝的道德和感情的思缕，而以"自我利益"作为衡量与君王关系

---

① 陈秉才译注：《韩非子·五蠹》，273页，北京：中华书局，2007。
② （西汉）司马迁：《史记卷六·秦始皇本纪第六》（第1册），255页，北京：中华书局，1959。

的唯一标准。于是君臣就在这一关系国家和社会命运的至关重要的问题上达成了共识。吕不韦以"奇货可居"的商人心态进行政治投机，在秦国如鱼得水；李斯带着猎取富贵利禄、改变贫困地位的目的到秦国活动大获成功；老将王翦在率60万大军出征时屡屡向秦王索要田宅而竟博得嬴政的会心微笑。如此君臣关系，在这个皇朝有资源与臣子进行交换的时候，臣子们自然为其服务，而一旦这个皇朝没有资源与之交换，臣子们就会离开甚至背叛它。所以，当秦皇朝陷于灭顶之灾的时候，也就是它没有资源与臣子交换的时候，它的臣子们纷纷做鸟兽散的选择便是再自然不过的了。"种豆得豆，种瓜得瓜。"秦国和秦朝长期忽视道德特别是操守教化，它最后收到的只能是众叛亲离的苦果。

——孟祥才：《忽视道德教化：秦王朝灭亡原因的文化视角》，

载《西安财经学院学报》，2008年第5期

资源13：统一国家的建设，必然促成文化的融合与统一，然而问题在于实现这一过程的手段和方式。战国时代，各地居民因长期分裂的政治形势造成的不同的心理状态是很明显的，秦人风俗和东方各国更有较大差异。秦统一后，秦王朝企图以强制手段将秦地风俗推行全国以"匡饬异俗"，"大治濯俗"[1]，追求所谓天下民俗文化的"混同""中和"。而云梦睡虎地秦墓竹简《语书》写道："圣王作为法度，以矫端民心、去其邪僻（辟），除其恶俗"[2]，说明秦政府在实现统一的过程中，在战争警报尚未解除之际，就已经将这种"移风易俗"的事业作为主要行政任务之一，并以法律为强制手段，以军事管制的形式强力推行这一政策了。

古代风俗中至今能够留下最明显遗迹的莫过于墓俗。秦始皇陵西侧赵背户村秦劳役人员墓的葬式大多与秦人墓葬东西方向的传统相一致，出土骨架100具，仅有4具为仰身直肢葬，绝大多数为蜷曲特甚的屈肢葬，与关中地区春秋战国时期秦国屈肢葬的蜷曲情况相同。这种现象，应该理解为出身关东地区的劳役人员在专制制度下生前备极劳苦，死后仍以秦人风俗就葬。

——王子今、方光华：《中国历史·秦汉魏晋南北朝卷》，

25~26页，北京：高等教育出版社，2001

---

① （西汉）司马迁：《史记卷六·秦始皇本纪第六》（第1册），245页、262页，北京：中华书局，1959。

② 徐富昌：《睡虎地秦简研究》，44页，台北：文史哲出版社，1993。

秦朝的灭亡

学术引领

　　春秋战国时的秦国，通过长期的兼并战争，完成了国家统一，建立了中国历史上第一个统一的多民族的中央集权王朝。但是，强盛一时的秦王朝，却二世而亡，这为后世治国理政留下了深刻的历史教训。

一、秦朝灭亡的原因

1. 秦朝灭亡的政治因素

　　周荣在《秦朝兴亡的历史探究》(载《西安日报》，2014-06-09)一文中指出，秦朝统一后，仍然保持固有的战争思维，走军事斗争路线，没有及时将工作重心转移到发展经济上来，不注重改善民生，而是好大喜功，南征北战。同时，急于推进多项大型工程建设以巩固统治，耗费了大量人力、财力和物力。秦朝统治者以加重刑罚作为征召劳役和赋税的手段，从而使国内出现了街道上往来都是犯人，市集里牢笼密布的恐怖景象。在这样无休止的徭役、繁重的赋税和残酷的刑罚之下，忍无可忍的民众只有揭竿而起，以推翻秦王朝的残暴统治。

杨占文在《教科书·清醒剂·营养剂》（载《红旗文稿》，2014年第23期）一文中指出，统一天下后，秦王朝没有顺应人心思安、天下百姓渴望安居乐业的历史潮流，对战时制定的严苛法律不做调整、不知变通，反而将其推向极致、走向反面。国家治理手段单一化，不亲其民，不爱其吏，少仁寡恩，役使天下臣民如猪狗，给社会稳定和国家安全埋下了巨大隐患。以严刑峻罚、暴力统治为主要手段的准军事化国策，使新生的大一统国家误入歧途。另外，两任皇帝亲佞远贤，政治生态严重恶化，使奸臣当道，忠良尽失，推动国家向前发展的中枢力量严重受损，庙堂决策荒诞，法治瘫痪，经济凋敝，军备懈怠，秦王朝的立国根基被破坏殆尽。

毛文婷在《浅析秦朝灭亡的制度原因》（载《法制与社会》，2008年第6期）一文中指出，秦朝制度的缺点与秦朝灭亡存在必然联系。第一，专制皇权制度。秦朝加强皇权最终导致的结果就是，皇帝权力膨胀，各级官员几乎没有发挥主观能动性的可能。因缺乏监督而泛滥的皇权，不可避免地成为秦灭亡的催化剂。第二，法律制度。秦自商鞅变法以来一直遵行法家重刑主义的原则，在这一思想指导下制定的秦律，条目繁复，刑罚种类繁多，处罚极其残酷。第三，统一文字、货币、度量衡等制度。这种统一必须要经历一个漫长的过程，而深层次上思想文化的统一需要的时间则更为漫长。但秦朝的制度统一却几乎是在一夜之间完成的，统一过程的推进也缺乏必要的过渡程序，这必然导致民众的积怨。

高海云在《统一郡县制与社会矛盾的集中——秦朝速亡的制度史分析》（载《秦汉研究（第四辑）》，西安：陕西人民出版社，2010）一文中指出，秦王朝操之过急地推行统一的郡县制度，这是秦灭亡的一个重要的制度性因素。秦朝统一的成功，的确使秦的统治阶层特别兴奋，但这种过于兴奋的心理状态，可能会影响到一个新的朝代的正常制度。而在结束分裂局面以后，统一而有力的政府不仅可以有效地控制全国，并且在国境外也没有了与之抗衡的敌国，所以秦朝可以放手实行它认为可行且有效的成熟政策（比如郡县制），而不必有所顾忌。然而，秦王朝推行郡县制，实际上是对东方六国社会发展的强制性改造，这种改造不但没有促进社会经济的发展，反而阻断了各个区域经济发展的势头，尤其加剧了秦本土与东方六国的利益冲突。其失误的关键在于一个"急"字。秦王朝推行郡县制时操之过急，某种程度上促成和加速了六国地区各个阶层、集团向着反秦的目标集中。

贺润坤在《论秦的宗法制—兼谈胡亥篡位与秦朝灭亡的根本原因》（载《文博》，1990年第5期）一文中指出，胡亥篡位是秦王朝灭亡的根本原因。胡亥以秦始皇少子之地位，用阴谋手段与赵高、李斯合谋夺得帝位，所谓名不正则言不顺，言不顺则事不行。胡亥以非法身份登上皇帝宝座后，无暇顾及国家方针政策的修正与改变，而是要设法保住自己的帝位。出于这个目的，胡亥将矛头直接对准了扶苏等始皇诸子及其蒙恬等始皇重臣，实际上是向秦始皇统治集团的核心人物开刀。胡亥的这种做法，人为地导致了秦王朝统治集团的分裂，削弱了统治力量，延续并扩大了始皇的暴政，从而导致社会矛盾的总爆发。

付开镜在《人才前途无望与秦的灭亡》（载《广西师范学院学报（哲学社会科学版）》，2012年第3期）一文中指出，不能广泛吸纳社会人才是秦朝速亡的原因之一。秦朝统一六国后，未在全国实行有效的用人制度，导致大批人才感到前途无望，这些人对秦朝没有好感，也不认同秦的政权。这些人才主要分为三类。

第一类，平民型人才。以陈胜、吴广为代表的广大平民阶层，生活在社会最底层，饱受秦政府的压迫。虽然他们渴望改变自己的生活状态，甚至有远大的志向，但政府没有给他们提供改善生活、提高地位的必要路径。

第二类，小吏型人才。以刘邦、萧何为代表的秦朝政府基层小吏，虽然可以利用职权得到一定的好处，但这毕竟是为法律所不允许的。虽然他们对秦政权没有强烈的家仇国恨，但也不能大富大贵。因此，反秦战争爆发时，他们认为这是一个改变自己地位的好时机，便迅速加入起义队伍。

第三类，贵族型人才。以张良、项羽为代表的六国贵族后裔，被秦王朝剥夺了先辈传下来的特权，沦为普通的平民。他们对秦的统治集团充满家仇国恨，因此渴望借助反秦战争，夺回他们曾经拥有的富贵。因为这些人的特殊身份，因而在反秦队伍中具有很大的号召力。

2. 秦朝灭亡的思想文化因素

关于秦朝灭亡与法家思想的关系，长期以来一直是学者争论的重大问题之一。陈菁霞在《学界热议"秦是否亡于法家"》（载《中华读书报》，2013-06-26）一文中指出，围绕"秦究竟是亡于法家，还是亡于没有彻底遵循法家"这一问题，中国人民大学国学院主办了"韩非子与子学国际学术研讨会"，与会学者对此进行了热烈讨论。

华南师范大学的周炽成指出，如果从历史事实而不是从后人的构想出发，秦亡的关键还是在赵高，没有赵高可能就亡不了。秦的很多做法是法家所反对的，如聚敛过度、徭役过重等。台湾世新大学的王晓波指出，秦不是亡于执行了法家的理论，而是悖离了法家思想；秦始皇过于勤政，就是法家所反对的。

中国人民大学的黄朴民指出，暴政未必马上导致失败，但是，当举措失当引发的偶然因素与之相伴而存时，政权的垮台就为时不远了。秦统一后，明显的失策主要体现在两个方面：第一，没有解决好东西方问题，对于东方六国旧势力的处理是非常不妥的；第二，军事部署失当，重外轻内，把主力放在长城、岭南一线，以致陈胜、吴广起义之后救援不及。黄朴民还指出，秦朝的统治思想是综合的，既有法家的，也有儒家的，因此秦朝灭亡与统治思想并无多大关系。但南开大学的张荣明指出，秦统一中国后，仍然依靠法家学说。政治大环境变了，原来的敌人已不存在，却依然坚持法家思想，甚至一步一步走向极端。河南大学的龚留柱指出，思想家不必为现实政治完全承担责任，但不能说秦亡与法家没关系，因为秦的政治行为出自法家的政治逻辑。

王占通在《秦朝灭亡非法家思想之罪》（载《古籍整理研究学刊》，2012年第5期）一文中指出，秦政权垮台虽与法家思想不无关系，但真正的原因却在于秦统治者的穷奢极欲、大兴建设、肆意征伐导致了繁徭重赋，这远远超过了当时社会所能承担的最大限度，从而把人民推到了死亡的边缘。求生存才是人民起而造反、推翻秦王朝的真正原因。

胡明焕在《秦亡新论》（载《咸阳师范学院学报》，2002年第3期）一文中指出，秦朝的统一只是形式的统一，并没有从根本上完成对中国的统一。秦朝的政治统一与文化政策是脱节的，并终为其所累。秦文化与其他文化的冲突由来已久，这种冲突突出表现为统一与分裂的较量。较量中，秦王朝以军事强势代替文化的融合，用军事征服的方法对待文化统一。采用过激、过急的手段，加速了秦文化统一政策的失败。非秦文化的抵抗，是六国旧贵族政治反抗统一的继续和另外一种表现形式。这种反抗是十分强烈的，它们全盘否定秦人文化，企图以文化的反抗形式达到政治反抗的目的，恢复六国旧制。从思想根本上，秦并没有发展到统一的阶段，不具备统一的思想条件。灭六国后，秦始皇也没有完成应有的时代性转变。最后，文化上的对抗和冲突很快葬送了因战争而取得的辉煌战果。

周荣在《秦朝兴亡的历史探究》（载《西安日报》，2014-06-09）一文中指出，秦朝的文化建设缺少办法、简单粗暴。战国时期群雄争霸，秦国由弱变强，最终横扫六国一统天下，靠的是"耕战"。这种对内促进农耕、对外发动战争，辅之以强大法制体系的统治模式，在战争时显示出其高度的有效性。秦帝国建立后，要让百姓在思想上认同秦政权的合法性和领导权，就要充分发挥意识形态的功能。但秦统治者并没有重视这一问题，仍然沿用惯性思维，以为凭借严苛的法律就能够征服人心。结果适得其反，六国之人不但没有忘记亡国之恨，反而更加仇恨秦朝的残暴统治。一般百姓如此，以张良、项羽等为代表的六国贵族更是如此。正因如此，秦末农民大起义很快就演变为六国贵族的复辟斗争。由于秦统治者在国家文化认同问题上的无所作为，最终导致秦王朝意识形态统摄功能缺失，这是秦帝国快速走向灭亡的重要原因。

李锋敏在《意识形态视角下的秦朝灭亡》（载《河西学院学报》，2007年第1期）一文中指出，由于秦朝统治者在维护和巩固新生政权过程中，对于传统意识形态认识的模糊性，且没有结合社会发展需要对各种思想文化兼容并蓄，及时创立适应统治的主流意识形态，从而导致文化专制与政治专权，使社会矛盾激化以及秦王朝的灭亡。

雷依群在《重新认识秦亡汉兴》（载《光明日报》，2003-08-26）一文中指出，秦朝灭亡的原因在于对传统的蔑视。为追求天下一统，秦始皇实行专制的思想文化政策，焚书不仅造成大量文化典籍的毁灭，限制了思想的自由发展，还导致秦朝世风日益恶化。这一举措，使秦政权既丧失了传统文化的根基，又丧失了激活创造新文化、新制度的文化原动力。

二、秦朝灭亡的启示

毛文婷在《浅析秦朝灭亡的制度原因》（载《法制与社会》，2008年第6期）一文中指出，秦朝灭亡的制度原因给人留下以下四点启示。第一，权力是需要制衡的，绝对的权力只会导致绝对的腐败。秦朝加强中央集权、专制皇权在当时的历史环境下是必要的，但皇权的过度泛滥，却成为导致秦朝灭亡的原因之一。第二，法律制度应该宽严相济，注重教化，一味的严刑峻法非但不能遏制犯罪，反而可能引起人民的不满和愤怒。第三，任何制度的推行都需要一个过程，制度只有循序渐进地推行才能更好地被民众所接受，并造福于民。第四，国家良好秩序的形成，必须依靠真正的法治。秦朝的法律从制定到实施都深深地打上了皇帝和官员个人意志的烙印。要想实现真正的法治就必须依靠制度约束人，而非以人影响制度。

杨占文在《教科书·清醒剂·营养剂》（载《红旗文稿》，2014年第23期）一文中指出，秦由奢而衰、由奢而亡。节俭是一个国家长治久安、兴盛强大的根本；奢风盛行，铺张挥霍，则是腐败堕落的温床。去奢去侈，返璞归真，守住一团正气，是做人之正道，更是兴国之大道。

微课设计

微课设计一：从文化差异看秦朝灭亡

设计意图

秦朝灭亡的原因众多而又复杂，本微课将从文化差异的角度进行分析，以引导学生多视角观察历史，深化对秦朝灭亡的理解，进而提高学生的历史思维能力。

设计方案

教师讲述：公元前210年，也就是秦完成统一的第十二年，秦始皇颁布了货币改革令。

材料呈现：以秦法同天下之法，以秦币同天下之币。

——王献唐：《中国古代货币通考》（上），

362页，济南：齐鲁书社，1979

教师设问：这次货币改革的主要内容是什么？（参考答案：统一使用秦币。）

教师讲述：秦统一六国之后，并没有立即统一货币。一方面，中央政府缺乏铸造大量货币的力量；另一方面，各国原有旧币，一时也难以禁止。

材料呈现：各国货币。

教师设问：

（1）燕国、韩国的货币，形状上像什么？（参考答案：铲。）

（2）齐国的货币，形状上像什么？（参考答案：刀。）

（3）魏国的货币，形状上像什么？（参考答案：纺轮。）

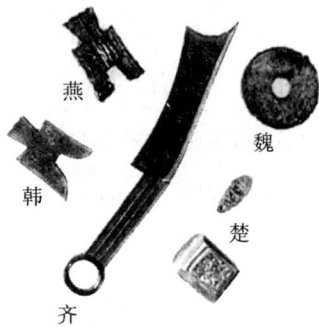

教师讲述：燕国、韩国的货币形状，是由生产工具耒耜发展而来的。因为这些地区的农业相对比较发达。齐国的刀形币，是由打猎、生产工具刀发展而来的。魏国的圆形币，是由手工工具纺轮发展而来的。这些地区的经济水平以及主要生产部门存在差异，这种差异在货币上也有明显的反映。楚国的货币，不仅形状奇特，货币上的文字更奇特：有的文字像鬼脸，因此又称"鬼脸钱"；有的字形像蚂蚁，又像人的鼻子，所以又称"蚁鼻钱"。

继续讲述：不同形状的货币，反映了不同地区的文化传统。秦统一才十余年，各地的文化差异仍然存在，这种差异不仅体现在六国旧货币的继续通行这一点上，而且还体现在政治上。秦始皇三十四年（公元前213），原齐国的博士淳于越向秦始皇提出建议：

材料呈现：臣闻殷周之王千余岁，封子弟功臣：自为枝辅。今陛下有海内，而子弟为匹夫，卒有田常、六卿之臣，无辅拂，何以相救哉？事不师古而能长久者，非所闻也。

———（西汉）司马迁：《史记卷六·秦始皇本纪第六》（第1册），

254页，北京：中华书局，1959

教师设问：淳于越提出了什么建议？（参考答案：实行分封制。）

教师讲述：淳于越认为，商周两朝之所以长期存在，就是因为实行了分封制。因此建议秦始皇效法前代，以自己的子弟作为重要的辅佐力量。对于这一建议，丞相李斯并不赞同。

材料呈现：五帝不相复，三代不相袭，各以治，非其相反，时变异也。

———（西汉）司马迁：《史记卷六·秦始皇本纪第六》（第1册），

254页，北京：中华书局，1959

教师设问：李斯提出了怎样的看法？（参考答案：反对效法前代。）

教师讲述：夏商周的制度是不相同的，三代凭借不同的制度都把国家治理得很好。时代变化了，情况不同了，因此不能采取过去的制度。李斯进一步提出：

材料呈现：今皇帝并有天下，别黑白而定一尊。私学而相与非法教，人闻令下，则各以其学议之，入则心非，出则巷议，夸主以为名，异取以为高，率群下以造谤。如此弗禁，则主势降乎上，党与成乎下。禁之便。

———（西汉）司马迁：《史记卷六·秦始皇本纪第六》（第1册），

255页，北京：中华书局，1959

教师设问：李斯提出了怎样的建议？（参考答案：禁私学。）

教师讲述： 一些读书人不学习当今的法律制度，却鼓吹效法古代，并以此来诽谤当世。他们只欣赏自己私下所学的知识，并以此来指责朝廷的政策。听说有命令下达，就根据自己的所学加以议论，入朝时在心里指责，出朝后就去街谈巷议。秦始皇采纳了李斯的建议，不仅禁止私学，还下令焚书。

材料呈现： 臣请史官非秦记皆烧之。非博士官所职，天下敢有藏《诗》、《书》、百家语者，悉诣守、尉杂烧之。有敢偶语《诗》、《书》者弃市。以古非今者族。吏见知不举者与同罪。令下三十日不烧，黥为城旦。所不去者，医药、卜筮、种树之书。若欲有学法令，以吏为师。

——（西汉）司马迁：《史记卷六·秦始皇本纪第六》（第1册），

255页，北京：中华书局，1959

教师设问：

（1）秦始皇采取了什么措施？（参考答案：焚书。）

（2）秦始皇烧了哪些书？主要是哪个（些）国家的书？（参考答案：诗、书、百家语。原来六国的书。）

（3）哪些书被保留下来不烧？（参考答案：医药、占卜、种树的书，法家思想的书，秦国的书。）

教师讲述： 秦始皇大规模焚书的目的是，消灭六国文化，用秦国的文化巩固国家的统一。然而，秦始皇想急风暴雨般地实现文化的统一，却忽视了文化之间的深深鸿沟。

教师引导学生小结： 与东方六国相比，秦人不重视宗法血缘关系，重功利、轻伦理，崇尚战争与武力，追求无限度、无止境的扩张。因此，秦文化为东方六国所歧视。秦完成统一后，于秦始皇二十八年（公元前219）统一了文字，后来又实行焚书政策，还以秦国货币取代六国货币。这些举措，使秦政权在东方失去了文化根基，东方民众因此产生了强烈的逆反心理和报复心理。因此引发了东方六国贵族和诸多儒生的强烈不满，陈胜、吴广的农民起义，点燃了这些人的反抗怒火。

设计点评

本微课以文化差异为切入点，通过统一货币、焚书这两个具体措施，引导学生分析秦朝统治政策所引发的文化冲突。这有助于学生认识秦朝灭亡的深层次原因。

微课设计二：从历史典故看秦朝灭亡

✏ 设计意图

　　历史典故是一种重要的历史教学资源，其本身又具有一定的趣味性和形象性。通过"楚虽三户，亡秦必楚"的典故来分析秦朝灭亡，不仅能够激发学生学习历史的兴趣，而且能够开阔学生的思路，多角度地认识秦朝灭亡的原因，从而进一步提升学生的历史思维能力。

✏ 设计方案

　　材料呈现：故楚南公曰"楚虽三户，亡秦必楚"也。

　　　　　　——（西汉）司马迁：《史记卷七·项羽本纪第七》（第1册），

　　　　　　　　　　　　　　　　　　　300页，北京：中华书局，1959

　　教师讲述："楚虽三户，亡秦必楚"这个历史典故，产生于反抗暴秦统治的时代。楚南公，即楚国的南公，战国时期楚国阴阳学家，他认为楚国将灭掉秦国。即使楚国只剩下几户人家，也能灭掉秦国。它不仅代表了一种坚定的信念，又不可思议地与历史演进的过程吻合，它预言了亡秦的路径：即亡秦这一事业将起于楚，又终成于楚。首先举起反秦大旗的是陈胜、吴广。

　　教师设问：陈胜原是哪个诸侯国的人？（参考答案：楚国。）

　　教师讲述：早在起义的准备阶段，陈胜就对他的同伴说：我们这里（大泽乡，今安徽宿州境内）离目的地渔阳（今北京）还有上千里路程，怎么也不能按时到达了，我们即使去了也是白白送死，横竖都是死，还不如轰轰烈烈干一番大事业。起义时，他发出了战斗宣言：

　　材料呈现：且壮士不死即已，死即举大名耳。王侯将相宁有种乎？

　　　　　　——（西汉）司马迁：《史记卷四十八·陈涉世家第十八》（第6册），

　　　　　　　　　　　　　　　　　　　1952页，北京：中华书局，1959

　　教师设问：

　　（1）为"举大名"，陈胜打算采取怎样的行动？（参考答案：举行武装起义。）

　　（2）"王侯将相宁有种乎"反映了陈胜怎样的愿望？（参考答案：提高自己的社会

地位。）

教师讲述：一个月后，陈胜更是打出了"张楚"的旗号，建立了中国历史上第一个农民政权。后来陈胜失败了，但是这种坚决抗秦的战斗精神一直激励着后来者。陈胜死后，贵族项梁与他的侄子项羽，继续扛起反秦的大旗。

教师设问：项梁和项羽原是哪个诸侯国的人？（参考答案：楚国。）

教师讲述：项梁采纳谋士范增的建议，拥立楚怀王的孙子芈心为王，仍称楚怀王，项梁则自号为武信君。项梁得到了楚地将领的拥护和支持，出师后非常顺利，沉重地打击了秦军的嚣张气焰。后来因项梁麻痹大意，被秦军击败身死，他的侄子项羽领导楚军继续战斗。

材料呈现：项羽乃悉引兵渡河，皆沉船，破釜甑①，烧庐舍，持三日粮，以示士卒必死，无一还心。

——（西汉）司马迁：《史记卷七·项羽本纪第七》（第1册），

307页，北京：中华书局，1959

教师设问：材料反映的是哪一历史典故？（参考答案：破釜沉舟。）

教师讲述：项羽成为主帅后，将楚军引向与秦决战的疆场。面对气势强大的秦军，项羽破釜沉舟，最终在巨鹿大败秦军主力。这是秦朝历史上第一大决战，也是秦亡楚兴的关键战役。从此项羽确立了在各路义军中的领导地位。与项羽一起抗秦的，还有另一位楚国人刘邦。

材料呈现：沛公喜，赐郦生食，问曰："计将安出？"郦生曰："足下起纠合之众，收散乱之兵，不满万人，欲以径入强秦，此所谓探虎口者也。夫陈留，天下之冲，四通五达之郊也，今其城又多积粟。臣善其令，请得使之，令下足下。即不听，足下举兵攻之，臣为内应。"于是遣郦生行，沛公引兵随之，遂下陈留。

——（西汉）司马迁：《史记卷九十七·郦生列传第三十七》（第8册），

3693页，北京：中华书局，1959

教师设问：刘邦夺取陈留的办法，与项羽的巨鹿之战有何不同？（参考答案：巨鹿之战靠的是强攻，而陈留之战靠的是智取。）

---

① 釜甑（fǔ zèng），釜，类似于今天的锅；甑，蒸米饭等用的木制桶状器具。釜甑，泛指炊具。

教师讲述： 刘邦采用郦食其的建议，用计攻克陈留，并得到大批军粮。再以陈留基地，向关中进军，打败了秦王朝在关内的主力，兵临咸阳城下。秦王子婴见大势已去，开城向刘邦投降。到此，以陈胜发起的反秦大业功毕于刘邦和项羽。

教师引导学生小结： 从秦灭亡这一历史进程来看，陈胜、项羽、刘邦这三位楚国人发挥了关键性的作用，印证了"楚虽三户，亡秦必楚"这一预言。陈胜、项羽、刘邦实际上代表了农民、原六国贵族、秦朝官吏三种力量，正是这三种力量的联合推翻了秦朝的统治。

✎ 设计点评

本微课突出了几位楚人在灭秦过程中的作用，简明扼要，线索清晰。通过对三人抗秦主要过程的介绍与分析，有助于学生认识楚人在亡秦进程中的作用，进而提高分析问题的能力。

教学资源

资源1： 秦统一后，统治者忘记了创业时的艰辛，秦始皇不但为他生前享受建造了豪华的宫殿群，还为其死后修筑了豪华的陵墓。此外，秦始皇还五度出巡关东，封禅与刻石。据记载，秦始皇在全国修建了700多座离宫别馆，其中咸阳都城附近的270座宫殿之间还用复道、阁道、甬道等建筑连接起来。规模宏伟的上林苑中离宫别馆比比皆是，鳞次栉比，各种珍禽异兽应有尽有。为了修建这些规模壮观的宫殿楼阁，秦始皇动用了全国的人力、财力、物力，对人民造成了莫大的灾难，因此当时曾流传着"阿房阿房亡始皇"的民谣。

——周荣：《秦朝兴亡的历史探究》，载《西安日报》，2014-06-09

资源2： 秦统一后，为了维护统治和满足个人享受，秦朝的执政措施更为偏重兴建大型工程，而且这些大型工程几乎都是同时进行，全国劳力被大量征召。其中筑长城用40万人，南戍五岭用50万人，修建秦始皇陵和阿房宫达70余万人，加上其他劳役，役使人数超过200多万。秦时全国人口约2000万，而服役的人数总计不下300万，占当时全国总人口的15%，仅修陵墓一项的花费就占到当时全国财力的1/3，这么庞大的劳役必然严重影响国家的正常生产和生活，严重影响社会稳定。

——周荣：《秦朝兴亡的历史探究》，载《西安日报》，2014-06-09

资源3：秦文化政策带有很大的逆反心理和明显的报复心理。早在秦统一之前，秦人就备受歧视，秦文化不为六国文化所容；秦统一后，六国旧贵族和诸多儒生仍然蔑视秦国文明，诽议秦政，甚至在朝廷公开毁议秦政。骄傲的秦国，趾高气扬的秦始皇，被激怒了，它们再也不能忍受这种屈辱，不能容忍任意诽谤朝政，更不能纵容儒生们继续反秦。这是秦实行文化征服、兼并政策的导火索，也是秦文化统一政策的一个根源。根植在秦始皇内心深处的暴烈、刚愎、功利等特性被诱发，秦文化政策的失误也就暴露出来了。

——胡明焕：《秦亡新论》，载《咸阳师范学院学报》，2002年第3期

资源4：历史上六国就鄙视秦文化，但秦文化在秦国的发展史上所起的积极作用是客观存在的。秦人由一个西陲大夫加入诸侯的行列，成为春秋五霸之一，在战国群雄割据中又连连挫败其他六国，称雄中国。秦人的成功大多是通过战争实现的，但是，战争是政治的继续，文化又是政治的重要组成部分。秦国的胜利，与其说是战争的胜利，不如说是政治的胜利，是秦文化政策的胜利。这种胜利是对非秦文化的强有力的回击，是秦文化成功的有力证明。但正是这种实践的成功，助长了秦人的功利主义，导致了功利主义的膨胀，驱使秦始皇继续执行秦国政策，以秦国政策为本，兼并其他文化。

——胡明焕：《秦亡新论》，载《咸阳师范学院学报》，2002年第3期

资源5：统一战争的胜利，只不过是万里长征走完了第一步，安天下才是长久之道。然而，统一天下后，秦王朝不仅没有让疲困已久的百姓休养生息，反而急功近利，穷兵黩武，极尽搜刮民脂民膏之能事，以践踏百姓生命巩固政权。秦时的赋税空前加重，老百姓终年劳作，仍生存艰难，还要负担沉重的徭役。《史记》载，秦二世不仅不体恤百姓困穷，更好大喜功，大兴土木，"作阿房宫，治直道、驰道，赋敛愈重，戍徭无已"[1]，又"尽征其材士五万人为屯卫咸阳，令教射狗马禽兽。当食者多，度不足，下调郡县转

---

[1] （西汉）司马迁：《史记卷八十七·李斯列传第二十七》（第8册），3693页，北京：中华书局，1959。

输菽粟刍稿，皆令自贵粮食，咸阳三百里内不得食其谷。"①沉重的徭役赋税，使人民苦不堪言。治天下以顺民心为要，民心是立国之本；逆民心则是灭国之源。统一天下，秦顺应了历史潮流和人心所向，统一之后却逆势而行，于是迅速走向灭亡。杜牧对此慨而叹之曰：族秦者非天下也，乃秦也。

——杨占文：《教科书·清醒剂·营养剂》，载《红旗文稿》，2014年第23期

资源6：秦人本来重武功、尚俭朴。然而，"力并万国，富有天下"②之后，秦朝统治者把当初"岂曰无衣，与子同袍"③的惕厉奋发抛在了脑后。他们缺乏忧患意识，对政治、经济、社会等方面存在的隐患视而不见，对百姓的疾苦置若罔闻，一味地穷奢极欲，对国家财富"取之尽锱铢，用之如泥沙"④，挥霍无度。正像杜牧《阿房宫赋》所说的："燕赵之收藏，韩魏之经营，齐楚之精英，几世几年，剽掠其人，倚叠如山。一旦不能有，输来其间。鼎铛玉石，金块珠砾，弃掷逦迤，秦人视之，亦不甚惜。"⑤这种"穷困万民，以适其欲""人与之为怨，家与之为仇"⑥的治理模式，最终使国家元气大伤，"兵破于陈涉"而"地夺于刘氏"的结局也成为必然。

——杨占文：《教科书·清醒剂·营养剂》，载《红旗文稿》，2014年第23期

资源7：秦国政权已经处于风雨飘摇之中，胡亥的即位又彻底将秦国政治推向暗无天日。为了保住其皇帝宝座，胡亥在赵高等佞臣的唆使下，采取了一系列极其卑劣的政治措施。

第一，残害忠良。胡亥极其昏庸，赵高为达专权目的，对所有持不同政见者或可能对手进行株连诛杀，甚至残害忠良。首先遭到非难的是大将蒙毅、蒙恬兄弟。而且，赵高对于不恭顺的大臣，也是予以倾轧陷害，甚至到了指鹿为马的地步。这均说明秦国的政治状况已极不正常，而肆无忌惮的诛杀大臣，更使胡亥政权元气大伤。

第二，屠戮宗室。胡亥阴谋篡位后忐忑不安，担心其宗室弟子会效仿夺权，因此对其宗室弟兄实行屠戮政策，手段残忍，令人发指。《秦始皇本纪》说："无得立者，而六公子戮死于杜"，又，"昆弟三人皆流涕拔剑自杀。宗室振恐。群臣谏者以为诽谤，大吏

① （西汉）司马迁：《史记卷六·秦始皇本纪第六》（第1册），269页，北京：中华书局，1959。
② （东汉）班固：《汉书卷五十一·贾山传第二十一》（第8册），2331页，北京：中华书局，1962。
③ （春秋）孔子整理，程俊英、蒋见元注译：《诗经·秦风·无衣》，121页，长沙：岳麓书社，2000。
④ （唐）杜牧著、张厚余解评：《杜牧集·阿房宫赋》，193页，太原：山西古籍出版社，2004。
⑤ （唐）杜牧著、张厚余解评：《杜牧集·阿房宫赋》，193页，太原：山西古籍出版社，2004。
⑥ （东汉）班固：《汉书卷五十一·贾山传第二十一》（第8册），2332页，北京：中华书局，1962。

持禄取容，黔首振恐。"①胡亥本想通过此举树立权威，但是此种做法只能使其成为孤家寡人，加剧秦国政局的动荡。

第三，横征暴敛。秦王嬴政虽然过度使用民力，但是由于个人的权威、将相的辅佐以及对政权的牢牢掌握，还能保证对朝廷对政局的掌控。但是，胡亥即位后，扩建骊山墓、阿房宫，不断出巡示威、寻欢作乐，进一步搜刮民脂民膏，使社会矛盾和阶级矛盾极端尖锐，更使秦国政权摇摇欲坠。

——刘庆东、葛明岩：《法家文化与秦朝的兴亡》，载《晋阳学刊》，2011年第4期

资源8：秦始皇吞并六国后，面对新的社会力量，秦国没有建立一种可以广纳人才的制度和管道。新增的社会力量一旦无法融入政权中，便会滋生不满情绪，而这些人或是六国贵族，或是侠义之士，在当地都极具政治影响力。吕不韦辅政期间曾主张实行"义战"，但随着其下台，这一思想没有得到贯彻。统一过程中，秦始皇对六国贵族的态度极其严酷。例如，灭赵国时，秦王嬴政亲赴邯郸坑杀了一批与之有仇的贵族；灭魏国时，则杀了投诚的魏王假以及诸公子；灭燕国，杀死太子丹，并通缉其门客；在齐国，诱降齐王建后，又将其活活饿死。对此，六国贵族极为愤恨。统一中原后，秦始皇对原六国贵族实行严厉打击政策和较为单一的处理方式，例如迁徙、降为庶人甚至奴仆、严格监视、控制等。这样，原本就对秦国不满的六国贵族就更加不满于现状。所以，当陈胜、吴广举起反秦大旗之后，不久就出现了许多由原六国贵族势力领导的反秦队伍。

——刘庆东、葛明岩：《法家文化与秦朝的兴亡》，载《晋阳学刊》，2011年第4期

资源9：秦统一六国后，饱受战乱之苦的百姓亟需休养生息，而秦始皇却背道而驰，不断大兴土木和发动对外战争：征匈奴、筑长城、戍五岭、修驰道、建宫殿、造坟墓……而隐藏在其后的是百姓的赋税与劳役。据记载，仅匈奴一战，蒙恬即率军30万人，"暴师于外十余年"②；仅阿房宫、骊山陵墓工程就长期使用七十万以上劳力。为了维持国库开支，秦国不得不加重杂税和徭役。著名历史学家范文澜先生曾说："秦时全中国人口约两千万，被征发造宫室坟墓共一百五十万人，守五岭五十万人，蒙恬所率防匈奴三十万人，筑长城假定五十万人，再加其他杂役，总数不下三百万人，占总人口百

---

① （西汉）司马迁：《史记卷六·秦始皇本纪第六》（第1册），268页，北京：中华书局，1959。
② （西汉）司马迁：《史记卷八十八·蒙恬列传第二十八》（第8册），2566页，北京：中华书局，1959。

分之十五。使用民力如此巨大急促，实非民力所能胜任。"①为了保证赋税、徭役和兵役的征发，秦国实行了更为严酷的法治，据统计当时仅在咸阳城附近修筑各类工程的刑徒就达70余万。因此，统一后不到十年，就出现了"天下苦秦久矣"②的呐喊。

——刘庆东、葛明岩：《法家文化与秦朝的兴亡》，载《晋阳学刊》，2011年第4期

资源10：假使秦始皇果真坑杀儒生四百六十余人，秦末汉初非孔姓的儒生肯定有人会讲述此事。然而事实是：曾做过秦博士，到汉文帝时还传授今文《尚书》的伏生；任过秦汉两代博士的叔孙通；在秦汉两代以教授《诗》闻名的浮丘伯；秦时为御史入汉当丞相的张苍，这些人谁也没谈论过秦始皇坑儒的事情。特别值得提出的汉初儒学巨子贾谊，他写的那篇脍炙人口的政论文《过秦论》，专门批判秦始皇的过失，里面说秦始皇"废先王之道，燔百家之言，以愚黔首。堕名城，杀豪杰，收天下之兵聚之咸阳，销锋镝，铸以为金人十二，以弱天下之民"③，根本没谈坑儒之事。这些事实，不能不令我们对秦始皇坑儒说法的真实性产生疑问。

率先讲出"焚书坑儒"用语的，是西汉前期经学家孔安国。依张舜徽《汉书·艺文志通释》中说法，孔安国乃孔子十二世孙。相传孔壁所藏古文经书尽归孔安国。他作《尚书序》，说："及秦始皇灭先代典籍，焚书坑儒，天下学士，逃难解散，我先人用藏其家书于屋壁。"④又作《古文孝经训传序》，说："逮乎六国，学校衰废，及秦始皇焚书坑儒，《孝经》由是绝而不传也。"⑤秦汉之际，非孔姓名儒都不讲坑儒，而孔安国一再讲坑儒，这对笔者的猜测是个支持，秦始皇坑儒的故事十有八九是孔鲋编造的。

——马执斌：《"焚书坑儒"辨》，载《中华读书报》，2010-02-24

资源11：一切政治须立足于现实。客观地说，秦始皇统治下的秦帝国政府，并非没顺应时势做出转变，在统一后产生的一切国策，无不是为解决现实问题而制定。于经济制度改革中，秦政府的建树还不小，如规范了长度、面积、体积和重量的标准，统一

---

① 范文澜：《中国通史简编》（修订本第二编），18页，北京：人民出版社，1949。
② （西汉）司马迁：《史记卷四十八·陈涉世家第十八》（第6册），1950页，北京：中华书局，1959。
③ （西汉）司马迁：《史记卷四十八·陈涉世家第十八》（第6册），1963页，北京：中华书局，1959。燔（fán），焚烧。镝（dí），通"镝"，箭镞。堕（huī），通"隳"，毁坏。
④ （西汉）孔安国传：《尚书序》，见（清）严可均辑：《全汉文卷十三》，126页，北京：商务印书馆，1999。
⑤ （西汉）孔安国：《古文孝经训传序》，见（清）严可均辑：《全汉文卷十三》，127页，北京：商务印书馆，1999。

了货币的单位等，这些都为经济发展带来了长足的进步。然而，这样做还远远不够。原因在于，还有更多的社会实际问题有待解决，而对应出现的政治措施大多既不治标又不治本。

以经济为例，基于我们已知的土地国有制及授田政策，统一后的土地分配，就会成为一个巨大的难题，即已有的土地无法承载依照既定土地制度进行的分配方式。

土地，这最为重要的生产资源，是一切经济的载体，无论是对于个人还是国家，都是安身立命之本。对于其制定政策制度，若不秉承着谨慎的态度，出现大的经济问题自是在所难免。秦统一六国后，对于过去的土地制度及政策并未做大的改变和调整，仅仅统一了各地田亩丈量制度，这于解决实际问题来看是远远不够的。六国旧址上，人口密度迥异，地区经济形式差异巨大，盲目执行秦制定于战国时期的土地制度，可以说既罔顾现实又缺乏前瞻意识。

——北地舞人：《秦非亡于暴政：无法平衡阶层利益引发起义》，

载《领导文萃》，2010年第13期

资源12：关于秦朝灭亡于哪一年的问题，现今出版物上有公元前206年和公元前207年两说。它们到底谁对呢？

新版《辞海》附录《中国历史纪年表》中《秦纪年表》下面有一条注释，说："子婴八月即位，十月即降于刘邦，秦以十月为岁首，故列在公元前206年栏内。"[1]这条注释对我们有启发。我们查阅《史记·高祖本纪》，内有"汉元年十月，沛公兵遂先诸侯至霸上。秦王子婴素车白马，系颈以组，封皇帝玺符节，降轵道旁"[2]的记载。这段记载行文上有毛病。"汉元年十月"是"汉王元年十月"的意思，刘邦灭秦时，称号是"沛公"，既然是"沛公"，怎么能用"汉王"纪年呢？司马迁是汉朝人。他写《史记》习惯用汉纪年情有可原，但他此处行文的毛病，却给后来治史的人带来了麻烦。唐代学者张守节看到这一点，在《史记正义》中说："沛公己未年十月至霸上。项羽封十八诸侯，沛公封汉王，后刘项五年战斗，汉遂灭楚，天下归汉，故却书初至霸上之月。"[3]秦二世皇帝三年，甲午，八月，中丞相赵高杀二世皇帝胡亥，立胡亥侄子婴为秦王。九

---

① 辞海编辑委员会：《辞海》（1999年版彩图本），5570页，上海：上海辞书出版社，1999。
② （西汉）司马迁：《史记卷八·高祖本纪第八》（第2册），362页，北京：中华书局，1959。
③ （西汉）司马迁：《史记卷八·高祖本纪第八》（第2册），362页，北京：中华书局，1959。

月，秦王子婴设计杀死赵高。十月，刘邦入咸阳，子婴降，秦朝灭亡。秦王子婴在位仅46天，因秦制以十月为岁首，故秦灭亡已在乙未年。查《新编中国三千年历日检索表》，秦朝灭亡的乙未年十月初一日是公历公元前207年11月14日，整个十月都未出公元前207年。秦朝灭亡于公元前207年是确实的。

——马执斌：《秦朝灭亡于哪一年》，载《历史学习》，2002年第Z1期

资源13：军功贵族与官吏的矛盾由来已久，很大程度上可以理解为本土派与外来客卿人士的争斗。秦自穆公以来就有重视外来人才的传统，商鞅变法后，君主更将山东来秦人士看作是自己争取的对象，形成一大批"主卖官爵，臣卖智力"[①]的职业官吏。这些人不似贵族有根深蒂固的势力，没有向君主挑战的实力，他们是君主权力的忠实守护者，忠实地执行着国家的大政方针不敢有丝毫的懈怠。君主需要的正是这样的一群人，在朝堂上对他们的建议言听计从。贵族很是不甘，在围绕谁能取得君主的信任上双方私下里斗得激烈。廷议上有关分封还是郡县上双方互有说辞，希望君主能够听从自己一方的建议，朝着有利自己权势的方向发展。毕竟，在分封制下贵族是专政一方的诸侯，官吏连进出入政府的机会都可能没有。在现有的官僚体制下，贵族则受制于官吏，被剥夺了行政参与权，官吏则获取很多原本属于贵族的权力，成为君主之外的最大赢家。他们可以通过积劳累进获得权势，信奉地位决定贵贱，人生在于选择。二世的即位将贵族与官吏的平衡打破，官吏可以利用二世的信任在二世对军功贵族猜忌的有利时机做文章。李斯就认为遇有良机而不会去把握才真的会"天与不取，反受其咎"[②]，在这样的认识基础上才促使了他最终和赵高站在了同一阵线上，致使沙丘政变的成功，也正是这样的价值取向使他太计较得失，一直将家放在了国的前面。在利益的当口和赵高再度联手杀掉蒙氏，酿成了贵族和官僚集团的大分裂。

——王义全、徐益：《秦亡的内部原因剖析》，载《贵州文史丛刊》，2008年第4期

---

① （战国）韩非子：《韩非子第十四卷·外储说右下第三十五》，132页，长沙：岳麓书社，2015。

② （西汉）司马迁：《史记卷八十九·张耳列传第二十九》（第8册），2580页，北京：中华书局，1959。

"文景之治"

学术引领

　　西汉文、景两代君主以个人品格和治国智慧，在承继汉初政策的基础上，实行了一系列政治、经济、文化、民族政策等方面的改革措施。两代君主统治四十余年间，政局稳定，经济发展，垂范后世，史称"文景之治"。以"资治"为宗旨的中国传统政治史观，将"文景之治"看作典型的"治世"，"文景之治"已经成为一个代表政治成功的特殊文化符号。综述学术界的研究成果，厘清"文景之治"出现的历史原因、基本内涵及其他相关问题，对于深入地进行课程学习和探究，具有重要的意义。

一、"文景之治"的由来

　　王子今在《唐人历史意识中的"文景之治"印象》（载《人文杂志》，2004年第5期）一文中指出，对于"文景时代"的赞美，自汉代已经见诸史书。"至今上即位数岁，汉兴七十余年之间，国家无事，非遇水旱之灾，民则人给家足，都鄙廪庾皆满，而府库余货财。京师之钱累巨万，贯朽而不可校。太仓之粟陈陈相因，充溢露积于外，至腐败不可食。众庶街巷有马，阡陌之间成群，而乘字牝者傧而不得聚会。守闾阎者食粱肉，为吏者长子孙，居官者以为姓号。故人人自爱而重犯法，先行义而后绌耻辱焉。"[1]司马迁的这段评价包括了在政治层面和文化层面上对"文景时代"的赞美，今人多引此语以证明汉初经济恢复的成功和社会生活的富足。从现有历史记载和历史评论的相关资料看，明确的"文景之治"的说法，很可能最早出自唐人笔下。白居易在《才识兼茂明于体用科策》中提到："虽成、康、文、景之理，无以出于此矣。"句中的"理"，原意当为"治"，是为避唐高宗李治讳而作"理"。"文景之治"被看作一种理想政治的标尺，唐人对"文景之治"尤其是汉文帝的执政成就特别推重。唐人对汉文帝的颂扬，很可能和中国传统历史意识中喜好古今比附的习惯有一定关系，如汉代帝系中，汉文帝被尊为"太宗"。

二、"文景之治"的背景

钱穆在《秦汉史》（55～60页，北京：生活·读书·新知三联书店，2005）一书中剖析了"文景之治"的背景，对自高祖至吕后二三十年社会情态的变化进行了研究。钱穆指出，汉初的与民休息，历经高帝、孝惠、高后，前后二十三年（自高祖五年至吕后八年），社会顿呈活气。因民间种种事态之向上与改变，使汉廷政治不能不改变其宽简安静之初制，以与社会情态相因应。当时的内外之情态主要有以下三个方面：首先，民间经济之复苏，带来商人阶级之兴起及其奢风。汉初因政治宽简，一任社会事态自为流变，以至于经济复苏之过程中，不免连带而来之敝患。最显著的是新商人的崛起，而形成资产之集中和不均，因此又导成社会奢侈之习风。商人兼并农民土地十分严重，农民的生计则极端贫困，这些可在贾谊、晁错等人的奏折中得到证明。社会这样畸形发展导致大量贫困农民自卖为奴隶或逃亡，贵族公卿蓄奴现象十分兴盛。其次，诸侯王之骄纵，横逆最著者莫过于吴王濞。亡命游侠之徒，诸侯王往往招致养匿，相结为奸，如吴王濞招天下逃亡的人铸钱，淮南王刘长聚集其他诸侯的人和逃跑的罪犯安置家室，赐予爵位田宅。这些已威胁到朝廷的

---

[1]（西汉）司马迁：《史记卷三十·平准书第八》（第4册），1420页，北京：中华书局，1959。

尊严，使中央虽欲守其宽简之初政而不可能。最后，外患之凌逼。北有匈奴骄塞如故，时侵边塞，南有南粤王赵佗，自称身定百粤之地，带甲百万有余。以上情形都逼使统治者转移其方针。

泮水在《文景之治管窥》（载《理论学刊》，1992年第6期）一文中认为，"文景之治"的时代背景主要有以下五个方面的特征：其一，人民渴望休养生息。"汉兴，接秦之弊，诸侯并起，民失作业，而大饥谨。凡米石五千，人相食，死者过半。……天下既定，民亡盖藏，自天子不能具醇驷，而将相或乘牛车。"①长期的战乱之后，经济凋敝，人民渴望休养生息。"百姓新免毒蠚，人欲长幼养老"②，迫切要求社会安定。其二，惩戒亡秦教训。秦末农民战争推翻秦王朝的现实，给汉初统治者以深刻的印象。刘邦时期，陆贾率先从理论总结秦朝灭亡的原因。至文帝时，"将相皆旧功臣，少文多质，惩恶亡秦之政，论议务在宽厚"③。总结亡秦教训，几乎成为汉初政治家思想家的主要议题。其三，统治者规定了与民休息的政治方针。刘邦采取复员士兵、招回流亡、释放奴隶、减轻租税、鼓励增殖人口等措施以恢复和发展社会生产。恢复和健全国家机器，铲除异姓王的割据势力，对匈奴和亲，以安定社会秩序，为与民休息准备了较好的条件。其四，汉初实行了清静无为的黄老政治。刘邦死后，惠帝即位，不久丞相萧何也死去，曹参继为丞相后，提倡无为政治，"举事无所变更，壹遵何之约束"④"萧规曹随"成为历史佳话。其五，统治集团上层趋于稳定。刘邦剪除异姓诸侯王，分裂势力基本上打了下去。刘邦死后，吕后临朝称制，分封其侄子吕产、吕禄等为王，诸吕擅权。吕后去世，大臣周勃、陈平等"共诛诸吕"，汉文帝在他们拥戴下登上政治舞台。汉初统治集团上层一度存在的深刻矛盾得以解决，开始出现清和气象。

三、"文景之治"的基本内涵

"文景之治"的治国大政方针，是这一现象最核心的内容，涉及政治措施、经济

---

① （东汉）班固：《汉书卷二十四上·食货志第四上》（第4册），1127页，北京：中华书局，1962。
② （东汉）班固：《汉书卷二十三·刑法志第三》（第4册），1097页，北京：中华书局，1962。蠚（hē），指蜂、蝎子等用毒刺刺（人或动物）。
③ （东汉）班固：《汉书卷二十三·刑法志第三》（第4册），1097页，北京：中华书局，1962。
④ （东汉）班固：《汉书卷三十九·曹参传第九》（第7册），2019页，北京：中华书局，1962。

措施、民族政策、治国理论等方面。

（一）政治措施

1. 团结内部稳定政局

艾声在《汉文帝与"文景之治"》（载《探索》，1986年第5期）一文指出，高祖老臣联合刘氏宗室起兵诛灭诸吕后，因代王"仁孝宽厚"[①]而拥立其为帝。这决定了文帝上台之初政治根基的脆弱，能否得到老臣支持是巩固统治的关键。文帝登基后第一件事就是论功行赏，优待重用高祖老臣。他任陈平为左丞相，加封食邑三千户，赐黄金两千斤，升周勃为右丞相，加封食邑万户，赐黄金五千斤，灌婴为太尉，加封食邑三千户，赐黄金两千斤。这样文帝获得高祖老臣全力支持，汉王朝中央的统治初步巩固。由于汉文帝继承皇位非名正言顺，故文帝又大力安抚刘氏宗室、诸侯，使他们乐于承认文帝的统治，安居封国，从而保证了汉朝中央对诸侯国的控制。此外，文帝也对原代王属官加以重用，将他们安插在中央要害部门。以上政治策略较好地协调了汉文帝同高祖老臣、汉氏宗室及原代王属官的关系，故这三部分人都一致拥护汉文帝。得到统治阶级各阶层的拥护，内部的团结巩固，保持了政局的长期稳定，为"文景之治"的形成奠定了政治基础。

2. 注重君道家风

王健在《汉文帝时期的朝政制衡与施政精神》（载《咸阳师范学院学报》，2007年第5期）一文中认为，汉文帝遵循儒家和黄老治道传统，标榜道德关切和理性践履精神，致力追求明君贤主的德治业绩。从颁布的诏书中可以窥见汉文帝丰富的精神世界和治政思想。天命与天道思想，是中古政治的思想基础和为政的价值归宿。在文帝诏书中，首先值得注意的，是其对于天命天道的敬畏态、自省立场和对君道、吏治的道德关切。还可以发现，文帝诏书"多惧词"，诏书充满了谦恭自责的冲和态度。这种政治风格绝非一见，而是贯穿于其生平数十篇诏书之中。例如，文帝在诏有司举贤良文学士时说："今朕获执天子之正，以承宗庙之祀，朕既不德，又不敏，明弗能烛，而智不能治，此大夫之所著闻也。"[②]《除肉刑诏书》："今法有肉刑三，而

---

① （西汉）司马迁：《史记卷九·吕太后本纪第九》（第2册），411页，北京：中华书局，1959。
② （东汉）班固：《汉书四十九·晁错传第十九》（第8册），2290页，北京：中华书局，1962。

奸不止，其咎安在？非乃朕德之薄，而教不明欤！吾甚自愧。"①赵翼曾对文帝、元帝等汉帝诏书做过评论，他认为："虽出自继体守文之君，不能有高、武英气，然皆小心谨畏，固多蒙业而安。"他又进一步引申道："两汉之衰，但有庸主而无暴君，亦家风使然也。"②这种家风的开启，正与汉文帝对黄老、儒家君主伦理的身体力行有着紧密关系，从某种意义上也可以说是汉文帝开创了这种家风。

3. 约法省禁废除苛法

翦伯赞在《中国史纲要（上）》（增订本，75页，北京：北京大学出版社，2006）一书中指出，文景时期，在法律方面也有一些改革。文帝废除了汉律中沿袭秦律而来的收孥相坐律令，缩小了农民奴隶化的范围。文帝、景帝又相继废除了黥、劓等刑，减轻了笞刑。这个时期许多官吏断狱从轻，但责大指，不求细苛，所以有"刑罚大省，至于断狱四百，有刑错之风"③之说。

孙家洲在《文景之治》（载《光明日报》，2007-03-01）一文中指出，文景时期非常重视法律制度建设，文帝废除了几个著名的酷苛的法律，即肉刑、诛连刑、诽谤法与妖言罪。文帝对于诛连刑的废止意义特别重大，在中国古代推行已久的诛连刑，不仅以惩治乃至于从肉体上消灭犯罪者本人为目的，而且要通过大肆的诛戮来强调违反国家刑法所造成的可怖的局面，这并不是一种理性的东西。文帝第一次下诏书让群臣协商废止诛连刑，遭到陈平、周勃等老臣的反对。他第二次下诏，一定要废除诛连刑。汉文帝表现出的这种理性精神，甚至可以认为是一种人文精神。此外，汉文帝在刑制改革上还有两点难能可贵：其一，他承认国家的法律有"不正之法"。一个皇帝能够从这个角度提出国家现行的法律制度中有"不正之法"，害民之法，这是很不容易的。其二，在法律的指导思想上，汉文帝还提出了一个原则，就是"罪疑者予民"，是中国古代文明相当值得自傲的一个方面。

（二）经济措施

1. 轻徭薄赋厉行节约

翦伯赞在《中国史纲要（上）》（增订本，74页，北京：北京大学出版社，

---

① （东汉）班固：《汉书卷二十三·刑法志第三》（第4册），1098页，北京：中华书局，1962。
② （清）赵翼：《廿二史札记卷二·汉诏多惧词》，18页，北京：中华书局，2008。
③ （东汉）班固：《汉书卷二十三·刑法志第三》（第4册），1097页，北京：中华书局，1962。

2006）一书中指出，文帝、景帝统治时期，继续"与民休息"，社会经济逐步发展。文帝重视农业，十三年（公元前167）下诏全免田租；景帝元年（公元前156）复收田租之半，即"三十税一"①，并成为汉朝定制。文帝时，丁男徭役减为"三年而一事"②，算赋也由每年百二十钱减为四十钱。长期减免田租徭赋，对地主有利，但也促进了广泛存在的自耕农民阶层的发展。西汉初年"大侯不过万家，小者五六百户"；到文景之世，"流民既归，户口亦息，列侯大者三四万户，小国自倍，富厚如之"③。户口繁息的迅速，就是自耕农阶层得到发展的具体说明。

甄喆实在《秦的覆亡与文景之治》（载《求是》，2003年第3期）一文中指出，文帝采纳了贾谊《治安策》中倡导俭朴之风的主张，以整肃官风为重点，制定了一系列的制度和措施。例如，郡县罢献、侯国罢贡制度的确立；列侯一律回封地就食制度的确立，宫省郎员、官府吏员的数额裁减和中枢警卫部队的解散；皇家苑囿一个个碾平散为农田，御用的马匹转给驿站；还有官员俸禄的调整，廉吏要求的规定，公车制度的整顿，以及倡俭抑奢法令定期向民众宣讲的举措；等等，无不体现了对制度保证作用的重视和依靠。汉文帝本人以身作则，处处"以示敦朴，为天下先"④。如著名的"露台之议"，他的爱妾慎夫人"衣不曳地，帷帐无文绣"⑤等。太子（即汉景帝）在他的教育和要求下，自小养成了俭朴的品性，使得文帝开创的俭朴之风，在景帝时期得以继续。

2. 纵民铸钱开关去传

艾声在《汉文帝与"文景之治"》（载《探索》，1986年第5期）一文中指出，文帝虽强调以农为本，但他对工商业不再限制，采取宽容和放任发展的政策。其一，"纵民得铸钱、冶铁、煮盐"⑥。私人铸币的大量流通促进了冶铜业发展，适应了商品生产、商品交换迅速发展的需要。大规模盐铁生产使产品质优价廉，满足了人民对

① （南朝·宋）范晔等：《后汉书卷一下·光武帝纪第一下》（第1册），50页，北京：中华书局，1965。
② （东汉）班固：《汉书卷六十四下·贾捐之传第三十四下》（第9册），2832页，北京：中华书局，1962。
③ （东汉）班固：《汉书卷十六·高惠高后文功臣表第四》（第2册），527页、528页，北京：中华书局，1962。
④ （西汉）司马迁：《史记卷十·孝文本纪第十》（第2册），433页，北京：中华书局，1959。
⑤ （东汉）班固：《汉书卷四·文帝纪第四》（第1册），134页，北京：中华书局，1962。
⑥ 王利器校注：《盐铁论校注（定本）·错币第四》（全二册），57页，北京：中华书局，1992。

食盐的需求，有利于铁工具的改进和推广。优质铁工具的推广，提高了生产力的水平，从而又推动了整个社会经济的发展。其二，"通关梁，不异远方"①它为商业的大发展创造了条件。长期以来，关卡通行证制度严重阻碍了长途贸易的发展，影响着国内统一市场的形成。文帝十二年三月诏令"除关无用传"②。开关去传后，"富商大贾周流天下，交易之物莫不通，得其所欲"。商品流通广泛，从而促进了商业的发展，也促进了各地农业、手工业的发展。

（三）民族政策

邱成岭在《论中国古代民族政策观——以文景之治、贞观之治和康乾盛世时期为例》（载《内蒙古财经大学学报》，2015年第2期）一文中认为，汉文帝即位时，边塞上出现了汉与南越、匈奴的紧张关系。南越统治者赵佗发兵于边，为寇不止。汉文帝反对战争，主张民族和睦和边塞安定。他不用战争来制止战争，而是谋求和平。对南越，妥协和讲义并重，答应赵佗提出的"求亲昆弟，请罢长沙两将军"等不失原则的要求，并表示和平的愿望。对匈奴，即使非要用武力不可，民族冲突以后，也力争与匈奴化为兄弟。"朕与单于皆捐往细故，俱蹈大道，堕坏前恶，以图长久，使两国之民若一家子"③。降附后，设置属国，让内徙的少数民族，在不改变其原有部落组织形式、生产方式和生活习俗的前提下，接受汉朝的统治。汉文帝善用以退为进，以守为攻的政治智慧和策略。在主观态度上，"吾不敢为主而为客"，表明要求和平的诚意，少节外生枝，使战争升级。在策略上积极防御，使南越和匈奴感到巨大的威胁。汉景帝刘启即位后，继续坚持汉文帝的民族政策，使西汉民族团结，国家强大。

孙玉良在《西汉文景盛世》（61页，郑州：河南人民出版社，1998）一书中指出，汉文帝对待匈奴的政策，一是继续和亲，仍以宗师之女下嫁单于；二是加强边防守备，不采取主动出击；三是一旦匈奴来犯，相机迎击，而不发兵深入。这些具体防御措施，较吕后时的消极屈膝政策，有很大进步，起到一定积极效果。从匈奴致文帝书中也可以看出，昔日冒顿单于不可一世的骄妄之气为之一扫，主动提出和解的要求。

---

① （西汉）司马迁：《史记卷十·孝文本纪第十》（第2册），436页，北京：中华书局，1959。
② （东汉）班固：《汉书卷四·文帝纪第四》（第1册），123页，北京：中华书局，1962。
③ （西汉）司马迁：《史记卷一百十·匈奴列传第五十》（第8册），2903页，北京：中华书局，1959。

而汉文帝致冒顿单于的书，有理，有利，有节，较过去硬气许多。因此，在这种形势下的和亲政策，双方都抱有诚意和善意，缓和的气氛也就多了几分。至后元六年（公元前158），军臣单于撕毁和亲之约，重开边衅，指挥6万骑兵，分别大举进攻上郡、云中，杀掠众多无辜边民。汉文帝立刻调兵遣将，沿边布防坚守，设置三将军，驻屯京师长安城以北，并使烽火接连到长安，随时掌握边疆军情，令匈奴无隙可乘，迫使其退回驻地。

（四）治国理论

林剑鸣在《秦汉史》（263页，上海：上海人民出版社，2003）一书中指出，自汉高祖刘邦死后，到汉武帝即位之前，西汉统治阶级奉行"无为而治"的黄老政治。它既不同于法家的一味严刑酷罚，也不赞成儒家的繁文缛礼。所谓"无为而治"乃是立足于"无为而无不为"的原则，为政"宽缓"并非放弃刑罚，与民休息更不是放弃剥削。只是把刑罚和剥削限制在社会可以接受的范围内，从而使社会得以休养生息，达到恢复和发展生产的目的。汉初政治的一个特点就是顺民之情与民休息。这种统治方式的理论依据，就是道家的"因"。这在黄老学说中是一个重要概念，所谓因即因应、因循。这种学说在政治上的运用，一是因故事成法，对过去的制度不加改动，再者就是遵循客观形势，在原来的基础上稍加变化。汉初的一切制度和政策，都是依据这一理论原则制定和执行的。

王子今、方光华在《中国历史·秦汉魏晋南北朝卷》（47页，北京：高等教育出版社，2002）一书中认为，无为而治的思想，当时曾经占据着正统的地位。成书于武帝初年的《淮南子》一书，可以作为汉初思想的总结，其中所谓"漠然无为而无不为，澹然无治而无不治也"阐述了这一思想原则，就应当"除苛削之法，去烦苛之事"，做到"上无苛令，官无烦治"。

但有学者对此持不同观点，如古永继在《"文景之治"非"黄老无为之治"》（载《惠州大学学报（社会科学版）》，1994年第2期）一文中指出，文景时的博士可考者十二人，除公孙臣习阴阳五行外，其余均为儒者。这些儒者博士侍于皇帝左右充当顾问，随时参与国家大政的议论和议决，以自己的学说和思想，对君主本人及朝廷政策的制定不断施加着影响。文景时期，在总的方针政策上，使"无为"逐渐走向了"有为"，很多国策出自于贾谊和晁错。在文帝推行的许多政策措施中，如重本抑末，发展生产轻民徭役；解除关禁；君待臣下以礼；调整封国政策；都晃动着贾谊思想的影子。而贾谊被视为汉代标准的儒者，后世儒者的楷模。晁错的影响主要体现在以下方面：守边备塞，改变御匈方法；重农贵粟，免除租税；削夺藩王封土，加强中央集权。晁错的思想则是儒术为主，法术为辅。"文景之治"实际产生于"与民休息"这一总方针的指导，而"与民休息"主张则诸家均有提倡，并非黄老一家所独有。如一定要说它是某家之治，只能说，它是以儒为主的"杂家"之治。把文景二人说成黄老信徒，把"文景之治"说成"黄老无为之治"，是与历史实际不相符合而缺乏科学根据的。

罗义俊在《文景之治与儒家思想》（载《杭州师范大学学报（社会科学版）》，2014年第1期）一文中认为，从学术思想性质上将"文景之治"概括和指称为道家政治"黄老政治"老子政治，是自清末夏曾佑首倡以来至今流行的一个观点，但它是一个见道不见儒的有漏之见，因此不能成立。从陆贾奏《新语》、叔孙通定汉仪到文景置经博士、缇萦上书案、文翁兴学以及《六经》异数的连接或组合，足以认证儒学在整个汉初的动势的全面复兴和历史发展，"文景之治"就处在这个动势的持续中。高帝称善陆贾《新语》和文帝经义断狱，标志着两汉儒学经世致用的开始。但"文景之治"的学术思想性质亦不能径直定性为儒家政治，因为这就犯了定性为黄老政治同样以偏概全的漏见错误，而黄老之学极盛毕竟是汉初的基本事实，凡事实都是不能漏掉的。应将黄老之学极盛与儒学全面复兴和发展这两个基本事实综合起来思考，始能给出合理的解释。汉初政治以及"文景之治"体现的是儒道并行的指导思想。"文景之治"与道家其实只是指导思想单项的、之一的关系；与儒家，则是社会、政治礼乐制度和思想的全面的关系。后者展开来说，也就是"文景之治"是在儒家"五经六艺"及"无为而治"思想参与指导下，在刘邦案堵如故的儒家伦理社会地基或底子上，在刘邦称善《新语》所奠定的儒家文治总轨道和《诗》《书》仁义总政策的基础上，在儒家设定的礼乐制度的架构和《经》博士为主体的学官教化系统中运行、实施和实现的。从指导思想双席位制上看，从"无为而治"为儒道互融共法上看，说儒道并治可，说道儒并治亦可。而从窦太后做主的人事上说，则可说道儒并治。但从"无为而治"的实施仁义内容言，从"文景之治"与儒家思想的全面关系加以综合而言，则当说儒道并治。

四、"文景之治"的局限

1. 薄税对地主商人更有利

翦伯赞在《中国史纲要（上）》（增订本，75页，北京：北京大学出版社，2006）一书中指出，一些看来对农民有利的措施，都对地主、商人更为有利。例如文景减免田赋，地主获利最大；入粟拜爵，也大有助于商人政治地位的提高。所以这些措施归根结底还是会助长兼并势力的扩展，加剧阶级矛盾。

高敏在《论汉文帝》（载《史学月刊》，2001年第1期）一文指出，文帝所实行的"十五税一"和曾经三度试行的"三十税一"的田租率，不过是一个征收田租的比率，而不是定额田租。在实际纳税的过程中，是按纳税者拥有土地的多少和每亩土地产量高低相结合的方式计算的。换言之，一家一户缴纳田租的多少，取决于两个因素：一是土地的数量，二是亩产量的高低。前者是个相对稳定的不变量，后者是因施肥多少和耕作勤惰等因素的不同而变化的可变量。基于前者，土地越多者，纳税量也越多，反之亦然；基于后者，劳动者施肥越多和越勤劳，亩产量也会随之增加，纳税量也会越多，反过来也是一样。对于一般的个体农户来说，拥有土地的量十分有限，他们只有靠多施肥和勤用力去提高单产。这样一来，按率田租法去缴纳田租，土地数量少所带来的好处是有限的，而由于多施肥、勤用力导致的产量增加所付出的田租量，会大大超过因土地少而获得的好处。反之，豪强地主土地多，自然通过低田租率所获得的好处也多；他们一般不直接从事生产，故通过亩产量的提高而多付的田租量落不到他们头上。于是，总的结果是：通过文帝减轻田租率的政策，主要获利者是豪强地主而不是农民。在这样的情况，必然使富者日富，而贫者日贫。豪强地主愈富之后，往往"役财骄滋，或至兼并"。土地兼并的结果，是富者田连阡陌，而贫者无立锥之地。

2. "轻徭薄赋"是以无为有

孙达人在《论文景之治的几个问题》（载《丽水师范专科学校学报》，1979年第00期）一文中从史料的真伪鉴别入手，对"轻徭薄赋"、十二年免征土地税等问题，提出质疑。他指出，查《史记》和《汉书》的《文帝纪》，找不到究竟文帝曾于何年何月下过轻减赋、役的诏令。再查裴骃、司马贞、张守节、颜师古等人均有关注文和杜佑的《通典》可知，直至唐代至少以治《史》《汉》和历代赋税、典章而著称的史家亦无人提出过这种说法。司马光和马端临在这个问题上作伪，这种说法就由微而著，终于为治史者所普遍接受。孙达人指出，最有"以无为有"说服力的是，1973年在湖北江陵凤凰山发掘的十号墓中的一百七十二条竹简和六方木牍，其中包括着文景之际征收赋役的宝贵资料。孙达人统计了关于市阳里的算赋收支账的释文，从市阳里以算为名的人头税征收账可知，从二月至六月的五个月内，农民被征赋达十四次，其中二月二次，三月三次，四月四次，五月三次，六月一次。仅仅五个月之内高达十四次，合计二百廿七钱。晁错所说的"急征暴赋，赋敛不时，朝令而暮改"[①]，是字字实录，没有一丝一毫的夸大。

3. 重大政策出现严重失误

隋喜文在《"天下大治"辨析——从文景之治看治世》（载《学习与研究》，1989年第2期）一文中认为，文景时期，由于朝廷的一些重大政策的严重失误，大大加剧了社会矛盾。最错误的一项决策是公元前175年，汉文帝"除盗铸令，民得自铸"[②]，下令允许民间随便铸钱。一般农民当然不具备采矿冶铸条件，因此这个规定只会对极少数富豪有利。当时贾谊、贾山都上书反对，但是汉文帝不采纳。同一年，汉文帝为了使其亲信邓通暴富，把四川的一座铜山赐给他，令邓通招工铸钱；又把豫章铜山赐给吴王濞，刘濞"招致天下亡命者盗铸钱"。由于邓通、刘濞大规模铸钱，造成"吴、邓钱布天下"[③]，其他富豪也跟着铸私钱，导致"奸钱日多"[④]，扰乱了正常的货币秩序。一些暴富者"因其富厚，交通王侯，力过吏势，以利相倾"[⑤]，形成一股政府花商人的钱，权贿勾结的黑暗浊流。吴王濞正是靠煮盐铸钱，"富埒天子"，扩张了势力，终于带头发动了叛乱。这场给社会和人民带来重大灾难，几乎危及中央政权的吴楚七国之乱，实与朝廷的重大政策失误有很大关系。

王彦辉在《试析"文景之治"的政策失误及其影响》（载《社会科学战线》，

---

① （东汉）班固：《汉书卷二十四上·食货志第四上》（第4册），1132页，北京：中华书局，1962。
② 原文为："除盗铸钱令，使民放铸。"见（东汉）班固：《汉书卷二十四下·食货志第四下》（第4册），1153页，北京：中华书局，1962。
③ 王利器校注：《盐铁论校注（定本）·错币第四》（全二册），57页，北京：中华书局，1992。
④ （东汉）班固：《汉书卷二十四下·食货志第四下》（第4册），1155页，北京：中华书局，1962。
⑤ （东汉）班固：《汉书卷二十四上·食货志第四上》（第4册），1132页，北京：中华书局，1962。

1994年第6期）一文中认为，文景时期，政策失误之一是奉行古法，不能因时宜有所更张。文帝碍于形势，更囿于祖宗成法，不仅没能有效地遏止已有王国势力的发展，反而继续进行分封，加上景帝所封，至七国之乱前汉中央的直辖地已由文帝初年的37郡减少至24郡。政策失误之二是片面强调稳定，坐失解决王国问题的良机。文帝初即位仅存五王国（其一为长沙王吴芮），这本是削夺诸侯王国的最好时机，文帝即使不能抓住转机压抑现存王国，终止同姓分封的旧制，亦应从机制上设法解决集权与分权的关系问题。及贾谊议"众建"，文帝不能持积极态度削夺王国权势，反而一味消极安抚，对称疾不朝的吴王刘濞姑息养奸，纵其从容进行二十余年的谋反准备。吴国叛势已成，文帝又拒纳晁错、袁盎等人的削藩之议、不去并齐（齐王则死无子）、淮南（淮南绝国已十年）地入汉，反而依贾谊计析齐为六、析淮南为三，这一滞后之举虽在日后减轻了诸侯叛军对朝廷的军事压力，但并没有避免所析国卷入叛乱。政策失误之三是对图谋不轨之王无原则地姑息纵容，助长其分裂野心。汉初王国权势虽盛，但政治上有汉置相国的掣肘，军事上无汉颁虎符诸王也不得擅发兵，只要朝廷对"不臣"之王态度强硬，措施得力，完全可以避免诸侯反叛所造成的政治动荡。但文帝恰恰采取了在"政宽"掩盖下的"纵容"政策，终于遗害后世。政策失误之四是文、景因循"无为"之规而不图改弦，使各级官府消极苟安；又选官多取刘邦旧人，"累日以取贵，积久以致官"①，使统治集团缺少积极进取精神。汉初黄老思想为休养生息政策的贯彻提供了必要的政治环境，历史作用不容抹杀。但政治上的"无为"也掩盖了各级官吏渎职怠工、纵人为奸的另一种倾向。

4. 汉文帝并非薄葬

黄宛峰在《汉文帝并非薄葬》（载《南都学坛（哲学社会科学版）》，1995年第1期）一文中指出，文帝遗诏的中心内容说的是不要"重服以伤生"，诏文的下半部分主要谈勿令天下臣民久穿丧服，久治丧事。"其令天下吏民，令到出临三日，皆释服。毋禁取妇嫁女祠祀饮酒食肉者"，"毋发民男女哭临宫殿"②。强调的是丧葬仪式从简。至于厚葬还是薄葬，在诏文中并未明示。文帝的淡泊生死实则表面文章，比较确凿的证据便是明代何仲默在《雍大纪》中所记载的，元朝至元年间（1291），"秋，灞水冲开灞陵外羡门，

---

① （东汉）班固：《汉书卷五十六·董仲舒传第二十六》（第8册），2513页，北京：中华书局，1962。
② （西汉）司马迁：《史记卷十·孝文本纪第十》（第2册），434页，北京：中华书局，1959。

冲出石板五百余片。"①这五百余片石板当然不是文帝墓中石板的全部。以石为棺椁，以防盗掘，正是为了厚葬其中。另外随葬"皆以瓦器"并非事实。霸陵和杜陵两座陵，西晋时被掘。据《晋书·索琳传》记载，西晋末年，战乱不已，长安以尹桓、解武为首的数千户饥民处于死亡的边缘，于是"盗发汉霸、杜二陵，多获珍宝。"②以至于愍帝惊奇不已。第三霸陵"不治坟"并不省工。在西汉后期的人看来，文帝的"不起山坟"是属于薄葬了，其实并非如此。霸陵是在白鹿原的原头斩原为崖，凿崖为墓的，这种墓穴的构筑较之堆土为陵，其费工费力的程度，由于西汉诸帝陵均未正式发掘，我们难以知晓，但霸陵的营作绝非易事则是可以断言的。它绝对不像一般所想象的"因山为陵"那样简单，这从文帝临终的遗命也可以推知。

微课设计

微课设计一："文景之治"——开明执政的典范

设计意图

通过引导学生研读史料，了解"文景之治"的背景、政策措施及影响，并初步理解"文景之治"体现的开明执政理念。

设计方案

一、"文景之治"的背景——汉初的艰难岁月

教师讲述：继秦而建立西汉王朝的统治者，对于秦王朝15年而迅速灭亡的教训

---

① （明）何景明：《雍大记（三十六卷）》，浙江汪启淑家藏本。霸陵，汉孝文帝刘恒陵寝，有时写作灞陵。灞，即灞河。因霸陵靠近灞河，因此得名。位于西安东郊白鹿原东北角，即今霸桥区席王街办毛窑院村，当地人称为"凤凰嘴"。2015年，陕西省考古研究院通过考古研究认为霸陵位于"江村大墓"。

② （唐）房玄龄等：《晋书卷六十·索琳传第三十》（第6册），1651页，北京：中华书局，1974。

是记忆犹新的，也是非常恐惧的。于是汉前期的统治者不得不改弦易辙，常常以秦的灭亡为反面教材，不断地提醒自己，要实行不同于秦王朝的统治政策。正是在总结秦亡教训的基础上，汉初统治者采取了诸多改进措施，推行了一系列的利民政策。

材料呈现：

材料一　汉兴，接秦之敝，诸侯并起，民失作业，而大饥馑。……人相食，死者过半。……自天子不能具醇驷，而将相或乘牛车。

　　　　——（东汉）班固：《汉书卷二十四上·食货志第四上》（第4册），

1127页，北京：中华书局，1962

材料二　陆生时时前说称《诗》《书》。高帝骂之曰："乃公居马上而得之，安事《诗》《书》！"陆生曰："居马上得之，宁可以马上治之乎？且汤武逆取而以顺守之，文武并用，长久之术也。昔者吴王夫差、智伯极武而亡；秦任刑法不变，卒灭赵氏。乡①使秦已并天下，行仁义，法先圣，陛下安得而有之？"高帝不怿而有惭色，乃谓陆生曰："试为我著秦所以失天下、吾所以得之者何，及古成败之国。"

　　　　——（西汉）司马迁：《史记卷九十七·陆贾列传第三十七》（第8册），

2699页，北京：中华书局，1959

教师设问：材料一反映的是西汉建立后面临的是一种什么样的状况？造成这种局面的原因是什么？

教师引导学生分析：汉初呈现一派残破的景象：百姓破产、粮食奇缺，人口耗减劳动力不足、经济萧条，百业凋零。甚至连天子出行都找不到四匹同样颜色的马，将相出行只能坐牛车。家家户户，内无积蓄，外无遮盖，一贫如洗。主要原因是秦朝的残暴统治和秦末农民战争以及楚汉战争的破坏。

教师设问：依据材料二分析，汉初高祖刘邦的治国策略发生了怎样的转变？

教师引导学生分析：刘邦及其功臣集团，大多为秦代的低层小吏，文化程度不高，特别是刘邦本人，不仅对"文能治国"的道理毫无所知，而且身上还带有许多下层社会的流氓气息。继续用武力治理打下来的江山，是他建国之初的指导思想。听了陆贾的言论，刘邦深有感触，命他总结秦及其他"古成败之国"的经验教训，

---

① 乡（xiàng），同"向"，假如。乡使：❶假设之词，假使；❷指驿史。

写成了著名的《新语》一书。对秦速亡的历史进行总结在汉初固然不只是陆贾一人，刘邦也不会仅仅因为陆贾的一番话就完全改变他的整个思想。但是，这段记载表明，汉初君臣也都在思考如何不重蹈秦王朝的覆辙。刘邦本人虽然文化素质不高，却不失为一代英才。善于适时调整策略本是他取得天下的重要原因之一，放弃"马上"治天下的思想，正是他顺应时代潮流的英明之处。

材料呈现：

材料三　夏五月，兵皆罢归家。诏曰："诸侯子在关中者，复之十二岁，其归者半之。民前或相聚保山泽，不书名数①。今天下已定，令各归其县，复故爵田宅，吏以文法教训辩告，勿笞辱。民以饥饿自卖为人奴婢者，皆免为庶人。"

——（东汉）班固：《汉书卷一下·高帝记第一下》（第1册），

54页，北京：中华书局，1962

教师设问： 依据材料三概括刘邦采取了哪些措施恢复经济稳定统治？这些措施会起到怎样的作用？

教师引导学生分析： 刘邦实行的政策主要有以下四个方面。第一，复原军队。天下大定之后罢兵归农，可谓一举两得，既减少了国家财政支出，使农耕经济复苏得到了最基本的劳动力，同时也满足了士兵希望回家安居乐业的愿望。第二，鼓励关东士兵定居关中。诸侯子即东方诸侯之子，"复"即免除徭役。当时关中由于长期战乱，导致人口严重不足，土地荒芜，京城夜缺乏拱卫，因此鼓励人们定居关中，以利于发展生产。第三，恢复秦朝百姓的故爵田宅。平民在战乱以前的身份地位以及私有财产的所有权，在回归故乡后，得到政府的全面承认，地方官不得歧视欺凌。战乱中逃亡的民众重新回归到政府控制之下，成为编户齐民。此令对稳定当时人心、发展生产都有好处的。第四，免奴为民。因饥饿而卖身为奴婢的释放为平民。高祖刘邦在长期战争社会动荡之后，实行的减轻人民负担，安定生活，发展生产，恢复元气的措施，从而达到恢复和发展经济、稳定统治的目的，称为"休养生息"政策。

教师引导学生小结： 由于以上措施和政策的施行，西汉的社会秩序基本稳定了，百姓安居乐业，只要假以时日，经济即可恢复发展。到惠帝、吕后统治时期，继续

---

① 名数，指户籍。

致力于恢复农业生产，稳定统治秩序，收到了显著的成效，整个社会"衣食滋殖"。西汉文帝、景帝相继即位后，又在此基础上进一步实施轻徭薄赋，与民休息的措施。在40年左右的时间里，政治稳定，经济上始终保持高速发展的势头，出现了中国古代社会第一次"治世"景象，史称"文景之治"。

二、"文景之治"的措施——黄老无为政治

材料呈现：

材料四　十三年春二月甲寅，诏曰："朕亲率天下农耕以供粢盛①，皇后亲桑以奉祭服，其具礼仪。"

——（东汉）班固：《汉书卷四·文帝纪第四》（第1册），

125页，北京：中华书局，1962

材料五　农，天下之本也。黄金珠玉，饥不可食，寒不可衣……其令郡国务劝农桑，益种树，可得衣食物。

——（东汉）班固：《汉书卷五·景帝纪第五》（第1册），

152～153页，北京：中华书局，1962

材料六　文帝重视农业，十三年（公元前167）下诏全免田租；景帝元年（公元前156）复收田租之半，即三十税一，并成为汉朝定制。文帝时，丁男徭役减为"三年而一事"，算赋也由每年百二十钱减为四十钱。

——翦伯赞：《中国史纲要》（上），75页，北京：北京大学出版社，2006

教师设问： 根据以上材料概括"文景之治"采取了哪些措施发展农业？

教师引导学生概括： 皇帝亲自耕田、皇后亲自养蚕以示天下；劝科农桑；免田租、轻徭役、减算赋。

教师讲述： 文帝即位后，生产虽为上升趋势，但国家仍无积蓄可恃，百姓仍处于半饥半饱之中，须继续推行休养生息政策。加之文帝身为庶出，久居封地，颇知民情。故此，汉文帝为进一步刺激农业生产对农民采取更加宽松的政策，多次下诏极力呼吁重视农业，并亲自率耕，以为天下先，鼓励人们从事农业生产。景帝即位后，继续着手完成文帝的未竟事业，令田半租，使"三十税一"成为定制，重农政

---

① 粢（zī），谷子，子实去壳后为小米；泛指谷物。粢盛（zī chéng），古代盛在祭器内以供祭祀的谷物。

策落到了实处；严防官吏扰民害农，不许官吏渔夺百姓；从事贱买贵卖的经商活动，如有违者以坐赃为盗论处；等等，真正做到了重视农业，轻徭薄赋。

过渡：轻徭薄赋的背后，是政府需要改变一种观念。要减少对百姓的赋税征收，就必须压缩政府的财政支出。上至皇帝，下至官僚，都必须倡导简朴之风。

材料呈现：

材料七　孝文皇帝即位二十三年，宫室苑囿车骑服御无所增益。

——（东汉）班固：《汉书卷四·文帝纪第四》（第1册），

134页，北京：中华书局，1962

材料八　年八十已上，赐米人月一石，肉二十斤，酒五斗。其九十已上，又赐帛人二匹，絮三斤。

——（东汉）班固：《汉书卷四·文帝纪第四》（第1册），

113页，北京：中华书局，1962

教师设问：以上材料反映了"文景之治"的哪些措施？

教师引导学生概括：节俭、恤民。

教师讲解：历代许多杰出的政治家思想家们，都把节俭作为兴家治国之道，而视奢侈为败家丧国之畏途。故极力提倡节俭，身体力行，建成千秋伟业。汉文帝以躬亲节俭、思安百姓著称于世，在古代社会享有盛名。汉文帝时代，由于经济的恢复，社会在追逐富贵的风气的影响下，已经出现了浮侈的苗头。贾谊较早提出浮侈世风危害的警告。汉文帝注意到相关现象"破业""伤生"的恶劣影响，特别注意以自身的简朴为官僚贵族做出榜样。汉文帝以身作则，处处"以示敦朴，为天下先"。太子（即汉景帝）在他的教育和要求下，自小养成了俭朴的品性，使得文帝开创的俭朴之风，在景帝时期得以继续。

材料八的纪事，表面上看似舛误，所赐大于所需，又非官府财力所及，给人以不实之感。但细绎其情，有完全可能：一是人生七十古来稀，在汉代八九十岁的老人凤毛麟角，万不得已，故此项诏令仅是象征性措施，没有多大意义；二是自战国以来，各国倡导法家主张，贵壮贱老，寡于亲亲之恩，怠于尊尊之义，致使世风浇薄，恩义断绝，并直接反映在统治者身上，屡有犯上作乱事件发生，严重危及统治秩序的稳定。因此，汉文帝推行孝亲养老政策，以德化民，醇化社会风气，强化统治基础。

教师引导学生小结： "文景之治"的主要措施有：重视农业，轻徭薄赋；提倡节俭，以身作则；重视"以德化民"。这些措施产生了怎样的影响呢？

三、"文景之治"的影响——家给人足新气象

材料呈现：

材料九　至武帝之初七十年间，国家亡事，非遇水旱，则民人给家足，都鄙廪庾尽满，而府库余财。京师之钱累百巨万，贯朽而不可校。太仓之粟陈陈相因，充溢露积于外，腐败不可食。众庶街巷有马，阡陌之间成群，乘牸牝者摈而不得会聚。①

——（东汉）班固：《汉书卷二十四上·食货志第四上》（第4册），

1127页、1135页、1135页，北京：中华书局，1962

教师设问： 从材料中可以看出，"文景之治"后国家出现了怎样的现象？

教师引导学生概括： 家给人足；粮食丰足；官府财政增加；马匹多了。

教师引导学生分析： 从材料中可看出，当时的社会政治清明，粮食丰足，财政收入增加，马匹增多，家给人足。这些描述比较形象具体地反映出"文景之治"所带来的民间经济生活富足和国家经济实力强大的社会效益。

教师引导学生小结： 西汉文、景二帝笃信黄老，轻徭薄赋、厉行节约、约法省禁、废除苛法、奖励生产、以清静不扰民为政策，因而促进了社会经济的较快发展，社会生活较为富足。历史上称这时期为"文景之治"，为汉武帝的文治武功打下了坚实的基础。"文景之治"的成功，美誉流于千载，成为历代治国守成的典范，千百年来一直为史家所瞩目。

✎ **设计点评**

"文景之治"是我国历史上有确切史料记载的第一个治世，受到历代史学家和统治者的推崇。本微课立足于史料教学，采用探究的学习方法，运用层递设问的方式，逐步揭示了"文景之治"的背景、措施和意义，从而使学生了解"文景之治"的开明执政理念。

---

① 牸牝（zì pìn），雌性牲畜，此处指母马。摈（bìn），排除、抛弃。"乘牸牝者摈而不得会聚"大意：乘母马的人被排斥不得与众人在一起。

微课设计二：神圣光环下的阴影——"文景之治"的局限

设计意图

通过引导学生解读史料，了解文景时期的失误和积弊，认识到"文景之治"并不是某些史家笔下的国富民安、歌舞升平的理想社会，培养学生用辩证的、历史的视角去观察和分析历史现象的意识和能力。

设计方案

一、"文景之治"光环的形成

材料呈现：

材料一　赞曰：孔子称"斯民，三代之所以直道而行也"，信哉！周秦之敝，罔密文峻，而奸轨不胜。汉兴，扫除烦苛，与民休息。至于孝文，加之以恭俭，孝景遵业，五六十载之间，至于移风易俗，黎民醇厚。周云成康，汉言文景，美矣！

——（东汉）班固：《汉书卷五·景帝纪第五》（第1册），

153页，北京：中华书局，1962

材料二　昔汉文帝称为贤主，躬行约俭，惠下养民。

——（晋）陈寿：《三国志·魏书卷二十五·高堂隆传第二十五》（第3册），

714页，北京：中华书局，1959

材料三　昔汉文帝据已成之业，六合同风，天下一家。

——（唐）房玄龄等：《晋书卷四十八·段灼传第十八》（第5册），

1342页，北京：中华书局，1974

材料四　文景酿化，百王莫先。

——（后晋）刘昫等：《旧唐书卷十四·本纪第十四（宪宗上）》（第2册），

436页，北京：中华书局，1975

材料五　昔汉文帝贤主也。

——（清）张廷玉等：《明史卷二百二十六·海瑞传第一百十四》（第19册），

5928页，北京：中华书局，1974

材料六　从现有历史记载和历史评论的相关资料看，明确的"文景之治"的说法，很可能最早出自唐人笔下。

——王子今：《唐人历史意识中的"文景之治"印象》，

载《人文杂志》，2004年第5期

教师设问：上述材料反映的是不同时代对"文景之治"的评价，这些评价有什么共同点？

教师讲述：后世对汉文帝的肯定和赞颂，屡见于史籍。"文景之治"的说法自唐代开始出现，并且地位不断提升。随着时间的推移，"文景之治"的评价赞美之词日益隆盛，甚至受到顶礼膜拜的程度。在有的史家的笔下，"文景时代"简直达到了民康物阜、共同富裕的理想世界。那么，"文景之治"真的是这样的完美吗？

二、"文景之治"的局限

材料呈现：

材料七　今农夫五口之家，其服役者不下二人，其能耕者不过百畮，百畮之收不过百石。春耕夏耘，秋获冬藏，伐薪樵，治官府，给繇役；春不得避风尘，夏不得避暑热，秋不得避阴雨，冬不得避寒冻，四时之间亡日休息……勤苦如此，尚复被水旱之灾，急征暴赋，赋敛不时，朝令而暮改。当具有者半贾而卖，亡者取倍称之息，于是有卖田宅鬻子孙以偿责者矣。①

——（东汉）班固：《汉书卷二十四上·食货志第四上》（第4册），

1132页，北京：中华书局，1962

材料呈现：

材料八　"江陵凤凰山十号墓出土的简牍，还明确记载了西汉文景时期农民的主要负担有算赋、田租、刍稿等（徭役未记）。""仅仅是关于农民所负担的田租、刍稿和算钱，还不包括繁多的徭役，但已充分反映西汉文景时期的农民所受的剥削是相当沉重。"

——陈振裕：《从凤凰山简牍看文景时期的农业生产》，载《农业考古》，

1982年第1期

---

① 畮（mǔ），同"亩"；繇（yáo），通"徭"。

教师设问：上述材料反映了什么现象？

教师引导学生分析：今天的学者随着考古资料的发掘也发现，在文景时期，农民的负担较前代有所减轻，但依然沉重，其形势绝不像后世史学家形容得那么好。古代社会的本质决定了一些带根本性的社会矛盾和问题是难以克服的。

材料呈现：

材料九　一些看来对农民有利的措施，都对地主、商人更为有利。例如文景减免田赋，地主获利最大；入粟拜爵，也大有助于商人政治地位的提高。所以这些措施归根到底还是会助长兼并势力的扩展，加剧阶级矛盾。

——翦伯赞《中国史纲要（增订本）》（上），75页，北京：北京大学出版社，2006

教师设问：翦伯赞是如何看待汉初的与民休息政策的？

教师引导学生分析：即便是"文景之治"最为亲民的政策减免田租，也是地主商人获利最多，一般农民老百姓依然贫困。文帝所实行的"十五税一"和曾经三度试行的"三十税一"的田租率，不过是一个征收田租的比率，而不是定额田租。在实际纳税的过程中，是按纳税者拥有土地的多少和每亩土地产量高低相结合的方式计算的。按率田租法去缴纳田租，土地数量少所带来的好处是有限的，而由于多施肥、勤用力导致的产量增加所付出的田租量，会大大超过因土地少而获得的好处。反之，豪强地主土地多，自然通过低田租率所获得的好处也多；他们一般不直接从事生产，故通过亩产量的提高而多付的田租量落不到他们头上。于是，总的结果是：通过文帝减轻田租率的政策，主要获利者是豪强地主而不是农民。在这样的情况，必然使富者日富，贫者日贫。

教师引导学生小结：文景时期的治世，是相对于其他天下动乱、朝政腐败的社会而言。如果不是用这种分析比较的方法，就很难判断它是治世。既不能苛求古人、苛求历史，也不能用片面性的观点去观察社会的治与不治；既不能认为天下大治就是社会上完美无瑕，不出任何纰漏和问题，也不能因为社会上出现一些矛盾和问题，就否认它是治世。要求治世如天堂般纯而又纯，圣光普照，历史上就没有治世，今后也不会有治世。只能用这种辩证的、历史的视角去观察和分析社会历史，包括观察和评断今天的社会，否则就会陷入绝对化，失之偏颇。

设计点评

文景时期社会安定，经济发展。毋庸置疑，"文景之治"是经历秦的暴政和战乱后的第一个治世。但中国传统历史意识中喜好古今比附，及厚古薄今，对"文景之治"推崇备至，虚美之词越积越厚。本微课通过呈现和探究学习"文景之治"后世之虚美，以及"文景之治"的真实性等相关材料，引导学生质疑，培养学生客观和全面地评价历史现象的能力。

教学资源

资源1：在中国古代史上，西汉前期的财经政策所起的作用和影响是很大的。一方面，它从政体上继承并调整了秦朝创立的封建中央集权制，克服了秦代极端专制的弊端；另一方面，又接受了秦亡于暴政的历史教训，反其道而行之，大力放宽财经政策，稳定民心，恢复和发展社会生产力，并同时以十分谨慎的态度，适度地处理内外的各种关系，使经济恢复工作能在一个比较安定的环境中进行，从而开创了"文景之治"，为西汉中期的文治武功奠定了充实的物质基础和巩固的中央集权，并为后世封建王朝树立了一个治国的范例。

——赵梦涵：《论西汉前期的财经政策与文景之治》，

载《石油大学学报（社会科学版）》，2002年第2期

资源2：文景之治的取得，关键就在于汉文帝、汉景帝尊崇儒家思想，行施仁政。《汉书·文帝纪》曰：文帝"专务以德化民，是以海内殷富，兴于礼义。"[1]文帝、景帝之所以能自觉地行施仁政，是深受儒家思想影响所致。仁政思想是儒家的政治主张。"仁"是儒家的一种含义极广的道德范畴，是其核心思想。《说文·人部》："仁，亲也。从人，从二。"《礼记·中庸》："仁者人也，亲亲为大。"人与人相亲相爱为仁。从人的社会意义上讲，儒家认为，只有具备仁义品德的人才是真正的人。否则，就是人形兽。故儒家一

---

[1]（东汉）班固：《汉书卷四·文帝纪第四》（第1册），1132页，北京：中华书局，1962。

贯主张人应仁义，人与人要以"亲亲为大"。孔子和孟子又将"仁"思想发扬光大。"仁"是孔孟之道的核心。孔子认为"仁"，就是"爱人"。因此，他要求每个人，特别是政治家做到"克己复礼为仁"。只要人人"克己复礼为仁"，天下就会"归仁"①。他指出如能"博施于民而能济众"②，不但做到了"仁"，而且达到了"圣"因为"夫仁者，欲立而立人，欲达而达人"③，"君子成人之美，不成人之恶"④，"己所不欲，勿施于人"⑤，"泛爱众，而亲仁"。只有行仁政，厚爱民众，方能邦宁人安，民富国强。孟子发挥孔子这一思想，明确提出了"仁政"主张。……儒家的仁政思想在两汉时期影响巨大。

——周兴春：《儒家的仁政思想与文景之治》，

载《山东师大学报（社会科学版）》，2000年第2期

资源3：虽说文景二帝提倡"清净无为"的治国思想，但是治国的过程并不清净，而是充满斗争。当时除了上述尾大不掉的诸侯王国势力外，还有拥有政治优势的汉初军功集团、桀骜不驯的巨族土霸和财力日益雄厚的商人三股势力，三者各有不同的政治经济基础。这些豪富占有大量财富，一方面使用成群奴婢，过着侈靡生活，消耗着大量的劳动成果，影响着农业生产；一方面疯狂兼并土地，逼迫大量自耕农破产流亡。耕地是农民的命根子，他们绝对不会轻易卖掉自家的土地，于是豪强们或利用水旱灾害，或勾结地方官，使农民穷于应付，不得不向他们借高利贷。然后豪强们就利用高利贷逼迫农民最终破产，夺取他们的土地。文景的薄税政策，更刺激了他们夺取农民土地的欲望。于是，在激烈的地被兼并下，大量农民破产沦为豪强的佃农或奴婢。当时国家的税收是三十税一，即收获量的3.33%，地主向佃农收取的地租率是什五，即收获量的50%，其差额也就是地主的受益达46.67%。国家的惠农政策，没有让农民得到好处，反倒养肥了一批批豪强。这也造成了社会秩序的动荡和阶级矛盾的日益尖锐，影响着国家统治的稳定。

——史卫：《薄税劝农，与民休息——文景之治》，

载《经济研究参考》，2009年第40期

---

① 张燕婴译注：《论语·颜渊第十二》，171页，北京：中华书局，2007。
② 张燕婴译注：《论语·雍也第十六》，83页，北京：中华书局，2007。
③ 原文为："夫仁者，己欲立而立人，己欲达而达人。"见张燕婴译注：《论语·雍也第十六》，83～84页，北京：中华书局，2007。
④ 张燕婴译注：《论语·颜渊第十二》，179页，北京：中华书局，2007。
⑤ 张燕婴译注：《论语·卫灵公第十五》，241页，北京：中华书局，2007。

资源4：对于西汉高帝、文帝、景帝、武帝四位名帝的历史影响，我们检索"二十五史"中《三国志》以后的文献，仅以"汉高祖"（"汉高帝"）、"汉文帝"、"汉景帝"、"汉武帝"称谓出现的频率而言，可以看到以下的情形：

	汉高祖（汉高帝）	汉文帝	汉景帝	汉武帝
《三国志》	9	7	1	11
《晋书》	22	7	1	20
《宋书》	27	16	11	46
《南齐书》		1		
《梁书》		1		2
《陈书》				1
《魏书》	40	4		19
《南史》		2		1
《北史》	7	6		3
《隋书》	16	1		14
《旧唐书》	18	16	3	21
《新唐书》	21	19	3	17
《旧五代史》		2		2
《宋史》	9	21	2	20
《辽史》	3			3
《金史》	7	5		1
《元史》	5	3		1
《明史》	11	6	1	8
《清史稿》	6	11		3
合计	201	128	22	193

史籍中多有"汉高祖""汉高帝"直称"汉高"，"汉文帝""汉景帝""汉武帝"直称"文帝""景帝""武帝"情形。因此这一统计是不完全的。如果承认以上数据在一定意义上可以作为参考资料，则似乎有必要指出以下事实：

（1）汉以后历朝对于西汉诸帝的总体历史印象，仍以"汉高祖"（"汉高帝"）和"汉武帝"最为深刻。

（2）其中，《宋书》卷三五《州郡志一》："淮南太守，秦立为九江郡，兼得庐江豫章。汉高帝四年，更名淮南国，分立豫章郡。""临淮太守，汉武帝元狩六年立。""山阳太守，晋安帝义熙中土断分广陵立。案汉景帝分梁以为山阳，非此郡也。"卷三六《州郡志二》："庐江太守，汉文帝十六年，分淮南国立。"叙说政区历史沿革，情形比较特殊。若排除此类情形，可以看到两《唐书》中"汉文帝"和"汉景帝"的出现频率骤然提升。

（3）《新唐书》中"汉文帝"出现的次数超过了"汉武帝"。

（4）以"汉高祖"（"汉高帝"）和"汉武帝"为第一组，以"汉文帝"和"汉景帝"为第二组进行比较，以上十九种史书中第一组与第二组的比率为394∶150即1∶0.3807。而两《唐书》中的这一比率为77∶41即1∶0.5325。这一分析也可以说明，在唐人的观念中，"汉文帝"和"汉景帝"的历史影响，超过了历朝平均水准。

（5）以上十九种史书中"汉文帝"和"汉景帝"出现的频率比为128∶22即1∶0.1719。两《唐书》中的这一比率为35∶6即1∶0.1714。两者大体相当。有理由说，在人们并称"文景"的时候，实际上更多的是对汉文帝的评说。从这一认识出发，以为对"文景之治"的赞美实际上是对汉文帝政治风格的肯定的判断，也许是有根据的。

……看来，"文景之治"的历史地位有逐渐上升的过程。南北朝时期，人们似乎还并没有把"汉文帝"和"汉景帝"看作"圣君"，以为"汉称文景，虽非圣君，亦中代明主"，谀美当政帝王，竟然有"道化逾于文景"之辞。大约至于唐代，"文景之治"在人们的历史意识中才具有了空前的"百王莫先"的地位。

——王子今：《唐人意识中的"文景之治"印象》，

载《人文杂志》，2004年第5期

资源5：文帝对骄纵跋扈的诸侯王纵容恣任，终于酿成数王反叛之祸。王国势力随着西汉政局趋向稳定，自文帝即位伊始就日益暴露出分裂割据的倾向。在政治上，一些诸侯王自为法令，僭越礼制，"虑亡不帝制而天子自为者。擅爵人，赦死罪"[1]；在经济上，甚者"招致天下亡命者盗铸钱，煮海水为盐"[2]，虽居"诸侯之位，而实富于天子"[3]；在社会上，游士宾客争往仕之，羽翼已成。由此可见，诸侯王国已从初封时的社会稳定力量质变为分裂割据力量，或"谋为东帝（如淮南王长）"，或"西乡

---

[1]（东汉）班固：《汉书卷四十八·贾谊传第十八》（第8册），2234页，北京：中华书局，1962。

[2]（西汉）司马迁：《史记卷一百六·吴王濞列传第四十六》（第9册），2822页，北京：中华书局，1959。

[3]（东汉）班固：《汉书卷五十一·枚乘传第二十一》（第8册），2363页，北京：中华书局，1962。

（向）而击（如济北王兴居）"①，一句话，王国问题已成为西汉内政中最大的隐患。

——王彦辉：《试析文景之治的政策失误及其影响》，

载《社会科学战线》，1994年第6期

资源6：通过"贵粟"政策，提高农民收入。农业的发展，使粮价大大降低，史载文帝时每石"粟至十余钱"。为了保证农民的收入，吸引农民重视农业生产，汉文帝君臣认为唯一途径就是提高粮食价格，对能够提供粮食者实行奖励。他们采取的策略是鼓励有钱人家购买农民的粮食，捐献给国家。对于能捐献粮食并运送到边境粮库的，国家按照捐献数额的不同赐予不同爵位，还可以赎罪。这样，边防要塞的粮食储备迅速充足了，接下来又进一步充实各郡县的储备。只要郡县储备足够一年所需，该郡县就可以免收农民田租。在这样政策的鼓励下，农民的收入保障了，负担减轻了，国家的储备也充足了。

——赵云旗：《从战乱到盛世：西汉"文景之治"41年——从秦到

清财政史探秘之二》，载《经济参考报》，2008-12-12

资源7：臣闻太宗以神武之姿，拨天下之乱。玄宗以圣文之德，致天下之肥。当二宗之时，利无不兴，弊无不革，远无不服，近无不和。贞观之功既成，而大乐作焉，虽六代之尽美，无不举也。开元之理既定，而盛礼兴焉，虽三王之明备，无不讲也。礼行，故上下辑睦；乐达，故内外和平。所以兵偃而万邦怀仁，刑清而兆人自化，动植之类，咸煦妪而自遂焉。虽成、康、文、景之理，无以出于此矣。

——（唐）白居易：《才识兼茂明于体用科策一道》，

见《白居易全集（卷四十七）·设策问制诰》，666~667页，

上海：上海古籍出版社，1999

资源8：……凡此，所以陆贾"每奏一篇，高帝未尝不称善，左右呼万岁"②，心悦诚服地接受了陆贾的儒家思想。儒家思想就此正式进入了政治顶端，直接指导与实现了汉初马上马下原则的思想转换和政策转变，开启了汉代乃至二千年传统政治的文治之局，奠定了汉初乃至汉代的政治和思想基础。儒家率先明白无误地成为汉

---

① （东汉）班固：《汉书卷四十八·贾谊传第十八》（第8册），2232页，北京：中华书局，1962。
② （西汉）司马迁：《史记卷九十七·陆贾列传第三十七》（第8册），2699页，北京：中华书局，1959。

初政治指导思想。

与进入庙堂之议相应，儒家思想逐渐居位学官系统。尚在高帝戎马倥偬之际，叔孙通已拜博士，称稷嗣君。博士而获尊号，显示可能是首席博士。而自其"定礼仪，则文学彬彬稍进，《诗》《书》往往间出"。拜为太常，掌宗庙礼仪，统领学官，追随叔孙通的诸弟子儒生皆获仕进，悉以为郎，儒家思想亦得时流布。汉廷对经学与学官的重视同时进行。至文帝，已置《诗》《书》《礼》三经博士①。景帝朝当仍之，史有明确记载为博士者，有齐《诗》专家辕固生，掌故晁错受太常遣从伏生受《尚书》还而累迁至博士。此外，齐人胡母生与董仲舒治《公羊春秋》为景帝博士，则其时《春秋》经亦置博士。古人所言不虚："爰及有汉，运接燔书……施及孝惠，迄于文景，经术颇兴。"②

兴学校行教化是儒家文治思想的基本内容及其实践首务。蜀郡守文翁兴学是一个典型事例。《汉书·循吏传》载，文翁通《春秋》为郡县吏察举。景帝末为蜀郡守，仁爱好教化，见蜀地僻陋有蛮夷风，乃选郡县小吏开明有才者张叔等十余人遣诣京师，受业博士。蜀生皆学业成就还归，文翁以为右职，用次察举，官有至郡守刺史者。文翁蜀郡兴学的典型性在于直接给出其时儒家思想复兴的深度与广度：由朝廷高层向地方吏一层的深入，由中央向边远地区的发展。

文景时期还有一个给出儒家思想历史发展深度的典型事例，是因缇萦上书案，文帝下《除肉刑令》。事见《汉书·刑法志》。文帝即位十三年，齐太仓令淳于公坐法系长安诏狱，其小女缇萦上书，诉其父治称廉平，愿以己没为官奴婢，以为父赎刑。书奏天子，文帝怜悲其意，乃引《诗·大雅》"岂弟君子，民之父母"③为依据，下《除肉刑令》，开两汉经义断狱之端。缇萦所循乃孝道，文帝所引经义为儒家伦理观念。

——罗义俊：《文景之治与儒家思想》，

载《杭州师范大学学报（社会科学版）》，2014年第1期

---

① 罗义俊：《汉文帝置三经博士》（中华文史论丛：第1辑），38页，上海：上海古籍出版社，1980。
② （梁）刘勰：《文心雕龙·时序第四十五》，279～280页，上海：大中书局，1932。
③ 陈节注译：《诗经·大雅·泂酌》，418页，广州：花城出版社，2001。

汉武帝

在中华文明形成关键期的秦汉时代，汉武帝是其中的伟大人物。思想上，他采纳董仲舒"罢黜百家，独尊儒术"的建议，通过多种手段强化儒家学说的独尊地位，确立了儒学在思想领域的正统地位。这不仅在维系国家统一方面起着巨大作用，而且对中华文明的形成也产生了深远的影响。军事上，汉武帝对匈奴积极进攻，成功解除了西汉长期面临的匈奴侵扰问题，基本奠定了中国的疆域版图，并开辟了被后世称之为"丝绸之路"的中西经济文化交流桥梁，对周边地区发展影响甚大。政治上，颁布"推恩令"以解除诸侯王对皇权的威胁，通过强化监察、打击相权和创设中朝等举措，不断提升皇权对政权的把控。经济上，基于解决财政问题而实施的一系列"新政"，为后世财经制度的规范化开创了先例。

一、尊崇儒学，定"汉魂"

1. 尊崇儒学的原因

从学术思想和政治互动关系的角度，王永祥、霍艳霞在《董仲舒"独尊儒术"功过论》（载《河北学刊》，1998年第4期）一文中指出，"独尊儒术"是历史的必然，是适应社会发展的需要才出现的意识形态领域的变革，也是社会历史作出的合乎规律的选择。秦汉时期政治统一要求思想学术的统一，统一思想成为统治者及当时学界的一致追求。此时，儒学通过不断改变自己的学术性格和内涵以适应现实，特别是董仲舒构建的理论体系从天道观的高度论证统治秩序的合理性。同时，儒学凭借西汉前期广泛传播和对上层统治者的影响，使维护皇权专制的儒学体系最终得到皇帝的认可。

滕福海在《董仲舒与"罢黜百家"》（载《广西大学学报（哲学社会科学版）》，2007年第5期）一文中认为，统一是秦汉时代的社会主题，思想学术的统一也势在必然。社会的统治思想是统治阶级的思想，尊儒大势非董仲舒或某一个人意志所能造就，是汉武帝时政治斗争、制度和思想建设的需要。以董仲舒为代表的儒家学者抓住这一历史机遇，不断改造儒术，使儒学更具实用性，这促使统治集团向儒家倾斜，选择以尊儒来统一思想。

从先秦学术发展脉络以及儒学本身学术特征探究，韦政通在《中国思想史》（上）（318～320页，长春：吉林出版集团责任有限公司，2009）一书中指出，一种学术，能化为现实的制度，"理"和"势"两种因素缺一不可。就"理"而言，儒家之所以能取得独尊地位的原因有三：一是孔子以六艺教人，六艺广含着整个上古文化的传统，可见儒学在中国思想界本来居于正统地位；二是儒家的六艺易为人所引申附会，对于不同的思想，有兼容并包的可能；三是儒学本身理论完密，内容丰富，非其他各家所能比。就"势"而言，先秦各家在周末几百年的演进中，没有一家产生那么多的重要继承者。从孔子到董仲舒的三四百年间，思想上一直有着显明的传承，这种传承越到后来越落实，适应性也越来越大。而且，一种思想发展到成熟阶段，并具有强大的社会功能后，统治者势必会承认其价值。

高伟洁在《儒风嬗变与儒术独尊》（载《河南社会科学》，2003年第5期）一文中认为，儒学自身在西汉前期的发展，即"儒风的嬗变"才是儒学地位跃升的根本原因。

"儒风嬗变"，一方面包括人，即儒家学者的价值取向、行为方式的变化；另一方面包括儒家学说思想体系、内容、风格的变化。战国秦汉之际政治格局的变革导致了儒家知识分子价值取向、行为方式的改变，而这种改变又带来了他们思想学说的嬗变。在这个连锁反应过程中趋向功利、皇权、等级、秩序则是基本方向。这种趋向具体表现为：统治术的变化——从"以礼理民"到"礼法并用"；人民性逐渐淡化——从"民贵君轻"到"三纲五常"；浓厚的神秘色彩——从"不语怪、力、乱、神"到"天人感应"。经过汉代儒家学者改造后的新儒学，大大迎合了统治者的口味，选择与统治者合作的儒家学派最终为统治者所选择。

吴全兰在《西汉儒学的意识形态化及其原因分析》（载《广西师范大学学报（哲学社会科学版）》，2012年第1期）一文中指出，儒学之所以能成为官方的意识形态并被广泛接受主要有几个原因：一是儒学的文化渊源最深远、社会影响最深广。在先秦诸子百家中，儒家学派是全面继承周朝文化传统的一个流派，它继承了周王朝的诗书礼乐的文化传统，因此与其他各个学派相比，它的文化积淀最深厚。二是儒学能为西汉的王权统治提供合法性依据。尤尔根·哈贝马斯说："合法性的意思是说，同一种政治制度联系在一起的、被承认是正确的和合理的……合法性就是承认一个政治制度的尊严性。"[1]为此，董仲舒提出"天命"论以论证王权统治的合法性，同时也强调君王造福亿万民众的责任和义务。三是儒家有助于维护君主权威和社会秩序。儒家非常重视"礼"，而"礼"有维护国君权威和社会秩序的特殊功能，所以统治者都非常需要礼制来维护和增强自己的权威，一般民众也需要"礼"来维护正常的生活秩序。四是儒学理论能在一定程度上解答当时的现实问题，大一统思想有利于结束藩王割据的局面，打击豪强势力。

韩兆琦、赵国华在《秦汉史十五讲》（177～179页，南京：凤凰出版社，2010）一书中指出，汉武帝之所以赏识董仲舒，接纳其"罢黜百家，独尊儒术"的建议，至少有两点不容忽视的原因：一是适应雄才大略的汉武帝积极有为的精神追求。汉武帝坐拥汉初积累下来的丰厚物质财富，有信心，有胆量，有气魄，渴望追求一切，征服一切，拥有一切，并将自己未来的角色定位于尧舜禹那样的圣王。为此，董仲舒构筑了一

---

① ［德］尤尔根·哈贝马斯（Jürgen Habermas）：《重建历史唯物主义》（修订本），郭官义译，199页，北京：社会科学文献出版社，2013。

个阴阳五行为架构的天人宇宙论。在解答天人关系时，董仲舒虽然认为天乃"百神之大君也"[1]，是宇宙间万事万物的最高主宰，但对人的主观能动性也给予了明确的强调，而这一理论恰恰正是汉武帝所需要的那种与其昂扬进取的政治姿态适应的思想学说。二是董仲舒论证了君权的神圣，论证了忠道孝道的合乎天意，满足汉武帝建立独裁政治的统治需要。董仲舒将君主的专制权力与社会的三纲秩序，安置于他所构筑的天人宇宙论中，"天子受命于天，诸侯受命于天子，子受命于父，臣妾受命于君，妻受命于天"。[2]董仲舒此举是从天地宇宙的高度论证了君权的神威不可侵犯，确认了等级秩序的神圣不可动摇。

另外，黄海涛在《略论汉王朝独尊儒术的原因》（载《鸡西大学学报》，2011年第1期）一文中认为，汉武帝个人偏好也对独尊儒术起了重要作用。汉武帝在还是太子时就深受其师儒生王臧的影响，即位初就大量起用儒生，并制诏贤良，崇儒更化。其次，儒学经过儒家学者的改造，也迎合汉武帝的需要，汉武帝要实现中央一统，公羊学就在《春秋》中发现了大一统；汉武帝要确立皇权的绝对地位，抗击匈奴，公羊学就从《春秋》中发现了尊王攘夷，复九世之仇之义；武帝要改变汉初以来的政策，公羊学就讲更化，讲《春秋》有新王必改制的理论。再者，儒学还满足了汉武帝的个人爱好，儒学中某些与神仙家相通的东西，受到汉武帝的高度重视，如封禅。

2. 尊崇儒学的措施

俞启定在《先秦两汉儒家教育》（137页，济南：齐鲁书社，1987）一书中指出，学校教育和选士制度的建立是独尊儒术的重要产物，儒学也正是通过教育和选士渗透到社会生活的各个方面，控制着人们的思想行为，使它在意识形态方面的独尊地位得以长期维系而不辍。

（1）兴办教育，使儒家独占官学讲席

俞启定在《先秦两汉儒家教育》（138～139页、141页、148～149页，济南：齐鲁书社，1987）一书中，依据司马迁《史记》卷一百二十一《儒林传第六十一》，得出汉代官方教育制度的正式建立是以汉武帝元朔五年（公元前124）为博士置弟子员为标志的。同时，还指出太学的建立标志着以儒家经籍为教学内容的官方教育的开

---

[1]（西汉）董仲舒：《春秋繁露新注·郊语第六十五》，298页，北京：商务印书馆，2010。
[2]（西汉）董仲舒：《春秋繁露新注·顺命第七十》，309页，北京：商务印书馆，2010。

始，太学的教师——博士都是精通一经的经师，且属于官方承认的经学学派。俞启定认为汉武帝兴学的重点是集中力量办好太学，地方郡国学校则处在原则性的号召层面，地方官学的兴办主要取决于地方财政状况和师资条件，以及地方长官的个人积极性。

刘良群在《两汉太学述论》（载《江西师范大学学报（哲学社会科学版）》，1996年第3期）一文中认为，武帝立太学后，博士的职责便以教授经学、考核人才为主。对于博士的选用，西汉"但以名流为之，无选试之法"[1]，即以明经博学闻名者充之，或被朝廷直接征召，或被同僚荐举、皇帝诏拜，或由他官迁任。总之，博士的必须"明于古今，温故知新，通达国体"，是公认的经学权威和明儒学、尊儒道的楷模，"否则学者无述焉，为下所轻，非所以尊道德也"。[2]

关于太学生学习的内容，程舜英在《两汉教育制度史资料》（103～104页、109页，北京：北京师范大学出版社，1983）一书中指出，太学生的学习，一般是跟随博士学习，主要向博士学习某一经或某一经一个学派的学说。同时，汉代太学的教学，以说经、互相问难、讨论经义等形式开展。两汉太学还非常注重考试，汉武帝时期，太学生每年有一次考试机会，考试方法主要有射策和对策两种，射策指的是由主试者提出若干问题，根据难易分成甲乙两等，再将题目写在纸帛上密封，由被试者随意抽取解答。对策则是由皇帝亲临考问。这两种考试的内容均以儒家经典为主。

关于地方郡国学校，程舜英在《两汉教育制度史资料》（131～132页、140页，北京：北京师范大学出版社，1983）一书中认为，汉武帝曾受蜀郡守文翁创立郡国学校的影响，命令天下仿效蜀郡立学官，但当时实际上地方官学还不普遍，后来在武帝设置博士弟子员，正式承认学官制度后，郡国学校才逐渐发展起来。同时，认为当时的郡国学校主要任务在于奖进礼乐，推广教化，是儒者的宣传机构，教授的主要内容是儒家的经术、文艺、仪节等。当然，汉代的地方官学不同于太学，并没有严格的正规的课程设置，随着地方的重视程度也时有兴废。

（2）诱以官禄，使儒学成为出仕敲门砖

俞启定在《先秦两汉儒家教育》（167页、169～170页、175页，济南：齐鲁书社，

① （元）马端临：《文献通考卷四十·学校考一》（全二册），384页，北京：中华书局，1986。
② （东汉）班固：《汉书卷十·成帝纪第十》（第1册），313页，北京：中华书局，1962。

1987）一书中指出，汉代选士制度的基本原则、理论及措施或出于儒家学说，或与儒家思想合拍，这决定了选士制度为儒家学者所大力提倡，并以儒家学者受益最多。同时，认为国家通过选士来确定贤才的标准，并以功名利禄奖励学有所成者，对教育具有重要的指导作用。根据马端临的《文献通考》卷二十八记载，"按汉制，郡国举士，其目大概有三：曰贤良方正也，孝廉也，博士弟子也。"①其中，"贤良方正"是地位最高的选士科目，而能占得优势的必须是精通儒家经术、善于论述治乱之道的学者。此外，选士科目还有秀才和明经，都是主要以儒家经术之士为选举对象的。

关于汉代太学博士的待遇，王凌皓、郑长利在《汉代太学教育管理述评》（载《北京科技大学学报（社会科学版）》，2000年第3期）一文中认为，太学博士享有较高的政治、经济待遇，博士地位很高，属于"高官厚禄"之爵。太学建有"博士舍"供博士居住，朝廷还为他们特别制作衣冠。朝廷又经常赏给博士酒肉"劳赐"，表示尊师重道。加之汉代太学博士负有参政、议政、奉使、巡行等职责，使得汉代太学博士因政治地位高、生活待遇优厚而成为受人仰慕的职位。同时，汉代统治者设立太学的根本目的是提高官吏素质，为此，汉代太学实行了养士与选材相结合的管理措施，将太学生的考试成绩直接与仕途挂钩，汉代太学通过组织重大的选拔考试，吸引学生潜心研究儒学经典。可以说，汉代太学既是培养人才的最高学府，也是选拔官吏的考试机关。

顾颉刚在《秦汉的方士与儒生》（33～37页，上海：上海古籍出版社，2005）一书中提到：儒家学说在西汉之所以得到重视，其中重要的原因在于西汉统治者需要儒家学者来构建新王朝的"礼仪"制度，以凸显皇权的尊严。同时，在对比秦始皇与汉武帝统一思想措施方面指出，秦始皇的统一思想是不要人民读书，他的手段是刑罚的裁制；汉武帝的统一思想是要人民只读一种书，他的手段是利禄的诱引。结果，始皇失败了，武帝成功了。而儒家学说因其提倡复古和承认阶级存在，被汉武帝定位国教，成为偶像得以维持两千多年，这深刻地影响了中国古代社会结构和人民的思想。

3. 尊崇儒学的影响

"罢黜百家，独尊儒术"对后世产生深刻的影响，主要有两种评价。

评价一：积极影响。张烈在《"独尊儒术"是历史的必然》（载《文史知识》，1985

---

① （元）马端临：《文献通考卷二十八·选举考一》（全二册），264页，北京：中华书局，1986。

年第9期）一文中指出，独尊儒术不仅在当时对加强中央集权，巩固统治起了重大作用，而且对后来历史也留下了深远的影响。儒家的一统思想在历史上对于维护国家的统一，一直起着积极作用。此外，在儒家的仁义思想影响下逐渐形成了中华民族特色的伦理道德观念。

李之喆《是统一，而非专制——重评汉武帝"罢黜百家，独尊儒术"的政策》（载《上海大学学报（社会科学版）》，1999年第3期）一文中认为，汉武帝的"罢黜百家，独尊儒术"的政策，造成了中国文化统一而非专制的局面。汉武帝为实行这个政策所采取的手段是温和的、合理的，所导致的结果也非思想文化的单一与窒息局面。儒学在中国古代社会思想文化领域内的主导地位是由儒学自身的特点以及中国文化的特性决定的。

白华在《汉代儒学官学化的动力及其影响》（载《甘肃社会科学》，2004年第2期）一文中认为，儒学官学化对中国历史有六个方面的积极影响：使中国古代士人地位较高，影响社会形成重视教育的普遍价值观念；使中国社会能有效地建立文官政治，避免了军人政权长期统治；儒学成功地哺育了无数浩气干云的民族脊梁，每每面临民族危难，总有士人挺身而出；儒学影响华夏传统文化的各个方面，渗透了古代社会生活的各个领域；儒学注疏章句之学培养了求证求实的学风；儒学创造了一套独特的思想传播系统，培植了古代教育的基本结构。

评价二：消极影响。翦伯赞在《秦汉史》（第2版，528～529页，北京：北京大学出版社，1999）一书中指出，独尊儒术是通过政权的强制手段结束百家争鸣的局面，形成儒学在古代中国思想界的一统地位并造成了中国古代社会长期的思想禁锢。自从董仲舒的建议批准以后，汉代初叶再生出来的一切文化思想，都要站在儒家学说的法庭之前遭受审判，判定其生存或宣布其死刑。儒家哲学变成了政治制度之最高的政治原理，成为了衡量文化思想之标准的尺度。一切与这种原理相冲突的古典的学说，即使比儒家学说含有更多的真理也要从头到尾被摧毁。从这一时代起，孔子便从诸子百家之中超升出来变成了东方世界之罗马教皇，而儒家哲学也就变成永恒不变的真理，谁要批判儒家哲学谁就是名教的罪人、文化的叛逆。

白华在《汉代儒学官学化的动力及其影响》（载《甘肃社会科学》，2004年第2期）一文中指出，儒学官学化所带来的消极影响，主要有以下五个方面：

第一，抑制其他学派的发展，使各个学派相互竞争、互补共荣的文化环境被破坏，导致战国时思想活跃、学术繁荣的局面在后世无法出现。

第二，在君主和国家权力的干预下，后世儒学逐渐丧失了原典儒学民主性的一面，以及早期儒者的浩然正大之气。

第三，儒学的经学化形成了传统文化崇古守旧的特质。虽然晚周诸子除法家外均有崇古倾向，但其他各家赞许的圣人多是寓言式的人物，其学理也没有制度上的支持，较难从制度上和心理上影响民众。经学化的儒家则形成从尧、舜、禹、汤、文武到周公、孔孟的一个天网恢恢、笼罩千古的道统。因此，两千多年来儒学的发展难出孔孟的框框，也难逾越他们的思想高峰。著述和言论引经据典，后世科举制度甚至用八股的格式把士人的思维和立言标准都用规则管理起来，严格的思想束缚和宋明理学的禁欲倾向，把社会钳制得万马齐喑，终至难以应付近代的社会巨变，而酿成社会转型时文化断裂的大危机。

第四，进一步强化了士人对政治权力的人身依附关系。士人成为权力系统的一部分，在体系之外道统制约政统的功能日渐削弱，其思维与行为特征日渐官僚化。

第五，由学术一尊到钳制言论、禁止异样的思维。独尊儒术不但造成百花凋零的文化格局，而且由于缺乏互补性的文化资源和良性批评的社会条件，统治集团被颂扬和谄谀所包围，形成了厌恶不同声音的文化专制主义。从秦代的焚书、汉明党锢到清代的文字狱，两千多年文祸不断，极大地斫丧了民族元气与民族创造精神。这种状况，是中国近代数百年落后于西方的一个重要原因。

韩青有在《中国科学技术在近代落后的原因》（载《自然辩证法研究》，1995年第11期）一文中认为，天下一统、中央集权专制导致了国家采用"罢黜百家，独尊儒术"的政策，而这项政策的实行直接阻碍了中国古代科学技术的发展。首先，"罢黜百家"使诸子百家成为被禁之列，结束了新学术、新思想的百花齐放、百家争鸣。如此，不仅新的科技学说难以出现，连已存的学派也逐渐衰落。其次，儒家重义轻利、重农轻商、藐视工商业，使工商业在当时社会地位极其低下。知识阶层不齿于投身工商，国家压制甚至掠夺商业和手工业。因此汉代以后的工商，尤其是商业不太发达，使工商业对科学技术的刺激作用大为减轻。最后，人们的思想被禁锢在儒学上，与儒家一致的理论可以研究和发展，与儒家学说不一致的观点则被作为反正统的谬论而被否定、被诛杀，甚至连研究者都有性命之忧，于是社会的学术思想趋于单一化及僵化。

二、外事"四夷"，定"汉疆"

1. 与匈奴的和战

白音查干在《论汉武帝对匈奴的征服战争》（载《内蒙古社会科学（文史哲版）》，1997年第5期）一文中指出，西汉王朝两百余年的历史过程中，汉匈关系基本表现为百年和亲与百年战争。西汉王朝对匈奴的军事反击便是开启于汉武帝时期。政策的转变原因主要有三点：一是西汉发展到武帝时期，汉匈力量对比发生根本变化，出现了西汉强匈奴弱的形势；二是专制主义集权制度本身不允许存在不服从或分庭抗礼的政治实体，尤其是中原王朝强盛和中央集权巩固的情况下；三是古代阶级社会本身不存在"平等"概念，每当中原势力强大时，常常迫使北方游牧民族服从其统治。

陈胜武在《汉武帝时期汉匈战争双方战略运用比较》（载《军事历史研究》，2011年第2期）一文中认为，汉武帝时期汉匈战争从战略上可以划分为三个阶段：第一阶段，汉朝实行战略反击准备和试探，匈奴逐渐丧失主动权。此时，汉武帝表现出战胜匈奴的雄心，但经验和信心不足导致接连受挫；而匈奴则由于军臣单于的战略短见，缺乏心理准备，没有及时转变与汉朝对抗的战略，进而逐渐丧失主动权。第二阶段，汉朝采取主动出击和避实击虚战略，利用间接手段取得了一系列辉煌胜利，但因急于寻求战略决战而损失惨重；匈奴战略失误频频，多次遭受重大失败，实力遭受极大削弱，不得不向西迁徙。第三阶段，汉朝在战略上先是消极防御，继而固守前一阶段寻求决战的战略模式，导致战略灵活性和创新精神的丧失，最终接连遭受挫败。匈奴则吸取前一阶段的教训，利用游牧民族具有的优势，采取灵活而实际的外交和军事战略，多次沉重打击汉军，极大地改变了被动局面，稳定了汉匈战局。此外，陈胜武指出，汉匈战争给双方的经济带来了毁灭性的破坏，最终导致匈奴的衰亡和西汉的衰落。

马勇在《汉武帝对匈奴政策新论》（载《中国边疆史地研究》，2004年第3期）一文中认为，汉武帝对匈奴的武力征伐，由于前后的战略目标不同，加之在战争过程中汉匈双方政治、经济状况的变化，前后征伐的效果也有所不同，大致可分为三个不同的阶段。第一阶段为元光二年（公元前133）至元狩四年（公元前119），在这一阶段中，汉武帝的战略目标是夺取河南地、河西走廊，并寻求同匈奴主力决战，以摧毁对方的军事力量。第二阶段为元狩五年（公元前118）至太初元年（公元前104），是汉匈双方以政治谈判为主的休战阶段。第三阶段为太初二年（公元前103）至征和三年（公元前90），其战略目标是继续以武力打击匈奴，以求最终征服匈奴。汉武帝在大规模用兵匈奴的同时，还利用设置于缘边郡县、安置匈奴降众的属国来"与单于争其民"①，对匈奴进行经济文化渗透以笼络、分化、瓦解匈奴。同时，指出西汉中期汉武帝利用属国来"与单于争其民"的政策是一种间接的经济文化渗透政策。

2. 与其他民族的关系

（1）经略西域

张安福在《汉武帝经略西域的策略研究》（载《史林》，2009年第6期）一文中指出，汉武帝的策略主要有以下两个方面：一是屯垦戍边，且战且耕。在攻击匈奴和经略西北边疆的过程中，武帝在西域开创了屯垦戍边的边疆经略措施，节省了大量的军事开支，减缓了西汉经略西北边疆带来的财政压力。二是持续攻略西域，但适可而止。经过财政改革与实施屯垦戍边策略后，增强了西汉争夺西域的能力，进一步拓展了西北边疆向前推移的空间。张安福认为，汉武帝经略西域奠定了西汉大国的地位，创造性地进行了西域经略模式的探索，在经略西域的基础上进行了国家管控财政的尝试，并开辟了影响世界的丝绸之路，其战略意义不可小视。

郭丽在《西汉时期的西域开发及其民族关系》（载《新疆社科论坛》，2006年第6期）一文中认为，西汉政权历经"文景之治"后，国家实力增强，到汉武帝时，汉民族逐渐强盛起来，有能力经营西域。而打击匈奴贵族对西汉边境的武装攻击和对西域各族人民的统治，是西汉政府和西域各族人民的共同愿望。西汉政府遂决定联络西域地区各民族，切断匈奴与羌人的联系，使匈奴丧失西域这一"粮仓"与兵员补给地。为了达到这一目的，西汉政府在西域地区因俗而治，实施宽松的民族政策，除了派遣少数管理西域事务的官吏外，仍然保留归附的西域各民族首领的王、长称号，由西汉王朝册封、颁发印绶，继续他们的统治，并在法律中给予优待。同时，西汉政府还大力推行移民实边的政策，自汉武帝始，西汉对西北边区"有数量可考的移民即达八十二万五千"②，大量汉族移民的进入影响了西域原有的民族构成。

---

① （西汉）贾谊：《贾谊新书第四卷·匈奴》，30页，上海：上海古籍出版社，1989。
② 葛剑雄：《西汉人口地理》，168页，北京：人民出版社，1986。

李大龙在《汉武帝"大一统"思想的形成及实践》（载《北方民族大学学报（哲学社会科学版）》，2013年第1期）一文中指出，汉武帝构建"大一统"王朝的计划具体实施于西域，时间始于张骞的第二次出使西域。汉武帝采取了一系列政策——武力征伐与"德化"。西汉王朝对西域先后采取了四次大规模军事行动，征服楼兰、姑师、大宛等国；并大规模派出使团，实施"厚赂"政策，此举不仅展示了西汉王朝的强盛，更是以丰厚的赏赐"德化"西域诸国，使其成为西汉王朝的"外臣"。

张倩在《汉武帝在西域的民族政策研究》（载《民族论坛》，2014年第5期）一文中，从三方面总结了汉武帝经略西域的政策：一是实施"促和亲"和"从其国俗"政策。汉武帝时期，乌孙是西域诸国中除匈奴外第二大强国。武帝元封六年（公元前105），乌孙王猎骄靡想要摆脱匈奴的控制，遣使向汉朝求婚。汉武帝将细君公主许配于乌孙王，并联合乌孙攻击匈奴取得成功，达到了断匈奴右臂的目的。同时，汉武帝还在西域采取"因其故俗"[①]，"以其故俗治"[②]的民族政策，尊重少数民族的风俗习惯，保留其社会制度。二是实施保丝路，施宽抚厚禄民族政策。汉武帝为了强化对丝绸之路的控制，除了以通婚的形式加强汉乌关系外，还对西域各国实行宽抚政策。而汉政府的宽抚赏赐，一定程度上拉拢西域各国统治阶级，这与匈奴在西域横征暴敛的做法形成了强烈的反差，这是西域各国衷心拥护西汉王朝的重要原因之一。三是实施屯垦戍边政策。武帝太初三年（公元前102），汉武帝派兵第二次伐大宛，途经轮台国，但是轮台拒绝提供给汉军食物，被攻城灭国。汉武帝顺势将轮台变成西汉在西域最大的屯田基地，以备战时军队和粮草的供应，也成为促使西域稳定的坚强后盾。

（2）经营西南

祁庆富在《两汉时代的西南夷》（载《历史教学》，1982年第2期）一文中指出，汉武帝在西南夷地区实施"初郡政策"，"初郡"即是汉武帝时期在两粤、西南夷地区设置的十七个郡，由于风俗等与中原地区差异较大，汉武帝实施比较特殊的"初郡政策"，内容包括：①"以其故俗治"。即任命原来少数民族的首领按本地区习俗去治理，如夜郎、滇、邛都、句町等族首领都受封为王；②"无赋税"。对于新设郡县

---

① （西汉）司马迁：《史记卷一百一十一·卫将军骠骑列传》（第9册），2934页，北京：中华书局，1959。

② （西汉）司马迁：《史记卷三十·平准书第八》（第4册），1440页，北京：中华书局，1959。

的地区，开始阶段免征赋税，初郡的官吏士卒所需，均由邻郡供给，这样减轻初郡地区的负担，对于政治上的稳定和经济上的发展都有好处；③"募豪民田南夷，入粟县官"①。即从内地招募豪民到开发较早的南夷地区屯垦，收获的粮食交给国家，再凭证据回内地国库支钱，以减少远距离的运输费用；④"开通道路"。汉武帝时期修筑和扩大通往西南夷地区的僰道、青衣道，这对加强西南夷地区和内地的政治、经济、文化交流起了很大作用。

程印学在《试论西汉对西南夷地区的经略与开发》（载《理论学刊》，2005年第5期）一文中认为，在西汉王朝经略和开发西南夷的过程中，有以下几点突出特点：一是以巴蜀地区作为经略开发西南夷的战略基地，这是中原王朝向西南夷地区用兵必经之道及传播先进文化的重要基地。二是极其重视道路的修建。大规模的官道修建，不仅满足了军事的需要，也大大推动了西南夷与中原地区的政治经济文化等往来。三是充分利用了中原王朝地大物博、人口众多、资源丰富的优势，对各个少数民族实施"利益驱动"，即以丰厚的赏赐吸引各族首领，争取他们的内属，自觉自愿地加入统一国家之中。

李正周在《两汉时期的"西南夷"民族政策》（载《烟台学学报（哲学社会科学版）》，2008年第2期）一文中指出，西汉王朝从四个方面加强对"西南夷"的管理。一是"厚赂"政策，这是武帝采纳了唐蒙的建议，即企图通过"厚赂"收买西南夷，尤其是夜郎，以利用夜郎的力量防范南越。二是武力统一政策，元鼎六年（公元前111），西汉王朝平定南越后，杀头兰、邛君等反汉西南夷贵族，以南夷地为牂柯郡、邛都为越巂郡、筰都为沈犁郡、冉駹为汶山郡、广汉西白马为武都郡。三是"故俗治"政策，西汉王朝在西南夷地区设郡县之时，从西南夷民族特点出发，实行了二元行政管理方式。一方面从内地派遣官吏对辖区内的诸民族进行管理，另一方面西汉王朝封西南夷各族内部原有的头领为王为侯，通过他们实现对少数民族的管理。四是徙民实边政策，汉武帝在西南夷地区实行徙民实边，并不只是为了"守边备塞"，而主要是为了就地扩大农业生产，以解决军民的粮食需要。这些政策在客观上有利于西南夷少数民族和汉族之间的经济文化交流，为增进民族融合提供了有利的条件。

---

① （西汉）司马迁：《史记卷三十·平准书第八》（第4册），1421页，北京：中华书局，1959。

3. 外事"四夷"的影响

安作璋、刘德增在《汉武帝大传》（302页，北京：中华书局，2005）一书中，对汉武帝外事"四夷"所产生的影响作了较为全面的论述。对当时而言，其意义在于勘定边患，特别是解除北方匈奴侵扰的问题。同时，通西域打通了中西经济文化交流的孔道，其意义不仅是从西方传入了一些物产、乐舞等，更为重要的是打开了一扇了解西方世界的窗口。对"四夷"来说，尽管无辜的百姓备受战争之苦，但在军事行动结束之后，中国内地先进的典章制度和思想文化便开始传入。中华文明在当时是东亚乃至全世界最先进的文明，中华文明传入"四夷"极大地推动了这些地区社会的发展，有些甚至是飞跃式的发展。内地先进文明对这些地区的影响是深远的。对后世来说，汉武帝开疆拓土，奠定了中国版图的基本框架。在统一国家内，各民族的政治、经济、文化联系更加密切。以汉民族为主体的中华民族成为屹立在世界东方的一个伟大的民族。

翦伯赞在《秦汉史》（第2版，176～177页，北京：北京大学出版社，1999）一书中指出，汉武帝的外事四夷，使得汉族在中国，像一个太阳，其他的种族，则像环绕这个太阳的一些行星。而当汉朝的军队出现在中亚，则使汉朝的文明光辉已经把西藏、青海除外之今日的整个中国照得通明，并且通过南山北麓之颈形的狭管，在天山南北射出它的光辉。这种光辉渐渐向中亚扩大它的照射，大约在里海、黑海之南，便与罗马共和国的光辉交光连采，呈现出一种奇异的美景。

三、强化集权，定"汉制"

1. 政治方面的集权

（1）打击地方割据势力

尚绪芝在《汉初对地方分封势力的打击及其影响》（载《社会科学辑刊》，2008年第5期）一文中认为，汉武帝注意用法律手段调整中央与地方的关系，出台了一系列限制和打击诸侯势力的法规。主要有颁布"推恩令"，使"众建诸侯而少其力"[①]的政策制度化；制定《左官律》，使诸侯不得私自任命官吏，别人也不得擅自仕于诸侯，以限制诸侯王网罗人才，防止他们从事非法活动；实施"阿党附益之法"，打击地方或中央官员

---

① （西汉）贾谊：《治安策》，见夏汉宁译注：《贾谊文赋全译》，41页，南昌：百花洲文艺出版社，1996。

勾结诸侯王的行为；实行酎金律，加强对酎金成色、斤两的要求，以此削弱诸侯国势力；制定《六察法》，严防郡守与地方豪强势力相勾结。这些法律手段对分封势力的成功打击使西汉王朝在政治、经济、文化、技术、思想、疆域、对外关系等诸多方面都取得了巨大发展。

邓瑞全、张振利在《略论汉武帝对封国的处置》（载《浙江师范大学学报（社会科学版）》，2008年第2期）一文中指出，一方面汉武帝使皇权与政权合而为一，以加强中央集权。他接受主父偃提出的削弱封国势力办法——"今诸侯子弟或十数，而適嗣代立，余虽骨肉，无尺寸地封，则仁孝之道不宣。愿陛下令诸侯得推恩分子弟，以地侯之。彼人人喜得所愿，上以德施，实分其国，不削而稍弱矣。"[1]同时，将新增的封国纳入中央控制的郡县之内，加强对其的控制。至此，汉武帝通过颁布"推恩令"，使中央集权制度得以加强，封国势力不再构成威胁。另一方面，汉武帝积极削弱列侯的政治势力和经济实力。他运用皇权操纵的法律作为对付列侯的武器，在政治上，"附益阿党"、预谋叛逆罪不容诛——安平侯因"遗淮南书称臣尽力"[2]，落得弃市下场；在经济上，严厉打击扰乱经济秩序的行为——慎阳侯"铸白金弃市"[3]；违反人伦常理也要科以重刑——曲逆侯"坐略人妻，弃市"[4]。对反逆行为和以下犯上等谋杀行为的严惩不贷，这无疑对那些觊觎皇权蠢蠢欲动的列侯起到了震慑作用。

宋加亮在《论西汉推恩制度的思想渊源——兼论西汉统治阶级内部达到和谐的代价》（载《湖南工业大学学报（社会科学版）》，2009年第1期）一文中，对"推恩令"作了如下评价：推恩制度是西汉"和谐政治"实践的一项突出成就，它以一种温和的方式适应了当时大一统皇权构建的需要，成功地解决了统治阶级内部的尖锐矛盾，使汉王朝摆脱了地方诸侯王"尾大不掉"的困境，成为后世解决该问题的典范。

同时，汉武帝还通过迁徙和诛杀两种手段，打击地方豪强大族。林跃宏在《试评汉武帝的人口移徙政策》（载《山西师大学报（社会科学版）》，1989年第2期）一

---

[1]（西汉）司马迁：《史记卷一一二·平津侯主父列传第五十二》（第9册），2961页，北京：中华书局，1959。

[2]（西汉）司马迁：《史记卷一一八·淮南衡山列传第五十八》（第10册），3083页，北京：中华书局，1959。

[3]（东汉）班固：《汉书卷十六·高惠高后文功臣表第四》（第2册），598页，北京：中华书局，1962。

[4]（西汉）司马迁：《史记卷五十六·陈丞相世家第二十六》（第6册），2062页，北京：中华书局，1959。

文指出，一方面，汉武帝实施长期移徙豪强地主的政策，迫使大量的豪强地主离开本乡本土，割断了他们在地方上的宗法关系和相互联络，遏制了他们势力的发展，打破了他们与地方上诸侯王国的勾结，削弱了诸侯王国与豪强地主的地方割据势力，收到了强本弱末的效果，加强了中央集权。另一方面，豪强地主等大土地占有者被迁徙时，只能携带动产，而无法带走土地等不动产，豪强地主的大量土地或被政府充作公田，或分给无地或少地的农民，缓和了这一时期由于土地兼并严重而引起的社会矛盾和社会危机。

赵沛在《汉武帝的豪强政策与地方豪族的士族化》（载《廊坊师范学院学报》，2002年第2期）中指出，到汉武帝时期，豪族势力的崛起成为地方统治的隐患，为此汉武帝改变了以往的地方政策，以多种手段压抑和打击豪强。第一，通过制度化的刺史制度，加强对地方政权与地方豪族势力的监控。元封五年，汉武帝设置刺史，以"六条问事"监督地方。"六条问事"中有两条直接与打击豪强有关——第一条是"强宗豪右田宅踰制，以强凌弱，以众暴寡"。第六条是"二千（石）违公下比，阿附豪强，通行货赂，割损正令也"①。可以看出，通过刺史制度，一来打击豪强在地方社会之势力，二来限制豪强向地方政权的渗透。第二，通过人治化的酷吏，实施对地方豪强的杀伐政策。这些酷吏手段严厉，刑罚酷烈，断狱果断，嗜杀成性，不畏权贵，秉持君王意志，沉重地打击了地方势力。第三，通过经济手段，对地方豪强施以釜底抽薪的政策。这一政策包括算缗、告缗令，盐铁专卖和均输平准等法，对富商大贾或直接经济剥削，或利用国家经营手段与之争利。通过一系列手段的打击，地方豪族被迫向皇朝的统一政治靠拢，出于独尊儒术的确立，豪族以研习儒术，从"明经入仕"进入皇朝政治，从而促使地方豪族向"士族"化转变。

（2）打击相权，提升皇权

孙家洲、王文涛在《制度变革与汉武帝盛世的造就》（载《河北学刊》，2004年第4期）一文中指出，汉武帝打击相权主要有三种方式：一是改变汉初丞相久任的常规，在六年之内，相继罢撤了三位丞相。并打破以列侯拜相的制度，任命布衣丞相，由于布衣丞相的职位完全来自皇恩赏赐，在面对皇帝时容易产生自卑心态，难以形成与皇权抗衡

---

① （东汉）班固：《汉书卷十九上·百官公卿表第七上》（第3册），742页，北京：中华书局，1962。

时必须具备的自信。二是诛杀丞相，抑制丞相在朝臣心目中的地位。汉武帝时先后有李蔡、严青翟、赵周、公孙贺、刘屈氂五位丞相被杀。三是新创设"中朝"机构，这是由皇帝所信任的人组成的亲随和秘书班子，掌握政策的决策圈。这也使丞相领导的"外朝"成为政策的执行者。如此一来，汉武帝时期的丞相只能从属于皇权，而不允许稍有制衡的可能。

乔国华的《汉武帝时期中朝形成过程简析》（载《历史教学》，2002年第2期）一文中指出，汉武帝亲政后为独揽大权，采取措施大力削弱丞相权力，将其逐渐排除出中枢决策的核心。为了填补由于丞相制度的衰败而带来的权力真空，他着手提拔一些出身低微，但具有一定才干的文人、近臣，通过授予他们侍中、给事中一类的头衔，给他们出入宫禁较大的自由，放手让他们参与处理朝政，而培植出一批立足于宫中，能与以丞相为首的原有朝臣分庭抗礼的内廷官员。

（3）强化对百官的监察

孙家洲、王文涛在《制度变革与汉武帝盛世的造就》（载《河北学刊》，2004年第4期）一文中论述了汉武帝为了强化对百官的监察，增设了司隶校尉和十三部（州）刺史。司隶校尉，主要监察京畿地区，甚至皇太子、三公也在其监察的范围之内。刺史则"以六条问事"，除了一条是监察地方豪强之外，其余五条都是针对高级地方官及其家属的不法行为。刺史在例行的巡查之后，依照制度要向中央报告各地官吏的政绩、政声，中央据以对相关官吏加以奖惩。为了防范刺史滥用权力，干涉地方官员履行正常的行政职责，又明确规定刺史不得越过"六条"之外问事。这样就可以使得行政机构和监察机构，各自按照规则运行。汉武帝时期的吏治较为清明，与强化对官僚队伍的监察密切相关。

牟元珪在《汉代地方监察制度的几个问题》（载《复旦学报（社会科学版）》，1990年第1期）一文中指出，汉武帝元封五年，"初置刺史部十三州分"[1]，除京师附近七郡外，把全国划分为十三个监察区域，称为十三部，每部置一刺史，假印绶，秩六百石，以六条察问郡国事。部刺史以每年八月巡行所部郡国，年底回京奏报。至此，刺史从临时性措施开始制度化和经常化。汉代的十三刺史部是在御史监郡基础上

---

[1]（东汉）班固：《汉书卷六·武帝纪第六》（第1册），197页，北京：中华书局，1962。

发展起来的，经历了监御史——丞相史——部刺史的发展过程，由"不常置"到常置，由非制度化到制度化的过程。

2. 经济方面的集权

汉武帝为解决财政问题，推行了经济方面的"新政"，这为国家财经制度及财经政策的改革和规范化开创了先河。

（1）统一铸币权

安作璋、刘德增在《汉武帝大传》（323页，北京：中华书局，2005）一书中指出，汉武帝针对货币进行了数次改革，其中最具成效的当属元鼎四年（公元前113）下令禁止郡国私铸钱，将天下钱币交由上林三官统一铸造。实施货币改革的结果，一是政府把全国各地的铜材收归中央，堵塞了盗铸的材料来源；二是三官钱的名义重量与实际重量一致，盗铸无厚利可图；三是制作技术高，质量好，私人无力盗铸。由此，朝廷基本控制了货币的铸造和发行，成为中国有史以来第一次将铸币权完全集中到中央，对稳定经济起了重要的作用。

张南在《略论汉武帝的货币改制》（载《阜阳师范学院学报（社会科学版）》，1987年第1期）一书中指出，汉武帝时期的货币改制是大一统政治的需要，服务于大一统政治。它成功的政治条件是中央政权的强盛，它的成功亦加强了中央集权。因此，汉武帝的统一货币政策为历代王朝所袭用。汉武帝的货币改制的直接目的是敛财，即"更钱造币以赡用"[1]。此外，汉武帝的货币改制还具有打击地方豪富的作用。

王应琪在《试论汉武帝统一币制成功的原因》（载《许昌师专学报（社会科学版）》，1992年第1期）一文中指出，汉武帝币制改革成功的原因有三：一是设置负责铸钱的专门机构"上林三官"，而能建立专业铸钱的庞大机构，聚集全国优秀工匠的只有国家才办得到，以致私人丧失与国家的竞争能力。二是上林三官所铸造的五铢钱是实钱，大小轻重合适，便于流通。三是国家不但垄断铸钱，而且垄断铜料。王应琪认为，汉武帝以经济手段为主，行政手段为辅，最终实现货币的统一。

（2）实行"三业"

实行"三业"指的是汉武帝为解决财政危机所实行的盐铁专营、均输平准、榷酒酤。

---

[1] （西汉）司马迁：《史记卷三十·平准书第八》（第4册），1425页，北京：中华书局，1959。

王子今、方光华在《中国历史·秦汉魏晋南北朝卷》(64～65页，北京：高等教育出版社，2001）一书中认为，官营盐铁，就是中央政府在盐、铁产地设置盐官和铁官，实行统一生产和统一销售，利润为国家所有。盐业官营是由在产盐区设置的盐官备置煮盐用的"牢盆"，募人煮盐，产品由政府统一收购发卖；铁业官营是由产铁区设置的铁官负责采冶铸造，发卖铁器。盐铁官营的实施，使得国家独占国计民生最为重要的手工业和商业的利润，以供皇室消费和巨额军事支出。此举，在没有增加人民赋税负担的情况下，大大充裕了国家的用度。这也是使西汉帝国的经济基础得以空前强固的有效经济政策之一。

晋文在《桑弘羊与西汉盐铁官营》(载《江苏大学学报（社会科学版）》，2010年第4期）一文中指出，在桑弘羊主政下，进一步扩大了西汉盐铁官设置的地区，生产规模亦得以迅速扩大。由于官营盐铁业的规模化经营，当时的冶铁技术得到很大的改进和推广。实行了盐铁官营政策，地方豪强和富商大贾便不得不停止盐铁业的经营。尤其对割据一方的诸侯王来说，这不仅将断绝他们最重要的经济来源，在很大程度上消除了他们借以招降纳叛、结党营私的资本，更可以极大地增强中央王朝的财力，为维护和巩固统一提供强大的物质基础。

王子今在《西汉均输制度新议》(载《首都师范大学学报（社会科学版）》，1994年第2期）一文中认为，汉武帝时代由桑弘羊主持推行的均输制度，挽回了政府严重的财政危局，为汉王朝军事政治的新成就创造了条件，而且为后世大规模运输生产的组织调度提供了可资借鉴的历史范例。平准，就是在京师设平准官，接受全国的各种积压物资，然后调剂有无，平抑物价，由官府控制贸易。均输，就是让远地方的郡国所交纳的贡赋按商贾贩运时的最高价折物，这样由于价高所折物相对少，运输费用相对低，与从近的地方所输贡赋的价值及费用相当。然则，这种缺乏监督机制下的均输平准制度，久而久之流于形式，变成了贪官奸商一体操纵运输及商品流通市场，导致小农经济加速破坏，农民被迫流亡。

余华青、张廷皓在《汉代酿酒业探讨》(载《历史研究》，1980年第5期）一文中认为，榷酒即是官府对酒类的专卖，这一政策始于汉武帝时期。这一政策的实行，在于汉武帝为了扩大财政收入，加强中央政府的财权，抑制和打击工商的势力而实行的一系列经济改革。从产品性质方面来看，酒类作为一种嗜好性饮料，汉时已成为社会日常生活中用途广泛的必需品之一；从生产条件方面看，酒类产品酿造简便，生产周期短，投资少，原材料来源充足，产区分布广泛；从流通条件方面看，酒类商品单位价格不高，销路极广，社会需求量极大，赢利甚厚。

3. 强化集权的影响

张跃在《汉武帝时期：中国封建专制制度的全面确立》（载《兰州大学学报（社会科学版）》，2008年第5期）一文中认为，在汉武帝通过加强中央君主集权的专制主义政治制度，推行中央集权的财经政策和官府垄断重要工商业的专制主义经济制度，实施"罢黜百家，独尊儒术"的专制主义思想文化制度后，确立的中国古代专制主义制度特色，成为一种制度完备、生命力顽强、绵延两千年不绝的古代专制主义制度模式。

朱延惠在《浅论汉武帝时期统治思想的转变》（载《武汉大学学报（人文社会科学版）》，2000年第2期）一文中指出，汉武帝采取的打击地方割据势力的举措，基本上结束了汉初以来诸侯王割据的局面。实行对地方官吏监察的刺史制度，使中央政权对地方政权的控制加强，使中央制定的各项政策得以切实贯彻实施。加强对财政经济的控制力度，限制和打击了诸侯王、豪强、富商大贾的经济势力，增加了中央政府的财政收入，加强了中央政权的经济实力，实现了"民不益赋，而天下用饶"[1]。从而，使汉帝国"大一统"的基础得到巩固。

洪煜在《评汉武帝》（载《史学月刊》，2001年第4期）一文中指出，汉武帝在位的五十余年是汉代的政治、经济、文化等达到鼎盛的时期，他顺应历史发展潮流，实施的一系列的政治、经济、军事、文化的改革措施使汉朝进入大发展时期，加速了历史前进的步伐，从而创造了古代中国辉煌的"西汉盛世"局面。

汉武帝时代，是一个辉煌的时代，一个彪炳史册、震铄古今的时代。汉武帝在思想、民族关系、政治与经济等各方面，实施了极其重要的措施，这不仅影响到西汉王朝的统治，也影响到中国历史的发展。通过学习本内容，有助于学生对汉武帝进行综合分析与评价，并掌握多角度评价历史人物的方法。

---

[1]（西汉）司马迁：《史记卷三十·平准书第八》（第4册），1441页，北京：中华书局，1959。

微课设计

微课设计一："文武之功"，雄才大略振汉风

✏️ **设计意图**

通过史料阅读，引导学生了解汉武帝在"文治武功"方面实施的一系列政策，并探究推行这些政策所产生的积极影响，认识汉武帝在中华文明发展中起到的积极作用。

✏️ **设计方案**

材料呈现：

世宗光光，文武是攘。威振百蛮，恢拓土疆。简定律历，辨修旧章。封天禅土，功越百王。

（译文：汉武帝的寝庙光明显耀，人们祭祀而怀念他的文治武功。他的声威震动百蛮，扩展开拓了汉朝的疆域。选择确定律管用来正音和修改历法，整理审核过去的典章。封泰山祭祀天神和禅梁甫祭祀地神，功绩超过了百代先王。）

——傅亚庶：《三曹诗文全集译注》，845页，长春：吉林文史出版社，1997

教师设问：这是曹植所作的《汉武帝赞》。诗中大力称赞了汉武帝的文治武功，认为汉武帝的功劳超越了前代所有的统治者。那么，汉武帝究竟有哪些"文武之功"，能受到如此高的赞誉呢？

一、独尊儒术，塑中华千古魂

材料呈现：

材料一　汉家庶事草创，加四夷侵陵中国，朕不得变更制度，后世无法，不出师征伐，天下不安。

——（北宋）司马光：《资治通鉴卷第二十二·汉纪十四（武帝征和二年，公元前91）》（第2册），726页，北京：中华书局，1956

材料二　《春秋》大一统者，天地之常经，古今之通谊也。今师异道，人异论，百家殊方，指意不同，是以上亡以持一统；法制数变，下不知所守。臣愚以为诸不在六艺之科孔子之术者，皆绝其道，勿使并进。邪辟之说灭息，然后统纪可一而法度可明，民知所从矣。①

——（东汉）班固：《汉书卷五十六·董仲舒传第二十六》（第8册），

2523页，北京：中华书局，1962

教师设问： 根据上述材料思考，汉武帝"独尊儒术"的原因是什么？

教师引导学生分析： 西汉建立之初，由于历经战乱，社会凋敝，民不聊生，所以汉初统治者以"黄老之术"作为统治思想，实行"休养生息"的政策。经过七十余年的休整，到汉武帝时，已经积累了丰厚的物质财富，但同时威胁皇朝统治的各种弊端也日益严重。此时，无为而治的"黄老之术"已不再适应统治者的需求，汉武帝为了巩固统治，急需改弦易辙。

同时，经过数百年的积淀与改造，儒家学说也得到极大的发展和丰富，尤其是"大一统"概念的提炼，与汉武帝加强中央集权的需求相一致。后经董仲舒得以阐述于汉武帝，最终使汉武帝决定"罢黜百家，独尊儒术"。

材料呈现：

材料三　兴学和选举是培养和选拔人才的措施，而独尊儒术则为培养和选拔人才确定了方向和标准，汉代教育制度，包括与教育制度密切相关的选士制度，正是在独尊儒术政策的指导下建立和发展起来的，又反过来巩固了独尊儒术的局面。

——俞启定：《先秦两汉儒家教育》，82页，济南：齐鲁书社，1987

材料四　自武帝立《五经》博士，开弟子员，设科射策，劝以官禄，迄于元始，百有余年，传业者浸盛，枝叶蕃滋，一经说至百余万言，大师众至千余人，盖禄利之路然也。

——（东汉）班固：《汉书卷八十八·儒林传五十八》（第11册），

3620页，北京：中华书局，1962

教师设问： 依据上述材料，找出汉武帝通过哪些方法来巩固儒家学说的"独尊"地位？

---

① 原文大意：不正确的邪说灭绝之后，纲纪才能统一，法令制度才能明确，民众才知道应该遵从什么。

教师引导学生分析：材料表明，教育和官禄利诱是巩固儒术的两大措施。汉武帝通过在中央设立太学，任命精通儒学经典的学者为博士官，专门传授太学生儒家经学。与此同时，汉武帝罢黜原有的诸子传记博士，使通晓儒家经典成为做官食禄的主要条件，从而确立了儒学和儒学经典的权威地位，致使儒家以外的诸子学说晋升之路日益衰微。

材料呈现：

材料五　统一思想，归本儒家，便是要使全国人有一致的信仰，让大家在相同的目标下，致力于共同的利益，所以统一思想有其必要的。……它给我们带来一个安详而有层次的社会，使我们的国家两千多年来始终能维持大一统的局面，不像面积与中国等大的欧洲，一直四分五裂，国家居然有二三十个之多，由这一点可以看出儒家文化的博大能容。它对国家的统一，民族的发展，有不可磨灭的贡献。

——李威熊：《董仲舒与西汉学术》，162～163页，台北：文史哲出版社，1978

教师引导学生分析："罢黜百家，独尊儒术"得以落实后，儒家学说地位日益彰显，达到了汉武帝为追求"大一统"而进行思想统一的目的。因此，儒家学说也成为古代统治王朝的正统思想。不仅维系着我们国家的统一局面，更是在国人的灵魂里注入了儒学的文化基因。

二、经略四方，基本奠定中华疆域

教师设问：公元前87年，70岁的汉武帝驾崩，经大臣商议，依据汉武帝的生平，确定其谥号为"孝武皇帝"。在我国古代，皇帝的谥号是极其考究的。"武"，意为"威强睿德"，之所以取其为谥号，相当部分原因是基于汉武帝的赫赫"武功"。汉武帝在位期间到底有哪些赫赫的"武功"？其又产生了什么影响？

1. 北伐匈奴，解除汉危

材料呈现：

材料一　为了巩固对河西走廊的占领，武帝先后在这里设置了酒泉（郡治禄福，今甘肃酒泉）、敦煌（郡治敦煌，今甘肃敦煌西）、张掖（郡治觻得，今甘肃张掖西北）和武威（郡治武威，今甘肃民勤东北）四郡。

……

元狩四年（公元前119），漠北之役开始。是年夏，武帝集结了十万骑兵，又召募了四万人马，由卫青、霍去病分领。……

……

……霍去病一路深入漠北二千里，遇上了匈奴左贤王的大军。霍去病挥兵出击左贤王大败，被俘被杀的官兵有七万多人。霍去病封狼居胥山，临瀚海（北海，今贝加尔湖）而还。

——安作璋、刘德增：《汉武帝大传》，264～265页，北京：中华书局，2005

教师设问：汉武帝时，对匈奴采取了怎样的对策？取得什么效果？

教师引导学生分析：西汉初期，盘踞在北方的匈奴是汉王朝最大的外部威胁。公元前200年，汉高祖北伐惨遭匈奴围困于白登山，险遭不幸。至汉武帝时，凭借汉初七十余年积累的丰厚财富和大批的优秀军事人才，对匈奴采取了积极进攻，并以设立郡县的方式进行有效治理，最终取得决定性的优势，基本解除匈奴的威胁，也使西汉王朝的疆土得到进一步的开拓。

2. 经略西域，播散汉威

材料呈现：

材料二 "元鼎元年（公元前116），张骞再次出使西域，西汉与乌孙联姻成功。元鼎二年（公元前115），西汉设立酒泉、武威两郡，并移民实边。……元封三年（公元前108），从票侯赵破奴带属国骑兵及郡兵数万攻姑师、楼兰，破姑师国，俘虏楼兰王。""在河西开设四郡，肃清东西交通的大道后，西汉便开始在西域的中心地带屯田，确立经营西域的根据地。"

——郭丽：《西汉时期的西域开发及其民族关系》，

载《新疆社科论坛》，2006年第6期

材料三 一方面，中原地区的丝绸、漆器等物品大量地行销到西域，成为西域人民的生活用品。另一方面，西域诸国的特产物品，如各种皮毛制品和葡萄、胡桃、石榴等水果，还有著名的汗血马及其他珍禽异兽，都先后传入中原内地。

——韩兆琦、赵国华：《秦汉史十五讲》，203～204页，南京：凤凰出版社，2010

教师设问：汉武帝经营西域的策略有哪些？汉武帝经营西域还带来了什么意外收获？

教师引导学生分析：材料二中关于汉武帝经略西域的策略，主要有派遣使臣、通婚、设立郡县、征伐、屯田等。通过这些策略经营，西汉王朝的威望得以在西域确立，并开辟了被后世称之为"丝绸之路"的中西交流桥梁，伴随"丝绸之路"上物质文化的密切交流，新疆地区与祖国内地的联系也日益紧密，成为祖国不可分割的一部分。

材料呈现：

材料四　汉朝的文明光辉已经把西藏、青海除外之今日的整个中国照得通明，并且通过南山北麓之颈形的狭管，在天山南北射出它的光辉。这种光辉，渐渐向中央扩大它的照射，大约在里海、黑海之南，便与罗马共和国的光辉交光连采，呈现出一种奇异的美景。

——翦伯赞：《秦汉史》，第2版，176～177页，北京：北京大学出版社，1999

教师引导学生分析： 通过汉武帝赫赫"武功"开疆拓土，西汉王朝的势力得到极大的扩充，影响着今天除西藏和青海以外的整个中国，可以说今日中国的疆域版图在那时得以基本奠定。

教师引导学生小结： 近代学者夏曾佑曾说过："有为中国二十四朝之皇帝者，秦皇、汉武是也。"①的确，汉武帝通过其所实施的一系列"文武"措施，不仅影响当时的汉王朝，更是不可估量地影响着此后中国历史和中华文化的发展。

🖊 设计点评

汉武帝是中国人最为熟悉的古代帝王之一，其所实施的一系列措施对后世产生了深远的影响。本微课通过史料教学，为学生展示汉武帝的"文治武功"，使之能切实感受历史。同时，细致分析这些措施所产生的积极影响，让学生从中认识到汉武帝的"文武"功绩。

微课设计二："文武之殇"，唯图威名负苍生

🖊 设计意图

通过史料阅读，了解汉武帝在"文治武功"方面实施的一系列政策，探究推行这些政策所产生的消极影响，让学生对汉武帝形成更加全面的认识。

---

① 夏曾佑：《中国古代史》，255页，上海：上海三联书店，2014。

设计方案

材料呈现：

孝武穷奢极欲，繁刑重敛，内侈宫室，外事四夷，信惑神怪，巡游无度，使百姓疲敝，起为盗贼，其所以异于秦始皇者无几矣。

——（北宋）司马光：《资治通鉴卷第二十二·汉纪十四（武帝后元二年，公元前87）》（第2册），747页，北京：中华书局，1956

教师设问： 在司马光看来，汉武帝与秦始皇几乎相差无几，统治极其奢侈、穷兵黩武、不惜民力。司马光列举了汉武帝哪些"罪过"？汉武帝"文治武功"的丰功伟绩的背后又隐藏着什么？

一、"独尊儒术"下的文化专制

1. 文化霸权，思想之灾

材料呈现：

材料一　汉代的统治者，把它①当作一种材料，筑成了一条文化思想的狭路。在狭路的起点，写着知识分子由此入口；在狭路的终点，堆积着大堆的禄米。为了获得禄米，必须通过这条唯一的狭路。

——翦伯赞：《秦汉史》（第2版），532～533页，北京：北京大学出版社，1999

材料二　中国儒家，虽不成一宗教，而其为中国人信崇，上自政府，下达民间，一致不异。

——钱穆：《国史新论》，124页，北京：生活·读书·新知三联书店，2001

教师设问： 依据上述材料，说说汉武帝采取何种方式推崇儒学的独尊地位？产生怎样的效果？

教师引导学生分析： 自汉武帝采纳董仲舒"罢黜百家，独尊儒术"的建议后，通过兴办教育和选士制度加以巩固儒学的独尊地位，尤其是以官禄作为利诱，使儒学成为知识分子入士的主要通道，最终使政府与民间形成了对儒学的统一信崇。

---

① 它，指儒家学说。

材料呈现：

材料三　自从董仲舒的建议批准以后，汉代初叶再生出来的一切文化思想，都要站在儒家学说的法庭之前，遭受审判，判定其生存或宣布其死刑。儒家哲学变成了封建制度之最高的政治原理，变成了衡量文化思想之标准的尺度。一切与这种原理相冲突的古典的学说，即使比儒家学说含有更多的真理，也要从头到尾被摧毁。从这一时代起，孔子便从诸子百家之中超升出来，变成了东方世界之罗马教皇，而儒家哲学也就变成永恒不变的真理，谁要批判儒家哲学，谁就是名教的罪人，文化的叛逆。

　　　　——翦伯赞：《秦汉史》，第2版，528～529页，北京：北京大学出版社，1999

教师设问：根据材料，独尊儒术对其他学说的发展产生了怎样的影响？

教师引导学生分析：独尊儒术后，其他诸子学说的命运可谓"悲惨不堪"，无论哪一家学说都必须接受儒学的审判，凡与儒学相冲突的，必将遭到清洗。如此，中国思想界"百家争鸣"的局面也演变成为儒学的"一家天下"。

2. 学术至尊，迷失自我

材料呈现：

材料四　在君主和国家权力的干预下，后世儒学逐渐丧失了原典儒学民主性的一面，以及早期儒者的浩然正大之气。……早期儒家的禅让主张和"革命"思想，主张权力授贤不授子、臣民有反抗暴君的权力等，这些思想或被淡化遮蔽或被阉割。

　　　　——白华：《汉代儒学官学化的动力及其影响》，载《甘肃社会科学》，2004年第2期

材料五　儒家学说自从得到政府的倡导以后，遂获得了广大的传播。……然而……以前本来是一种生动的实践的哲学，到了西汉之末，便变成了一种死板的繁琐哲学。……

……因为一种学说到了只许赞扬、不许批判的时候，这种学说就会停止它的发展。……

　　　　　　——翦伯赞：《秦汉史》，第2版，532页，北京：北京大学出版社，1999

教师设问：根据材料，独尊儒术对自身学说的发展产生了怎样的影响？

教师引导学生分析：儒术获得独尊地位后，逐渐丧失了许多宝贵的原典思想，自身的发展也受到了重重束缚，唯有在有限的思想上前进，进而演变成一门烦琐的哲学。

二、"外事四夷"下的民不聊生

1. "外事四夷"，死伤惨重

材料呈现：

材料一 ……元光六年（公元前129），北伐开始。是年春，汉军四万精锐骑兵分四路北伐。

……公孙敖却被匈奴打得大败，一万骑兵损失了七千多。李广更惨，被匈奴活捉……

材料二 天汉二年（公元前99）夏五月，汉武帝派贰师将军李广利统兵三万北伐。……李陵负责押运粮草……

……

……结果，李陵五千步兵中仅有四百余人逃回塞内。

——安作璋、刘德增：《汉武帝大传》，256页、272～273页，北京：中华书局，2005

材料三 孝武奢侈余弊师旅之后，海内虚耗，户口减半。

——（东汉）班固：《汉书卷七·昭帝纪第七》（第1册），

233页，北京：中华书局，1962

教师设问： 依据上述材料，思考汉武帝对外战争带来什么影响？

教师引导学生分析： 从建元三年（公元前138）出兵闽越起，至征和四年（公元前89）颁布"罪己诏"停止军事活动，汉武帝的对外战争持续了近半个世纪。不可否认，汉武帝的对外战争为中华民族赢得了更广阔的生存空间，然而战争的付出是惨痛的。以致班固提出汉武帝统治时期"户口减半"的说法，后世史学家经多方考据和论断，虽然人口减少数量没有达到减半那么恐怖，但认为至少达到400万，占当时全国人口的约15%。[①] 可以说，汉武帝赫赫"武功"的背后沾满了无数百姓的鲜血。

2. 耗资千万，民不聊生

材料呈现：

材料四 武帝虽有攘四夷广土斥境之功，然多杀士众，竭民财力，奢泰亡度，天下

---

① 葛剑雄：《西汉人口地理》，72～76页，北京：人民出版社，1986。

虚耗，百姓流离，物故者（过）半。蝗虫大起，赤地数千里，或人民相食。

——（东汉）班固：《汉书卷七十五·夏侯胜传第四十五》（第10册），

2361页，北京：中华书局，1962

材料五　汉武帝外事四夷，内兴宫室，财用匮竭，于是修盐铁、榷酤、均输之政，民不堪命，几至大乱。

——（元）脱脱等：《宋史卷三百三十九·苏辙传第九十八》（第31册），

10834页，北京：中华书局，1977

教师设问： 根据上述材料，汉武帝对外战争还付出了何种代价？

教师引导学生分析： 战争就是一个吞噬财富和生命的恶魔。在汉武帝长达近半个世纪的对外战争中，将西汉前七十余年累积下来的丰厚物质财富消耗殆尽。为了维持其对外战争的需要，汉武帝还实施了一系列新的财政措施，不断搜刮人民的财产，致使到其统治后期，民间出现"人相食"等惨剧，几乎酿成天下大乱的局面。

材料呈现：

材料六　南阳有梅免、白政，楚有殷中、杜少，齐有徐勃，燕赵之间有坚卢、范生之属。大群至数千人，擅自号，攻城邑，取库兵，释死罪，缚辱郡太守、都尉，杀二千石，为缴告县趣具食；小群（盗）以百数，掠卤乡里者，不可胜数也。

——（西汉）司马迁：《史记卷一百二十二·酷吏列传第六十二》（第10册），

3151页，北京：中华书局，1959

教师设问： 在汉武帝统治后期，社会出现了什么问题？你认为问题出现的原因是什么？

教师引导学生分析： 百姓铤而走险，爆发了规模大大小小的农民起义。这种情况在汉初七十余年是鲜有的，这已威胁到西汉王朝的统治。而这一局面的出现，与汉武帝无休止的对外战争是密切相关的。

教师引导学生分析： 汉武帝的统治，的确将西汉王朝推向一个新的发展高峰。然而，汉武帝"罢黜百家，独尊儒术"的背后是皇权专制下的高压文化政策，这种文化政策对思想界的"百家争鸣"产生了毁灭性的打击，对我国思想文化的多样化发展造成了不可估量的冲击。而汉武帝持续了近半个世纪之久的对外战争，更是将"文景之治"积累下的丰厚物质财富消耗殆尽，几近将西汉王朝推向农民起义的漩涡之中。从中，看到汉武帝在追求"文治武功"所实施的措施给民族和黎民苍生带来了巨大的"殇痛"。

设计点评

汉武帝的"文治武功"历来被史学家和民众所传颂，然而君王丰功伟绩下所隐藏的"殇痛"一样值得关注。本微课通过材料展示，引导学生从另一个角度来审视汉武帝的"文治武功"，使其更加全面地认识汉武帝，进而能够较为准确地评价历史人物。

教学资源

资料1：汉武帝元朔五年（公元前124），接受丞相公孙弘、太常孔臧等人的建议，为博士置弟子员50人。从此博士除参与有关政治活动外，主要职责便是从事教育。《后汉书·百官志》说，博士"掌教弟子。国有疑事，掌承问对"[①]。教授弟子成了中央政府为博士规定的经常性任务。这标志着儒学博士垄断太学教育的开始。

——李景明：《中国儒学史　秦汉卷》，110页，广州：广东教育出版社，1998

资料2：中国自汉以后，儒术盛行，其事实始于武帝，此人人能言之。然武帝非真知儒术之人也。武帝之侈宫室，乐巡游，事四夷，无一不与儒家之道相背。其封禅及起明堂，则惑于神仙家言耳，非行儒家之学也。然儒术卒以武帝之提倡而盛行，何哉？则所谓风气既成，受其鼓动而不自知也。

——吕思勉：《秦汉史》，87～88页，上海：上海古籍出版社，2005

资料3：仲舒由于承借了最具繁衍性的阴阳家思想，而创出一套天人哲学的大系统，使他能在与各家的竞争中得到胜利，也使他成为前汉最具代表性，影响也最大的思想家。但是，先秦儒家的真精神，以及思想最具创意的部分，由于无法和专制体制相整合，也断送在他的手中。这个真精神就是人文或人本主义，这个最具创意的部分，就是心性之学，这是儒学的大本大源，也是儒家最具特色的部分。

——韦政通：《中国思想史》（上），322页，

长春：吉林出版集团有限责任公司，2009

---

① （南朝·宋）范晔等：《后汉书志第二十五·百官二》（第12册），3572页，北京：中华书局，1965。

资料4：从汉初以来所建立的马政、交通和兵制等国防军事上的准备，及经济方面各种措施的成果来看，事实上与匈奴作一决战的时机，已经到达成熟阶段，当时继承的人即使不是汉武帝，也比对外抗争，不致再有长期忍辱卑事匈奴的道理。何况再有卫青、霍去病等天才将帅，更为千载难逢的好机会，因此一举而逐匈奴遁往漠北，开地数千里，湔雪了前代的世仇，卫护北方和西北方沿边诸郡人民的安宁。

——金惠：《创造历史的汉武帝》，234页，台北：台湾商务印书馆，1984

资料5：自汉初以来，围绕着"是否抗击匈奴奴隶主侵扰"的问题，长期存在着主战和主和两种方针的斗争，其中以武帝及昭帝时的斗争尤为激烈。《汉书》作者班固，在《匈奴传》"赞"中描述当时斗争的情况是：人持所见，各有同异，然归纳起来，两科（即两派）而已：缙绅之儒（主和派的儒家）则守和亲，介胄之士（主战派）则言征伐。而（汉）桓宽撰《盐铁论》一书则详尽地记下了这两派就征伐匈奴得失的激烈辩论。后来事实证明，从公元前133年武帝发动战争，至公元前71年的大战，将近六十年，汉朝付出了"海内虚耗，户口减半"①的代价，最后才把匈奴的威胁完全解除。如果没有这五六十年的反侵扰战争及其最后的胜利，汉朝北方的安全，人民生存、生活的安定，民族、国家的命运，封建社会经济文化的发展，都是不堪设想的。故西汉时期汉匈之间的战争，是一场维护先进的封建制、反对落后的奴隶制的战争，实质上也就是封建制与奴隶制之间的斗争。武帝及其以后对匈奴战争的正义性质和进步作用，于此可见。

——林幹：《匈奴史》，59～60页，北京：人民出版社，2010

资料6：到了汉武帝一世的疆域，就大为扩张了。除收东瓯、闽越、南越……西南夷等地为郡县外，并略定诸羌，逐匈奴于漠北，即前世所不通的西域，也多布列亭障，置吏卒屯田，收城郭诸国为藩属；甚至葱岭以外的国家，也多已来贡献。融合诸小种族及其土地形成宇宙间一个强大的帝国，两千年来吾中华民族滋生于此，国土规模之大，要亦确定于此。这实为武帝一生最足称为久远纪念的伟大功业。

——金惠：《创造历史的汉武帝》，276页，台北：台湾商务印书馆，1984

资料7：在实施"推恩令"的同时，汉武帝还利用其他借口对诸侯王实行削爵、夺地和除国，以消除他们的势力。如元朔二年，燕王刘定国因与文康王姬通奸、夺弟妻为姬及杀人等罪名被处死刑而自杀国除；汉武帝还借口诸侯国献助祭用的"酎金"成色不

① （东汉）班固：《汉书卷七·昭帝纪第七》（第1册），233页，北京：中华书局，1962。

好或斤两不足而削地、夺爵。仅元鼎五年（公元前112）一年之中就有106各列侯因此而被夺爵、削地，占当时列侯总数的一半左右。这些措施实行以后，"大国不过十余城，小侯不过数十里"①，由于封国越来越小，势力也大为削弱。

——史仲文、胡晓林主编，佟建寅、舒小峰本卷主编：《百卷本中国全史（第5卷）·中国秦汉政治史》，84页，北京：人民出版社，1994

资料8：……汉武帝时，在置十三州部刺史的同时，郡一级设置督邮，"掌监属县，有东西南北中部，谓之五部督邮也。故督邮，功曹之极位"②。当时的督邮"分明善恶于外"③，主要负责监督所属县官吏的违法行为。

在监察方式上，西汉督邮对县级官员的监督，只有查清罪状上报郡守的权力，而无处理权。……

——贾玉英等：《中国古代监察制度发展史》，227~228页，

北京：人民出版社，2004

资料9：专卖制度的实行，使政府既可以从其垄断的部分工商业中获得利润，又可以寓税于价，采取隐蔽的方式增加对广大人民的剥削。用这种方式来增加财政收入是一种能缓和社会矛盾的隐性聚敛方法，它诞生于武帝财政危机之际，是武帝竭民财力、虚耗天下的敝政之一。

——朱伯康、施正康：《中国经济通史》（上），308页，

北京：中国社会科学出版社，1995

资料10：原来西汉政府本是封君政府，而建立于地主与商人的均衡之上的。为地主计，必须培养农民纳租的能力。因此必须抑制商业资本的累积。为商人计，必须扩大农民与商业资本的矛盾，破坏地主所剥削的农民。当时的地主虽有商业资本的性征，地主与商人之间究竟有不可调和的矛盾。我们知道，商业经济虽集中为政治的集权，而此时国家的基础仍然是农业生产。国家的支持者以直接支配农业生产的地主阶级更为有力。所以每当地主与商人冲突的时机，政权常为地主的利益而发动。权衡于两个阶级之间的专制政府所以有商人不许兼为地主的法令，便是希求在抑制商人的时候，不致波及于地主。

——陶希圣：《西汉经济史》，60页，太原：山西人民出版社，2014

---

① （西汉）司马迁：《史记卷十七·汉兴以来诸侯王年表第五》（第3册），803页，北京：中华书局，1959。
② （唐）杜佑：《通典卷三十三·职官十五·督邮》（全五册），915页，北京：中华书局，1988。
③ （东汉）班固：《汉书卷七十六·韩延寿传第四十六》（第10册），3213页，北京：中华书局，1962。

汉朝的 "大一统"

学术引领

      "大一统"始见于春秋时期的《公羊传》，其基本含义是：以天下之统一为大。汉武帝开创的"大一统"格局，上承秦朝，下启隋唐，在中国古代"大一统"的历史上留下了浓墨重彩的一笔。

一、"大一统"的主要内涵

      "大一统"的理念在先秦已经出现。何星亮在《"大一统"理念与中国少数民族》（载《云南社会科学》，2011年第5期）一文中指出，"大一统"理念包括以下四个方面：第一，天下一统，即国家领土的完整。在中国古代，"天下"一词为地理概念，指古代中国的领土。随着知识的积累与扩充，其所指的范围也不断扩大。第二，政治一统，即天下统一于一个国家、一个君王。政治版图的统一是"大一统"理想状态的先决条件，而"天下大治"则是大一统的最终目标。第三，思想一统。一个国家如果没有一种价值作为共同的核心价值，法令、制度就不能保持一贯性；法令和制度如果经常变动，人民就无所适从，就会导致社会不稳定。有了统一的思想，才能保证法制号令、规章制度的畅通无阻，人民的行为才有明确的规范，就知道该做什么、不该做什么，国家才有可能长治久安。第四，民族一统。先秦时期就产生了"华夷一体"的观念。区分华夏与"四夷"的主要标准是文化，即"周礼"，实行周礼的族群被称为华夏，不遵守周礼的族群被称为"蛮夷戎狄"。无论是华夏还是周边少数民族，人人都可以接受周礼，都可以成为"中国之人"。因此，华夏族应当通过加强与周边民族的交往、促进周边民族文明水平的提高，实现民族间的融合。古代中国并没有狭义的民族观，没有明确的民族边界，秦汉、隋唐王朝强盛的重要原因之一就是华夏族与周边民族融为一体。

徐黎丽、李姝睿在《"大一统"天下观对中国边疆治理的影响》（载《国家行政学院学报》，2015年第6期）一文中指出，"大一统"是对国家统一的推崇。"大一统"的天下观不仅包含一统的思想，而且也包含一统的地理范围，以及为达成一统目标而采取的行动。

薛海玲、奚纪荣在《秦汉时期"大一统"国家理念的形成及统一战争的实践》（载《军事历史研究》，2009年第3期）一文中指出，"大一统"理念包括思想方面的"大一统"和政体方面的"大一统"两部分。思想方面"大一统"的突出表现是，以儒家的"忠君尊王"为基础。儒家的传统观念认为，帝王是上天之子，其一切言行均体现天意。人不能违背天意，因此，必须"忠君尊王"，只有"忠君尊王"方能保持天下一统。政体方面的"大一统"，分为王权政治下的"大一统"和皇权政治下的"大一统"两种形态。前者以宗法分封制为主要内容，与之相对应的是，维护周王天下共主的地位，以及地方分立割据的政治格局；后者以郡县制为主要内容，与之相对应的是，承认君主专制中央集权统治和皇权至高无上的地位，强调国家的统一和思想文化的统一。

徐平华在《汉武帝"大一统"的国家观及其当代价值》（载《中共福建省委党校学报》，2014年第3期）一文中指出，"大一统"是汉武帝国家观的核心，其主要内涵包括以下三个方面：第一，在主权统一方面，汉武帝主张"尊王攘夷"[①]，即对内强调中央权威，对外反对少数民族入侵，其实质就是维护主权统一。闽越攻打南越时，汉武帝出兵

---

① "尊王攘夷"一词源自春秋时期，最早见于《春秋公羊传》，本意为"尊勤君王，攘斥外夷"。"王"是指周王。

相救，充分体现了其维护中央权威的决心；对匈奴的反击战，名为"攘夷"，反对少数民族的侵扰，而实质是对外维护主权统一。第二，在民族统一方面，汉武帝主张"华夷一统"，实现民族统一。当匈奴浑邪王率部来归时，汉武帝不仅封其为侯，还分置五个属国，并特许"因其故俗"，这充分体现了汉武帝实现民族统一与和谐的决心。第三，在疆域统一方面，汉武帝的不懈努力充分表现出了其维护疆域统一的坚强决心。他北击匈奴，东击朝鲜，西定西域，南定百越，从而为"现代中国的广大疆域奠定了初步的基础"①。

二、汉"大一统"的时代背景

孙家洲、王文涛在《制度变革与汉武帝盛世的造就》（载《河北学刊》，2004年第4期）一文中指出，汉武帝执政之初，继承了"文景之治"的全部历史遗产，其中既有社会稳定、人心归向、经济富裕的优势，也有制度不完备、国家控制能力薄弱的遗憾。而国家制度的不完备，则已构成对统治秩序的潜在威胁。对此，应时而出的董仲舒提出必须变革国家制度，才能真正达到天下大治；当时的思想家刘安，也大谈法令制度必须依据形势的变化而变化。因此，汉武帝厉行改制既是其必须承担的责任，也是其顺应时代潮流的明智之举。

李大龙在《汉武帝"大一统"思想的形成及实践》（载《北方民族大学学报（哲学社会科学版）》，2013年第1期）一文中指出，经过文、景二帝的"无为而治"②，西汉的国力不断增强，到汉武帝即位之时，经济发展状况已与汉初残破的经济状况不可同日而语。武帝时期强大的国力不仅为汉武帝"大一统"思想的形成提供了有利的条件，同时也为汉武帝实施"大一统"思想提供了坚实的基础。

安作璋、刘德增在《论汉武帝》（载《山东师范大学学报（人文社会科学版）》，2005年第3期）一文中指出，汉武帝所处的时代是一个呼唤巨人并能产生巨人的时代。一方面，父祖为武帝留下了若干亟待解决的历史难题，诸如黄老无为的历史使命虽已结束，却不肯退出历史舞台；诸侯王骄横不法，有的甚至觊觎皇位；当朝丞相权势过大，皇权遭到削弱；大漠匈奴不时侵掠，和亲政策难以奏效，等等，这些都迫使武帝必须有

---

① 范文澜：《中国通史简编》（修订本，第二编），82页，北京：人民出版社，1958。
② 张燕婴译注：《论语·卫灵公第十五》，232页，北京：中华书局，2006。

所作为。另一方面，父祖也给武帝留下了丰厚的遗产，诸如经济繁荣所带来的雄厚国力，以及60多年休养生息、无为而治赢得的民心，等等，从而使武帝有条件大有作为。

卢国强在《从〈天人三策〉看汉武帝独尊儒术》（载《衡水学院学报》，2007年第3期）一文中指出，汉武帝即位时的政治形势为《天人三策》赢得武帝的青睐提供了契机。武帝即位伊始便面临内政上必须加强中央集权，外交上必须反击匈奴侵扰这两大历史重任。而此时西汉国力的雄厚，武帝好大喜功的特性，都决定了武帝一定会奋然跃起，内多兴作，外勤用兵，一展其雄才大略。事功的建立需要舆论先导，而此时，汉初黄老清静无为、与民休息的指导思想显然已不合时宜，因此，绌抑黄老，以新的思想取而代之便成为时代的必然。

王建中在《汉武帝"独尊儒术"背景剖析》（载《学习与探索》，2004年第3期）一文中指出，汉武帝之所以"独尊儒术"，与当时复杂的文化背景及特定的政治形势密切相关，这具体表现在以下三个方面。第一，汉初统治者将秦亡之鉴主要归为以法治国。由此，法家思想在汉初被等同为暴虐无道、穷兵黩武，曾遭到一片反对。因此，嗜欲多为的武帝若要施行"法治"就必须找到一个合理熨帖的理论对之加以掩饰。第二，主张"无为而治"的黄老思想在创造"文景之治"的同时，也使西汉政权陷入一系列的危机之中。例如，"七国之乱"这场由西汉诸侯王国掀起的叛乱，就是"无为而治"思想在政治领域失败的一个最具代表性的表现。因此，为确保刘汉江山稳固，汉武帝必须重构一个意识形态的霸权。第三，武帝时期的儒家思想通过对各家学说的兼收并蓄，变得更加博大精深。董仲舒的新儒学便是以儒家思想为主，辅之以法家手段，兼采道家合理内核建构而成。同时，儒家思想学科精细，名家辈出，很容易统摄当时社会的思想，因此在国家步入正轨之后，儒学最适宜作为主导文化。不仅如此，儒家思想还具备适于执政集团统治的众多"长处"，可作为汉武帝用于掩饰"法治"的最好外衣。例如，儒家思想注重宗法伦常，强调等级秩序，有利于统治者通过要求广大劳动群众绝对服从专制主义统治，获得最高的政治权威。又如，以儒生为主体的士人阶层宣扬的一系列旨在确立君主在人世间至高无上地位的理论，有利于统治者树立绝对的政治权威。

张颐在《儒学与政权之间——汉武帝"罢黜百家，独尊儒术"文化政策再思考》（载《研究生法学》，2012年第6期）一文中指出，一种思想的崛起绝不是仅仅依靠思想本身的力量，而是在于特定时代的政治需要。因此，对汉武帝时期政治背景的分析，是解释汉武帝"独尊儒术"文化政策产生的关键。汉武帝时期，为克服汉初郡国制带来的危机，已经积聚了足够力量的皇权开始了新一轮的对中央集权体制即政治大一统的强化，因而亟须适当的理论佐证。而此时的儒家思想，旗帜鲜明地推崇"大一统"，主张维护集权秩序、强干弱枝，不仅为汉武帝提供了一个能够论证、巩固、强化政治大一统的意识形态系统，而且能够对广袤帝国的多元思想进行整合，因此顺理成章地被推上了国家意识形态的舞台。

三、汉"大一统"的理论依据

1.《春秋公羊传》

寇养厚在《汉武帝为何重视〈公羊传〉》（载《文史哲》，1999年第4期）一文中指出，《公羊传》这部解释《春秋》经义的"传"体著作，之所以备受汉武帝重视，既有其总体原因，也有其具体原因。总体原因在于：《公羊传》属于政治理论性著作，易于为帝王提供统治的理论依据。《春秋》开篇的首条经文仅"元年，春，王正月"[①]六个字，且只记时间，未记任何事件。而《公羊传》却通过长篇议论得出结论，称这一记载体现了《春秋》的"大一统"思想。具体原因在于：第一，《公羊传》能为汉武帝统一全国政治、实行中央集权制提供理论依据。《公羊传》极力倡导"大一统"这一"以天下之统一为大"的理论。《公羊传》不仅在开篇明确提出《春秋》具有"大一统"思想，还在全书结尾处指出，《春秋》一书旨在拨乱反正，复归天下统一之治世，可见该书自始至终都贯穿着"大一统"思想。第二，《公羊传》能为汉武帝统一全国思想、确立儒学的统治地位提供理论依据。据《汉书》记载，董仲舒在其贤良对策中大力倡导《春秋》"大一统"思想，将儒家之外的各家学说统统斥为异端邪说，认为只有禁绝各家异端邪说，才能使意识形态趋于统一。董仲舒建议汉武帝罢黜各家学说，独尊孔子之术的思想正是源于《公羊传》中提出的"大一统"思想。

2. 董仲舒的"天人三策"

王立群在《王立群读〈史记〉汉武大帝》（76 ~ 81页，郑州：大象出版社，

---

① 刘尚慈译注：《春秋公羊传译注（隐公元年，公元前722年）》（全二册），1页，北京：中华书局，2010。

2012）一书中指出，董仲舒的"天人三策"之所以能够吸引汉武帝，关键在于这三篇策文解决了汉武帝最关心的五个问题。第一，"新王改制"说解决了汉王朝合法性的问题。所谓"新王改制"指新建王朝的皇帝即位之后要改变一整套仪式，其中最重要的就是要改变前朝的历法和前朝崇尚的颜色。之所以要在这些形式上大做文章，不仅是为了告知天下百姓，政权已经更替，更是为了借此说明君权乃天授，非人力所为，只有天命所授之人，才能推翻前朝，建立新朝。第二，"大一统"说有利于汉武帝实现统一中国的大业。汉武帝一生致力于中央集权，并且凭借高度的中央集权最终完成了北击匈奴、统一中国的大业。因此，董仲舒在"天人三策"中宣扬的这一高度重视天下统一的"大一统"思想，对于此时正在着手完善高度专制的中央集权的汉武帝而言是至关重要的。第三，"立太学，举贤良"说有利于汉武帝培养和选拔人才。治理天下，最大的问题在于人才的培养和选拔。鉴于此，针对人才培养，董仲舒提出在中央设立太学，在地方设立乡学；针对人才选拔，董仲舒建议将汉文帝时期开创的"举贤"做法制度化，形成察举征辟制，从而为汉代人才选拔提供了制度保障。第四，"尊儒术，正思想"说有利于汉武帝统一思想。统一思想有利于管理，因此历来深受统治者重视。"尊儒术"所尊崇的是吸收道家、阴阳五行家、法家等观点改造而成的更适合汉代社会需要的新儒学。而通过"尊儒术"统一思想，比之于秦始皇焚书的行为，不仅显得尤为温情，而且更具操作性，因而得到了汉武帝的赞赏。第五，"主变革，求发展"说对汉武帝而言是一个巨大的鼓舞。汉武帝即位以来最关切的就是变革图强，董仲舒的"天人三策"不仅在理论上阐明了为什么要变革，还从具体实践的角度指出了该从哪里变革，从而极大地迎合了汉武帝的心意。

张颐在《儒学与政权之间——汉武帝"罢黜百家，独尊儒术"文化政策再思考》（载《研究生法学》，2012年第6期）一文中指出，一种思想学说要成为民族国家的意识形态，并取得在其他学说之上的独尊地位，就要建立一个包括"天然合理的终极依据、涵盖一切的理论框架、解释现象的知识系统以及切合当时可供操作的政治策略在内的庞大体系"[①]。董仲舒建立的"天人合一"的政治理论体系，以传统儒学为基础，

---

① 葛兆光：《中国思想史》（第1卷），258页，上海：复旦大学出版社，1998。

兼容阴阳五行、道、法等社会思潮，具备了上述成为民族国家意识形态理论的条件。这一理论体系从天命观的角度论证了君主专制的合法性和权威性，为以皇权为中心的政治秩序奠定了宇宙观的基石。将君臣关系中的尊卑有序视为天然的大义，迎合了汉武帝强干弱枝的政治需要和心理需求，从而为汉武帝"独尊儒术"的文化政策做好了理论准备。

卢国强在《从"天人三策"看汉武帝独尊儒术》（载《衡水学院学报》，2007年第3期）一文中指出，董仲舒的"天人三策"对汉武帝即位以来所面临的两大历史任务给出了理论上的指导，因而深得武帝之心。第一，天是宇宙间的最高主宰，具有绝对权威，人君受命于天，奉天承运，代表天的意志治理人世，一切臣民都应该绝对服从君主，这为维护皇权、构建"大一统"的政治局面提供了直接的理论依据。第二，一个有为之君，应该勤勉努力，绝不能无所事事，要把握时代脉搏，随时而动。"大一统"是天经地义不容更改之事，应一统乎天子，并使四海"来臣"，这为汉武帝扫匈奴、建事功作了舆论上的先导。

但也有学者认为，不应夸大董仲舒对汉武帝"大一统"思想形成所起的作用。李大龙在《汉武帝"大一统"思想的形成及实践》（载《北方民族大学学报（哲学社会科学版）》，2013年第1期）一文中指出，汉武帝即位之后遇到的第一个边疆民族问题便是百越问题。西汉初年，中央通过册封确立了闽越、东瓯、南越这三个百越政权的臣属关系，然而这三个政权之间却经常发生战争。因此，如何维持这三个政权之间的关系以及他们与西汉王朝间的臣属关系，便成为摆在汉武帝面前的紧要问题。建元三年（公元前138），闽越出兵东瓯，东瓯向汉朝告急，汉武帝不顾太尉田蚡劝阻，毅然决然发兵相救；建元六年（公元前135），闽越又出兵南越，南越上书告急，汉武帝不为淮南王刘安的反对所动，再次毅然决然出兵相救，从而不仅解决了三个百越政权间的冲突问题，也巩固了它们与西汉王朝间的臣属关系。随后，汉武帝派遣心腹之臣严助向反对出兵的淮南王阐述了自己的主张。这是汉武帝第一次阐述其治理边疆民族的主张，即以"汉为天下宗"[1]。这一观点的提出，说明汉武帝的"大一统"思想早在其处理百越问题的过程中已经初步形成。董仲舒依据《春秋公羊传》对"大一统"的阐释，发

---

[1] （东汉）班固：《汉书卷六十四上·严助传第三十四上》（第9册），2787页，北京：中华书局，1962。

生在汉武帝处理百越问题之后，是对武帝七年发出的“诏贤良”的具体回应，也是对武帝“大一统”思想的进一步理论细化与系统论证，因此其只是为汉武帝构建“大一统”王朝的行动提供理论支持而已。

四、汉“大一统”的具体措施

1. 政治方面

徐平华在《汉武帝“大一统”的国家观及其当代价值》（载《中共福建省委党校学报》，2014年第3期）一文中指出，为实现政治“大一统”，汉武帝针对不同的情况，采取了不同的办法。在处理华夏族地区的问题时，针对汉初以来诸侯尾大不掉的难题，武帝采纳主父偃的建议，颁布“推恩令”，允许诸侯王把土地分封给嫡长子以外的其他子弟，从而使封国逐渐无力对抗中央；而对于阴谋不轨的诸侯王，武帝采取强有力的手段坚决诛灭，并除国为郡。在处理少数民族地区的问题时，汉武帝采用“因俗而治”的办法，即尊重各民族的风俗习惯、社会制度，使其乐意接受汉之管理与统治，最终保证政治统一。

孙家洲、王文涛在《制度变革与汉武帝盛世的造就》（载《河北学刊》，2004年第4期）一文中指出，为实现“大一统”，汉武帝进行了大刀阔斧的改革。在地方与中央的问题上，针对汉初“郡国并行”造成的尾大不掉的弊端，汉武帝颁行“推恩令”，削弱藩国实力，使之无法与中央分庭抗礼。在相权与皇权的问题上，针对汉初丞相位尊权重的弊病，汉武帝增设由皇帝亲信组成的“中朝”，对抗以丞相为首的“外朝”，实现了从制度上对相权的限制甚至侵夺。在官僚队伍的管理上，针对西汉前期任官制度粗疏的弊端，汉武帝设立察举征辟制与太学养士制，增设司隶校尉和十三部（州）刺史，完善了对官吏的选拔和监察制度。

2. 思想方面

徐平华在《汉武帝“大一统”的国家观及其当代价值》（载《中共福建省委党校学报》，2014年第3期）一文中指出，为实现“大一统”，汉武帝采纳董仲舒的建议，通过设立五经博士，以研习儒家经典和礼仪作为升官和补官条件，从而实现了“独尊儒术”，思想统一。但值得一提的是，武帝并未罢黜百家，堵塞其他各家的晋升之道，例如，张汤、赵禹、江充等是法家代表，主父偃是纵横家代表，东方朔是杂家代表。

3. 经济方面

吴晓波在《历代经济变革得失》（50～57页，杭州：浙江大学出版社，2013）一书中指出，为实现"大一统"，汉武帝在宏观经济制度层面推行了一场整体配套制度改革，这具体表现在以下三个方面。第一，在产业方面，将利益最为丰厚的铸钱、煮盐、冶铁和酿酒等相继国营化。实行币制改革，废除民间铸钱的旧俗，规定由政府统一铸造五铢钱。实行盐铁和酿酒专营，其中盐业和酿酒业采取招募民众生产，官府专卖的办法；冶铁业实行"采产销"均由政府设置的铁官全面管制的办法，从而大大增加了中央政府的财政收入。第二，在流通方面，实行"均输""平准"。根据汉律，所有郡国须向朝廷进贡当地的土特产。"均输"就是实行统购统销，即政府通过在各郡设置的均输官，将品质一般、无须送往京师的贡品，统一运至邻近不出产此类物品的地区高价售卖。"平准"就是实行物价管制，即由国家控制全国的物资和买卖，以平衡物价，控制市场。由此，汉武帝建立起一个国营商业体系，控制了全国重要物资的流通利益。第三，在税收方面，颁布"算缗令"和"告缗令"。"算缗"，即向商人、高利贷者一次性征收百分之十的财产税。"告缗"，即鼓励民众举报隐匿财产不报或自报不实者，对于告发之人，政府赏给所没收财产的一半。这两项举措最终使难以数计的民间财产进入国库。

4. 军事方面

白寿彝、高敏、安作璋在《中国通史（第4卷）：中古时代·秦汉时期（上册）》（第2版，264～271页，上海：上海人民出版社，2013）一书中指出，为实现"大一统"，汉武帝曾长期对边境地区用兵。这些战争有的属于防御少数民族贵族对中原农业地区的袭扰、掠夺，具有维护安全、保障生产的作用；有的则是对少数民族地区人民的侵犯，造成了破坏。汉朝廷对匈奴的战争，使汉初以来北方农业地区所受到的威胁基本解除。从此，边郡与内地的联系大大加强。西域道通以后，天山南北地区第一次与内地连成一体。另外，东南地区居住着越族，其主要分为闽越、东越、南越[①]三支。闽越王曾发兵围东越王都东瓯，汉武帝派兵相救。后闽越王进攻南越，武帝再次出兵相助。从此，江淮之间的闽越人、东越人逐渐与汉人融合。

---

① "越"亦作"粤"。

五、汉"大一统"的历史意义

李元晖、李大龙在《"大一统"思想的形成与实践——多民族国家中国疆域的形成和发展》（载《西北民族大学学报（哲学社会科学版）》，2016年第1期）一文中指出，汉武帝"大一统"观念及其构建"大一统"王朝的影响，突出表现在两个方面。第一，汉"大一统"王朝的疆域成为后代比附与夸耀"德政"的对象。在中国古代，疆域超过前代往往是后代统治者"立国"的标准之一，自《汉书》始的各正史基本上都有对王朝疆域的具体记述，且都将西汉"大一统"王朝的疆域作为阐述疆域时比照的对象。第二，汉"大一统"王朝的郡县区域成为隋唐两朝不得"不臣"的区域。完成统一大业是每个自认为是中国"正统"王朝的统治者的梦想，而统一的范围则以秦汉郡县管辖的范围为基准。隋唐两朝的文帝、炀帝、太宗、高宗四代皇帝，之所以不惜倾全国之力，持续不断地掀起对东北边疆高句丽政权的征服，一个重要的原因就在于高句丽政权所在的辽东之地在汉代即为中央政权管理的一个郡，只有征服高句丽方能实现对西汉郡县区域的"一统"。

李天雪在《论董仲舒的"大一统"思想对中华民族凝聚力的影响》（载《江南社会学院学报》，2006年第3期）一文中指出，强大的统一政权为中华民族凝聚力的增加提供了强有力的保障。董仲舒的"大一统"思想强调政治、经济、文化全方位的统一，正是在这一思想的指导下以及汉帝国强大的政治、经济力量的推动下，汉朝出现了以国家统一和民族团结为特征的"汉朝模式"，从而使中华民族的凝聚力得以在一个安定平和的环境中保持和发展。

六、汉"大一统"与"罢黜百家，独尊儒术"

1. 汉武帝确曾"罢黜百家，独尊儒术"

周桂钿在《汉武帝是否独尊儒术？——兼论思想方法诸问题》（载《中国社会科学院研究生院学报》，2003年第2期）一文中认为，汉武帝确曾独尊儒术。周桂钿指出，对于汉武帝时代思潮特征的概括，应看其主流。汉武帝兼用诸子百家，不仅任用儒家的人才，如公认的汉代大儒董仲舒、公羊春秋的研究者公孙弘等人，也任用尊崇黄老学说的汲黯、司马谈、司马迁，学纵横术的主父偃，学杂家的东方朔等其他学派的人才。然而，这并不能否定汉武帝的独尊儒术，因为他并未将道家、法家的书定为经书，而是只将儒家的书定为经典，并设立五经博士，专门传授儒家经学。自此，解释儒家经典的经学正式宣告诞生，汉代也因而被称作经学时代。综上所述，在汉武帝时代，独尊儒术是时代思潮的主流。

管怀伦在《汉武帝"罢黜百家，独尊儒术"确有其事——与孙景坛同志商榷》（载《南京社会科学》，1994年第6期）一文中指出，汉武帝"罢黜百家，独尊儒术"确有其事。这一过程具体由以下六个阶段构成：

第一，罢黜刑法，剪枝弱干。汉初统治思想首推黄老，次崇刑名。对此，少年即位的武帝，之所以将罢黜刑名、法家作为"罢黜百家，独尊儒术"的第一步，是由于面对强大的传统势力，特别是"好黄老之术"且大权在握的窦太后，只能借助丞相卫绾批判申不害、商鞅、韩信、苏秦、张仪之言论打迂回战。卫绾批判的核心是以申不害为代表的刑名之术，而申不害的学说又是源于黄老之学，从中不难看出，此举旨在通过剪除刑法枝蔓以削弱黄老主干。但这一回合的较量终以卫绾被免相，成为这场政治斗争的牺牲品而告终。

第二，设立明堂，公开较量。汉武帝按古制建立宣明政教的明堂，这既是儒学派继续进攻的信号，又是黄老派进一步反击的契机。围绕此事，以丞相窦婴、太尉田蚡、御史大夫赵绾、郎中令王臧等为主的儒学派与以窦太后为首的黄老派，展开了一次最重大的政治较量。此一回合，不仅设立明堂未得善终，且窦婴、田蚡被免职，王臧、赵绾被杀，儒学派可谓损兵折将，黄老派则出尽风头。

第三，增置博士，表彰儒学。建元五年（公元前136），"置五经博士"①，此举对表彰儒学的意义主要在于：使儒学经典成为官学，使博士一职开始向儒家经学博士演进；规定每位经学博士教授十个弟子，壮大了儒学势力；允许博士弟子终身免除徭役，专心治学，进一步提高了儒学地位；通过博士传弟子，弟子再传，层层教授，推进了儒学思想的统一。

第四，绌抑黄老，政治实现。建元六年（公元前135），窦太后去世，黄老派失去了最重要的保护者。武帝立即重新起用窦婴、田蚡，控制了政权。田蚡以外戚和丞相的

① （东汉）班固：《汉书卷六·武帝纪第六》（第1册），159页，北京：中华书局，1962。

双重身份,乘势"绌黄老、刑名百家之言,延文学儒者数百人"①,从而实现了"罢黜百家,独尊儒术"的政治愿景。

第五,制策贤良,理论完成。政治胜利只能为理论实现开辟道路,代替不了理论本身。儒学要取得实际的统治地位,还须依靠自身的理论建设。元光元年(公元前134),董仲舒在对策中提出罢黜各家学说、独尊孔子之术的建议。此举不仅指明了"绌抑黄老"之后的理论发展方向,把"罢黜百家,独尊儒术"的历史活动推向了一个全新的阶段,也从理论上最终完成了"罢黜百家,独尊儒术"的历史任务。

第六,任用儒吏,组织更新。一种统治思想的贯彻,离不开组织的保证。继董仲舒完成对"罢黜百家,独尊儒术"的理论建设之后,公孙弘又建议武帝实行组织更新。他不仅提出了明确的组织路线,而且还辅以周密详备的实施意见,从而将任用儒吏的做法提升为吏治原则。这一建议得到武帝批准后,儒家一向追求的"学而优则仕"的理想,开始成为现实。

2. 汉武帝未曾"罢黜百家,独尊儒术"

杨生民在《论汉武帝是否独尊儒术——也谈思想方法问题》(载《中国社会科学院研究生院学报》,2004年第2期)一文中指出,汉武帝并未独尊儒术,因为汉武帝不仅尊儒术,也重法家思想、重法制。这主要表现为:继承先秦法家激进的改革思想推动改革;制定严密的律令,贯彻先秦法家"法不阿贵"的精神;用人唯才是举,不拘一格,使包括法家学派在内的其他学派的士人得以踏入仕途。而武帝之所以重法家思想、重法制,其原因在于:在长达约40年的对匈战争中,要夺取战争的胜利,就必须迅速集中优势兵力,迅速筹集到充足的军费,打击分裂割据势力,因此武帝只能依靠法家的严刑峻法解决问题。

孙景坛在《汉武帝"罢黜百家,独尊儒术"子虚乌有——中国近现代儒学反思的一个基点性错误》(载《南京社会科学》,1993年第6期)一文中指出,汉武帝"罢黜百家,独尊儒术"纯属子虚乌有,其理由有两个方面。第一,与史实不符。历史上一直宣传的"罢黜百家,独尊儒术",指的是从建元元年(公元前140)开始到建元六年的几次大的思想斗争。而董仲舒则是在元光元年的诏贤良对策中方才提出罢黜各家学说、独尊孔子

---

① (西汉)司马迁:《史记卷一百二十一·儒林列传第六十一》(第10册),3118页,北京:中华书局,1959。

之术的建议。由此可见，董仲舒的建议并非建元六年前尊儒活动的起因，而是其结果。第二，与汉武帝实际行动不符。首先，历史上没有任何证据可以证明，汉武帝听取了董仲舒的建议后，在思想领域对"百家"展开了围剿，将儒学绝对化。其次，建元六年的"绌抑黄老、刑名百家之言"，只能叫"绌抑黄老，崇尚儒学"，因为此处的"绌"虽通"黜"，但意为"贬退"，与"罢黜"之"黜"的含义"废弃不用"并不相同。因此，所谓"绌抑黄老、刑名百家之言"，包含三层意思：一将黄老从正统思想的宝座上拉下来，即"绌"；二不给其他学派跃上这个宝座的机会，即"抑"；三让黄老与其他学派均安居在野地位，即对其仅仅是"绌抑"。由此可见，所谓"绌抑黄老、刑名百家之言"，只是让儒学成为了占统治地位的思想，只是"绌抑黄老，崇尚儒学"，而非"罢黜百家，独尊儒术"。

微课设计

微课设计一：从汉武帝颁行"推恩令"看汉"大一统"

设计意图

"大一统"是一个宏大而抽象的概念，要想生动而具体地呈现，只能通过具体的人与事。汉武帝是汉"大一统"政策最重要的制定者与执行者，"推恩令"是其强化中央集权，实现"大一统"的重要举措之一。本微课拟以"推恩令"为视角，引导学生理解与认识汉朝的"大一统"。

设计方案

汉初，高祖刘邦立嫡长子为太子，分封其余刘氏子弟为王，镇抚一方，以为如此便可确保刘氏江山永固。最初，分封的确达到了这一目的，汉初的安定局面与经济恢复，都颇得力于诸侯国。但随着诸侯王国逐渐强大，其与中央的离心力也随之加大，而一旦诸侯王自以为能与中央抗衡，便有可能铤而走险抢班夺权，景帝朝爆发的以吴王刘濞为首的"七国之乱"即为明证。如何才能彻底解除诸侯王国对中央政权的威胁？历史将这一难题交给了汉武帝。

元朔二年（公元前127），身为武帝腹心之臣的主父偃上书提出：

材料呈现： 古者诸侯不过百里，强弱之形易制。今诸侯或连城数十，地方千里，缓则骄奢易为淫乱，急则阻①其强而合从②以逆京师。今以法割削之，则逆节③萌起，前日晁错是也。今诸侯子弟或十数，而适嗣④代立，余虽骨肉，无尺寸地封，则仁孝之道不宣。愿陛下令诸侯得推恩分子弟，以地侯之。彼人人喜得所愿，上以德施，实分其国，不削而稍⑤弱矣。

——（西汉）司马迁：《史记卷一百一十二·平津侯主父列传第五十二》（第9册），

2961页，北京：中华书局，1959

教师设问：

（1）在主父偃看来，当时汉朝廷面临的主要危机是什么？（参考答案：诸侯王国对中央政权构成很大威胁。）

（2）针对这一危机，主父偃提出的解决办法是什么？（参考答案：实行"推恩"，即允许诸侯王把土地分封给嫡长子以外的其他子弟。）

教师设问： 主父偃的建议一经提出便立即得到了汉武帝的认可，这是为什么呢？

教师引导学生分析： 早在武帝即位之时，诸侯王国已经发展到24个。武帝心中清楚，要确保中央政权对诸侯王国的控制就必须削弱它们，关键是采取什么办法才是上策？若强行"削藩"，则易引发诸侯叛乱；若采用主父偃的办法，则不仅能得到诸侯子弟的大力支持，朝廷还能以广施恩德之名，收分割诸侯王国力量之实。同时，由于侯国地位等同于县，且一旦封立，便从王国中分离出来，划归附近的郡管辖，更有利于中央政权的控制。因此，"推恩"之策堪称一举多得的上上之策。于是，当即下诏：

---

① 阻，依仗。
② 合众，联合起来。
③ 逆节，叛逆的念头或行为。
④ 适嗣，嫡长子。
⑤ 稍，渐渐地。

材料呈现：诸侯王或欲推私恩分子弟邑者，令各条上①，朕且临定其号名。

——（西汉）司马迁：《史记卷二十一·建元以来王子侯者年表第九》（第3册），

1071页，北京：中华书局，1959

教师设问：依据材料，"推恩"与否的决定权掌握在谁之手？（参考答案：诸侯王。）

教师设问："推恩"与否由诸侯王自行决定。诸侯王心中亦十分清楚，其子弟众多，若是全部分封，自身的地盘与实力无疑将大为削弱。那么，此时的诸侯王是否会响应武帝的"推恩令"？

材料呈现：

各诸侯国王子侯表

城阳	赵国	中山	菑川	河间	济北	齐国	长沙	代国	广川	鲁国	胶东	梁国	衡山
33	24	20	17	11	11	11	11	9	8	5	3	1	1

——安作璋、刘德增：《汉武帝大传》，108页，北京：中华书局，2005

教师补充：自元朔二年"推恩令"颁布到征和二年（公元前91），20个诸侯王国中，除6国没有分封外，其余14个王国中，王子封侯者达165人。

教师设疑：从"推恩令"实施的结果看，"推恩令"得到了多数诸侯王的响应。为什么诸侯王明知执行"推恩令"便意味着削弱自身的实力，却仍然响应？

教师引导学生分析："推恩令"之所以能得到多数诸侯的响应，固然有诸侯子弟积极支持的因素，但更重要的可能还是诸侯王出于各种现实因素的考虑不得不做出响应。

教师讲述：早在汉文帝时期，为加强中央集权，著名政论家贾谊就曾提出分封诸侯王子弟为王的策略。根据这一策略，汉文帝分齐国为七、分淮南为三，汉景帝分梁国为五。可见，在对待诸侯王国的问题上，"分而治之"是汉初几代皇帝削弱王国势力的一贯做法，汉武帝的"推恩令"不过是为这一做法披上一件温情脉脉的外衣而已。因此，诸侯心知肚明，若不响应"推恩令"，便意味着对抗中央政府。另外，据《史记》记载：

材料呈现：今上即位数岁，汉兴七十余年之间，国家无事，非遇水旱之灾，民则人给家足，都鄙②廪庾③皆满，而府库余货财。京师之钱累巨万，贯④朽而不可校。太仓

---

① 条上，列出上报。

② 都鄙，城市和乡村，泛指全国各地。

③ 廪庾（lǐn yǔ），米仓和谷仓，泛指粮仓。

④ 贯，穿钱的绳索。

之粟陈陈相因，充溢露积于外，至腐败不可食。

——（西汉）司马迁：《史记卷三十·平准书第八》（第4册），

1420页，北京：中华书局，1959

教师讲述：尽管有学者考证，武帝即位之初的经济状况并不像《史记》所描述的那么繁荣，但的确堪称空前繁荣，因此武帝完全可以凭借几十年来积累的物质财产，对敢于叫板中央的诸侯王国实施军事打击。况且还有"七国之乱"时吴王刘濞的前车之鉴。刘濞曾叫嚣：

材料呈现：敝国虽狭，地方三千里；人虽少，精兵可具五十万。

——（西汉）司马迁：《史记卷一百六·吴王濞列传第四十六》，

2828页，北京：中华书局，1959

教师讲述：然而，仅仅三个月，来势汹汹的叛乱便被镇压了下去。实践证明，诸侯王国要对抗中央政权，绝非易事。

教师补充：而后来历史的发展也证明，那些心怀野心，为保存自身实力而没有执行"推恩令"的王国大多不得善终，例如淮南王刘安因谋反被诛杀，淮南国变为九江郡；江都王刘建想借刘安谋反浑水摸鱼，抢夺帝位，阴谋败露后被迫自杀，江都国变为广陵郡。

教师设疑：令人费解的是，汉武帝一面颁布"推恩令"，利诱各王国推恩子弟，裂土封侯，以削弱诸侯王国；另一方面，却在元狩六年（公元前117）分别封皇子刘闳（hóng）、刘旦、刘胥为齐王、燕王、广陵王，天汉四年（公元前97）封皇子刘髆（bó）为昌邑王，而四位皇子终武帝一朝，均不曾实行"推恩令"。这是为什么？

教师引导学生分析：刘闳的国都临淄，是当时东方的大都会；刘旦的国都蓟，位于今天的北京，是当时北方的大都会；刘胥的国都广陵，位于今天的扬州，是当时东南方的大都会。三国呈掎角之势，分别控制着东方、北方和东南方。刘髆的封地在昌邑，位于胶东半岛西北部，有利于加强中原一带的力量。由此可见，汉武帝分封皇子的目的在于拱卫中央。而四位皇子之所以不曾执行"推恩令"，则是汉武帝有意保存其实力，以震慑其他诸侯王。

教师引导学生小结：综上所述，汉武帝颁布"推恩令"并非是对分封制的全盘否定，而是旨在通过改革分封制，将诸侯王国纳入中央能够控制的范围之内，使之能够适应中央集权的需要，适应"大一统"的需要。而诸侯王国是否需要执行"推恩令"，关键亦取决于其是否有利于巩固中央政权，是否有利于巩固"大一统"的格局。

✎ 设计点评

本微课以汉武帝颁行"推恩令"为视角，通过层层设置悬念，引领学生剖析汉武帝颁行"推恩令"的前因后果，从中感悟"推恩令"所包含的政治智慧，进而认识"推恩令"对加强中央集权、实现汉朝"大一统"的积极意义。

微课设计二：从汉武帝裁抑相权看汉"大一统"

✎ 设计意图

裁抑相权是汉武帝强化皇权、实现"大一统"的重要举措之一。本微课拟以汉武帝裁抑相权为视角，通过展示汉武帝裁抑相权的种种复杂举措，引导学生理解与认识汉朝的"大一统"。

✎ 设计方案

教师讲述：汉初，崇尚拜功臣为相。萧何、曹参、陈平等开国元勋，凭借其为刘氏政权的创建下的汗马功劳，先后担任丞相一职。

材料呈现：相国①、丞相……掌丞②天子助理万机。

——（东汉）班固：《汉书卷十九上·百官公卿表第七上》（第3册），

724页，北京：中华书局，1962

教师设问：丞相的职责是什么？（参考答案：帮助皇帝处理政务。）

教师补充："丞"与"相"，原义皆为"副"，因此，所谓"丞相"，就是皇帝的"副官"。他们帮助皇帝处理政务，权力自然很大。

---

① 相国，其职权与丞相并无差别，但地位较之丞相更为尊贵。
② 丞，辅助。

材料呈现：皇帝在道，丞相迎见，皇帝要下车还礼后再上车走。谒者（掌宾赞受事礼官）要赞称曰："皇帝为丞相下舆。"皇帝如见丞起，也要起立而后坐。谒者要赞称曰："皇帝为丞相起。"①

——杨生民：《汉武帝传》，139页，北京：人民出版社，2015

教师设问：丞相的地位怎样？（参考答案：地位十分尊贵。）

教师补充：汉初尽管丞相位尊权重，但由于此时朝中尚有一批功臣，丞相在朝中并无绝对优势，因而尚未对皇权构成严重威胁。至景帝时期，一方面，开国元勋老死殆尽；另一方面，丞相位尊权重的传统得以保留，遂导致皇权面临被削弱的危险。但由于当时来自诸侯王的威胁更重，为了集中力量对付诸侯王，景帝不能过于削弱相权。那么，如何才能改变丞相位尊权重的传统，解除相权对皇权的威胁？

教师讲述：元朔五年（公元前124），76岁的公孙弘成为武帝朝第六位丞相。

材料呈现：先是，汉常以列侯为丞相，唯弘无爵，上于是下诏曰："朕嘉先圣之道，开广门路，宣招四方之士，盖古者任贤而序位，量能以授官，劳大者厥禄厚，德盛者获爵尊，故武功以显重，而文德以行褒。其以高成之平津乡户六百五十封丞相弘为平津侯。"其后以为故事②，至丞相封，自弘始也。

——（东汉）班固：《汉书卷五十八·公孙弘传第二十八》（第9册），

2620～2621页，北京：中华书局，1962

教师设问：从材料看，武帝开创了什么"故事"？（参考答案：先拜相后封侯。）

教师设疑：武帝为什么要将拜列侯为相的传统，改作先拜相后封侯？从下面的这件事中我们或许可以看出一些端倪。就在公孙弘任丞相的第三年，淮南王刘安、衡山王刘赐谋反。公孙弘此时正抱病家中，却深感刘安、刘赐之所以谋反，也是自己作为丞相不称职的缘故，于是上表谢罪：

材料呈现：今臣弘罢驽③之质，无汗马之劳，陛下过意擢④臣弘卒伍⑤之中，封为

---

① 原文出自《汉旧仪》："皇帝见丞相起，谒者赞称曰'皇帝为丞相起'。起立乃坐。皇帝在道，丞相迎谒，谒者赞称曰'皇帝为丞相下舆'。立乃升车。"见（东汉）班固：《汉书卷八十四·翟方进传第五十四》（第10册），3414～3415页，北京：中华书局，1962。

② 故事，先例。

③ 罢驽，低劣的马，喻人的才能低下。

④ 擢（zhuó），提拔。

⑤ 卒伍，指乡里。

列侯，致位三公。臣弘行能①不足以称②，素有负薪③之病，恐先狗马填沟壑，终无以报德塞责。愿归侯印，乞骸骨，避贤者路。

——（西汉）司马迁：《史记卷一百一十二·平津侯主父列传第五十二》（第9册），

2952页，北京：中华书局，1959

教师引导学生继续分析：因此，武帝之所以要将拜列侯为相的传统改作先拜相后封侯，大概是因为如此一来丞相容易产生"无功而封"的心理，从而更易于驾驭的缘故。终武帝一朝，言行谨慎的丞相，并非只有出身平民、无功而封的公孙弘一人。据《汉书》载：

材料呈现：武帝时柏至侯许昌、平棘侯薛泽、武强侯庄青翟、商陵侯赵周，皆以列侯继踵，龊龊④廉谨，为丞相备员⑤而已，无所能发明功名著于世者。

——（东汉）班固：《汉书卷四十二·申屠嘉传第十二》（第7册），

2102页，北京：中华书局，1962

教师设疑：柏至侯许昌、平棘侯薛泽、武强侯庄青翟、商陵侯赵周，分别为武帝朝的第三位、第五位、第八位、第九位丞相。此四人均系功臣子孙，袭封爵而贵，以列侯身份继任丞相。且薛泽、庄青翟、赵周三位丞相在位之时，正值武帝朝多事之秋，以丞相之职高位显，本应有所作为，何以《汉书》只记录了他们的谨小慎微，认为他们不过是凑数的丞相，无任何建树？

教师引导学生分析：武帝撇开以丞相为核心的"外朝"，依托左右亲信近臣，组成直接听命于皇帝指挥的"中朝"独断国事，是上述丞相缺少建树的一个重要原因。此外，汉武帝知人善任，且用人不拘一格。武帝一朝人才辈出，为何所选丞相却多平庸之辈？由此，便不得不引人猜想，此乃武帝有意而为之，其意图则在于借丞相的平庸减少相权对皇权的威胁。但武帝对相权的打压并未止于此。

教师讲述：太初二年（公元前103），公孙贺成为武帝朝第十一位丞相。

材料呈现：初贺引拜为丞相，不受印绶，顿首涕泣，曰："臣本边鄙，以鞍马骑射

---

① 行能，德行、才能。
② 称，合适，配得上。
③ 负薪，古代士自称疾病的谦辞。
④ 龊龊，拘谨的样子，谨小慎微的样子。
⑤ 备员，凑足人员的数，充数。

为官，材诚不任丞相。"上与左右见贺悲哀，感动下泣，曰："扶起丞相。"贺不肯起，上乃起去，贺不得已拜。出，左右问其故，贺曰："主上贤明，臣不足以称，恐负重责，从是殆①矣。"

——（东汉）班固：《汉书卷六十六·公孙贺传第三十六》（第9册），

2877～2878页，北京：中华书局，1962

教师设问：公孙贺的夫人是当时卫皇后的姐姐，公孙贺本人曾因军功封侯，后因犯法而失侯。此番拜相，公孙贺不仅得以位极人臣，且得以再度封侯，本应喜极而泣才是，何以其却悲哀涕泣，竭力推辞？（参考答案：公孙贺认为武帝"贤明"，自己才能不足以担负丞相职责，将使自己陷入危险之中。）

教师补充：公孙贺的担心并非杞人忧天。在公孙贺之前，已有三位丞相死于任上：先是李蔡，因犯下盗用景帝园隙地的罪行而自杀；接着是庄青翟因卷入陷害酷吏张汤一案，下狱自杀；然后是赵周，因未能纠正、揭发列侯助祭的"酎金"成色不足，下狱自杀。如前所述，庄青翟与赵周皆是谨小慎微之人，结果竟也未能幸免，足见此时武帝处置丞相之严酷。历史的发展最终应验了公孙贺的担心。征和二年（公元前91），公孙贺受儿媳阳石公主与儿子公孙敬声诅咒武帝一案牵连，下狱自杀，全家族灭。

教师设疑：武帝在位54年，先后任用13位丞相，其中有6位因犯罪被杀或自杀。西汉共有8位丞相被杀，武帝朝就占了6位。武帝对相权打击力度之大，在西汉历史上堪称空前绝后。那么，在武帝打出的这一系列针对相权的组合重拳的背后，除了考虑丞相位尊权重势必威胁皇权之外，是否还包含着其他因素？

教师引导学生分析：武帝即位之时，不仅继承了父祖留下的巨额物质财富，也继承了父祖留下的诸多亟待解决的问题：诸侯王骄横不法，甚至有的觊觎皇权；丞相权势过大，皇权被削弱；大漠匈奴不时侵扰；等等。武帝十分清楚时代赋予他的重大使命，他曾说：

材料呈现：汉家庶事草创，加四夷侵陵中国，朕不变更制度，后世无法；不出师征伐，天下不安。

——（北宋）司马光：《资治通鉴卷二十二·汉纪十四（武帝征和二年，

公元前91）》（第2册），726页，北京：中华书局，1956

---

① 殆，危险。

教师讲述：武帝在其执政期间果断而积极地变更制度，消除边患，以加强中央集权，实现"大一统"。对此，司马迁将武帝一生的文治武功概括为八个字："外攘夷狄，内修法度。"然而，手握大权，负责辅佐皇帝处理政事的丞相对武帝的种种作为却未必能够理解，由此必然导致皇权与相权之间产生诸多分歧与摩擦。因此，武帝要贯彻自己的意图，实现自己的抱负，打压相权便势在必行了。

教师引导学生小结：武帝裁抑相权，一方面固然是要铲除相权对皇权的潜在威胁；另一方面则是因为，只有强化皇权，方能为其一展雄才大略，实现"大一统"扫清障碍。

✏ **设计点评**

本微课以汉武帝裁抑相权为视角，通过展示武帝裁抑相权的种种复杂举措，通过层层设置悬念，引领学生深入思考，不仅有助于学生充分理解武帝裁抑相权的真实意图，亦有助于学生从中认识武帝加强皇权以实现"大一统"之苦心孤诣。

教学资源

资源1：纵观人类各国历史，没有哪个国家的人民希望在分裂和战乱中生存。但至今为止地球上仍有许多国家仍处于分裂与战乱中。大一统并不是每个国家都能做到的事情。中国人自古以来期许"大一统"国家与中国人所处东亚特殊的生态环境和地理位置有关。中国人最早兴起的地方是几大生态区域的交汇地带。因此中国之名就来源于"中"。从已知的考古和历史资源来看，中国最早的人类北京山顶洞人、陕西蓝田人、云南元谋人、辽宁红山人、内蒙古河套人都生活在长城沿线和藏彝走廊沿线，以后兴起的仰韶、龙山、马家窑、三星堆、金沙、鄯善洋海、苏贝希、楼兰、定日①等地的文明也均分布在长城、藏彝走廊和丝绸之路沿线。由于长城、藏彝走廊和丝绸之路地带的生态

---

① 参见徐黎丽、杨朝晖：《民族走廊的延伸与国家边疆的拓展》，载《思想战线》，2012（3）。

環境易于古代中国人汲取两种或以上生态环境中的自然资源来维持生计，且多种生态环境的连接地带易于交流与合作，而这些地带又恰好处于中国海拔、纬度、气候的第二台阶上，即温度、湿度宜于人类生存，山不太高，又有充足的水源。因此居于这些过渡地带的中国人自然就以中自居，并在技术和能力提升的情况下向四面发展。最终使中国成为由四大生态文化区域构成的国家。这四大生态文化区域分别是：灌溉农业区域，包括珠江、长江、淮河、黄河、辽河、松花江、黑龙江等平原区域；高纬度低海拔游牧区域，包括蒙古高原及阿尔泰山以西、天山以北地区；低纬度高海拔畜牧区域，主要指青藏高原；绿洲农牧兼营区域，包括宁夏、甘肃、新疆戈壁沙漠地区。① 可以说中国人从源头上来说为同种，但随着起源地带人口越来越多且这些地带作为多种生态交汇地带的地质条件易引发诸如地震等自然灾害，因此中国人就逐渐向东南西北迁徙，形成历史上东夷、北狄、西戎、南蛮的居住格局。这种分类，只是因迁徙到不同生态区域的中国人适应自然环境而创造出的从生计到信仰的文化特征而为。但处于不同生态区域的中国人却并不能真正互相分开，一是因为有共同的起源地；二是因为他们自古以来通过起源地带建立的从生计到信仰的互补生活使他们无法分开；三是因为他们在经历分裂与统一的反复实践后，从皇帝到平民都意识到"大一统"天下观对中国人的生存的重要性。鉴于以上中国人的生活实践，最终中国人选择"大一统"的国家形态，并通过不断完善"大一统"的国家体制来维护。这便是中国人"大一统"天下观能够深入人心的客观原因。

——徐黎丽、李姝睿：《"大一统"天下观对中国边疆治理的影响》，

载《国家行政学院学报》，2015年第6期

资源2：汉武帝更为关心的是，如何从制度上侵夺相权，于是有了"中朝"和"外朝"的划分。所谓"外朝"是指以丞相为首的行政中枢，它在"中朝"出现之前，是辅佐皇帝治理国家的唯一的官僚系统。"内朝"则是汉武帝新创设的机构，从本质上说来，它只是由皇帝所信任的人组成的亲随和秘书班子。汉武帝把富有才气和政治进取心的东方朔、枚皋、严助、吾丘寿王、司马相如等文学侍从之臣，作为形成阶段"中朝"官员的主体，利用他们擅长言辩的特点，让他们与丞相为首的大臣就某些决策方案展开辩论，结果是"大臣数绌"。实际上这是汉武帝巧妙地引导"外朝"官员

---

① 参见马大正：《关于构想中国边疆学的断想》，载《中国边疆史地研究》，2003（3）。

淡出决策权、退居执行者。因此，颜师古对"中朝""外朝"的界定是："中谓天子之宾客，若严助之辈也。外谓公卿大夫也。"①所论虽未臻完善，但就揭示其本质而言，无疑是准确的。

"中朝"制度在汉武帝之后发展得更为完备，本文对此无意多作深究。至于"中朝"的形成原因，倒是我们应该深思的问题。有学者认为，汉武帝创设"中朝"，不是出于削弱相权的考虑，而是因为当时的"行政中枢客观上软弱无力，不能胜任武帝时代大肆更张的需要"。②……如此推论是值得慎重思量的。因为行政中枢的软弱无力是由丞相不得其人决定的，而选择和任命丞相的权力恰恰掌握在汉武帝手中。当时有人才济济之誉，汉武帝不任命具有行政能力的大臣为丞相，而是选择李蔡、公孙贺之类的武夫，以及严青翟、石庆、田千秋这样的质朴长者出任，其真实用意就是让丞相徒有虚名，不能理政，这样才便于汉武帝通过"中朝"而把决策权控制在自己手中。因此，行政中枢的软弱无力，不是汉武帝无奈面对的前提条件，而是他有意造成的客观事实。一个最明显的事例是：汉武帝明明知道石庆任相不免尸位素餐之讥，但是当石庆借阴阳失衡而自动引咎辞职时，他却勃然大怒，严加斥责，迫使石庆照旧任职。唯一可以解释的理由是，丞相居位而不亲政事，正符合皇帝的需要和愿望。所以，"中朝"体系的出现，应该从皇帝的集权意识方面去寻求。汉武帝控制下的丞相，只能从属于皇权，而不允许稍有制衡的可能。此举使得国家正常的管理机构及其职能受到破坏，而皇帝专制的因素得到强化，从长远来看它的负面作用是不应该低估的。从立制的即时效果而言，汉武帝设立"中朝"与清雍正时创建军机处颇有类似之处，可以收决策快、速、密之益，这是支撑他的"更化"事业所必须的。

——孙家洲、王文涛：《制度变革与汉武帝盛世的造就》，

载《河北学刊》，2004年第4期

资源3：造就汉武帝文治武功的，还有一个重要因素，就是武帝的才识。"雄才大略"，是班固写完《汉书·武帝纪》后给武帝下的一个概括性的评语。"雄才大略"是说武帝才气横溢，眼光远大。他不是在一桩事的处理上，一个人的使用上一贯正

---

① （东汉）班固：《汉书卷六十四·严助传第三十四上》（第9册），2776页，北京：中华书局，1962。
② 原文为："行政中枢客观上软弱无力，不能胜任武帝时代大肆更张需要的结果。"见卜宪群：《秦汉官僚制度》，178页，北京：社会科学文献出版社，2002。

确，在这些具体的问题上，有可能处置不当。但是，他有通览全局之才能，他的才华体现在对天下大势高屋建瓴般的明察和把握上。即位之后，他凭藉父祖积累的财富，"外事四夷，内兴功利"①，此乃大势所趋，不得不为。武帝清醒地明白时代赋予他的使命，上面引用汉武帝的那一段话②，在当时不是人人明白的。皇太子刘据没有意识到，故武帝让卫青把这番话转告他。大臣汲黯也没有意识到，张汤更定律令，汲黯责问张汤："何空取高皇帝约束纷更之为？"并警告他："公以此无种矣！"③武帝征伐匈奴，汲黯也竭力反对，主张"与胡和亲，毋起兵"④大臣韩安国同样没有意识到，在讨论对匈奴和战问题时，他竭力主张和亲，反对战争。实际上，不独刘据、汲黯和韩安国三人如此，大多数人亦然。如韩安国力主和亲时，"群臣议多附安国"⑤，即是例证。

当大功臻成，国内危机严重，百姓揭竿而起之时，武帝又清醒地意识到该是再次改弦更张的时候了，他毅然颁布了中国历史上第一个皇帝罪己昭——《轮台诏》，宣布："当今务在禁苛暴，止擅赋，力本农，修马复令，以补缺，毋乏武备而已。"⑥也就是说，把军国大政的重点从"外事四夷，内兴功利"转移到恢复发展国民经济上来。实际上，这一转变是武帝的既定方针。不过，他原本把政策的转变设计在下一代，由他的后任来完成。然而，时局的发展迫使他不得不提前。对于这种转变之必要，当朝公卿如丞相田千秋、御史大夫商丘成、搜粟都尉桑弘羊等并没有意识到，桑弘羊甚至至死未能理解。武帝慧眼独具，从种种迹象中发现已到了非改弦更张不可的时候了。正是这一转变，挽狂澜于既倒，并使大汉皇朝再次焕发生机。在武帝死后，又出现了"昭宣中兴"。

——安作璋、刘德增：《论汉武帝》，

载《山东师范大学学报（人文社会科学版）》，2005年第3期

① （东汉）班固：《汉书卷二十四上·食货志第四上》（第4册），1137页，北京：中华书局，1962。
② 汉武帝的那一段话为："汉家庶事草创，加四夷侵陵中国，朕不变更制度，后世无法；不出师北伐，天下不安。"见（北宋）司马光：《资治通鉴卷二十二·汉纪十四（武帝征和二年，公元前91）》（第2册），726页，北京：中华书局，1956。
③ （东汉）班固：《汉书卷五十·汲黯传第二十》（第8册），2318页，北京：中华书局，1962。
④ （东汉）班固：《汉书卷五十·汲黯传第二十》（第8册），2319页，北京：中华书局，1962。
⑤ （东汉）班固：《汉书卷五十二·韩安国传第二十二》（第8册），2398页，北京：中华书局，1962。
⑥ （东汉）班固：《汉书卷九十六下·西域传第六十六下》（第12册），3914页，北京：中华书局，1962。

资源4："尊儒"与"尚法"相结合，骨子里将君王驭下的权术和严施刑罚这些法家的办法作为根本的手段，用儒术加以缘饰，正是武帝政治的特点。汲黯当面批评汉武帝"内多欲而外施仁义"①，讲的也是这个特点。公孙弘在其对策中，既标榜儒家的仁、义、礼，又特别强调法家的权术，说："擅杀生之柄，通壅塞之涂，权轻重之数，论得失之道，使远近情伪必见于上，谓之术。""不得其术，则主蔽于上，官乱于下。此事之情，属统垂业之本也。"②如此重视和阐释君王驭下之术，正投合内心"尚法"的汉武帝之所好，所以汉武帝擢升公孙弘为第一名。史称公孙弘"习文法吏事，缘饰以儒术，上说之。"③故连续升迁，至拜相封侯。以"儒术"来缘饰律令法术，是汉武帝和公孙弘所共同的特点，武帝时期官场那种"刻深吏多为爪牙用者，依于文学之士"④的习气，正是"尚法尊儒"政策造成的。

——白寿彝总主编，白寿彝、高敏、安作璋本卷主编：《中国通史（第4卷）：中古时代·秦汉时期（上册）》，第2版，257页，上海：上海人民出版社，2013

资源5：于公元前221年建国的秦王朝是中国历史上第一个统一的中央集权的君主专制国家。汉承秦制，将大一统的专制形式延续了下来。秦汉的政治形式相对于西周而言，其本质特征在于权力的集中和皇权的强化。所谓政治大一统，意味着在中央与地方权力分配上主张中央集权，抑制强大的地方势力。我们知道西周对权力关系的界定在于"礼乐征伐自天子出"⑤或"扞御侮者莫如亲亲"⑥也就是强调天子对诸侯的血缘联合或拱卫关系，不会也不必要对地方权力有意识地控制和打压。与之相对，秦汉大一统王朝所追求则是"事在四方，要在中央。圣人执要，四方来效"式的中央对地方的完全控制。秦王朝废诸侯国为郡县，郡县没有独立的财政赋税支配权和郡守的人事任免权，更没有军队调动和使用权。连可能威胁到中央权力的巨贾富户都要迁徙到首都周围加以监视，不能不说较之前的任何朝代，秦朝对中央集权的推行都已到了登峰造极的地步。

---

① （东汉）班固：《汉书卷五十·汲黯传第二十》（第8册），2317页，北京：中华书局，1962。
② （东汉）班固：《汉书卷五十八·公孙弘传第二十八》（第9册），2616页，北京：中华书局，1962。
③ （东汉）班固：《汉书卷五十八·公孙弘传第二十八》（第9册），2612页，北京：中华书局，1962。
④ （西汉）司马迁：《史记卷一百二十二·酷吏列传第六十二》（第10册），3139页，北京：中华书局，1959。
⑤ 张燕婴译注：《论语·季氏第十六》，253页，北京：中华书局，1980。
⑥ 李梦生：《左传译注卷六·僖公中（僖公二十四年）》（上），278页，上海：上海古籍出版社，2004。

在一个幅员广阔的专制帝国实行中央集权专制即政治大一统的统治形式，其整合难度可想而知。秦朝立法家为统治思想，施行"以法为教""以吏为师"的文化政策，出现焚书坑儒的文化浩劫，都表明法家已经看到了政治大一统需要思想大一统，也就是需要由国家主导的意识形态理论整合多元化的思想文化。但法家以极端现实主义和"有见于国，无见于人"[①]的整合方式构筑的集权专制国家有悖传统和人性，秦朝二世而亡即宣告法家文化政策的失败。所以说虽然秦朝以集权专制的统治形式取代了封建宗法制，但它仅仅是政治制度方面的创建，并未来得及将这种政制做一更精深的加工和改造，并没有设计出一种能够更好契合这种政治制度的文化政策。由此，轴心裂变之后文化、价值创建的任务即交给了汉朝。

代秦而治的农民起义集团，在刘邦的带领下开始了汉代的统治。汉朝继承了秦中央集权的君主专制体制，但面对秦政和战火洗礼之后百业凋敝的境况，汉初统治者在文化和政治策略上进行了两大改变，一是采取与民休息的黄老之术缓和社会矛盾，二是大封同姓诸侯王，试图依靠刘姓宗亲巩固汉室江山。事实证明，黄老的统治思想的确为社会经济的复苏贡献了力量，但封国与郡县并存的制度（郡国制），却给后来的汉室带来扰攘百年的危机。在危机的克服中，汉朝统治者有意识地强化了中央集权专制统治，并吸取秦亡的教训，排除了立法家为统治思想的可能，试图确立更为积极和人道的文化政策以巩固政治大一统，出于这种文化整合和价值重建的目的，"罢黜百家，独尊儒术"的政策登上了历史舞台，儒学开始了作为国家统治思想的意识形态化进程。

——张颐：《儒学与政权之间——汉武帝"罢黜百家，独尊儒术"

文化政策再思考》，载《研究生法学》，2012年第6期

资源6：所谓"大一统"本文重视法家李斯的说法，即"灭诸侯，成帝业，为天下一统"[②]。如上文所述，政治大一统是从秦始皇建立起中央集权的统一帝国开始的。在这样的政治条件下，秦王朝定法家为一尊，采取"以法为教""以吏为师"的文化政策。虽然法家反人道的政治、文化统治方式最终导致秦王朝的终结，但不可否认的是，秦王朝初建的时候具备了设立大一统的文化政策的社会条件即政治大一统，而这种社会条件在西汉中期汉武帝统治时期再次成熟。

---

① （清）章太炎：《国故论衡下卷·原道下》，115页，上海：上海古籍出版社，2003。
② （西汉）司马迁：《史记卷八十七·李斯列传第二十七》（第8册），2540页，北京：中华书局，1959。

西汉中期大一统文化政策的推行是直接承起于秦代的，这要略过汉初数十年的黄老无为的文化政策，因为它虽然是汉初的统治思想，但黄老之学本质上讲并不是能够与大一统政治相适应的积极的文化政策。"秦皇汉武"，同为中国史上之雄主。秦皇焚书坑儒，以吏为师，禁天下之以古非今。迄于汉武，不及百年，乃表彰六艺，高慕尧舜，处处以希古法先为务。若汉武之于始皇，所处在绝相反之两极。①虽然一个反古，一个稽古，但是两者殊途同归，因为都是"务于治"的政策而已，统治者不见得真正推崇和信服。汉武帝穷兵黩武的杂霸统治，正从一个侧面说明了"独尊儒术"政策的联络下，儒学与政权是一种合作关系。然而越是不信仰，越能够体现儒学自身的整合和论证专制集权统治的功能。这说明统治者是从一个客观的角度审视儒学的，儒学对政治大一统的巩固和强化作用可见。

汉代儒学之所以能够满足统治者对大一统文化政策的要求，最根本的原因在于汉代儒学由孔孟的"迂远而阔于事情"②转向了经世致用的探索，更注重对时代思潮的兼容和与政治社会生活的结合。秦汉时代的社会思潮在于"外在的宇宙仍是判断与理解的基本依据"，"'天'所显示的自然法则更加明确地被一些基本的数字式的概念所表述……并渗透到各个领域，人们已经习惯了这一解释系统，于是就用它作为理解和处理天地人神一切问题的内在理路，由此衍生出种种知识与技术。"③以董仲舒为代表的汉儒正是将这种思潮融入理论系统的建造中，并结合黄老、法、墨、阴阳等各派的理论，最终形成了天人合一政治论，为"独尊儒术"的文化政策做好了理论准备。天人政治论正是从天命论、宇宙观的角度巩固和强化了大一统的政治即中央集权的君主专制政治。汉武帝如果要推行一种契合政治大一统的文化政策，那么"罢黜百家，独尊儒术"就是当然的选择了。

很多学者认为所谓"罢黜百家，独尊儒术"就是实行文化高压政策，同秦始皇禁绝诗书与焚书坑儒异曲同工，因此视董仲舒为文化刽子手。事实上，"不在六艺之科孔子之术者，皆绝其道，勿使并进"是建议汉武帝不再设立其他学说的博士，不以其他学说作为统治思想、仅赋予儒学以统治思想的权力而已。终汉之世，百家学术并没有受到灭绝，而且无所不究，各有所成。若是认为"罢黜百家"是禁绝百家的思想和著述，认为

---

① 钱穆：《秦汉史》，86页，北京：生活·读书·新知三联书店，2004。
② （西汉）司马迁：《史记卷七十四·孟子荀卿列传第十四》（第7册），2343页，北京：中华书局，1959。
③ 葛兆光：《中国思想史》（第1卷），334～337页，上海：复旦大学出版社，1998。

董仲舒是思想史的千古罪人，那就是夸大这一文化政策的影响力了。

——张颐:《儒学与政权之间——汉武帝"罢黜百家，独尊儒术"文化政策再思考》，

载《研究生法学》，2012年第6期

资源7：秦统一中国，一统由理想变为现实。汉承秦制，实际上是秦一统制度的延续与发展。秦汉是中国多民族统一国家的形成与发展时期。经夏、商、周的发展而最后形成于春秋战国时期的华夏民族，进一步吸收边疆民族成分，在这一时期发展成为一个新的人数更加众多的稳定的民族共同体——汉族。她以空前繁荣的经济文化、众多的人口和广大的地域成为中华民族的主体及凝聚的核心。秦汉的统一与边疆开发，奠定了我国疆域的基础，创造了各民族共为一体的"华夷一统"的现实，促进了多民族国家内部政治、经济、文化、风俗伦理等方面的进一步统一，边疆与内地、"中国"与"四夷"一统的观念得到加强。

汉武帝"罢黜百家，独尊儒术"，完成了思想上的统一，而公羊学说以其"大一统"理论尤受重视。"大一统"的理想境界是"王者无外"[1]，但理想的实现有一个历史发展的过程。公羊学倡"三世说"，以"大一统"为宗旨，将这一发展过程分为三个阶段：据乱世，"内其国而外诸夏"；升平世，"内诸夏而外夷狄"[2]；太平世，"夷狄进至于爵，天下远近、小大若一"。[3]《公羊传》将《春秋》所载鲁史分成所传闻世、所闻世和所见世三个阶段来加以比附，以所传闻世为据乱世，以所闻世为升平世，以所见世为太平世。其太平世"王者无外"，与大同说合，是理想的"大一统"。公羊学说产生于战国末年而盛于西汉，实际上里面包含着汉儒对"大一统"思想的发展。董仲舒是汉前期著名的公羊学大师，他把战国以后各家学说以及儒家各派在孔子名义下、在春秋公羊学名义下统一起来，使儒学成为"霸王道杂之"[4]、合于汉家制度的学说；进一步阐发了公羊学说的"大一统思想"，建立了一整套适应专制主义中央集权体制发展需要的天人合一的政治理论。

秦汉空前统一政治格局为人们提供了对"大一统"理论进行思考、总结和提高的现实基

---

① 刘尚慈译注:《春秋公羊传译注·隐公元年》（全二册），10页，北京：中华书局，2010。
② 刘尚慈译注:《春秋公羊传译注·成公十五年》（全二册），417页，北京：中华书局，2010。
③ （汉）何休解诂、（唐）徐彦疏:《春秋公羊传注疏·隐公卷第一》（全二册），38页，上海：上海古籍出版社，2014。
④ （东汉）班固:《汉书卷九·元帝纪第九》（第1册），277页，北京：中华书局，1962。

础，从而使"大一统"思想在这一时期进一步完善，构成一个完整体系，并最终确立下来。

——刘正寅：《"大一统"思想与中国古代疆域的形成》，

载《中国边疆史地研究》，2010年第2期

资源8：秦汉时代"大一统"精神的弘扬与践行，其次反映为制度文化上的统一。秦代实行"车同轨，书同文"；统一度量衡，统一货币，统一地方行政机制乃至统一一般的社会风尚习俗等举措："分天下以为三十六郡，郡置守、尉、监。更名民曰'黔首'……一法度衡石丈尺。车同轨。书同文字"①；"普天之下，抟心揖志。器械一量，同书文字。日月所照，舟舆所载。皆终其命，莫不得意。……六合之内，皇帝之土。西涉流沙，南尽北户。东有东海，北过大夏。人迹所至，无不臣者。"②因此，司马迁对秦始皇的历史功绩还是作出了实事求是的评价："明法度，定律令，皆以始皇起。"③在两汉时期，也是制定和实施统一的赋税徭役制度、军事制度、法律制度、中央与地方行政体制、选官任官制度、学校教育制度，这方面的努力，自刘邦创建西汉王朝时即已开始："于是汉兴，萧何次律令，韩信申军法，张苍为章程，叔孙通定礼仪，则文学彬彬稍进，《诗》《书》往往间出矣"④。经过数十年的整合、发展，这种制度文化上的统一，到汉武帝时期基本达到了高度成熟的形态，即如汉武帝在"泰山刻石文"中所描绘的国家"大一统"的理想图画："四海之内，莫不为郡县，四夷八蛮，咸来贡职。与天无极，人民蕃息，天禄永得"⑤。两汉以降，这种制度文化上的统一，始终为当道者所汲汲追求的根本目标。

——黄朴民：《"大一统"原则规范下的秦汉政治与文化》，

载《学海》，2008年第5期

① （西汉）司马迁：《史记卷六·秦始皇本纪第六》（第1册），239页，北京：中华书局，1959。
② （西汉）司马迁：《史记卷六·秦始皇本纪第六》（第1册），245页，北京：中华书局，1959。
③ （西汉）司马迁：《史记卷八十七·李斯列传第二十七》（第8册），2546～2547页，北京：中华书局，1959。
④ （西汉）司马迁：《史记卷一百三十·太史公自序第七十》（第10册），3319页，北京：中华书局，1959。
⑤ （南朝·宋）范晔等：《后汉书志第七·祭祀志上》（第11册），3163页，北京：中华书局，1965。

丝绸之路
（隋唐前）

丝绸之路在时间上持续数千年，在空间上绵延数千里，穿越有"世界屋脊"之称的帕米尔高原，所以堪称世界上"最长、最古、最高"的贸易通道。季羡林在《我心中的新疆》（载《民族团结》，1998年第10期）一文中指出，在世界上延续时间长、没有中断过、真正形成独立体系的文化只有四个——中国文化体系，印度文化体系，阿拉伯伊斯兰文化体系和从希腊、罗马起开始的西欧文化体系。而这四大文化体系汇流的地方只有一个，这就是中国的新疆地区。其所以能够在这里汇流，则需归功于贯穿全区的丝绸之路。可见，丝绸之路对古代东西方经济文化的交流、发展和世界历史的进步起过巨大作用。19世纪，研究者们通过对丝路地理环境变迁、交通路线确定、沿途国家的社会经济文化交流、古代民族活动、宗教文化传播、商镇和贸易沿革变化等的实地考察和分类研究，初步从各个学科确定了丝绸之路研究的范围和方向。进入20世纪，丝绸之路研究开始脱离探险考察阶段，向政治、经济、文化、艺术、宗教等领域拓展，逐渐发展为一门独立的学科。随之，持续的、全方位的研究丝绸之路的世界性学术现象出现。

一、丝绸之路的含义

周伟洲、丁景泰在《丝绸之路大辞典》（1～5页，西安：陕西人民出版社，2006）一书中指出，狭义的丝绸之路是指古代中国经中亚通往南亚、西亚及欧洲、北非的陆上贸易通道。因大量的中国丝绸和丝织品多经此道西运，故有此名称。它最早是由德国学者李希霍芬（F. V. Richthofen）于1887年出版的《中国》一书中提出来的，英文作The Silk Road。最初是指汉代中国与中亚河中地区、印度直接以丝绸为主的贸易交通线。20世纪初，德国学者赫尔曼（A. Herrmann）所著《中国和叙利亚之间的古丝绸之路》一书中，将丝路从中国延伸到地中海西岸和小亚细亚，并确定了它的基本内容。广义的丝绸之路，即凡经古代中国到相邻各国的交通路线，包括海上、陆路均一概称丝绸之路。现今流行的说法是：原来所说的经中亚陆路的丝绸之路，被名之"绿洲路"或"沙漠路"；另有经北方蒙古草原游牧民居地至中亚的"草原路"；经海上西行之"海上丝绸之路"；云南入缅甸、印度的"南方丝绸之路"（又称"西南丝路"）；等等。上述种种名称的丝路，仅沙漠路、草原路可以算作原来含义的丝绸之路，即狭义丝绸之路。丝绸之路的本质是一条连接欧亚大陆的贸易通道，其首要的功能是起贸易桥梁的作用，其内涵主要是商业贸易。而在丝路所涵盖的内容中，东西文化交流是仅次于经济贸易的重要内涵。丝路还是一条民族迁徙和融合之路。因此，丝路不仅是欧亚的贸易通道，而且是涵盖了政治军事、文化科技、方言习俗、民族宗教等方面内容的东西交流的大动脉。

丝绸之路示意图
——朱汉国主编、马世力副主编：《义务教育教科书·中国历史》（七年级上册），68页，
北京：北京师范大学出版社，2016

武伯纶在《传播友谊的丝绸之路》（77～78页，西安：陕西人民出版社，1983）一书中指出，丝绸之路由汉到唐经过今新疆境内的有三条。《汉书·西域传》："自玉门、阳关出西域有两道。从鄯善傍南山北，波河西行至莎车，为南道；南道西逾葱岭则出大月氏、安息。自车师前王廷随北山，波河西行至疏勒，为北道；北道西逾葱岭则出大宛、康居、奄蔡焉（耆）。"①这是汉代的两条交通大道，都在天山之南，以塔里木河为界，分南、北两道。《隋书·裴矩传》："发自敦煌，至于西海，凡为三道，各有襟带。北道从伊吾，经蒲类海铁勒部，突厥可汗庭，度北流河水，至拂菻国，达于西海。其中道从高昌，焉耆，龟兹，疏勒，度葱岭，又经钹汗，苏对沙那国，康国，曹国，何国，大、小安国，穆国，至波斯，达于西海。其南道从鄯善，于阗，朱俱波，喝槃陀，度葱岭，又经护密，吐火罗，挹怛，忛延，漕国，至北婆罗门，达于西海。其三道诸国，亦各自有路，南北交通。……故知伊吾、高昌、鄯善，并西域之门户也。总凑敦煌，是其咽喉之地。"②《隋书·裴矩传》所说中道、南道与《汉书·西域传》说的南、北二道基本相同，只是《汉书·西域传》说的南道是通到安息（波斯），《隋书·裴矩传》说的中道（即汉的北道）是通到波斯，达于西海（可能是地中海）。

瑞典学者斯文·赫定在《丝绸之路》（见黎羌《古丝绸之路与新丝绸之路（上）》，载《人民政协报》，2013-09-23）一书中指出，整个丝绸之路，按直线距离计算总共为4200英里，按实际路程计算则为6000英里，即相当于地球赤道长度的四分之一。张骞是所有中亚地理探险家中最伟大的一个。丝绸之路是古代世界交通干线中最长的一条，是连接各民族和各大洲之间最有意义的链条。③据中国学者估算，从中国西安，经陕西、甘肃、新疆，出境后经中亚、西亚诸国至欧洲意大利威尼斯的丝绸之路直线距离为7000余千米，而在中国境内的距离有4000余千米，占总路程一半以上。

① （东汉）班固：《汉书卷九十六上·西域传第六十六上》（第12册），3872页，北京：中华书局，1962。

② （唐）魏征等：《隋书卷六十七·列传第三十二（裴矩传）》（第6册），1579～1580页，北京：中华书局，1973。

③ ［瑞典］斯文·赫定（Sven Hedin）：《丝绸之路》，江红、李佩娟译，214～215页，乌鲁木齐：新疆人民出版社，1996。

二、丝绸之路的兴衰

1. 丝绸之路的兴起

季羡林在《中国蚕丝输入印度问题的初步研究》（载《历史研究》，1956年第4期）一文中指出，憍胝厘耶（Kautilīya）著的《治国安邦术》一书中有关于Cinapatta的字句。Cina指中国，patta意思是"带""条"，合起来的意思是"中国的成捆的丝"。这个字本身已经把丝的产地告诉我们了。憍胝厘耶据说是生于公元前4世纪，是孔雀王朝月护大王的侍臣。如果此书真是他著的话，那么，至迟在公元前4世纪，中国的丝绸必已输入印度。印度其他古籍里讲到丝的不少。但是这些书都不太古。吠陀里面没有讲到，足见印度人民知道蚕丝是在吠陀时代以后的事情。

李明伟在《丝绸之路研究百年历史回顾》（载《西北民族研究》，2005年第2期）一文中指出，丝绸之路作为贸易路和民族迁徙交流的大通道，其形成应不晚于公元前5世纪。在此之前，虽然有很多材料，如希罗多德引述阿里斯提士的神话叙事诗《阿里玛斯庇阿》，记载公元前7世纪在黑海、中亚草原地区四处迁徙的塞种人以及他们在中国人、希腊人之间所充当的交流媒介作用，推罗的地理学家马里努斯著作中引用马其顿的商人梅斯·蒂蒂亚诺斯关于欧亚贸易的情况，以及中国古代史籍《禹四海异物》《世本》《山海经·西次三经》《竹书纪年》《商书》《史记·周本纪》《穆天子传》记载中原、羌戎诸部与西方交通的资料，但我们仍然以公元前5世纪的阿尔泰墓葬、德国斯图加特的霍克杜夫，以及中国新疆阿拉沟等地出土和发现的大量中国丝织品、漆器、铜镜等商品，作为丝绸之路存在的确信证据。

2. 丝绸之路的发展与衰落

周伟洲、丁景泰在《丝绸之路大辞典》（2页，西安：陕西人民出版社，2006）一书中指出，学术界一般认为，丝路的正式开辟始于汉朝官方派遣张骞出使西域之后。从此，中国内地与西域的交通正式开辟，揭开了延续一千多年的丝绸之路发展和兴盛的序幕。到前60年，汉朝正式在西域设置西域都护，丝绸之路开始进入兴盛时期，直至魏晋南北朝。隋唐时期，丝路畅通，达到了鼎盛的阶段，中西文化交流达到高潮，丝路涵盖的内容得到了最充分的体现，丝路交通道路，因贸易的频繁而多有新道开辟。到唐安史之乱后，唐朝与西域各国的贸易交往受到了阻碍。五代十国、宋、辽、金、西夏诸政权分裂割据之时，丝绸之路虽未断绝，但已远不如汉唐之时兴盛。加之中国政治、经济和文化中心逐渐向南方转移，以及阿拉伯国家的兴起，使中西海上的交通（海上丝绸之路）迅速发展，原陆上丝绸之路的重要性逐渐下降，从鼎盛走向衰落。这种情况一直延续到13世纪蒙古兴起之后，由于蒙古的西征和对中亚、西亚广大地区的直接统治，东西驿路畅通无阻，使丝路一度有所复兴。然而，到了明代，虽然出嘉峪关，经哈密去中亚的丝路未断，但作为陆上中西交通的丝路已远不如海路重要，丝绸之路处于衰落时期，这种情况一直延续到清代。

有学者从丝绸之路的另一端，逆向考察希腊—马其顿人的东进是如何推动了丝绸之路的开通、延伸与延续，希腊化文明的信息是如何通过张骞传入中原的。杨巨平在《亚历山大东征与丝绸之路开通》（载《历史研究》，2007年第4期）一文中指出，亚历山大东征后，在希腊化世界及其周边地区实际上形成了以西亚为中心、以地中海和中亚印度为两端的新的交通体系。当时的东西方商路主要有三条：北路连接印度、巴克特里亚与黑海；中路连接印度与小亚；南路主要通过海路连接印度与埃及。从中亚通往丝绸产地中国，中间地带也就只剩下从河西走廊到帕米尔高原这一段了，而且这一段的距离也在双方的努力下不断地缩小。在张骞到达中亚之前的公元前2世纪中后期，后来丝绸之路的西段（自帕米尔以西）实际上已经开通。张骞之行，标志着后来称之为"丝绸之路"的全线贯通。所以就丝绸之路全线贯通而言，亚历山大东征和张骞通西域都发挥了同样的历史作用。

三、影响丝绸之路兴衰的因素

（一）技术发展水平

1. 铁的发明及其日益广泛的使用

美国学者斯塔夫里阿诺斯（Leften Stavros Stavrianos）在《全球通史：从史前史到21世纪（上册）》（第7版修订版，吴象婴、梁赤民、董书慧、王昶译，84～87页，北京：北京大学出版社，2012）一书中认为，技术进步是新的欧亚大陆整体化的基础。因为从人类历史真正开始之日起，人类的活动范围就一直取决于它的技术水平。古典时代的技术进步主要表现为铁的发明及其日益广泛的使用。冶铁技术的发明与进步，使农业和文明的扩展大大超越过去，因而有了地区性的帝国。这些帝国继续扩大自己的疆域，彼此邻接起来，横贯欧亚大陆。农业疆域的拓展使文明核心区的范围也获得相应的扩大。但是，新的铁制工具也使人们能制造更大、性能更好的船舶，从而使航海的距离更远、贸易的规模更大，使各条陆路和海路均处于相互竞争的状态。如果走某一条路线费用太高，或者极不安全，那么通常就会使贸易转向其他路线。

2. 植桑养蚕技术的外流

英国学者赫德逊（G. F. Hudson）在《欧洲与中国》（李申、王遵仲、张毅译，83～85页、89～90页，台北：台湾古籍出版有限公司，2003）一书中指出，使罗马帝国以及因之最后使整个欧洲都不再依靠中国供应生丝的是蚕卵被偷运到欧洲的事件（介于552—554）。拜占庭的养蚕业首先是在叙利亚发展起来的，到6世纪末似乎就已经满足对原料的需求了。后来，叙利亚及其工业落入撒拉逊人之手，拜占庭就把希腊中部当作丝绸生产的新中心，这使得那里达到2世纪以来空前的繁荣。与此同时，阿拉伯人又把养蚕造丝的技术从叙利亚传入西西里和西班牙。由于植桑养蚕技术流入地中海地区，就扼杀了来自中国的丝绸运输，而随之也就割断了连接过地中海地区与远东之间的巨大贸易联系。自7—13世纪，欧洲文献再也不见"丝国人""Sinae""唐家子""中国"等字眼。

3. 近代技术工业的诞生

徐君峰在《丝绸之路的历史地理学解读——专访历史地理学博士徐君峰》（载《陕西日报》，2013-11-08）一文中指出，欧洲在寻找新丝路通道中进入了大航海时代。近代技术工业的诞生和发展对传统的手工产业商品产生了极大冲击。中国是一个自给自足的以农为本的国家，由于社会分工的制约以及生产力的低下，农民不可能生产更多的商品进入流通。当欧洲在中世纪后开始觉醒，工业革命浪潮席卷欧洲各国，中国传统商品再也难以与各种工业产品相竞争，逐渐被机械化生产的商品所替代。缺少了商品的交易和流动，作为商道的丝路便失去了传统的意义与价值，而遭到遗弃。

（二）丝路的经营情况

学者普遍认为，汉唐之所以是丝绸之路的兴盛时期，与其高效的管理和经营密切相关。

1. 沿线社会秩序和治安的维护

斯塔夫里阿诺斯在《全球通史：从史前史到21世纪（上册）》（第7版修订版，吴象婴、梁赤民、董书慧、王昶译，86～87页、89～90页，北京：北京大学出版社，2012）一书中指出，伟大的跨越欧亚大片陆地的新帝国加强了社会秩序和治安，使陆路和海路的长途贸易得以发展。这些地区性帝国还建立并维护了整个地区的驿道网，为商业的发展提供了便利条件。因此，就陆上贸易而论，其盛衰的情况在很大程度上取决于社会秩序和治安的维护状况。当大部分陆路处于某种权力强有力的控制下时，贸易就繁荣；反之，当社会一片混乱时，贸易就衰萎。这一模式，只要观察一下这些世纪中贸易的发展趋势便可明白。例如，在欧亚西部的西徐亚帝国、欧亚东部的中国诸朝代和囊括欧亚大部分陆地的蒙古帝国统治下的那些世纪中，由于帝国强大，因而商路安全有保障，贸易获得迅速发展。2世纪以后，随着罗马帝国和中国社会动乱迭起，这一繁盛的陆上贸易渐渐衰弱。

赵丛苍、张朝在《考古学视野下的丝绸之路军事遗存》（载《文物》，2016年第2期）一文中指出，沿途政治的稳定、社会的和谐是丝绸之路畅通的保障。对于汉唐王朝来说，维护丝绸之路畅通的需求十分强烈，对丝绸之路畅通的保障也更积极主动，形成了具有一定历史作用的军事保障体系。这主要体现在两个方面：一是长城系统。元鼎六年至七年（公元前111—前110），汉武帝修筑了由酒泉西至玉门关段长城。太初元年至四年（公元前104—前101），汉武帝又修筑了由玉门至新疆罗布泊的长城。汉代河西长城的走向基本与祁连山脉、天山山脉平行，两线之间形成了条带状的丝绸之路。河西长城的结构一般包括了堑壕、土垒、塞墙、障、坞、燧、关等设施，配合山川险阻进行防御。①二是城邑关隘系统。构筑丝绸之路城邑关隘是历代王朝维护丝绸之路畅通的重要手段，而其中的重点则是在河西及西域营造具有较强军事防御功能的城邑。例如，交河城内有纯军事性设施——固定哨或守城兵士临时休息的地方，围在瓮城内侧主门内外，严密监视出入者的行动。②交河故城、河西走廊及西域的诸多城邑共同构成了丝绸之路的城邑据点系统，是官员、军队、商贾、僧侣、平民的聚居地和保护伞。等级有序、组织严密、布局紧凑是丝绸之路城邑保障链条的主要特点。在大型城邑之间，还有许多小型的城邑，如汉玉门都尉治所小方盘城，周长仅百米左右。锁阳城、骆驼城的城垣外侧、护城壕内侧还遗存一道远较主垣低矮的残墙，绕城一周，据推测可能为羊马城，"平时可用以安置羊马牲畜，战时为城厢加设一道防线"③除了城邑对丝绸之路运行的维护，丝绸之路地势险要之处往往会设关防御，如会宁关、乌兰关、金城关、肩水金关、玉门关和阳关等就是汉唐丝绸之路东西交通的主要连接点。在丝绸之路鼎盛时期，城邑的繁

① 吴礽骧：《河西的汉代长城》，载《文博》，1991（1）。
② 联合国教科文组织驻中国代表处等：《交河故城：1993、1994年度考古发掘报告》，158页，北京：东方出版社，1998。
③ 李并成：《甘肃境内遗存的古城址》，载《文史知识》，1997（6）。

荣经济是促进汉唐时期丝路兴盛的基础，而城邑本身的军事防御功能又为丝绸之路的畅通提供了后勤保障。结合关隘的辅助，城邑关隘系统将丝绸之路上的人员聚集成点，形成一个个的安全岛。

张德芳在《汉帝国在政治军事上对丝绸之路交通体系的支撑》（载《甘肃社会科学》，2015年第2期）一文中指出，政治上，汉帝国设郡置县，把郡、县、乡、里的行政体制覆盖到新开地区。每乡设有秩、啬夫、乡佐来管理行政事务，有游徼专司治安防盗，三老、孝弟、力田等表率社会、导民风化。乡以下有里，里有里正或里魁，直接管理老百姓日常生活和社会治安。军事上，修筑军事要塞，边防部队常川驻守，有严密的边防体系和军事保障。例如，汉武帝在扫清匈奴势力之后，陆续从令居（治今甘肃永登西南之连城）河口一直往西到敦煌以西的罗布泊（楼兰地区）修建了长达1000多千米的城郭烽燧；汉代的敦煌郡长达300多千米的防线上，依次从西到东分布着玉门都尉、中部都尉和宜禾都尉三个都尉的驻防军队。

2. 路政建设

张德芳在《汉帝国在政治军事上对丝绸之路交通体系的支撑》（载《甘肃社会科学》，2015年第2期）一文中指出，丝绸之路沿途的站点体系为丝绸之路的畅通提供了食宿交通的支持。例如，酒泉段：据汉简记载，"右酒泉郡县置十一，六百九十四里"，可知横跨酒泉停靠站点的数目和过境里程，即酒泉段共347千米，288千米，停靠站点总共11个，每个站点相距28.8千米。又如，敦煌段：据汉简记载，敦煌郡有"厩置九所，传马员三百六十匹"，这九处厩置其实就是类似悬泉置这样的邮驿接待机构，其中反映的就是从东到西敦煌郡直线距离300千米的交通路线设置九处厩置。

赵丛苍、张朝在《考古学视野下的丝绸之路军事遗存》（载《文物》，2016年第2期）一文中指出，在丝绸之路上，汉朝修筑了长城系统。长城除了一般的军事防御功能之外，还具有军事通信与交通的作用。汉晋时期长城的通信功能还体现在邮驿方面，部分烽燧、关堡兼有驿站功能。在特殊情况下，烽燧传递信息困难，就需要利用邮驿传送信息。据甲渠候官治所坞内出土的《塞上烽火品约》记载："匈奴人入塞，天大风，风及降雨，不具烽火者，亟传檄告，人走马驰，以急疾为故。"[1]

---

[1] 甘肃省居延考古队简册整理小组：《"塞上烽火品约"释文》，载《考古》，1979（4），转引自何双全：《简牍》，114页，兰州：敦煌文艺出版社，2004。

甘肃嘉峪关魏晋五号墓出土的彩绘砖上，绘有驿使骑在飞驰的红鬃马上，一手持缰，一手举着文书，急行传递，在一定程度上反映了丝绸之路上的邮驿活动。

3. 移民实边与屯田

张德芳在《汉帝国在政治军事上对丝绸之路交通体系的支撑》（载《甘肃社会科学》，2015年第2期）一文中指出，汉朝向河西地区的三次大移民，基本上奠定了河西地区赖以发展的人力资源基础。经过一百多年的发展，到西汉末年，按官方的人口统计，河西四郡有户71270户，有口280211人。当不包括驻守边防的军人。这些长期生活在边地的百姓为社会繁荣发展及丝路畅通奠定了基础。而对两关以西，帕米尔以东的天山南北地区，汉朝则采取了另外一种不同的政策。主要是在轮台、渠犁置使者校尉率戍卒数百人屯田积谷，以保证来往使者的安全和粮食供应。

张晓莉、张安福在《中国古代西域屯垦与丝绸之路文明》（载《经济研究导刊》，2009年第3期）一文中指出，从西汉在西域开始屯田戍边，历经东汉、魏、晋、南北朝、隋、唐、元、明、清，屯垦事业有兴有衰。纵观2000多年的古代新疆屯垦史，凡兴屯田，边疆就迅速得到开发，经济繁荣，丝绸之路畅通，边防巩固，祖国统一，人民安居乐业。当屯田废弛的时候，边境就不安宁，丝绸之路阻绝，经济凋零。实践证明：中国古代西域屯垦与丝绸之路文明相辅相成、互相促进。西域屯垦是保障边防稳定、西域经济繁荣发展、丝绸之路畅通的客观需要。

史念海在《中国通史（第六卷）：中古时代·隋唐时期（上册）》（修订本，453～454页，上海：上海人民出版社，2004）一书中指出，河陇地区的农业，以河西走廊、湟水流域自然条件最好，唐廷在这里兴置了大量的屯田、营田。"甘州诸屯，皆因水利，浊河灌溉，良沃不待天时，四十余屯，并为奥壤"[1]。其他州郡亦有不少自然条件较好，如河州（治今甘肃临夏），"大田多稼，人和岁丰，饷军廪师，处勤余裕"，唐高宗也说："河州军镇要冲，屯田最多。"[2]经过唐朝一百几十年的发展，到天宝十二载（753）时，"是时中国强盛，自安远门西尽唐境万二千里，闾阎相望，桑麻翳野，天下

---

① （唐）陈子昂：《上西蕃边州安危事 三条》，见《陈子昂集卷八·杂著》，195页，北京：中华书局，1960。

② （唐）张说：《河州刺史冉府君神道碑》，见《张燕公集卷十九》，156页，上海：上海古籍出版社，1992。

称富庶者无如陇右"。①

（三）沿线主要国家的经济实力及政局状况

曲直在《从古商道的兴衰分析中找到重建丝绸之路的方略》（载《瞭望新闻周刊》，1994年第20期）一文中指出，年轻的"丝绸之路学"研究表明，古商道的兴衰取决于沿线国家经济实力的强弱。甘肃省从事古道研究的武文军、杨守业等人，首次从经济学角度作了如下总结：商品交换和贸易促进了古商道的繁荣，几乎所有商贸交换的起止点，都是当时世界文明的中心，并具有占领先地位的发达经济产业和相对高度发达的劳动生产率。因此，经济实力的强弱是吸引或排斥国际市场的决定性因素之一。国际性、功能全的大市场决定了商道的兴旺。连接商道的沿线各国城市在当时都有较高的生产力发展水平和先进的生产技术，在国际分工中具有相对优势，能承担远距离运费等条件。沿线各繁华都市交通运输、通信联络条件便利，地理位置优越，特别是稳定安宁的社会环境和灵活开放的经济、外交政策是当时文明强国的共同特点。

杨建新在《论丝绸之路的产生、发展和运行机制》（载《西北史地》，1995年第2期）一文中指出，丝路发展，不仅仅是一种经济力量，政治因素也产生了重大的影响。其中最大的政治因素就是各地的安定统一和统一大帝国的出现。从丝路发展的历史来看，它的发展并不需要丝路沿途所有国家和地区都安定、统一，只要在主要地区和主要国家，政治安定，丝绸之路就可以在一定程度上得以发展。例如，1—6世纪是丝绸之路得以巩固和发展的一个新阶段。这一时期除了仍存在于波斯高原的安息王国之外，罗马帝国（公元前30—476）、贵霜王朝（1世纪上半叶至3世纪）相继在丝绸之路的西段和中亚、南亚兴起。中国在经过西汉末短暂的混乱之后，东汉政权迅速强大，成为与罗马帝国、安息、贵霜王朝鼎立于丝绸之路上的四大强国，把丝绸之路连成一片，为丝路畅通，提供了又一次机会。从3世纪始，中国内地出现十六国南北朝的混乱局面。但是由于西域（指今新疆地区）以及河西、青海相对平稳，掌握政权的少数民族又都十分重视对外贸易和交往，所以中国西部与中亚、南亚的交往并未断绝。特别是丝绸之路枢纽地带的波斯地区，原安息政权崩溃，代之而起的萨珊王朝（226—651），完全代替了安息的地位和作用。成为丝绸之路上重要的中转站和集散地，对丝绸之路的发展，起到重大的推动

---

① （北宋）司马光：《资治通鉴卷二百一十六·唐纪三十二（玄宗天宝十二年，753）》（第15册），6919页，北京：中华书局，1956。

作用。由于有罗马帝国、萨珊王朝的积极推动，以及突厥在转输丝绸方面的巨大作用，当时中国政治上虽然处于分裂状态，而丝绸之路仍然十分兴旺（7—9世纪是丝绸之路发展的顶峰）。中国在隋（581—618）、唐（618—907）时期，实现了大统一。这时，虽然罗马帝国早已分裂，西罗马帝国也已灭亡，但拜占庭帝国却雄踞于地中海东岸及小亚细亚，萨珊王朝及中亚、南亚诸国与唐朝，仍然构成丝绸之路上重要的贸易伙伴，也使丝绸之路交往更加频繁。

刘庆柱在《"丝绸之路"的考古认知》（载《经济社会史评论》，2015年第2期）一文中指出，丝绸之路最兴盛之际，也是中国最昌盛之时；哪条丝绸之路最兴盛，就说明中国哪个地区最兴盛。比如，草原丝绸之路最兴盛的时候，也是中国北部地区最兴盛的时候。为什么呢？因为它的主体文化在那里。汉唐时期国家政治中心、文化中心、经济中心以黄河流域为主，沙漠丝绸之路兴盛了。唐宋及其以后，国家政治中心东移、北移，丝绸之路由沙漠丝绸之路为主变成海洋丝绸之路为主。因此，丝绸之路与"盛世"相连。沙漠丝绸之路始于张骞出使西域，汉唐也是中国最繁盛的时期。"文景之治"和"贞观之治到开元盛世"两大盛世都在汉唐丝绸之路时期。

（四）生态环境

于倩、陈果在《中国古代西北丝绸之路贸易兴衰的经济学探讨》（载《丝绸之路》，2013年第2期）一文中指出，在以农业生产为主的时代，丝绸之路经济承载的多是与农业产物有关的交流，农业生产受到不良影响，必将使丝绸之路经济陷入贸易对象缺陷导致的瘫痪之中。

杜忠潮在《中国近两千多年来气候变迁的东西分异及对丝绸之路兴衰的影响》（载《干旱区地理》，1996年第3期）一文中指出，气候暖干导致丝绸之路生态环境恶化而威胁生存应为不可忽视的起因，并将丝绸之路的兴衰变迁概况与近两千多年来我国东、西部气候波动韵律作对比考察，并联系不同地区民族的经济社会文明的盛衰变化，归纳二者的对应关系：东部暖湿期——西部冷湿期——丝绸之路畅通，农耕经济繁荣，西域游牧文明兴盛；东部冷干期——西部暖干期——丝绸之路阻塞，农耕经济凋敝，西域文明衰落。每遇东部冷干——西部暖干的时期，中原政权因国力衰退，以致无暇经营丝绸之路与有效控防游牧民族的侵扰。加之游牧民族其时因生存环境不利、出现人口压力的胁迫而南侵。这时丝路上的民族关系或国际关系相应恶化，东西方贸易往来中断。

史学界普遍认为，以上原因或主或次地复合导致了丝路走向终结。

四、丝绸之路的地位与作用

日本学者长泽和俊在《丝绸之路史研究·前言》（第1页，钟美珠译，天津：天津古籍出版社，1990）一书中指出，第一，丝绸之路作为贯通亚欧大陆的动脉，是世界史发展的中心。它把欧亚大陆的蒙古、塔里木盆地、准格尔、西藏、帕米尔、河中、阿富汗、伊朗、伊拉克、叙利亚、土耳其等地区连接起来，并使它们相互依存地发展起来。第二，丝绸之路是世界主要文化的母胎，尤其是在这条路的末端部分曾经产生了美索不达米亚文明、埃及文明、花喇子模文明、印度河文明、中国文明等许多古代文明。自古以来，还出现了祆教、基督教、佛教、摩尼教、伊斯兰教等宗教。这些宗教向东西传播并给予人类文化以极大的影响。从这个意义上来讲，丝绸之路也可以说是"求道之路"。第三，丝绸之路是东西文明的桥梁。出现在丝绸之路各地的文化，依靠商队传播至各地，同时又接受着各种不同的文化，促进了各地的文明。

有中国学者从丝绸之路与古代中国走向世界的角度来考察丝绸之路的作用。刘庆柱在《"丝绸之路"的考古认知》（载《经济社会史评论》，2015年第2期）一文中指出，通过丝绸之路，国外的文化、艺术、宗教、自然物产影响传播到中国，但是从世界历史的角度来说，更为重要的是中国走向世界。因此，当丝绸之路作为世界文化遗产时，强调的是"丝绸之路起点——长安"，也就是说"丝绸之路"首先是从古代中国的政治中心——长安"走向世界"，其次是世界走向中国。一方面，近代考古学问世以来，在中亚、西亚、南亚、东北亚、东南亚、非洲等地发现了数量众多的中国古代文物，这些遗存是中国人走出国门带出去的，或外国人来华带回去的历史见证。这充分说明，丝绸之路已使中国走向世界。另一方面，丝绸之路使古代欧亚走进中国。草原丝绸之路使东北亚、海上丝绸之路使东南亚建立了与汉王朝及其以后历代王朝的密切关系，形成以古代中国为核心的"汉文化圈"或叫"儒家文化圈"。汉唐与中古时代以后，随着沙漠丝绸之路与海上丝绸之路的进一步发展，中国四周东西南北的域外文化大量传入有着"和合文化"基因的中国。如东北亚的遣唐使、北宋开封城的犹太商人、北京的古代景教寺院、元代来华的意大利旅行家马可·波罗等，他们来到中国，认识与了解中国，促进了中外文化与经济的交流，也启迪了中国人了解世界的兴趣。

1. 贸易互惠之路

李明伟在《丝绸之路研究百年历史回顾》（载《西北民族研究》，2005年第2期）一文中指出，中原地区的丰富物产源源不断地传播到西域、中亚、印度、波斯、阿拉伯和地中海欧洲区域。在粟特人、突厥人、回鹘人、阿拉伯人、波斯人的努力下，大量工艺精美和品种繁多的丝绸、瓷器、茶叶等输入西方。同时，通过丝绸之路贸易，西方物质文化也传入中国，丰富了中国的物质文明和物质生活。草原民族的羊马牲畜、畜产皮毛、毛织品，西亚的珊瑚、翡翠、珠宝、琉璃器等。

郭风平、郭新荣、王立宏在《丝绸之路植物交流探源》（载《丝绸之路》，2009年第6期）一文中指出，丝路物资交流活动大大刺激了唐人的消费欲望。丝路交易物资可谓奇货可点、令人眼花缭乱，从外奴、艺人、歌舞伎到家畜、野兽，从皮毛、植物、香料、颜料到金银、珠宝、矿石、金属，从器具牙角到武器、书籍、乐器，几乎应有尽有。这一切都成了唐人尤其高门大户的消费对象与消费时尚。许许多多的富人竭力囤积居奇，不仅购置奇珍异宝而且还尽可能在家里蓄养宠物、奴伎。帝王皇族带头，豪绅阔户效之，庶民百姓也以把玩异域奇物为能。美国学者谢弗指出："7世纪还是一个崇尚外来物品的时代，当时追求各种各样的外国奢侈品和奇珍异宝的风气开始从宫廷中传播开来，从而广泛地流行于一般的城市居民阶层之中。"[1]

袁建平、刘夏蓓编译的《丝绸之路溯源》（载《社科纵横》，2001年第2期）一文指出，丝路商业贸易具有隐蔽性，通常在外交使团形式下进行。这样的"外交贸易"持续了很长时间，规模很大。哀帝元寿元年（公元前2），汉朝政府给匈奴运来8.4万匹绸缎，3.7万千克丝棉。其结果使中亚市场饱和。与"外交贸易"存在的同时，还有其他贸易形式，在东土耳其斯坦和中国西部有"露天集市""哨卡集市"和普通的城镇集市。此外，据《后汉书》记载，在1世纪已经有外国商人沿丝路来到帝国都城洛阳。越来越多的西域商人的涌入，导致魏国（3世纪）敦煌太守仓慈发给商人专门许可证方可去洛阳贸易。这种许可制度为后来隋、唐所继承。

李瑞哲在《古代丝绸之路商队的活动特点分析》（载《兰州大学学报（社会科学版）》，2009年第3期）一文中指出，胡商的商业活动是古代中外交流史上的重要事件，

---

[1] ［美］爱德华·谢弗（Edward H. Schafer）:《唐代的外来文明》，吴玉贵译，15页，北京：中国社会科学出版社，1995。

通晓多种语言并且见多识广的中亚胡商在丝绸之路上贩卖商品的同时，也成为东西方文化与文明的传播使者。关于胡商来华的原因，归因于丝绸之路的开通，人们的生活需要以及商业利益的诱惑。以粟特人为主的胡商在丝绸之路上建立了很多商贸据点，这些贸易据点逐渐发展成为聚落，并把这些聚落连接起来，通过这些聚落，熟悉丝绸之路沿线的市场行情，建立起一定的商业信誉，贩易东西方不同的商品。随着丝路贸易的发展，丝路贸易中商品交换的结构也发生了变化，大量的日用生活品代替过去的贵重奢侈品，胡商的商业活动已经深入丝路沿线人民生活的各个方面，使这里人们的生活水平得到一定程度的提高。

2. 物种互通之路

赵阳阳在《略论古代丝绸之路中西动植物物种的交流》（载《历史教学问题》，2015年第1期）一文中指出，随着张骞出使西域，丝绸之路的开通，西方的动植物品种，源源不断地通过丝绸之路传入中国。不仅对我国农业、园艺业、畜牧业、工艺制造以及医药业等方面都产生重大的影响，而且大大丰富了各族人民的物质文化生活。而中国一些特色物种，也随之传向西方，对西方世界产生巨大的影响。动植物物种的输入有葡萄、苜蓿、胡芫荽、胡桃、胡麻、石榴、胡椒、胡蒜、胡瓜、芦荟、指甲花、茉莉、西瓜、菠菜、无花果、偏桃、胡萝卜、马、骆驼、狮子、鸵鸟、大象、犀牛、孔雀。中国物种的西传有桃、大黄、茶树、桑蚕、方竹、桦树、蜀葵、生姜、黄连、肉桂、白术、土茯苓。美国东方学家劳费尔对于古代中国积极引进吸收外来新物种为本国农牧业所用这一做法非常钦佩，赞扬道："中国人的经济政策有远大眼光，采纳许多有用的外国植物以为己用，并把它们并入自己完整的农业系统中去，这是值得我们钦佩的。中国人是熟思、通达事理、心胸开豁的民族……在植物经济方面，他们曾是世界上最前列的权威。"①

郭风平、郭新荣、王立宏在《丝绸之路植物交流探源》（载《丝绸之路》，2009年第6期）一文中指出，即使当时不贩运粮食作物的商队也必须带足到达目的地的充足粮食，否则就很危险，就可能半途而废。这就是说，哪怕商队到达目的地后剩下一丁点粮食，这点粮食种子在异地都显得十分珍贵，人们会把它播入土壤，让它发芽、开花、结果。所以我们认为早期中原的水稻、小米、大豆很可能是由商队辗转驮运出境，传播到印度

---

① ［美］劳费尔（Berthold Laufer）：《中国伊朗编·序言》，林筠因译，9页，北京：商务印书馆，2001。

河流域、两河流域、尼罗河流域的，而早期两河流域的小麦也是由商队辗转驮运到西域后再传播到中原的。

3. 宗教文化传播之路

李明伟在《丝绸之路研究百年历史回顾》（载《西北民族研究》，2005年第2期）一文中指出，丝绸之路的开辟，为各种宗教文化在中国的传播提供了条件。自从1世纪佛教传入中国后，随着中西经济文化交流的日益密切，伊斯兰教、摩尼教、景教、祆教、犹太教、基督教等各种域外宗教涌入中国，对中国的社会结构和思想哲学产生了根本性影响。

王欣在《丝绸之路与古代东西文明交往》（见张柱华主编：《"草原丝绸之路"学术研讨会论文集》，40～52页，兰州：甘肃人民出版社，2010）一文中指出，作为集思想、语言、文字、艺术等为一体的古代各种宗教在丝绸之路上的传播与影响，最为集中地体现东西方文明交往的成果。随着佛教、祆教、摩尼教、景教、伊斯兰教等西方宗教沿着丝绸之路相继传入及其经典、教义被引介，它们各有所主张的学说、伦理道德和价值观，在中国当时的思想界产生了程度不同的影响，并深入民间。如在思想和文学方面，佛教的传入对魏晋南北朝时期玄学思潮的形成起到了推波助澜的作用，其教义和逻辑学对此后中国的许多思想和流派产生了十分长远的影响。随之而来的还有大量印度寓言、童话，对中国古代志怪、传奇文类的形成起到了很大的作用。唐代以后的佛教变文对中国小说的发展影响很大，而佛教戏剧也对中国古代戏剧的形成与发展发生过直接的影响。在音韵学方面，唐代高僧守温仿古代印度梵语体系，制定汉语三十个字母，为汉语音韵学的重建奠定了基础。

杨巨平在《亚历山大东征与丝绸之路开通》（载《历史研究》，2007年第4期）一文中指出，最具希腊化文化明显特征的就是融佛教精神和希腊造型艺术为一体的印度犍陀罗艺术，是继张骞之后通过丝绸之路传入中原的唯一的、也是最可以明确辨认的希腊化文化信息。

才吾加甫在《丝绸之路上的古代宗教》（载《丝绸之路》，2014年第12期）一文中指出，公元前1世纪，佛教经中亚丝绸之路传入我国的西域之于阗（今和田地区），佛教鼎盛时期，还形成了于阗、疏勒、龟兹、焉耆、高昌等当时著名的佛教中心。在今天的丝绸之路上，佛教石窟、名刹寺庙随处可见，尤其是沿途的石窟，大多融合了东西方的艺术风格和佛教精神。南北朝时期，祆教传入我国，有多处文献可以证明从唐代至北宋时祆教在敦煌较为盛行。5—6世纪，景教已在洛阳正式传播，除长安、洛阳外，成都、灵武、广州、扬州等地都建有景教寺院。4—6世纪，摩尼教沿丝绸之路传入西域和我国中原内地，唐代长安、洛阳均建有摩尼寺，宋代至明初仍有摩尼教在民间活动的痕迹。9世纪中叶之后，河中地区的居民基本上接受了伊斯兰教，到15—16世纪时已传遍新疆的大部分地区，现在新疆的维吾尔族、哈萨克族、回族、乌孜别克族、柯尔克孜族、塔吉克族、塔塔尔族等少数民族，均信仰这一宗教，伊斯兰教对宋元至今的西北地区影响极深，从根本上改变了古代西域的社会、文化面貌。

4. 乐舞融汇之路

向达在《唐代长安与西域文明》（48～49页，湖南：湖南教育出版社，2010）一书中指出，魏晋以后，祖孝孙所谓"陈、梁旧乐，杂用吴、楚之音；周、齐旧乐，多涉胡戎之技"[1]，盖可见也。隋代宫商七声竞莫能通，于是不得不假借龟兹人苏祇婆之琵琶七调，而后七声始得其正。中国画家受印度之影响，极为显然：张彦远《历代名画记》记唐以前画家传代之作，画题带印度成分者约十居五六。六朝以来之乐舞与绘画，几乎有以西域传来之新乐与新画风为主体之势，至唐遂臻于极盛之境。

于民在《丝绸之路与中外经济文化交流》（载《兰台世界》，2011年第28期）一文中指出，乐舞杂技、服饰等也随丝路东传。中国与西域各国的乐舞交流在汉代达到一个高潮，形成了汉代突出的历史乐舞特色，即"百戏""俗乐"。"灵帝好胡服、胡帐、胡床、胡坐、胡饭、胡箜篌、胡笛、胡舞，京都贵戚皆竞为之。"[2]魏晋南北朝时期，佛教乐舞迅速普及中国，"龟兹乐""天竺乐""西凉乐"等成为人们喜闻乐见的佛教乐舞和传播佛教的重要工具。隋唐时代的宫廷乐舞中也包含了大量的外来因素。

5. 科技交流之路

李明伟在《丝绸之路研究百年历史回顾》（载《西北民族研究》，2005年第2期）一文中指出，中原地区先进的生产技术如造纸术、冶铁技术、水力技术、金银器皿和工艺品、钱币、雕版印刷、炼丹术等也通过丝绸之路传播到西域、中亚、印度、波斯、阿拉伯和地中海欧洲区域。东罗马帝国、阿拉伯大食帝国、印度和波斯帝国的科学技术和知

① （后晋）刘昫等：《旧唐书卷二十八·志第八（音乐一）》（第4册），1041页，北京：中华书局，1975。
② （南朝·宋）范晔等：《后汉书志第十三·五行一》（第11册），3272页，北京：中华书局，1965。

识，如天文学、历法、数学、医药、建筑技术、制糖技术、制玻璃技术、制酒技术、缝合木船技术等传入中国，对中国的发展作出了不可低估的贡献。

于民在《丝绸之路与中外经济文化交流》（载《兰台世界》，2011年第28期）一文中指出，丝织品西传给西方带去了先进的纺织技术和理念，促进了当地纺织技术的发展。在罗马和地中海地区，人们"将成本相对较低的素织物拆开，取其丝线与当地的亚麻纱线交织，或以丝为原料重新纺制纱线，织成适合当地的轻薄半透明的织物"[1]。对此，大秦"常利得中国缣素，解以为胡绫绀纹，数与安息诸胡交市于海中"[2]。一些国家还在模仿中国平纹经锦的过程中，织造出了新型的平纹纬锦。中国的铁器及铸铁技术、穿井法和井渠法、造纸术也先后沿丝路西传。本地"无丝漆，不知铸铁器"的安息，"及汉使亡卒降，教铸作它兵器"[3] "宛城中无井，汲城外流水"，及至李广利伐大宛，"宛城中新得汉人知穿井"[4]；751年唐将高仙芝在怛逻斯被阿拉伯人战败后，因被俘士兵中有些是造纸工匠，阿拉伯人从而学会了造纸。造纸术后经阿拉伯人传到埃及、摩洛哥以及欧洲。

6. 民族交融之路

史念海在《中国通史（第六卷）：中古时代·隋唐时期（上册）》（修订本，451～452页、465页，上海：上海人民出版社，2004）一书中指出，早在隋唐以前，河陇地区就已形成了民族杂居的局面。唐朝时，粟特人、吐蕃人、回鹘人和归降的诸族人陆续迁入河陇地区。据考证在高昌回鹘境内的民族主要有回鹘、汉族、吐蕃、吐火罗、高车、嚈哒、突厥、众熨（一作仲云）、黠戛斯等。这种人口迁徙的活动直至五代时期仍在继续进行。长期的人口迁徙，使得河陇地区成为当时全国杂居民族最为密集的区域之一。众多的民族杂居于同一地区，诸种文化、经济得以互相交流，在长期的生产活动中，诸族人民逐渐组合，共同发展。另外，久居内地，与汉族人世代通婚的胡族人也非常普遍，正如唐人陈鸿撰《东城老父传》中说："今北胡与京师杂处，娶妻生子。"[5]即使诸国诸族使者，唐朝法律也允许他们娶汉族妇女，只是不准带走，故其多在当地定居安家。

---

① 屠恒贤：《丝绸之路与东西方纺织技术交流》，载《东华大学学报（社会科学版）》，2003（4）。
② （唐）杜佑：《通典卷一百九十三·边防九》（全五册），5265页，北京：中华书局，1988。
③ （东汉）班固：《汉书卷九十六上·西域传第六十六上》（第12册），3872页，北京：中华书局，1962。
④ （东汉）班固：《汉书卷六十一·李广利传第三十一》（第9册），2700页、2701页，北京：中华书局，1962。
⑤ （唐）陈鸿：《东城老父传》，见李昉等编：《太平广记卷第四百八十五·杂传记二》（第10册），3995页，北京：中华书局，1961。

向达在《唐代长安与西域文明》（4～7页、11～14页、34～35页，长沙：湖南教育出版社，2010）一书中指出，唐代流寓长安之西域人，大致不出四类：第一，魏周以来入居中夏，华化虽久，其族姓犹皎然可寻者。如唐代居住长安已华化之于阗尉迟氏，自以尉迟敬德一族最为著名。第二，西域商胡逐利东来。唐时波斯商胡懋迁往来于广州、洪州、扬州、长安诸地者甚众，唐人书中常见纪及此辈。而唐时流寓长安之波斯人最显赫者自推波斯萨珊王朝后裔卑路斯及其子泥涅斯二人。第三，异教僧侣传道中土。如中国佛教史上有名之慧琳（疏勒国裴氏），隶京师西明寺，撰成《大藏音义》，卒于西明寺。第四，唐时异族畏威，多遣子侄为质于唐，入充侍卫，因而久居长安。如疏勒裴氏之裴玢一家以及新罗质子金允夫入朝充质（留长安至二十六年之久）。兹谨综合所知，分国叙述如次：先及葱岭以东于阗、龟兹、疏勒诸国，然后推及中亚、西亚，如昭武九姓以及波斯诸国。唐代流寓长安之西域人，此辈久居其间，乐不思蜀，遂多娶妻生子，数代而后，华化愈甚，盖即可称之为中国人矣。

在阅读了历史学、地理学、宗教学、考古学等领域的学者对丝绸之路研究的部分文献后，我们既看见了有形的丝绸之路，也感觉到无形的丝绸之路的真实存在。有形的丝路：丝路之物——丝路上的贸易品、物种；丝路之人——军人、僧人、商人等；丝路文化——宗教、科技、艺术的传播。无形的丝路：丝路精神——让世界自古至今一脉相承的精神遗产；丝路情谊——各民族在丝路上文明对话、共同经营而结下的民族情谊。

微课设计

微课设计一：丝绸之路：交流的桥梁，进步的阶梯

设计意图

通过引导学生阅读史料，了解丝路文明传播的内容和方式，理解丝绸之路是东西方文明交流的桥梁。在探究丝路文化回流现象的基础上，认识到文明交流具有双向性、

竞争性及互惠性的特点，包容、吸取和创新是文明交流的智慧之举。

设计方案

教师讲述： 历史的发展往往令人始料不及。张骞通西域原本的意图是联络大月氏共同对付匈奴，没想到大月氏臣服了大夏，不愿意回头来再跟匈奴纠缠。张骞第二次出使是因为霍去病收复河西后，"河西地空"，朝廷想联络此时已紧随大月氏西迁伊犁河谷的乌孙"东居故地"，目的还是为了对付匈奴。结果，乌孙也不愿东返，张骞直接的外交目的并未实现。然而，张骞通西域开通了绵延两千多年的丝绸之路，沟通了中西文明的千年交流，其影响之深之巨，其意义之重之大，已远远超过了最初的目的。

一、丝路文明传播的内容

材料呈现：

材料一　丝路物资交流活动大大刺激了唐人的消费欲望……从外奴、艺人、歌舞伎到家畜、野兽，从皮毛、植物、香料、颜料到金银、珠宝、矿石、金属，从器具牙角到武器、书籍、乐器，几乎应有尽有。……这一切都成了唐人尤其高门大户的消费对象与消费时尚。……美国学者谢弗指出："7世纪还是一个崇尚外来物品的时代，当时追求各种各样的外国奢侈品和奇珍异宝的风气开始从宫廷中传播开来，从而广泛地流行于一般的城市居民阶层之中。"

——郭风平、郭新荣、王立宏：《丝绸之路植物交流探源》，
载《丝绸之路》，2009年第6期

材料二　昔者汉灵帝好胡服，胡帐，胡床，胡坐，胡饭，胡箜篌，胡笛，胡舞；京城贵戚，皆竞为之。所谓上有好者下必有甚也。……各种人民，各种宗教，无不可于长安得之。……开元、天宝之际，天下升平……长安胡化盛极一时，此种胡化大率为西域风之好尚：服饰、饮食、宫室、乐舞、绘画，竞事纷泊；其极社会各方面，隐约皆有所化，好之者盖不仅帝王及一二贵戚达官已也。

——向达：《唐代长安与西域文明》，36页，长沙：湖南教育出版社，2010

材料三　丝织品西传给西方带去了先进的纺织技术和理念，促进了当地纺织技术的发展。在罗马和地中海地区，人们"将成本相对较低的素织物拆开，取其丝线与当地的亚麻纱线交织，或以丝为原料重新纺制纱线，织成适合当地的轻薄半透明的织

物"。……一些国家还在模仿中国平纹经锦的过程中，织造出了新型的平纹纬锦。

中国的铁器及铸铁技术、穿井法和井渠法、造纸术也先后沿丝路西传。……

——于民：《丝绸之路与中外经济文化交流》，载《兰台世界》，2011年第28期

教师设问： 阅读材料并结合所学知识，将丝路文明传播的内容进行分类，并分析汉唐时期丝路文明交流给当时社会带来的影响。

教师引导学生分析： 丝路上的文明可以简单归为物质文明和精神文明两类。物质文化交流与传播主要通过贸易进行，艺术文化主要以宗教传播为手段。丝路文明传播所涵盖的内容也可以细分为动植物种、商品、绘画、乐舞艺术、科技文化、宗教信仰等类别。这些文明的交流，对汉唐的农业、商业贸易、饮食、消费娱乐、医学、生产技术、风俗习惯、社会风尚、价值观念、哲学思想、民族融合等都产生了深远的影响。

二、丝路文明传播的方式

材料呈现：

材料四　从丝路及其沿途诸族发展的历史来看，大致可将丝路上的诸族分为两大类型：

第一种类型，属于丝路本源文化类型的民族。丝路的中西方文明的传播，主要可归结为世界古代四大文明的交流与相互影响。古代四大文明，即西方古老的希腊、罗马（包括古埃及文明）文明，西亚两河流域文明和南亚古印度文明的东向发展，以及中国东方文明向西的扩展。属于这四大古文明圈的各族，分别创造了灿烂的人类文化，各有其特点。

……

第二种类型，属于丝路东西文明交往中继文化类型的民族。他们主要处于东西方四大文明本源文化类型的民族之间，起到一个传播东西方四大文明的作用，即扮演着文明交往中继者和桥梁的角色。……他们虽然各自也有自己独特的文化，但也深受来自东西方本源文化诸族文化的影响。如南亚印度佛教，西亚、中亚流行的景教、祆教、摩尼教和稍后兴起的伊斯兰教对他们的影响；从中国内地向西传播的汉族的传统儒学及包括丝绸、漆器、瓷器、造纸、火药、印刷术等物质文明，对他们的影响等。

——周伟洲：《丝绸之路与古代民族》，见张柱华主编：《"草原丝绸之路"
学术研讨会论文集》，1～2页，兰州：甘肃人民出版社，2010

教师设问： 丝路文明是丝路上的哪些类型的民族共同经营的成果？他们在丝路文明传播中发挥了什么作用？

教师引导学生分析： 两大类型民族在丝路上肩负着中西文明交流的使命：第一种类型，属于丝路本源文化类型的民族。第二种类型，属于丝路东西文明交往中继文化类型的民族。本源文化类型的民族因为代表了世界古代历史的潮流，像磁铁一样吸引着周边的民族，他们的本源文明像一个个水波纹一样，沿着丝绸之路各自向东向西扩散；而丝路东西文明交往中继文化类型的民族，即扮演着文明交往中继者以及丝绸之路"搭桥人"的角色。

三、丝路文明传播的结果

材料呈现：

材料五　蚕丝技术西传后，西域丝织业获得进一步发展。唐朝时期，中亚的康国即今撒马尔罕一带发展成世界丝织品生产中心之一和最重要的丝绸集散地。[①]……西亚许多地区如报达（今巴格达）、谷尔只（今格鲁吉亚）、毛夕里（今伊拉克北部摩苏尔）、忽鲁模斯（今伊朗东南部，波斯湾沿岸等）也发展成为重要丝绸产区或集散地。这时候，西域丝绸便通过粟特和阿拉伯商旅更多的流入中国境内来。……

……

……特别是以萨珊波斯风格为典型的西域斜纹纬锦，在中国促使丝织业发生了一场近似革命性的变革，造就了唐宋时期中国丝绸文化的繁荣发展和以后对外传播更为强劲的潮流。……

——刘永连：《从丝绸文化传播看丝绸之路上的文化回流》，载《西域研究》，2008第2期，见中外关系史学会、暨南大学文学院主编：《中外关系史论丛第11辑：丝绸之路与文明的对话》，249～250页、259页，乌鲁木齐：新疆人民出版社，2007

材料六　使罗马帝国以及因之最后使整个欧洲都不再依靠中国供应生丝的那个事件，发生在542年国家刚刚对丝织业建立垄断的十年之后。……

……

……总归有某个人巧妙地用空心棒把制造丝绸的能力带到了欧洲……拜占庭的养蚕业首先是在叙利亚发展起来，那里长期以来便集中了很多的纺织厂家，到了公元6世纪末似乎就已能满足对原料的需求了。……与此同时，阿拉伯人又把养蚕造丝的技术从叙

[①] 于志勇：《丝绸之路和织物》，见马承源、岳峰主编：《新疆维吾尔自治区丝路考古珍品》，41页，上海：上海译文出版社，1998。

利亚传入西西里和西班牙。……

……由于蚕传入罗马帝国，生丝的贸易就自然而然的开始衰落，终于完全停顿了。……

——［英］赫德逊（G. F. Hudson）：《欧洲与中国》，李申、王遵仲、张毅译，

83～85页、89～90页，台北：台湾古籍出版有限公司，2003

教师设问：综合以上材料分析，文明的交流具有什么特征？可能会带来哪些后果？你认为应该怎样应对这种现象？

教师引导学生分析：在中外文明交流中，主流的动向是——不同区域互通有无，各以优势或特色文化向对方流动，所以文明的交流具有双向性；又因为有代表世界潮流的主流文明与落后于潮流的非主流文明之分，所以文明的交流存在竞争性，那么在文明的竞争中，落后于潮流的非主流文明会面临被历史大潮淘汰的危机；从全球的视角和世界文明进程来看，在文明之间的竞争中隐含回流的现象，所以文明的交流具有互惠性。像唐朝那样以开放谦卑的姿态去包容、吸取、创新，是文明交流时的明智之举。由此可见，丝绸之路是东西文明得以深层交流的桥梁，世界文明得以高度发展的阶梯。可以说，没有丝绸之路，就没有高度发展的丰富多彩的古代中华文明。

✏️ 设计点评

本微课从全球史和文明史的角度出发，以史料为基点，从丝路文明传播的内容、方式、结果三个层次，对丝路文明进行了梳理。在此基础上，引导学生探究丝路文化回流现象，循序渐进的理解丝绸之路是东西方文明交流的桥梁，丝绸之路促进了世界文明的进程；世界的文明交流具有双向性、竞争性以及互惠性。符合学生的认知规律，开阔了视野，拓展了思维。

微课设计二：追随丝路人，传承丝路精神

✏️ 设计意图

通过引导学生解读史料，了解开拓者和经营丝绸之路的相关史实，认识丝绸之路对

中外经济文化和平交流的作用，并领会蕴藏着丰富内涵和现实意义的"丝路精神"，激发其传承人类精神财富的热情。

设计方案

教师讲述：日本历史学家前岛信次在《丝绸之路的99个谜》一书中，以诗化了的语言赞美丝绸之路"这个名称象征着，以许多民族的智慧作为梭子，来回往复地交织着这片由东西文化交流而成的、雄伟绚烂的织锦。"那么，操作梭子的是什么人呢？他们就是丝路的开拓者与经营者，既包括亚历山大大帝、张骞、李广利、班超等军政，也包括法显、玄奘等僧人，还包括丝路上往来的商人。但是我们却很难找到一个经常跋涉期间的商人的名字。出现在丝绸之路各地的文化，依靠商队（商队里往往伴随有大量的学者、传教者、工匠、艺术家或官方的使者）传播至东西各地，同时又接受着各种不同的文化，促进了各地文明的发展。

一、丝绸之路上的军人

材料呈现：

材料一　龟兹（qiū cí），它的发音可以追溯到公元前1世纪。这个地方在中国汉代的典籍中就有记载，那时，龟兹是西域36个国家中的一个王国，其中心位置是现在新疆的库车市，位于天山南麓的中部，塔里木盆地北缘，是北方丝绸之路北道的必经之地。

在汉代以前，这个小国处在两个强大的势力之间，由于被漠北的匈奴人控制，龟兹国惧怕与汉帝国往来，尽管汉朝的使节多次前来示好，却经常遭到拒绝、冷遇或血腥的杀戮。汉帝国为了打通这个丝绸之路的重要地点，用了很长时间进行军事准备，从公元前2世纪开始对匈奴进行反击，两个强大的势力倾尽军力，决心在西域一决高下。

汉帝国的军事胜利和迫使匈奴人的势力退出西域，龟兹成为西域36国中第一个接受汉文化的地区。

——韦大军：《一个人的龟兹》，见赵化勇主编：《新丝绸之路》，21～22页，

北京：中国广播电视出版社，2006

教师设问：以龟兹为中心，丝绸之路上进行了怎样的军事斗争？你还知道哪些为开辟丝绸之路而付出艰辛努力的历史人物？这些军事斗争对丝绸之路后来的和平交流

有什么意义？

教师引导学生分析：张骞通西域前，丝绸之路已经出现，但是由于一些民族或国家之间产生的纠纷或战争等种种原因，并没有畅通、繁荣。后来，张骞出使西域后直接促进了汉朝与西域诸国贸易和交往的决心。但是，在匈奴势力撤离西域以前，丝绸之路仍然常受阻塞。即使它有时相通，也因山川阻隔，道路遥远，缺乏食宿和没有安全保障而难以通行。

公元前121年，汉朝遣骠骑将军霍去病率大军击河西匈奴、取河西走廊之地；先后于此设置酒泉、张掖、敦煌、武威四郡。公元前104年，汉武帝派贰师将军李广利伐大宛，攻下宛城，"西域震惧，多遣使来贡献"[1]，于是汉朝从敦煌到盐泽（今罗布泊）筑烽燧、亭障，屯田渠犁、轮台，以保证西域通道。公元前60年，随着匈奴势力全部退出西域，西域统一于汉朝中央政府，直接受西域都护管辖。都护这一名称，原意就是兼护丝绸之路南北两道安全的意思。西域都护的出现，标志着丝绸之路进入繁荣和畅通的新阶段。

相对匈奴而言，作为先进生产力代表、农业文明代表的汉帝国，对丝绸之路的沟通、经营，更有利于欧亚文明在世界范围的传播。

二、丝绸之路上的僧人

材料呈现：

材料二 佛教大约在公元前2世纪从印度传到西域。以后，随着商旅们在丝绸之路的往来，这一信仰逐渐扩大到西域的其他地方并开始向中原渗透。大约在魏晋南北朝时期，中原开凿的佛教石窟已经具有庞大的规模了。但在当时，僧人们学习的佛教经典还是相当有限的。

于是，鸠摩罗什要将印度佛教的梵文同时翻译成龟兹文，还要翻译成汉文，精确并且富于韵律，如同音乐一般。显然，借助音乐的做法很符合当地的实际特点，对宗教而言，它易于人们接受与记忆，进而也便于传播。这些汉字的佛教典籍通过丝绸之路的商队或东去僧侣传至中原地区，200多年以后的一天，唐代玄奘法师去印度取经路过龟兹，这里的音乐给他留下了深刻的印象。他在《大唐西域记》里写道：龟兹国在演奏管弦伎

---

[1] （东汉）班固：《汉书卷九十六上·西域传第六十六上》（第12册），3873页，北京：中华书局，1962。

乐方面的水平是最高的。

——韦大军：《一个人的龟兹》，见赵化勇主编：《新丝绸之路》，27页，

北京：中国广播电视出版社，2006

教师设问： 龟兹国在佛教传播中有着怎样的地位？鸠摩罗什在佛教传播中有何贡献？

教师引导学生分析： 佛教产生于印度，印度佛教经大夏（今阿富汗北部，原波斯帝国和亚历山大帝国的东部疆域），安息（今伊朗高原），大月氏（今阿姆河流域），并越过葱岭（今帕米尔高原）传入龟兹。早在3世纪时，佛教在龟兹地区已广为传布，僧俗造寺、开窟、塑像、绘画、供佛等活动已很频繁。

龟兹国是佛教传入中原的必经之地，成为佛教东传的重要中转站。鸠摩罗什将印度佛教的梵文同时翻译成龟兹文和汉文，精确并且富于韵律，如同音乐一般，有利于佛教的传播。

三、丝绸之路上的商人

材料呈现：

材料三 "胡商面临恶劣的自然环境条件和强盗袭击两方面的威胁。……晋代法显（337—422）从敦煌西行到都善，在渡沙河时记载：'沙河中多恶鬼、热风，遇则皆死，无一全者。上无飞鸟，下无走兽。遍望极目，欲求度处，则莫知所拟，唯以死人枯骨为标识耳。'[①]" "贞观初年，玄奘西行求法，曾在新疆焉耆目睹过一场惨剧：'山西又逢群贼，众与物而去。遂至王城所处川崖而宿。时同侣商胡数十……遇贼劫杀，无一脱者。比法师等到，见其遗骸，无复财产，深伤叹焉。'[②]" "丝绸是古代一种很名贵的商品，因为商人要历经千辛万苦才能把它运到西方。" "粟特人在从事大规模贸易的同时，也传播语言、艺术、技艺和宗教。"

——李瑞哲：《古代丝绸之路商队的活动特点分析》，

载《兰州大学（社会科学版）》，2009年第3期

---

① （东晋）法显撰、王云五主编：《佛国记》，1页，北京：商务印书馆，1937。
② （唐）释慧立、释彦悰撰，孙毓棠、谢方点校：《大慈恩寺三藏法师传》，2425页，北京：中华书局，2000。

教师设问：丝绸之路上的商人遇到了哪些困难？他们为什么还要继续跋涉在丝绸之路上？商人对丝绸之路的形成起了什么作用？

教师引导学生分析：丝绸之路上的商人统称为"胡商"，他们除了面临恶劣的自然环境条件和强盗袭击的威胁外，还会受丝路沿途国家、城邦政权更迭、政治环境不稳定等因素的影响。一般来说，商业活动包括朝贡贸易和互市贸易两种形式。到中原王朝的贡使是在朝贡形式下进行的官方贸易，实质上是一种国家贸易，它关系到国家的外交关系以及政治利益；另一种形式是大量的民间贸易，即有一定经济实力的商人出面组织人数较多的商队，进行长途贩运。

丝绸之路上的商人因为经营的商品具有高额利润，故而愿意冒着很大的风险长途跋涉。商队里往往伴随有大量的学者、传教者、工匠、艺术家或官方的使者，商人们往往也通晓多种语言并且见多识广，他们在丝路沿线建立商业据点、贩卖商品的同时，也传播着文化。历史上，商人成为东西方文化与文明的传播使者，胡商的商业活动是古代中外交流史上的重要事件。

教师设问：综合上述人物并结合所学知识，谈谈你所理解的丝路精神是什么。

教师引导学生分析：丝绸之路的形成与发展，为我们揭示出东西方文明源远流长的历史，描绘出栩栩如生的中西文化交流的历史画卷。纵观丝路千年发展的历史，它凝结了丝路沿途各族人民的勤劳、勇敢与智慧。丝绸之路上往来不绝的"丝路人"，把不畏艰险、开拓创新、忠于信仰、不辱使命、宗教宽容、传承文明、和平往来、合作交流等伟大的丝路精神作为永远的精神遗产留给了后世。

✏️ 设计点评

在习近平主席提出"一带一路"战略构想的时代背景下，本微课把着眼点放在了丝路人——军人、僧人、商人身上，引领学生追随丝路历史的谱写者，传承丝路精神。这不仅有助于学生了解丝绸之路的开拓者和经营者们开拓、经营丝路的史实，理解"丝路精神"的含义，而且引领学生升华了认识：自古以来，平等合作、文化交流、经济繁荣是亘古不变的世界发展主题。本微课的设计，还彰显了丝绸之路给世界带来的持续的、最大的魅力，具有很强的现实意义。

教学资源

资源1："丝绸之路"的提出

（一）伊西多尔《帕提亚驿程志》

在张骞出使西域前，中西经济文化交往就已存在。当时在中国的输出物品中，最受西方人喜爱的是中国的丝绸，从而使西方以"丝"来称呼中国。古希腊、罗马人将"丝"字音译为"赛尔"（Ser），称中国为"赛里斯"（Seres），意为"丝国"。

……希腊地理学家伊西多尔等人便于公元前25年左右，被派遣调查波斯湾头。伊西多尔的调查报告之一就是《帕提亚驿程志》（另外还有《帕提亚周游记》）。《帕提亚驿程志》是帕提亚波斯王朝东西交通的记载，即自美索不达米亚穿越伊朗高原北部到达中亚的主要交通道路。汉文史籍所载当时经安息（帕提亚）赴大秦（罗马帝国）的道路与伊西多尔《帕提亚驿程志》的记载有一些相同之处。《帕提亚驿程志》所描述的年代一般认为是在公元前26年之后，可能还采用了亚历山大和塞琉古时代的史料。①

（二）托勒密《地理志》

从公元1世纪开始，西方就出现了一些与赛里斯国有关的记录。其中最为可信的就是古希腊地理学家马利奴斯记录下的一条通往赛里斯国的道路，即从幼发拉底河渡口出发，向东前往赛里斯国的一条商路。这条商路途经一个叫"石塔"的中转站，最终到达赛里斯国都城赛拉（东汉首都洛阳）。关于"石塔"的位置，多数学者倾向于认为在今塔什库尔干附近。之后，生长于埃及的古希腊地理学家克劳德·托勒密（约公元98—168）撰写《地理志》时，依据马利奴斯的记录并有所修正，记载了自幼发拉底河流域至Serica（丝国，即中国）的路线。其中提到了敦煌和洛阳。《地理志》所载Serica的范围，大致相当于今天中国的西部，具体说就包括新疆、西藏和部分甘肃地区。马利奴斯和托勒密记录下来的这条为丝绸而前往丝国的商道，后来成为创造

---

① 参见余太山：《伊西多尔〈帕提亚驿程志〉译介》，见氏著：《早期丝绸之路文献研究》，124～144页，上海：上海人民出版社，2009。

"丝绸之路"一词的基础。①

……

（三）裕尔《契丹及其通往那里的路》

……

……裕尔在《契丹及其通往那里的路》中虽然没有使用"丝绸之路"之类的词语，但他第一次对赛里斯之路即中国和通往中国之路进行了详细考证，为后来"丝绸之路"一词的出现奠定了基础。……

……

（四）李希霍芬《中国》

……

……李希霍芬在此书中首次提出了"丝绸之路"一词，其定义是："从公元前114年到公元127年间，连接中国与河中（指中亚阿姆河与锡尔河之间），以及中国与印度，以丝绸之路贸易为媒介的西域交通路线"。同时，《中国》②第一卷中李希霍芬绘制的大部分地图都是以塔里木盆地为中心的，其中有一幅总的"中亚地图"，此地图的文字说明是："旨在说明公元前128年至公元150年间交通关系概况的中亚地图。费迪南·冯·李希霍芬绘制于1876年。"这幅"中亚地图"可以说就是最早的一幅丝绸之路图。……

——刘进宝：《东方学视野下的"丝绸之路"》，
载《清华大学学报（哲学社会科学版）》，2015年第4期

资源2：

我认为，考古发掘材料已经证实的中国与苏联阿尔泰居民的最早的关系是发生于公元前第一千年的中叶。这一推断，大概是不至于错误的。

……

……我们在阿尔泰发现了一些显贵人物的、主要是部落首领的石顶巨墓，这些墓，由于墓土封冻很结实，墓中还很好地保存了中国的丝织品和其他物品。

---

① 参见余太山：《托勒密〈地理志〉所见丝绸之路的记载》，见氏著：《早期丝绸之路文献研究》，第145～164页；王冀青：《"丝绸之路"是怎样提出的？》，载《团结报》，2014-07-10。
②《中国》，即李希霍芬所著的《中国——亲身旅行和研究成果》一书。全书共五卷，1912年出版。

……

某些巨墓中出土的中国织物，有用大量的撚股细丝线织成（每平方厘米为34×50支）的普通平纹织物。这类织物，有小块的，也有整幅的（铺盖在皮衣服的上面）。

——［苏联］C. N. 鲁金科著、潘孟陶译：《论中国与阿尔泰部落的古代关系》，

载《考古学报》，1957年第2期

资源3：……西域人东来长安，为数既如此之盛，其中自夹有不少之妇女在内，惜尚未发现何种文献，足相证明。唯唐人诗中屡屡咏及酒家胡与胡姬，如王绩《过酒家》诗云：

有客须教饮，无钱可别沽。来时常道贳，惭愧酒家胡。①

是当时贾胡，固有以卖酒为生者也。侍酒者既多胡姬，就饮者亦多文人，每多形之吟咏，留连叹赏，如张祜《白鼻騧②》诗云：

为底胡姬酒，长来白鼻騧。摘莲抛水上，郎意在浮花。③

李白天纵奇才，号为谪仙，篇什中道及胡姬者尤夥，如《前有樽酒行》云：

琴奏龙门之绿桐，玉壶美酒清若空。催弦拂柱与君饮，看朱成碧颜始红（一作眼白看杯颜色红）。胡姬貌如花，当垆笑春风。笑春风，舞罗衣，君今不醉欲安归？④

——向达：《唐代长安与西域文明》，34页，湖南：湖南教育出版社，2010

资源4：据《水经注》记载，一个名叫索励的敦煌人，被派遣带着1000士兵前往伊循发展移民地。在这个方面他得到来自车尔成、哈剌沙尔和库车的3000左右地方士兵的协助。由于有充足的人力归他安排，他开始建造堤防和渠道，使该地区一条主要河流的流向改道，流入他创立的精心设计的新灌溉网。记载说，正好在三年中，他贮存了多达20000千升的粮食。⑤这一灌溉网的遗迹新近在米兰（现在新疆婼羌县境内）发现。在遗

① （唐）王绩：《过酒家五首（一作题酒店壁）》，见《东皋子集卷中》，上海：上海书店，1985。
② 騧（guā），黑嘴的黄马。
③ 尹占华校注：《张祜诗集校注·集外诗》，547页，成都：巴蜀书社，2007。
④ （唐）李白著、张式铭标点：《李太白集卷第三》，25～26页，长沙：岳麓书社，1987。
⑤ 原文为："敦煌索励，字彦义，有才略。刺史毛奕表行贰师将军，将酒泉、敦煌兵千人，至楼兰屯田。起白屋，召鄯善、焉耆、龟兹三国兵各千，横断注滨河，河断之日，水奋势激，波陵冒堤。励厉声曰：王尊建节，河堤不溢，王霸精诚，呼沱不流，水德神明，古今一也。励躬祷祀，水犹未减，乃列阵被杖，鼓噪欢叫。且刺且射，大战三日，水乃回减，灌浸沃衍，胡人称神。大田三年，积粟百万，威服外国。"见（北魏）郦道元著，谭属春、陈爱平点校：《水经注卷二·河水》17页，长沙：岳麓书社，1995。

址中有水闸和渠道，一条渠道长2公里。

——［英］丹尼斯·克利斯平·崔瑞德（Denis Twitchett）、［美］费正清（John

King Fairbank）主编，［英］崔瑞德、鲁惟一（Michael Loewe）本卷主编：

《剑桥中国史（第1卷）·剑桥中国秦汉史（公元前221—公元200年）》，杨品泉、张书生、

陈高华等译，452页，北京：中国社会科学出版社，1992

资源5：随着丝绸之路贸易的发达，沿丝绸之路地区的许多商镇、城市也繁荣发达起来。仅当时的河西地区，人口即达19万之多。至于当时的丝绸之路重镇凉州（今甘肃武威市）更是呈现出一派开放、繁荣、发达的景象，如唐边塞诗人岑参曾赞凉州："凉州七里十万家，胡儿半解弹琵琶。"[①]元稹《西凉伎》也说："吾闻昔日西凉州，人烟扑地桑柘稠；葡萄酒熟恣行乐，红艳青旗朱粉楼。"[②]唐天宝八年（公元749）唐王朝仅从河西地区就收购粮食达371000余石，占全国和籴总数的32%强。由此足见当时河西地区，当时丝绸之路沿线地区的富庶，更足见当时的中国大西北在全国政治、经济中的地位之重要。

——陶广峰：《丝绸之路的历史及其再繁荣的法律保障》，

载《南京林业大学学报（人文社会科学版）》，2002年第2期

资源6：汉在楼兰的屯田，以军屯为主，民屯和犯屯为辅。屯田部队及其家属，平时屯田垦地，挖井修渠，建仓积谷，有敌情就参战，既保护了屯田内的安全，又维护了丝绸之路的畅通，在汉朝统一西域的过程中发挥了至关重要的作用。

——苏北海：《楼兰古道对汉朝统一西域及丝路的重大贡献》，

载《西北史地》，1996年第4期

资源7：敦煌郡有县六……酒泉郡有县九……张掖郡西汉有县十……武威郡西汉有县十……张掖……有县十三。

县以下设乡，乡以下设里。每县有乡3～5个。……每乡设有秩、啬夫、乡佐来管理行政事务，有游徼专司治安防盗，三老、孝弟、力田等表率社会、导民风化。

乡以下有里，里有里正或里魁，直接管理老百姓日常生活和社会治安。每县有里

① （唐）岑参：《凉州馆中与诸判官夜集》，见陈铁民、侯忠义校注：《岑参集校注》，144页，上海：上海古籍出版社，1981。
② （唐）元稹：《西凉伎》，见《元氏长庆集》，129页，上海：上海古籍出版社，1994。

40～50个，每里管理50户左右。

——张德芳：《汉帝国在政治军事上对丝绸之路交通体系的支撑》，

载《甘肃社会科学》，2015年第2期

资源8：

东罗马鎏金银盘及局部（甘肃省博物馆藏）

唐，甘肃靖远县北滩黄河古渡口出土。直径31厘米，高4.4厘米，重3180克。卷唇、圈足，盘面通体鎏金，惜已大部分脱落。银盘内分三层雕刻不同的纹饰：外圈饰相互勾连的葡萄卷草纹，枝蔓中间有各种小鸟、动物栖息；中间一圈雕古希腊神话中奥林匹斯山十二神像，在每尊神像的左侧各有一个代表性动物；银盘中央高浮雕古希腊神话中的酒神——狄俄尼索斯，肩扛两端饰有花蕾的"权杖"斜倚在雄狮上，作为银盘的主题纹饰。盘底刻铭文"490金币"。

这是东罗马银盘在中国丝绸之路上的重要发现，出土地点是连接河西与河东地区的通道。在这里，中外宾客商旅往来频繁，络绎不绝。银盘应是西来商客或使者往返黄河古渡口时留下的遗物。此器属东罗马早期。至于用途，有三种可能：或为友好交往的赠品；或为交流买卖的商品；也可能是某种宗教祭祀的供品。

——于萍：《丝路遗珍——从甘肃省博物馆〈丝绸之路文明〉展精品看古代东西方

文化的交流》，载《上海文博论丛》，2008年第3期

资源9：草原丝绸之路与最早"中国"同步出现；沙漠丝绸之路为最初的统一多民族中央集权国家所开创，伴随着中华民族的形成与早期发展。

……

西汉王朝为了开通丝绸之路……在河西走廊建立了"河西四郡"，在天山南麓一带设置了西域都护府，使国家西部疆界从甘肃中部（秦代国家西界在兰州）扩展至西域

（新疆），在这一社会发展中，沙漠丝绸之路发挥了重要作用。北方"南匈奴"的内附与东北地区"乐浪四郡"的设置，使汉王朝完成了北方与东北地区的国家建设。在这一历史进程中，沙漠丝绸之路与草原丝绸之路的作用是显而易见的。秦汉时代"南海九郡"的建设，使华南与东南沿海成为中华民族与古代中国的"大后方"，成为海上丝绸之路开辟与发展的国家保障与支撑。西南丝绸之路促进了西汉王朝对"西南夷"的开发。不难看出，草原丝绸之路、沙漠丝绸之路、海上丝绸之路、西南丝绸之路与中华民族、统一多民族国家形成有着十分密切的关系。

——刘庆柱：《"丝绸之路"的考古认知》，载《经济社会史评论》，2015年第2期

光武中兴

光武中兴，又称建武盛世，是东汉光武帝刘秀统治时期出现的中国古代著名的"治世"之一。西汉末至新莽时期，社会危机四伏，汉室后裔刘秀乘机壮大自己的势力，最终统一了中国，重建了汉室天下。建武元年（公元25）元月，刘秀称帝，年号建武，在位33年，谥号光武，后世称光武帝。光武帝以"柔道"治天下，采取一系列措施，恢复、发展社会生产，缓和西汉末年以来的社会危机。光武中兴为东汉200年的统治奠定了基础，东汉一朝也广受后世史家推崇。

一、光武帝的选官用人策略

王云江、谢艳华在《简论刘秀的人才谋略》（载《史学集刊》，2003年第2期）一文中指出，汉光武帝刘秀平定天下以及光武中兴的出现都不是偶然的，刘秀高明的人才谋略是极其重要的一个原因。刘秀的人才策略是：第一，打破地区界限，广揽天下人才，而不拘泥于南阳地区这个小圈子。起初，刘秀结识的多是家乡南阳地区豪强大姓与士人，如邓禹、李通等人，他们是刘秀起家的主要倚重力量。伴随着统一战争的推进和统一后建设事业的开展，越来越多的非南阳籍大臣被重用。据统计，刘秀麾下能力最强、建功最多的所谓"云台二十八将"中，非南阳籍人士占了近三分之二。第二，打破身份界限，不以身份及家世为取舍标准，无论出身如何，凡是有治国领兵之术者，都大胆提拔任用。长期担任东汉军事统帅的大司马吴汉出身于小商贩，汉忠将军王常、捕虏将军马武都是出身卑微的布衣。甚至新莽朝的故吏以及降将，刘秀也不是一概排斥，对真心归顺的贤士同样予以重视。侯霸曾经供职新朝，光武时，一度官至大司徒。第三，刘秀人才策略的指导思想是"柔道"①。所谓"柔道"，就是皇帝对待臣子宽容厚道，从而营造君臣和谐的政治氛围。在用人上，刘秀以泛爱容众、宽以待人著称。公元24年，刘秀率兵攻破邯郸，诛灭王郎，并缴获了当地吏人同王郎一起谤毁刘秀的材料达数千章，刘秀不计前嫌，立即烧毁，让受降的其余将领安心为东汉效力。除此之外，刘秀厚待功臣，重视对官员的选拔和考核，赏罚分明，形成了君臣同心的政治局面。

张金龙在《东汉光武帝时期的将军号》（载《史学集刊》，2014年第2期）一文中指出，汉光武帝刘秀继承了前代的将军制度，但其统治后期重用文官，将军制度衰落。光武帝初期共设置了近五十个名号的将军，与西汉一代将军号总数相当，这与东汉建政之初的政治军事形势有关。到了光武帝统治后期，天下太平，将军号明显减少，仅保留骠骑将军、扬武将军等几个封号，武将的地位逐渐下降，大量文官在朝廷担任要职。

陈勇在《论光武帝"退功臣而进文吏"》（载《历史研究》，1995年第4期）一文中指出，光武帝刘秀在建立东汉后，实行"退功臣而进文吏"的政治策略，意在加强皇权。光武帝的"退功臣而进文吏"策略是分步实施的，主要经历以下几个阶段：第一，用"南臣"制约"北臣"。东汉初年，功臣居功自傲，朝廷要职几乎全为军功卓著的武将把持。其中，王梁、吴汉、彭宠、景丹等河北籍或长期经营河北的功臣势力较大，光武帝刻意提拔南阳、颍川籍功臣邓禹、贾复、冯异等，以便制衡。第二，大

_____
① （南朝·宋）范晔等：《后汉书卷一下·光武帝纪第一下》（第1册），69页，北京：中华书局，1965。

胆起用"新臣"，压制"旧臣"。东汉政权建立后，在收编、打击割据势力的军事活动中，光武帝有意重用新入朝官员，逐步削弱"南臣""北臣"等"旧臣"势力。除了在朝中对"新臣"委以重任，刘秀还刻意与窦融、梁统等"新臣"结为儿女亲家，以压制势力强大的"旧臣"势力。第三，重用文官，根本上改变功臣主宰政权、左右政局的形势。建武十二年，即公元36年，东汉帝国实现了大一统，两汉之际连绵不断的大规模战争结束，功臣们丧失了赖以发挥关键作用的军事舞台，光武帝因势利导，"退功臣而进文吏"，陆续解除功臣的军职，重用卓茂、伏湛、杜林等具有儒学背景而鲜有军功的文官，强化文官、武官两套官僚体系，并逐步限制武官参与政权的机会，以达到加强皇权、巩固统治的目的。

王立、焦小刚在《试论光武帝吊臣》（载《海南师范大学学报（社会科学版）》，2007年第4期）一文中指出，光武帝在臣子死后，不仅有赐棺具或冢地之举，对一些国家重臣还亲临其丧以表哀悼。这一现象与光武帝的开国帝王身份、个人儒者气质以及当时经济发展有关，而维护统治的需要是其终极原因。光武帝吊臣有以下特点：第一，数量超过以往帝王。根据两汉史料初步统计，汉武帝开创吊臣先例，数量为1个，汉宣帝4个，而光武帝吊臣人数至少有20个。第二，光武帝开创了亲自为臣子送葬的先河。汉武帝对霍去病死后的吊唁之举，是下令为其发轻车送葬。光武帝对当时的重臣樊宏、李通、邓晨、卓茂等人死后的礼遇是放弃帝王的尊贵地位亲自为其送葬。第三，光武帝所吊诸臣中，文臣占较大比例。西汉帝王大多是在国家的重要功臣死后，才进行吊念。而光武帝亲吊了一些儒者和以儒致仕的文臣，数量达到10余例。第四，光武帝吊臣赏赐钱帛较少而一般以赐棺或亲吊为主。西汉时期，帝王在重要官员死后，往往给予较多赏赐，如汉宣帝在霍光去世后赏赐的金钱、织品等极为丰厚。光武帝在重臣死后，虽亲临其丧并为其送葬，但少有棺具或冢地之外的物质赏赐。

张小锋在《薄太后"配食"高庙与光武晚年政局》载《清华大学学报（哲学社会科学版）》，2010年第1期）一文中指出，公元56年，东汉光武帝刘秀将吕后神位从高祖刘邦神位旁移走，生前并不受高祖刘邦太多宠爱的薄太后神位被放在高祖神位旁，接受后人高规格的祭拜。光武帝此举出人意料，饱受诟病，但却是当时特定环境下，皇帝震慑外戚势力的一个创新举措。张小锋分析认为，吕后一生，功勋卓绝，小恶不掩大功，是高祖刘邦唯一明诏册封的皇后，死后神位置于高庙180余年，鲜有质疑。光武帝晚年将吕后神位从高庙撤下，换成薄太后，主要是出于震慑当时阴氏外戚的考量。公元41年，为抑制郭皇后家族势力，光武帝废黜郭皇后，同时废掉郭氏所生皇子刘疆的太子地位，改立阴贵人为皇后，阴氏所生皇子刘庄为太子。光武帝晚年，虽然郭氏外戚势力受到打压，但是阴氏外戚势力却不断膨胀，令光武帝颇为忌惮。于是，光武帝采取了"退吕进薄"①之举，高调谴责当年吕后封王诸吕，干涉朝政的行为，意在告诫阴氏外戚，不要效仿吕氏外戚专擅朝政，从而为太子刘庄顺利接班创造良好的政治环境。

黄朴民在《光武帝刘秀的政治智慧与治国方略》（载《文史知识》，2013年第4期）一文中指出，光武帝刘秀之所以能够在两汉之交激烈的政治斗争中脱颖而出，平定天下，原因是多方面的，但刘秀个人的雅量和睿智，是其中不可或缺的因素。刘秀的雅量和睿智主要体现在以下几个方面。第一，尊重且厚遇士人。作为读书人出身的皇帝，刘秀对士人的微妙心态和深层次意愿洞若观火，体察入微。刘秀登基之初，把当时年逾七十的儒学大家卓茂请到朝廷，亲自接见，拜为太傅，赐予二千户。不久卓茂老死，刘秀素服车驾，为卓茂送葬。这一行为赢得当时士人好评如潮，知识分子认定刘秀是可以信赖的"中兴之主"。第二，在安置功臣和安定天下方面求得两全。在处理功臣问题上，刘秀做得天衣无缝，既保全了功臣，又稳定了统治，避免了血腥残杀悲剧的重演。光武帝刘秀对待功臣能够做到坦诚相待，用人不疑。在对待功臣方面，刘秀还坚持重赏轻罚，以笼络人心。刘秀在解除功臣兵权的同时，给予功臣优厚的经济待遇。刘秀打破"封侯不过百里"的古法，让功臣享有食邑，有的多达四县之多。功臣被剥夺了兵权，在经济上得到了丰厚的补偿，所以感激涕零，誓死效忠。这充分体现了光武帝刘秀的雅量与智慧。第三，重用文吏，强调官德。刘秀在位期间，多次向各地"征辟"人才。在诏书中规定的选官条件是：品德高尚，身世清白；有儒学背景，是通经博士；熟悉各种法令，依法办事；遇事不惑，能独当一面。各地在选人时若违背上述标准，地方官将被治罪。这一举措，使东汉网罗了一大批品行端正、廉洁奉公的有用人才。

———
① 指将吕后神位从高庙撤下，换成薄太后。

二、光武帝的经济政策

袁延胜在《东汉光武帝"度田"再论——兼论东汉户口统计的真实性问题》（载《史学月刊》，2010年第8期）一文中指出，汉武帝刘秀的"度田"政策，是东汉历史上的重要事件，是光武中兴局面出现的重要前提。"度田"主要是指东汉中央政府核实各地的垦田数量和清查户口。

袁延胜认为，光武帝之所以"度田"，主要是针对东汉初年垦田、户口不实的情况，在掌握了一定田亩、户口数据的前提下，进行检查核实。光武帝建武十五年六月颁布的"度田"诏令，主要包含两方面的内容：核实各地的垦田数量和清查户口。起初，地方官吏在执行"度田"诏令时，徇私舞弊，袒护豪强大族，完全失去了"度田"的初始目的。特别是河南、南阳两地，一为京师之地，功臣居多；一为帝乡，皇亲尤众，"田宅逾制"更甚，但地方官员畏于权势，不敢认真清查。这些问题暴露后，光武帝极为重视，果断采取措施，整肃吏治，严惩在"度田"中作弊的官员。如光武帝不顾大司徒欧阳歙世授《尚书》、八世为博士、学为儒宗的身份以及诸生千余人守阙求情的压力，果断将其处死。因"度田"不实被处死的郡守达十余名，表明光武帝不但要清查京师功臣的土地和人口，而且对"近亲"也不例外，这再次显示了光武帝"度田"的决心。光武帝的"度田"取得了较好的效果，在东汉前期起到了抑制豪强的历史作用。东汉初年也出现了政治清明、户口增长的良好局面。

臧嵘在《评东汉光武帝的历史作用》（载《历史教学》，1998年第12期）一文中指出，光武中兴不是指汉室的中兴，而是社会的复兴。光武帝通过休养生息、"三十税一"等一系列政策，促进了社会的复兴，生产力的恢复和发展，社会秩序由极度混乱走向稳定，人民从战乱走向和平安定。光武末年全国的人口、户数，与西汉最多时基本相当。光武帝曾经派张堪到渔阳郡领导当地人民开垦荒田，兴修水利，开出稻田8000余顷，使渔阳这一北部边郡经济快速发展起来。在东南边郡九真，光武帝派良吏任延做太守，任延在当地大力推广冶铁技术，并使铁犁牛耕在当地迅速普及。

王忠全、郭玮在《试论汉光武帝刘秀的治国思想》（载《中州大学学报》，1993年第4期）一文中指出，发展经济是光武帝治国思想的重点。东汉王朝建立于战争的废墟之上，汉光武帝将恢复经济作为巩固政权的重要手段。其基本思路包含两个方面，一是为经济发展创造安定的社会环境，二是让生产者有最起码的生产生活条件。主要措施包括以下几个方面。第一，解放奴婢。西汉中后期土地兼并加剧，大量自耕农因破产而沦为奴婢。奴婢问题由来已久，汉哀帝和王莽统治时期都曾想解决这个问题但均未能解决。光武帝即位后，先后下了六次解放奴婢、三次禁杀奴婢的诏令。大量农业劳动力获得解放，回到了劳动的土地上，对于铲除中国社会奴隶制度的残余，恢复农业经济发展起到了重大作用。第二，安置流民。东汉初流民问题突出，严重影响国家赋税征收以及社会稳定。光武帝通过提高流民社会地位来防止农民流亡，同时开垦荒地安置流民。此外，光武帝还通过流民实边的措施，达到安置流民和解决边患的双重目的，可谓一举两得。第三，精兵简政。为了紧缩开支，建武六年光武帝下达诏令，压缩国家机构，裁并四百多个县，大量裁减公职人员，使国家财政得以好转。在此基础上，恢复了"三十税一"的政策，大大减轻了农民的负担。建武七年，刘秀又下令遣散了一大批地方部队的将士复员，使大批劳动力充实到了农业生产上，对于复苏东汉初期农村经济起了重要作用。

三、光武帝的民族政策

陈金凤在《汉光武帝边防政策及其相关问题论析》（载《史学集刊》，2008年第1期）一文中指出，光武帝建立东汉后，制定了以保守为主的边防政策，基本上维护了东汉政权边境安全与社会稳定，这成为"光武中兴"的重要原因。第一，以武力镇压与迁徙两种手段平定西羌。光武帝设立护羌校尉，维护了汉羌间正常的经济文化交流，缓和了汉羌矛盾。对敢于骚扰陇西各地的部分羌族部落，则派陇西太守马援出兵打击，使之归服。第二，防御和分化匈奴。东汉初，匈奴势大，汉军无力反击，主要采取修筑亭障，增派边郡守军的方式防御匈奴南下。后来，匈奴内部矛盾激化，光武帝册封南匈奴单于，设立匈奴中郎将监管南匈奴，形成以南制北，以夷制夷的局面。同时，光武帝还加强与乌桓、鲜卑的联系，以制约匈奴。第三，放弃经营西域。鉴于当时西域政权林立，矛盾重重，且与匈奴关系复杂，光武帝放弃设立西域都护的设想，专注于中原事务和北部边境安全。第四，将西南夷纳入政权秩序，稳定西南。对于主动归服汉朝的西南少数民族首领，刘秀予以封爵和自治权。对于反叛者，坚决予以镇压，先后击败交阯、九真等西南民族政权。总之，恩威并施，御强击弱，避免四面出击以及以夷制夷，是光武帝对付少数民族以巩固边防的基本方略。光武帝因时因地制宜，针对不同民族，实行了不同的民族政策，取得了不同的效果，有得有失。

肖瑞玲在《东汉对匈奴政策评析》（载《内蒙古师范大学学报（哲学社会科学版）》，2000年第6期）一文中指出，东汉政府自汉光武帝起，对南北匈奴采取了不同的政策，主要原因有以下几个方面。第一，从南、北匈奴的经济特点，所处地理位置及与汉的利害关系方面考虑。西汉时期，匈奴呼韩单于附汉，分布在与东汉相邻的漠南地区的南匈奴牧民，深受农耕经济文化的影响，亲汉势力强大。而北匈奴则地处漠北，受汉文化影响较小，经济文化发展滞后，亲汉势力不及漠南。第二，充分利用北匈奴与南匈奴以及其他少数民族的矛盾。南北匈奴是为争夺权力而分裂的，双方都不希望对方强大。南匈奴附汉后，在东汉政府的支持下，社会经济发展较快，力量不断壮大，因此，极力阻挠北匈奴附汉。同时，北匈奴与乌桓、鲜卑素有积怨，因而东汉利用这种态势，团结南匈奴、乌桓、鲜卑等少数民族政权，孤立、打击北匈奴。第三，削弱和打击北匈奴是东汉统治者的夙愿。自战国以后，匈奴一直是北方强悍的民族政权，屡次南下威胁中原，是中原政权的心腹大患，所以在北匈奴向光武帝上书求和亲时，被光武帝拒绝。

四、光武帝的执政风格

兰殿君在《刘秀与"光武中兴"》（载《文史春秋》，2008年第7期）一文中指出，东汉光武帝刘秀，出身于没落贵族之家，却能在两汉之际的动荡环境下，营造出一个安定的社会环境，确立了"光武中兴"的局面。兰殿君认为，这主要归功于刘秀本人的苦心经营：第一，在夺取政权的过程中，刘秀历经各种磨难，却能隐忍负重。在起兵初期，兄长刘縯被更始帝刘玄所杀，但因为实力不济，刘秀无法报仇，忍辱负重多年，赢得更始帝信任，最终剪灭各路大军，顺利取代更始帝，恢复汉室。第二，宽厚怀柔，善待功臣。刘秀建国后，以高爵厚禄解除了一些开国元勋的实权，使功臣在经济上得到"厚养"，对其功劳还树碑立传加以褒奖，使得君臣关系融洽和睦。第三，善待降将，化敌为友，拒绝谗言，任人不疑。刘秀攻打父城（今河南宝丰县境内）时，俘获守将冯异，刘秀看他颇有军事才华，力排众议，委以重任，冯异及其所率部队后来成为刘秀征讨各路叛军的骨干力量。第四，善于化解各种矛盾。刘秀奉行"和为贵"的中庸思想，化解新莽乱政以来的各种社会矛盾，实现政治稳定，民族和谐，百姓安居乐业。第五，从谏如流，形成节俭风格。光武帝登基之初采纳宋弘等谏臣的意见，放弃扩建后宫的计划，还下令禁止郡县进贡"异味"入朝，制定了"薄葬"礼制。

马艳辉在《刘邦、刘秀之比较——从诸葛亮驳难曹植谈起》（载《郑州大学学报（哲学社会科学版）》，2008年第2期）一文中指出，汉高祖刘邦和汉光武帝刘秀作为开国之君和中兴之君，经常被后人作为比较对象。曹植认为刘秀强于刘邦，刘秀起兵到重建汉室时所面临的局势比刘邦建汉时要更为凶险。刘秀的德行也在刘邦之上，刘邦处事缺少君子之风，也有违孝道。楚汉战争中，项羽曾以刘邦父亲为人质要挟刘邦，刘邦没有将父亲的生命放在第一位，差点导致其父被杀。诸葛亮则持反对意见，认为两位君主所处时代不同，不可厚此薄彼。马艳辉在文中充分肯定了汉光武帝，认为他具有卓越的军事指挥才能，在完成统一之后，汉武帝能顺应历史形势，以"柔道"治天下，注意民生，与民休息，又采取"退功臣而进文吏"的政治方针，既有利于整肃吏治，又保护了功臣，从而开创"中兴"之业。

五、光武帝的政策创新

孙家洲在《光武帝独出心裁的封爵之赏——"不义侯"》（载《史学集刊》，2012年第1期）一文中指出，刘秀的政治对手彭宠被其家奴子密所杀，光武帝赐予子密"不义侯"[1]的特殊封爵，这在政治史、政治伦理史上影响深刻。第一，子密以家奴身份弑主，违背传统道义，但其行为又有功于刘秀，刘秀以列侯之名号，表达褒奖和贬斥的双重含义。第二，列侯爵号与封邑地名无关，开创了东汉列侯"虚封"的新格局。西汉列侯一般都有实封之地为其食邑，而东汉出现了部分列侯受封而无食邑的变化，光武帝封"不义侯"是这一变化的起点。

王其巨、汪清在《光武帝"罢州牧置刺史"与东汉中后期州制的发展》（载《株洲工学院学报》，2001年第2期）一文中指出，公元42年，东汉光武帝"罢州牧，置

---

[1]（南朝·宋）范晔等：《后汉书卷十二·彭宠列传第二》（第2册），505页，北京：中华书局，1965。

刺史"[1]，恢复了西汉时期的刺史监察制度，以加强对郡县长官的监督。东汉中后期，由于宦官专权，地方农民起义不断，刺史逐渐掌握地方军政大权，从而推动中国地方制度发生了一次重大变化：州牧制转变为刺史制，州由监察区演变为一级地方行政单位。

六、光武中兴的历史影响

臧嵘在《评东汉光武帝的历史作用》（载《历史教学》，1998年第12期）一文中指出，东汉光武帝作为杰出的政治家、军事家，在中国古代皇帝中属于出类拔萃的一个。第一，光武帝对东汉王朝具有开国之功，推动东汉在西汉辉煌的基础上，更进一步。东汉一朝共垦田2257万顷，超过西汉2.8倍。农业、手工业发展水平远超西汉和同时期的西方，天文、医学、数学等科技领域成就辉煌。东汉王朝的发展得益于光武帝打下的坚实基础。第二，光武帝对中国儒学发展作出了巨大贡献。光武帝推动了儒学内部古文经学、今文经学的糅合；儒学教育在官学和私学领域都得到快速发展，太学生多达3万人，私塾等学生达十万人；儒学的伦理道德观念逐渐被社会各界广泛接受；儒学在全国各地广泛传播，缩小了各地的文化差距，对中华文明的发展，功不可没。

王忠全、郭玮在《试论汉光武帝刘秀的治国思想》（载《中州大学学报》，1993年第4期）一文中指出，光武中兴局面的出现，主要原因在于刘秀能够洞察情势，采取了符合实际的一系列措施。刘秀当政（公元25—57）的三十多年间，可谓风风雨雨，红红火火，面对断壁残垣、江山破碎的社会状况，勤于国政，改革开拓，终于使东汉王朝在一片焦土和废墟中恢复和发展起来。刘秀以"黄老无为"为治国指导思想，大力整顿吏治，强化中央集权，发展社会经济，通过解放奴婢，安抚流民等措施，迅速恢复生产。通过精兵简政，限制豪强地主兼并土地，长期执行"三十税一"的赋税政策，减轻农民负担，维护了正常的经济秩序。得益于刘秀的诸多措施，一个满目疮痍的王朝走上了"中兴"之路，也奠定了东汉王朝近200年统治的基础。

---

[1]（南朝·宋）范晔等：《后汉书卷一下·光武帝纪第一下》（第1册），70页，北京：中华书局，1965。

微课设计

微课设计一：从刘秀处理功臣的方式看光武中兴

设计意图

在中国古代史上，光武帝刘秀是唯一一个以开国之君身份开创"中兴"治世的君主，这很大程度上得益于刘秀能够以"柔道"治天下，善于平衡不同利益集团，其中，最重要的是妥善安抚了军功卓著的功臣群体。教学中探讨刘秀处理功臣的方式，一方面可以帮助学生认识"光武中兴"局面出现的原因；另一方面也可以使学生对于古代帝王驭臣之术有更加具体的感受。

设计方案

教师讲述： 刘秀人才谋略的指导思想是"柔道"。何谓"柔道"，就是待人宽容厚道，他在取天下和治天下的过程中，非常注意营造君臣之间的和谐。刘秀用人之高明，主要体现在他妥善处理了东汉初的功臣集团。东汉开国之君刘秀所处的时代，群雄并起，天下大乱，社会危机四伏。刘秀以超凡的政治智慧，纵横捭阖，笼络了一大批出色的武将为其效命，扫除了一个又一个强大对手，使中国从纷争走向统一。但是汉室重建之后，如何处理势力强大的功臣群体，是摆在光武帝刘秀面前的一道难题。东汉建立之初，军事斗争任务逐渐减轻，刘秀试图降低功臣的政治地位，淡化军功在选官用人中的作用，但一开始并不顺利。

材料呈现： 世祖即位，以谶①文用平狄将军孙咸行大司马，众咸不悦。诏举可为大司马者，群臣所推唯吴汉及丹。②

——（南朝·宋）范晔等：《后汉书卷二十二·景丹传第十二》（第3册），

773页，北京：中华书局，1965

---

① 谶（chèn），意为预言、预兆。
② 吴汉及丹，指吴汉和景丹两位大将，刘秀重建汉室的主要功臣。

教师讲述：材料表明，东汉建立之初，世祖（即光武帝刘秀）暗示要任命孙咸为大司马，但是群臣获悉后均表示反对。他们普遍认为，军功卓著的吴汉和景丹更适合担任大司马一职。后来，刘秀也不得不屈服，任命吴汉为大司马，景丹为骠骑将军。从这一事件可以看出，东汉初，功臣们拥兵数十万齐聚京师，他们居功自傲，势力着实不小，对皇权构成威胁。

作为汉室后裔，刘秀自然对西汉末年外戚干政以及王莽夺取汉室江山的教训有着深刻的认识。因此，刘秀不会坐视功臣拥兵自重，尾大不掉，威胁刘氏王朝的长治久安。一种办法不行，刘秀一定还有别的办法。

材料呈现：

材料一　庚辰，悉封诸功臣为列侯；梁侯邓禹、广平侯吴汉皆食四县。博士丁恭议曰："古者封诸侯不过百里，强干弱枝，所以为治也。今封四县，不合法制。"帝曰："古之亡国皆以无道，未尝闻功臣地多而灭亡者也。"

——（北宋）司马光：《资治通鉴卷四十·汉纪三十二（光武帝建武二年，公元26）》（第3册），1294页，北京：中华书局，1956

材料二　夏四月，大司马吴汉自蜀还京师，于是大飨将士，班劳策勋。功臣增邑更封，凡三百六十五人。

——（南朝·宋）范晔等：《后汉书卷一下·光武帝纪第一下》（第1册），62页，北京：中华书局，1965

教师设问：

（1）材料中光武帝是如何对待建国功臣的？（参考答案：加官进爵，赐予大片封地。）

（2）你认为光武帝这样做的目的是什么？（参考答案：以丰厚的政治经济待遇换取兵权，加强君主专制。）

教师讲述：所谓"功臣"，其实就是长期追随刘秀，并帮助他打天下的军事将领。在刘秀登基之后，特别是统一战争完成之后，对于政权建设和国家治理来说，功臣的作用已经不大。但是，无论怎么说，这个群体都有功于刘秀，有功于汉室，赶尽杀绝无法向天下人交代，而且，风险很大。于是乎，便有了刘秀厚待功臣的一系列举措。用极高的政治地位、丰厚的经济待遇作为筹码，换取功臣手中的兵权。

功臣的兵权交出来了，但是政治地位依然很高，三公等重要职位仍然为功臣把持，在朝廷中举足轻重，功臣势力威胁皇权的隐患还没有完全消除，光武帝仍需继续努力。

材料呈现：

刘秀称帝后，鉴于西汉后期权臣当政，凌驾于皇帝之上的历史教训，决心加强中央集权，防止臣下专权，刘秀将政务中枢从三公府移至宫廷，由尚书协助皇帝处理政务，此种制度名为"事归台阁"。这种制度的核心就是使三公（司徒——丞相、司马——太尉、司空——御史大夫）有其名而无其实，真正的实权向皇帝统领的尚书台过渡。

——王忠全、郭玮：《试论汉光武帝刘秀的治国思想》，

载《中州大学学报》，1993年第4期

教师讲述：光武帝优待功臣，除了希望功臣交出兵权外，更加希望这些有着军事背景的将领淡出政权。光武帝为功臣加官进爵，毫不吝啬。但是光武帝对功臣的政策，并不是一味优容，在关系到功臣权力分配的重大原则上，绝对没有任何动摇，他把剥夺功臣兵权、防止功臣参与朝政作为强化中央集权、巩固自己统治的当务之急——加以落实。在优待功臣的过程中，东汉决策中枢也悄然发生着变化，由三公逐渐过渡到了宫廷的尚书台，形成"虽置三公，事归台阁"[1]的局面，规避了功臣干预朝政、威胁皇权的风险。在这一点上，光武帝与后世赵匡胤的"杯酒释兵权"没有什么区别，而且，光武帝的操作滴水不漏。

在打天下的时候，功臣是君主倚重的力量，在治天下的时候，功臣就会成为君主防范的力量，这是君主专制时代的常理。但是，治天下也是需要用人的，光武帝在和平时期倚重哪些人呢？

材料呈现：

材料一　复知帝欲偃干戈，修文德，不欲功臣拥众京师，乃与高密侯邓禹并剽甲兵，敦儒学。帝深然之，遂罢左右将军。

——（南朝·宋）范晔等：《后汉书卷十七·贾复传第七》（第3册），

667页，北京：中华书局，1965

材料二　退功臣而进文吏，戢弓矢而散马牛，虽道未方古，斯亦止戈之武焉。

——（南朝·宋）范晔等：《后汉书卷一下·光武帝纪第一下》（第1册），

85页，北京：中华书局，1965

---

[1] 东汉的三公指太尉、司空、司徒，分别管军事、土木工程、民政等，权力比过去大大减小。台阁指尚书台，东汉的尚书台官员，品级不高，但有参与决策的权力。见（南朝·宋）范晔等：《后汉书卷四十九·仲长统列传第三十九》（第6册），1657页，北京：中华书局，1965。

教师设问：光武帝在用人思路上有了怎样的变化？（参考答案："偃干戈，修文德"，"退功臣而进文吏"，重用文官。）

教师讲述：在东汉统一战争完成后，功臣们深知自己的历史使命已经完成，或功成身退，或者"由武转文"。材料中的东汉名将贾复和邓禹就颇有自知之明，交出兵权后，潜心于儒学。光武帝高度认可他们的举动，免去了他们左、右将军的军职。光武帝统治后期，为达到加强皇权，巩固统治的目的，重用具有儒学背景而鲜有军功的文官，形成文官、武官两套官僚体系，并逐步限制武官参与政权的机会，功臣主宰政权、左右政局的形势大大改观。此后，没有军事背景的人才被大量起用，"退功臣而进文吏"的用人方略初见成效，实现了东汉建国后不同官员群体之间权力的和平交接，政权长期保持稳定。

教师设问：如何评价光武帝处理功臣的策略？（参考答案：和平方式，保障待遇，逐步推进。）

教师引导学生小结：后人对刘秀的评价很高，相当程度上是推崇他在处理功臣问题上的妥善恰当，既保全了功臣又稳定了统治，避免了血腥残杀悲剧的重演；皇上固然为圣主明君，功臣宿将亦不失为忠臣贞士，共保富贵，同享安乐，君臣相得，皆大欢喜。光武帝妥善处理功臣问题，确保了政权的稳定，为光武中兴局面出现创造了条件。

纵观我国历史上"打天下，坐江山"的开国皇帝，有不少都对功臣采取斩尽杀绝的办法，刘邦、朱元璋可为典型，汉高祖以后的诸吕之乱和朱元璋身后的建文悲剧，也未尝不是诛杀功臣带来的"后遗症"。而光武以"柔道"思想把功臣厚养起来的政策，对于大乱以后的新王朝的政局，起了稳定作用。

✎ **设计点评**

在中国古代社会，王朝更迭多以武力夺权为主要形式，因而王朝之初如何处理功臣成为衡量开国之君政治智慧的一把尺子。本微课以"刘秀处理功臣的方式"为观察角度，依托经典史料，结合两汉之际的时代背景，抓住光武帝刘秀处理功臣问题的关键举措"退功臣而进文吏"，通过设问层层推进，引导学生认识光武帝刘秀处理功臣问题的独到之处，有利于学生深刻体会古代帝王的驭臣之术。

微课设计二：光武帝时期的汉匈关系

设计意图

中国是一个历史悠久的多民族国家，如何处理民族关系历来是中国历史上的重要问题之一。东汉王朝是统一多民族国家发展过程中的一个关键时期。东汉初年，边患严重，尤其是匈奴乘中原战乱再度崛起于黄河以北，严重威胁中原王朝。在如此凶险的背景下，光武帝刘秀在位期间却能开创"中兴"治世，与其审慎、稳妥地处理汉匈矛盾不无关联。探究光武帝刘秀对匈奴的政策，旨在帮助学生理解妥善处理民族关系对于古代社会发展的积极作用。

设计方案

教师讲述： 建国之初的东汉王朝，因为经历多年战乱之苦，国力衰弱，周边民族政权趁机崛起，边疆形势复杂。周边各族中，尤以匈奴对东汉政权的威胁最大。匈奴是聚居中国北方大漠南北的游牧民族，骁勇好战，善于奇袭和突袭，经常南下威胁中原人民正常的生产和生活秩序，是秦汉时期中原王朝最为忌惮的少数民族。秦朝时，秦始皇派蒙恬北击匈奴，收复河套地区；为防止匈奴南下骚扰，还修筑了长城。西汉初年，对匈奴采取防御战略。汉武帝时，国力增强，对匈奴实施战略反击，先后派卫青、霍去病等对匈奴发动十余次反击作战，匈奴政权遭受沉重打击。西汉后期，匈奴政权南北分立，南匈奴附汉，北匈奴北迁。汉匈人民和谐友好交往成为当时历史的主流。两汉之际，中原长期战乱，匈奴再度崛起，并不断南下骚扰黄河流域，成为东汉政权的心腹之患。

材料呈现：

材料一　及王莽篡位，续以更始、赤眉之乱[①]，至光武中兴，百姓虚耗，十有二存。

——（南朝·宋）范晔等：《后汉书志第十九·郡国一》（第12册），

3388页，北京：中华书局，1965

[①] 更始、赤眉之乱，指新莽政权后期绿林、赤眉两大农民起义。因绿林军曾立汉室刘玄为帝，年号更始，故绿林起义也被统治者称为"更始之乱"。

材料二　建武（公元25—55）初，光武遣使奉币至匈奴，欲"更通旧好"①，然"单于骄踞益横，内暴滋深"②；光武遣大司马吴汉出击匈奴，结果"经岁无功"③。

——陈金凤：《汉光武帝民族政策论略》，

载《中南民族大学学报（人文社会科学版）》，2014年第1期

教师设问： 相对于西汉中期，此时的匈奴为何敢于南下骚扰中原？（参考答案：东汉政权初立，统治尚不稳定；长期战乱，东汉国力有待恢复；匈奴依仗机动灵活的骑兵，军队战斗力强。）

材料呈现： 遣谒者④段忠将众郡弛刑⑤配茂⑥，镇守北边，因发边卒筑亭候，修烽火，又发委输金帛缯絮供给军士，并赐边民，冠盖相望。

——（南朝·宋）范晔等：《后汉书卷二十二·杜茂传第十二》（第3册），

777页，北京：中华书局，1965

教师讲述： 光武帝命人将各郡解除刑枷（从轻发落）的犯人充边，动员守卫北疆的军人大力兴修防卫工程，不惜人力、物力、财力保障北部边疆安全，主要就是防范匈奴铁骑南下。

教师设问： 如何评价光武帝当时的政策？（参考答案：匈奴当时军事实力强大；东汉政权初立，面临复杂的内部问题；东汉致力于恢复中原统治秩序，大力发展生产；光武帝对匈奴采取以防御为主的措施是理性选择。）

教师讲述： 东汉政府采取被动、消极防御战略，对于缓和北部边患有一定的作用，但并不能从根本上消除匈奴南下的威胁。东汉王朝对匈奴政权保持着高度的警惕，时刻关注着北方这一强大民族的一举一动，转机不久出现了。因为蝗灾等自然灾害严重，匈奴势力大减，加上匈奴贵族内部争权夺利，后来，匈奴分裂为南北二部。这给了光武帝刘秀解除北方边患的大好机会。

---

① （南朝·宋）范晔等：《后汉书卷八十九·南匈奴列传第七十九》（第10册），2966页，北京：中华书局，1965。
② （南朝·宋）范晔等：《后汉书卷八十九·南匈奴列传第七十九》（第10册），2966页，北京：中华书局，1965。
③ （南朝·宋）范晔等：《后汉书卷八十九·南匈奴列传第七十九》（第10册），2940页，北京：中华书局，1965。
④ 谒者，官名，负责传递诏令。
⑤ 弛刑，不戴刑枷，泛指从轻发落的罪犯。
⑥ 茂，杜茂，东汉初负责北疆安全并主持屯田的将领。

材料呈现：

材料一　三月，南单于复遣使诣阙贡献，求使者监护，遣侍子，修旧约。

——（北宋）司马光：《资治通鉴卷四十四·汉纪三十六（建武二十五年，

公元49）》（第4册），1409页，北京：中华书局，1956

材料二　乃诏有司开北鄙，择肥美之地，量水草以处之①。

——（南朝·宋）范晔等：《后汉书卷八十九·南匈奴列传第七十九》（第10册），

2966页，北京：中华书局，1965

教师讲述：公元46年，单于舆去世，按匈奴族兄终弟及制，应传位给王昭君所生的儿子，也就是单于舆的弟弟知牙师，但单于舆在生前将知牙师杀死，而传位给他自己的儿子蒲奴。公元48年，匈奴贵族比因不满蒲奴单于继位，率匈奴南八部宣布独立，并于当年十月自立为单于。

匈奴分裂后，南匈奴单于向东汉表达归附之意，请求东汉在南匈奴控制区域设置机构并派官员保护，以便共同抵御北匈奴。其单于不惜以儿子作为人质的方式表达忠心，意图恢复西汉后期汉匈和好的局面。刘秀抓住这一千载难逢的机会，决定厚待南匈奴，共同防御北匈奴。刘秀在政治和经济上大力帮助南匈奴，设置匈奴中郎将保护南匈奴王庭的安全，将南匈奴安置于河套地区，竭力创造条件保障南匈奴人民的生产和生活。东汉北部边患减轻，汉匈两族人民正常的生产生活得到暂时的保障。此后，北匈奴虽然仍不时南下骚扰，但在东汉、南匈奴和其他少数民族的共同抵御下，其活动范围和破坏程度相对缩小和降低。

材料呈现：二十七年，臧宫等人又上书建议乘匈奴遭受天灾人祸之机以灭之。光武认为应以"柔抚"而非武力。"自是诸将莫敢复言兵事者"②。

——陈金凤：《汉光武帝民族政策论略》，

载《中南民族大学学报（人文社会科学版）》，2014年第1期

教师设问：光武帝此时对匈奴的政策应该作何评价？（参考答案：在匈奴遭遇天灾人祸，势力大减的情况下，依然坚持"柔抚"政策，反对对匈奴动武，有利于保

---

① 之，指代南匈奴。

② （南朝·宋）范晔等：《后汉书卷十八·臧宫传第八》（第3册），696页，北京：中华书局，1965。

障北方汉匈两族人民正常的生产生活，有利于民族融合，也有利于东汉经济的恢复和发展。）

材料呈现：次年①，北匈奴遣使来朝，献名物，再求和亲。班彪上言："今北匈奴见南单于来附，惧谋其国，故数乞和亲，又远驱牛马与汉合市，重遣名王，多所贡献。"②光武帝于是对北匈奴"颇加赏赐，略与所献相当"③，旨在以经济手段羁縻之，避免与其发生激烈的冲突。

——陈金凤：《汉光武帝民族政策论略》，

载《中南民族大学学报（人文社会科学版）》，2014年第1期

教师讲述：在光武帝开明的民族政策感召下，公元52年，北匈奴第二次派使者向东汉示好。刘秀在反复研判后，决定接受北匈奴的要求，与北匈奴停战修好，并保持友好交往。至东汉后期，匈奴政权已不再成为中国北部农耕社会的主要祸患。

教师设问：东汉光武帝处理匈奴问题的策略有何特点？（参考答案：审时度势、政策灵活，恩威并施、防御为主，"以夷制夷"、以和为贵。）

教师引导学生小结：东汉建国之初，由于长期战乱，经济萧条，国力不振。光武帝刘秀致力于恢复生产，稳定统治秩序，对于北方强悍的匈奴政权采取了防御为主的策略。这是特定条件下的正确选择。在匈奴遭受天灾人祸，势力渐衰的情况下，仍然坚持"柔抚"的策略，在尽量缓和汉匈矛盾，保障北疆安全的同时，推动了汉匈民族之间和谐友好交往。光武帝刘秀妥善处理汉匈关系，为"光武中兴"局面的形成创造了有利的外部条件。这体现了光武帝作为政治家与众不同的宽广胸怀和高人一筹的政治智慧。

设计点评

本微课以"刘秀处理汉匈关系"为观察角度。通过梳理东汉初年汉匈关系的脉络，突显光武帝刘秀出色的政治智慧和政治手段。教学设计摆脱仅从中原王朝立场看待古代

---

① 次年，指建武28年，公元52年。
② （南朝·宋）范晔等：《后汉书卷八十九·南匈奴列传第七十九》（第10册），2946页，北京：中华书局，1965。
③ （南朝·宋）范晔等：《后汉书卷八十九·南匈奴列传第七十九》（第10册），2946页，北京：中华书局，1965。

周边民族政权的局限，从有利于中华民族发展的新视角，全面分析并高度评价了光武帝刘秀在处理匈奴问题上"以和为贵，防御为主"的民族政策。丰富的史料和教师的适时引导，有利于学生正确认识东汉初年稳妥处理民族矛盾与"光武中兴"的关系。本微课对于学生正确认识东汉初年汉匈关系史和树立正确的民族观、历史观有较大帮助。

教学资源

资源1：在与群雄竞逐的斗争过程中，刘秀不断总结经验，逐渐摸索出了比较完善、行之有效的人才策略。为了施展自己的政治抱负，他冲破了狭隘的地区和门第观念的束缚，多方网罗人才，并做到了爱才、惜才、培养人才、团结人才和保护人才，把人才牢牢掌握在自己手中。他把用人作为争取民心的重要手段，提拔任用了许多廉官良吏，以得到人民的拥护。刘秀坚持德才兼备的用人标准，扬长避短，知人善任。他有容人之器量，不计较个人恩怨；有胆识，敢于用敌国之人。他用人不疑，赏罚分明，整肃吏治，调动了人才的主观能动性，使人才的作用得到了有效地发挥。尤为难能可贵的是，作为封建皇帝的刘秀在用人上还能时常听取臣下的意见。

——王云江、谢艳华：《简论刘秀的人才谋略》，载《史学集刊》，2003年第2期

资源2：当年数十万铜马义军因粮尽向他归降，他将铜马军的主将都封为列侯，统领原建制的兵马。铜马军的将领在与刘秀交战中，曾杀伤过刘军的许多将士，所以心存隔阂，害怕刘秀秋后算账。刘秀知道后，传令各将勒兵归营，自己乘轻骑巡视操练，发现老弱兵丁不胜军旅生活，与将领研议妥为安置。

——兰殿君：《刘秀与"光武中兴"》，载《文史春秋》，2008年第7期

资源3：光武帝之所以"度田"，主要是针对东汉初年垦田、户口不实的情况，在掌握了一定田亩、户口数据前提下，进行检查核实。因此光武帝建武十五年六月颁布的"度田"诏令，就主要包含两方面的内容：核实各地的垦田数量和清查户口。

——袁延胜：《东汉光武帝"度田"再论——兼论东汉户口统计的真实性问题》，载《史学月刊》，2010年第8期

资源4：其时中都官中地位最高的武官是建威大将军、北州大功臣耿弇，但光武并不是从耿弇开刀。南人贾复、邓禹揣度人主心思，率先"剽甲兵"。光武"深然之"①，遂罢其左、右将军官。尽管我们无从断定光武同贾复、邓禹是否密谋在先，然而贾、邓二人的免官，无疑给包括耿弇在内的其他功臣造成巨大压力。耿弇明于"时之度数"②，范书本传说他不久便"上大将军印绶"③，拱手交出了兵权。这实际上是耿弇为形势所迫采取的不得已之举。此事清楚地表明：南北功臣间彼此制约，真正获利的是光武本人。

——陈勇：《论光武帝"退功臣而进文吏"》，载《历史研究》，1995年第4期

资源5：在"君吊臣"历史上，光武帝可谓是一位独具特色的封建帝王。他在臣子死后，不仅有赐棺具或冢地之举，而且对一些国家重臣还亲临其丧以表哀悼。他不仅在吊臣数量上超过以往封建帝王，还开创帝王亲自为臣子送葬的先例，其所吊臣子以文臣为主，往往赐棺椁或亲吊，较少赏赐钱帛，这与西汉诸帝有很大不同。这种现象的产生不仅与光武帝开国帝王身份有关，与他个人儒者气质有关，也与当时经济发展程度有关，但维护封建统治的需要则是其终极原因。

——王立、焦小刚：《试论光武帝吊臣》，

载《海南师范大学学报（社会科学版）》，2007年第4期

资源6：东汉建立之初，继承了王莽时期及更始政权的州牧制，州牧权势极重，拥有行政权、统兵作战权、荐举人才权等。这是东汉全国尚未统一，刘秀在戎马倥偬之际实行的制度。建武十六年（公元40），光武帝完成了统一大业，东汉政权初步巩固稳定，进入了和平发展时期。为了适应新的形势需要，光武帝拨乱反正，对国家政治机制、权力结构及其职能进行调整，以适应偃武修文的需要，"退功臣而进文吏"。建武十八年"罢州牧，置刺史"（后汉书·光武帝纪）就是这一指导思想下所采取的具体措施，目的是为削弱限制地方势力的发展，防止在新的历史条件下形成地方分裂势力，故"罢州牧"；同时希望恢复西汉武帝时设立的刺史监察制度，故"置刺

① （南朝·宋）范晔等：《后汉书卷十七·冯岑贾列传第七》（第3册），667页，北京：中华书局，1965。
② （南朝·宋）范晔等：《后汉书卷十九·耿弇列传第九》（第3册），714页，北京：中华书局，1965。
③ （南朝·宋）范晔等：《后汉书卷十九·耿弇列传第九》（第3册），714页，北京：中华书局，1965。

史"又称"复刺史"。

——王其巨、汪清：《光武帝"罢州牧置刺史"与东汉中后期州制的发展》，

载《株洲工学院学报》，2001年第2期

资源7：光武对待功臣的政策，也是历史上处理得最成功的。他尊崇以位，厚其奉养，但尽量收其军权。新朝的任用，则视其是否适应新的治国形势，具有治世之才。他认识到"马上打天下，不能马上治天下"①的道理比刘邦要早得多。对待士大夫知识分子的政策，光武也有十分可取之处，他不强迫"轻轩冕"的严子陵任官，尊重一批不愿在新王朝荣华富贵、淡泊名利的士人的志向。当隐士周党坚决不仕，朝中有人奏毁他"大不敬"时，光武却宽容地说："自古明王圣主必有不宾之士。伯夷、叔齐不食周粟，太原周党不受朕禄，亦各有志焉。"②封建社会里，这样绝对尊重士人的政策，的确是难能可贵的。

——臧嵘：《评东汉光武帝的历史作用》，载《历史教学》，1998年第12期

资源8：东汉初，光武帝刘秀就制定了偃武修文，以"柔道"治天下的方针。在西北边疆地区则以保全既得的河陇之地为最终目标，终建武之世，东汉一直奉行"闭玉门以谢西域之质，卑词币以礼匈奴之使"③的消极退守政策。就连西汉时曾着力经营的湟中地区，也以"涂远多寇，议欲弃之"④。这就是东汉第一次"弃凉"之议。

——高荣：《东汉西北边疆政策述评》，载《学术研究》，1997年第7期

资料9：匈奴因天灾人祸分裂为南北两部后，无论是南匈奴还是北匈奴，在激烈的争斗过程中，双方都不愿意看到对方强大，都想得到东汉王朝的支持。南单于承担为东汉防卫北部边塞责任的同时，希望在汉朝的帮助下伺机完成统一；北匈奴因为势力衰弱，害怕遭受南匈奴与东汉的联合军事打击，也试图同东汉建立和亲关系。东汉王朝处于南、北匈奴结交的地位，因此，东汉政府利用南匈奴与北匈奴之间的矛盾，采取积极

---

① 原文为："马上得之，宁可以马上治乎？"见（东汉）班固：《汉书卷四十三·陆贾传第十三》（第7册），2113页，北京：中华书局，1962。

② （南朝·宋）范晔等：《后汉书卷八十三·逸民列传第七十三》（第10册），2762页，北京：中华书局，1965。

③ （南朝·宋）范晔等：《后汉书卷十八·臧宫列传第八》（第3册），697页，北京：中华书局，1965。

④ （南朝·宋）范晔等：《后汉书卷二十四·马援列传第十四》（第3册），835页，北京：中华书局，1965。涂，同"途"。

的态度，笼络、厚待南匈奴，而拒绝北匈奴的和亲请求，这既是安定南匈奴的重要因素之一，也是利用南匈奴招降北匈奴部众的一项措施，从而起到利用南匈奴分化瓦解北匈奴的作用。

——王平、陈文：《简述东汉前期对北匈奴的政策》，

载《白城师范学院学报》，2009年第2期

资料10：刘秀知道，功臣宿将当年毁家纾难追随自己起兵打天下，干的是把脑袋拴在裤腰带上的危险勾当，没有他们的全力翼戴，自己就不会有今天位居九五、主宰天下的机会。知恩图报方为君子，忘恩负义是小人，刘秀当然愿作君子而不欲为小人，所以理当对功臣宿将加以应有的报答。既然"国之利器"不可与人，兵权不能授予他们，朝政不便交付他们，那么也就只好在经济上提供最大的好处，生活上给予优厚的照顾，使得这些功臣宿将感到当年的冒险投资是正确的选择，心满意足地享受浴血奋战后所换来的成果。在这样的认识下，刘秀给诸功臣创造了舒适优雅的生活环境。

——黄朴民：《光武帝刘秀的政治智慧与治国方略》，载《文史知识》，2013年第4期

资料11：综上所述，建武十八年，光武帝"罢州牧，置刺史"，使刺史成为以监察为主要职能的监察官，但由于其时刺史制度机制不健全，刺史很容易越权，加之后来封建国家经常让刺史主持一些庶民繁杂事物，使刺史的职能逐渐复杂化。和帝即位以后，东汉开始了外戚、宦官专权，他们以亲戚、亲信充任刺史，刺史渐成为外戚宦官专横擅权的工具，由于政治逐渐的腐败，刺史的监察职能日益不显。东汉末年，社会矛盾尖锐化，广大人民被迫走上反抗的道路，迫使封建国家调整职能，加强镇压的力量，以监察为主要职能的刺史转变为以镇压人民斗争为主要职能的军政长官州牧。故自建武十八年"罢州牧，置刺史"以来至中平元年黄巾起义前后，刺史基本上是监察官员，州为监察区域，只不过没有西汉时的特征显著而已。

——王其巨、汪清：《光武帝"罢州牧置刺史"与东汉中后期州制的发展》，

载《株洲工学院学报》，2001年第2期

资料12：建武十二年（公元36），东汉帝国实现了大一统，功臣与文吏在政权结构中的原有地位也随之发生变动。两汉之际连绵不绝的大规模战争结束后，功臣们丧失了赖以发挥其关键作用的军事舞台。光武因势利导，"退功臣而进文吏"。他的第一个步骤就是通过改革将军制度，剥夺多数功臣的武官身份。一般说，建武前期功臣拜

将军者，不论其是否真正参与军事活动，均可长期带职领兵，如《贾复传》所谓"拥众京师"。建武十三年贾复、邓禹及耿弇免去将军官后，陆续又有许多功臣被削除军职。《续汉书·百官志》"将军"条称"事讫皆罢"①，严格地讲，应是建武后期施行的一项新制。

——陈勇：《论光武帝"退功臣而进文吏"》，载《历史研究》，1995年第4期

---

① （南朝·宋）范晔等：《后汉书志第二十四·百官一》（第12册），3563页，北京：中华书局，1965。

司马迁
与《史记》

司马迁出身史官世家，有着得天独厚的家学渊源和师承。他的思想以儒家的"仁政"为本，辅以道家的"无为"为表，同时兼收其他各家所长。司马迁"究天人之际"，强调天人相分，即认为天道与人事是不相干的，突出人事在历史发展中的作用。这在中国史学发展史上，是第一次把人的活动放到如此重要的位置上来看待。司马迁"通古今之变"，他通过社会的变化指出历史的进化，强调以古为镜的必要性和混同古今的不可取，包含着朴素的发展观点和辩证观点。司马迁"成一家之言"，忍辱编成《史记》。作为司马迁全面认识中国古代历史的标志，《史记》囊括了政治、经济、文化、法律、军事、道德、宗教、文学、艺术、科学等方面的内容，在体例和内容上都极具史学研究价值，它开拓了历史研究的新领域，推动了历史学的发展，为中国史学大厦的建造奠定了基石。

一、司马迁的身世及政治、经济思想

（一）司马迁身世

司马氏姓氏源于先秦时期。唐可杨在《〈史记·太史公自序〉的家谱价值及影响》（载《淮北职业技术学院学报》，2014年第6期）一文中指出，司马氏姓氏来源于颛顼的天官重氏、黎氏，他们在周朝时失去天官之职，之后程伯休甫掌管西周军事大权，官至司马，周宣王允许他以官职为姓，其后遂成司马氏。司马氏自春秋中叶去周适晋以来，分为卫、赵、秦三大世系，司马迁为秦支系之后。司马迁以自序家谱的形式把自己家族先祖的名字、职官、事迹载入史册，除了为先祖正名外，同时也显示了司马家族优越的身份地位。

司马迁少年时代受到的传统教育，为其今后的史学编纂打下了坚实的基础。秦静、周斌在《辨正与司马迁世系有关的几个问题》（载《求索》，2006年第4期）一文中指出，司马迁童年生活的原始记录非常简略，仅见于《史记·太史公自序》："迁生龙门，耕牧河山之阳。年十岁则诵古文。"[1]秦静、周斌归纳了张大可和杨燕起等《史记》研究学者的看法：前者认为，这三句话透露出了"司马迁青少年时代的生活是司马谈为培养司马迁的一种苦心安排。……司马迁少年时代的耕牧……是一种自觉的锤炼，是作为修身养性的一课而认真地执行着。"[2]后者认为："其时家境并非充裕，只得让年幼的司马迁一方面'耕牧河山之阳'，一方面'就闾里书师受小学书'，所以，司马迁年十岁就能够诵习《左传》《国语》《世本》等'古文'。"[3]

（二）司马迁的政治和经济思想

1. 政治思想

司马迁在吸收儒家、道家等学说的基础上，形成了自己的政治思想体系。韩兆琦、陈金霞在《司马迁对黄老思想的接受与发展》（载《北京师范大学学报（社会科学版）》，2009年第4期）一文中指出，司马迁根据自己对历史和社会的理解，有选择地接受了黄老思想的若干方面，并有所发展。在政治上赞赏清静无为；在经济上提出了工农

[1]（西汉）司马迁：《史记卷一百三十·太史公自序第七十》（第10册），3293页，北京：中华书局，1959。

[2] 中国史记研究会：《史记教程》，37页，北京：商务印书馆，2011。

[3] 杨燕起：《〈史记〉的学术成就》，14页，北京：北京师范大学出版社，1996。

商虞四者并重，以及"善者因之"①的宏观管理理论；在法律上主张公平执法，权不逾法；在军事上重视战争的正义性与奇计诈谋相结合。

朱枝富在《以道家为根基　以儒家为主干——论司马迁的政治思想体系》（载《汉中师院学报（哲学社会科学版）》，1990年1期）一文中认为，司马迁的思想既不属于道家，也不属于儒家，但对儒道二家都有所吸收。它对道家主要吸收了因循为用、无为而治以及道法自然，从民所欲，顺应事物客观规律的政治思想。司马迁对儒家的吸收继承主要表现在以民为本、缘德而治和主张统一三个方面。此外，他对其他各家也是有批判有吸收的，如吸收法家主张变法而治的思想，吸收墨家节俭、尚智的思想，吸收阴阳家顺乎天时的思想，吸取名家名实一致的思想，从而形成了自己独具特色的思想体系。朱枝富认为，在司马迁的政治思想体系中，儒、道既不是简单地相加，也不是杂糅于一体，而是以道家为根基，以儒家为主干，以其他各家为枝叶，兼容并包，熔铸出新。

施丁在《论司马迁的"成一家之言"》（载《中国史研究》，1996年第1期）一文中指出，司马迁在"成败兴坏之纪"问题上，认为因俗、安民、知人是关键。司马迁的主要观点是：①善因民俗是基本的治国思想。对于汉武帝时官营盐铁，实行"均输""平准"，司马迁以为这是与民争利。②提出"无为"以安民的观点。司马迁认为，安民之道要在"无为"，即少惹是非，要"指约而易操，事少而功多"。③提出了玩法酷刑不如奉职循理的吏治思想。《循吏列传》与《酷吏列传》专写奉职循理与玩法酷刑两种官吏，对比鲜明。④不仅主张善于用人，而且强调"智不可专"。《史记》写历代兴亡都与用人得失有关。三代的兴亡，春秋五霸和战国七雄的成败，楚汉胜负，汉朝盛衰，都与用人得失分不开。更重要的是，司马迁强调"智不可专"，应当群策群力。

司马迁崇尚德治，反对暴政。刘家和在《论司马迁史学思想中的变与常》（载《北京师范大学学报（人文社会科学版）》，2000年第2期）一文中归纳了司马迁的观点：决定政权得失的重要因素是德。并指出在尧、舜、禹禅让时期，尧子丹朱、舜子商均都因无德而不能获得政权，而舜和禹却因有德而登上帝位。所以，在当时，帝位不能因血亲关系而世袭，只能由诸侯和人民所信任的有德者来继承。

张大可在《司马迁评传》（286页，南京：南京大学出版社，1994）一书中指出，司

① （西汉）司马迁：《史记卷一百二十九·货殖列传第六十九》（第10册），3253页，北京：中华书局，1959。

马迁崇尚德治，反对暴政，"汉兴，孝文施大德，天下怀安"①，为政之道，是以"德治"导致天下太平。

在民族问题上，司马迁持民族等列思想。张大可在《司马迁的民族一统思想》（载《社会科学战线》，2003年第1期）一文中指出，所谓民族等列思想，并非今日的民族平等思想。司马迁打破"种别域殊"②的内外之别，把民族区域纳入统一的帝国版图之内来叙述，视各民族皆天子臣民，承认各民族实体的客观存在而记述他们的历史。司马迁首创民族史传，并等列合编于人臣列传中，含有民族平等思想的萌芽。

2. 经济思想

在司马迁重农或重商的经济思想这一问题上，历来学者观点不一。

（1）重商主义论

刘家和在《论司马迁史学思想中的变与常》（载《北京师范大学学报（人文社会科学版）》，2000年第2期）一文中指出，在司马迁笔下，发展经济与致富是人们的恒常行动目标，而且这也总是社会和谐与国家强盛的基础。财富的产生与分配总是在一定社会秩序中进行的，所以财富是维持社会生存的恒常的必要条件。司马迁写道：不同地区有不同物产和风俗民情，而求富的努力则是一致的；各种行业有合法与非法的区分，而其经营的目的则均为求富；人们在社会中的地位各有不同，而财富起了重要的作用；社会有礼义盛衰之分，国家有实力强弱之别，而财富却总是其基础。然后司马迁说："富者，人之情性，所不学而俱欲者也。"③所以，在司马迁看来，不论历史如何变化，人们对于财富的追求总是其天然的恒常基础。此外，对于求富与礼义之间的关系，司马迁在《史记·管晏列传》中说："仓廪实而知礼节，衣食足而知荣辱，上服度则六亲固。"④从司马迁的这一段议论中，我们正好看到了司马迁对于求富与礼义这一对矛盾的见解。满足人们求富的恒常欲望，这是礼义的起点也是目标；而实现礼义就是要使人们的求富处于一种正常的状态中，不致因有任何过度的行为而造成社会的动荡与国家的灭亡。

李倩在《司马迁经济思想的多维建构》（见陕西省司马迁研究会编，吕培成、徐卫

① （西汉）司马迁：《史记卷十一·孝景本纪第十一》（第2册），449页，北京：中华书局，1959。
② （东汉）班固：《汉书卷一百下·叙传第七十下》（第12册），4268页，北京：中华书局，1962。
③ （西汉）司马迁：《史记卷一百二十九·货殖列传第六十九》（第10册），3271页，北京：中华书局，1959。
④ （西汉）司马迁：《史记卷六十二·管晏列传第二》（第7册），2132页，北京：中华书局，1959。

民主编：《司马迁与史记论集（第7辑）》，549页，西安：陕西人民出版社，2006）一书中论述了司马迁的重商观念，商业营运，实质上是资本运作，商品经济与资本永远是相辅而行的，商业利润主要是来自商品价格的差额。司马迁的财富观是对人们求利思想的肯定。

（2）重本轻末论

何炼成在《汉代思想家的价格理论评介》（载《西北大学学报（哲学社会科学版）》，1981年第2期）一文中认为，司马迁的经济思想综合了先秦诸子的经济学说，并加以发展，因而自成一家之言（在重本轻末观念的基础上，也强调要发展商品经济）。司马迁从社会分工和协作的客观需要出发，充分肯定了商品货币交换的必要性和重要性："待农而食之，虞而出之，工而成之，商而通之。"[①]同时司马迁以赞赏的语调，充分描述了管子的轻重术，范蠡和计然之策，子贡的废著鬻财，巴寡妇清以工商致富，以及蜀卓氏、宛孔氏、曹邴氏等以铁致富，并由此得出结论："夫用贫求富，农不如工，工不如商。"[②]当然，司马迁没有也不可能完全摆脱"重本抑末"的传统观点，例如他把农业所生产的财富称为"本富"，而把工商业所获得的财富称为"末富"，提出"本富为上，末富次之"的观点；他认为"纤啬筋力"（指从事农业劳动），才是"治生之正道也"，而"行贾""贩脂"等（指从事商业活动），则是"丈夫贱行也""辱处也"[③]。

胡寄窗在《中国经济思想史简编》（201页，上海：立信会计出版社，1997）一书中也指出，司马迁把社会经济活动看作不以人们意志为转移的客观经济过程，是合乎"自然之验"的客观规律。他将富分为"本""末""奸"三类，认为"本富为上，末富次之，奸富为下"[④]。所谓"本富"指农林畜牧所产生的财富；"末富"是指由工商业获得的财富；而"奸富"则指通过"危身取给"才能获得的财富。从"本富"与"末富"的划分来看，司马迁尚未摆脱所处时代的局限，至少在名词术语的使用上还带有某些重本

---

① （西汉）司马迁：《史记卷一百二十九·货殖列传第六十九》（第10册），3254页，北京：中华书局，1959。

② （西汉）司马迁：《史记卷一百二十九·货殖列传第六十九》（第10册），3274页，北京：中华书局，1959。

③ （西汉）司马迁：《史记卷一百二十九·货殖列传第六十九》（第10册），3274页、3278页、3282页，北京：中华书局，1959。

④ （西汉）司马迁：《史记卷一百二十九·货殖列传第六十九》（第10册），3274页，北京：中华书局，1959。

轻末的思想痕迹。

（3）农商并需论

张大可在《司马迁评传》（296页，南京：南京大学出版社，1994）一书中指出，司马迁正是从经济、人俗发展之"势"出发，认识到社会出现农、工、商、虞分工是不以人们的意志为转移的客观规律，即自然之势。司马迁认为，农、工、商、虞是人民"衣食之原"，主张农、工、商、虞四业并兴，各具其用，缺一不可。"山西饶材、竹、穀、纑、旄、玉石；山东多鱼、盐、漆、丝、声色；江南出柟、梓、姜、桂、金、锡、连、丹沙、犀、玳瑁、珠玑、齿革；龙门、碣石北多马、牛、羊、旃裘、筋角；铜、铁则千里往往山出棊置"①。大自然所提供的这些物质财富，不可能每一个人都去从事所需的直接生产，因此必须分工协作，互相依存。"待农而食之，虞而出之，工而成之，商而通之。"司马迁还强调指出："此四者，民所衣食之原也。原大则饶，原小则鲜。上则富国，下则富家。"②人们要满足自己的衣食之需，国家要富强，就必须扩大农业、手工业生产，还要开发山泽，发展商业。司马迁引用《周书》的话说："农不出则乏其食，工不出则乏其事，商不出则三宝绝，虞不出则财匮少。"③同时又引证齐国的发展历史来说明农工商虞四业早就是古代社会经济的基本结构，国家的盛衰强弱决定于经济基础的厚薄。四业兴旺，国家富强，四业不齐，国家贫弱。就这样，司马迁不仅突破了重农抑商的传统观念，而且强调了四业并重，缺一不可。

二、《史记》的研究

（一）《史记》的结构

《史记》由本纪、世家、书、表、列传等五体构成，而五体又是由司马迁参酌各种典籍体例的长短，创作出的新体例。张大可在《司马迁评传》（162页，南京：南京大学出版社，1994）一书中指出，《史记》五体，各具笔法义例，分开来看，各体自成一个独立的系统，首尾完俱贯通历史发展的线索，各有不同的侧面和重心。五体合起来看，

---

① （西汉）司马迁：《史记卷一百二十九·货殖列传第六十九》（第10册），3253～3254页，北京：中华书局，1959。柟（nán），同"楠"。棊（qí），同"棋"。
② （西汉）司马迁：《史记卷一百二十九·货殖列传第六十九》（第10册），3255页，北京：中华书局，1959。
③ （西汉）司马迁：《史记卷一百二十九·货殖列传第六十九》（第10册），3255页，北京：中华书局，1959。

又是组织严密互相交融的一部著作，自成一家之言。正因为它体例完备，才能容纳丰富的历史素材，在有限的篇幅之内使政治、经济、文化、学术、民族、社会以及自然的星象、历法、地理等无所不备。

谢保成在《〈史记〉体系再考察》（载《求是学刊》，2005年第6期）一文中指出，司马迁的《史记》以"无数个人传记集合成一史"，开创了新的史书形式，融本纪、表、书、世家、列传五种体裁为一体。同时，司马迁广集史料，以"网罗天下放失旧闻，略考其行事"①为原则，并注意考辨异同，创建了"环北辰""共一毂"②的架构，取得了"以无数个人传记集合成一史"的成就。

《史记》的篇章排列顺序与编纂体例之数也隐含深意。杨光熙在《谈〈史记〉的篇章排列顺序》（载《史学月刊》，2002年第12期）一文中指出，《史记》篇章编次的规律是：一是历史活动时间以先后为根本，这里的历史活动指历史人物开始登上历史舞台时主要的、重大的政治活动；二是同一时期，同类相从，同事相从；三是时间相同者，按照其影响或功劳大小。当然，同类相从，同事件相从仍要遵守历史时间原则。

向燕南在《〈史记〉编纂体例之数的意义》（载《南开大学学报（哲学社会科学版）》，2007年第3期）一文中指出，本纪以十二为数，且按春夏秋冬之序叙述，则有取自一年十二个月，以象征天地运行之道，统摄人世之"治乱兴衰"及"寿夭吉凶"，藉此以使"是非可不可无所遁"③之意。而司马迁取十二为两千余年的发展纲纪，"究天人之际"，无论是从著述的思想旨趣看，还是从当时社会的一般知识看，都不能说与此没有关联。十表以十为数，则因为在早期的数的观念中，"十"表示最大的数字，是"数之终""数之极"，故古人多以"十"作为表示"多"的概数；同时"十"亦是天干之数，其与"十二"象征的地支之数配合的意义。八书以八为数，是因为在《周易》中，"八"作为地之极数而与代表天之极数的"九"相对应，有"地"的寓意，这样就能将当时普遍观念所赋予的天、地的道德品质，引申于人世政治，形成古典时代特有的、天人合一色彩的政治伦理。世家以三十为数，则象征着"一月三十日，三十辐共一

① （西汉）司马迁：《报任安书》，见韩兆琦主编：《史记文白评精选》，1390页，长春：吉林人民出版社，1992。
② （西汉）司马迁：《史记卷一百三十·太史公自序第七十》（第10册），3319页，北京：中华书局，1959。
③ （汉）高诱注：《吕氏春秋第十二卷·季冬纪·序意》，241页，上海：上海古籍出版社，2014。

毂"。列传以七十为数，向燕南则采用了杨希枚的解释，即：古籍上的"七十二"每与"七十""七十余""八十余"或"九十"互言，原因是这些数字本来是笼统的数字或神秘数字，在意义上并没有实质上的差异，所以古籍上这类数字互言的情形，也就无须认为是出于撰者的疏忽或后儒的误改。作为《史记》体例中的重要组成部分，"本纪"和"书"是学者研究的热点。如对于"本纪"的研究，杨燕起在《〈史记〉的体例与"通变"》（载《史学史研究》，1983年第4期）一文中指出，史学家司马贞和张守节两人都强调本纪必须与帝王、天子相联系。司马贞的解释，除指出依照本事加以综理之外，还包含要使整理的帝王事迹成为后代纲纪的意义；张守节在解释时，首先引出裴松之的"天子称本纪，诸侯曰世家"①，然后指出，将所统理的众事，依天子之世系分别连缀在它相当的年月上，就是本纪。

李峰在《试析本纪作为〈史记〉核心体例的意义》（载《兰台世界》，2009年第1期）一文中指出，本纪作为纪传体中最重要的体例，记载了各个时代政治、经济、军事、文化、外交等方面的重大事件，比较系统、全面地反映了战国以来所形成的大一统成果，是对先秦以来所形成的循环历史观在历史编纂领域内的阐释与运用。

再如对"书"的研究，陈其泰在《〈史记〉"八书"历史编纂首创性价值析论》（载《史学月刊》，2015年第6期）一文中指出，《史记》虽然以人物为中心，而司马迁又设置"八书"以记载典章制度和社会生活情状，突出地表明其多维历史视野和"全史"的观念，在历史编纂学史上有十分重要的首创性意义。"八书"所载礼、乐、律、历、天文、封禅、河渠、平准，均为国家典制之要和社会发展之大问题。又以"损益""改易"的眼光作考察，不仅内涵宏富，而且史识卓越，彰显了其"通古今之变"的著史宗旨，对于"天人关系"、水利与社会生活的关系、经济政策与国家盛衰的关系，都作了深刻的总结，成为历来学者研究上古史和西汉史不可缺少的重要文献。"八书"撰著的成功，为历代正史的典志篇章和多样的典章制度史著作的出现开辟了道路。

通过"五体"结构，《史记》实现了纵向、横向构造，完成了史学、文学、美学的结合。于逢春在《华夷衍变与大一统思想框架的构筑——以〈史记〉有关记述为中心》（载《中国边疆史地研究》，2007年第2期）一文指出，《史记》关于五帝夏商周秦与夷狄

① （西汉）司马迁撰、（宋）裴骃集解、（唐）司马贞索隐、（唐）张守节正义：《史记三家注》（上），26页，扬州：广陵书社，2014。

的族源架构，可谓"源出于一，纵横叠加"。"源"则为黄帝；就纵向而言，黄帝以下则为颛顼、帝喾、尧、舜、禹、夏、商、周、秦；就横向而言，黄帝子孙除了华夏族群之外，还有秦、楚、吴、越、匈奴、南越、东越、朝鲜、西南夷等蛮夷族群。

《史记》通过其体例的构建，实现了历史学与美学的结合。孙绿江在《〈史记〉结构新探》（载《兰州大学学报（社会科学版）》，1990年第1期）一文中指出，就《史记》的总体结构而言，五大体例（本纪、世家、列传、书、表）本身就是互见法的成功运用。它们互相依存，互为补充，构成了一个庞大的网络化系统。正因为《史记》的总体构架有力地保证了历史与人物的真实性，司马迁才能自由地在人物传记中歌颂理想人格，批判道德堕落。真与善才能如此成功地融为一体，而上升为一种至高无上的美。《史记》也因此超越了史学范畴，获得了空前的文学成就与美学成就。

（二）《史记》的重点内容

1. 《货殖列传》

《史记》首创《货殖列传》，开创了史学记载经济的先河。韩兆琦在《试析司马迁的经济思想》（载《人文杂志》，1985年第2期）一文中指出，司马迁是第一个在历史著作中写入经济问题的人，他指出经济的发展是一个国家强弱盛衰的基础，经济发展的程度决定着一个阶级、一个集团的政治动向，国家的政治、军事、法律等具体条文的规定，都是为保证统治阶级的经济利益服务的。

《货殖列传》的创立，为后世史家的研究提供了大量的经济史料，具有深远的历史意义。陈其泰在《司马迁经济思想的进步性》（载《史学史资料》，1979年第4期）一文中从史学史的角度专门论述了这一问题，肯定了司马迁辟专章以记载经济史的意义。他认为，第一，这是前无古人的创造，先秦史书都不重视社会经济方面的记载。《春秋》涉及经济史的只有"初税亩"三个字，孤零零一条，语焉不详；《左传》《国语》所记的比《春秋》多一点，但也是很零碎的，《史记》第一次创立了《平准书》和《货殖列传》这样相当系统地记载社会经济的专篇。第二，司马迁开创了记载经济史的先例，对后代产生了深远的影响。以后历代史学家修史，基本上都保持了这一传统。一个民族有几千年绵延不断的有关经济史的记载，这在世界上是独一无二的，其功劳首先应归于司马迁。第三，在《史记》中，经济史的内容与其他政治史、军事史、文化史、少数民族史、对外关系史等互相配合，使它成为一部真正的通史。总之，陈其泰认为司马迁做的是前无古人、后启来者的事业，其经济史传反映了战国至西汉前期的社会经济面貌，为后人研究这一时期的历史，提供了宝贵的可靠材料。

2. 游侠等阶层

司马迁不以社会地位，而以社会作用选择代表性的人物入传。陈其泰在《为平民阶层出身的人物立传——〈史记〉列传历史编纂成就析论之二》（载《求是学刊》，2015年第4期）一文中指出，司马迁著史难能可贵之处，是其观察历史、再现历史有突出的平民视角，在许多篇章中反映平民阶层的生活状况，赞扬平民出身的人物的作为，从多方面记载他们推动历史前进的作用。他写鲁仲连"义不帝秦"，令秦将却军五十里；记述樊哙、郦商等出身贫贱的人物，为汉朝立国建树了功业。创设了记载医者、游侠、滑稽、日者等下层人物的合传、类传；又破除视工商为末业的社会偏见，专门为工商业者立传，以大力表彰"布衣匹夫之人……取与以时而息财富"①。司马迁这种进步的历史观和卓异的历史编纂思想，使《史记》成为真正记载社会各阶层人物活动的一代"全史"，而且具有超越时空的意义。

张光全在《司马迁、班固游侠思想比较》（载《史学月刊》，2003年第6期）一文中认为，司马迁之所以明知游侠犯禁而依然为其立传扬名，关键就在于他认为游侠言信行果、不怕牺牲、急人所难的高尚品德更值得赞许、推崇，"盖亦有足多者焉"②。在《史记·游侠列传》中，司马迁主要塑造了三位游侠的形象，即朱家、剧孟、郭解。对此三人，司马迁多用褒扬之笔，叙其美德。如鲁地朱家生活在儒学的故乡，却是一位著名的大侠，他"藏活豪士以百数，其余庸人不可胜言"，但自己却过着"家无余财，衣不完采，食不重味，乘不过钧牛"的生活。洛阳剧孟"以任侠显诸侯"，将钱财用去扶危救困，他的侠义品行与朱家相似，亦为人所重。其母死时，"自远方送丧盖千乘"③；而他本人死时，家中钱财不足十金。

游侠的分布区域也很有特点。韩云波在《〈史记〉与西汉前期游侠》（载《西南师范大学学报（哲学社会科学版）》，1996年第3期）一文中指出，游侠的发展，既有历史

---

① （西汉）司马迁：《史记卷一百三十·太史公自序第七十》（第10册），3319页，北京：中华书局，1959。

② （西汉）司马迁：《史记卷一百二十四·游侠列传第六十四》（第10册），3181页，北京：中华书局，1959。

③ （西汉）司马迁：《史记卷一百二十四·游侠列传第六十四》（第10册），3184页，北京：中华书局，1959。钧（qú），车轭两边下伸反曲以夹牲头的部分。

的传承，也有地域的风习。据《货殖列传》记载，侠风尤烈之处有：种、代（今山西北部灵丘、代县等地）"好气，任侠为奸，不事农商"，野王（今河南沁阳一带）"好气任侠"；南阳、颍川（今河南禹州）"任侠"①等。《游侠列传》则记述了景帝时鲁、楚、江淮、济南、陈（今河南淮阳）、代、梁（今河南商丘）、阳翟（今河南禹州）、陕（今河南陕县）等地之游侠；武帝时有关中四周及长安、河内（今河南武阶一带）、槐里（今陕西兴平）、长陵（今陕西径阳南）、西河（今陕西北部黄河沿岸）、太原、临淮（今江苏泗洪南）、东阳（今江苏盱眙东）等地。侠的分布十分广阔，集中在西汉王朝的心脏要冲和繁盛之地，其中关中是屡迁豪杰的结果，河南、山东、山西是六国豪强故地。

3.《循吏列传》

循吏，是古代社会的优秀官员代表，他们奉公守法，清正廉洁，重农宣教，所居民富。雷戈在《三吏分治：西汉中后期吏治生态研究》（载《史学月刊》，2013年第9期）一文中指出，司马迁相信民众有自治的能力，他倾向于民自化，而非官教化。司马迁认为循吏循规蹈矩、按部就班、不求有功、但求无过。循吏兼顾法、情，寻找二者的平衡，百姓对循吏的口碑是不错的。

李大明在《〈史记·循吏列传〉与历代正史〈循（良）吏传〉的设置》（载《中华文化论坛》，2013年第8期）一文中指出，《史记·循吏列传》记载了春秋时期五位"循吏"，他们是孙叔敖、子产、公仪休、石奢、李离。《史记》设置《循吏列传》，意义重大，影响深远。历代因之，而又逐步定位于主要为中下级地方行政长官中的"循吏"立传。这些官员或因地位相对而言不高，事迹相对而言不显，未可单独立传，故以合传的形式（地位、事迹再次者甚至以附传的形式）集中载录和彰显他们为政以德、廉正亲民等政绩，让他们青史留名，并成为后世官吏们效仿的典范。

（三）《史记》的史学价值

司马迁在对具体史实的记述过程中，不随从流俗和习惯，对讹传的史事做了细致的调查和考证，通过史籍和其他根据，力争还原事实的本来面貌，因此《史记》具有极高的实录价值。易宁在《论司马迁的文献批判思想》（载《安徽史学》，2007年第6期）一文中指出，司马迁撰史，极为重视史料的可信性。据《伯夷列传》载："夫学者载籍极

① （西汉）司马迁：《史记卷一百二十九·货殖列传第六十九》（第10册），3263页、3264页、3269页，北京：中华书局，1959。

博，尤考信于六艺。"①这就是说，司马迁将"六艺"视为最可信的史料，作为辨别其他材料是否具有真实性的标准。司马迁确立此条原则，大概出于两方面的考虑：一是"六艺"作者与其所载史实大体处于同时代或相去不远的时代，史实更具有真实性。如《尚书》记事上至唐舜下迄秦穆公、《礼》载三代之礼、《周易》为西伯拘于羑里时所演、孔子"因史记作《春秋》"等。二是司马迁认为"六艺"经过孔子的编定或整理，是可信的。他对孔子极为敬仰："孔子布衣，传十余世，学者宗之。自天子王侯，中国言六艺者折中于夫子，可谓至圣矣。"②司马迁"考信于六艺"的原则，充分地反映在对史料的考信上。他以"六艺"为准绳，六经异传和百家杂语，合于经文者选而录之，不合者则删削之。

司马迁通过实地考察等方式获取史料，还认真分析和甄别史料。丁德科、马雅琴、梁建邦在《论司马迁精神》（载《渭南师范学院学报》，2016年第1期）一文中指出，司马迁的《史记》秉笔实录，客观反映，不以个人好恶曲解历史，被后世称为"实录""良史"。司马迁注意考察事情发展的全过程，把事件放到一定的社会背景下分析，对历史事实与社会现实都有一种理性的尊重。例如，英勇善战的飞将军李广在抗击匈奴中发挥了重大作用，终其一生却没有被封侯，最终还落得被迫自杀的可悲结局。不同寻常的是，司马迁通过细节，表现了李广的自负其能、心胸狭隘、木讷不善言的致命缺点。

瞿林东在《中国史学史纲》（117页，北京：北京师范大学出版社，2015）一书中指出，司马迁强调对于历史文献的认真辨析，提倡"好学深思，心知其意"③的治史态度。司马迁在《三代世表》中写道："五帝、三代之记，尚矣。自殷以前诸侯不可得而谱，周以来乃颇可著。孔子因史文次《春秋》，纪元年，正时日月，盖其详哉。至于序《尚书》则略无年月；或颇有，然多阙，不可录。故疑则传疑，盖其慎也。余读谍记，黄帝以来皆有年数。稽其历谱谍终始五德之传，古文咸不同，乖异。夫子之弗论次其年月，岂虚哉！于是以《五帝系谍》《尚书》集世纪黄帝以来讫共和为《世表》。"④在这里，前一段话里肯定孔子"疑则传疑，盖其慎也"的治学态度，后一段话里说他本人不据"年数"而作"世表"的缘由，而这两段话的精神则是相通的，都从不同的方面反映出司马迁的慎于辨析历史文献的思想。《史记》被后人誉为"其文直，其事核，不虚美，不隐

---

① （西汉）司马迁：《史记卷六十一·伯夷列传第一》（第7册），2121页，北京：中华书局，1959。
② （西汉）司马迁：《史记卷四十七·孔子世家第十七》（第6册），1947页，北京：中华书局，1959。
③ （西汉）司马迁：《史记卷一·五帝本纪第一》（第1册），46页，北京：中华书局，1959。
④ （西汉）司马迁：《史记卷十三·三代世表第一》（第2册），487～488页，北京：中华书局，1959。

恶，故谓之实录"，是同司马迁的这一思想密不可分的。

《史记》作为第一部纪传体通史，开创了全新的史学范式。周祥森在《新史学：历史学者的永恒追求——并以此纪念〈史学月刊〉创刊300期》（载《史学月刊》，2005年第10期）一文中认为，《史记》作为中国史学上第一部纪传体通史，它肩负着当时消除世人的"战国意识"、构建一种新的社会—政治共同体归属意识（或可以名之曰"大汉意识"）的历史使命。"通史"在秦汉时期无疑是一种全新的史学范式；将已有的历史编纂体裁直接或经过一定的改造后融于一史之中，这种"综合体"相对于春秋战国时期的史学来说，同样也是"新"的。

《史记》通过对历史进程的考察，形成了较为完整的史学思想体系。易宁在《论司马迁和波利比乌的历史思想》（载《北京师范大学学报（人文社会科学版）》，2001年第2期）一文中认为，司马迁历史思想主要体现在对天人关系和历史进程的认识两大方面。司马迁对天人之间的关系，表述了深刻的见解，以为天是源于人们为谋求自身利益的行动和欲望之中，又不以人的意志为转移，高居于人的意志之上而必然出现的历史趋势。司马迁叙史，注意从变化中考察历史的进程。他把中华民族两千余年的历史划分为五个阶段，从历史人物的活动、联系及其变化中显示历史阶段的不同特点，以及下一历史阶段形成的原因，揭示了历史纵向发展之"通"（连续性）和"变"（各历史阶段不同特点）与横向空间历史人物活动之间的关系。

郑先兴在《论司马迁的史学思想》（载《南阳师范学院学报（社会科学版）》，2015年第2期）一文中指出，《史记》以仁义为核心价值，其研究方法主要展现在历史类比、文明史观和理论分析三个方面。在史料编纂方面，遵循宗法政治、仁义与智慧的编纂原则，采用"述而不作""雅驯"和"论其轶事"的编纂方法。郑先兴还指出历史学的研究对象及其任务问题有两个层面。在第一个层面，历史学研究的对象是历史事实，其任务就是揭示历史发展的规律。在这里，"旧闻"包括文献记载和传说（口述）的历史事件，"略考其事，综其终始"是指分析事件的真实情形和完整过程，"稽其成败兴坏之纪"①就是说要揭示人们在历史活动中成败得失的缘由，换句话说，就是揭示历史发展的基本规则。总体来说，历史学要研究历史事实的真实状况和完整过程，其任务是要揭示人们的得失成败原因，

---

① （西汉）司马迁：《报任安书》，见韩兆琦主编：《史记文白评精选》，1390页，长春：吉林人民出版社，1992。

从而寻绎历史发展的规则。在第二个层面，历史学研究的对象是"天人之际"和"古今之变"，其任务是"成一家之言"①。也就是说，历史学在探究历史规律（天）与人们活动之间的关系，以及其自身发展变化（古今）之中以体现史学家的独到的史学见识。显然，第一层面的史学意识是历史学的基本观念，是普通史学必须解决的问题；第二层面的史学意识则是司马迁所处的西汉中期的历史学观念，是史学时代精神的体现。

我们通过对司马迁坎坷经历的追溯，深刻感受他对自身独特价值的求索、对信念的执着、对真实的追求、对苦难的超脱的精神。《史记》是中国历史上第一部纪传体通史，它开拓了史学研究的新领域，在其编纂过程中体现了史家所推崇的信史精神。

微课设计

微课设计一：司马迁的辱与荣

设计意图

通过引导学生解读材料，了解司马迁受辱和抗争的历程，并深刻感受司马迁坚韧不拔的精神品质。

设计方案

材料呈现：

材料一　《史记》……固不失为史家之绝唱，无韵之《离骚》矣。惟不拘于史法，不囿于字句，发于情，肆于心而为文。

——鲁迅：《汉文学史纲要》，73页，长沙：岳麓书社，2013

教师引导学生分析：为什么鲁迅认为《史记》是司马迁"发于情，肆于心"的作

---

① （清）吴调侯、吴楚材著，史礼心等注：《古文观止》（全二册），246页，北京：华夏出版社，1998。

品？司马迁究竟有怎样的人生际遇？

一、司马迁受辱

（一）受辱之因

材料呈现：

材料二　夫人臣出万死不顾一生之计，赴公家之难，斯已奇矣。今举事壹不当，而全躯保妻子之臣随而媒孽其短，仆诚私心痛之。且李陵提步卒不满五千，深践戎马之地，足历王庭，垂饵虎口，横挑强胡，卬亿万之师，与单于连战十有余日，所杀过当。……身虽陷败，彼观其意，且欲得其当而报汉。①

——（东汉）班固：《汉书卷六十二·司马迁传第三十二》（第9册），

2729～2730页，北京：中华书局，1962

教师设问：材料中司马迁对李陵降敌持什么观点？这种观点会使他遭致什么祸端？

教师引导学生分析：司马迁讲了三点：第一，李陵是一国之中最优秀的人才，他一心一意想报效国家；第二，李陵以五千步兵，和匈奴单于打了十几天仗，且战且退，他杀的敌人远远超过了他五千步兵的人数，他立下的功劳也足以告慰天下；第三，司马迁认为李陵不是真降，是伪降，李陵将来如果有机会的话一定会找机会报答汉朝的。

汉武帝不仅没有接受司马迁的观点，反而龙颜大怒，以诬陷皇帝的罪名把司马迁关到牢狱之中。时年47岁的司马迁就因为李陵之祸被打入死牢，后改为宫刑。

（二）遭辱之痛

材料呈现：

材料三　太上不辱先，其次不辱身，其次不辱理色，其次不辱辞令，其次诎体受辱，其次易服受辱，其次关木索被箠楚受辱，其次剔毛发婴金铁受辱，其次毁肌肤断肢体受辱，最下腐刑，极矣！传曰"刑不上大夫"。此言士节不可不厉也。

——（东汉）班固：《汉书卷六十二·司马迁传第三十二》（第9册），

2732页，北京：中华书局，1962

---

① 壹（yī），同"一"。卬（yǎng），同"仰"，仰望。

教师设问： 上述材料中，司马迁对腐刑持怎样的看法？

教师引导学生分析： 腐刑即宫刑，宫刑不单是残酷的肉刑，也是对精神和尊严的粗暴践踏。西汉时期，很多人甘愿一死，也不愿意接受宫刑。宫刑是十种受辱中最下一等。在司马迁看来，这十等刑罚中最不能接受的就是宫刑，而他恰恰受了宫刑。

材料呈现：

材料四　虽累百世，垢弥甚耳！是以肠一日而九回，居则忽忽若有所亡，出则不知所如往。每念斯耻，汗未尝不发背沾衣也！

——（东汉）班固：《汉书卷六十二·司马迁传第三十二》（第9册），

2736页，北京：中华书局，1962

材料五　且负下未易居，下流多谤议。仆以口语遭遇此祸，重为乡党戮笑，污辱先人，亦何面目复上父母之丘墓乎？

——（东汉）班固：《汉书卷六十二·司马迁传第三十二》（第9册），

2736页，北京：中华书局，1962

教师设问： 宫刑给司马迁带来了哪些伤害？

教师引导学生分析： 作为传统社会中的士大夫，司马迁接受宫刑后，肉体遭到摧残，内心也饱受煎熬。他无颜面对世人，也无法正视自己。司马迁原来的身份是中央政府的官吏，接受宫刑以后，他受尽耻笑：第一，他成了士大夫的另类，很难被士大夫阶层接受。第二，他成了文化人的另类。司马迁本来是读书人，是文化人，但是现在他被原来所归属的群体排除在外，不承认他是士大夫，也不承认他是文化人，这些都对司马迁造成了巨大的心理打击。

二、司马迁忍辱

材料呈现：

材料六　盖西伯拘而演《周易》，仲尼厄而作《春秋》；屈原放逐，乃赋《离骚》；左丘失明，厥有《国语》；孙子膑脚，《兵法》修列；不韦迁蜀，世传《吕览》；韩非囚秦，《说难》《孤愤》。《诗》三百篇，大氐贤圣发愤之所为作也。

——（东汉）班固：《汉书卷六十二·司马迁传第三十二》（第9册），

2735页，北京：中华书局，1962

教师设问：受辱之后，司马迁为什么还要坚强地活下去？

教师引导学生分析：司马迁接受宫刑活下来，为很多人不耻，人家都笑他是胆小鬼。司马迁对于宫刑这一奇耻大辱，也做了反复的思想斗争，最终他对生死有了较为成熟的看法。他说，"人固有一死，或重于泰山，或轻于鸿毛，用之所趋异也。"①也就是说一个人的死，有的重于泰山，有的轻于鸿毛，那么重于泰山和轻于鸿毛的区别在什么地方呢？就看你是为何而死的。所以司马迁对生死提出了一个独到的看法，司马迁认为，慷慨就义的人未必都是真正的英雄，忍辱负重活下来的人，未必都是懦夫。

司马迁以史为镜，他认为古人能够忍受各种耻辱，为的是把自己的著作传世。他以古鉴今，鼓励自己要发奋著书；为了完成《史记》，司马迁才忍辱负重活下来。

三、司马迁章荣

材料呈现：

材料七　司马迁参酌古今，发凡起例，创为全史。本纪以序帝王，世家以记侯国，十表以系时事，八书以详制度，列传以志人物，然后一代君臣政事，贤否得失，总汇于一篇之中。自此例一定，历代作史者遂不能出其范围，信史家之极则也。

——（清）赵翼：《廿二史札记校正卷一·各史例目异同》（上册），

王树民校证，3页，北京：中华书局，1984

教师设问：赵翼是如何评价司马迁的成就的？

教师引导学生分析：两千多年前，司马迁在遭受了莫大的屈辱以后，忍辱负重，以执着的信念完成了《史记》这部伟大的史学著作。以后的几千年里，这部伟大的著作犹如一颗璀璨的明珠，又如一座高耸的丰碑，屹立在中国文学和史学的长河之中，后人无法超越也难以企及。

教师设问：从司马迁辱与荣的过程中，你有何感想？

教师引导学生小结：《史记》是二十四史之首，它记载了上起黄帝下至汉武帝约两千多年的历史，在我国传统国学精品中，唯有《史记》是无与伦比的"百科全书"。它的作者司马迁秉笔直书，敢于直言、敢于创新、敢于坚持自己的看法。司马迁以卓越的

---

① （西汉）司马迁：《报任安书》，见韩兆琦主编：《史记文白评精选》，1389页，长春：吉林人民出版社，1992。

才华和理性思考为基础，写就《史记》。但他更伟大的是，在《史记》的写作过程中，司马迁经历了常人难忍之辱，这体现了他对信念的执着，对生命价值的追问。特别是司马迁说的"人固有一死，或重于泰山，或轻于鸿毛"，启迪了人们对生死观的思考。司马迁编纂《史记》中体现出的执着精神值得我们去细品、学习。

设计点评

本微课选取司马迁忍辱著史的人生历程为材料，史实充分，线索清晰，层层相扣，凸显了司马迁人生由辱到荣的变化，符合学生的认知规律，突出了司马迁著史之艰难，及其追求自我价值实现的执着精神。

微课设计二：《史记》与信史精神

设计意图

通过引导学生从《史记》的史料来源、内容和李陵事件中司马迁的态度等三个方面进行材料解读，在了解《史记》写作之艰辛的同时，更深层次地理解中国古代优秀史家治学所追寻的信史精神。

设计方案

一、从史料来源探信度

材料呈现：

材料一 二十而南游江、淮，上会稽，探禹穴，阚九疑，浮于沅、湘，北涉汶、泗，讲业齐、鲁之都，观孔子之遗风，乡射邹、峄，厄困鄱、薛、彭城，过梁、楚以归。①

——（西汉）司马迁：《史记卷一百三十·太史公自序第七十》（第10册），

3293页，北京：中华书局，1959

---

① 阚（kuī），同"窥"，泛指观看。厄（è），同"厄"，此处为"阻塞"之意。

教师设问：《史记》写作中所采用史料的来源是什么？

教师引导学生分析：游历。司马迁为了著《史记》，曾经登涉名山大川，访求史迹，获得了许多第一手材料，保证了《史记》的真实性和科学性，这也是《史记》实录精神的一种具体体现。例如，他在《伯夷列传》中说："余登箕山"①；在《蒙恬列传》中说："吾适北边……观蒙恬所为秦筑长城亭障"②；等等。这些反映了他足迹所至几乎遍及全国，也说明了他周游各地与写作《史记》的密切关系。司马迁除了通过见闻、游历等途径获得史料，还阅读了大量书籍、档案。

二、从记述内容探立场

材料呈现：

材料二　廷尉李斯议曰："周文武所封子弟同姓甚众，然后属疏远，相攻击如仇雠，诸侯更相诛伐，周天子弗能禁止。今海内赖陛下神灵一统，皆为郡县，诸子功臣以公赋税重赏赐之，甚足易制。天下无异意，则安宁之术也。置诸侯不便。"始皇曰："天下共苦战斗不休，以有侯王。赖宗庙，天下初定，又复立国，是树兵也，而求其宁息，岂不难哉！廷尉议是。"

——（西汉）司马迁：《史记卷六·秦始皇本纪第六》（第1册），

239页，北京：中华书局，1959

教师设问：自古以来，人们对秦始皇的评价众说纷纭，司马迁又是怎么记载秦始皇的呢？

教师引导学生分析：在《史记》中，司马迁虽有主观看法，但更多的是记载史实。材料二中记载了郡县制的设立，司马迁引用了秦始皇与李斯的对话。面对秦始皇这样一个争议人物，司马迁尽量不偏不倚，以记载史实的方式，将秦始皇的人物形象呈现给了每一位读者。

材料呈现：

材料三　余从巡祭天地诸神名山川而封禅焉。入寿宫侍祠神语，究观方士祠官之

---

① （西汉）司马迁：《史记卷六十一·伯夷列传第一》（第7册），2121页，北京：中华书局，1959。
② （西汉）司马迁：《史记卷八十八·蒙恬列传第二十八》（第8册），2570页，北京：中华书局，1959。

言，于是退而论次。自古以来用事于鬼神者，具见其表里。

——（西汉）司马迁：《史记卷十二·孝武本纪第十二》（第2册），

486页，北京：中华书局，1959

教师设问：对于汉武帝，司马迁又是怎么评价的呢？是否因为汉武帝"今上"的身份，司马迁有所曲笔呢？

教师引导学生分析：对于"今上"汉武帝，司马迁敢于指出他好大喜功、迷信方士、刻薄寡恩，以及任用"酷吏"，滥杀无辜等方面的过失。司马迁在《史记》写作中秉笔直书，如项羽作为汉王朝敌对一方的失败政治领袖，却被司马迁列在本纪里面，而且项羽被排在汉高祖之前；陈涉作为农民起义的领袖，也放在世家里面；对于汉代开国之主刘邦，司马迁既写他足智多谋、知人善任的一面，又写了他阴险狡诈、无信无义、轻侮士人的流氓无赖的一面，为后人留下一个真实的汉高祖形象。

教师设问：对同样的历史人物，不同的人有不同的见解。作为史家，司马迁如何做到尽量还原历史原貌呢？

教师引导学生分析：从古至今，史家就提倡"信史"，强调史书的实录精神，提倡记载真实可靠的历史事实。"善恶必书"是对中国史家的基本要求，"信史""实录"成为评价一部史书优劣的重要标准。司马迁在编著《史记》时尽量从各种渠道获得史料，并进行甄别，努力还原历史原貌，践行了史家的实录精神。

三、从处事态度析品质

材料呈现：

材料四　李陵……事亲孝，与士信，临财廉，取予义，分别有让，恭俭下人，常思奋不顾身以殉国家之急。其素所蓄积也，仆以为有国士之风。夫人臣出万死不顾一生之计，赴公家之难，斯已奇矣。今举事壹不当，而全躯保妻子之臣随而媒孽其短，仆诚私心痛之。且李陵提步卒不满五千，深践戎马之地，足历王庭，垂饵虎口，横挑强胡，卬亿万之师，与单于连战十有余日，所杀过当。虏救死扶伤不给，旃裘之君长咸震怖，乃悉征左右贤王，举引弓之民，一国共攻而围之。转斗千里，矢尽道穷，救兵不至，士卒死伤如积。

——（东汉）班固：《汉书卷六十二·司马迁传第三十二》（第9册），

2729页，北京：中华书局，1962

教师设问：对李陵事件，司马迁有何态度？并采取了什么行动？

教师引导学生分析：对于李陵战败投降匈奴一事，多数大臣都顺着汉武帝的心意，指责、攻击李陵。而司马迁认为李陵平时孝顺母亲，对朋友讲信义，对人谦虚礼让，对士兵有恩信，常常奋不顾身地急国家之所急，有国士的风范，他说的这番话触怒了汉武帝，于是司马迁被定为"诬罔主上"罪，并被打入大牢。

在李陵事件当中，司马迁只是尽到了一个史官直言的职责。司马迁完全可以像其他大臣一样，把李陵骂一通，或者什么都不说。但他尽到了一个史官的责任，敢于向汉武帝直言进谏。司马迁也知道自己的劝谏可能会给自己带来灭顶之灾，但他认为史官该说真话，因此蒙冤下狱也不后悔。

教师设问：通过上述学习，你认为司马迁在写作中追寻着怎样的原则和精神？

教师引导学生小结：一方面，在司马迁的生活历程中，已经受了一次死亡的考验（李陵之祸），对死亡有了清醒的认识，从而具有了不惧死亡，并超越死亡的意识；另一方面，他之所以能够忍受常人无法忍受的痛苦，苟活于人世之中，是他将信史的精神渗透到人格中，司马迁活得真。

✎ 设计点评

本微课以史料教学的形式，通过《史记》的史料来源到司马迁著史的立场，最后转入司马迁以信处事的人生态度，全面剖析了司马迁的信史精神。通过分析阅读史料，加深了学生对信史价值的理解，提高了对司马迁人格魅力的认识，培养了解读史料的能力。

教学资源

资源1：司马迁一生的游历有三种情况。（1）二十壮游，踏遍大江南北，淮河两岸，以及中原河山，历时二三年。（2）奉使巴蜀以南之游，足迹遍及今西南大地，四川、云、贵，历时一年又三个月。（3）扈从武帝之游，从出仕郎中到中书令，从巡武帝三十余年。这些不同性质的出游，都使得司马迁的经历充满了传奇色彩，从而有条件对深广的社会生活作全方位的考察。

——张大可：《司马迁评传》，41页，南京：南京大学出版社，1994

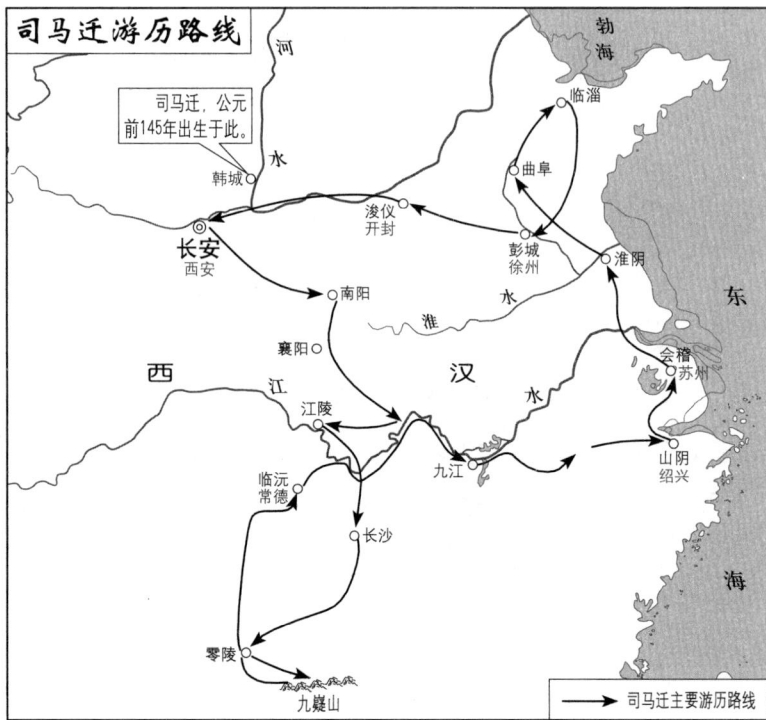

司马迁游历路线

资源2：西周所谓"史"官虽然名目繁多，但并没有专职记事的，不过西周"史官"的社会地位却是很高的。……

……

春秋以降，"史"的地位每况愈下，以至于司马迁不无感慨地说："文史星历，近乎卜祝之间，固主上所戏弄，倡优畜之，流俗之所轻也。"

……

对比"太史"在西周时期的主要职责，太史令在西汉时期主要承继了西周"巫史"中"巫"的职责，社会地位也一落千丈。但是司马迁父子所理解的"太史令"却和这一实际有出入，在他们看来，西汉的太史令和西周的太史是二而一的，太史令在西汉时期应当享有太史在西周时期的社会地位并主动承担起相应的职责。

——田瑞文：《司马迁对太史令职责的理解与〈史记〉写作》，

载《史学月刊》，2009年第5期

　　资源3：司马谈生前有修史的愿望，他试图仿效孔子作《春秋》，要写一部贯通古今社会的一部史书。《太史公自序》一文中，也提及司马谈的写作愿望和宗旨。"夫天下称诵周公，言其能论歌文武之德，宣周邵之风，达太王王季之思虑，爰及公刘，以尊后稷也。幽厉后，王道缺，礼乐衰，孔子修旧起废，论《诗》《书》，作《春秋》，则学者至今则之。自获麟以来四百有余岁，而诸侯相兼，史记放绝。今汉兴，海内一统，明主贤君忠臣死义之士，余为太史而弗论载，废天下之史文，余甚惧焉。"①

　　公元前110年，司马谈在洛阳患病，因此不能跟随汉武帝到泰山参加"封禅大典"，司马谈深感遗憾，不久便去世了。在弥留之际，对司马迁作了最后的嘱托："余先周室之太史也。自上世尝显功名于虞夏，典天官事。后世中衰，绝于予乎？汝复为太史，则续吾祖矣。今天子接千岁之统，封泰山，而余不得从行，是命也夫！命也夫！余死，汝必为太史；为太史无忘吾所欲论著矣。且夫孝始于事亲，中于事君，终于立身。扬名于后世，以显父母，此孝之大者。夫天下称诵周公，言其能论歌文武之德，宣周邵之风，达太王王季之思虑，爰及公刘，以尊后稷也。幽厉后，王道缺，礼乐衰，孔子修旧起废，论《诗》《书》，作《春秋》，则学者至今则之。自获麟以来四百有余岁，而诸侯相兼，史记放绝。今汉兴，海内一统，明主贤君忠臣死义之士，余为太史而弗论载，废天下之史文，余甚惧焉，汝其念哉！"②这是司马谈最后以太史公的使命来要求司马迁，要像孔子著《春秋》那样，自觉地肩负起修史的使命。司马迁在父亲面前禁不住伤心落泪，并郑重地向父亲立下誓言："小子不敏，请悉论先人所次旧闻，弗敢阙。"③

——何曼东：《司马迁〈史记〉文学思想研究》，17～18页，

西南民族大学2012年硕士学位论文

　　资源4：白圭是战国时期洛阳著名商人，有"商祖"之誉。《货殖列传》里说：白圭不太讲究吃喝和穿着，也没什么特别的嗜好……和小伙伴们相处融洽，甘苦与共；一旦看准时机能当机立断。白圭说："我做生意就像商朝的伊尹、周朝的姜太公一样深谋远虑，像孙武、吴起用兵那样出神入化，像商鞅那样严格执行各种规范。因此，如果一个

① （西汉）司马迁：《史记卷一百三十·太史公自序第七十》（第10册），3295页，北京：中华书局，1959。
② （西汉）司马迁：《史记卷一百三十·太史公自序第七十》（第10册），3295页，北京：中华书局，1959。
③ （西汉）司马迁：《史记卷一百三十·太史公自序第七十》（第10册），3295页，北京：中华书局，1959。

人的智慧不足以随机应变，勇气不足以果敢决断，仁德不足以判断取舍，坚强不足以有所坚守，这种人虽然想跟我学习生意之道，但潜力不够，学也学不会，最终我不会教他。"①所以天下所有人都认为白圭才是做生意的真正鼻祖，白圭如果想做什么，是因为他的确有这方面的优势，而不是糊里糊涂地去瞎碰运气。

——张兴福：《智勇仁强　择人任时——从〈史记·货殖列传〉看商业领袖的素养》，

载《北大商业评论》，2014年第11期

资源5：优旃讽谏三次，一次是他看到在殿阶栏外的卫兵淋浴挨冻，心中极为同情，希望秦始皇能考虑到卫士的苦痛，但他又不敢直说，便当着秦始皇面利用自己矮小的缺陷与卫兵相比，以感悟秦始皇。《史记·滑稽列传》中记载："优旃临槛大呼曰：'陛楯郎！'郎曰：'诺。'优旃曰：'汝虽长，何益，幸雨立。我虽短也，幸休居。'于是秦始皇使陛楯者得半相待代。"第二次是为制止修大苑囿。秦始皇想修一个大猎场，东到函谷关，西到雍县、陈仓县。优旃知道后，就对秦始皇说："善。多纵禽兽于其中，寇从东方来，令麋鹿触之足矣。始皇以故辍止。"第三次是制止秦二世漆城。秦二世时，想把城墙漆一遍。优旃听说，又讽刺道："善，主上虽无言，臣故将请之。漆城虽于百姓愁费，然佳哉！漆城荡荡，寇来不能上。即欲就之，易为漆耳，顾难为荫室。于是二世笑之，以其故止。"②

——靳美艳：《探析〈史记〉中的中下层人物——以〈滑稽列传〉为例》，

载《社科纵横（新理论版）》，2013年第3期

资源6：据《韩城县志》记载："司马迁祠位于陕西省韩城市南十公里芝川镇东南，西枕梁山，东临大河，气势雄阔，古柏数十百，皆苍老如铁，悬于两崖，作蛟龙状。""《水经注》记子长墓前有庙，庙前有碑。永嘉四年，汉阳太守殷济，瞻仰遗文，大其公德，遂建石室，立碑树柏。"这便是司马迁祠初建的情形。司马迁祠最早建于西晋永嘉四年（310），曾遭毁坏，北宋宣和七年（1125）重建，距今已800余年。曾多次重修，1982年被国务院确立为全国重点文物保护单位。

---

① 原文为："吾治生产，犹伊尹、吕尚之谋，孙吴用兵，商鞅行法是也。是故其智不足与权变，勇不足以决断，仁不能以取予，强不能有所守，虽欲学吾术，终不告之矣。"见（西汉）司马迁：《史记卷一百二十九·货殖列传第六十九》（第10册），3259页，北京：中华书局，1959。

② （西汉）司马迁：《史记卷一百二十六·滑稽列传第六十六》（第10册），3202页、3202～3203页、3203页，北京：中华书局，1959。

司马迁祠顺应山势建有四层，每层均有标志性建筑。祠的入口处立有："汉太史司马迁祠"牌坊，沿此向上即可看见上书"高山仰止"，背面是"既景乃冈"的木牌坊。再向上行便可见题有"河山之阳"的砖砌牌坊。……上行至祠门，上题"太史祠"三字，祠内有献殿、寝殿和墓冢等。献殿与寝殿为司马迁祠的主体建筑。献殿有自西晋以来的碑石数通，献殿正前方的对联书写"刚直不阿留得正气凌霄汉，幽而发愤著成信史照尘寰"，横批"文史祖宗"。寝殿为中心建筑，殿内有司马迁塑像一尊：红袍加身，头顶高髻，端庄和善，正气凛然。寝殿上题有牌匾，依次为"史圣千秋""君子万年"，神龛正上方书"穆然清风"。寝殿之后是砖砌的墓冢，墓顶有古柏。……

——贾俊侠，蔡晓汀：《司马迁祠现存碑石与价值探讨》，

载《唐都学刊》，2014年第6期

资源7：……班氏父子又一致认为："自刘向、扬雄博极群书，皆称迁有良史之材，服其善序事理，辨而不华，质而不俚，其文直，其事核，不虚美，不隐恶，故谓之实录。"①……

……

……班氏父子二人都认为司马迁依据过去的历史著作，将上自传说中的黄帝下至汉武帝时期的历史加以整理、排比、记载下来，是值得肯定的。在此过程中，虽然司马迁"采经摭传，分散数家之事，甚多疏略，或有抵梧"②，然而这是情有可原的："若迁之著作，采获古今，贯穿经传，至广博也。一人之精，文重思烦，故其书刊落不尽，尚有盈辞，多不齐一。"③……在班氏父子看来，司马迁及其《史记》一书的最大缺点是"是非颇谬于圣人"，主要表现在"其论术学，则崇黄老而薄五经"……"序货殖，则轻仁义

---

① 原文大意："从刘向到扬雄，这些人博览群书，他们都称赞司马迁有良史之才，佩服他善于叙事穷理、明辨而不求华丽、朴实而不俚俗，他的文笔刚直，记叙的事情审慎，不拔高，不避恶，所以称为实录。"见（东汉）班固：《汉书卷六十二·司马迁传第三十二》（第9册），2738页，北京：中华书局，1962。

② 原文大意："采用、摘取经传，分别记述各家的史事，有许多地方粗疏简略，有的互相矛盾。"见（东汉）班固：《汉书卷六十二·司马迁传第三十二》（第9册），2737页，北京：中华书局，1962。

③ 原文大意："司马迁的著作，史料采自古今、贯穿经传，非常广博。一个人的精力有限，所著内容复杂而思绪繁乱，所以他的收删削繁芜之处还不完善，有些多余的语言，不够整齐划一。"见（宋）范晔等：《后汉书卷四十上·班彪列传第三十上》（第5册），1327页，北京：中华书局，1965。

而羞贫穷"……"道游侠，则贱守节而贵俗功"。①……

——郭双成：《评班氏父子对司马迁及其〈史记〉的评价》，

载《郑州大学学报（哲学社会科学版）》，1981年第2期

资源8：十四年，秦饥，请粟于晋。晋君谋之群臣。虢射曰："因其饥伐之，可有大功。"晋君从之。十五年，兴兵将攻秦。缪公发兵，使丕豹将，自往击之。九月壬戌，与晋惠公夷吾合战于韩地。晋君弃其军，与秦争利，还而马鸷。缪公与麾下驰追之，不能得晋君，反为晋军所围。晋击缪公，缪公伤。于是岐下食善马者三百人驰冒晋军，晋军解围，遂脱缪公而反生得晋君。初，缪公亡善马，岐下野人共得而食之者三百余人，吏逐得，欲法之。缪公曰："君子不以畜产害人。吾闻食善马肉不饮酒，伤人。"乃皆赐酒而赦之。三百人者闻秦击晋，皆求从，从而见缪公窘，亦皆推锋争死，以报食马之德。②

原文大意：秦穆公十四年，秦国饥荒，请求晋国援助粮食。晋惠公与群臣商议此事，虢射说："利用他们饥荒去攻打，可以取得大成功。"晋君听了他的意见。十五年，兴兵攻打秦国。缪公发兵抵抗，任用丕豹为大将，亲自前往迎战。九月壬戌日，与晋惠公夷吾在韩地会战。晋君脱离了他的大部队，和秦军争夺战机，回去时战马陷入泥中。缪公和部下奔驰追杀晋君，没有抓到晋君，反而被晋军包围。晋军攻击缪公，缪公受了伤。这时曾在岐山偷吃良马的那三百人奔驰冲杀晋军，晋军撤去包围，于是缪公脱险，反而生擒了晋君。当初缪公走失了好马，岐山的乡下人共同抓住而且吃了它，一共有三百人，官吏追捕到他们。要依法惩治。缪公说："君子不因为牲畜而伤害人，我听说吃了好马肉如果不喝酒，会使人生病。"就赐给酒喝并且赦免了他们。三百人听说秦军迎击晋军，都请求随军参战，到了战场看到缪公被围困，一个个冲锋陷阵拼死战斗，以此来报答吃马肉的恩德。

——张大可、丁德科：《史记观止·私情国故》，

载《渭南师范学院学报（综合版）》，2015年第19期

---

① 原文大意："司马迁论学术就推崇黄老之道而轻视《五经》……写货殖传，就轻仁义而以贫穷为耻……写游侠之士，就轻视那些节烈的人而推崇世俗建功之士。"见（宋）范晔等：《后汉书卷卷四十上·班彪列传第三十上》（第5册），1325页，北京：中华书局，1965。

② （西汉）司马迁：《史记卷五·秦本纪第五》（第1册），188～189页，北京：中华书局，1959。十四年，即秦穆公十四年，公元前646年。虢射（guó shè），春秋晋国的卿大夫，晋惠公舅父。韩地，在今陕西韩城市西南韩原上。鸷（zhì），马难起步。马鸷，战马陷于泥泞中。驰冒晋军，奔驰冲杀晋军。岐下野人，传说在雍城东二十里有地名野人坞，就是岐下野人盗食善马处，因之得名。野人，乡下人。

资源9：《史记》中大量的与相人有关的情节，并非都是为了预测人物的贫富贵贱、生死寿夭，有些并不以记载相术预测的准确性为目的，而仅仅是因为所叙述的历史人物以相术为一种游说工具，来达到自己的政治目的，"蒯通以相术说韩信背汉"就是一个典型的例子。

《淮阴侯列传》记载楚汉战争后期，刘邦项羽已斗得精疲力尽，而这时的齐王韩信却坐山观虎斗，拥兵自重，成为双方都极力争取的主力军。齐人蒯通"知天下权在韩信，欲为奇策而感动之"，所谓的奇策就是用相术来说服韩信。当韩信请教相术的秘诀时，蒯通煞有介事地说："贵贱在于骨法，忧喜在于容色，成败在于决断，以此参之万不失一。"韩信被说得心动，于是进一步询问结果，蒯通在示意韩信屏退左右之人后，故弄玄虚地说："相君之面，不过封侯，又危不安。相君之背，贵乃不可言。"实际上，蒯通是劝韩信不要满足于封侯拜将，要自立为王。"参分天下，鼎足而居"。……在这里说客蒯通只是利用了当时人们对相术信仰的心理，企图说服韩信自立为王。

——赵佳兰：《论〈史记〉的相人情节及司马迁的相术思想》，
载《渭南师范学院学报》，2015年第19期

资源10：司马迁将汉版图划分为四个大区，大区之下又划分若干小区。这是一项前无古人的创举。当时十三州的制度已经确定、颁行，这是基于政治考虑，司马迁依据经济、地形因素划分，识见非凡。山西区划中，关中与巴蜀沃野千里，都具有农业发展的有利条件。两区凭借栈道，互通有无。山西、山东指的是肴山之东西。肴山在今河南三门峡市和灵宝市之间。以肴山为分界，当时有名的函谷关就在肴山之上。函谷关自战国就是秦国与六国的分界处，当属于政治区划范畴。司马迁以此为分界是继承传统，并非首创。但是山西、山东又有差异，山西多竹木之器，山东多鱼盐之利。江南则以江淮为限。淮河、长江是非常明显的地理要素。龙门碣石北则多马、牛、羊、旃、裘、筋，是以畜牧为主或半农半牧方式的区域。综观司马迁区域的划分，不但写出了各区的特点，同时也对各区进行了比较，突出了各区特点，既概括明确，又以人深刻印象。显然，这样的划分是具有开创性的。

——池维兵：《司马迁经济地理区划思想初探——〈史记·货殖列传〉》，
载《知识经济》，2013年第5期

造纸术

造纸术，中国古代造纸技艺的特有称呼，它与火药、指南针和印刷术等一同印证了中国古代科技发展的高超技艺。纸不是天然物质，而是人造物质，造纸术的发明和造纸工艺的进步，使得书写材料发生了根本的革命。纸张被证明是表达人类思想最令人满意的书写材料，虽说日新月异的科技使得传播信息有了更为丰富的媒介，但纸仍然是信息传播中不可替代的重要媒介。当然，除了书写、印刷之外，纸张还有别的用途，它已经深入古今社会的各个角落，成为人们日常生活的必需品。造纸术不仅是我国优秀的历史文化遗产，同时也对世界文明的形成产生了深远的影响。造纸术是谁发明的？它经历了怎样的发展历程？它又是如何从中国传播出去，为世界各地的人们所享用的呢？它对文明的发展产生了哪些久远的影响？学者们重点研究探讨了造纸术的源流、外传和世界影响三大方面，力图帮助人们较为全面地了解和认识中国的造纸术。

一、造纸术起源

（一）造纸术的源起

潘吉星在《中国古代四大发明——源流、外传及世界影响》（21～24页，合肥：中国科学技术大学出版社，2002）一书中指出，其一，中国在发明造纸以前，早已积累了提纯麻类植物纤维的技术经验，沤制过程正是造纸过程的预备阶段。早在新石器时代，大麻和苎麻纤维已在中国用来做织布的原料，为了将麻类韧皮部中的纤维提出，需要对麻类原料作沤制处理，使其柔软、洁白，然后再纺线织布。而沤麻很早就见诸记载，如约公元前5世纪的《诗经·国风·陈风》记载："东门之池，可以沤麻……东门之池，可以沤苎。"郑玄笺云："于池中柔麻，使可缉绩作衣服。"①根据王祯的《王祯农书》和徐光启的《农政全书》两书所述，大麻和苎麻的沤制方法是：第一步在麻类植物长成后，将其割下，去叶及根，打成捆，在水池中沤（发酵）一段时间，通过霉菌的生物化学作用，除去韧皮部中的果胶及其他可溶性物质，并使麻料润胀松软，一般需一两周时间。第二步是捶打沤后的麻秆，剥下韧皮，因其较硬，且纤维没有提出，需再将皮料折成细线，拌上石灰放置数日，更以石灰水煮之，放竹筐中以洗涤，再摊放在席子上边浸边晒。上好的麻布，只有经这两道程序对原料处理后才能织出。其二，中国古代特有的漂絮制棉技术又为造纸提供了技术暗示。最初的纸是作为帛的替身出现的。帛在制造过程中有一道飘絮工序，将丝纤维放在竹席上于水中击打，击碎的丝絮落在席上晒干取下后，形成类似纸的薄片，弃而不用。这道工序暗含打浆和捞纸的原始动作，容易激发人们产生以麻絮替代丝絮而造纸的技术联想。

美籍华人学者钱存训（Tsien Tsuen-hsuin）在《中国纸和印刷文化史》（郑如斯编订，7～8页，桂林：广西师范大学出版社，2004）一书中认为，纤维、帘模和水是造纸的三个基本要素，通过浸泡分离破布纤维，然后用帘模捞起纤维，并滤去水分等工序，是发明造纸术的关键。或许，古代中国人在水中飘絮和在帘席上形成薄毡片的习惯有助于这个发现。古代文献记载证实，公元前许多世纪妇女就在水中漂洗、捶捣棉絮。处理废蚕茧，重新利用旧衣服中的纤维，漂洗大麻、亚麻破布，都需要把纺织物放在水中不

① （汉）毛公传、郑玄笺、（唐）孔颖达等正义：《毛诗正义 附校勘记》卷七，《国风·陈风》（十三经注疏本），251～252页，上海：上海古籍出版社，1990。

断来回晃动。很可能是附在席上的残留纤维偶尔晒干形成的薄片，启发了人们造纸的意念。最初的帘模大概是把粗糙的网织物固定在一个四边形的框架内，将浸胀的纤维倒在网面上，待水从网眼里滤去后，悬浮在网面上的纤维就形成一张湿纸。

（二）造纸术的发明

1. 西汉发明说

张岱年、方克立在《中国文化概论》（修订版，134页，北京：北京师范大学出版社，2004）一书中指出，1957年西安灞桥出土的西汉初期的麻纸，是现存世界上最早的植物纤维纸。在此前后，新疆罗布淖尔、甘肃居延、陕西扶风、敦煌马圈湾、天水放马滩等地也都有西汉麻纸的发现。这些发现确凿表明，中国早在公元前2世纪就已经发明了造纸术。

王子今、方光华在《中国历史·秦汉魏晋南北朝卷》（191页，北京：高等教育出版社，2001）一书中指出，现在人们公认，所谓"蔡侯纸"并不是最早的纸。近数十年考古工作的收获表明，西安灞桥、新疆罗布淖尔、陕西扶风、居延肩水金关遗址和甘肃敦煌马圈湾遗址都曾经有西汉麻纸残片发现。对于所谓"灞桥纸"的性质，目前还存在异议。而"马圈湾纸"中最大的一片，长32厘米，最宽20厘米，同出纪年简，最早为汉宣帝元康年间。可见早在西汉中期，纸已经出现。而1986年甘肃天水放马滩汉墓中出土的纸质地图残块，是目前所知最早的纸张实物，可以证实西汉早期已经发明了可以用于绘写的纸。至西汉末年，造纸技术已经相当成熟。

潘吉星在《从考古发现和出土古纸的化验看造纸术起源》（载《化学通报》，1999年第1期）一文中认为，造纸是一种集体劳动，正如采矿、冶金那样，不可能是某个个人在某一天突然完成的，应是古人寻找取代缣帛、简牍的新型书写材料的技术探索过程中产生的。纸在西汉以后的使用过程中被改进，至东汉蔡伦时代得到推广和总结，又扩充了新的原料来源。中国早期造纸史应是这样发展的。

袁翰青在《中国化学史论文集》（110页，北京：生活·读书·新知三联书店，1956）一书中指出，现有的材料已足以使我们做出这样的初步结论：纸是我国劳动人民在西汉时期发明的，最初是以动物纤维的蚕丝为原料，后来逐渐采用了植物纤维的麻和麻织品，而树皮和破布也渐渐被用为原料。发展到东汉中期，留心工艺制造的宦官蔡伦总结了民间造纸的经验，并且提出了一些技术上的改进，使造纸工业加速了发展。蔡伦是造纸术的革新者而不是发明者，这一说法更合乎历史的真实情况。

2. 东汉发明说

王菊华、李玉华在《二十世纪有关纸的考古发现不能否定蔡伦发明造纸术（2）》（载《文物保护与考古科学》，2002年第2期）一文中认为，近几十年屡次从一些西汉遗址发掘出若干纸状残片，可以视为蔡伦以前纸的雏形或原始纸。但是，不能把雏形纸作为否定蔡伦发明造纸术的依据，也不能把蔡伦发明的蔡侯纸降低到雏形纸的水平。蔡伦造纸的基本原理一直沿用至今，其所涉及的基本理论，后世几代科学家通过研究才逐渐得以认识。晋人张华在《博物志》中称蔡伦"捣故鱼网作纸"，其间的这个"捣"就是技术创新。为什么通过捣就能使纤维结合在一起而成为有强度的纸，其主要原因是通过捣，纤维在成纸过程中可产生较多的氢键结合，于是产生了纸的强度，这一理论是经过历代研究，而在20世纪中叶人们才逐渐得到理论上的认识。再如东汉训诂学家刘照所著字书《释名》称：蔡伦"故布捣抄作纸"，其中这个"抄"字又有多少技术含量？如何才能抄出一张均匀、细白和平滑如"砥石"的纸，用以代替缣帛作为书写材料？这里有如何制造抄帘纸的问题，如何使用纸药，以完成长纤维的分散问题；如何解决纸页的压榨及脱水问题；如何解决湿纸叠擦在一起又能够再行揭开的问题；更不用说树皮造纸还要解决去粗皮（黑皮）、脱木素等问题。黑皮不去做不出白纸，木素不除纤维分离不成单纤维。因此，蔡伦和他的工匠们发明的造纸术是一套完整的古代造纸工艺技术，为后世历代的造纸工艺理论研究及造纸技术的进步打下良好的基础。这样的发明创造岂能用"改良"二字加以概括。20世纪考古新发现不能否定蔡伦发明造纸术。

王诗文在《蔡伦发明造纸术有充分的科学依据》（载《中国造纸学报》，2005年增刊）一文中认为，维护蔡伦作为造纸术发明者的正确论断，要把三个关键问题弄清楚，要对什么是真正的纸以及发明应具备的条件有一个正确的认识，同时对蔡伦发明造纸术的技术内涵也需要作深入的了解。第一，纸是由植物纤维中主要成分纤维素等碳水化合物中羟基产生的氢键结合而构成的。纤维素氢键的生成与造纸工艺中打浆操作密切相关，植物纤维要经过帚化、压溃、切断等打浆作用才能交织成有一定强度的纸。鉴别出土类纸物薄片是麻絮还是纸，主要看纤维是否经过打浆。蔡伦正是用舂捣方法解决了这一关键问题而取得成功。在手工造纸生产中除杵臼舂捣外，用于打浆操作的碓、碾、磨等工具设备均具有与杵臼相同的作用。因此将通过打浆后的纤维均匀悬浮于水中，经抄纸帘过滤后形成湿纸页，再经压榨脱水和干燥后即成纸张。经过这些工序制成的纸才是真正的纸，而"灞桥纸"等"西汉古纸"通过显微镜检验，纤维并未分丝帚化，只是一些废麻絮的堆积物，因此不能称之为真正的纸，只能称之为类纸物。第二，从发明的三大特征：首创性、先进性和实用性来看，蔡伦首创用植物纤维原料造纸，并发明了用石灰和草木灰蒸煮的碱法制浆工艺，在工艺和工具设备方面，抄纸用活动竹帘和纸药这两项重大发明在当时均堪称为先进技术。在实用性方面，今日纸的用途已不限于书写和印刷，还广泛应用于商业包装、工业、农业、国防等各个领域，蔡伦发明造纸术所带来的经济效益和社会效益均是无法估量的。第三，从蔡伦发明造纸术的技术内涵看，所谓造纸术是指具有一套完整和实用的制浆造纸生产工艺。古代有关典籍中所概括的蔡伦造纸术的主要工序为"剉、沤、煮、捣、抄"，用现代造纸的专业术语来表达为备料、制浆、打浆和抄纸。"剉"指原料的切断，"沤"和"煮"指制浆，"捣"指打浆，"抄"指抄造，包括纸页成形、压榨和干燥。现代机制纸所用的工艺流程仍是沿用蔡伦发明的制浆造纸工艺流程。纸页成形也是沿用蔡伦纸页成形的原理。可以说不论古今中外，不论手工纸或机制纸，都是应用过滤成型法原理，概无例外。

二、我国古代造纸业的发展及成就

（一）东汉蔡伦改进造纸术

钱存训在《中国纸和印刷文化史》（郑如斯编订，38页，桂林：广西师范大学出版社，2004）一书中认为，近年来在中国西北部陆续发现的古纸残片，其年代远在公元以前，用这证明纸起源于西汉，大概没有问题，考古上的证据，说明造纸术的发明至少可以追溯到蔡伦以前200年或更早。纸虽然在蔡伦之前已存在，但与正史所载蔡伦对于造纸的贡献并不抵触，关于蔡伦改进造纸术，范晔在《后汉书》中写道："自古书契多编以竹简，其用缣帛者谓之为纸。缣贵而简重，并不便于人。伦乃造意，用树肤、麻头及敝布、鱼网以为纸。元兴元年奏上之，帝善其能，自是莫不从用焉，故天下咸称'蔡侯纸'。"[①]

李玉华在《蔡伦发明的是"造纸术"》（载《博览群书》，2008年第3期）一文中指

---

① （宋）范晔等：《后汉书卷七十八·宦者列传第六十八·蔡伦传》（第9册），2513页，北京：中华书局，1965。

出，蔡伦发明的造纸术基本的工艺特征可总结为"剉、煮、打、抄"。"剉"字从刀，即切断的意思，把造纸用的树皮、敝布和渔网用刀切断；"煮"：用常压的木榓与铸铁锅煮料，《天工开物》"杀青"篇中也有榓煮的插图；"打"：春捣纸浆，这一步是使纤维能相互缔接成纸页的关键工序；"抄"：抄纸，经过春捣纸浆的纤维，均匀悬浮于水中，用纸抄帘过滤成湿纸页，干燥后即成纸张。

潘吉星在《中国古代四大发明——源流、外传及世界影响》（48页，合肥：中国科学技术大学出版社，2002）一书中认为，虽然在蔡伦之前早已有纸，但他的贡献仍不可没，归纳起来有以下各点：第一，他总结了西汉、东汉初期和同时期人造麻纸的技术经验，组织生产优质纸；又以旧渔网为原料，扩大麻纸制作原料，改进了麻纸技术。第二，他倡议以楮皮造纸，完成以木本韧皮纤维造纸的技术突破和发明，开辟造纸新的原料来源，导致皮纸系列新品种纸的出现。第三，他提出在国内推广造纸术生产的建议，受到朝廷支持，各地纷纷建起纸坊，造纸行业迅速发展起来。因此，蔡伦是承前启后的造纸技术革新家。

林川在《纸文化研究的补充》（载《北京印刷学院学报》，1995年第1期）一文中论述"关于蔡伦造纸的历史功绩"时认为，蔡伦造纸改变了前人造纸仅是制著的附带工艺和副产品的状况，使纸成为一种社会专门追求的产品，使造纸技术从麻纺织技术的纤维处理工艺里分离出来，成为一门独立的材料制造技术。文中引用我国台湾学者劳干的观点：蔡伦之前的纸"虽然可以用做书写，其原有用途应当不全是为着书写的，书写只是附带的用途。"[1]汉代的漂絮，是为了制作御寒的衣服，富人用新茧作絮，而穷人只好用旧絮，更贫苦的人，则要用麻絮代替丝絮来填充寒衣。因而，漂茧治麻的工艺过程中，可从漂絮的水里捞出纤维薄片，这就是当时的寒衣——缊袍里填充的"著"，也就是纸的前身，蔡伦之前的纸是先民从治茧麻以求衣的纺织生产活动里得到的。当人们发现某种形态的纸可以接受书写，成为文字记录的载体后，制著的工艺便向着纤维整治精细化、纸层厚度减薄、平整的方向发展和优化，从纺织技术的治麻以求衣进而为治麻以造纸，实现了工艺技术的行业间的转移。但是，在制造书写用纸的原料和制作被服的原料完全相同时，如果大量造纸，则要减少著的收得率。要将制著的麻头全部剁碎以发展造

---

① [美] 钱存训：《印刷术发明前的中国书和文字记录》，137页，北京：印刷工业出版社，1988。

纸生产，势必形成书写用纸与人"争衣"的局面。当蔡伦在民间造纸生产的基础上，"伦乃造意，用树肤、麻头及敝布、鱼网以为纸"，采用了"与世无争"的造纸原料，解决了衣纸争料的矛盾，才使造纸发展成为一个独立的新产业。

（二）我国古代造纸业的发展

潘吉星在《中国造纸技术简史》（载《国家图书馆学刊》，1986年第3期）一文中指出，南北朝时期，纸已取代了帛简，除了麻纸外，开始出现了皮纸，对纸的加工开始讲究，并有了染色纸和涂布纸。到隋唐五代时，造纸的原料开始多样化，纸的产地也遍布南北各地。宋元时期，竹纸开始名闻天下，造纸技术的进步体现在造纸时普遍采用"纸药"（黄蜀葵、杨桃藤浸出液），以改善纸浆性能，还开始出现了防虫浆糊和加椒水的防虫纸。纸除了用于书写、印刷外，还开始用它印刷纸币，中国是世界上印纸币最早的国家。明清是造纸术集大成的阶段。除各种传统原料外，在清代还有木浆机制纸，造纸术在明清时达到历史最高水平，还出现了总结造纸术的专著。宋应星的《天工开物》（1637）有一卷专门谈纸，主要讲怎样造竹纸，也讲了造皮纸，明清时期产量最大的是竹纸，其次是皮纸。

戴家璋在《中国造纸技术简史》（3～7页，北京：中国轻工业出版社，1994）一书中认为，按照造纸术的发生、发展的具体情况，可分为五个时期：第一，原始社会中、后期至东汉中期是造纸术的探索和发明时期。第二，东汉后期、三国、两晋和南北朝诸代是造纸术的传播和推广时期。在此期间，纸张的研光、施胶、涂布和染色等加工技术不断地出现和进步，并由于东晋末年，朝廷命令今后的奏议、公文一律以纸张取代竹简，确立了朝廷用纸的合法地位，加上后来抄写宗教经典之风盛行，使纸需求量大增，纸张及其抄本已成为商品，此后，各地私办纸坊和官办纸厂陆续建立起来。第三，隋唐、五代十国、宋、辽、西夏、金诸代是造纸术的扩展和繁荣时期。在这一时期，造纸发展有六大特点：造纸区域迅速扩大，造纸原料更加扩大，造纸技术不断创新，名纸繁多争奇斗艳，纸制品普及民间生活，纸史、纸谱多有问世。第四，元、明两代是造纸术的稳定和保持时期，这一时期，造纸业也有一定的发展，产量和质量均有提高，但同唐、宋时期相比，基本处于相对稳定的保持阶段。第五，鸦片战争（1840）以前的清代是造纸术的全面发展时期，制造技术、名纸品种与质量均达到历史的高峰，但19世纪初期机制纸在欧洲问世，鸦片战争之后，中国开始沦为半殖民地，机制纸源源销入我国，大部分手工纸竞争不过洋纸，此后除少数书画用纸、迷信纸等品种外，逐渐走向下坡。

钱存训在《中国纸和印刷文化史》（郑如斯编订，42～48页，桂林：广西师范大学出版社，2004）一书中认为，造纸术起源于汉代，从晋至唐（3—10世纪）则是造纸历史中最重要的时期，主要表现在造纸的新原料、技术的改进、用途的广泛和纸的外传等方面。这一时期，以藤为造纸原料是造纸术的一大进步。纸的制造改进为用极细的竹制帘模抄制，并充分加胶浆，且渗入有杀虫力的染色剂，以便能抗蠹腐而保存久远。由于藤的来源日益耗竭，宋代及以后的造纸大量使用竹作为原料，到了19世纪中叶，外国纸张进入中国市场，历史悠久的手工制纸业遂一落千丈。

刘行光在《造纸术》（43页，重庆：西南师范大学出版社，2014）一书中指出：中国造纸术发明以后，到魏晋南北朝时期进入发展阶段。隋唐五代时期，纸张制造的技术工艺发生了很大的变革，使用细帘抄纸，在造纸过程中加矾、加胶、涂粉、洒金、染色等加工技术相继问世，为生产各种各样的工艺用纸奠定了技术基础。宋元时期的造纸术有了巨大进步，已达到成熟阶段。在宋元造纸术的基础上，明清时期造纸术进入集成阶段。但19世纪后期，随着西方机器造纸技术和机制纸的传入，中国传统造纸术很快衰落。

三、造纸术的东渐和西渐

刘一山在《造纸术及其发明——纪念蔡伦发明造纸术1900周年》（载《西南造纸》，2005年第6期）一文中认为，造纸术首先传入与我国毗邻的朝鲜和越南，在蔡伦改进造纸术后不久，朝鲜和越南就有了纸张。大约4世纪末，百济在中国人的帮助下学会了造纸。不久，高丽、新罗也掌握了造纸技术。此后，高丽的造纸技术不断提高。到了唐宋时，高丽的皮纸反而向中国出口。西晋时，越南人也掌握了造纸技术。7世纪造纸技术经高丽传到日本。

潘吉星在《中国的造纸术》（70～75页，北京：中国国际广播出版社，2010）一书中指出，中朝两国山水相连，自古即有紧密往来与交流。中国纸在汉末至魏晋南北朝时就已传入朝鲜半岛。当时朝鲜半岛知识界以"五经三史"为普遍读物，通行汉字，中国纸本卷自会不断涌入。早在西晋太康六年（285），百济博士王仁将《论语》等书卷写本带入日本，则得此写本必然在此以前。我们认为朝鲜半岛造纸可上溯至4—6世纪，即两晋南北朝之间，主要生产麻纸，但大部分纸仍从中国得到。

潘吉星认为，中国与越南陆上相邻，两汉以来越南境内一些地区在中国古代各政权管辖下长达千年之久，读书通用汉字、习"四书""五经"，且有科举，中国纸及书卷在2世纪已传入这里。汉末社会动乱，大批中国人来越南避难，带来了中原文化及生产技术。至迟在3世纪越南北部已能造纸。吴（222—280）人陆玑《毛诗草木鸟兽虫鱼疏》说："荆、扬、交、广谓之榖……今江南人绩其皮以为布，又擣①以为纸，谓之榖皮纸。"②交州即在越南境内，3世纪已经生产楮皮纸。与中国一衣带水的东邻日本国造纸亦有千年历史，其"和纸"是有名传统工艺品之一。据《日本书纪》（720）记载，285年百济人将中国书卷带至日本，而610年高丽王遣高僧昙征赴日。昙征（579—631）知五经，且能制纸墨。过去史家都认为日本造纸始于610年，通过朝鲜媒介得中国造纸技术。但和纸史专家町田诚之教授认为日本造纸可能早于此年代，他的意见颇有道理。实际上南北朝时的中国已与日本有频繁的直接往来，隋时大批日本使臣、学问僧前来中国，中国人也东渡日本，有可能在这过程中从中国引进造纸术。

王永平在《中国文化通史隋唐五代卷》（108页，北京：北京师范大学出版社，2009）一书中认为，中国造纸术先从西藏传入尼泊尔、印度，后在8世纪传到中亚。751年的怛罗斯战役中，一些造纸行业出身的中国士兵被大食俘虏，他们先在撒马尔罕建了造纸厂，后来又在巴格达、大马士革建了造纸厂。大马士革的纸主要供应欧洲，造纸技术后来也传入欧洲，逐步结束了欧洲羊皮纸作为文化信息传播材料的历史。

王春华在《造纸术和活字印刷术在欧洲的传播及其影响》（载《湖北造纸》，2014年第4期）一文中指出，自105年东汉蔡伦造出"蔡侯纸"，中国造纸术便在世界范围内迅速传播，向西传播的顺序大致是印度、中亚、阿拉伯、叙利亚、埃及和摩洛哥，最后是欧洲和美洲。造纸术迟至12世纪才传入欧洲，源于阿拉伯人对造纸术长达四百年的封锁和垄断。据考证，阿拉伯人在12世纪才将唐代麻纸技术带到欧洲，1150年西班牙建立起欧洲第一家造纸厂，此后，法、德、荷、意、英等国也陆续掌握了造纸术。当时欧洲的造纸术其设备和工艺与中国传统纸基本一致。16世纪时，纸张已完全取代欧洲传统书

---

① 擣（dǎo），通"捣"，舂、撞击。
② （吴）陆玑：《毛诗草木鸟兽虫鱼疏卷上·其下维榖》，毛晋参，29～30页，北京：中华书局，1985。

写载体羊皮，此为中国造纸术在欧洲传播的第一阶段。至18世纪，为了解决用纸需求量增大和一系列生产工艺问题，欧洲人先后从中国获取了十多项先进技术原理和工艺，如原材料扩展，"纸药"原理和工艺，纸帘抄大幅纸技术、铜网抄纸和圆筒侧理纸工艺等。明清造纸技术体系的整体输入，弥补了欧洲传统造纸技术的重大缺陷，使欧洲中世纪造纸技术理念、工艺、设备以及原料采集实现了根本性转变，也拉开了欧洲近代机器造纸技术革命的序幕，这是中国造纸术在欧洲传播的第二阶段。

潘吉星在《中国的造纸术》（68页，北京：中国国际广播出版社，2010）一书中认为，从公元前2世纪起直至18世纪的2000年间，中国在造纸技术领域内完成了一系列大大小小的无数发明，而且在世界上居于遥遥领先的地位。中国向世界提供的是造纸及加工的完整技术体系，近代造纸工艺的各种技术与设备形态几乎都可在中国找到最初发展模式。研究表明，就造纸术体系而言，很多重大发明与革新的优先权全为中国人所占有，外国人在这方面的技术潜力只是从18世纪以后才充分发挥出来。

四、造纸术对世界文明发展的影响

潘吉星在《中国古代四大发明——源流、外传及世界影响》（506～518页，合肥：中国科学技术大学出版社，2002）一书中从四个方面论述了纸在推动中外文化发展中的作用。

第一，纸的出现是文字载体发展史中的革命。在纸未出现以前，古代各文明区的文字载体因材料不同而形式各异，且因时而变。中国殷商时期将文字刻在龟甲、兽骨上，再将各片以绳穿在一起。春秋、战国以来，盛行在青铜器上铸字、在石块上刻字和在竹、木片（简牍）和缣帛上写字。亚述人（Assyriarr）和迦勒底人（Chaldeans）则将字刻在粘土坯上，再烧成硬砖。古代埃及人和阿拉伯人则用尼罗河流域盛产的莎草片（papyrus）。印度河东南亚国家用棕榈树叶（palm leaves），中国古称"贝叶"，每叶写好字后，扎两孔，以绳穿起。古代欧洲人也将字刻铸在金属板上，或写在羊皮上（parchment）上，有些民族还以树皮为书写材料。总之，来自矿物界、植物界和动物界的各种材料都派上了用场，在使用过程中其各自的优劣也自然分明。金、石、甲骨和砖都坚硬、耐久，但承载的文字较大、字数有限，所占体积大，又很重，既不便书写，又不便储存与携带，因此不合适典籍的需要。只有可直接用笔书写、便于贮存与携带的体轻材料才适合用来做典籍，如简牍、缣帛、莎草片、贝叶和羊皮片被保留下来，并使用很长时间。简牍、缣帛和羊皮片是较好的书写材料，但后者颇为昂贵，只能供少数人使用，无法普及到民间。简牍虽廉价易得，但每篇承载的文字很少，势必要用很多片才能写一部书。当书籍篇幅和数量增加时，这三种材料的局限性便凸显出来。从105年蔡伦改进造纸术到4世纪短短的两三百年间，纸已彻底淘汰简牍，成为主要的书写材料。

纸与所有古代书写材料相比，其优越性如下：（1）表面平滑、洁白受墨，幅面大、容字多；（2）体轻柔韧、耐折，可舒卷、粘贴，便于携带和存放；（3）物美价廉，原料遍及全球，随处皆可制造；（4）寿命长、用途广泛，可进一步加工，制成工农业、军用和日常用品。纸是所有以往材料无法可比的万能材料，纸的出现是人类文字载体发展史中的划时代革命，两千多年来作为世界各国通用的材料，在推动人类文明发展中起了重大作用，而且在21世纪以后的很长一段时间内还会如此。

中国发明纸之后，并未垄断专用，而是与全人类共享，纸所到之处，立即成为其他古代材料的有力竞争对手，并逐一将其取而代之。纸在保存和传承人类文化遗产中有着不可磨灭的历史功勋，纸写书本是传播人类文明的圣火。

第二，纸在推动中国文化发展中的作用。魏晋南北朝（3—6世纪）时期，纸已大行于世，社会上形成抄书之风，书法艺术有很大发展，与此同时，为书写迅速，汉字由小篆、隶书向楷书过渡，流行楷隶和行书，出现以王羲之（321—379）父子为代表的书法家。纸和纸写本的迅速增加，首先促进了教育和科学、文化的大发展。西汉在京师长安设最高学府太学，还在各郡县设公立学校广招学生，同时私人教学之风盛行，全国在校学生总数至少以十万至百万计，所用教材多为纸本经卷，作文亦用纸写，比用简牍更为方便、省时和省力。教育事业的发展为社会造就一支庞大的知识分子队伍，他们除从事经学研究外，还从事科学技术研究和文学创作，各种先秦典籍被仔细注释，大量新作品纷纷问世。

纸的出现，还在政治、经济、军事、日常生活和风俗习惯等方面引起变化。以各种色纸写成的官方文书、法律、布告、证件、户籍、国书、会议记录和档案等，比用其他书写材料更方便使用，大大提高中央到地方各级政府的工作效率、促进政权建设。造纸是低成本、高收入的生产部门，各地纸厂建立后，促进当地经济、工商业和交通运输业的发展，增加国家的税收和出口贸易额。纸本的公私契约、账簿、票据，保证了社会经济秩序的正常而有效运转。纸还是很多商品的理想包装材料，它的使用既方便顾客又易于促销。传递信息的风筝，发出信号的各色灯笼、防水地图、防身纸甲、雨伞和纸制火药筒在军事上的应用，改善了行军、作战的功能。餐纸、便纸和例假纸在卫生保健方面有重大意义，其使用是人类生活习惯的一次革命。秦汉以前多将死者生前所用物包括铜钱随葬墓中，南北朝以后这些实物以纸制品代之，使葬风趋于节俭，减少物质浪费。

第三，纸在阿拉伯文化发展中的作用。7世纪以前，阿拉伯人在世界上还没引起多大注意，他们曾隶属于拜占庭和波斯，且各部落间不断内战，在文化上远不如周围的埃及、波斯和巴比伦。自穆罕默德7世纪创立伊斯兰教、统一阿拉伯半岛后，阿拉伯伊斯兰教国逐步强大，趁拜占庭与波斯长年战争、两败俱伤之际，向周围扩张。不到百年，伊斯兰教国版图就超过鼎盛时期的罗马帝国，哈里发强迫帝国境内各族改信伊斯兰教、使用阿拉伯语并交纳赋税，但不排斥被征服地区的先进文化，取长补短。8世纪造纸术西传后，又对阿拉伯地区文化发展作出重要贡献。尤其是阿拔斯朝以后，注重文化建设，除本地区各族文化外，还广泛吸取希腊、印度和中国文化，百年间阿拉伯文化便处于鼎盛时期，到巴格达、开罗和哥尔多华学习各门学问的基督教徒和犹太教徒不绝于途。阿拉伯大城市的图书馆藏书丰富，学校林立，人才辈出。纸在加速文化发展中的作用是显而易见的。各地生产的纸输往欧洲后，使阿拉伯增加其财政收入。阿拉伯文化对中世纪后期尤其11—14世纪欧洲有很大影响，又在东西方文化交流中起了中介作用。

第四，纸在中世纪欧洲文化发展中的作用。欧洲历史比阿拉伯古老，但当阿拉伯文化兴盛时，欧洲却进入中世纪的黑暗时代（Dark Ages），随着古罗马的分裂（395）和西罗马帝国的灭亡（476），古希腊文明逐渐消逝，欧洲文化下沉。10世纪基督教国家恢复后，封建制有所发展，但战争频繁，无暇发展文教事业，知识的进步缓慢。但在11—14世纪，情况有所变化。由罗马教皇和西欧封建主发动的十字军东侵（1196—1291），使欧洲人看到了比基督教世界更加先进的伊斯兰教徒的阿拉伯文化，并将其介绍到欧洲，又通过阿拉伯人的媒介引进了一些来自中国的科学技术发明，如造纸术、火药和火器、指南针与磁学知识以及炼丹术等。另一方面，由于欧洲城市工商业和海外贸易的发展，出现了从事手工业和商业的市民或资产者（bourgeoisie）阶级，成为封建城市发展的新兴阶级，也是促进科学、文化发展的新的社会力量。欧洲纸厂的建立又为发展科学、文化提供了物质基础。与此相适应，世俗学校纷纷出现，逐渐演变成教授学生多学科知识的大学。从教会知识分子中分化出一批以研究学术为己任的离经叛道的学者，他们初步冲破教会当局设置的思想牢笼，以理性知识唤醒群众，在黑暗中点起指示前进方向的明灯，迎接新时代的到来。所有这些情况都是在欧洲有了造纸业之后发生的，正如我们在东亚和阿拉伯地区所看到的那样，因为纸为这些新变化提供可能性并加速其发展进程。

五、造纸术与印刷的关系

刘行光在《造纸术》（148页，重庆：西南师范大学出版社，2014）一书中认为，纸张和印刷是相互依赖的关系，印刷是在具有一定质量的纸张大量供应的前提下发展起来的，反过来，印刷的发展又对纸张的质量和产量提出新的要求，从而促进造纸的发展。他从四个角度论述了造纸和印刷的关系：第一，造纸术在发明印刷术中的作用。造纸术是发明印刷术的前提之一，无论拓石或印刷都离不开纸张，具有一定质量的纸张是发明拓石或印刷的必要物质条件。第二，印刷术促进造纸业的发展。雕版印刷术的发明为提供大量书籍展开了广阔的前景，书籍数量的增加必然促进纸张产量的增长，从隋唐时期开始，造纸产地的迅速增加和规模较大造纸作坊陆续出现都跟印刷技术的发展密切相连。第三，纸产地和印刷中心。印刷需要的纸张数量相当大，为了就地取纸，避免长途运输，刻书作坊总是设在纸产地附近，纸产地因有大量纸张供应，促进印刷业的发展，形成印刷中心；另一方面，造纸业也因印刷方面的大量需要而取得迅速的发展。这两种情况最清楚不过地说明了两者极为密切的关系。第四，印刷和纸张的质量。印刷对纸张的质量有一定的要求，纸张平整光滑，具有一定的强度才适于印刷。随着印刷技术的提高，对纸张质量的要求也越来越高，从而促进了纸张质量的提高。

造纸术作为我国古代优秀的文化遗产，凝结了勤劳的中国人民无数智慧。有学者认为，造纸术的发明可以跟人类会使用火相媲美。如何让学生更全面地认识这一伟大发明的深远影响是造纸术教学中不可回避的问题。

微课设计

微课设计一：影响非凡的造纸术

设计意图

指导学生以阅读材料、提取和概括信息的方式，从文字载体发展、教育事业发展以及纸文化的形成三方面来探究造纸术在人类文化传播和发展所产生的重大作用和影响，拓展他们对造纸术发明意义的认识和理解。

设计方案

教师讲述：《纸赋》是西晋时期文人傅咸所作的一首赞美纸的诗歌，诗中写道："夫其为物，厥美可珍，廉方有则，体絜性贞。含章蕴藻，实好斯文。"[①]西晋时期正是纸在文人阶层开始普及的年代。为什么纸能得到人们如此的赞美，下面我们就来探讨造纸术的发明给人类文化的传播和发展带来的重大影响。

材料呈现：

材料一

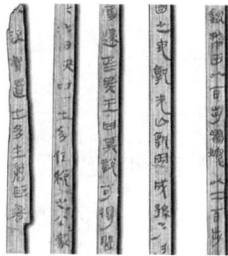

| 商朝龟甲卜辞 | 商朝牛骨刻辞（局部） | 金 文 | 《孙子兵法》竹简（山东临沂银雀山汉墓出土） |

——《义务教育课程标准实验教科书·历史（七年级上册）》，46页、49页、52页，
北京：北京师范大学出版社，2007

---

① （清）严可均：《全晋文卷五十一》（上册），何宛屏、珠峰旗云、王玉审订，531页，北京：商务印书馆，1999。絜（jié），通"洁"，干净。贞，贞洁。

教师提问：请思考讨论，上述文字的书写材料是什么？除了纸之外，古人还有哪些书写材料？这些书写材料有哪些优缺点？

教师引导学生分析：中国在商朝时把文字刻在龟甲、兽骨上，再将各片用绳子穿在一起。春秋、战国以来，盛行在青铜器上铸字和在竹、木片和缣帛上写字。在纸未出现以前，古代各文明区的文字载体因材料不同而形式各异，如：生活在西亚两河流域的亚述人和迦勒底人将字刻在黏土坯上，再烧成硬砖。古代埃及人和阿拉伯人则用尼罗河流域盛产的莎草片，印度和东南亚国家用棕榈树叶。欧洲人将字刻铸在金属版上，或写在羊皮片上。这些材料在使用的过程中各自的优劣也自然分明，金、石、甲骨和砖都坚硬、耐久，但承载的文字较大、字数有限，所占体积大，又很重，既不便书写，又不便储存与携带。简牍、缣帛和羊皮是较好的书写材料，人们可以直接用笔书写，而且便于储存与携带，但缣帛和羊皮颇为昂贵，只能供少数人使用，无法普及到民间。简牍虽然廉价易得，但每片承载的文字很少，需要用很多片才能写一部书。当书籍篇幅和数量增加时，这三种材料的局限性便凸显出来了，例如写一部拉丁文《圣经》需要用100张羊皮，写一部汉文《史记》需要2.6万枚木简。

部分书写材料优缺点比较表

	金、石、甲骨、砖	缣帛、羊皮	简 牍
优点	坚硬、耐久	便于储存与携带 可直接用笔书写	廉价易得
缺点	字数有限，体积大、重 不便书写	昂贵	每片承载的文字很少

教师继续追问：综合来看，怎样的文字载体才有利于文化的传播和发展？

有利于文化传播和发展的文字载体必须具有以下几个优越性：第一，表面平滑，易于书写，篇幅大、容字多。第二，体轻柔韧，可舒卷，寿命长，便于携带和存放。第三，物美价廉，原料易得。

材料呈现：

材料二　宋子曰，物象精华，乾坤微妙，古传今而华达夷，使后起含生①目授

---
① 后起含生，后来的人们。含生，有生命的。

而心识之，承载者以何物哉？君与臣通，师将弟命①，凭借呫（tiē）呫口语②，其与几何？持寸符、握半卷③，终事诠旨④，风行而冰释⑤焉。覆载之间之藉有楮先生⑥也，圣顽⑦咸嘉赖之矣。

原文大意：

宋子说，人间事物的精华和自然界的奇异奥妙，从古代传到今天，从中原传到边疆，使后世人通过阅读文献而心领神会，是靠什么材料记载下来的呢？君臣间授命请旨、师徒间传业受教，如果只靠附耳细语，又能表达多少呢？但只要有一张纸本文件、半卷书本，便足以说清意图和道理，政令可迅速下达、疑难可以彻底解决。大地之间大有赖于被称为"楮先生"的纸，所有人不管聪明与否都受惠于此物。

——（明）宋应星：《天工开物译注卷下·杀青第十三》，

167页，上海：上海古籍出版社，2013

教师提问："所有人不管聪明与否都受惠于此物"中，"此物"是指什么？"受惠"体现在哪些方面？

教师引导学生分析："此物"指的是纸，从材料来看，人们把人间事物的精华和自然界的奇异奥妙记载在纸上，通过阅读使智慧结晶得以传承和传播。纸的出现还在政治方面引起变化，以各种色纸写成的官方文书、法律、布告、会议记录和档案等，比用其他书写材料更方便使用，便利于政令的下达，大大提高了政府的工作效率。

材料呈现：

材料三　东汉首都洛阳太学生多达3万多人，是当时世界规模最大的高等学府。除中央太学外，汉政府还在各郡县设公立学校广招学生。同时私人教学之风盛行，全国在校学生总数至少以数十万至百万计，所用教材多为纸本经卷，作文亦用纸写，比用简牍

---

① 君与臣通，师将弟命，意为君臣间受命请旨、师徒间传业受教。
② 呫（tiē）呫口语，喋喋不休的讲话。
③ 持寸符、握半卷，持一片文书、握半卷教本。符，古代朝廷传达命令或调兵遣将用的凭证，用金、玉、铜等制成整体后剖开，双方各执一半以验真伪。纸发明以后，便以钤印的文书代之。
④ 终事诠（quán）旨，说清意图和道理。
⑤ 风行而冰释，命令很快下达、问题立即解决。
⑥ 楮（chǔ），落叶乔木，树皮是制造桑皮纸和宣纸的原料。楮先生，古人将笔、墨、砚、纸拟人化，称纸为楮先生，后遂以楮先生为纸的别称。
⑦ 圣顽，聪明的人和愚钝的人。

更为方便、省时、省力。

——潘吉星：《中国古代四大发明——源流、外传及世界影响》，508页，

合肥：中国科学技术大学出版社，2002

教师提问： 从材料三来看，当纸代替简牍作为书写材料时，是如何推动中国古代教育事业发展的？

教师引导学生分析： 纸代替简牍作为书写材料，极大地推动了教育事业的发展，官办学校扩招，私塾教学也蓬勃发展起来，从而为社会造就了一支庞大的知识分子队伍。造纸技术的不断进步、日后印刷术的发展和科举制的完善，为培养更多的人才发挥了重要的作用。例如在宋朝，政府中具有进士身份的官员是唐代的两倍；宋代一般读书人的增加尤令人注目，两宋的进士达到4万人以上，举人在12世纪大约有20万，在13世纪更高达40万人；加上在各地官办学校和私塾的学生，宋代的知识分子的人数十分可观。

材料呈现：

材料四 公元1世纪以来，纸张除了被用于书写、书籍和文件以外，还有其他广泛用途。各种颜色和图样的纸张，用于文房，作为信笺；或加剪、折，以供应装饰或娱乐。在日常生活中，纸张用于包裹、卫生、医药，并制作杯、盘、扇、伞、旗帜、灯笼、风筝和玩具。在6世纪结束以前，纸张的这些用途，在中国已十分通行。

——[美]钱存训：《中国纸和印刷文化史》，郑如斯编订，343～345页，

桂林：广西师范大学出版社，2004

教师提问： 除了教育事业外，纸张的广泛应用还在哪些方面带来影响？

教师引导学生分析： 纸的用途非常广泛，不仅极大地丰富了我们的生活，而且在中国形成了独特的纸文化。何谓纸文化，对造纸术和纸文化研究深入的刘仁庆先生解释说，纸文化就是由于纸的发明与应用带来的华夏各民族群体中所产生的一系列的生活、思想、风俗、习惯等社会行为。简单而言，纸文化主要包括了历史古籍、书法绘画、民间艺术等许多丰富的内容。

材料呈现：

材料五 到公元3或4世纪，书法已成为一种特殊的艺术形式，那时纸张已逐渐改良并广泛地用于书写。今日流行的两种基本书法，楷书和草书，都是在这一时期发展形

成。竹、木或石都可用于书写，但不能和纸张相比，纸可以提供平滑和有吸收力的书写表面。没有纸张，各种书法都不能逐渐发展，日趋完善。

——［美］钱存训：《中国纸和印刷文化史》，郑如斯编订，345页，

桂林：广西师范大学出版社，2004

教师提问：从材料五来看，纸张和书法艺术的发展有着怎样的关系？

教师引导学生小结：纸张是书法艺术发展的物质前提，纸张为书法家们提供了最佳的表达媒介，没有纸张很有可能就没有今天中国特有的书法艺术。

✎ 设计点评

本微课设计以了解和认识造纸术对人类文化传播和发展的影响为核心目标，教师从不同角度选取阅读材料，主要从纸的出现是文字载体发展史中的革命、促进教育事业的发展和衍生了内涵丰富的纸文化三方面引导学生认识造纸术的影响，材料翔实具体，有助于达成教学目标。

微课设计二：造纸之悟

✎ 设计意图

通过利用材料对造纸技术的起源和发展进行探讨，引导学生了解古人是如何受到制作衣物的启发发明了造纸术，而蔡伦在原料上的创新和技术上的突破为造纸术的发展掀开了新的篇章，启发学生从中国造纸发展的上千年历程中感悟发明创造可以从观察和仿照开始，但是创新才有更强大生命力的历史智慧。

✎ 设计方案

一、探究"纸"字里面的文章

材料呈现：

材料一　纸：用于书写，印刷、绘画、包装、生活等方面的片状纤维制品。为中国古代四大发明之一。一般以植物纤维的水悬浮液在网上过滤、交织、压榨、烘

干而成。

——夏征农、陈至立主编：《辞海》，第6版缩印本，2451页，

上海：上海辞书出版社，2010

教师提问：《辞海》是从哪些方面定义"纸"的？

教师引导学生分析：用途、造纸的原料和工艺。在《辞海》的定义中，纸的用途有书写、印刷、绘画、包装和生活等方面，造纸需要植物纤维和水作为原料，并要经过过滤、交织、压榨和烘干这些基本工序。这一概念是我们现在对纸的认识，那古人对"纸"的定义又是怎样的呢？

材料呈现：

材料二 公元100年左右，许慎编写的《说文解字》中对纸所下的定义是："纸，絮—苫"。这里，关键的字是"絮"与"苫"。根据同一部字典给出的定义和后世学者所作的注，可以得知"絮"是从漂絮或煮茧时得到的残余纤维，而"苫"则是用草类编成的用来遮盖的席子。这说明，自古以来，造纸的两项基本因素就是纤维和滤水的帘席。……

——［英］李约瑟（Joseph Needham）著、［美］钱存训本卷分册：

《李约瑟中国科学技术史（第五卷）：

化学及相关技术（第一分册：纸和印刷）》，31页，北京：科学出版社，1990

教师提问：结合材料二，从古人创造"纸"字来看，"纸"的定义包含了哪两方面的内容？

教师引导学生分析：造纸的材料和工具。在《说文解字》中，许慎提到了造纸的原料——絮，"絮"就是纤维，通常指次等丝绵的动物纤维，也指外观类似丝绵的植物纤维，如麻絮或麻纤维。许慎还提到了抄纸的主要工具——苫，汉代初期使用的苫可能是用某种禾本科草类或苎麻编织成的筛网，用它做纸模托住浸胀分离了的纤维，让水从筛眼中滤去。造纸需要准备材料和工具，还需要技术。那么，古人造纸又是怎样受到启发的呢？

材料呈现：

材料三 "西汉前期，人们从'积漂絮成絮片'中得到启示，发明了纸。""生产蚕丝，需要将蚕茧煮烂，浸在水中反复捶打成丝绵，这个过程叫作'漂絮'。工匠们在

漂絮时发现有一些残絮遗留在席子上形成一层薄膜，晾干后就成为一张薄薄的丝棉片，可以用于书写。后来，人们改用植物纤维为原料，通过同样的操作过程，制造出最早的纸。"

——《义务教育课程标准实验教科书·历史（七年级上册）》，86页，

北京：北京师范大学出版社，2007

教师提问：结合上面古人对"纸"的定义说一说，古人造纸的想法是从何而来的。

教师引导学生分析：古人造纸的灵感来自"积漂絮成絮片"，"纸"字的偏旁"纟"极可能暗示着造纸跟丝织物有关。根据这一灵感，古人尝试运用新的材料代替丝绵纤维，然后用席子从水中捞出层叠的植物纤维，造出了最早的纸。古人善于观察，但并没有停留在仿照阶段，而是积极地尝试寻找新的造纸材料。

二、领略蔡伦的造纸智慧

材料呈现：

材料四 伦乃造意，用树肤、麻头及敝布、鱼网以为纸。元兴元年奏上之，帝善其能，自是莫不从用焉，故天下咸称"蔡侯纸"。

——（宋）范晔等：《后汉书卷七十八·宦者列传第六十八》（第9册），

2513页，北京：中华书局，1965

教师提问：蔡伦造纸用什么来做材料？这些材料有什么特点？

教师引导学生分析：蔡伦用树皮、麻头、破布和旧渔网做造纸的原料，这些原料廉价易得，来源丰富，有利于降低造纸的成本和提高纸的产量。

材料呈现：

材料五 造纸术的基本工艺特征是"剉、煮、打、抄"。为什么蔡伦发明的造纸术要总结为"剉、煮、打、抄"呢？

剉：《东观汉记·蔡伦传》记载蔡伦造纸原料时称"典作上方，造意用树皮及敝布、鱼网作纸"。……用敝布、渔网为原料造纸都离不开"剉"。"剉"字从刀，即切断的意思。

煮……一直传至近代的造纸煮料工具是常压的木楻与铸铁锅。《天工开物》"杀青"篇中也有楻煮的插图。

打：舂捣纸浆。舂捣即机械打浆，是使纤维能相互缔结成纸页的关键工序。……

抄：抄纸，经过春捣打浆的纤维，均匀悬浮于水中，用抄纸帘过滤成湿纸页，干燥后即成纸张。……

——李玉华：《蔡伦发明的是"造纸术"》，载《博览群书》，2008年第3期

教师提问：请你简单介绍一下蔡伦造纸的主要工序。结合材料二和材料三，我们讨论一下，从最初的灵感"积漂絮成絮片"到蔡伦改进造纸术，这一过程中出现了哪些变化？

教师引导学生分析：造纸原料的变化——扩大了造纸原料的来源，尤其是利用树皮造纸；造纸工序变复杂了——在早期的造纸阶段，人们比较清楚地知道用席子从水中捞出层叠的植物纤维，到蔡伦造纸要经历哪些工序，每一道工序做什么都比较具体。

教师继续追问：这些变化意味着什么？

教师引导学生分析：从蔡伦改进造纸术的过程中我们看到了蔡伦的创新精神，他尝试增加新的造纸材料，变革造纸工序，创新使得造纸业蓬勃发展起来。

三、追寻造纸技术的千年变革

教师讲述：造纸术两千多年的发展史，经历了以下阶段：秦汉时期发明造纸术，魏晋南北朝时期的成长，隋唐时期的繁荣和宋元时期的成熟，直到明清时期古老的造纸工艺进入总结性阶段。中国人发明的造纸术是古代科学技术和手工业生产技艺的结晶。手工造纸使用麻、树皮、竹、草及废纸作为原料，一张纸的完成需要100~300天的周期，制作精美纸张的加工工艺，一般有研光填粉、施胶涂蜡、漂白染色、装饰和印花等工序，染潢防蛀技术让纸有千年的寿命。手工纸是中国的特产，纸文化是中华文化重要的组成部分。

教师引导学生小结：从东汉蔡伦改良造纸术到今天，虽然历经上千年的演变，但依然留存着古人造纸的影子。有造纸史研究专家认为，从造纸工艺上讲，今天的机制纸和古代手工纸的基本原理是相同的。"是什么赋予了造纸术如此强大的生命力"，这个问题留待同学们进一步思考。

✏️ **设计点评**

本微课从造纸术起源和发展历程入手，并结合其现实意义进行学习，引导学生感悟其中蕴含着的智慧，有利于学生在历史智慧中得到有益启发，在历史的感悟中不断成长。

教学资源

资源1：公元751年怛罗斯（Talas）之役，高仙芝所率唐军为阿拉伯军所败，中国制纸工匠数人被俘，造纸术始传至撒马尔罕（Samarkand）。40年后，中国人在巴格达（Baghdad）建立第二座造纸厂，造纸术跟着传入大马士革（Damascus）、的黎波里（Tripoli）、也门、埃及和摩洛哥。阿拉伯人在西方垄断纸的生产，凡500余年之久，直至造纸术在12世纪传入欧洲，从此欧洲人才开始设厂造纸。

——［美］钱存训：《中国纸和印刷文化史》，6页，

桂林：广西师范大学出版社，2004

资源2：寒溪浸楮春夜月，敲冰举帘匀割脂。焙乾坚滑若铺玉，一幅百钱曾不疑。

——（宋）梅尧臣：《梅尧臣集编年校注卷十六·答宋学士次道寄澄心堂纸[①]百幅》

（中），朱东润编年校注，335页，上海：上海古籍出版社，2006

资源3：《天工开物》是中国古代手工业技术的总结性著述，图文并茂，科学严谨，被称为"中国17世纪的工艺百科全书"。《杀青》篇详论竹纸制造工艺，兼及其他，被认为是古代造纸技术的系统介绍。很快就流布日本和欧洲国家。《杀青》篇先后译成法、英、日等多种文字，是研究造纸历史的必读权威著述。……

……

《杀青》分述纸料、造竹纸、造皮纸。文字约20000余，附砍竹漂塘、煮篁足火、荡料入帘、复帘压纸、透火焙干等6幅插图。

—— 杨润平：《中华造纸2000年》，164～165页，北京：人民教育出版社，1997

资源4：文献上有不少关于纸的奇迹的记载，称颂纸的由来、特色、外观和用途。最早当为西晋傅咸（239—293）所作的《纸赋》：

……夫其为物，厥美可珍，廉方有则，体絜性贞。含章蕴藻，实好斯文。取彼之弊，以为此新。揽之则舒，舍之则卷。可屈可伸，能幽能显。若乃六亲乖方，离群索

---

① "澄心堂纸"，由南唐后主李煜设官局监造于澄心堂，供其诗词书画之用，是南唐文房四宝之一，百金难得一枚。诗中描述了澄心堂纸独特的造纸工艺，原料是楮皮，其特点是极其洁白、表面平滑如玉版，抄纸时间一般在冬季，以腊月敲冰水配制纸浆，造成的纸张厚重、坚韧，百金难得一枚。

居。鳞鸿附便，援笔飞书。写情于万里，精思于一隅。①

……英国人托马斯·丘奇亚德（Thomas Churchyard，约公元1520—1604）也有诗描述造纸过程。原诗353行，要旨与傅咸《纸赋》相近，但兼叙及技术。其中有关纸的贡献数行意译如下：

我赞颂第一位造纸者，

世间众善，皆源于此。

它使新书面世，旧作永传，

价值远超尘世。

羊皮纸虽传播时空广远，

但不能替代纸张的优良，

纸张在大众中普遍流传，

而羊皮纸仅为少数人所拥有。

——［美］钱存训：《中国纸和印刷文化史》，郑如斯编订，347页，

桂林：广西师范大学出版社，2004

资源5：当然中东农业和书写实际上比中国起步早些，但是仅仅这一点还不能说明为什么中国文化一直落后于西方文化。我认为关键的原因是在蔡伦之前中国没有方便的书写材料。西方世界有纸莎草纸，虽然这种材料有其缺陷，但是却比用木头或竹子做的书具有无比的优越性。缺乏适当的书写材料是中国文化进步的一种极大的障碍。中国学者需要用车随行带上在我们看来是可怜的几本书。可想而知，用此依据来掌管政务，是何等的艰难。

但是蔡伦对纸的发明，完全改变了这种状况。由于有了适当的书写材料，中国文化得到了迅速发展，几百年内就赶上了西方。……

——［美］迈克尔·H.哈特（Michael H. Hart）：《历史上最有影响的100人》，

苏世军、周宇译，30页，武汉：湖北教育出版社，1988

资源6：造纸术的发明是古代技术的一项重大成就，为人类的文化传播，思想交流和科学发展，提供了至今也不可缺少的信息存贮和传递手段。诚如美国学者德克·卜德

---

① （清）严可均：《全晋文卷五十一》（上册），何宛屏、珠峰旗云、王玉审订，531页，北京：商务印书馆，1999。

说:"纸对后来西方文明整个进程的影响无论怎样估计都不会过分。"①中世纪欧洲印制一部《圣经》,至少需要三百多张羊皮。这种状况如果继续下去,那么除了少数富有的人以外,没有人可以买得起书,文化信息的传播就会受到极大限制。中国的造纸技术从根本上改变了这一状况。在这个意义上可以说:"世界受蔡侯的恩惠要比受许多更知名的人的恩惠更大。"②

——教育部高教司组编,张岱年、方克立主编:《中国文化概论》,

第2版,134页,北京:北京师范大学出版社,2007

资源7:据今考古发现,西汉时期已经有纸。蔡伦总结西汉以来造纸的经验,改进造纸术,"用树肤、麻头及敝布、鱼网"为原料制造了纸。于元兴元年(公元105)奏报朝廷,得到皇帝称赞,"自是莫不从用",纸便推广应用了,当时称为"蔡侯纸"。故后世传说蔡伦是造纸术的发明人。

——白寿彝总主编,白寿彝、廖得清、施丁主编:

《中国通史(第四卷)·中古时代·秦汉时期(下册)》,(修订本),

584页,上海:上海人民出版社,2004

资源8:《艺文类聚》卷三十一引马融《与窦伯向书》:"孟陵奴来,赐书,见手迹,欢喜何量,次于面也。书虽两纸,纸八行,行七字,七八五十六字,百一二十言耳。"又引张奂《与阴氏书》:"笃念既密,文章灿烂,名实相副,奉读周旋,纸弊墨渝,不离于手。"又如《北堂书钞》卷104引延笃《答张奂书》:"伯英来,惠书四纸,读之反覆,喜不可言。"可见纸已经逐渐应用于民间通信活动中。《艺文类聚》卷三一又引崔瑗《与葛元甫书》:"今遣奉书,钱千为赞,并送许子十卷,贫不及素,但以纸耳。"这4封年代大约为东汉中期的书信,都反映当时纸已经成为较为普遍地应用于民间的书写材料。

——张岂之主编,王子今、方光华本卷主编:《中国历史·秦汉魏晋南北朝卷》,

191页,北京:高等教育出版社,2001

---

① [美]德克·卜德(Derke Bodde)原作、孙西摘译:《中国物品西传考》,见丁守和、方行主编:《中国文化研究集刊》(第2辑),358页,上海:复旦大学出版社,1985。
② [美]德克·卜德原作、孙西摘译:《中国物品西传考》,见丁守和、方行主编:《中国文化研究集刊》(第2辑),358页,上海:复旦大学出版社,1985。

张仲景、华佗和李时珍

学术引领

　　古老的中华文化博大精深，异彩纷呈。在这片睿智而神秘的古老文化土壤上，孕育出了与西医学完全不同的理论体系与概念范畴的中医学。中医学具有悠久的历史、鲜明的特色和完整的体系，是中国古代科学的瑰宝，更是我国宝贵文化遗产的重要组成部分。几千年来，中医学为中华民族的繁衍、昌盛作出了巨大贡献。从神农尝百草、伏羲制九针开始，中医学经过我国劳动人民长期的实践，在不断总结经验的基础上逐步发展，日臻完善，已成为世界上至今唯一拥有5000年历史连续发展的医学体系。秦汉时期被认为是中医学完整体系的形成时期，也是中医史上里程碑式的重要时期。两晋至宋元时期，中医学在基础理论和临床经验方面都取得长足的发展。明清时期社会经济发展，对外交流频繁的推动和科学文化方面取得的丰硕成就，为中医学注入新的文化，使中医学进入繁荣发展的时代，达到了创新的巅峰，中医学进入全面和系统的总结阶段。在中医学发展的历史长河中，曾涌现出无数杰出的名医。他们或在理论上有所建树，或在临床上疗效卓著，或以经典巨著嘉惠后世，或以高尚医德为人们所称颂。东汉时期的张仲景、华佗，明朝的李时珍，就是其中的代表人物。

一、中医学发展分期

傅芳在《中国古代医学史研究60年》（载《中华医史杂志》，1996年第3期）一文中指出，当代中医学者俞慎初在《中国医学简史》一书中，将中医学发展分为上古、中古、近世、近代和现代五个时期。[①]中国近现代中医医史文献学者范行准在《中国医学史略》一书中，将中国的医学分为原始社会的医学、青铜时代的医学、英雄的铁器时代的医学、理论与实践医学的统一时期、内外诸科医学的发展时期、门阀与山林医家分掌医权的医学成熟时期、医学的充实时期、医学的衰变时期、医学的孱（chán，软弱，弱小）守时期九个阶段。[②]

陈邦贤在《中国医学史·例言》（第1版，1页，北京：团结出版社，2006）一书中，将中医学发展分为上古的医学、中古的医学、近世的医学、现代的医学四个阶段：周秦以前叫作上古的医学；自两汉历晋、隋、唐、宋以至金元，叫作中古的医学；明清时代叫作近世的医学；中华民国以来，叫作现代的医学。

华碧春、俞慎初在《谈谈中国医学史的分期问题》（载《福建中医药》，1987年第6期）一文中，按照中医学本身的发展规律，结合影响中医学发展的各种因素，将中医学分为四个时期：一是中医学科形成期，即中医学理论与实践相结合的第一个时期（战国—秦汉，公元前475—公元220）；二是中医学科稳定发展期，即中医学实践经验再积累时期（三国两晋南北朝、隋唐北宋，220—1127）；三是中医学科创新时期，即中医学理论与实践相结合的第二个时期（南宋元明清，1127—1840）；四是中西医抗争并存期（1840—现在）。

常存库、张成博在《中国医学史·目录》（第3版，1～5页，北京：中国中医药出版社，2012）一书中，将中医学分为医药的起源（远古至公元前21世纪）、早期医药经验与中医学术方向（夏至春秋，公元前21世纪—前476）、中医学术体系的建立（战国至三国，公元前475—公元265）、医学各科的充分发展（两晋至五代，265—960）、临床经验的总结与理论升华（宋至元，960—1368）、中医学的鼎盛创新（明至清·鸦片战争前，1368—1840）、中西医学的交汇与冲突（鸦片战争至中华人民共和国成立，

① 俞慎初：《中国医学简史·前言》，3页，福州：福建科学技术出版社，1983。
② 范行准：《中国医学史略》，北京：中医古籍出版社，1986。

1840—1949）、中医学的新生（中华人民共和国成立后，1949年后）八个时期。

上述几种医史分期法，虽然划分的原则不同，但总体而言，都是社会发展阶段和中医学的特点二者结合应用，并没有截然分开，只不过依据的主线不同而已。

二、中医科学性研究

自近代以来，随着西方医学在中国的传播和发展，中医学遭到了有史以来最强劲的冲击，甚至引发了中医存废之争。而争议的焦点就是中医是否具有科学性。面对这一问题，陈允成在《论中医的科学性》（载《长春中医药大学学报》，2011年第6期）一文中指出，中医是中国的传统医学，从严格意义上来讲，中医学是现代科技文明出现以前产生和发展的。我们通常把符合现代科学思想的事物称之为科学的，或具有科学性。那么，并非建立在现代科学基础上的，中国先人在中国传统文化特别是传统哲学的指引下创立的中医学是科学的吗？对中医是科学抑或伪科学的判断意义重大，这是全中国乃至全世界的科学界都应该重视的事情。可以说，对中医科学性的判断将影响未来人类科学发展的进程。因此，陈允成从三个方面论证了中医的科学性。

第一，中医具有实际效用性。中医有实际的预防、诊断和治疗疾病的作用，这种作用是经过几千年无数人的实践检验的，是客观的，是不容置疑的，更是不可否认的。中医的效用具有以下四个方面的特性：一是实践性，即中医效用的客观性。这不是理论的推导，更不是无端的臆测，而是经过几千年无数人无数次"试验"，足以证明中医的效用价值。二是结果确定性，即对中医实践结果能够做出符合实际的判断，不是虚妄的假象或不确定结果。三是高度重现性，即中医实践结果不是偶然性的，是具体中医实践的必然结果。四是规律性，即中医不是人类经验的简单累积，中医实践的过程就是按客观规律办事的过程。

第二，中医有自己独立的、系统的、科学的理论体系。中医理论是建立在中国传统文化特别是传统哲学之上的，而中国的传统哲学主流是唯物主义的，是辩证的，是概括自然界所蕴含各种规律的出色而准确且精辟的哲学表达。中医理论更是有其实践基础的：一是中医效用的实践性；二是对人体结构和机能的一定程度的认识实践；三是意识对其所支配身体的内在的认识实践。上述实践对中医理论的建立是必要的，也是有限的。必要的和有限的实践加上辩证的、唯物主义的中国传统哲学这个灵魂，使中医理论这个大厦得以建立、发展和完善。

第三，中医理论对中医实践具有重要的不可或缺的理论指导作用。中医医生要有扎实深厚的中医理论功底，用于指导具体的医疗实践。

陈允成指出，依据中医的实际效用性、理论基础及理论对实践的指导性，即可作出"中医是科学"的判断。至少在没有充分证明的情况下，不能作出"中医是伪科学"的妄断。

王键、王鹏在《多维度视野下的中医科学解读》（载《中国中医药报》，2015-05-06）一文中认为，中医之所以科学，是因为中医拥有科学的几个维度：第一，系统整体。中医学以系统观、恒动观、辩证观为特征，注重系统综合，注重事物本身和事物间的有机性、联系性，形成了不同于其他民族的科学传统。第二，以人为本。中医是"治人之道"，"人"是中医认识和服务的主体。第三，执中致和。"中和"是世间万物存在的理想状态。医学的终极目标是维护人体健康，而健康必须保持人与自然的和谐、人与社会的和谐以及人体自身的和谐。第四，去伪存真。中医发展的好坏，取决于中医本身，而不是外在的力量。按照世界卫生组织关于21世纪"应当以人类的健康作为医学的主要研究方向"的观点，中医的生命观、疾病观和健康观不但不落后，而且还是先进医学理论的典型代表，与人类医学目的和未来医学模式完全吻合。

曹永兴、李彦、马文礼等在《中医的科学性不容诋毁》（载《天津中医药》，2006年第6期）一文中指出，中医药学是一门与西医学完全不同的生命科学体系，两者从不同角度把握人体健康，有很强的互补性，为人类健康保健作出了不可磨灭的贡献。中、西两种医学是站在不同层次上认识人体健康的；西医注重微观检测，中医重视整体观察；西医强调针对病因治疗，中医讲究调整功能的平衡协调。两种医学都是实践的产物，具有等同的科学价值。

三、秦汉时期的中医学

中国医学历史悠久，不同发展阶段呈现出不同的特点。先秦两汉被视为中国古代医学基础理论奠基、体系形成的重要时期。因此，秦汉时期的中医学是值得浓墨重彩来书写的。

（一）秦汉中医学发展的原因

王琳、李成文在《论秦汉时期中医学的发展特点》（载《河南中医学院学报》，2003

年第6期）一文中指出，影响秦汉中医学发展的主要因素有以下五个方面：第一，文化、科学技术的发展对中医学的影响。秦汉时期，中国文化、科技有了很大发展和进步，《黄帝内经》《神农本草经》《伤寒杂病论》等经典著作的问世，标志着中医学从分散的经验积累开始进入理论总结的新阶段。第二，经济迅速发展对中医学的影响。秦汉时期，经济繁荣，人民生活水平不断提高，不但对医学有了更多更高的要求，同时也为医学发展提供了物质基础。第三，哲学思想对中医学的影响。黄老哲学、董仲舒的唯心主义、经学学风与谶纬神学以及反谶纬哲学与元气学说在秦汉时期的流行，对中医学产生了重大影响。第四，战争对中医学的影响。东汉末年，战争频繁，灾荒不断。一些本来散在的疾病出现了爆发流行，还有一些传染病从国外流入国内，而中医学必须在新的现实面前去寻索预防和治疗的方法。原有的经验和理论接受着考验，新的经验、新的理论思维不断总结与形成，临床医学同时也得到了相应的发展。第五，医药管理机构对中医学的影响。秦汉时期，国家建立了较为完备的医药管理机构，促进了中医学的发展、交流及进一步深化。

华碧春、俞慎初在《谈谈中国医学史的分期问题》（载《福建中医药》，1987年第6期）一文中指出，秦汉时期，中央集权制度已经确立并初步发展，先秦两汉的科学技术和文化发达，诸子百家中的道家、阴阳家、儒家对中医学理论的形成产生了重大影响，而两汉时期的朴素唯物辩证法思想又为医学沿着唯物主义道路发展提供了思想基础。在这种情况下，古代医学家在原有的实践经验基础上应用朴素唯物主义哲学的思辨精神，以精、气、神学说，阴阳五行学说及天人相应观等为指导，第一次对丰富的经验进行理论概括。四大经典①著作的相继问世，标志着中医理论体系的确立，中医作为一门学科已初步形成。可以说，这个时期是中医学发展的第一个黄金时期。

---

① 中医"四大经典"一词最先见于1955年中国中医研究院第一届西学中班教学计划中，指《黄帝内经》《神农本草经》《伤寒杂病论》《金匮要略》四部著作。由于受时代或年代、社会需求以及推荐者等诸多因素的影响，对"四大经典"的推荐书目常会有所不同。归纳起来主要有下面四种观点：一是《黄帝内经》《难经》《伤寒杂病论》《金匮要略》；二是《黄帝内经》《难经》《伤寒杂病论》《神农本草经》；三是《黄帝内经》《神农本草经》《伤寒杂病论》《金匮要略》；四是《黄帝内经》《伤寒杂病论》《金匮要略》《温病学》。另外，还有学者认为，界定中医经典不能限于"四大"，当包括《黄帝内经》《神农本草经》《伤寒杂病论》《金匮要略》《温病条辨》《本草纲目》等。目前比较认同的是第四种观点。可参见李如辉、管斯琦《关于中医"四大经典"书目的界定》（载《辽宁中医药大学学报》2013年第12期），许四虎、廖利平《学习中医四大经典著作之浅见》（载《深圳中西医结合杂志》2006年第3期），傅幼荣《学习中医四大经典著作的良师益友》（载《江西中医药》1984年第4期）等文章。

除此之外，白寿彝、廖德清、施丁在《中国通史（第4卷）·中古时代·秦汉时期（下册）》（修订本，708页，上海：上海人民出版社，2004）一书中指出，始皇笃信方士，妄图长生不老，有琅玡方士徐市[①]，上书始皇，请得斋戒与童男女数千人，入海求仙。徐市等至日本，不返。此举虽属荒诞，却是中日医学交流之嚆矢，徐市在日本人民的心目中有着崇高的地位。西汉张骞出使西域，从今阿拉伯世界带回许多药用植物，如石榴、胡桃、胡瓜、苜蓿、蒜葫、胡荽、西瓜、无花果等。如此等等，丰富了我国本草学宝库。这充分说明，中医学发展还受到外来文化的影响。

廖育群在《重构秦汉医学图像》（93～107页，上海：上海交通大学出版社，2012）"外来文化的影响"一章中指出，秦汉中医学还曾受到印度传统医学、婆罗门教、佛教及其他一些域外文化的影响。廖育群认为，从宏观层面上讲，"异文化的影响"也可以被视为促进知识发展和变革的一种外部要素或动力。

（二）秦汉中医学发展的表现

第一，医著丰富。徐荣庆、周附在《论秦汉、晋唐、宋元中医发展的成就》（载《南京中医药大学学报（社会科学版）》，2000年第1期）一文中指出，秦汉时期，令人最注目的是《黄帝内经》《难经》《神农本草经》《伤寒杂病论》等经典医著的问世，标志着中国医学已发展到了一个比较成熟的阶段。其中《伤寒杂病论》继承了《黄帝内经》等古典医籍的基本理论，以六经论伤寒，以脏腑论杂病，提出了包括理法方药在内的辨证论治原则。[②]《伤寒杂病论》是一部优秀的古典医学名著，也是我国医学史上影响最大的著作之一。

第二，医事制度完备。白寿彝、廖德清、施丁在《中国通史（第4卷）·中古时代·秦汉时期（下册）》（修订本，705～707页，上海：上海人民出版社，2004）一书中指出，依文献及出土文物所见，秦汉时期是有医官和公共卫生设施的。1975年在湖北云梦县发现一批秦律竹简，其中有涉及法医部分之文字，可知秦已设有"令史""隶臣""隶妾""医"等官职。两汉时期在秦制基础上有所发展。据《汉书·百官公卿表》

---

① 徐市（fú），即徐福。秦朝时齐地人，著名方士。《史记·秦始皇本纪》中写作"徐市"，《史记·淮南衡山列传》中写作"徐福"。见司马迁：《史记卷六·秦始皇本纪》（第1册）、《史记卷一百一十八·淮南衡山列传》（第10册），247页、3086页，北京：中华书局，1959。
② 辨证论治又称辨证施治。它是理、法、方、药综合运用于临床的过程，是中医学术的基本特点。对患者表现的症状、体征进行综合分析，辨别为何种证候称辨证；在辨证基础上定出治疗措施，称论治。参见朱文锋主编：《实用中医词典》，376页，西安：陕西科学技术出版社，1992。

记载："太常，属官有太乐、太祝、太宰、太史、太卜、太医六令丞。"①《后汉书·百官志》记载："太医令一人，六百石。本注曰：掌诸医。药丞、方丞各一人。本注曰：药丞主药。方丞主药方。"②公共设施方面，秦汉时已十分讲究环境卫生。例如，在饮食卫生方面，有公共水井，有炊事用的灶具、灶台等，还有冷藏食物的深井、冰窖；在洗浴卫生方面，有供多人同时入浴的浴池，铁质澡盆及个人洗手浴面之器物；在环境卫生方面，无论宫廷或人口聚集的城市，都有大量下水道，并且在管口连接的设计上都非常坚固、科学；在城市街道防尘方面，不仅有定期洒扫的要求，还有类似洒水车的工具。

第三，名医辈出。廖育群在《重构秦汉医学图像》（25页、76页，上海：上海交通大学出版社，2012）一书中指出，秦朝时著名的"良医"主要有缓、和、𥱊、夏无且。汉代在对秦朝医学的继承中，也涌现出一批著名的医家，其中最著名的当属张仲景和华佗。

张友元在《简明中外医学史》（第2版，145～148页，广州：广东高等教育出版社，2009）一书中指出，秦汉时期著名的医药学家有：一代医学宗师张仲景、中医外科之祖华佗、"杏林"奇才董奉、病历的首创者淳于意，以及涪翁、程高与郭玉等名医。其中，张仲景、华佗、董奉被尊称为"建安三神医"。

（三）秦汉中医学的代表——张仲景与华佗

张仲景和华佗同为东汉时期的名医，一个专攻内科，一个精于外科，一内一外相映成辉，被喻为汉代医学上的"双子星座"。

1. 张仲景

（1）张仲景的生平

关于张仲景的生平，争议颇多的是他是否出任过长沙太守。廖国玉在《张仲景官居长沙太守的三项根据》（载《中医杂志》，1982年第4期）一文中指出，之所以认为张仲景官居长沙太守，有以下三个方面的根据：其一，历代医籍中有明确记载。《伤寒杂病论》的旧题和原序的最后署名，以及后来历代医家，都奉张仲景为长沙太守。其二，明清两朝编纂的《长沙府志》《南阳府志》《邓州志》的大量记述中也充分表明，张仲景当

---

① （东汉）班固：《汉书卷十九上·百官公卿表第七上》（第3册），726页，北京：中华书局，1962。
② （南朝·宋）范晔等：《后汉书卷一百二十六·百官志第二十六》（第12册），3592页，北京：中华书局，1965。

年任所之长沙，家乡之南阳与邓州均有其"官居长沙太守"的文字根据。南北两地所记十分契合，进一步说明了此事的准确性。其三，南阳医圣祠、晋代张仲景墓碑、长沙张公祠这三处古迹的存在，明清两朝湖南长沙、湘潭等地曾以正月十八日作为医圣张仲景的诞辰纪念日，以及长沙、南阳之张仲景公堂诊病的传说等，这些古迹与传说中均贯穿着张仲景为长沙太守之事。

宋柏林、翟志强在《我对仲景长沙太守说的看法》（载《国医论坛》，1991年第1期）一文中则认为，1981年在河南省南阳市医圣祠发现的墓碑，青石碑体上刻有"汉长沙太守医圣张仲景墓"十一字，白石碑座上刻有"咸和五年"的字样，碑座和碑体所用石材质地不同，所刻字迹也不同，而碑体碑座的质地和字体不同，则存在着碑体碑座制作年代不同的可能，对证实太守说的意义值得推敲。宋柏林、翟志强还指出，张仲景与华佗同为当时名医，行医均涉足河南一带，且仲景以医名世，还做过太守，但《三国志》与《后汉书》中均只见华佗传而未见仲景传，因此仲景长沙太守说至今仍是悬案。

（2）张仲景的医学贡献

张友元在《简明中外医学史》（第2版，145～146页，广州：广东高等教育出版社，2009）一书中对《伤寒杂病论》做了如下介绍：《伤寒杂病论》分为《伤寒论》与《金匮要略》两部共16卷，前者专门论治传染病、热病，后者专门论述内科、妇科和外科等杂病的理论和方法。《伤寒杂病论》确立了"审因辨证、因证立法、以法系方、遣方用药"的中医辨证施治原则，并在"四诊"（望、问、闻、切）的基础上总结出"八纲"（阴阳、表里、寒热、虚实）。四诊八纲辨证施治的理论原则，是中医学的核心思想。《伤寒杂病论》中的方药内容，奠定了方剂学的基础。《伤寒论》载方113首，用药170余种；《金匮要略》载方262首，用药214种。张仲景的方剂组方思想严谨，用药不多，配伍精当，临床疗效较高，被称为"经方"。

柯雪帆在《〈伤寒杂病论〉对秦汉医药学的继承与发展》（载《中华医史杂志》，2000年第1期）一文中指出，张仲景的《伤寒杂病论》为中国医药学的经典著作，唐肃宗时就被列为医师的必考科目，历代医药著作纷纷引用其内容作为论据，直到目前仍为中医院校的必修课程。一千多年前，《伤寒杂病论》流传到朝鲜、日本，成为这两个国家传统医药学的主要内容。

张仲景对我国医学发展的历史贡献远不止《伤寒杂病论》一部著作。覃荣周在《张仲景对我国医学发展的历史贡献》（载《兰台世界》，2013年第7期）一文中指出，张仲景在继承和发扬前人医学理论研究的基础上，以"气"为中心强调阴阳平衡与自和，开创了中医以人体结构认知为出发点的病理学研究理论，极大地推动了我国医学理论的发展。张仲景还高瞻远瞩地提出过比较系统的医学伦理思想，在一定程度上为我国古代医学伦理的发展奠定了思想理论基础。张仲景的行医经验及其《伤寒杂病论》不仅包含了丰富的临床医学知识，而且对中医护理工作具有意义非凡的指导作用，为我国医学护理的发展也作出了积极贡献。

（3）张仲景的地位

覃荣周在《张仲景对我国医学发展的历史贡献》（载《兰台世界》，2013年第7期）一文中认为，张仲景是世界医学史上的伟人之一。他在元明时期被奉为"医圣"，这一历史赞誉一直沿用至今。

马伯英在《张仲景在医学史上的不朽地位》（载《中国药学报》，1985年第4期）一文中认为，张仲景的伟大贡献，在于人所共知的、他所开创的辨证论治体系，被称为"群方之祖"。但从历史的进程而言，张仲景还是一位在中医学发展的关头，实现了理论与临床实践相结合、从而大大推动了医学向前进步的人物。

牛文澜在《儒医张仲景思想研究》（41页，中国政法大学2011年硕士学位论文）一文中指出，在中国医学发展史上，有两次巨大的变革：一次是以《内经》为标志的医学理论的总结；一次是以张仲景的《伤寒杂病论》为标志的临床诊治辨证体系构建及方剂创制之法。张仲景的《伤寒杂病论》被后世医家奉为圭臬，极为推崇。有"药王"之称的孙思邈在经过临床检验后指出，仲景之方，"行之以来，未有不验"①，并且将《伤寒论》中的内容比较完整地收集在《千金翼方》中，俗称《唐本伤寒论》。朱震亨在《局方发挥》中也说："仲景诸方，实万世医门之规矩准绳也，后之欲为方圆平直者，必于是而取则焉。"②纪昀在《四库书目提要》中认为，仲景之学"自宋以来，医家奉为典型，与《素问》、《难经》并重，得其一知半解，皆可以起死回生，则亦岐、黄之正传，和、扁之嫡嗣矣。"③仲景之学的魅力及其影响，可谓是跨越古今，千古一人。

---

① 钱超尘校注：《唐本伤寒论·前言》，9页，北京：中国医药科技出版社，1994。
② （元）朱震亨：《局方发挥》，胡春雨、马湃点校，2页，天津：天津科学技术出版社，2003。
③ （清）纪昀总纂：《四库全书总目提要·卷一百三·子部十三·医家类一》，2596页，石家庄：河北人民出版社，2000。

称其跨越古今不肖多言，说其是千古一人，是因为他既是"儒医"，又是"医圣"，古今只此一人而已。

2. 华佗

（1）华佗的生平

学界关于华佗的生平存在着"本土说"与"外来说"的争议。

陈寅恪在《〈三国志〉〈曹冲〉〈华佗传〉与佛教故事》（见《陈寅恪集：寒柳堂集》，176～181页，北京：生活·读书·新知三联书店，2001）一文中指出，华佗之为历史上真实人物，自不容不信。然断肠破腹，数日即差，揆以学术进化之史迹，当时恐难臻此。其有神话色彩，似无可疑。陈寅恪进一步指出，天竺语"agada"即为"药"的意思，"华佗"二字古音与"agada"相适应，当时民间比附印度神话故事，因称为"华佗"，其实就是将他看作"药神"。

日本松木明知在《麻醉科学史研究最近的发现——汉名医华佗实际是波斯人》（郎需才译，见钱超尘、温长路主编：《华佗研究集成》，1071～1073页，北京：中医古籍出版社，2007）一文中提出了"华佗是波斯人"的观点。松木明知认为，华佗是波斯语"X waday"，即王、神的译音，本来不是人名，在这里是长于医术的先生的意思。同时松木明知还在《华佗与麻醉》（郎需才译，见钱超尘、温长路主编：《华佗研究集成》，1073页，北京：中医古籍出版社，2007）一文中指出，根据植物育种学的研究，构成麻沸散最主要成分的具有麻醉性、幻觉性成分的大麻，不是产自中国，而是来自里海附近。

综上所述，持华佗"外来说"者，主要是认为"华佗"的发音与胡语的关系密切；麻沸散的成分非中国出产。另外，汉代时中国已开辟了通向西域的道路，并且留下了中国与西域进行文化交流的记载，也为华佗"外来说"提供了一定的理论依据。

张志远在《关于华佗三事剖析》（见钱超尘、温长路主编：《华佗研究集成》，1013页，北京：中医古籍出版社，2007）一文中指出，从范晔《后汉书》、陈寿《三国志》中的华佗传到皇甫谧《针灸甲乙经》序言所记查考，都是只字未提及华佗为"西天"印度人，就连后世的地方志和稗官野史、笔记杂说，也是如此。考"佗"字由来已久，绝非受印度传入中国佛教"神"之影响，而是实实在在存在的。可以肯定地说，华佗既不是古代佛国印度人，也不是染有释门色彩"称为佗"，或将其投入迷雾中而尊之为"药神"之人。况且，华佗以外科鸣世，长于施行手术，非专门卖药者，因此陈寅恪之说殊不足信。

郎需才在《华佗果真是波斯人吗？——与日本松木明知先生商榷》（见钱超尘、温长路主编：《华佗研究集成》，1063～1068页，北京：中医古籍出版社，2007）一文中指出，松木明知之所以认为华佗是波斯人，是因为他把华佗的"佗"字写成了"陀"，这个错误影响到对华佗两字的理解。华佗字元化，又名旉（fū）。华佗是日月光华照射的意思。元化是大自然造化的意思，旉是古敷字，是达解的意思，和佗字意思相近。华佗、元化、旉三者关系非常明显。因此，华佗的姓名和字都是地道的中国式的。郎需才还指出，华佗使用的医术，无论是针灸还是五禽戏以及华佗的著作等，都体现出中国医学的特点，是土生土长的中国医学。所以说，华佗绝不是波斯人，而是地地道道的中国人。

石舒尹、王兴伊在《华佗"外来说"辨析》（载《中医药文化》，2015年第1期）一文中，针对华佗"外来说"的观点，分析总结了近85年对华佗来历的研究，包括考察其音韵、相关古籍，并结合中外交流及中医历史分析，从华佗名字的含义、麻沸散的研究、对于中国古代外科手术的研究，以及学界对华佗的姓氏、故里、医术等内容研究进行了综合考证，驳斥了"外来说"观点。石舒尹、王兴伊认为，华佗并非印度人、波斯人，而是汉人。其一，从音韵的发展、流传即可看出，华佗并非源于梵语。另外，华佗曾举孝廉。结合史书记载以及"汉代异族不得举孝廉"这一制度分析可得，华佗应为汉人。其二，华佗的医术主要为中医，他的辨证论治、针灸治疗、五禽戏都极具中医特色。其三，华佗的医术，有可能受西域医学影响。通过汉代中原与西域的文化交流情况可推测，中医可能受西域医学影响，但这并不能成为否认华佗是汉人的依据。

（2）华佗的医学贡献

温长路在《华佗研究钩沉》（载《江西中医学院学报》，2007年第2期）一文中指出，华佗的医学成就，当首推对麻醉术的发明和外科手术的创新，这是他对中国医学最具影响力的贡献，因此世有"麻醉先师""外科鼻祖"的称谓。但华佗的学术成就绝不止于此，即便从有限史料中所反映出的内容看，他的学术思想也是非常丰富和广泛的。从理论和实践的角度上去概括，可以归纳为以下五个方面：一是积极的健身学说；二是科学的辨证思想；三是精辟的诊断方法；四是独到的特色疗法；五是精湛的手术技艺。

龚维义、顾植山、张玉才等在《华佗学术讨论会论文综述》（载《安徽中医学院学报》，1985年第1期）一文中认为，华佗的医学贡献还可以归纳为以下四个部分：一是擅长外科手术。据《后汉书》记载，华佗施行"抽割积聚""断截湔洗"①等手术是可信的。华佗是我国的外科鼻祖。关于这一点，李经纬在《论华佗之外科手术与麻醉术》（载《安徽中医学院学报》，1985年第1期）一文中，引用大量史料证明汉末出现华佗所能施行的一类大手术是完全可能的。二是对伤寒学说的贡献。通过对华佗学说内容的阐述及其与《伤寒论》的比较，龚维义等认为，华佗伤寒学说是继《素问·热论》之后的第一块里程碑，并推论出张仲景《伤寒杂病论》有可能是在吸收《素问·热论》和华佗伤寒学说的基础上发展起来的。三是方药方面的成就。林世炘在《华佗学术掘隐》（见钱超尘、温长路主编：《华佗研究集成》，1235～1236页，北京：中医古籍出版社，2007）一文中指出，《华佗方》在《肘后方》等有所保存，在《千金要方》《外台秘要》《本草纲目》等医籍里都有引录和引注。四是对医学教育的贡献。顾发海在《华佗——我国早期的医学教育家》（见钱超尘、温长路主编：《华佗研究集成》，957页，北京：中医古籍出版社，2007）一文中认为，华佗选择弟子既没有考虑亲属之界，也没有家乡、地域之限，只要热心医学者，他都愿教。弟子选择后，华佗又能剖析医理、深入浅出地进行教学，还能身体力行指导弟子进行实践。这些教育方法，符合现代理论与实践相结合的教育方法。一般认为，华佗至少有三个弟子，其弟子以吴普、李当之、樊阿最有名。三位弟子所取得的成就，是与华佗的辛勤教育和正确引导分不开的。

潘民中在《大医华佗的医术、医德及医著》（载《许昌学院学报》，2005年第6期）一文中指出，首先，华佗的医著主要有"麻沸散""出死胎汤""驱胃虫汤""肠痈散""四物女宛丸""漆叶青黏散"等药方。前五种留下有方名，而无具体配伍；后一种既有方名，又有用药之配伍。其次，创制了中国的传统健身术，即"五禽之戏"。再次，首先提出针灸穴位，即"华佗夹脊穴"。最后，出版有综合医著，即《华佗一卷书》。此书无正式书名，也无内容记载。虽然如此，但这充分表明，华佗的医著是丰富的。在《隋书·经籍志》中也有《华佗方》十卷、《华佗观形察色并三部脉经》一卷、《华佗枕中灸刺经》一卷的记载。②可以说，在他所精通的方药、针灸、内科、外科、儿科、妇

---

① （南朝·宋）范晔等：《后汉书卷八十二下·方术列传第七十二下·华佗》（第10册），2736页，北京：中华书局，1965。

② （唐）魏征、令狐德棻：《隋书卷三十四·志第二十九·经籍三》（第4册），1041页、1043页、1047页，北京：中华书局，1973。

产科、养生学等诸领域都有著述。

（3）华佗的地位

沈斌、王宗殿、韩金花等在《华佗——中华传统文化的表征》（载《中医学报》，2011年第2期）一文中指出，华佗最为大家熟知的成就就是他对麻醉术的发明和外科手术的创新，因此世有"麻醉先师""麻醉鼻祖"的称谓。

郭慧杰、王宗殿在《华佗文化与中医精神相关问题探讨》（载《中医学报》，2013年第1期）一文中指出，在众多的名医之中，华佗以其独特的医术享有"神医""外科鼻祖"等称号。

马堪温在《华佗是中国医学史上的光荣》（见钱超尘、温长路主编：《华佗研究集成》，564页，北京：中医古籍出版社，2007）一文中指出，华佗是我国汉代杰出的医学家，在我国医学史上占有崇高的地位。华佗的医术是中国古代医学发展的结晶，华佗的业绩和中国古代医学的进展血肉相连，华佗的成就和贡献完完全全地体现了古代医学的独特性。华佗是中国医学史上的光荣。

潘民中在《大医华佗的医术、医德及医著》（载《许昌学院学报》，2005年第6期）一文中指出，唐代孙思邈曾提出"大医精诚"的命题："凡大医治病，必当安神定志，无欲无求，先发大慈恻隐之心，誓愿普救含灵之苦。若有疾厄来求救者，不得问其贵贱贫富，长幼妍蚩，怨亲善友，华夷愚智，普同一等，皆如至亲之想。亦不得瞻前顾后，自虑吉凶，护惜身命。见彼苦恼，若己有之，深心凄怆。勿避险巇，昼夜寒暑，饥渴疲劳，一心赴救，无作功夫形迹之心。如此可为苍生大医。"[①]这既是孙思邈通过自己的行医实践获得的对医道的感悟，也是其对包括华佗在内的前代名医、贤医从医之道的体认。华佗之医道既精且诚，既具有"大医"的风范，也具有"大医"的医术。

四、两宋至金元时期的中医学

贾得道在《中国医学史略》（111～113页、156～158页，太原：山西科学技术出版社，2002）一书中认为，两晋至隋唐五代的医学，是实践医学的大发展时期。在这一时期，学术思想上形成了儒、佛、道三家鼎立的情况。由于各家主张不同，彼此之间因利

---

① （唐）孙思邈：《备急千金要方卷第一　序例》，2页，北京：中医古籍出版社，1999。巇（xī）险恶，险峻。

害关系常常发生剧烈的斗争。但是，他们又都是为统治者服务的，有一致的方面，所以常常互相勾结、互相渗透，以致到后来出现"三教合一"的趋势。这种情况对当时医学的发展产生很大影响，促进了这一时期实践医学的继续发展。宋金元时期的医学是中医理论的深化与发展时期。有宋一代，中央集权制加强，促进了政治上的稳定；手工业和商业经济的发展，特别是活字印刷术的发明，更给文化事业的发展创造了有利的条件，这些都对我国医学的发展有很大的影响；思想领域理学的盛兴，对中医理论的发展也起了一定的促进作用。金元医学承继两宋，不但没有对医学事业加以有意摧残，反而在一定程度上给予相当的重视和支持，如对医学教育和医疗设施所做的一些有益的规定，以及对医生的社会地位给予一定的重视等，从而使中医学从两宋的播种、育苗和培植，到了金元时代进入开花结果的时期。

张友元在《简明中外医学史》（173～174页，广州：广东高等教育出版社，2009）一书中指出，宋金元时期，战乱不断，疾病流行，病种变异，迫使医家探索新方法，提出新理论。因此，形成了"河间学派"和"易水学派"，出现了"金元四家"①的学术争鸣，活跃了当时的学术气氛，丰富了中国医学的内容，标志着我国医学学术思想发展到一个新阶段。

李成文在《宋金元时期中医学发展特点及其对后世的影响》（载《中国医药学报》，2003年第3期）一文中认为，宋金元时期政府对医药的关注、战争及社会的需求、医学发展的客观需要、学术环境宽松、运气学说及理学的影响、《太平惠民和剂局方》的盛行、开放式的医药交流等都成为促进或影响中医学发展的因素，使宋金元时期成为中医学承前启后的重要阶段。在这一时期，基础理论与临床医学的发展与创新，对明、清医学的发展和兴盛起了积极的促进作用。明代《本草发挥》《本草纲目》等著作完整地继承了"易水学派"创始人张元素的药物学理论，并成为中药学理论的重要内容。宋金元医家创制的大量新方，如《普济方》《医方集解》《成方切用》等不仅被后世重要方书所收录，而且流传至今，仍是临床医生常用的方剂。

---

① 金元四家，金元时代医学流派的主要代表，即刘完素、李杲、张从正、朱震亨四人。参见赵璞珊：《中国古代医学》，151～161页，北京：中华书局，1997；贾得道：《中国医学史略》，161页，太原：山西科学技术出版社，2002；张友元：《简明中外医学史》，第2版，173～175页，广州：广东高等教育出版社，2009。

五、明清时期的中医学

（一）明清中医学发展的原因

余慎初在《中国医学简史》（236～238页，福州：福建科学技术出版社，1983）一书中指出，明代中医学的发展主要有以下几方面的原因：第一，政治稳定。明朝统治者为了巩固政权，不断加强中央集权，并采取镇压与宽大相结合的两面手法，使中央集权达到极高的程度。第二，经济发展。政治的稳定，使得社会经济迅速恢复和发展，并促进了商业的繁荣和手工业生产的发展，某些地方甚至出现了资本主义生产关系的萌芽。第三，海外交通较为发达。明代造船业发展，对外贸易十分活跃，特别是郑和七次下西洋，以及此后的对外贸易，大大促进了中外经济文化和医药的交流。第四，天主教东来。明朝时期天主教开始流行，信教的人逐渐增多，沿江、沿海地区甚至设立了教会。西方传教士在传播天主教的同时，也把欧洲先进的科学文化知识陆续传入中国，包括天文学、地理学、农学、数学和医药学方面的知识，并译注了一些科技书籍，其中包括生理、解剖学等方面的医学著作，这对当时的科学文化和医学的发展都产生了很大影响。第五，宋元理学的盛行。虽然宋元理学的唯心主义在客观上阻碍了科学文化和医学的发展，但一些唯物主义思想家和科学家敢于大胆地批判理学和心学，他们强调实践和革新，主张深入实际，使自然科学包括医学在内仍获得了发展，取得了相当成就，既出现了诸如《农政全书》《天工开物》《徐霞客游记》《本草纲目》等具有重大科学价值的不朽巨著，也产生了一批著名的医家和医著。

贾得道在《中国医学史略》（214页、220页，太原：山西科学技术出版社，2002）一书中认为，明代对"金元四家"学说的沿袭逐渐走向折衷，不同医学流派的争论虽然各自都不免有偏颇之处，但总的来说，对促进中医理论的发展方面还是起了一定作用的。因为各派在所强调或主张的那些方面，总是有比较丰富的经验或比较深刻的体会。把多方面的偏见综合起来加以分析和折衷，就有可能得出比较全面的结论。而且，这些争论大部分都和临床实践联系在一起，这对临床医学的发展起到了很大的促进作用。

除了上述原因外，常存库、张成博在《中国医学史》（第3版，135页，北京：中国中医药出版社，2012）一书中指出，清统治者为加强思想控制，屡兴文字狱，迫使文人皓首穷经，影响到中医学，表现为对古代医学经典著作的研究掀起了热潮，这也是明清中医学发展的一个原因。

（二）明清中医学发展的表现

第一，医著丰富。常存库、张成博在《中国医学史》（第3版，136～139页，北京：中国中医药出版社，2012）一书中认为，明清时期的中医学体系达到了发展的高峰，主要表现在医学著述丰富，医学杂志问世。明代的《普济方》《古今医统正脉全书》《古今医统大全》《证治准绳》《景岳全书》等，清代的《古今图书集成·医部全录》《医宗金鉴》《临证指南医案》《续名医类案》《古今医案按》等，都是当时具有重大影响力的医著。另外，18世纪末苏州医家唐大烈编辑的《吴医汇讲》具有杂志的基本特征，成为我国最早具有医学杂志性质的刊物。《吴医汇讲》的主要特点是内容广泛，登载文稿涉及医学的多个领域，且不拘体裁。它还提倡学术民主化，因而选编的文章不以作者年龄、资历分先后，而是按来稿的早晚定次序。《吴医汇讲》及时推出了不少很有学术价值的文章，促进了温病学说的交流和发展。

第二，药物研究盛行。杨建宇、徐江雁、郝恩恩等在《医学史》（99页，北京：中医古籍出版社，2006）一书中认为，明代本草学的发展达到了空前的高峰，主要表现在著述较过去大为增多，内容丰富，而且具有普及性和总结性。明代本草学最突出的成就是李时珍的《本草纲目》，它不仅是中国本草学之冠，而且是世界药学史上的不朽之作。清代本草学中的突出著述是赵学敏的《本草纲目拾遗》，是继李时珍之后的本草学杰作。《本草纲目拾遗》与《本草纲目》相得益彰，不仅补充了新资料，而且纠正了《本草纲目》中的某些错误。

第三，学派流行。范行准在《中国医学史略》（198页，北京：中医古籍出版社，1986）一书中指出，明清时期中医学发展的主要表现是学派的流行。明清时期，医学上的主流主要有东垣学派、丹溪学派、折衷学派、服古学派、判经学派等。其中东垣、丹溪两个学派的医学在各家医学上占主导地位。

常存库、张成博在《中国医学史》（第3版，139页，北京：中国中医药出版社，2012）一书中指出，隆庆二年（1568）或稍前，徐春甫在北京建立了我国民间最早的学术团体——"一体堂宅仁医会"。先后参加者有46人，都是各地的名医。医会的宗旨在于探讨医药学术，要求会员深入研究《内经》《伤寒论》等医籍，切磋医术，讲求医德修养，深戒徇私谋利。

第四，医事制度新变化。常存库、张成博在《中国医学史》（第3版，154～155页，北京：中国中医药出版社，2012）一书中指出，明清时期，在医事制度方面有新的变化，并取得了一定发展。明清两朝均设有太医院。太医院是国家医药行政管理机构，也是皇室医疗单位，负有国家医学教育、医学人才考试选拔、祭祀名医、医官的任免与派遣等功能，并有奉旨诊视皇族大臣疾病的任务。明清两代为帝后诊病，均有严格的规章制度。明清两代还设有御药局。御药局是专为皇帝服务的御用药事机构，主要任务是监制御用药饵，兼管收储各地进贡的各类药材及各种成药加工制备，它与太医院相辅。明代府、州、县均设有专职医生，负责辖区的医药卫生行政和医学教育。

（三）明清中医学的代表——李时珍

1. 李时珍的生平

王毓铨在《中国通史（第9卷）·中古时代·明时期（下册）》（修订本，1916～1917页，上海：上海人民出版社，2004）一书中指出，李时珍（1518—1593），字东璧，号濒湖，湖广蕲州（今湖北蕲春）人。出身世医之家。父亲李言闻，为当时名医。李时珍从小就受到家学的熏陶。父亲有志培养他走上仕途，并督促他认真读书，儒家经典是必读的书籍，小说传奇、诗词歌赋也都有涉猎，这些都为李时珍后来从事医药学的研究打下了坚实的基础。李时珍13岁中了秀才，但随后的三次乡试却屡屡失利。他的志向不在科举而是对中医本草学具有浓厚的兴趣，因而放弃了科举。他随父亲诊病济穷，同时专心致志于医药学和博物学的研究。后因医好楚王之子的暴厥症，他被征任楚王府奉祠正。嘉靖年间，一度赴京，供职太医院，不久托病归。有感于历代《本草》多有讹误，又对方士迷信泛滥不满，立志重修《本草》。李时珍不辞艰辛，跋涉远近，寻采草药，访求药书，不耻下问，考辨异同。他积三十余年之功，三易其稿，终于编著完成《本草纲目》。晚年曾赴南京谋求刊刻，并对全书加以修订定稿。万历二十一年（1593）病逝，终年76岁。

2. 李时珍的贡献

（1）《本草纲目》

王剑在《李时珍大传》（81～82页，北京：中国中医药出版社，2011）一书中指出，《本草纲目》共52卷，记载和叙述了1892种药物，其中有375种是李时珍第一次引进和加入的。全书共分为水部、火部、土部、金石部、草部、谷部、菜部、果部、木部、服器部、虫部、鳞部、介部、禽部、兽部、人部16部，每部又分成若干类，共有60类之多。《本草纲目》关于药物效用的记载，不但是现代医学临床上实际使用的重要参考资料，而且也是今后药物学研究工作中珍贵的启示。

屈宝坤在《中国古代著名科学典籍》（130～131页，北京：中国国际广播出版社，2009）一书中指出，《本草纲目》分类的科学性在当时世界上是领先的，许多方面与现代科学分类相吻合。它比西方生物学家林奈①在1735年出版的《自然系统》要早一个半世纪。在解说药物时，《本草纲目》按照"释名、集解、气味、正误、修治、主治、发明、附方"这样八个栏目对药物进行详细解说，这种结构和体例条理分明，便于检索，切合实用。

张友元在《简明中外医学史》（第2版，179～180页，广州：广东高等教育出版社，2009）一书中指出，《本草纲目》是中国药物学上的重大突破，也是中国医药学高度发展的一个重要标志，至今仍是国内外学者研究中国医学和中国药学的宝贵资料。《本草纲目》不仅促进了药物学的蓬勃发展，还间接推动了植物学研究。它的西传，不但使西方药学界开阔了眼界，而且对生物学研究也产生了重大影响。

余慎初在《中国医学简史》（287～288页，福州：福建科学技术出版社，1983）一书中指出，《本草纲目》的出版，对中外医药学界产生了巨大的影响。国内许多医家都认为该书乃集本草学之大成者，它不仅促进了药物学的发展，而且推进了对药物学的研究。该书出版后很快流传到国外，相继被译成日、朝、德、法、英、俄、拉丁等多种文字，传播到世界各地，至今仍被誉为"中药宝库""东方医学巨典"。

（2）对医学的贡献

楼之岑在《李时珍对中国医药学的贡献》（载《时珍国药研究》，1991年第1期）一文中指出，李时珍对中国医学所作的贡献主要有五个方面：第一，创"脑为元神之府"说。李时珍认为，脑是神灵所集之处，即精神意识集中的场所。这种将脑置于机体主宰位置的论述与现代医学对大脑的认识基本一致，同时推动了中医学对人脑机能的认识，对后世医家产生了很大影响。第二，创"肾间命门""鼻为命门之窍"说。李时珍对唐、宋、元各代不甚完善的命门学说进行了辨析和发展，从解剖、生理、病理、药治等方面

① 林奈（Linnaeus），又作卡罗鲁斯·林奈乌斯（Carolus Linnaeus），瑞典自然学者，现代生物学分类命名的奠基人。

对命门之说提出自己独到并且比较全面的看法，为"肾间命门"学说理论体系的建立奠定了基础。第三，对脉学诊断的贡献。李时珍在广搜经典和唐宋金元名流之作的基础上，结合自己的经验著成《濒湖脉学》一书，提出二十七种脉象，并对每一种脉象用歌诀的形式进行详细阐述，不仅深入浅出，简明易晓，而且音韵协调，便于诵记，为脉学的发展和推广普及作出了贡献。第四，阐明奇经理论，发展经络学说。李时珍在参考前代诸家对奇经八脉的各种论说后，萃集成《奇经八脉考》一书，对奇经八脉的循行路线、病证及治法，逐条进行考证，并提出了自己的观点和结论。这些观点和结论经现代人实验，都是经得起检验的。第五，医疗技术的创新。李时珍对一些传统药物及治疗方法提出了创新的用法，开创了许多治疗先例。他对传染病具有传染流行的特点也有较深的认识，同时提出了传染病预防的一些新方法。这些都推动了中国医学的发展。

游佳斌在《论李时珍对中医学理论的贡献》（载《甘肃中医》，1995年第4期）一文中指出，李时珍除了上述医学贡献外，还首次论述了人的胆石症。李时珍首先从牛之黄是牛之病入手进行研究，第一次揭示了畜类动物的胆石症，进而由此及彼，触类旁通，通过逻辑思维，推论到人亦有此病，从而第一次揭示了人的胆石症。同时，游佳斌在《论李时珍对肠寄生虫病学的贡献》（载《中医药研究》，1994年第3期）一文中还指出，李时珍在《本草纲目》一书中，在总结前人经验的基础上，结合个人临床实践，对肠寄生虫的致病因素、诊断依据、治疗原则及驱虫药物等方面进行了大量研究工作。李时珍认为，饮食不洁是肠寄生虫病的致病因素，并通过长期的临床观察和总结，确立了嗜食异物是诊断肠寄生虫病的依据，进而提出了确实可靠的"杀虫至尽""空腹服药""蛔虫动则先安蛔""攻补兼施"的治疗原则。李时珍在《本草纲目》中收载了具有驱肠寄生虫功效的药物60余种，其中大部分经现代医学研究证实具有驱虫效果。

（3）对药学的贡献

楼之岑在《李时珍对中国医药学的贡献》（载《时珍国药研究》，1991年第1期）一文中指出，李时珍在药学方面有三大贡献。第一，确立纲目体系，树立本草规范。我国古代记载药物的书籍称为本草。由于药物种类很多，如何分类叙述，使其眉目清晰，便于阅读和查检，一直是本草书写作的一个问题。李时珍在《本草纲目》中采用了"纲目"分类法，将药物按照先无机界后有机界、先植物后动物、从小到大、从低等到高等的方法进行分类，这种分类方法便于医药人员掌握各类药物的特点，有利于寻找和辨认，与以往"玉、石、水、土混同，诸虫、鳞、介不别"①的分类方法相比已大有进步。第二，扩充本草内容，增加药物品种。首先，李时珍在对前代本草进行考证和整理的基础上，还从历代医家方书经籍中搜集经验良方和有关采药、制药、用药理论等方面的阐述，并广征博引经史百家书籍40种，借以考证、辨析、澄清历代本草中的疑点，扩充本草内容，提高本草质量。其次，李时珍还非常重视实践经验。他经常到药材资源丰富的地方亲自调查和采集标本，做出详细记录。因此，《本草纲目》中记载的药物，只要他亲自见过的，都有详细的记载。最后，李时珍通过旁征博引历代本草方书典籍以及民间采访，在《本草纲目》内新增药物374种，新增医方8161个，成为我国当时收载药物和医方最多、内容最丰富的本草巨著。第三，辩证本草疑误。李时珍认为"本草一书，关系颇重"②，是关系到人命安危的著作，所以他对历代本草中的一些可疑或错误之处，都认真甄辨，严加订正，提高了我国本草学的科学性。

杨梅香在《李时珍对发展中医药理学说的贡献》（载《药学通报》，1988年第11期）一文中指出，李时珍对中医药理学说作出了巨大贡献。杨梅香认为，中医用药很早就已处在一定的药理思想指导之下，从《黄帝内经》到金元时期，药理学说早已形成一个颇具规模的体系。但这些论述大多处于散乱的状态，直到李时珍《本草纲目》才完成了对以前药理论述资料的整理工作。李时珍采用分专题类集资料的方法对以前的药理内容进行了彻底的整理，使得历代以来各家药理学说渊源有自，体系完备。

（4）对其他科学的贡献

陈邦贤在《李时珍》（"医史研究会"百年纪念文集，98～99页，2014）一文中认为，李时珍不仅对药物学、脉学有贡献，还对生物学、矿物学、化学等学科在科学研究上也有贡献。《本草纲目》对于每味植物药品鉴别的方法，是以产地、苗、花、萼、实、根、气味等作根据，通过互相比较观察后作出结论的。这种植物分类的方法具有一定的科学性，不仅比明代以前任何本草书都进步，并且比欧洲林奈的植物分类法早近200年。在动物药品方面，李时珍把动物药品分为虫部、鳞部、介部、禽部、兽部、人部6部。这种动物分类的方法，有不少可以作为研究动物学的参考资料。在矿物学方面，《本草纲

---

① （明）李时珍著、王庆国主校：《〈本草纲目〉（金陵本）新校注·凡例》（上册），北京：中国中医药出版社，2013。
② （清）顾景星：《李时珍传》，见段逸山主编：《医古文》，79页，北京：人民卫生出版社，1986。

目》关于矿物药品的记载就有275种，分为水、火、土、金、玉、石6部，可供研究矿物学作参考。关于生物化学方面，李时珍曾花费了许多时间研究豆腐、乳腐、豆豉、鱼鲊等制造方法和变化过程。对于人体新陈代谢产物，如粪、尿、乳汁、月水、人血、人精等，李时珍都有比较精密的观察，可以供研究生物化学者参考。

王剑在《李时珍大传》（345页，北京：中国中医药出版社，2011）一书中认为，李时珍除了对自然科学的发展起到巨大推动和促进作用外，他在从事科学实践研究中，所体现出的崇高伦理思想、唯物主义和辩证法思想，为人类留下了宝贵的精神财富和重要思想启迪，并在语言文学、训诂学、民俗学、历史学、地理学等诸多社会学科方面均取得了前无古人后无来者的光辉业绩。联合国教科文组织赞誉李时珍为"世界文化名人"，是完全当之无愧的。

3. 李时珍的地位

朱建平在《中国医学史研究》（101页，北京：中医古籍出版社，2003）一书中认为，李时珍的伟大贡献，《本草纲目》的杰出成就，古今中外的学者都给予高度的评价。为《本草纲目》作序的明代著名文学家王世贞谓其人为"真北斗以南一人"，其书乃"格物之《通典》"[1]。鲁迅认为《本草纲目》"实在是极可宝贵的"，"含有丰富的宝藏"[2]。

郝长燚在《不断被记忆的李时珍——李时珍形象演变与社会文化变迁》（44～45页，南开大学2011年硕士学位论文）一文中指出，1956年2月，李时珍陵园修好，时任中国科学院第一任院长的郭沫若为李时珍墓前纪念碑亲笔题词："医中之圣，集中国药学之大成；本草纲目乃1892种药物说明。广罗博采，曾费三十年之殚精。造福生民，使多少人延年活命！伟哉夫子，将随民族生命永生。李时珍乃16世纪中国伟大医药家，在植物学研究方面，亦为世界前驱。"[3]1963年，郭沫若参观湖北省博物馆后，再次为李时珍题词"李时珍是伟大的自然科学家，他在药物学中尤其有突出的成就。他的本草纲目记载药物近两千种，具有总结性与创造的特色。使中国医术得以推进，人民健康有所保障。他已被公认为世界第一流科学家中一位显著的人物。当永远向他学习。"[4]

---

[1]（明）王世贞：《〈本草纲目〉原序》，见段逸山主编：《医古文》，250页，北京：人民卫生出版社，1986。
[2] 鲁迅：《南腔北调集·经验》，136页，北京：人民文学出版社，2006。
[3] 汪建平、闻人军主编：《中国科学技术史纲》（修订版），411页，武汉：武汉大学出版社，2012。
[4] 钱超尘、温长路主编：《李时珍研究集成》，插图页，北京：中医古籍出版社，2003。

李时珍不仅在国内受到广泛的重视和崇敬，在国际上也有着极高的声誉。胡菊人在《李约瑟与中国科学》（144页，台北：时报文化出版事业有限公司，1979）一书中认为，李时珍编著《本草纲目》花了30年的时间，记载了1892种药物，汇集了一万多种药方，这样的毅力和成就，是非常可敬可佩的，所以英国近代生物化学家和科学技术史专家李约瑟称他是中国古代伟大的药物学家。

朱本用在《浅析李时珍中医药物学著作〈本草纲目〉》（载《知识经济》，2013年第4期）一文中指出，德国学者伯利奈德（Bretschnei der，E.）认为李时珍的《本草纲目》已经含有明确的生物进化论思想，并且认为他是"中国卓越的自然科学家、药物学家，进化论的奠基人"。

王剑在《李时珍大传》（313页，北京：中国中医药出版社，2011）一书中指出，李时珍是一位举世公认的科学家，正如郭沫若先生所言，李时珍是"已被公认为世界第一流科学家中一位显著的人物"。

我们学习张仲景、华佗、李时珍的相关知识，不仅仅为了了解三人的高超医术，更是为了能从三人的医术及医德中汲取古人的智慧和高尚的品德，加深学生对中华优秀传统文化的认同与热爱。

微课设计

微课设计一：德医双馨的好医生——"医圣"张仲景

设计意图

通过引导学生对《伤寒杂病论·序》的分析解读，感悟张仲景高尚的医德；通过教师介绍张仲景行医的民间传说，帮助学生了解张仲景的高超医术，认识一个德医双馨的"医圣"，并学习他高尚的道德。

✐ 设计方案

教师讲述：俗话说："人食五谷生百病。"人不是神仙，一定要吃五谷杂粮的，因而得病是很正常的事情。得了病就要看大夫。看病时，如果能遇到一个医德高尚、医术高超的好医生，就是患者最大的福气了。今天，就让我们一起来认识一位古代的好医生吧。

材料呈现：

材料一

医圣祠

张仲景墓

——图片选自《中华古文明大图集》(第八部　颐寿)，40页、41页，北京：人民日报出版社，1992

教师设问：材料一中的遗址在哪里？你知道是为了纪念谁而建的吗？人们为什么要纪念他呢？这就是我们今天将要一起来了解和学习的中国古代德医双馨的好医生——张仲景。

下面我们通过分析史料和民间故事来全面认识一个"德""医"双馨的医圣。

1. 济世良医

材料呈现：

材料二　论曰。余每览越人入虢之诊，望齐侯之色，未尝不慨然叹其才秀也。怪当今居世之士，曾不留神医药，精究方术，上以疗君亲之疾，下以救贫贱之厄，中以保身长全，以养其生，但竞逐荣势，企踵权豪，孜孜汲汲，惟名利是务，崇饰其末，忽弃其本，华其外，而悴其内，皮之不存，毛将安附焉。

材料三　余宗族素多，向余二百，建安纪年以来，犹未十稔，其死亡者三分有二，伤寒十居其七。感往昔之沦丧，伤横夭之莫救，乃勤求古训，博采众方，撰用《素问》《九卷》《八十一难》《阴阳大论》《胎胪药录》，并《平脉辨证》，为《伤寒杂病论》，合十六卷。虽未能尽愈诸病，庶可以见病知源。若能寻余所集，思过半矣。

……

孔子云：生而知之者上。学则亚之。多闻博识，知之次也。余宿尚方术，请事斯语。

材料四　观今之医，不念思求经旨，以演其所知，各承家技，始终顺旧，省疾问病，务在口给，相对斯须，便处汤药。按寸不及尺，握手不及足；人迎趺阳，三部不参；动数发息，不满五十。短期未知决诊，九候曾无髣髴[①]；明堂阙庭，尽不见察，所谓窥管而已。夫欲视死别生，实为难矣。

——（东汉）张仲景著、卞华主编：《伤寒杂病论·序》，3页，

北京：中医古籍出版社，2012

教师设问： 三则材料分别体现出张仲景具备哪些高尚医德？

教师引导学生分析： 从材料二可以看出，张仲景以战国名医扁鹊为榜样，提出继承发扬古代医学家德高艺精的优良传统，同时弘扬仁术济世的主张。张仲景不仅对病人一视同仁，同时还批判那些"竞逐荣势，企踵权豪，孜孜汲汲，惟名利是务"的势利之徒。在他眼中，"医相无二"，医国与医人一样重要。张仲景还认为，医生必须敬业、乐业，要多为患者着想。因此，张仲景一生淡于功名，不慕荣华权势，潜心医学，拯救黎民。

材料三体现了张仲景精勤古训、博采众方、不耻下问的治学态度。正是在博采古训的基础上，融合自己的医疗实践经验，加以总结、提高，他才撰成《伤寒杂病论》这部流芳百世的恢宏巨著。而且，他遵从孔子"学而知之""多闻博识"的教诲，认为医学没有止境，必须终身坚持学习。由于张仲景这种勤学好问的治学精神，使得他的医学造诣日深，医术更加精湛，博得了众多名家的称道。

从材料四可以看出，张仲景认为治病疗效的好坏，并非单纯决定于专业技术水平的高低，医疗态度和医疗作风尤其不可忽视。一个好的医生应该珍视生命，体恤病患，认

---

① 髣髴（fǎng fú），同"仿佛"，隐约，依稀。

真负责，一丝不苟。

教师设问： 通过对材料的分析，我们认识了医德高尚的济世良医张仲景。那么，他的医术究竟如何呢？

2. "杏林圣手"

材料呈现：

材料五　仲景见侍中王仲宣时，仲宣年二十余，谓曰："君有病，四十当眉落，半年而死。令服五石汤可免。"仲宣嫌其言忤，受汤勿服。居三日，见仲宣，谓曰："服汤否？"仲宣曰："已服。"仲景曰："色候固非服汤之诊，君何轻命也！"仲宣犹不信。后二十年，果眉落，后一百八十七日而死，终如所言。

——（三国·西晋）皇甫谧：《针灸甲乙经·序》，4页，北京：商务印书馆，1955

教师设问： 通过材料五，你能判断出张仲景的医术如何吗？

教师引导学生分析： 材料讲述的是张仲景为三国时曹魏名臣、著名文学家王仲宣诊病的传说。根据张仲景的观察判断，王仲宣患的是"麻风病"。在1800年前的张仲景时代，在没有现代理化学的检验和病理解剖学的时代，张仲景竟然能用"候色验眉"法诊断出麻风的病征，并能预测到20年后的发作情况和死亡日期，这不能不使我们后人钦佩。同时，也让我们看到了张仲景高超的医术。

材料六　救自缢死方

徐徐抱解，不得截绳，上下安被卧之。一人以脚踏其两肩，手少挽其发，常弦弦勿纵之。一人以手按据胸上，数动之。一人摩捋臂胫，屈伸之。若已僵，但渐渐强屈之，并按其腹。如此一炊顷，气从口出，呼吸眼开而犹引按莫置，亦勿苦劳之。须史，可少桂汤及粥清含与之，令濡喉，渐渐能咽，及稍止。若向令两人以管吹其两耳，采好。此法最善，无不活也。

——张家礼主编：《金匮要略·杂疗方第二十三》，474页，

北京：中国中医药出版社，2004

教师设问： 材料六讲述的是什么救治方法？

教师引导学生分析： 通过分析材料可以看出，张仲景在对自缢猝死的病人进行救治时，采用了胸外心脏按压的方法，令病人心肺复苏。这是有记载的世界上最早的人工呼吸法。这说明，张仲景在医学实践的过程中，不断探索，不断创新，开创了新的治疗方

法，并且疗效显著。

教师引导学生小结： 通过上述六则材料的分析，我们不难看出，张仲景不仅医德高尚，而且医术精湛，堪称"德医双馨"的好医生。正是因为他在人们心目中拥有如此完美的形象，所以被世人尊称为"医圣"。在河南南阳的张仲景故乡，建有张仲景墓和"医圣祠"，每年都有大量的医护人员到医圣祠焚香，以纪念中国历史上这位杰出的医学家。

✎ 设计点评

张仲景的知识在历史课本中呈现得很少，学生很难通过课本上寥寥几十个字来认识一个真实的张仲景，更难以理解他为何能获"医圣"的尊荣。本微课立足于解读历史细节材料，采用探究学习的方法，通过师生共同解读史料，逐渐认识了一个"德"高、"医"精的真实"医圣"。同时，通过解读和分析史料，不仅培养了学生的阅读、理解能力，而且学生还能从张仲景身上学到一些高尚的品德。

微课设计二：圣手能医妙艺多——"神医"华佗

✎ 设计意图

通过详细解析《三国志·华佗传》的记载，运用一个个真实的病例记载，帮助学生认识神医华佗的高超医术，体会传统中医学中蕴含的古人的智慧和创造力。

✎ 设计方案

教师讲述： 后世每以"华佗再世"称誉医家的医术高超。而我们把华佗尊称为"神医"，那么历史上华佗的医术究竟有多么高超、多么神奇呢？今天我们来一探究竟吧！

1. 开腹手术

材料呈现：

材料一 若病结积在内，针药所不能及，当须刳割者，便饮其麻沸散，须臾便如醉死无所知，因破取。病若在肠中，便断肠湔洗，缝腹膏摩，四五日差，不痛，人亦不自窠，一月之间，即平复矣。

　　——（西晋）陈寿：《三国志卷二十九·魏书二十九·方技传第二十九·华佗传》

（第3册），799页，北京：中华书局，1959

　　教师设问：从材料一可以看出，华佗具备怎样的医术？

　　教师引导学生分析：材料反映的是华佗为病人实行开腹手术、治疗疾病的事迹。在那个时代，别说开腹手术，就是普通外科手术，也是难以操作的。但是，华佗使用自行发明的麻沸散，敢于为病人进行开腹手术，不仅是中国医学的创举，更是一个壮举。这在当时的人们看来，华佗的医术与神仙无二。

　　2. 预知生死

　　材料呈现：

　　材料二　吏县尹世苦四支烦，口中乾，不欲闻人声，小便不利。佗曰："试作热食，得汗则愈；不汗，后三日死。"即作热食而不汗出，佗曰："藏气已绝于内，当啼泣而绝。"果如佗言。

　　材料三　又有一士大夫不快，佗云："君病深，当破腹取。然君寿亦不过十年，病不能杀君，忍病十岁，寿俱当尽，不足故自剖裂。"士大夫不耐痛痒，必欲除之。佗遂下手，所患寻差，十年竟死。

　　材料四　广陵太守陈登得病，胸中烦懑，面赤不食。佗脉之曰："府君胃中有虫数升，欲成内疽，食腥物所为也。"即作汤二升，先服一升，斯须尽服之。食顷，吐出三升许虫，赤头皆动，半身是生鱼脍也，所苦便愈。佗曰："此病后三期当发，遇良医乃可济救。"依期果发动，时佗不在，如言而死。

　　——（西晋）陈寿：《三国志卷二十九·魏书二十九·方技传第二十九·华佗传》

（第3册），800页、801页，北京：中华书局，1959

　　教师设问：上述三则材料说明华佗具备怎样的医术？

　　教师引导学生分析：从三则材料可以看出，华佗具有"料病如神"的能力。皇甫谧曾说"华佗存精于独识"[1]，是对华佗判断疾病能力的赞誉。可以说，华佗在望、闻、问、切的诊断方法上，将脉学诊断发挥到了出神入化的地步。他能依照病人的面目、行

---

[1]（唐）房玄龄等：《晋书·卷五十一·列传第二十一·皇甫谧传》，1414页，北京：中华书局，1974。

色、症状来判断患病的程度，并根据当时的医疗技术来区别疾病是否可以医治，并且每每都很灵验。特别对于观察将死时的面容、颜色和行为举动，描写得很清楚。三则材料就是华佗经验丰富、能够察危知机的例证，充分说明了华佗拥有高超的医术。华佗是否真的拥有传神的能力呢？其实不然，华佗的医术之所以神奇，这是与他立志勤学、精研前人经验并注重实践，以及多年民间行医的经验积累分不开的。

3. 全能医生

材料呈现：

材料五　华佗……又精方药，其疗疾，合汤不过数种，心解分剂，不复称量，煮熟便饮，语其节度，舍去辄愈。

材料六　若当灸，不过一两处，每处不过七八壮，病亦应除。若当针，亦不过一两处，下针言"当引某许，若至，语人"。病者言"已到"，应便拔针，病亦行差。

材料七　故甘陵相夫人有娠六月，腹痛不安，佗视脉，曰："胎已死矣。"使人手摸知所在，在左则男，在右则女。人云"在左"，于是为汤下之，果下男形，即愈。

材料八　东阳陈叔山小男二岁得疾，下利常先啼，日以羸困。问佗，佗曰："其母怀躯，阳气内养，乳中虚冷，儿得母寒，故令不时愈。"佗与四物女宛丸，十日即除。

材料九　又有一郡守病，佗以为其人盛怒则差，乃多受其货而不加治，无何弃去，留书骂之。郡守果大怒，令人追捉杀佗。郡守子知之，属使勿逐。守瞋恚既甚，吐黑血数升而愈。

——（西晋）陈寿：《三国志卷二十九·魏书二十九·方技传第二十九·华佗传》

（第3册），799页、800页、801页，北京：中华书局，1959

教师设问：通过上述材料，你能看出华佗还具备哪些高超的医术？

教师引导学生分析：材料五告诉我们，华佗在方剂学方面有很高造诣。他所用的方药不繁复，甚至不用称量，只需按照心中的数量信手拈来就可以药到病除。材料六告诉我们，无论针法还是灸法，华佗都能得心应手，手到病除。材料七、材料八反映的是华佗在妇科、儿科方面都有很高的造诣，也是神医圣手。从材料九可以看出，华佗不仅能医治身体上的疾病，而且对于心理上的疾病也有独特的治疗方法，并且效果显著。

4. 养生保健

材料呈现：

材料十　吾有一术，名五禽之戏，一曰虎，二曰鹿，三曰熊，四曰猿，五曰鸟，亦以除疾，并利蹄足，以当导引。体中不快，起作一禽之戏，沾濡汗出，因上著粉，身体轻便，腹中欲食。

——（西晋）陈寿：《三国志卷二十九·魏书二十九·方技传第二十九·华佗传》，
（第3册），804页，北京：中华书局，1959

第一式　虎形　　第二式　鹿形

第三式　熊形　　第四式　猿形　　第五式　鸟形

华佗五禽戏姿势图

——华犁：《五禽戏》，见钱超尘、温长路主编：《华佗研究集成》，770页，
北京：中医古籍出版社，2007

教师设问：结合材料十和图片说一说，图片中展示的是什么？它有什么作用？

教师引导学生分析：华佗不仅医术神奇，而且还通晓养生之术，并创制了中国的传统健身术，即"五禽之戏"。华佗根据虎、鹿、熊、猿、鸟的特性，通过模仿五禽活动动作特点，并结合人体的脏腑、经络和气功创造出了一套"五禽之戏"。每当体有不快时，他便做一遍"五禽之戏"。很快地，不仅身体出汗，而且顿觉轻便，食欲大增。华佗的弟子吴普常练习五禽戏，"年九十余，耳目聪明，齿牙完整"①。人们练习五禽戏，不仅可以使周身肌

---

① （西晋）陈寿：《三国志卷二十九·魏书二十九·方技传第二十九·华佗传》（第3册），804页，北京：中华书局，1959。

肉、肌腱、骨骼、关节功能加强，拥有旺盛精力，从而达到强身健体的效果，还能调节肝、肾、脾、心、肺等内脏，起到开胸理气、疏通经络、祛病长生的健身作用。华佗的这一运动养生学说，对我国健身运动的影响非常深远，至今还在发挥着积极的作用。

教师引导学生小结： 通过对上述十则材料的详细解析，我们可以看出，华佗不仅仅是学术界公认的"著名外科医生""杰出外科学家""外科鼻祖""外科圣手"，而且还是汉魏之际一位杰出的全能名医。

设计点评

关于华佗的知识，学生基本上限定在《三国演义》的剧情里，或者是民间的一些传说中。本微课通过对正史的解析，从科学的角度，为"神医"之"神"提供可信的理论依据，不仅仅有利于学生全面认识一个有血有肉的真实"神医"，更有利于培养学生"论从史出"的史料意识。

微课设计三：精勤不倦、实践创新的李时珍

设计意图

通过了解李时珍及《本草纲目》的成就，探究李时珍编撰《本草纲目》的过程，学习李时珍注重实践、勇于创新的求真求实精神和创新意识。

设计方案

教师讲述： 通过前面的学习，我们认识了德医双馨的"医圣"张仲景，妙手回春的"神医"华佗，他们代表了秦汉时期中医学的杰出成就。今天，让我们继续了解"集中国药学之大成"的医药学家——李时珍。

材料呈现

材料一　楚蕲阳李君东璧……予窥其人，睟然貌也，癯然身也，津津然谭①议也，

---

① 睟（suì）然，面色清和润泽的样子。癯（qú），同"臞"，瘠也；癯然，身材清瘦有精神的样子。津津然，兴味浓厚的样子。谭，同"谈"。北斗以南，指天下、海内。

真北斗以南一人。

——（明）王世贞：《〈本草纲目〉原序》，见段逸山主编：《医古文》，250页，

北京：人民卫生出版社，1986

教师设问：材料一中，明代著名文学家王世贞是如何描绘和评价李时珍的？

教师引导学生分析：在王世贞的字里行间，我们看到一个容貌润泽有光彩、身材清瘦有精神、言谈兴趣浓厚而有风趣的李时珍形象。在王世贞看来，李时珍简直是普天之下第一流的人物。

材料二　1956年2月，李时珍陵园修好，时任中国科学院第一任院长的郭沫若为李时珍墓前纪念碑亲笔题词。

教师设问：材料二中，郭沫若又是如何评价李时珍的？

教师引导学生分析：从纪念碑的题词可以看出，郭沫若认为李时珍是16世纪中国伟大的医药学家，堪称"医中之圣"。

材料三　李时珍作为科学家，达到了同伽利略、维萨里乌斯（Andrea Vesalius，1514—1565）的科学活动隔绝的任何人所能达到的最高水平。

——［英］李约瑟：《中国科学技术史》（李约瑟中国科学技术史第6卷生物学及相

关技术第六分册医学，北京：科学出版社；上海：上海古籍出版社，2013），

转引自潘吉星：《李时珍——李约瑟——鲁桂珍》，载《大自然探索》，1993年第2期

教师设问：材料三中，英国著名科技史专家李约瑟又是怎样评价李时珍的？

教师引导学生分析：从材料中可以看出，李约瑟认为李时珍的科学研究水平达到了当时世界上最高的水平。

教师设问：综观上述三则材料，为什么古今中外的人对李时珍的评价如此之高呢？究竟是什么突出的贡献为他赢得如此赞誉呢？

材料呈现：

材料四　兹岂仅以医书观哉？实性理之精微，格物之《通典》，帝王之秘录，臣民之重宝也。

——（明）王世贞：《〈本草纲目〉原序》，见段逸山主编：《医古文》，250页，

北京：人民卫生出版社，1986

材料五 达尔文称此书为"中国古代的百科全书"。

——吴德铎:《科技史文集》,105页,上海:生活·读书·新知三联书店,1991

教师设问:你知道材料四中王世贞所说"格物之《通典》""帝王之秘录""臣民之重宝"以及材料五被达尔文称为"中国古代的百科全书"指的是什么吗?

教师引导学生分析:材料所指,即是李时珍的《本草纲目》。让我们一起来简单了解一下《本草纲目》吧。

材料呈现:

材料六 李时珍按"物以类聚、目随纲举"的原则将药物用自然属性归纳,即水、火、土、金石、草、谷、菜、果、木、服器、虫、鳞、介、禽、兽、人共16部为纲,各部之下又再分为若干类,以类为目,共计60类目。

——和中浚:《图说中医学史》,160页,南宁:广西科学技术出版社,2010

材料七

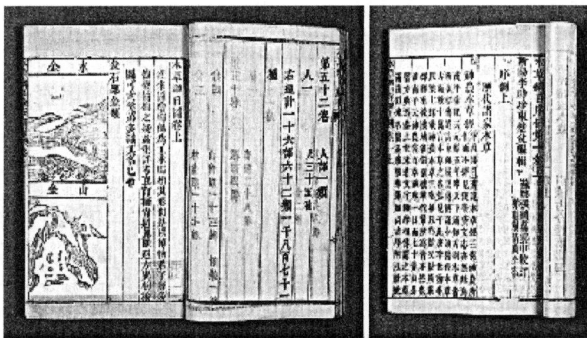

《本草纲目》书影

教师引导学生分析:通过材料六和材料七的介绍,我们感受到了《本草纲目》的包罗万象、鸿篇巨制。那么,这样一部图文并茂的药学巨著,是如何编撰的呢?

材料八 医家《本草》,自神农所传止三百六十五种,梁陶弘景所增亦如之,唐苏恭增一百一十四种,宋刘翰又增一百二十种,至掌禹锡、唐慎微辈,先后增补合一千五百五十八种,时称大备。然品类既烦,名称多杂,或一物而析为二三,或二物而混为一品,时珍病之。乃穷搜博采,芟烦补阙,历三十年,阅书八百余家,稿三易而成书,曰《本草纲目》。

——(清)张廷玉等撰:《明史卷二百九十九·列传第一百八十七·方技·李时珍》

(第25册),7653页,北京:中华书局,1974

教师设问：从材料中可以看出，李时珍在编撰《本草纲目》时遇到了什么困难？他又是怎样克服的呢？

教师引导学生分析：从材料中可以看出，李时珍在参阅前代医家所编撰的《本草》类书籍时，虽然所记药物种类丰富，但存在着一些问题，如药物名称杂乱，有的一种药物析分为2～3种名称，有的是两种药物混为一种，甚至有一些还存在着谬误或是虚幻的种类，这样非常不利于医家真正了解药物功效，不能更好地为民治病。有鉴于此，李时珍立定决心，要将疑误者辨正，要使是非有归。此后，李时珍开始了漫长的收集、整理、实践、辨析、编撰的过程。他敢于对古人、对"圣人"、对"经典"持批判的态度，对以往本草类书籍中出现的错漏进行了非常严谨的比对、辨正。他重视调查研究，亲自实践。李时珍跋山涉水，亲自采药，调查了许多药用植物的生长习性，对药用动物进行解剖或追踪观察，对药用矿物进行采掘、比较、炼制，积累了第一手资料，弄清了大量的药物情况。他还通过自身尝试、服药和对病人的观察，肯定了某些药物的疗效和鉴别方法。李时珍就是这样，读千家书，行万里路，听万家言，经过审查、分析、存疑、判断、检验，历经三十年，参阅八百多种文献资料，经过三次修订，终于完成了近二百万字的药物巨著《本草纲目》。

教师设问：通过上面的故事，我们可以从李时珍身上学到哪些优秀品质？

教师引导学生小结：通过了解李时珍编撰《本草纲目》的艰辛历程，我们从他身上看到了矢志不渝、执着坚定的信念，科学严谨、求真务实的态度，不畏艰险、勇于创新的献身精神，救死扶伤、仁爱为怀的高尚医德。

设计点评

李时珍是明朝著名的医药学家，其著作《本草纲目》享誉海内外，对于这些知识，学生已经耳熟能详。本微课通过指导学生在已有知识认知的基础上探究李时珍编撰《本草纲目》的过程，了解成书过程中遇到的困难和李时珍克服困难所做的努力，引导学生学习李时珍的优秀品质，在学习和生活中成为更加优秀的人。

教学资源

资源1：从"毉"到"醫"　中国医学源于巫术。……先秦典籍中，医字写作"毉"，由此可见医与巫术联系的密切。西周以后，巫师式微，许多巫师就以治病为业。……

中医形成之后，针砭药石成为治病的主要方法，而与靠法术咒语驱邪的巫师分道扬镳。"毉"字也逐渐被"醫"字取代。"毉"下的"巫"字，是巫师舞蹈象形；"醫"下的"酉"字，则是药罐子的象形。医字从"毉"到"醫"，形象地反映了从巫术到医学的演化过程。……

——臧振：《蒙昧中的智慧——中国巫术》，134~135页，北京：华夏出版社，1994

资源2：三国时期吴国的董奉，是一位杰出的医学家。他精通医理，医术精湛，不仅善于治疗常见病、多发病，而且对于危重病人的抢救与治疗，往往也能获得相当惊人的疗效。老百姓十分敬重他，甚至将他视为"仙人"。更为难得的是，董奉医德十分高尚。虽然医名大振，求治者应接不暇，他始终坚持为病人施治不计报酬，对于贫病者，赠医送药不取分文。只是，他有一个很特殊的要求：凡治愈一个重病人，希望病愈者在他的房前屋后栽种5棵杏树；治愈一个轻病人，则希望病愈者栽种1棵杏树。如此多年，董奉的房前屋后杏树成林，郁郁葱葱。董奉自居杏林之中，淡泊宁静，以为人间佳境。每当春天到来，繁花似锦，春色满园。待杏黄时节，硕果累累，百里飘香。董奉在林中建一简易仓房，置一容器于仓中，张榜宣示，有欲买杏者，每一器谷易一器杏，自行取去，不必通报。这样，每年以杏换得大量粮食，除自给之外，全部用于帮助无依无靠的老弱贫病者及儿童，或行旅不逮之人。

董奉去世之后，妻女继承他的遗志，依旧卖杏救贫。据《寻阳记》所载："杏在北岭上，有树百株，今犹称董先生杏林。"[①]（寻阳即今江西九江）杏林佳话由此而流传下来，出于人们对董奉的崇敬与爱戴，"杏林"也逐渐成为中医的誉称。

——张叶：《杏林佳话》，载《中华医史杂志》，2000年第1期

资源3：清·康熙《长沙府志》卷之十"名宦志"曰："纪职官而复书名宦不已赘乎？

[①]（宋）李昉等：《太平御览卷九百六十八·果部五》（第4册），4292页，北京：中华书局，1960。

曰职官者，举其任职之人，而不必其人之有当否也。名宦者，则弗问其秩之崇卑，弗计其任之久暂，惟因其实以著其名，使后人知所取法焉者也。"……

……

张机，字仲景，长沙太守，时大疫流行，治法杂出，机著伤寒论金匮，方行于世，民赖全活。

——廖国玉：《张仲景官居长沙太守的三项根据》，载《中医杂志》，1982年第4期

资源4：张仲景在长沙任太守时，曾在府衙为民诊治疾病。并把每月的初一和十五日两天定为诊病日，此二日，他坐堂行医，专为民众除疾，从而传为佳话，受到人民群众的敬仰。此一传说，众所周知，而以长沙、南阳传之尤广，为了纪念仲景美德，后来中药店多冠以××堂沿袭至今，如北京的"同仁堂"、邓县的"同盛堂"等，并把坐在药铺里诊病的医生称为"坐堂医"。

——廖国玉：《张仲景官居长沙太守的三项根据》，载《中医杂志》，1982年第4期

资源5：张仲景……一生著作甚多，但对后世影响最大的，是他对伤寒疾病的研究，连后来挣扎在黑死病中的欧洲也受益匪浅。欧洲最早的治疗黑死病的方法，就是通过到过中国的阿拉伯人，翻译过来的《伤寒杂病论》一书。欧洲学者李约瑟曾赞叹说："他是一个拯救了欧洲命运的人。"

——张嵚：《张仲景：一个拯救了欧洲命运的人》，载《科学大观园》，2011年第7期

资源6：《华佗遗书》，共分为三个部分：

上编包括《华氏中藏经》《华佗先生内照图》和《华佗遗书集存》三书。《华氏中藏经》，又名《中藏经》，首见于郑樵《通志·艺文略》，此后多书都有著录。……

中编包括《华佗神医秘传》《华佗授广陵吴普太上老君养生诀》两书。……

附篇是世传的《华佗三传》和华佗弟子们的著作《李当之药录》《吴普本草》。……

《华佗遗书》的贡献，不仅比较全面地展示了华佗的学术思想，为读者打开一扇系统了解华佗的简便、快捷的窗口；而且给了人们一个有血有肉的华佗、完整的华佗，把人们对华佗的认识提高到了一个新的境界。……

——温长路：《博得群书 得正一书——〈华佗遗书〉序》，

载《中医学报》，2010年第6期

资源7：……古代五行学说认为，世界上万事万物都是由五种基本元素或物质构成

的，这五种基本物质就是金、木、水、火、土，称作五行。……就动物而言，亦可以五行分类，即以虎、鹿、熊、猿、鹤为代表。这五种动物的全态、生活习性、动作特点、阴阳属性等各不相同，虎的勇猛刚健，鹿的迅疾机敏，熊的沉着踏实，猿的灵活神奇，鹤的舒展飘逸，模仿它们的动作能够使人体各部分都得到相应的锻炼，增强抗病能力，坚持不懈，确能强身健体，延缓衰老。

……

华佗的"五禽戏"是我国非物质文化遗产中的瑰宝，也是我国民间流传时间最长、范围最广的健身方法之一。2004年国家体育总局把"五禽戏"作为四种健身气功之一在全国推广。华佗"五禽戏"以它丰富的内涵、多样的形式，成为我国健体文化的一个重要组成部分。

——崔玮：《华佗"五禽戏"的历史渊源与思想内涵》，

载《兰台世界》，2010年第3期

资源8：三〇一　华佗麻沸散神方

专治病人腹中症结或成龟蛇鸟兽之类，各药不效，必须割破小腹，将前物取出。或脑内生虫，必须劈开头脑，将虫取出，则头风自去。服此能令人麻醉，忽忽不知人事，任人劈破，不知痛痒。方如下：

羊踯躅三钱　茉莉花根一钱　当归一两　菖蒲三分

水煎服一碗。

——（东汉）华佗撰、孙思邈编集：《华佗神方卷三·华佗神方秘方》，

41页，北京：中医古籍出版社，1992

资源9：每药标正名为纲，附释名为目，正始也；次以集解、辨疑、正误，详其土产形状也；次以气味、主治、附方，著其体用也。上自坟典，下及传奇，凡有相关，靡不备采。如入金谷之园，种色夺目；如登龙君之宫，宝藏悉陈，如对冰壶玉鉴，毛发可指数也。博而不繁，详而有要，综核究竟，直窥渊海。

——（明）王世贞：《〈本草纲目〉原序》，见段逸山主编：《医古文》，250页，

北京：人民卫生出版社，1986

资源10：

菜之四　水菜类六种

紫菜《食疗》

【释名】 萎紫音软。

【集解】 诜曰：紫菜生南海中，附石。正青色，取而乾之则紫色。时珍曰：闽越海边悉有之。大叶而薄。彼人接成饼状，晒乾货之，其色正紫，亦石衣之属也。

【气味】 甘，寒，无毒。藏器曰：多食令人腹痛发气，吐白沫。饮热醋少许，即消。

【主治】 热气烦塞咽喉，煮汁饮之。孟诜 病瘿瘤脚气者，宜食之。时珍

【发明】 震亨曰：凡瘿结积块之疾，宜常食紫菜，乃鹹（xián）能软坚之义。

——（明）李时珍著，史世勤、贺昌木主编：《李时珍全集③·〈本草纲目〉
第二十八卷·菜部》，2229页，武汉：湖北教育出版社，2004

资源11：在某种意义上，《本草纲目》本身就是一部丝绸之路文明交流史。它不仅是16世纪以前我国医药文化的集大成者，从中我们还可以看到中外医药文化交流的印记，例如其记载了从波斯、印度及地中海等国家和地区传入我国的一些天然药物及其相关知识。

自问世以来，通过陆上丝绸之路和海上丝绸之路，《本草纲目》在中国周边国家得以广泛传播。据考证，《本草纲目》最迟于1604年经商船被运往日本通商口岸长崎，之后在日本被多次翻刻及注释，对日本的医药学特别是药物学产生了巨大的影响。《本草纲目》在朝鲜……越南等亚洲国家颇受欢迎。1647年波兰传教士卜弥格（Michel Boym）第一次以西方语言（拉丁文）将《本草纲目》译为《中国植物志》，此书于1656年在维也纳出版。此后，《本草纲目》被翻译成多种其他语言在西方传播，开创了中西科学交流史上的一个新纪元。其研究成果"对世界自然科学的发展起了巨大的推动作用，对世界医药学、植物学、动物学、矿物学、化学的发展产生了深远的影响"[①]。……

——刘殿刚、顾赤、毛和荣：《"一带一路"战略视野下李时珍中医药文化
对外传播构想》，载《时珍国医国药》，2015年第11期

资源12：曼陀罗花是一种具有麻醉作用的重要药物。由于方言不同，名称不一，以致无人认识。李时珍按照古书对曼陀罗花的描写，到武当山访问药农，重新确定了这味药物。此物当地人称风茄儿。为了证实风茄儿就是曼陀罗，李时珍进行了种种尝试。首先是经过尝试证实了关于它的传说："相传此花笑采酿酒饮，令人笑；舞采酿酒饮，令人舞。"李时

---

① 郑建明：《李时珍》，125页，南京：南京大学出版社，2010。

珍试验之后更正说："予尝试之，饮须半酣，更令一人或笑或舞引之，乃验也。"[1]说明笑或舞不是来自采花者，而是麻醉后的表现。其次，证实曼陀罗花，须与火麻子花同用，才具有麻醉作用。他说："八月采此花，七月采火麻子花，阴干，等分为末。热酒调服三钱，少许昏昏如醉。割疮灸火，宜先服此，则不觉苦也。"[2]不难想象，曼陀罗花同火麻子花，合药的方法，服药的剂量，李时珍经过多次尝试才弄得如此准确。

——唐明邦：《李时珍评传》，123～124页，南京：南京大学出版社，2011

---

① （明）李时珍：《本草纲目第十七卷·草部六（曼陀罗花·发明）》，见史世勤、贺昌本编：《李时珍全集》（2），1663页，武汉：湖北教育出版社，2004。

② （明）李时珍：《本草纲目第十七卷·草部六（曼陀罗花·发明）》，见史世勤、贺昌本编：《李时珍全集》（2），1663页，武汉：湖北教育出版社，2004。

淝水之战

学术引领

公元383年，前秦皇帝、氐族人苻坚亲自率领百万大军进攻东晋。面对强敌进犯，东晋宰相谢安举重若轻，从容部署，派侄子谢玄为前锋都督，领兵8万应战。结果，东晋以弱胜强，苻坚身中流矢，逃回洛阳。淝水之战是中国历史上一场以少胜多的著名战役，前秦的失败说明，当时中国实现统一的历史条件还未成熟。

一、淝水之战的原因

张继刚在《试析苻坚之"征服欲"》（载《鸡西大学学报》，2009年第5期）一文中指出，苻坚发动淝水之战源于他的征服欲。苻坚的征服欲源于他对东晋文化的仰慕之心。苻坚从小学习汉文化，深受儒学的影响，他掌权后，大兴儒学，广施仁义，优待各少数民族上层贵族，最终目的是统一天下。可东晋在大部分民众心目中是正朔王朝，都城建康是汉文化的中心。基于对东晋文化的仰慕，苻坚对晋臣也表现出了强烈的敬仰之情，这种敬仰与前秦的宰相、出生于晋政权管辖下的汉人王猛密不可分。正是由于王猛实行了一系列的革新措施，前秦的国力才得以增强，苻坚才得以统一北方。然而，这种仰慕之心却转变成强烈的征服欲，以致于苻坚面对众臣的强烈反对，却执意南征。他不顾鲜卑、羌等族充塞长安的现状，留太子和老弱病残于国都，带领近百万的军队前往东晋。

日本学者川本芳昭在《中华的崩溃与扩大：魏晋南北朝》（余晓潮译，77～85页，桂林：广西师范大学出版社，2014）一书中指出，苻坚希望通过对汉族的统治，获得人才和庞大的资源，并对此加以利用，以达到确立和加强王权的目的。北方各少数民族政权由王族、部族长所统率的各个集团的联合体组成，前秦是以具有这种结构的氐族集团为核心，以具有同样结构的匈奴集团、鲜卑集团为外延，并包含各豪族所领导的汉族集团在内的国家联合体。虽然苻坚力图加强权力，但集团内部却存在着许多阻碍其扩充羽翼的因素。在这种情况下，从新征服的土地上获得人才、税收等资源，在加强王权的过程中发挥着巨大的作用。因为这些资源对皇帝、王族或各部族长的力量关系起着决定性的影响。换言之，苻坚希望通过对其他少数民族政权的征服，获得他族的军事力量，通过发动对东晋的战争，统治汉族，获得人才和资源，以便更好地巩固王权、统治中国。

二、淝水之战的性质

汤勤福在《从民族自觉意识看"淝水之战"性质问题》（载《南京晓庄学院学报》，2001年第1期）一文中指出，前秦发动的淝水之战，从民族自觉意识的角度看，是一场统一性质的战争。第一，魏晋南北朝时期是我国历史上一个民族自觉意识大有提高的时期。北方各少数民族自认是中华民族的一员，有理由统治中原地区，因此他们争当中原地区的主人。魏晋南北朝时期欲入主中原的各少数民族，其军事行动既不能称之为"侵略"，也不能仅从生产力发展程度来机械地比较先进与落后。无论哪一方有能力来统一国家，都属于正义的行为。第二，东晋不可能实现全国的统一。东晋王朝是个在北方强敌压境下匆匆建立起来的政权，且门阀士族势力强大。明帝时，虽借助其他士族势力平定了意图篡位的王氏士族集团，但他因在位时间短，没能削弱门阀士族的势力。此后的皇帝们，基本都为傀儡，国家权力掌握在门阀士族和后宫手中，政权内部不稳，东晋基本失去了统一天下的可能性。第三，北方各族有灭东晋、统一全国的愿望。后赵皇帝石勒、前燕的执政慕容恪都认为东晋政权是可以征服的，他们有权统一天下。至于前秦，苻坚在即位后，对统一全国雄心勃勃。王猛新政后，前秦政治清明，国富兵强，之后又逐步统一北方，初步具备了统一天下的实力。苻坚在统一的野心膨胀后，就迅速对东晋发动了淝水之战。前秦战败后，北方又陷入分裂、混战状态中，即便如此，一些少数民族首领仍忘不了进攻中原，消灭东晋而统一天下。

汤勤福还指出，北方一些少数民族政权都有统一全国的雄心，这充分说明当时各族的民族自觉意识已大大提高了，这是中华民族整体发展的重要表现，是历史进步的反映。从民族自觉意识来看，可以肯定前秦发动的淝水之战是一场统一性质的战争。

田余庆在《东晋门阀政治》（228～243页，北京：北京大学出版社，2012）一书中认为，淝水之战的性质是复杂的。第一，淝水之战是以民族侵扰战争为主的，存在着民族对抗问题。淝水之战发生在民族交融条件并不具备或不充分具备的时候，因此会扩大民族矛盾，在不同程度上呈现出民族侵扰的一面。第二，从整个历史发展阶段上看，苻坚所发动的淝水之战，为后来的统一战争作出了贡献。苻坚所推行的民族政策的实质是汉化的民族交融政策，因而促进了北方民族关系的发展。在此基础上所发动的淝水之战，从长期来看，为隋灭陈的统一战争奠定了基础。淝水之战后，通过南北朝时期的角逐，统一全国的隋朝出现。隋朝建立时，掌握主要权力的很多人都是北方各族首领的后代，这是淝水之战后北方民族交融的结果。第三，淝水之战是中国境内不同民族之间的战争，而各民族通过各自的途径，都在创造着中国的历史。与外敌入侵相比，这种类型的战争，归根到底是内战。

三、苻坚战败的原因

张鹤泉在《前秦国家民族政策的失误及其对国家统一局面的影响》（载《郑州大学学报（哲学社会科学版）》，2004年第5期）一文中指出，苻坚在统一中国北方的过程中采取的措施，成为前秦国家走向分裂的隐患，从而使其在对东晋的战争中走向失败。第一，怀柔政策的实施，使与氐族敌对的民族保存了实力。在前秦统一前后，苻坚一直对被打败的敌对政权的贵族阶层实行拉拢政策。这种政策在前秦进行统一战争时实施，是不合时宜的，因为当时民族矛盾激烈，特别是少数民族的上层贵族，他们对氐族一直抱着仇视和敌对的心理。怀柔政策的实施，还使这些被征服的政权可以保存军事实力，从而成为前秦分裂的最大隐患。第二，军事分封政策的实行，使氐族与其他民族的矛盾加深，也使前秦的军事力量部署分散。分封政策满足了氐族贵族对关东各民族剥削的需要，但使氐族贵族与所辖地方各民族的矛盾加深。分封政策也削弱了前秦的军事力量。因为在前秦，国家主要的军事力量是由氐族人组成的，分封政策下，氐族宗亲率氐族军队到关东方镇，使关中地区的氐族军事力量逐渐下降，因此难以控制迁徙而来的其他少数民族。淝水之战失败后，原来的隐患立刻成为不可抗拒的敌对力量，前秦政权很快就被推翻了。第三，徙民政策的实施，使威胁京畿的异族力量增强。前秦政权向关中徙民时，异族数量众多，族属复杂。在迁徙这些少数民族时，没有打破原来的部落组织，这使前秦政权很难行使其号令。当前秦的控制力削弱时，各族就可以依靠部落组织，发展成为瓦解前秦政权的力量。淝水之战后，鲜卑、羌和丁零等族的首领很快建立起自己的政权，这些政权的建立使前秦迅速走向分裂。

张鹤泉还指出，前秦是在民族矛盾非常尖锐的形势下实现了北方的统一。苻坚的怀柔政策、分封政策、徙民政策，没有创新，也不能与时俱进，这些政策不仅没有使民族矛盾得到缓和，反而使被征服民族得以保存力量，并对前秦构成威胁，使民族矛盾加剧。因此，前秦的统一只能维持短暂的时间，这是多方面因素影响的结果，其中民族政策的失误是重要的一个方面。

韩国学者李椿浩在《中国历史上首次胡、汉王朝间的全面战争——以探寻淝水之战晋胜秦败的直接原因为中心》（载《扬州大学学报（人文社会科学版）》，2015年第4期）一文中指出，淝水之战中前秦的大败不是因遭受东晋的进攻，而是苻坚个人独断及刚愎自用的性格，使决策多次失误而导致的。第一，苻坚有一统天下的志向，而且在他心中早已决定要攻灭东晋。随着前秦在政治、经济、文化上的根基日益坚固，苻坚一统天下计划逐步实施。

第二，东晋将领桓冲进攻襄阳，苻坚因此更加急于攻灭东晋。桓冲在淝水之战正式打响前几个月，攻击前秦刚到手的军事重镇襄阳，此事令苻坚在内心深处更为焦急，他借此来说服诸臣同意伐晋。苻坚为了全面进攻东晋，向全国各地下达征兵马的诏令，并亲自带兵从长安出发，不到三个月就完成了军事部署。

第三，淝水决战中苻坚的失策。在战争中，苻坚幼弟苻融在捕获东晋的传令兵后，得知了东晋的一些情况，这使苻坚更加刚愎自用。首先，苻坚把大军留守于项城，只率极少兵力前往战场；其次，苻坚到达寿阳后派归降的原东晋名将朱序对敌将谢石进行游说，结果朱序又叛回了东晋；最后，淝水决战时，苻坚不顾诸将的反对，执意接受东晋将领谢玄提出的前秦军队稍微后撤的要求，结果士气受挫，前秦军队陷入混乱之中。

袁宝龙在《魏晋民族史观语境下的苻坚民族思想》（载《武陵学刊》，2014年第3期）一文中指出，前秦失败与苻坚的民族观有一定的关系。苻坚民族观的特点是，将天下观与民族观有机结合。苻坚以民族平等作为基本条件，把德作为其民族观的理论依据。他的天下观是在此基础上建立一个各民族相互交融的统一大帝国。在这种民族观的影响下，苻坚形成了柔性的民族理论，从而促进了北方的民族交融，加快了前秦统一北方的进程。苻坚执掌前秦政权后，积极提倡儒家理念，重视教育事业，主张以德治国。在民族矛盾尖锐的十六国时期，少数民族和汉族之间、少数民族内部都存在着极深的心理隔阂，这成为民族交融的最大阻力。在此情况下，苻坚的柔性民族理论能有效地化解这种阻力，促进北方民族交融。除此之外，苻坚对于各降附政权，实行宽容政策。这就加快了前秦统一北方的历史进程。总之，苻坚民族观以民族平等为理论基石，通过德治的方式来实现各民族之间的和平共处。在各民族间有隔阂的历史背景下，这种民族观有开拓创新作用，影响深远。

袁宝龙认为，虽然苻坚的民族观促进了他统一北方的进程，但这种民族观也有消极的影响，它最终导致了前秦政权的瓦解。西晋十六国以来，各种民族势力对异族大肆仇杀，民族间的敌对情绪达到顶点。在这样的民族氛围下，苻坚的柔性民族观使前秦政权在北方的统一进程大大加快，但是民族间的裂痕并未随着北方的统一而迅速弥合，他的民族观过于理想化，民族矛盾在相当程度上被他的民族政策的成就暂时掩盖起来，一旦缺少了强大的国家机器这个后盾，由不同民族构建而成的和平局面，就会在民族矛盾下迅速瓦解。所以，当前秦淝水战败后，北方立即陷入群雄割据的局面。

田余庆在《东晋门阀政治》（228～243页，北京：北京大学出版社，2012）一书中指出，苻坚兵败淝水是多种因素共同作用的结果。第一，当时的北方民族关系处于紧张而混乱的状态，还不存在统一南北的现实可能性。苻坚实行民族绥抚政策，统一了北方。苻坚的治绩，反映了他所处阶段民族交融的成就，也反映了作为统治民族的氐族的社会发展水平。但是，北方远未成为稳定的地区，由北方统一南方的历史前景并没有真正出现。在北方尚未稳定的情况下，苻坚很难实现统一南方的历史任务。即使苻坚通过一次战役的胜利消灭了江左政权，也不过是把北方的民族动乱扩大到南方，从而使南北统一无法维持。第二，氐族本身的发展情况也注定了它不可能统一全国。氐族与中原华夏族接触很早，受汉族的经济、文化影响较深。但是，氐族从来不是全族基本聚居在一起的民族。他们往往是分散成较小的群体而生活，各有君长，互不统属。在较大范围里，他们则是与汉、羌等族错居，这使氐族的发展极不平衡。所以苻坚只是部落小帅，而不是全氐族统一的领袖。而且氐族人有频繁的内乱，这也在一定程度上削弱了苻坚的统治力量。第三，苻坚实行的徙民政策是淝水之战失败的重要原因之一。前秦向关中迁徙被征服的其他族民众，以图就近控制。迁徙到关中的人，除汉族外，大概都是分土定居，但并非一同编户。他们在原有酋帅统领下，维持着军事组织。这些人无事则已，有事必乱。

田余庆认为，苻坚在相当困难的情形下，能够统一北方，主要是因为其民族政策的成功实施。但是，通过民族斗争达到民族交融，在经济、文化水平低下，交往条件落后的时代，是一个漫长的反复过程。苻坚统治的二十多年时间，并不足以消除北方各民族之间的隔阂，也不足以消除南方政权与北方政权之间的民族隔阂。民族矛盾在相当程度上被其民族政策的成就暂时掩盖起来。所以，苻坚之兴，兴于他缓和了民族矛盾；苻坚之败，败于他远未消弭民族矛盾。

四、淝水之战的影响

王荣珍在《淝水之战》（85～95页，长春：吉林文史出版社，2011）一书中指出，淝水之战后，前秦政权的元气严重受损，各族首领趁机开始反秦自立。淝水之战中，氐族人几乎失去了自己全部的精锐部队，但是前燕统治者的第五个儿子慕容垂，率领的燕人将士却丝毫未损，还借机与前秦决裂。淝水之战后，慕容垂自立为帝，经过征战，基本上恢复了前燕原有的版图。淝水之战两年后，苻坚被羌族首领姚弋仲的第二十四子姚苌处死。之后，姚苌称帝建立后秦。眼见各族首领自立，苻坚已死，苻坚的儿子苻丕也被前秦遗臣拥立为皇帝。之后，大臣王永号召前秦各地的武装力量集合起来，讨伐后秦、后燕。但是前秦有能力的将领在淝水之战中几乎全部阵亡，士兵都是一些不愿作战的汉族人，他们被刚建立的苻丕政权匆忙召集，缺乏协调配合能力，在与后秦的战争中，前秦军队不堪一击。前秦灭亡后，北方的稳定局面彻底解体。

王荣珍还指出，淝水之战中东晋的胜利，使中原文化得以延续和发展。由于东晋统治者安于江南，不以恢复中原为意，门阀大族致力于南方的庄园经营。北方大族及大量汉族人口迁徙江南，使得江南的名士与渡江的中原人士有更多的交流机会，从而促进了社会文化的发展。北方的手工业技术与南方的技术融合，使东晋的手工业水平比西晋有了大幅度的提高。另外，南下的北方农民和土著农民辛勤劳动，开辟南方广大的山泽荒野，促进了江南的开发，以及长江流域的经济发展。

王荣珍认为，淝水之战促进了民族交融。由于淝水之战后北方陷入混乱局面，一些少数民族内迁中原，他们更多地接触到了华夏文化，进而与汉族交融。魏晋南北朝后，北方出现了以汉族为主、各民族混居的多民族并存共生的局面。

微课设计

微课设计一：从朱序在战争中的"异常"行为看前秦的战败

设计意图

通过淝水之战中秦军将领朱序的"异常"行为来设疑，引导学生思考前秦战败的原因，以此培养学生的历史理解和解释能力。

设计方案

教师讲述：淝水之战时，秦军中突然有人喊："秦军败矣！"①原本士气低落的秦军，听到这样的话，就信以为真，转身竞相逃跑。秦军主将苻融意图阻止，慌乱中被晋兵所杀，秦军越发混乱，彻底崩溃。前锋的溃败，引起连锁反应，结果全军溃逃，前秦战败。大喊"秦军败矣"的人是前秦的度支尚书朱序。为何前秦的一个将领会帮助晋军呢？

---

① 白寿彝总主编、何兹全本卷主编：《中国通史（第5卷）：中古时代·三国两晋南北朝时期（上册）》，第2版，190页，上海：上海人民出版社，南昌：江西教育出版社，2013。

材料呈现： 东晋周虓①被秦所擒，符坚要封他做尚书郎，可周虓不但不受，而且还"每见坚，或箕踞而坐，呼为氐贼"②……对于周虓如此的不尊，大臣劝符坚杀掉他，符坚却待之弥厚。

——张继刚：《试析符坚之"征服欲"》，载《鸡西大学学报》，2009年第5期

教师设问： 材料说明，符坚在对待人才上持何态度？（参考答案：爱惜忠勇的人才。）

教师讲述： 朱序本是东晋的将领，在前秦攻打襄阳城时，因弹尽粮绝，投降了前秦。朱序被俘虏后，非但没有被前秦所杀，反而被符坚重用。朱序出于无奈，只得假装应允，但悄悄地等待机会报效东晋。符坚为什么要重用"人在曹营心在汉"的朱序呢？

材料呈现： 符坚八岁时"请师就家学"③，深受儒家思想浸润，执政后"坚广修学官，召郡国学生通一经以上充之，公卿已下子孙并遣受业。……于是人思劝励，号称多士"。同时符坚"每月一临太学，诸生竞劝焉"④。

——袁宝龙：《魏晋民族史观语境下的符坚民族思想》，

载《武陵学刊》，2014年第3期

教师讲述： 因为符坚深受儒家文化影响，对儒家文化甚为推崇，所以，他对于崇尚儒家文化的东晋很仰慕，特别是深受儒家文化熏陶的东晋将领，符坚尤为重视。因此，符坚在俘获东晋的将领后，依然授予官职。在与东晋的战争中，符坚重用朱序，派他作为劝降的使者来到东晋，但是朱序却一心想帮助东晋，不仅劝说东晋马上发动战争，而且还表示自己会在关键时刻，和晋军里应外合。符坚为何在战争中还重用东晋的旧臣朱序呢？因为符坚深受儒家文化的影响，对于其他民族的百姓、其他政权的将领与官员，一概实行怀柔政策。

材料呈现： 秦建元五年（369），前燕慕容垂避害投奔符坚，王猛认为垂为"非可驯之物"，建议"不如除之"，符坚说："吾方以义致英豪，建不世之功。"⑤而收留了慕容垂。建元六年（370），秦灭燕，又赦燕王"慕容暐及其王公已下，皆徙于长安，封授有

---

① 虓（xiāo），虎啸，指人勇猛。
② （北宋）司马光：《资治通鉴卷一百三·晋纪二十五（孝武帝宁康元年，373）》（第7册），3265页，北京：中华书局，1956。
③ （唐）房玄龄等：《晋书卷一百十三·载记第十三·符坚上》（第9册），2884页，北京：中华书局，1974。
④ （唐）房玄龄等：《晋书卷一百十三·载记第十三·符坚上》（第9册），2888页，北京：中华书局，1974。
⑤ （唐）房玄龄等：《晋书卷一百十三·载记第十三·符坚上》（第9册），2891页，北京：中华书局，1974。

差。"①其后，太史令观天有"燕灭秦之象"②，劝坚诛慕容暐及其子弟，坚不但不纳，反而拜慕容暐、慕容垂等人官职。

——李方：《前秦苻坚的中国观与民族观》，载《西北民族研究》，2010年第1期

教师设问：这对于前秦的发展有何利弊？（参考答案：利：有利于前秦的强大和统一；弊：可能会"养虎为患"。）

教师讲述：怀柔政策是一种进步，它用和平的方式使得东汉后期以来复杂、尖锐的民族矛盾暂时得到缓解，从而有利于前秦统一北方。但它又是不合时宜的，因为它很难改变民族间相互仇视和敌对的现实。非但如此，这种政策的实施，还使那些被征服的贵族可以有效地保存军事实力。这正是前秦的最大隐患。在这种政策下得到重用的朱序，不仅在劝降的时候将秦军情况告诉晋军，而且还在关键时刻大喊："秦军败矣！"使得军心溃散，前秦战败。而前燕慕容垂、后秦君主姚苌等人，在战前极力鼓动苻坚出兵伐晋，当前秦战败后，慕容垂即刻宣布独立，姚苌则将苻坚杀害。

教师引导学生小结：从朱序的"异常"行为中可以看出，淝水之战前秦战败的原因之一是苻坚的用人不当，他所实行的"怀柔政策"也不符合当时的社会现状。

设计点评

本微课以原东晋将领朱序在战场上的表现作为切入点，引导学生借助教师讲述与材料解读，剖析这一表象所折射出的、苻坚的用人政策与民族政策。这有助于培养学生的历史分析能力。

微课设计二：从前秦的"汉化"看淝水之战的性质

设计意图

本微课设计拟从思想、政治、军队三方面来探究淝水之战的性质，帮助学生学会从

---

① （唐）房玄龄等：《晋书卷一百十三·载记第十三·苻坚上》（第9册），2893页，北京：中华书局，1974。暐（wěi），形容光很盛。
② （唐）房玄龄等：《晋书卷一百十三·载记第十三·苻坚上》（第9册），2896页，北京：中华书局，1974。

不同的角度来评析淝水之战，并以此启发学生，同一历史事件从不同的角度分析可以有不同的认识。

✎ 设计方案

教师讲述： 383年，前秦准备发动对东晋的战争，在战争开始前，苻坚就为东晋君臣安排好了后路：任命东晋孝武帝司马曜①为前秦的尚书左仆射，东晋宰相谢安为前秦的吏部尚书，东晋的大将军桓冲为前秦的侍中，并开始为这三人筹建府邸。苻坚为什么要这样做呢？其主要原因是，苻坚非常尊敬东晋君臣，非常尊崇儒家文化。

教师继续讲述： 苻坚聪敏好学，从小得到祖父苻洪的喜爱。八岁那年，苻坚要求读书，苻洪很高兴地说：

材料呈现： 你是戎狄族人，戎狄世代只知道饮酒，你却知道读书呀！

——白寿彝总主编、黎虎主编：《中国通史（第5卷）·中古时代·三国两晋南北朝时期（下册）》，第2版，1159页，上海：上海人民出版社，2013

教师设问： 少年苻坚与同族之人有何明显的差异？（参考答案：喜爱读书。）

教师讲述： 苻坚执掌前秦政权后，他带着群臣游龙门。

材料呈现： 他站在龙门山上，极目远眺，感慨地说："这险固的山河多么好啊！娄敬说过：'关中四塞之国'，不是没有根据的。"给事黄门侍郎权翼和中书侍郎薛缵回答说："臣听说夏、商的都城并非不险要，周、秦的兵众并非不多，但它们终于败亡，是因为不修德政的缘故。吴起说：'在德不在险。'山河再险固也是靠不住的。"

——白寿彝总主编、黎虎主编：《中国通史（第5卷）·中古时代·三国两晋南北朝时期（下册）》，第2版，1160页，上海：上海人民出版社，2013

教师设问： 大臣建议苻坚如何治国？（参考答案：施以德政。）

教师讲述： 苻坚在德治上大做文章，劝课农桑，兴办学校，减收田租。他还重用汉族人做官。

材料呈现：《坚载记》云：猛亲宠愈密，朝政莫不由之。特进樊世，氐豪也，有大勋于苻氏，负气倨傲，众辱猛。猛言之于坚。坚怒曰："必须杀此老氐，然后百寮

---

① 曜（yào），本义为日光，后称日、月、星为"曜"，可理解为明亮的天体。

可整。"①

————吕思勉：《两晋南北朝史》（上册），157页，南京：江苏人民出版社，2014

教师设问：樊世是氐族的功臣，但因为当众羞辱汉官王猛，苻坚却将樊世杀了，以此来整肃氐族的其他官员，这说明了什么？（参考答案：说明汉人王猛深得苻坚的信任和重用。）

教师讲述：正是由于得到苻坚的重用，汉人王猛在前秦进行了全面的改革。

材料呈现：他规定禁卫、军人和后宫都要读书，拔擢优等太学生八十三人当官，贬黜不能一部经书的官吏。他还禁止老、庄、图谶之学。

————白寿彝总主编、黎虎主编：《中国通史（第5卷）·中古时代·三国两晋南北朝时期（下册）》，第2版，1171页，上海：上海人民出版社，2013

教师设问：王猛主张以哪一学说作为前秦的指导思想？（参考答案：儒学。）

教师讲述：经过王猛改革，前秦政治清明，国力大增。然而，王猛却一病不起。临终前，王猛对苻坚说：晋朝上下和睦，臣死之后，愿陛下不要对它用兵；鲜卑、西羌才是我们的敌人。376年，前秦统一北方。此时，苻坚认为，前秦政权的"汉化"水平已很高，实现南北统一的时机已成熟，完全可以发动对晋的战争了。

材料呈现：前秦军南下势如破竹，主力部队攻陷了安徽寿阳，表现出一举灭掉东晋的气势。然而，其先锋部队在淝水之战中遭受了始料未及的大败，由华北五胡各族合并混编而成的前秦军，马上失去了控制，陷入一片混乱。

————[日]川本芳昭：《中华的崩溃与扩大：魏晋南北朝》，余晓潮译，119～120页，桂林：广西师范大学出版社，2014

教师设问：苻坚伐晋的武装力量由哪些民族组成？（参考答案：前秦军队由华北"五胡"等少数民族和汉族组成。）

教师讲述：在征兵问题上，苻坚实行了十抽一的办法，即从十个缴纳赋税的成年男子中抽取一个服兵役。这样，就组建了一支由多民族士兵组成的大军。在这支对晋作战的军队中，近四分之三为汉族人。苻坚的"汉化"思想已深入到军事方面，但却没能使前秦取得淝水之战的胜利。

---

① 寮，同"僚"，官。《晋书》记载为"必须杀此老氐，然后百僚可整"。见（唐）房玄龄等：《晋书卷一百十三·载记第十三·苻坚上》（第9册），2885～2886页，北京：中华书局，1974。

教师引导学生小结：苻坚积极学习中原地区的先进文化，这种观念是值得肯定的。然而，在当时民族关系异常复杂的情况下，仅有部分民族间的交融是不够的，国家统一需建立在各民族高度交融的基础之上。

✏ **设计点评**

本微课设计从淝水之战前，苻坚本人思想的汉化、前秦政治的汉化以及军队组成的汉化三个方面，介绍了苻坚主动学习中原先进文化的情况，而这正是他为淝水之战而进行的准备工作，有助于学生理解淝水之战的性质，并进一步认识到，民族交融对于国家统一的重要性。

教学资源

资源1：前秦定都长安，逐渐发展为一股强大的势力，与后赵瓦解后鲜卑慕容部在华北建立的前燕东西二分。苻坚是苻健之弟苻雄的儿子，生于338年，由于在苻健之后继承帝位的苻健之子苻生多行残虐之事，苻坚将其铲除，自己即帝位。

苻坚即位之后，立即着手治理内政，订立法制，抑制工商，奖励农耕，并兴修连接首都长安和地方的道路，对学问实施保护和奖励的措施。国力得以充实，文化获得发展。相传苻坚年幼时向祖父苻洪提出希望跟从老师读书的请求，祖父听后又惊又喜，说道："汝戎狄异类，世知饮酒，今乃求学邪！"便准许他跟随老师学习。

——［日］川本芳昭：《中华的崩溃与扩大：魏晋南北朝》，余晓潮译，

79页，桂林：广西师范大学出版社，2014

资源2：最初，前秦帝国天王苻坚得到前燕帝国太宰（上三公之一）慕容恪逝世消息，便计划如何消灭前燕帝国，但是畏惧慕容垂的威名，不敢发动。而就在这时候，得到慕容垂前来投奔的消息，大喜过望，亲自到首都长安郊外迎接，握住慕容垂的手，说："天生的英雄豪杰，一定要集合在一起，才能建立大功，这是自然法则。我正盼望

跟你共同合力，平定天下。到时候，我会去泰山禀告天神，把你送回故乡，世世代代，封到幽州（河北省北部），使你虽然逃出本国而不失为祖宗的孝子，投奔邻国，而不失对故君的效忠，岂不是美事！"慕容垂答谢说："流亡在外的人，能够免除刑罚，已经万幸，把我封到故乡，不敢有此奢望。"符坚也喜爱世子慕容令跟慕容楷的才能，都厚重相待，赏赐数万万之多，每次朝会，符坚都忍不住对他们凝神注视。关中知识分子及平民，平常都听说慕容垂父子的大名，非常仰慕，以结交他们为荣。王猛警告符坚，说："慕容垂父子好比水中蛟龙，山上狼虎，不是一个可以驯服的人物，一旦有了风云变化，就没有一个人能对他们控制，不如早早除掉。"符坚说："我正在招收天下英雄豪杰，肃清四海，怎么能够随意诛杀？而且他们刚来的时候，我已经推心置腹的接受，一个平民还不轻言离弃患难中的朋友，何况国家领袖！"任命慕容垂当冠军将军，封宾徒侯；慕容楷当积弩将军。

——（北宋）司马光：《符坚大帝·淝水之战》，柏杨译，

115～116页，沈阳：万卷出版公司，2011

资源3：建元十一年（375）七月，王猛病危，临去世前，嘱咐符坚"千万不要与东晋为敌"。王猛解释说："秦的北方和西方并不稳定，还存在其他民族的威胁；而南方的东晋国家和平，虽然实力不如我国，但是百姓安居乐业，团结一心。与东晋为敌是下下之策，千万不可以这样做。"符坚听后，却不置可否。王猛逝去，符坚非常悲痛，对其进行隆重哀悼。然而，对于气焰正盛的符坚来说，王猛的话显然没有也不可能真正打动符坚。符坚坚信秦国有无往不胜的军队、智谋超人的将领，再加上自己的仁慈英明，认为扫平东晋、一统天下，简直易如反掌。

三年后……符坚开始分东西两路试探着进攻东晋。

在东路，秦军一路占领了彭城、淮阴，并于第二年五月紧逼至三阿（今江苏高邮），距离重镇广陵（今江苏扬州）只有百里之遥。东晋朝廷开始惊慌，立即派兵在沿江一带布防，并派谢玄率领人马抗秦，最终打退了前秦的侵犯，将前秦赶到淮水以北。前秦的东路进攻宣告失败。

在西路，符坚派遣他的儿子征南将军符丕率步骑兵七万进攻襄阳，同时派遣征虏将军石越率精兵一万、慕容垂率兵五万、领军将军苟池率兵四万从四面开始围攻。襄阳守将梁州刺史朱序奋力坚守襄阳城近一年，还是回天乏力，最终襄阳城被攻破，朱序也被

俘虏。

符坚爱惜人才，因此并没有难为朱序，依然将其留为己用。然而，令符坚没有想到的是，收留朱序却为自己在淝水之战中的大败埋下了第二个致命的隐患。

——王荣珍：《淝水之战》，24～26页，长春：吉林文史出版社，2011

资源4：符坚在灞上（陕西省西安市东灞河畔）给符丕饯行，随同符丕出发的氐人跟他们的父兄家人分别，忍不住失声恸哭，一片悲苦，连经过那里的旅客，都被感动。赵整①因陪坐在旁，一面弹琴，一面歌唱："阿得脂，阿得脂（有音无意），伯劳（鸟名）的舅爹是仇绥（"仇绥"不知是什么），尾巴长，翅膀短，不能飞。把同种的氐人放逐到远方，却留下异族鲜卑，一旦有急难，你可依靠谁！"②符坚了解歌意，但只笑笑，并不采纳。

——（北宋）司马光：《符坚大帝·淝水之战》，柏杨译，

222页，沈阳：万卷出版公司，2011

资源5：晋孝武帝太和八年（383）七月，符坚下诏，大举攻晋。民每十丁抽出一丁当兵。良家子年二十以下有材勇者，皆拜羽林郎。八月，以符融为前锋都督，指挥慕容垂等步骑二十五万先行，符坚随后继发，戎卒六十余万，骑二十七万，旗鼓相望，前后千里。九月，坚至项城，凉州之兵刚到咸阳，蜀汉之兵方顺流而下，冀之兵至于彭城。东西万里，水陆齐进。运粮万艘，自河经石门、汴水，菠薕（dàng，同"荡"）渠达于汝颍。

符融兵三十万，先到颍口（今安徽颍上东南，颍水入淮处）。

东晋以谢石为征讨大都督，谢玄为前锋都督，与将军谢琰，桓伊等率众八万，北上抗击秦军。晋军的主力，就是北府兵。

十月，秦军渡过淮水，攻陷寿阳（今安徽寿县）。晋朝派去援助寿阳的胡彬水军，闻寿阳失陷，退屯硖石。符融命将军梁成帅大军五万进屯洛涧，截断淮水通路，这样就截断了胡彬的退路，也使晋军不得从淮水水路西进。谢玄大军自东而西推进，在到达洛涧以东二十五里处停止前进。胡彬派人给谢玄送信说："今贼盛，粮尽，恐不复见

---

① 赵整：字文业，一名正，前秦秘书侍郎、秘书监。后出家，更名道整。
② 柏杨：《柏杨曰：读通鉴·论历史——符坚大战略》（上），80～81页，北京：中国友谊出版公司，1999。

大军。"送信人被秦军捉去。符融赶快送信给符坚说："贼少易擒，但恐逃去，宜速赴之。"①符坚见信，留大军于项城，带轻骑八千，赶到寿阳。

符坚派朱序去晋军大营，劝说谢石投降。朱序原是东晋襄阳太守。朱序到了晋营，不但不劝说谢石投降，反给谢石划策，说："若秦百万之众尽至，诚难与为敌。今乘诸军未集，宜速击之。若败其前锋，则彼已夺气，可遂破也。"②

十一月，谢玄遣刘牢之帅精兵五千人趣洛涧。梁成隔洛涧布阵以待。刘牢之渡水进击，大破梁成军，杀成。秦步骑崩溃，争赴淮水，士卒死者一万五千人。于是谢石大军，水陆俱进，迫临淝水。

符坚和符融登寿阳城东望，见晋军布阵严整，又望八公山上草木，皆以为晋兵。符坚开始有惧色，回头对符融说："此亦劲旅，何谓弱也！"

秦军紧靠着淝水西岸布阵，晋军进到淝水东岸，与秦军隔水对峙。谢玄派人对符融说："君悬军深入，而置阵逼水，此乃持久之计，非欲速战者也。若移阵少却，使晋兵得渡，以决胜负，不亦善乎！"秦的将军们都说："我众彼寡，不如遏之，使不得上，可以万全。"符坚说："但引兵少却，使之半渡。我以铁骑蹙而杀之，蔑不胜矣。"③符融也同意这个主意。符融指挥军队稍退。哪知大军一退，便收不住了。谢玄等领晋军渡水，冲杀过来。符融想拦阻退兵，不想马倒，死在乱兵之中。朱序又乘机在阵后大呼："秦军败矣！"符融一死，秦军已慌，又听得秦军已败，一发不可收拾。晋军从后追杀，直追出三十多里。秦军自相蹈藉而死者，蔽野塞川。逃奔的兵卒，闻风声鹤唳，皆以为晋兵且至，昼夜不敢息，重以"饥冻，死者什七八"④。晋军收复寿阳。符坚中流矢，只带领少数人退回淮北。

——白寿彝总主编、何兹全本卷主编：《中国通史（第5卷）：中古时代·三国两晋南北朝时期（上册）》，第2版，189～190页，上海：上海人民出版社，2013

---

① （北宋）司马光：《资治通鉴卷一百五·晋纪二十七（孝武皇帝太元八年，383）》（第7册），3310页，北京：中华书局，1956。
② （北宋）司马光：《资治通鉴卷一百五·晋纪二十七（孝武皇帝太元八年，383）》（第7册），3311页，北京：中华书局，1956。
③ 白寿彝总主编、何兹全本卷主编：《中国通史（第5卷）：中古时代·三国两晋南北朝时期（上册）》，第2版，232页，上海：上海人民出版社，2013。
④ （北宋）司马光：《资治通鉴卷一百五·晋纪二十七（孝武皇帝太元八年，383）》（第7册），3312页，北京：中华书局，1956。

资源6：接下来，孝武帝召谢安来商量抗秦计策。谢安举贤不避亲，把自己的弟弟谢石和侄子谢玄推荐给孝武帝。孝武帝便任命谢石为征讨大都督，封谢玄为将军，一切军事大事听凭谢安处理。

谢安对手下的大将进行了分工：征讨大都督谢石指挥全军；桓冲镇守上游，谢玄担任先锋，掌管江北的各路人马，带领八万兵马阻击秦军，并镇守广陵（今江苏扬州）；胡彬带领水兵五千名，去淝水河边的寿阳城帮助当地的官兵抵抗符坚；谢安自己则亲自担任征讨大都督。

谢玄也是个军事人才，他到了广陵以后，就招兵买马，扩大武装。当时有一批从北方逃难到东晋来的人，纷纷应征。他们中间有个彭城人叫刘牢之，从小练得一身武艺，打仗特别勇猛。谢玄让他担任参军，派他带领一支精锐的人马。这支人马经过谢玄和刘牢之的严格训练，成为百战百胜的军队，在解三阿之围中，击败了前秦的东路进攻，表现出极强的战斗力。由于这支军队经常驻扎在京口（今江苏镇江市），京口又称"北府"，所以也把它叫作"北府兵"。

然而，以八万多的兵力与百万秦军相对抗，正如主张投降的大臣所说，确实是以卵击石的冒险。谢玄手下的北府兵虽然勇猛，但是前秦的兵力是东晋的十倍，谢玄心里到底有点紧张。出发之前，谢玄特地到谢安家去告别，请示一下这场仗怎么打。哪儿知道谢安听了像没事一样，轻描淡写地回答说："我已经有安排了。"谢玄心想，谢安也许还会嘱咐些什么话。等了半天，谢安还是没开腔。

谢玄回到家里，心里总不踏实。隔了一天，又请他的朋友张玄去看谢安，托他向谢安探问一下。

谢安一见到张玄，马上邀请他到山里一座别墅去。到了那里，已有许多名士先到了。张玄想问，也没有机会。谢安请张玄陪他一起下围棋，还跟张玄开玩笑说要拿这座别墅做赌注比个输赢。张玄是个下棋好手，平常跟谢安下棋，他总是赢的。谢安本来棋艺不高，平日远非张玄的对手，但此次开局后，谢安镇定自若，得心应手；张玄却因心系前敌，很快就败下阵来。谢安赢了棋，意兴更浓，又拉着张玄东游西逛，直到月上东山，才兴尽而归。

当夜，月上中天、万籁俱静的时候，谢安突然把谢石、谢玄等将领全部召集到自己家里，把每个人的任务一件件交代得很清楚，一直到东方破晓才算完事。大家看到谢安这样镇定自若，也增强了信心，高高兴兴地回到军营去了。

——王荣珍：《淝水之战》，39～41页，长春：吉林文史出版社，2011

资源7：据史载，东晋军胜利的捷报传来之时，谢安正在与来客下棋，只见他毫不动容，仍然是一如既往地沉着镇定。谢安送走客人的时候，发生了一件稀奇事。当时他所穿木屐的木齿撞断了，他却完全没有注意到。

这则故事说明，淝水之战的胜利是超出谢安意料之外的大捷，同时也展现了谢安这个人谦虚谨慎、感情内敛，始终一副从容不迫的典雅姿态，当时贵族社会的价值观亦可见一斑。

然而，尽管谢安立下了很大的功劳，却被淝水之战后崛起的皇族司马道子所排斥。淝水之战两年后，谢安去世，东晋进入了司马道子专权的时代，在灭亡的下坡路上快速跌落。

——[日]川本芳昭：《中华的崩溃与扩大：魏晋南北朝》，余晓潮译，

120～121页，桂林：广西师范大学出版社，2014

资源8：前秦王朝是建立在军事统治的基础上的，一旦它的军事力量被摧毁，王朝立刻濒临瓦解的境地。

这时，苻坚手下只有千余骑，他带着这千余骑奔赴慕容垂部。淝水之战中唯有慕容垂统领的三万人马安然无恙，慕容垂的子弟和亲党都主张以此作为复国的资本，要求杀掉苻坚。出于感恩，慕容垂没有下手，相反地把军队悉数交给了苻坚。苻坚沿途收集逃散的士卒，到洛阳时，已有十余万众，"百官、仪物、军容粗备"，元气略有些恢复。

但是，慕容垂终于找借口走了。在返回长安途经渑池时，慕容垂请求抚慰北境、归祭祖先陵墓，苻坚答允了。对此，权翼提醒苻坚说："慕容垂智勇过人，其先世称雄东夏，他为了避祸才来，他的本心岂是当一个冠军将军。譬如养鹰，不让它吃饱，它才能依恋于人。而每当风暴到来，它就想凌云而去。因此要加固鸟笼，哪能放纵和随其所欲呢！"苻坚说："卿说得有理，但朕已经答应了，匹夫尚且不可食言，何况是万乘之主！"权翼痛心地说："陛下这样做是重小信而轻国家，臣看他是有去无回，关东之乱，从此开始了！"

诚如权翼所料，苻坚放走慕容垂这一重大失误导致了严重的后果。虽然苻坚后来派骁骑将军石越领三千兵戍守邺城，骠骑将军张蚝率五千羽林戍守并州，镇军将军毛当率四千兵戍守洛阳，以防范慕容垂。但诸将兵力单薄，无济于事。建元二十年（384）初，慕容

垂与丁零翟斌相呼应，重新树起燕国旗帜，引丁零、乌九众二十余万长驱进攻邺城，关东六州的郡县大多送任子向燕国请降。不久，原北地郡长史慕容泓聚数千鲜卑族人，驻屯华阴，打败秦将强永，势力渐盛。原平阳太守慕容冲也起兵平阴，率众二万进攻蒲坂。

继慕容鲜卑而起的是羌族姚苌。符坚无力顾及关东，只想全力保住关中，他以符熙为雍州刺史，镇蒲坂；以符叡为都督中外诸军事、录尚书事，配兵五万，进讨慕容泓。龙骧将军姚苌充任司马，随符叡出征。符叡好大喜功，有勇无谋。姚苌建议采取驱赶慕容泓出关的策略，符叡却不以为然，领兵截击，结果败死在华泽。打了败仗后，姚苌派遣参佐谢罪，不意被符坚怒杀。姚苌惧罪，逃奔渭北纠集羌人五万余家，自称万年秦王。姚苌的背叛，是羌族贵族与前秦王朝矛盾尖锐化的表现，而符坚处置不当则是直接因素。在危难之际，姚苌倒戈使前秦陷入了腹背受敌、四面楚歌的困境。

符坚亲领步骑二万攻姚苌，起初获得小胜，而后姚苌军越战越强，发展到七万多人，俘虏前秦将吏杨璧、徐成等数十人。与此同时，慕容泓谋士高盖杀泓，奉战败来奔的慕容冲为主。为了共同对付前秦，姚苌与慕容冲联合，符坚则不得不两面作战，东奔西跑。慕容冲占据阿房宫，进逼长安。长安城内鲜卑人策划为内应，慕容暐以其子新婚为名大摆宴席，准备请符坚赴宴，而在宴席上杀死他。恰巧那天下雨，符坚没有去成。后来有人告密，符坚大怒，下令杀慕容暐及其宗族，城内的鲜卑人不分男女老幼都被斩尽杀绝。

建元二十一年（385），长安断粮，出现了人吃人的现象，防守更加困难了。符坚顽强抵抗，虽也打过两次胜仗，但在白渠战役中，符坚被燕兵包围，几乎丧命。五月，城中流传谶书《古符传贾录》，书中说："帝出五将久长得。"[1]当时符坚刚刚失去骁将杨定，对前景十分悲观，遂信以为真。他匆匆嘱咐太子符宏说："上天或者要引导我，你慎守城池，不要与敌人高下，我当然会从陇中征兵运粮支援你。"然后带着几百骑兵并张夫人、子女数人遁入五将山中。确如胡三省所说："秦王坚始也禁人学谶，及丧败之极，乃欲用谶书，奔五将山以求免，其颠倒错谬甚矣，盖死期将至也"[2]。七月，姚苌遣将领吴忠进五将山围捕符坚。秦兵四散逃窜，只剩下侍从十余人留在符坚身旁，符坚神色自若，端坐地上进食。不一会儿，吴忠领兵到，捕送符坚至新平。八月，姚苌索取传

---

[1] 崔鸿编：《十六国春秋·前秦录》，30页，北京：商务印书馆，1937；（北宋）司马光：《资治通鉴卷一百六·晋纪二十八（孝武皇帝太元十年，385）》（第7册），3346页，北京：中华书局，1956。
[2] （北宋）司马光：《资治通鉴卷一百五·晋纪二十七（孝武皇帝太元八年，383）》（第7册），3346页，北京：中华书局，1956。

国玺，苻坚横目怒骂。姚苌又求举行禅代仪式，苻坚仍骂声不绝，以求速死。姚苌令于新平佛寺中缢杀苻坚。

苻坚出奔一个多月后，慕容冲攻进长安，苻宏投奔武都氐豪强熙，又辗转归降东晋，历位辅国将军，义熙元年（405）谋叛被诛。

——白寿彝总主编、黎虎本卷主编：《中国通史（第5卷）：中古时代·三国两晋南北朝时期（下册）》，第2版，1179～1181页，上海：上海人民出版社，2013

资源9：淝水之战后，北方的形势发生了很大的变化。384年和385年，在前秦原来控制的土地上，出现了羌族人姚苌建立的后秦、鲜卑人慕容垂和乞伏国仁建立的后燕和西秦、氐族人吕光建立的后凉。苻坚在385年为姚苌俘杀。397年至409年，从后凉中分裂出北凉、南凉和西凉，从后燕中分裂出南燕和北燕，从后秦中分裂出夏。以上这十个国，是十六国中最晚出现的割据政权，它们相互攻战，使北方陷于更大的混乱。直到439年北魏统一了北方，这种混乱的局面才算结束。

东晋在淝水之战后，乘胜北伐，收复了一些地方。晋将刘牢之一直进军到后赵、前燕所曾经建都的邺。但东晋的军事胜利并不能消除内部的各种矛盾。385年，谢安死，宗室司马道子及其子司马元显当权，朝廷上便展开了宗室内部、宗室及大族间争夺权力的斗争。398年桓玄等起兵反对司马道子父子。此后，桓玄就成为占据建康上游江州（州治在今江西省九江市）等地的分裂势力。

399年，会稽等地因不满司马道子父子的虐政，民情激愤，推举孙恩为首，起义反晋，声势甚为浩大，屡败晋军。402年，孙恩死，卢循代领其众。同年，桓玄破建康，杀司马道子父子。404年，桓玄废晋安帝，自立为帝。但他称帝不过三四个月，就被刘牢之部将刘裕赶出建康。接着，刘裕迎回晋安帝，恢复了他的皇帝名义，并出兵北伐南燕和后秦，平定了江陵、成都、襄阳等地的分裂势力，逐渐树起了自己的威信。420年，刘裕认为他做皇帝的时机已经成熟，就废掉晋帝而建立宋朝。东晋亡。

——白至德：《中古时代·三国两晋南北朝时期》，98～99页，
北京：中国友谊出版公司，2011

北魏
孝文帝改革

　　北魏孝文帝改革，俗称孝文汉化，是指南北朝时期的北魏孝文帝所推行的一系列改革措施。其主要内容包括：制定官吏俸禄制，整顿吏治，使吏治有所好转；推行均田制，提高了农民的生产积极性，推动了北方地区社会经济的恢复和发展；设立三长制，保证了国家对人民有效地控制；推行新的租调制，增加了国家的租调收入；迁都洛阳，为进一步改革奠定基础；移风易俗，主要包括易服装、讲汉话、改汉姓、通婚姻、改籍贯等。北魏孝文帝改革有利于缓和阶级矛盾，促进了民族交融，为社会经济的恢复和发展发挥了积极作用。

一、孝文帝改革的积极意义

　　华盖在《"胡服骑射"与"全面汉化"——赵武灵王和魏孝文帝的改革》（载《沧桑》，1995年第3期）一文中指出，北魏孝文帝"全面汉化"的改革，给后世留下了深刻的历史启迪。首先，迁都之后，北魏孝文帝随即不失时机地按照中原汉民族的文化传统，对鲜卑族的社会习俗、生活方式、典章制度乃至观念形态进行了全面改造。如改穿汉服、改说汉语、改姓汉姓，在生活习俗上与汉人融为一体；又如定族姓、建门阀，扶植重用汉族士族，在政治上与汉人上层合流；再如修订律令、实行法治、尊儒崇经、提倡礼乐、兴办学校、选贤任能等。这既适应汉民族社会制度，又符合鲜卑本民族社会发展需要，从而缓和了鲜卑族与汉族之间的关系，有利于巩固北魏统治。其次，改革中的"禁胡服"如同"禁鲜卑语""改鲜卑姓"一样，都是旨在学习吸取汉民族的先进文化，力求从服饰、语言、姓氏等社会生活的各个方面与汉人融为一体。对于比较落后的鲜卑族来说，这无疑是一场移风易俗的伟大社会变革。中原大地自西晋末年"永嘉之乱"后，"礼崩乐坏"，文化遭到空前浩劫，在这种形势下，孝文帝大力提倡儒家文化和礼乐制度，不仅有助于北魏政权的巩固，也使汉族文化得以在少数民族中发扬光大。所以，北魏孝文帝的全面汉化促进了北方少数民族文化交融于中原汉民族文化。孝文帝在上层建筑和意识形态领域推行的一系列改制，对于鲜卑族和汉民族来说，都具有无可置疑的历史进步性。

钱国旗在《民族融合的良性发展模式——论南迁拓跋鲜卑与汉族的融合》（载《民族研究》，1998年第4期）一文中指出，北魏孝文帝改革促进了民族交融。在北魏孝文帝改革中，有很多促进鲜卑族和汉族之间民族交融的措施：举行尊孔活动，在形式上加深了拓跋政权的儒化色彩。经过学校的汉化教育，拓跋鲜卑特别是其上层贵族的汉学水平和儒学修养有了很大的提高。这些都有力地表明了拓跋鲜卑汉化程度的加深及其在意识形态上与汉族的逐步交融。更重要的是，孝文帝通过崇礼和重孝的思想及措施，使北魏政治通过礼教和孝道实质性地与儒学交融在一起。实行"定姓族"，孝文帝将汉族的门阀制度正式推广到鲜卑族中，使鲜卑贵族士族化，从而在根本上调和了鲜卑贵族与汉人士族之间的矛盾，使他们的利益更趋一致。北魏统治集团还利用通婚联姻，进一步巩固了统治集团内部的鲜汉民族联合，促进了民族交融。鲜卑贵族和汉人士族在门阀制度下完全地结合在一起，统一的等级制度把不同民族的统治者变成了阶级利益一致的一个阶层，统治集团内部的民族界限日渐淡化。

王万盈在《论拓跋鲜卑民族的融合》（载《西北师大学报（社会科学版）》，2001年第6期）一文中指出，北魏孝文帝改革使鲜卑人的民族意识随着汉化程度的加深而逐渐弱化。孝文帝以法令的形式禁"胡"服；断北语；改汉姓氏；采用汉族统治制度。这种激进的改革，使入主中原的鲜卑人逐渐丧失本民族的尚武精神而趋于汉化。随着汉、鲜民族之间认同感的逐渐增多和鲜卑在中原统治时间的延长，鲜卑人到中原生活者越来越多，因而孝文帝迁都时对拓跋鲜卑采取强制迁徙的办法不再沿用。孝文帝时期那些"秋朝洛阳，春还部落"[①]的"雁臣"不复存在了。这种变化实质是鲜卑民族意识上的又一转折点，鲜卑人对定居洛阳已由以前的排斥心理转为认同，在心理上缩短了与汉族的距离，鲜卑民族意识不断弱化。

管芙蓉在《"胡服骑射"与"孝文改制"——三晋古代民族融合的历史丰碑》，（载《山西社会主义学院学报》，2007年第1期）一文中指出，北魏孝文帝改革的成功实践，是三晋古代民族文化交流史的又一个鼎盛时期。在改革中，孝文帝首先把都城从平城迁到洛阳，以便实现统一全国的目标，接着就开始了全方位的汉化改制。这样，就从政治经济体制到社会生活习俗，乃至思想观念等各个方面，把本民族完全融入了汉民族的文化传统之中。北魏孝文帝改革，通过北方戎狄民族的游牧文化向中原华夏民族的农耕文化学习，促进了民族交融和统一的中华民族大家庭的形成。

李文梁在《孝文改制及其对北方民族大融合的影响》（载《长江大学学报（社会科学版）》，2013年第10期）一文中指出，北魏孝文帝改革顺应了少数民族汉化和民族交融的两大历史潮流，缓和了民族矛盾，加速了北朝各民族之间的交融。在孝文改制的汉化措施中：三长制的实行，既保证了均田制的深入贯彻实施，又使各族人民在地缘上开始杂居，各民族间往来也日渐频繁，民族间的隔阂随之减少。均田制和定额租调制的推广，以法律的形式确认了受田者对土地的占有和使用权，极大地调动了农民的生产积极性，促进了北方社会经济的发展，为民族交融奠定了物质基础。均田制推动了拓跋部由游牧民族向农耕民族的转型，在经济上完成了拓跋部和北魏的汉化，又较好地处理了汉族与各少数民族之间的经济纠纷，缓和了民族矛盾。定额租调制的实行，使各民族在赋役负担上较为公平，促进了民族关系的改善。"禁胡服""断北语"的实行，使各少数民族和汉族在语言、形象上的差异逐渐消失。"改汉姓""定姓族"，则凸显了拓跋部对汉文化的认可。孝文改制将北朝民族交融推向了历史的高潮。孝文帝积极进取的改革精神，为北

---

① （北宋）司马光：《资治通鉴卷一百四十一·齐纪七（明帝建武四年，497）》（第10册），4410页，北京：中华书局，1956。

方民族交融注入了一剂强心剂。改制后，北魏打破了前期汉化只停留于政治、经济层面的局面，开启了汉化改制向思想文化领域的迈进。孝文帝与时俱进、身体力行，为我国的民族交融树立了榜样；孝文帝躬亲实践，是引领鲜卑拓跋部和其他少数民族汉化的一面旗帜；孝文帝以其远见卓识，推动了本族汉化及民族交融。此后，历代中国的少数民族统治者都不同程度地效法孝文帝改制政策，不断为中华民族注入了新的血液。

段锐超在《北朝民族认同研究》（201～220页，郑州大学2014年博士论文）一文中指出，北魏孝文帝改革推动了文化认同和民族认同。段锐超指出，北朝文化认同的过程，是主观与客观的统一。客观上，是拓跋鲜卑与汉族两种民族文化由冲突到各自发生变迁再到双方同一的历史实践进程。主观上，是拓跋鲜卑与汉人破除阻力，减少差异，增强认同的心理过程。北朝文化认同的过程并非一路凯歌，而是充满了艰辛与曲折。时人的那些典型的心理状态，正是两种文化由冲突走向整合的心理冲击波的反映。通过观照和剖析那个时代两个民族的人们的心理感受、心灵碰撞，勾勒双方对待对方（实质上是对待对方文化）的心态变化轨迹，可以全景式地还原北朝文化差异的减少和文化认同的演进所历经的种种曲折，从而对北朝文化认同和民族认同有一个更加全面的认识。按时间顺序可以将时人典型心态划分为三个阶段：平城时期、孝文帝迁都之后、六镇之乱与魏分东西之后。

第一，平城时期，合作中的猜忌与疑惧。北魏前期，拓跋鲜卑与汉族都有较强烈的民族意识，"我""他"分明，彼此心存隔阂，缺乏信任，合作中也往往怀有戒心，猜忌与疑惧分别是拓跋鲜卑与汉族士人的典型心态。其背后是两种文化的接触、碰撞，反映出双方对对方文化的吸纳与认同之难。

第二，孝文帝迁洛之后，高度互信的建立与异族感的减少。迁都洛阳后，孝文帝移风易俗，整合文化，鲜卑贵族渐慕华风，主动学习汉文化，趋向士族化、文士化，社会文化地位逐渐无别。随着文化认同日益增进，鲜汉文化由冲突、磨合而变为亲和、交融的趋势日益明朗，民族分野愈发模糊，民族矛盾渐趋减少，民族认同渐入佳境。相反，洛阳与北方的六镇等地区，在孝文帝改制后，由于文化改造与整合的不同步性，文化差异滋长，加之经济等因素的作用，爆发文化冲突已不可避免。

第三,六镇之乱后与魏分东西时期，更快走完曾经的心路历程。洛阳文化认同迅速发展的良好势头被六镇之乱暂时打断。许多学者研究了六镇之乱之所以发生的文化心理因素。六镇鲜卑南下，进入汉人与汉化鲜卑之中，脱离鲜卑文化的适宜土壤，被汉文化包围，使得文化冲突不断。总之，六镇之乱和六镇鲜卑南下后又出现了文化冲突和文化认同问题，直接的接触使原有的文化冲突更加显性化。但魏分东西后，东西两大政治军事集团的矛盾才是当时的主要矛盾。整个北朝时期并没有纯粹的汉人集团，也没有纯粹的"胡"人集团。东西两大集团各自的文化建设都没有偏离孝文帝开创的大方向，甚至是在竞相完成孝文帝未竟的文化大业，以便在竞争中取胜。六镇之乱恰恰成为北朝后期文化认同和民族认同彻底完成的新起点，其过程似乎复制了孝文帝迁都后的历程，只是变化速度较之要快得多，原因在于孝文帝改制已经奠定了较好的基础。所以东魏北齐并没有截断汉化，只是由于粗鄙不文的六镇鲜卑对汉文化存有隔膜与偏见，加之统治者对他们的一些恶行又有意无意地加以纵容，因而导致了较为激烈的文化紧张与冲突。不过六镇鲜卑的一些言论与行为可以理解为他们为维护鲜卑文化所进行的抗争。西魏北周统治者的文化政策照顾到了鲜汉双方的利益和感情，较为成功，鲜汉合作融洽，文化认同较为顺利。

段锐超还指出，在文化冲突与整合之下，拓跋鲜卑与汉人都经历了心灵困境与负面情绪。通过双方消除文化界限、减小文化差距的努力，两种文化靠拢、整合，双方的民族隔阂和异族感随之减少。共同文化的形成，标志着文化认同的完成和鲜汉民族共同体的形成。

赵野春在《鲜卑汉化——论北魏孝文帝改革对民族关系的调整》（载《西北民族研究》，2003年第2期）一文中指出，鲜卑汉化是北魏孝文帝改革的重要内容之一，在对民族关系进行调整的过程中，促进了民族交融和南北统一，但也导致了北魏的分裂。鲜卑汉化主要包括如下内容：迁都洛阳，从而缓解鲜卑与汉族及其他民族的矛盾，加强了中原统治力量，对付南朝政权，争取以汉族为主的中原人民的支持；禁用鲜卑语，以适应其在中原的统治，迎合了汉族人士的心理意趣，由此缓解北魏政权与中原人民的矛盾，巩固其统治基础；禁用"胡"服，削弱了以汉族为主的中原人民对入主中原的鲜卑族的仇视，磨掉两个民族在服饰标志上相异的痕迹，有利于北魏政权的统治；改鲜卑复姓、配以汉之单姓，讨好了中原的汉族地主，减少民族隔阂，开始建构统一的阶级基础；各民族广为联姻，加深了相互交往，在客观上促成了民族交融。

赵野春指出，孝文帝的改革使北魏的民族关系有了一个调整，从而使北魏以至北齐、北周以后出现了一种新的民族关系气象，各民族的交往增多，民族交融加快，南北地域界限被打破。孝文帝改革对民族关系的调整，有以下结果：首先，在孝文帝改革过程中始终存在着两派斗争，即改革派和保守派。改革派当然以孝文帝为代表，他们看到了争取以汉族地主为主的中原人民对于巩固北魏政权的重要性，因此，要大刀阔斧改革，甚至不惜抛弃鲜卑民族传统，不遗余力推行汉化政策。相反，保守派则不想改革，主要代表有太子恂、元隆、穆泰及新兴公丕等人。虽然孝文帝改革决心坚定，然而，鲜卑守旧势力是强大的，这让孝文帝只好妥协。因此，孝文帝死后，北魏的内乱与鲜卑内部的分化密切相关。鲜卑贵族在此之后在汉化或鲜卑化的不同选择中分化，北魏的政权基础和统治基础动摇了，北魏政权随之也在各种起义中瓦解了，并于永熙三年（534）分裂为东魏和西魏。其次，全盘的汉化政策从根本上改变了鲜卑与汉族的界限，改变了鲜卑与其他民族的界限。这样，大家只要处在北魏政权下，就无所谓夷夏之分，如此一来就消除了统治者的自卑心理，政权也变得堂而皇之了。从历史发展来看，虽然后来又经历了东魏—北齐鲜卑化的老路，但随着西魏—北周对东魏—北齐的统一，"华夏混一"观逐渐形成，各族人民已不分谁为夷狄、谁为华夏。再次，孝文帝的汉化改革，使鲜卑与汉族、贵族与士族结合了，使北魏政权的民族对立逐渐向阶级的统一过渡，这样北朝的门阀制度和南朝的门阀制度相一致了，南北的政权基础统一了。至此，北方各民族进一步交融，南北统一不可避免。所以，它减少了民族对立，为南北统一奠定了基础。

乔国华在《民族融合与社会稳定》（载《济南大学学报》，2001年第3期）一文中指出，与民族交融一样，"汉化"对减少民族冲突，维护社会安定与发展发挥着十分重要的作用，北魏孝文帝改革就是其中一例。孝文帝为了改善鲜卑贵族落后的统治方式和作风，进一步巩固北魏的统治，掀起了大规模的"汉化"运动。太和八年（484），北魏改革了官制，仿照汉族政权实行俸禄制，用增加人民的赋税来为官吏发放俸禄，这虽然增加了劳动人民的负担，但却可以在一定程度上减少官吏的任意盘剥。太和九年前后，又先后实行均田制和三长制，对土地赋税制度以及基层政权组织形式进行了改革，加强了国家对土地和人口这两大资源的控制。太和十八年（494），孝文帝将都城从平城迁到洛阳。迁都后，孝文帝开始大刀阔斧地采取"汉化"措施。首先是改革鲜卑旧俗。其次，孝文帝还仿照南朝建立了姓氏的门阀制度。是时，皇室的元姓等第最高，鲜卑的八大姓与汉人的世家大族，范阳卢氏、清河崔氏、荥阳郑氏和太原王氏地位相当。上述诸姓的子弟在入仕时享受特权，专门占有那些高贵清闲的职位。同时，禁止鲜卑同姓之间的通婚，大力倡导他们与汉人诸姓通婚。这样就打破了鲜卑与汉族之间的民族界限，从血缘上与汉族进行了彻底的交融。孝文帝还在礼乐刑法等方面进行了改革。孝文帝针对北魏礼乐异于中原的现实，多加厘革，诸如祭祀、丧礼、冠礼等均改用汉制。在刑法方面，孝文帝亲自主持制定了新的律令，废弃了一些野蛮残忍的刑罚。孝文帝在政治、经济、文化等方面的汉化措施，涉及领域广泛，改革力度强大，缓和了当时的社会矛盾和阶级矛盾，促进了鲜卑乃至整个北方地区少数民族向汉族的转变。

李春玲在《简论鲜卑汉化与北朝兴衰》（载《理论界》，2008年第7期）一文中指出，孝文帝改革是鲜卑拓跋部汉化成功的范例，但迁都洛阳后的一些改革不彻底，给北魏带来严重恶果，导致分裂。孝文帝的一系列改革，促进了民族交融，是顺应历史潮流之举，也是鲜卑族"汉化"的过程。但是，随着北方统一，鲜卑族昔日的马上进取精神日渐消失，取得累世公卿特权的贵族腐朽速度加快了。孝文帝晚年，朝廷职能部门职分错乱、互相推诿，地方官员不亲民事、卖官鬻爵等迹象纷纷出现。至于皇亲国戚、达官贵人兼并土地、垄断工商、圈占山泽等，更是触目惊心。更为严重的是，孝文帝把拓跋部成员全部迁往中原的计划没有彻底实现，相当数量的拓跋部民留居原地——代北，保留着改制前的语言和习俗。这样，迁洛和留代的两部分拓跋部民逐渐形成两大集团。北魏初年，为了抵御柔然，捍卫京师平城，自平城以北至今河北张北一线，设置六大军镇。随着迁都洛阳，六镇捍卫京师的重要地位不复存在，六镇镇将、镇兵的身份地位急剧下降。大量罪犯被发配来充当镇兵，镇将、镇兵连基本生活都没有着落。镇将还可以凭借手中权力贪占肥饶之地，镇兵甚至连瘠土荒地也难获得，不得不听凭镇将驱使和奴役。由此看来，改制不仅没有给曾经是"国之肺腑"的六镇带来任何实际利益，反而加剧了六镇的种种矛盾，使得六镇军民对改制怀有一种特别的仇恨，深藏着导致北魏衰败的重重杀机。正光四年（523），一场撼动北魏统治的六镇起义爆发了，历时六年零十个月，至建明二年（531）起义失败。北魏统治集团内部矛盾因此激化，高欢称霸关东，宇文泰称霸关西，永熙三年分别拥立元见善、元宝矩为帝，北魏分裂为东魏、西魏，随后又为北齐、北周取代。

二、孝文帝改革的经验教训

黄朴民在《北魏孝文帝"全盘汉化"的不归之路》（载《中华读书报》，2013-04-10）一文中指出，孝文帝改革是一次正确的改革，但是我们应该从多元的视野重新审视这次改革并从中得出启示。

第一，北魏孝文帝改革可以太和十四年（490）为界，划分为前后两个阶段，可谓是全方位、立体化的全面型改革。这些改革虽然都归之于北魏孝文帝的名下，总称为"孝文帝改革"，但是，在490年之前，孝文帝拓跋宏并非北魏朝廷的实际最高统治者，他始终是一个傀儡角色，当时的朝廷实权全部掌握在其祖母冯太后的手中。此后，孝文帝拓跋宏开始亲政，北魏历史从此进入一个新阶段。由此可见，在孝文帝改革的第一个阶段，拓跋宏仅仅是个傀儡皇帝，相关改革的顶层设计、推行实施，即建立卓有成效的新制度以取代旧制度，如推行班禄制、实施三长制、倡导均田制、改革租调制等，虽然成效卓著，其实都与他没有太直接的关系。那些新制的策划与制定，都是李冲等人执行冯太后的指令而研究出来的，换言之，皆是在冯太后的主持下逐一展开的。所有的功劳，当然也包括失误，都应该归于冯太后名下，而与孝文帝拓跋宏关系不大。只有在490年冯太后撒手归西，北魏孝文帝改革运动进入第二个阶段后，拓跋宏才实际登台主持大计，推行一系列诸如迁都洛阳、制礼作乐、全盘汉化的改革措施。从这个意义上来讲，北魏孝文帝改革中那些最为切合实际、最有实质效益的措施与做法，都是冯太后的作为与贡献，而它们的推行与见效，则为真正归属于孝文帝主持的后阶段改革奠定了基础。

第二，就迁都洛阳而言，应该说是正面意义大于负面影响的。迁都本身不算严格意义上的改革措施，但它实现了北魏政治中心的南移，强化了对中原地区的统治，摆脱冯太后政治的阴影，削弱鲜卑旧贵族势力的影响，为接下来的"汉化"改革扫除障碍，还是颇具合理性的。迁都的负面因素也是明显存在的，它耗费了大量的人力财力物力，给当时的社会经济造成不利影响，破坏了鲜卑族的纯朴风尚，使鲜卑贵族沾染上魏晋门阀士族的种种恶习，骄奢淫逸，官风腐败。

第三，迁都洛阳后，孝文帝即开始雷厉风行推行他的汉化措施了。其重点是彻底改变鲜卑族原有的风俗习惯，毫无保留地学习和采纳汉族的典章制度和生活方式，全方位促进鲜卑族接受汉族文化。考察北魏孝文帝拓跋宏这些移风易俗的决策与措施，我们可以发现，其实质就是要通过"全盘汉化"来消除鲜卑拓跋氏的民族个性与民族精神，因为改革的结果，是鲜卑拓跋氏没有了自己的语言，没有了自己的姓氏，没有了自己的服饰，没有了自己纯粹的血统。这样一来，鲜卑拓跋氏便彻底丧失作为一个民族的独立性、主体性，从而与汉族完全同化，融入汉族之中。特别需要指出的是，孝文帝还借汉化改革、移风易俗之机会，将南朝地区业已趋于没落的腐朽门阀制度在北方地区借尸还魂，卷土重来，给北魏原本比较单纯、实效的政治生活注入了腐蚀剂。

第四，孝文帝拓跋宏的"全盘汉化"还包括了全面确立儒家学说为北魏统治指导思想，按汉族的礼仪制度全面改造祭天礼仪，不拘一格重用洛阳新贵与汉族人士等多个方面内容。就倡导儒学而言，这表明鲜卑族认同汉文化为自己的精神归宿，它同时也意味着拓跋鲜卑主动丢掉自己的特征与优势——勇武质朴，自我削弱曾经十分强盛的北魏军事力量。其结果一方面是学校遍布，弦歌不绝；另一方面是武备松弛，征战受挫，民风萎靡不振，斗志消沉退化。正因为北魏孝文帝改革存在着这些问题，这对鲜卑拓跋氏的前途更是一场毁灭性的灾难。因此，在中国历史上，对其持否定批判态度的不乏其人，代有相传。孝文帝改革本身并没有错，当时北魏王朝所面临的种种危机也使得其从事革新、改弦更张犹如箭在弦上，不得不发，同时，孝文帝本人及其亲信集团崇尚汉族的先进文明，提倡汉化也有一定的合理性。但是，问题就在于孝文帝的改革思维与主要措施陷入了致命的"误区"，即"不本土俗""不安于本而眩其末"①。他亲政后的一系列所作所为，其实在相当程度上是并不适合北魏国家的国情与族情的，乃是他个人好恶的感情冲动战胜了政治理性运作的产物，也决定了北魏最终没落与解体的宿命。换言之，孝文帝改革的致命性失误，就是他在改革的过程中让所谓的汉族优势文化迷惑了自己的理智，以致完全丧失了鲜卑拓跋氏应有的自身立场，自动地放弃了鲜卑拓跋氏的主体性与合法性，丢掉了作为独立民族在改革事业中的话语权。一切唯"汉"是尊、唯"汉"是从，一厢情愿地"全盘汉化"，自我缴械地去融入汉族文化之中，自己给自己挖掘了坟墓，后果至为悲惨，教训极其深刻。

黄朴民还指出，北魏孝文帝"全盘汉化"为主旨的改革悲剧，也印证了一个最普通的道理：任何改革，都必须立足于自身的主体性，都不能割裂自己的传统与历史，都不能脱离自己的文化土壤，其他的物质文明、制度文明、观念文明再美好、再优秀，也无法直接移植、生搬硬套，否则，就难免面临东施效颦、邯郸学步的尴尬，使自己的改革愿望与最终结果南辕北辙，适得其反，成为历史舞台上的悲剧性角色。

李克建、陈玉屏在《再论北魏孝文帝改革——兼谈改革对民族融合规律的启示》（载《黑龙江民族丛刊（双月刊）》，2007年第2期）一文中指出，北魏孝文帝汉化改革，

---

① （南宋）叶适：《习学记言序目卷第三十四·魏书》（全二册），497页，北京：中华书局，1977。

具有明显的"强制汉化"和个人民族意识超前的特点，这不仅不符合民族交融的规律，而且在一定程度上加速了北魏的灭亡，这给我们留下了深刻的启示。

首先，民族交融是一个极为复杂的漫长的历史过程。纵观拓跋鲜卑与汉民族的交融史，孝文帝改革当算是一个重要的里程碑。孝文帝"全盘汉化"的措施大多采用行政命令的形式对鲜卑族施以巨大的压力，以促进鲜、汉民族交融，确实收到了一时的效果。但是，综观孝文帝改革，我们也不难看出，孝文帝在主观上想通过强制性交融来求得鲜卑社会和经济、文化的快速发展，巩固拓跋人的统治，但客观上却造成以行政手段对正处于交融进程中的不同民族进行"捏合"，最终导致北魏后期和齐、周时代都出现了政治上的强烈反弹现象，这可以说是对孝文帝"强制汉化"政策进行否定的显证。孝文帝初衷虽好，但违背了民族交融的客观规律，最终造成了欲速则不达的后果。直到北周灭北齐之后，鲜、汉民族间的界限才趋于消失。可见，以强制方式和"捏合"手段促进民族交融将事与愿违。

其次，在对待民族交融问题上，北魏孝文帝清除了传统成见，表现出了个人民族意识超前的特点。孝文帝迁洛之后，以前所未有的决心和魄力推进民族交融，不出30年，礼乐行政、民情俗尚与汉族社会无异，但仍不能说迁洛鲜卑与汉人已经水乳交融。因为民族交融绝非单指经济类型和生活习俗的同一，而是超越经济类型和生活习俗这一物质的范畴，在更高的意识形态领域内实现同一。可见，任何个人的超前意识和努力都无法超越民族交融的规律。孝文帝，纵然有坦荡的胸怀和坚强的意志，最终也是"壮志未酬身先死"，其族人与汉人之间的交融必须经历更长时间的磨合。

郝松枝在《全盘汉化与北魏王朝的速亡——北魏孝文帝改革的经验与教训》（载《陕西师范大学学报（哲学社会科学版）》，2003年第1期）一文中指出，改革中的扬弃十分重要，因为全盘汉化，尤其是大定姓族，对门阀士族制度的移植，使得尚无文化积淀可言的鲜卑贵族迅速腐化，而腐化则是导致北魏亡国的根本因素。

郝松枝指出，北魏孝文帝改革是中国历史上比较特别、影响较大的一次改革。孝文帝在进行移风易俗改革的同时，与之相应的实行了一系列提高鲜卑贵族"社会地位"的措施，大定姓族则是这一举措的典型代表。而北朝第一流新士族集团的形成，则是导致鲜卑贵族迅速腐化的原因之一。北魏孝文帝大定姓族是分两步来完成的：一是婚名族；二是定代人姓族，并规定了具体的标准。孝文帝的定姓族，以当代官爵为主要标准，非常具体地规定了先世曾为何等官才能入士族。官爵的高卑与门阀序列有着极为密切的关系，反过来又作用于婚宦制度。在选拔内外官吏方面，严格根据门阀的标准，官分清浊，不得逾越。北魏门阀制度的确立和北方第一流新士族的形成，为北魏后期的统治埋下了无穷的隐患。孝文帝大定姓族，对于门阀制度的移植似乎是改制所必然进行的一个方面。而这种急功近利的做法，使得这些新士族分子从根本上并不能一时适应。虽然孝文帝在定姓族的同时，亦采取了崇儒、兴学、制礼作乐等一系列提高鲜卑贵族文化素养的措施，但未必一朝一夕即可具备的文化积淀，空前安定的社会环境，使这些迅速汉化、士族化的鲜卑贵族在这个全新的社会环境面前，并没有摆正自己的位置。他们并没有用一些积极的、健康的东西去充实自己，精神上的空虚使他们在极高的社会政治地位及极为丰富的物质财富面前迷失了自我。他们缺乏"居安思危"的政治修养，最高统治者也没有进行道德方面的训诫。于是，整个贵族阶层迅速堕落下去，附庸风雅，模仿汉族名士的生活作风，但由于缺乏辨别力，他们只能模仿那些外在的形式。所有这些，不仅消磨了他们的进取心，更是给了他们滋生腐败的肥沃土壤。孝文帝在位时，以自己的雄才大略、声势和威望，尚能控制整个局面。但到了他的继任者手里，情况则发生了极大的变化，比奢斗富之风是一招胜过一招，贪污腐化更是一浪高过一浪。贪污成风，吏治腐败；道德沦丧，能力下降。孝文帝改革的进步性是应该被肯定的，尤其是这次改革不是通过民族征服而是和平方式进行的，其间未有十六国时期的那种残酷的种族屠杀。但是，不加扬弃的全盘汉化，也为北魏后期的统治埋下了无穷的隐患。

微课设计

微课设计一：从迁都洛阳看孝文帝改革

✎ 设计意图

迁都洛阳是孝文帝推进改革的一个重要环节。以迁都洛阳为视角，可以让学生对孝文帝改革促进鲜卑族和汉族的民族交融，巩固统治有更加深入的认识。

设计方案

教师讲述： 北魏定都平城近百年之久，平城成为当时北方政治、经济、文化的中心。孝文帝执政后，为了加强对中原地区的统治和深化改革，孝文帝执政后首先确定迁都洛阳。

材料呈现： 但国家兴自北土，徙居平城，虽富有四海，文轨未一，此间用武之地，非可文治，移风易俗，信为甚难。崤函帝宅，河洛王里，因兹大举，光宅中原。

——（北齐）魏收：《魏书卷十九中·景穆十二王传第七中·任城王云传附澄传》

（第2册），464页，北京：中华书局，1974

教师设问： 孝文帝迁都洛阳的理由是什么？（参考答案：北魏虽然实现了局部统一，但民族隔阂严重，文化冲突剧烈；平城僻处塞上，崇尚武力，难以文治，改革阻力大；洛阳曾是多个王朝的建都之地，迁都洛阳有利于政治上取得正统地位。）

教师讲述： 另外，平城地处塞外高原，气候寒冷、土瘠粮贫、交通闭塞，不能适应孝文帝南下伐齐的需要；而洛阳汉族士大夫数量多，是汉文化的中心，临近南朝，便于用兵，有利于实现一统。所以，洛阳和平城相比较，更适应缓和民族矛盾，巩固统治，对付南朝政权，进一步加强对黄河流域的统治这一新形势。然而，孝文帝迁都洛阳并不是一帆风顺的。

材料呈现： 北人恋本，忽闻将移，不能不惊扰也。

——（北齐）魏收：《魏书卷十九中·景穆十二王传第七中·任城王云传附澄传》

（第2册），465页，北京：中华书局，1974

教师设问： 鲜卑人对迁都洛阳有何反应？（参考答案：北人习常恋故，对迁都惊扰犹疑。）

教师讲述： 为了减少迁都阻力，孝文帝对守旧势力做了一些让步，但是他们的反抗并未停止。

材料呈现： 太子恂自平城将迁洛阳，元隆与穆泰等密谋留恂，因举兵断关，规据恒北。

——（北宋）司马光：《资治通鉴卷一百四十一·齐纪七（明帝建武四年，497）》

（第10册），4408页，北京：中华书局，1956

教师设问：孝文帝迁都洛阳遭到了哪些人的反对和阻挠？（参考答案：以太子恂为首的贵族官僚守旧派。）

教师讲述：面对阻力，孝文帝在朝廷重臣的坚强支持下，有力地回击了守旧势力的干扰破坏，巧妙地实现了迁都，从而为全国进一步推行汉化措施扫除了障碍，铺平了道路。迁都洛阳后，孝文帝改革进入了全盘汉化阶段。

材料呈现：

材料一　今欲断诸北语，一从正音。年三十已上，习性已久，容或不可猝革；三十已下，见在朝廷之人，语音不听仍旧。若有故为，当降爵黜官。各宜深戒。如此渐习，风化可新。若仍旧俗，恐数世之后，伊洛之下复成被发之人。王公卿士，咸以然不？

——（北齐）魏收：《魏书卷二十一上·献文六王列传第九上·咸阳王》

（第2册），536页，北京：中华书局，1974

材料二　北人谓土为拓，后为跋。魏之先出于黄帝，以土德王，故为拓跋氏。夫土者，黄中之色，万物之元也；宜改姓元氏。诸功臣旧族自代来者，姓或重复，皆改之。

——（北宋）司马光：《资治通鉴卷一百四十·齐纪六（明帝建武三年，496）》

（第10册），4393页，北京：中华书局，1956

材料三　鲜卑的穆、陆、贺、刘、楼、于、嵇、尉八姓，"一同"汉族的卢、崔、郑、王"四姓"，彼此联姻，将胡汉贵族集结为一个统治整体。

——李春玲：《简论鲜卑汉化与北朝兴衰》，载《理论界》，2008年第7期

教师设问：孝文帝采取了哪些汉化措施？（参考答案：说汉话，用汉姓，与汉族通婚。）

教师讲述：孝文帝大力推行了一系列改变鲜卑族原有风俗习惯、积极学习汉族文化的汉化措施。说汉话，打破了语言障碍，有利于鲜卑族与汉族之间的交流学习；用汉姓，减少了民族隔阂，缓和了民族矛盾，有利于社会稳定；与汉族通婚，促进了鲜卑族与汉族的交往和民族交融。除此之外，孝文帝还采取了改穿汉服、改籍贯、定姓族、建门阀等措施，同时还在礼乐刑法等方面进行了改革，有利于鲜卑族与汉族加深认同，巩固统治。孝文帝的汉化措施，把本民族完全融入了汉民族的文化传统之中，

影响深远。

材料呈现：

材料一　于是斯文郁然，比隆周汉。

——（北齐）魏收：《魏书卷八十四·列传第七十二·儒林》（第5册），

1842页，北京：中华书局，1956

材料二　时革变之始，百度惟新，鉴上遵高祖之旨，下采齐之旧风，轨制粲然，皆合规矩。

——（北齐）魏收：《魏书卷十六·道武七王列传第四·河南王》（第2册），

397页，北京：中华书局，1956

材料三　正由于鲜卑等民族的不断加入，才为汉民族不断注入了新鲜血液，也使汉民族的人口数量日益增加，今天汉族能成为中国的主体民族和世界上人数最多的民族，离不开鲜卑等民族的贡献。……不要忘记像孝文帝元宏那样为中华民族的形成和壮大作出过巨大贡献的盖世英雄。

——葛剑雄：《盖世英雄还是千古罪人——元（拓跋）宏及其迁都和汉化》，

载《读书》，1996年第5期

教师设问：迁都洛阳后，孝文帝的汉化措施产生了怎样的影响？（参考答案：北魏社会风貌发生了很大变化，促进了民族交融，巩固了统治。）

教师讲述：迁都洛阳后，孝文帝的汉化措施，有力地促进了各民族间的相互交往和交流，缓和了当时的社会矛盾和阶级矛盾，巩固了统治，为隋唐盛世的出现奠定了良好的基础。

教师引导学生小结：迁都洛阳为孝文帝后期改革铺平了道路，保证了改革的深入发展，有利于鲜卑族和汉族的民族交融，巩固了北魏的统治。

设计点评

本微课以迁都洛阳为切入点，通过设问与分析，引导学生通过史料了解迁都洛阳的原因和影响，从而对孝文帝改革在促进鲜卑族和汉族的民族交融、巩固统治方面有更深入的了解。

微课设计二：从蒋少游看孝文帝改革

设计意图

　　孝文帝改革中的汉化政策促进了民族文化交流和民族交融，其中北魏官员蒋少游功绩卓著。本微课以蒋少游为视角，辅之以材料分析，可以让学生对孝文帝改革促进民族交融有更加深入的认识。

设计方案

　　教师讲述：蒋少游是北魏著名的建筑家、书法家、画家和雕塑家。他曾先后充任（或兼任）散骑侍郎、都水使者、前将军、将作大匠、太常少卿等官职。他死后，获赠龙骧将军、青州刺史，谥曰质。作为生活在北朝时代的艺术家，蒋少游的人生道路颇为坎坷曲折。他原籍乐安博昌（今山东博兴），原属于南朝刘宋朝管辖。后来北魏慕容白曜平东阳时，他被俘入平城（当时北魏都城，今山西省大同市），后又被发配往云中服兵役。虽然历经磨难，但蒋少游依然学有所成。

　　材料呈现：性机巧，颇能画刻。有文思，吟咏之际，时有短篇。遂留寄平城，以佣写书为业，而名犹在镇。

　　　　　　　　　　——（北齐）魏收：《魏书卷九十一·列传第七十九·术艺》（第6册），

　　　　　　　　　　　　　　　　　　　　　　　　　　1970页，北京：中华书局，1974

　　教师设问：蒋少游有哪些才学？（参考答案：善于绘画、雕刻、有文学才能。）

　　教师讲述：蒋少游才学过人，经高允推荐，补为中书博士，并得到冯太后和孝文帝的器重。孝文帝改革中的汉化政策减轻了民族敌对情绪，促进了民族交往和交流，这为蒋少游提供了施展才华的契机。太和十五年（491），孝文帝派遣蒋少游以访问副使的身份出访南朝齐国建康城，身担重任。

　　材料呈现：

　　材料一　少游有机巧，密令观京师宫殿楷式。

　　材料二　清河崔元祖启世祖曰"少游，臣之外甥，特有公输之思。宋世陷虏，处以大匠之官。今为副使，必欲模范宫阙。岂可令毡乡之鄙，取象天宫？臣谓且留少游，令使主反命。"

　　　　　　　——（南朝·梁）萧子显：《南齐书卷五十七·列传第三十八·魏虏》（第2册），

　　　　　　　　　　　　　　　　　　　　　　　　　990页，北京：中华书局，1972

教师设问：蒋少游有何重任？齐国大臣对蒋少游来访有何顾虑？（参考答案：秘绘齐国宫殿形制；担心蒋少游想剽窃齐国宫阙筑造范式。）

教师讲述：蒋少游不负众望，默察强记，背临画成，在回国后便把建康城的布局样式凭记忆绘出。这些实际的测量和在建康的调查研究，对后来洛阳的建设规划起了较大影响。

孝文帝迁都洛阳，洛阳宫殿的设计建造多由蒋少游主持。华林殿建筑、华林园的园林池沼修旧增新以及改作金墉城门楼，也都由他设计，得到了皇帝的赞赏。

材料呈现：高祖在城内作光极殿，因名金墉城门为光极门。又作重楼飞阁，遍城上下，从地望之，有如云也。

——（北魏）杨衒之撰、周祖谟校释：《洛阳伽蓝记校释卷一·城内》，

57页，北京：中华书局，1963

教师设问：金墉城有何特点？（参考答案：楼台高阁多。）

教师讲述：洛阳新城既有殿有沼，又有园林结构的意趣，这和蒋少游江南之行的开阔视野有直接关系。蒋少游模仿中原传统文化设计，用平城及建康城样式构造了洛阳新城的框架，大规模地用于洛阳新城的建设中。北魏洛阳城既改造了汉魏洛阳旧城，又新建了外城，宏伟壮观，布局整齐，开东魏、北齐邺都南城和隋唐长安城宏大、整齐之先河，在中国都城发展史上占有重要地位。而里、外城的佛寺达1367所，皆建筑宏丽，也为洛阳城增添了光彩。

材料呈现：

材料一　实际上北魏洛阳城也是创新，并非简单模拟。

——马正林：《中国城市历史地理》，190页，济南：山东教育出版社，1998

材料二　太和洛阳新都之制度必与江左、河西及平城故都皆有关无疑。

——陈寅恪：《隋唐制度渊源略论稿·唐代政治史述论稿》，

71页，北京：商务印书馆，2011

教师设问：洛阳城有何特点？（参考答案：多民族文化的交融。）

教师讲述：可见蒋少游对南、北建筑风格的糅合所起的作用。这座辉煌的城市是民族交融的结果。

孝文帝迁都洛阳之后，大批鲜卑人源源不断地涌入内地，北魏朝廷又面临着许多新

问题：很多鲜卑人的习俗不符合中原的习俗，又不适应中原的环境。如不及时解决这些问题，将会严重地阻碍各民族之间的交往和经济文化的发展，不利于北魏政权的巩固。孝文帝立即着手改革鲜卑旧俗，全面推行汉化，其中一项措施是易服装。太和十九年（495），孝文帝下诏禁止士民穿"胡"服，规定鲜卑人和北方其他少数族人一律改穿汉人服装，蒋少游受命主持制定了朝中冠冕制度。

材料呈现：

材料一　及诏尚书李冲与冯诞、游明根、高闾等议定衣冠于禁中，少游巧思，令主其事，亦访于刘昶。二意相乖，时致诤竞，积六年乃成，始班赐百官。冠服之成，少游有效焉。

——（北齐）魏收：《魏书卷九十一·列传第七十九·术艺》（第6册），

1970页，北京：中华书局，1971

材料二　庆之因此羽仪服式悉如魏法。江表士庶竞相模楷，褒衣博带①，被及秣陵。

——（北魏）杨衒之撰、周祖谟校释：《洛阳伽蓝记校释卷二·城东》，

109页，北京：中华书局，1963

教师设问：蒋少游设计了怎样的服饰？结果怎样？（参考答案：褒衣博带的汉服；迅速推广。）

教师讲述：蒋少游设计的汉式褒衣博带服饰，孝文帝带头穿戴，并在会见群臣时"班赐冠服"。褒衣博带式服装得以迅速推广，并流传至南朝。魏孝文帝的服制改革，使褒衣博带的服装样式得以长久流行。

教师引导学生小结：从上述蒋少游所取得的成就中，我们明显可以看到民族文化交融的痕迹。这些成就的取得除了与蒋少游自身的才学有关之外，还有一个重要因素就是孝文帝改革的汉化政策，而蒋少游在促进多民族文化交流上，功不可没。

✎ **设计点评**

本微课以蒋少游为切入点，通过设问与分析，有利于学生通过史料，了解蒋少游的经历和主要成就，深刻认识孝文帝改革在促进民族交融方面所起的重要作用。

———————————

① 褒衣博带，着宽袍，系阔带，指古代儒生的装束。

教学资源

资源1：北魏建国后，反汉化的保守势力仍然非常强大。从道武帝拓跋珪到太武帝拓跋焘直至孝文帝拓跋宏执政时期，拓跋鲜卑统治集团内部汉化势力与反汉化势力的矛盾和斗争一直是尖锐而复杂的。如太武帝末年，发生了骇人听闻的崔浩被诛事件。直到孝文帝推行汉化改革时，仍有不少拓跋贵族"丕雅爱本风，不达新式，至于变俗迁洛，改官制服，禁绝旧言，皆所不愿"①。这些反汉化势力无疑是拓跋鲜卑与汉族融合进程中的一股强大阻力。从北魏前期统治集团内部的民族构成及其地位差别来看，鲜卑贵族占绝对优势。根据万斯同《魏将相大臣年表》所作的统计及《魏书》的有关记载，从道武帝皇始元年（396）至孝文帝太和十八年（494），共列将相大臣176名，其中鲜卑人129名，占总数的73.3%；汉人47名，占总数的26.7%。在将相大臣中，鲜卑人几乎占了四分之三，在数量上具有绝对优势。汉人与鲜卑人在北魏统治集团中的地位差别也是非常明显的。当时北魏中央政府机构中的实权高位绝大多数由鲜卑人充任，汉人在朝中一般只能担任诸如副贰、叁佐之类的官职，他们大多从事具体的行政事务或文教工作，极少能参与军国大事的决策，鲜卑统治者总是千方百计地对汉族士人施以种种限制和打击。汉族士人对于拓跋民族及其政策也明显地流露出冷漠情绪和离心倾向。从《魏书》的有关记载来看，北魏前期相当多的汉族士人都是拓跋统治者平定中原统一北方过程中俘获和收容来的，许多世家大族是被强制迁入平城的。当时在拓跋统治者与汉族士人之间，猜忌多于信任，还没有能够实现平等的联合。宋人叶适有言："刘、石、慕容、符姚皆世居中国，虽族类不同，而其豪杰好恶之情，犹与中国不甚异。独拓跋以真匈奴入据诸夏，纯用胡俗强变华人。"②从根本上看来，北魏前期统治集团内部拓跋贵族与汉族士人之间的种种矛盾、隔阂与对立是由当时鲜汉民族之间深刻的民族差别所导致的，是游牧文化和农业文化两种不同性质文化之间矛盾斗争性的外化，是民族界限、民族矛盾和民族斗争的本质性表现。

——钱国旗：《民族融合的良性发展模式——论南迁拓跋鲜卑与汉族的融合》，

载《民族研究》，1998年第4期

---

① （北齐）魏收：《魏书卷十四·神元平文诸帝子孙列传第二》（第2册），360页，北京：中华书局，1974。
② （南宋）叶适：《习学记言序目卷第三十二·南齐书》（下），468页，北京：中华书局，1977。

资源2：在北魏孝文帝以前，有很多少数民族先后在黄河流域建立了大大小小的政权，但大多都遭遇短命的结局，其根本原因在于，这些入主中原地区的少数民族首领们缺乏统治汉族地区的经验，其统治游牧部落的经验无法适用于对黄河流域的统治。孝文帝即位时，北魏立国已历经85年，虽然经过前代的努力，以武力统一了北方，但社会仍然面临着诸多严重的问题，阻滞着北魏的发展，主要表现为：经济凋敝、农业恢复缓慢；阶级矛盾、民族矛盾尖锐；因战争耗费巨大，赋税繁多，百姓负担沉重；北魏初期官吏没有俸禄，使得贪污成风，吏治败坏，更加剧了阶级矛盾。孝文帝即位后的16年中，就发生了29次农民起义。民族矛盾则更不容小觑，当时的汉族世家显贵因怀揣着儒家文化的优越感，往往瞧不起鲜卑贵族，鲜卑贵族对汉族的世家显贵也怀有敌意，双方存在政治、经济利益方面的矛盾和民族文化方面的差异，双方关系逐渐达到不可调和的地步。面对诸多矛盾与问题，北魏统治者冯太后和孝文帝意识到：要想巩固统治，就必须改弦更张。加之孝文帝有四分之一的汉族血统，从小蒙冯太后"躬亲抚养"，深受汉文化的熏陶，更加坚定了孝文帝推行汉化改革的决心。

——尚大超：《北魏孝文帝汉化改革：将鲜卑族溶入中华民族的血液》，

载《中国民族报》，2015-07-10

资源3：孝文帝即位时仅是个5岁的孩子，由汉人出身的冯太后执掌朝政。冯太后是一位杰出的女政治家，孝文帝即位后，她审时度势，着手主持汉化改制。这是"孝文改制"的前期实践，主要是效法中原封建王朝的政治经济体制，对北魏政权进行改造，如采取封建官吏的俸禄形式"班禄制"，以及计口授田的封建经济制度等。孝文帝24岁时亲政，决意把冯太后主持的改革推向深入。这位雄才大略的国君，同样怀有"光宅中原"[①]、"制御华夏"[②]、统一中国南北的宏图大志。他首先把都城从平城迁到洛阳，以便实现统一全国的目标，接着就开始了全方位的汉化改制，如：改鲜卑服为汉服，改鲜卑语为汉语，改鲜卑姓为汉姓，以实现鲜卑与汉人融为一体；他又定姓族，建门阀，扶植重用汉族士族门阀势力，使鲜卑贵族与汉族士族合流；同时，还修定律令，实行法治，以及尊儒崇经，恢复礼乐，兴办学校，选贤任能等。这样，就从政治

[①] （唐）李延寿：《北史卷卷十八·列传第六·景穆十二王下》（第3册），655页，北京：中华书局，1974。

[②] （北齐）魏收：《魏书卷十九中·景穆十二王列传第七中·任城王》（第2册），464页，北京：中华书局，1974。

经济体制到社会生活习俗，乃至思想观念等各个方面，把本民族完全融入了汉民族的文化传统之中。史载，汉化改制后的北魏国家，于是，"斯文郁然，比隆周汉"，说明这场改革取得了重大成功。

——管芙蓉：《"胡服骑射"与"孝文改制"——三晋古代民族融合的历史丰碑》，

载《山西社会主义学院学报》，2007年第1期

资源4：公元494年，孝文帝将都城从平城迁到洛阳。平城偏居北方一隅，距离中原的心脏区域太远，不利于对整个黄河流域的控制，且长期为北魏的都城，保守势力较大，不利于北魏的封建化和汉化政策的实施。因此孝文帝决心在洛阳重建新都。迁都遇到了很大的阻力，孝文帝不得不假托南征，方得以率众南下，最后留在洛阳不返，终于完成了"汉化"的第一步。迁都后，为了断绝鲜卑保守势力北返的念头，孝文帝规定，"丙辰，诏迁洛之民，死葬河南，不得还北。于是代人南迁者，悉为河南洛阳人"[①]。对于违反者，孝文帝给予了坚决的镇压，就连太子元恂也被处死，从而保证了迁都成果的巩固。

——乔国华：《民族融合与社会稳定》，载《济南大学学报》，2001年第3期

资源5：早在拓跋部进入中原地区的时候，就与中原皇朝发生密切联系，也有相当数量的汉人进入其活动地域，使其逐步受到影响，经济生活开始有所变化，农业所占比重日益加大。经济生活的变化，促使其较易接受汉族的文明。但是由于拓跋部的落后，除了民族分野之外，无论统治思想、统治方式，还是剥削方式，依然与汉族权贵存在很大矛盾。到孝文帝时，拓跋部内部贫富分化与对立更趋明显，拓跋贵族大量圈占土地，一般拓跋成员及汉族"新民"日益丧失土地，平城一带流民占总人口数的三分之二。不仅社会治安受到威胁，就连政权稳定也受到挑战，兵源大成问题，昔日所依靠的力量随时都有可能转化为敌对势力。孝文帝及其祖母文明冯太后决定改弦易辙，在经济领域实行均田制度，在政治领域迁都洛阳、推行一系列汉化政策。

——李春玲：《简论鲜卑汉化与北朝兴衰》，载《理论界》，2008年第7期

资源6：拓跋鲜卑是"五胡"中最迟进入中原的北方民族，在其他民族已融合入汉族的情况下，鲜卑面对的已不是如北方那样与自己语言、习性相似的人群，而是一个以汉族为主体的民族融合体。这个交融体迥异于自己，鲜卑完全成为交融体圈外的人，即

---

① （北齐）魏收：《魏书卷七下·高祖纪第七下》（第1册），178页，北京：中华书局，1974。

鲜卑的四周都是与自己不同的人，因此，要去统治，要打交道，显然是吃力的。加之，经历了近百年在中原的驰骋，北魏政权已根植于中原的农业区，早期的游牧方式逐渐被农耕定居所取代。鲜卑政权要适应这种变化和面对新的环境，只能用新的方式、新的习俗来保证生存。如此一来，已在中原农耕区有悠久生存历史的以汉民族为主体的中原人民，自然就成了他们学习的榜样。在这样一种统治压力和环境变化的情况下，北魏政权只有采取汉化道路。不难想象，一经汉化，拓跋鲜卑不仅可以赢得汉族地主的支持，也更容易为比鲜卑更早进入中原的北方其他各族接受，北魏与其他各民族的矛盾就可能减少，民族矛盾也因此暂时会淡化，北魏政权或许可以维持下去。应该说，正基于此，北魏孝文帝在进行其他方面改革时，也以积极的态度，对北魏民族关系进行调整，促进了拓跋鲜卑的封建化过程，便利了北方各民族的大融合。

——赵野春：《鲜卑汉化——论北魏孝文帝改革对民族关系的调整》，

载《西北民族研究》，2003年第2期

资源7：魏孝文帝的全面汉化同赵武灵王的胡服骑射形成鲜明的对照，它是北方民族文化融合于中原汉民族文化的伟大典范。有趣的是，当年赵武灵王曾下令全国"易胡服"，而今魏孝文帝又下令全国"禁胡服"，这同样不能看作是文化上的"倒退"现象。"禁胡服"如同"禁鲜卑语""改鲜卑姓"一样，都是旨在学习吸取汉民族的先进文化，力求从服饰、语言、姓氏等社会生活的各个方面与汉人融为一体。对于比较落后的鲜卑族来说，无疑是一场移风易俗的伟大社会变革。尤其是孝文帝在上层建筑和意识形态领域推行的一系列封建化改制，对于鲜卑族和汉民族来说，都具有无可置疑的历史进步性。一方面，它有力地促进了北魏国家的封建化进程，符合社会发展的趋势；同时，中原大地自西晋末年"永嘉之乱"后，"礼乐文章，扫地将尽"[1]，礼崩乐坏，一派狼藉，文化遭到空前浩劫，在这种形势下，孝文帝大力提倡封建式的儒家文化和礼乐制度，不仅有助于北魏政权的巩固，也使汉族文化得以在少数民族中发扬光大，这对于久经战乱后中原地区文化的复兴和繁荣，无疑起了积极的促进作用。

——华盖：《"胡服骑射"与"全面汉化"——赵武灵王和魏孝文帝的改革》，

载《沧桑》，1995年第3期

---

[1]（北齐）魏收：《魏书卷八十四·列传儒林第七十二》（第5册），1841页，北京：中华书局，1974。

资源8：孝文帝积极进取的改革精神，为北方民族大融合注入了一剂强心剂。改制前的北魏社会，汉化虽早已开始，但还不够深入，表现为拓跋部保守贵族的力量仍非常强大，各民族之间矛盾尖锐。改制后，北魏打破了前期汉化只停留于政治、经济层面的局面，开启了汉化改制向思想文化领域的迈进。改制引发了保守势力的反抗，孝文帝亲自带兵镇压了太子元恂叛乱，并废黜了太子。孝文帝积极进取的改革精神，是这一时期民族大融合得以实现的重要保证。孝文帝与时俱进、身体力行的精神，为我国的民族融合树立了榜样。改制得以深入推行，与孝文帝本人的汉化造诣是密切相关的。孝文帝自幼熟读儒家经典，深谙儒家文化。亲政后，孝文帝更是"雅好读书，手不释卷"，"及躬总大政，一日万机，十许年间，曾不暇给"。孝文帝躬亲实践的精神，是引领鲜卑拓跋部和其他少数民族汉化的一面旗帜。孝文帝以其远见卓识，顺应封建化和民族大融合的历史潮流，推动了本族封建化及民族融合。此后，历代中国的少数民族统治者都不同程度地效法孝文改制，不断为中华民族注入了新的血液。

——李文梁：《孝文改制及其对北方民族大融合的影响》，

载《长江大学学报（社会科学版）》，2013年第10期

资源9：纵观历史，民族融合多以物质文化的交流为始端，而以民族观念意识的转变为终结，从而最终从心理、观念上消除民族间的隔阂与障碍，实现互相融通。从民族融合完成的过程来看，最终还是取决于民族共同体"文化认同"的完全形成，而区分"彼"与"此"又是民族意识最明显的标志。因此，不同民族群体相互间的族属意识是否消泯，可以看作民族融合完成与否的重要标志。但是，在判别参加融合的人们的民族意识是否已经消泯时，不能以其中个别成员的民族意识是否消泯为标准，而应当考察群体的民族意识是否消泯。

前秦苻坚与北魏孝文帝在对待民族融合问题上，都表现出个人民族意识超前的特点。苻坚为政期间之所言所行，均立足于视氐、汉为一体，苻坚与王猛之君臣际遇，也远远超过历史上许多属于同一民族的明君贤臣的关系，但王猛临终遗言表明他并未与氐族认同，氐、汉民众也仍存民族隔阂。孝文帝在对待鲜、汉民族融合问题上，同样具有超前意识。正如缪钺先生指出，北魏孝文帝确实是古代少数民族统治者中一位有远见卓识而又有毅力的人，在对待民族问题上，他清除了传统成见。孝文帝本人也曾说："人

主患不能处心公平，推诚于物。能是二者，则胡、越之人皆可使为兄弟矣。"①孝文帝迁洛之后，以前所未有的决心和魄力推进民族融合，不出30年，礼乐行政、民情俗尚与汉族封建社会无异，致使江南人士有"衣冠士族并在中原"②之叹，但仍不能说迁洛鲜卑与汉人已经水乳交融。因为民族融合绝非单指经济类型和生活习俗的同一，而是超越经济类型和生活习俗这一物质的范畴，在更高的意识形态领域内，实现同一。事实表明，只有观念和意识最终转变，实现民族间情感的融通与交流，才能真正促进民族间的大融合。《梁书·陈伯之传》记载，元魏本欲擢用汉人褚绲③，时褚绲作诗讽刺魏人云："帽上著笼冠，袴上著朱衣，不知是今是，不知非昔非。"④大大触怒了元魏统治者，遂将其逐出朝去。这不仅反映出元魏统治集团内心深处仍然潜藏着一种自卑心理，而且从汉人对鲜卑人的这种轻蔑和鄙夷心态中也可看出，鲜、汉民族隔阂依然存在。洛阳地区的鲜、汉民族融合情形尚如此，远居代北的就更不消说了。

可见，任何个人的超前意识和努力都无法超越民族融合的规律。无论是苻坚还是孝文帝，纵然他们有坦荡的胸怀和坚强的意志，最终都是"壮志未酬身先死"，其族人与汉人之间的融合必须经历更长时间的磨合。如果从这个角度来看孝文帝改革后的北魏局势，我们会发现一切似在意料之外，实在意料之中。对此，钱穆先生论曰："凡历史上有一番改进，往往有一度反动，不能因反动而归咎改进之本身；然亦须在改进中能善处反动方妙。魏孝文卒后，鲜卑并不能继续改进，并急速腐化，岂得以将来之反动，追难孝文！"⑤

——李克建、陈玉屏:《再论北魏孝文帝改革——兼谈改革对民族融合规律的启示》，载《黑龙江民族丛刊（双月刊）》，2007年第2期

① （北宋）司马光:《资治通鉴卷第一百四十二·齐纪八（齐东昏侯永元元年，499）》（第10册），4440页，北京：中华书局，1956。
② （北魏）杨衒之撰、周祖谟校释:《洛阳伽蓝记卷二·城东》，108页，北京：中华书局，1963。
③ 绲（wèi），丝织品、丝絮、丝头。
④ （唐）姚思廉:《梁书卷二十·陈伯之列传第十四》（第2册），315页，北京：中华书局，1973。
⑤ 钱穆:《国史大纲》（修订本），282～283页，北京：商务印书馆，1994。

中国古代北方农业的成熟

中国是一个农业古国，考古资料表明，我国农业产生于距今约1万年的新石器时代，这一时期人们开始使用磨制石器，生产方式是原始的刀耕火种，属于农业的萌芽阶段。经过夏、商、周时期的发展，中国农业耕作技术初步形成，但是比较原始和粗放。春秋战国时期，随着新式农具的出现和畜力的使用，农业生产走向精耕细作，直到秦、汉、南北朝时期，北方旱地精耕细作的农业技术已经完全成熟。古代农业从萌芽到成熟，不仅是农业技术的进步，更是农耕文明的重大突破。古代劳动人民在农业技术创新方面展现了无穷的智慧，不论是农具的创新，还是耕作技术的改进，都令人惊叹。更为重要的是古人在从事农耕的过程中遵循着一种"道"，这种"道"让古人丰衣足食，让古人和谐处理人与自然的关系，让古人快乐的从事农业生产。时过境迁，工业大发展，这种"道"慢慢的湮没于历史长河。对于这种"道"的探索对于今人的生态观、社会观有着重要的积极意义。

一、气势恢宏的中国古代农业

（一）中国古代农业的格局分布

中华文明是典型的大河文明，农业格局的形成也是以河流分布为基础。袁行霈在《中华文明史（第1卷）·绪论》（18页，北京：北京大学出版社，2006）一书中指出，至迟在新石器时代中晚期，全国的经济文化重心已经确立为华北和华中，或者说是长江流域和黄河流域，整个中国的经济区划以及由不同经济对文化造成的影响而形成的格局，事实上已经基本奠定了。这个格局的基本情况是：其一，以黄河流域为主的旱地农业经济文化区，主要种植粟和黍，也有少量水稻，甚至还有大豆，有成套的适应粗耕农业的农具，饲养家畜以猪为主，居室多采用半地穴式和窑洞式。其二，以长江流域为主的水田农业经济文化区，主要种植水稻，也有少量的粟和黍，有成套的适应水田耕作的农具，主要养猪、水牛、狗、羊，居室多采用台基式和干栏式。其三，华南半农半采集经济文化区，这一地区受华中影响，有一定的水田稻作农业，沿海地带则主要是渔捞采集经济。其四，东北半农半狩猎经济文化区，这一地区狩猎经济比较发达，但受到华北的影响，有一定的旱地粟作农业。其五，内蒙古、新疆和青藏高原狩猎采集经济文化区，这一地区因为地理和气候的因素，没有发展农业的条件，后来发展成我国主要的畜牧经济区。

随着研究方法的深入和研究技术的创新，中国农业的起源分布又有了新的发现。赵志军在《中国古代农业的形成过程——浮选出土植物遗存证据》（载《第四纪研究》2014年第1期）一文中指出，中国是世界上的农业起源中心区之一，中国的农业起源分为三条独立的源流。一般认为有两条，一条是以黄河中游地区为核心的、以种植粟和黍两种小米为代表的北方旱作农业系统；另一条是以长江中下游地区为核心的、以种植稻谷为代表的稻作农业系统。但近期通过分析出土植物遗存的方法研究发现，在中国还存在第三条农业起源的源流，即分布在珠江流域地区的、以种植芋等块茎类作物为特点的华南热带地区原始农业系统。

（二）中国古代农业发展阶段的划分

农耕文明经历了漫长的发展与进化。李根蟠在《中国农业史》（2～4页，台北：文津出版社，1997）一书中指出，中国古代农业经历了四个阶段：第一阶段，千古悠悠话沟洫的虞夏西周春秋农业，这一时期农具主要使用青铜农具和耒耜，是以农田沟洫为特征的农业体系；第二阶段，铁器牛耕谱新篇的战国秦汉魏晋南北朝农业，这一时期传统农具领域发生重大革命，精耕细作农业体系形成，农业生产全方位发展；第三阶段，在经济重心转移中凯歌前进的隋唐宋元农业，这一时期农业优势南北易位，传统农具迎来发展巅峰，南方水田精耕细作技术体系也在这一时期形成；第四阶段，在人口膨胀压力下继续发展的明清农业，这一时期垦殖活动纵深发展，出现了新作物和新组合。如果以精耕细作传统的形成和发展为线索，则它们分别是精耕细作农业的萌芽期、成型期、扩展期和持续发展期。

李济宁在《古代农业》（12～15页，吉林：吉林文史出版社，2010）一书中将中国农业划分为六个发展阶段：第一，新石器时代，农业技术的萌芽时期。中国农业大约起源于一万年前，农业的产生为人类文明的进步奠定了坚实的基础。第二，夏、商、周，农业技术的初步形成时期。这一时期中国发明了金属冶炼技术，青铜农具开始应用于农业生产，水利工程开始兴建，农业技术有了初步的发展。第三，春秋战国，精耕细作的发展时期。这是中国社会大变革和科技文化大发展时期，冶铁技术的发明标志着新的生产力登上历史舞台，铁农具和畜力的利用，推动了农业生产的大发展。第四，秦、汉至南北朝，北方旱地精耕细作技术的成熟时期。耕、耙、耱配套技术形成，多种大型复杂的农具先后发明并应用。第五，隋、唐、宋、元，南方水田精耕细作的形成时期。经济中心从北方转移到南方，南方水田配套技术形成。第六，明朝至清前中期，精耕细作的深入发展时期。农业生产向进一步精耕细作化发展，美洲大陆的许多新作物被引进中国，对中国的农作物结构产生重大的影响，多种经营和多熟种植成为农业生产的主要方式。

闵宗殿、彭治富、王潮生在《中国古代农业科技史图说》（178页，北京：农业出版社，1989）一书中指出，中国古代北方农业成熟的时间是秦汉魏晋南北朝时期，而且是精耕细作的旱地耕作技术。秦汉魏晋时期，政治重心主要在北方，经济上很大程度依赖黄河流域的农业生产。黄河流域的自然条件是干旱少雨，尤其春季播种时，常遭干旱危害，多风肆虐。水的充足与否，直接关系到农业生产收成的好坏。为此中央政府采取大规模兴修水利的措施以缓解农田自然缺水的矛盾，著名的白渠、龙首渠等水利工程便是在这一时期修建的。但是终究由于受旱地多而所建水利工程数量有限，所以兴修水利设施只能一部分地解决干旱的威胁，于是迫使当时人们从耕作措施上找出路，利用土壤中有限的墒情，辅以精细的耕作方式，尽量争取多蓄水，少跑墒，解决农田缺水的矛盾，满足植物对水分的需求。从而逐步形成了一整套以耕、耙、耱为主要内容的抗旱保墒耕作技术体系。

（三）中国古代农业的整体特点

李根蟠在《中国农业史上的"多元交汇"——关于中国传统农业特点的再思考》（载《中国经济史研究》，1993年第1期）一文中将中国古代农业的特点概括为三点：一是农业技术的主流是精耕细作；二是以种植业为中心、农牧结合、综合经营的广大农区与以游牧为主的广大牧区同时并存和相互补充；三是各地区、各民族农业发展的不平衡。我国不同地区、不同民族存在着不同类型的农业文化，我国古代农业是在这些不同类型的农业文化的相互交流和融汇中向前发展的。中国古代农业是一个多元交汇的体系，多元交汇和精耕细作构成中国古代农业的基本特点。

《中国农村科技》在2011年第5期发表的《中国古代农业的渊源和特点》一文中指出，中国农业并非从单一中心起源而向周围地区辐射的。事实证明，我国农业是从若干地区同时或先后发生，因自然条件的差异逐步形成不同类型的农业文化，并通过相互交流和相互促进，汇合为中华农业文化的洪流。这种现象，贯穿在我国农业的起源和发展中，我们称之为多元交汇。"精耕细作"一词并非古已有之，它是今人对中国传统农法精华的一种概括，指一个综合的农业技术体系，包含了但不局限于精细的土壤耕作。农业技术措施从大的方面可以区分为两类：一是改善农业生物生长的环境条件；二是提高农业生物自身生产能力。我国古代农业对这两方面都很重视。可以说，我国农业精耕细作的优良传统，是多元交汇的农业体系的产物；而多元交汇和精耕细作，构成了中国古代农业的两大特点。

（四）古代中外农业的交流和融汇

1. 中国传统农业对外国的影响

戴禾、张英莉在《中国古代生产技术在日本的传播和影响》（载《历史研究》，1984年第5期）一文中指出，随着时间的推移，中国的农业生产技术便相继传入日本。其中传入日本较早、对日本产生影响最大的是稻作技术。古代日本列岛无野生稻，因此稻作技术无疑是自外国引进的。但是在日本大面积种植水稻的弥生时代，还同时传入了中国的制陶技术、金属工具及其他金属器物等。在日本不少弥生时期遗址中，都出土过大量的中国铜镜、铜剑及铜、铁制的斧、镰、刀、锹、锄等。在长崎县的原迁遗址及大阪市的遗址，除出土有铁斧、铁锄等工具和弥生式陶器外，还出土了中国汉代货币——"货泉"，这些都有力地证明，日本的稻作技术是从中国传入的。

马达在《论中国古代农业文化在越南的传播和影响》（载《华北水利水电学院学报（社会科学版）》，2009年第1期）一文中指出，中国古代农业的先进文化在越南得到了广泛的传播。农业技术和农学书籍的传播，加速和促进了越南的农业发展，对提高越南社会的农业技术、改进农业工具及设施，起到了很大的作用；中国传统的重农思想，影响了越南历代统治者的政治措施，对整个越南社会的发展和进步作出了突出的贡献，也为中国和越南之间的文化交流谱写了重要的篇章。

潘吉星在《达尔文与〈齐民要术〉——兼论达尔文某些论述的翻译问题》（载《农业考古》，1990年第2期）一文中指出，19世纪40—50年代，达尔文起草《物种起源》阶段通过查阅法文版《中国纪要》已首先与《齐民要术》结下因缘。这可能是他较早涉猎的中国著作，而且1859年《物种起源》首版问世时他以"古代中国百科全书"的名义两次提到《齐民要术》，给以很高评价。后来在《动物和植物在家养下的变异》出版时，达尔文又在书中四次提到贾思勰的这部农业百科全书。他先后六次谈论并引证《齐民要术》，表明他对此书的偏爱和敬仰。达尔文正是以《齐民要术》的论述为有力证据，驳斥了西方那种把选择原理看成是近代发现的不正确说法，并且从正面阐述了古人如何运用这项原理。《齐民要术》在达尔文经典著作中始终起着积极的作用。

2. 国外农业引入对中国农业发展的影响

王思明在《美洲原产作物的引种栽培及其对中国农业生产结构的影响》（载《中国农史》，2004年第2期）一文中指出，在我国的现有农作物中，至少有50多种来自国外。宋以前我国引入的农作物大多原产于亚洲西部，部分原产于地中海、非洲或印度，它们大多是通过陆上丝绸之路传入的。这些早期传入的农作物多为果树和蔬菜，鲜有粮食作物。中唐以后，随着国家经济中心的南移，海上丝绸之路迅速发展，不断有新的农作物引进，其中美洲作物的引进和推广则占据了相当大的比重。这些作物的传入，不仅增加了我国作物的种类，同时对我国的农业生产及饮食结构的变化也产生了十分重要的影响。传入中国的美洲作物计有玉米、番薯、马铃薯、木薯、辣椒、南瓜、番茄、菜豆、菠萝、番木瓜、番荔枝、番石榴、油梨、花生、向日葵、腰果、可可、西洋参、陆地棉、烟草等近30种。这些作物的引进增加了中国粮食作物的种类和产量，满足了日益增长的人口的需求；增加了优良饲料作物的种类，为我国畜牧业的发展作出了重要贡献；丰富了我国蔬菜瓜果的品种，改善了瓜菜生产供应的结构，增添了人们的食物营养和饮食情趣；增加了食用油原料的种类，提高了我国食用油的品味；推进了商品经济的发展，有助于增加农民的收入；不过吞云吐雾的吸烟活动也因此成为一种社会习惯。

二、顺天应时的中国古代北方农业

（一）古代北方农业成熟的背景

1. 重农抑商政策对农业发展的促进

史慕华在《中国古代的重农抑商思想与政策探究》（13页，吉林大学2007年硕士论文）一文中指出，秦朝的商鞅变法开了重农抑商政策之先河，而西汉从刘邦开始就对工商业采取了轻视与抑制政策。东汉时，继续沿续了重农抑商的传统，在提出经济主张时都注重发展农业。秦汉以后，中国社会进入了统一多民族国家发展的历史阶段，在两千多年古代专制统治历程中，重农抑商思想和政策虽然在各个朝代有不同的表现，但一直是中国传统思想文化的主流，它贯穿于中国古代社会的始终。

2. 气候变迁对农业生产的影响

王利华在《中国农业通史（魏晋南北朝卷）》（2页，北京：中国农业出版社，2008）一书中指出，气候是影响农业生产的主要自然因素之一。不论是长时期、周期性的气候冷暖干湿变迁，还是短时期的旱涝风霜变化，都对农业生产造成显著影响，影响的后果自然最终反映在农业产量上。在其他条件不变的情况下，年均气温每下降1℃，单位面积粮食产量即可比常年下降10%；而年降水量每下降100毫米，则单位面积粮食产量亦将下降10%。显著的气候冷暖干湿变化导致农作结构发生改变，并迫使人们在农作的时令安排和技术措施上做出相应调整。古代农业生产技术水平低下，人们是"靠天吃饭"，气候变化对农业生产的影响也就更加明显，风调雨顺自然对农业生产有利，倘遇阴阳失和，旸雨不时，或旱或涝，都必定给农业生产造成损害，轻则减产歉收，重则颗粒无收形成饥荒，导致饥馑千里、饿殍满途，这是中国古代农业生产无法摆脱的"历史宿命"。

何凡能、李柯、刘浩龙在《历史时期气候变化对中国古代农业影响研究的若干进展》（载《地理研究》，2010年第12期）一文中指出，暖期利于农业发展，冷期则相反。当气候温暖时（如秦汉、隋唐时期），北方农业种植界线北移，农耕区扩大，同时农作物生长期增长，熟制增加，粮食产量提高；而当气候寒冷时（如魏晋南北朝、唐后期至五代时期），农业种植界线南退，宜农土地减少，农作物生长期缩短，熟制区域单一，粮食产量下降。秦汉是一个气候相对温暖的时期，西汉初年（公元前210—前180），冬半年平均气温较现代高1.2℃左右。与之相应，秦汉时期农业得到迅速发展，农业种植北界向北推进至河套以北地区。汉武帝元狩四年（公元前119），从关东地区征发70余万人口，至陇西、北地、西河、上郡等地垦种，并在东起朔方西至令居（今甘肃永登县）的地区内，设立田官，督率戍卒屯田，将草场变为农田。

赵红军在《气候变化与中国历代农业生产变迁》（载《东方早报》，2012-07-31）一文中指出，适宜的气候环境是我国古代农业生产诞生的必要条件。汉代，在温暖的气候条件下，精耕细作终于得以实现，并在此基础上形成了中国早期的土地占有制度和政府重农抑商的传统。虽然中国很早就进入精耕细作时代，但农业生产依然是一种靠天吃饭、对气候变化十分敏感的产业。国内外的哲学家、经济学家等都发现，在生产的过程中，土地、劳动力等生产要素效力的发挥都会受到降水、温度、湿度变化的影响。通过经验研究，我们可以有把握地预测，温暖的气候与相对稳定的农业生产相联系，而寒冷的气候则与农业减产、粮价高涨甚至饥荒等相联系。文中引述了我国学者吴慧在1982年的一项研究来证明。吴慧发现，秦汉时期的粮食亩产折合现代的亩数为132千克，东晋南朝为125.35千克，北朝时亩产为128.8千克，分别较秦汉时期下降5.03%和2.42%。这主要是魏晋南北朝时期我国气候的变冷造成的。

3. 冶铁技术对农业生产工具的革新

李根蟠在《中国农业史》（81页，台北：文津出版社，1997）一书中指出，春秋时代的铁农具目前已有出土，虽然出土数量还不是很多，但已足以证明春秋时代已使用铁农具的记载不是虚构的。战国时代，尤其是战国中后期的铁农具出土显著增多。中原地区普遍发现战国时代的冶铁遗址，规模往往很大，且以生产农具为主。除黄河流域外，辽宁、湖南出土铁器的地址也相当密集，甚至连地处边远少数民族的广西也有大量铁农具出土。总之，战国时代铁农具已普及于各个农事领域，在当时人看来，用铁器耕作就像用瓦锅炊饭一样的普通。

袁行霈在《中华文明史》（233页，北京：北京大学出版社，2006）一书中指出，铁农具的使用是农业生产领域的一场重大革命。铁农具广泛应用于农业生产，其一，使得开垦荒地变得容易起来，从而扩大了耕地面积；其二，使得农业生产从粗放经营向精耕细作方向发展，提高了农作物单位面积的产量；其三，大型水利灌溉工程的修建成为可能，增强了农业抵御自然灾害的能力。河南辉县固围村魏国大墓一次出土铁器160多件，其中铁农具就有58件。河南新郑韩国铸铁作坊遗址出土铁农具200多件，占全部铁器的63.5%。战国铁农具的种类主要有钁、铲、锸、锄、耙、镰等。从这些农具种类看，农业生产的主要环节，如翻土、整地、中耕、除草、收割等，都已经使用了铁农具。

4. 牛耕对农业生产效率的提升

钱晓康在《关于我国牛耕的一点看法》（载《农业考古》，1995年第1期）一文中指出，在没有充分史料证明我国牛耕起源于夏之前，牛耕始于商的论点是可信的。其次，牛耕从起始到普及是一个大的系统工程，它受社会发展、农业需要、机械工程技术发展水平的制约。春秋战国时期，这些条件已基本具备。因此，它是我国普及牛耕的重要时期，至秦汉以后，牛耕就奠定了它在中国农业中的重要地位。

李根蟠在《中国古代农业》（73～74页，北京：中国国际广播出版社，2010）一书中指出，耦犁的出现使我国的耕犁最终告别了耒耜，发展到真犁即正式犁的阶段。采用耦犁等便巧农器大大提高了农业劳动生产效率，据《汉书·食货志》记载，二牛三人可耕田五顷，相当于一夫百亩的十二倍。正是因为使用耦犁的劳动生产率大大超过了耒耜，牛耕在黄河流域得到普及，铁犁牛耕在农业生产中的主导地位才真正确立起来。从此，牛被人们认为是农耕之本，成为耕田必需品，甚至国家的强弱也取决于牛耕的使用程度。

（二）中国古代北方农业成熟的表现

1. 代田法与区田法的应用

刘驰在《区田法在农业实践中的应用》（载《中国农史》，1984年第2期）一文中指出，代田法与战国后期的耕作法相比，在三个方面有了明显的改进：首先，牛耕和与之相适应的新农具的普及，这新农具就是耦犁；其次，土地利用方式的改进；再次，耕作管理方面的改善。除去这三方面的改进，代田法还能获得明显的增产效果，这确实是

"用力少而得谷多"的生产技术。由于代田法本身的优点和西汉政权利用各级组织自上而下的推广，代田法很快在关中地区推广开来，在居延的屯戍兵中也得到应用，出土的居延汉简证实了文献的记载。

袁行霈在《中华文明史（第1卷）》（345～346页，北京：北京大学出版社，2006）一书中指出，区田法是一种更先进的耕作技术，区指洼穴，区田即指在穴中播种，具体有两种形式。一种为带状区田。将长十八丈的一亩土地均分为十五町，每町长四丈八尺，町间留十四条一尺五寸宽的行道，町内每隔一尺，挖一条一尺宽、一尺深的沟，在沟中点播作物。另一种为方形区田。在土地上挖分布均匀的坑，作物点播在坑内，坑的大小、深浅、距离，随土地质量、作物品种等因素而异。区田法的田间布置十分细致，在小片土地上深耕细耨、等距密植，对拌种、除草、施肥、灌溉等环节都有很高的要求，是一种园艺式的耕作方法，比代田法实施范围更小，精耕程度更深。它能够更大地提高单位面积的粮食产量，开辟了在人多地少条件下精耕细作，少种多收的思路和方法，在农学发展史上的意义是巨大的。

谭黎明在《试论中国古代农业科学的初步发展》（载《安徽农业科学》，2009年第5期）一文中指出，代田法的实行是中国农业科学发展史上的一次革命，现在农民的起垄耕种方法就是从西汉时期代田法开始的。区田法的实行，对中国农业生产的影响极其深远，现在农民的开沟点播和坑穴点播的耕作方法，就是从西汉时期区田法开始的。当时这种方法虽然由于"工力烦费"不能大力推广，但这种精细的农田丰产技术毫无疑问地反映出了西汉时期农业生产技术的发展水平。

2. 旱地耕播工具和谷物加工工具的创新

李根蟠在《中国古代农业》（76页，北京：中国国际广播出版社，2010）一书中指出，我国旱地耕播农具至魏晋南北朝时期已经配套成龙形成体系，完全能够满足北方旱农精耕细作技术的各项要求。禾苗长出时用耙、耢，禾苗稍高时用锋、耩。锋和耩都是由古犁发展而来的畜力中耕农具。锋有浅耕保墒的作用，也可用于浅耕灭茬。耩则可以把土推向两旁，用以壅苗。这一时期的锄具也是多种多样。汉代各种磨类粮食品加工工具均已齐备。到魏晋南北朝时期，杜预发明畜力连磨，利用轮轴联动装置，策一牛之任，转八磨之重。石虎作舂车和磨车，利用车轮前进带动舂磨工作。而各种水力碾磨亦相继出现。这些工具的出现，展现了古代北方劳动人民在旱地精耕细作体系中的创新智慧，同时也反映出古代北方旱地农业耕作体系的成熟。

3. 水利灌溉工程的兴修

美籍华人学者许倬云在《汉代农业：早期中国农业经济的形成》（程农、张鸣译，103页，江苏：江苏人民出版社，2012）一书中认为，汉代是我国古代北方水利建设的高潮。两汉时期（公元前206—前220）黄河淮河流域建立了有效的水利体系，人们开挖各种水道引水灌溉。这一时期修建的56个治水工程里，18处在陕西，19处在河南，山西有4处，河北有5处，还有一处在安徽。黄淮流域的大多数工程是在东汉时期动工的。其中一个雄心勃勃的洪水治理工程是在东汉永平十二年（公元69），当时数十万民工被组织到一起，开挖河沟达上千里。

袁行霈在《中华文明史》（99页，北京：北京大学出版社，2006）一书中指出，魏晋南北朝时期，朝廷或地方官府一直保持着重农和兴修水利的传统。曹魏时期，为了军事和经济的需要，在今河北地区开凿了为数众多的沟渠，自南而北，重要的有白沟、利漕渠、平虏渠、泉州渠、新河、戾陵渠、车箱渠等。在今河南地区开凿的有睢阳渠、讨虏渠、贾侯渠等。这些水利的兴修为北方农业生产的发展起了巨大的作用。

4. 农学著作的涌现

李根蟠在《中国农业史》（128页，台北：文津出版社，1997）一书中指出，古代北方农业不仅技术精湛，而且在此基础上产生了丰富且成体系的农业典籍。农业生产技术和经营管理的知识多来源于生产实践，但往往有赖于读书人的整理和记录，才能流传久远。这些记录或散见于各种文献，或集中为专书专文，后者就是所谓的农书，这些农书的作者就是农学家。战国时形成农家学派，先秦农家学派分为两派，一派出于农官，一派出于"鄙者"，即与农民有较多联系的平民知识分子。这种情形延续到后世。

曾雄生在《中国农学史》（4页，福州：福建人民出版社，2008）一书中指出，秦汉魏晋南北朝时期中国北方的黄河流域是当时农业的中心。这一时期出现的农书数量较多，类型上既有综合性农书，也有专业性农书。专业性农书的覆盖面所及有畜牧、蚕桑、园艺、养鱼、天时和耕作等。《氾胜之书》《四民月令》和《齐民要术》等这一时期具有代表性的高水平农书，内容主要记述的仍是黄河中下游地区的旱地农业的生产知识。《氾胜之书》为劝农而作，代表了官方的传统；而《四民月令》则是着眼于自家生活，是一本私人性质的农书；《齐民要术》则是既有官方背景，又为自家生计的一本综合性著作。

李根蟠在《中国农业史》（132页，台北：文津出版社，1997）一书中指出，如果说《氾胜之书》反映我国北方旱地耕作栽培技术进入了新阶段，那么，《齐民要术》则标志着这种技术的成熟和中国传统农学体系的形成。从《齐民要术》中我们可以看到，中国传统农业的精耕细作体系首先形成于种植业，在大田生产和园艺生产中表现尤为突出，而且其基本精神也贯彻于畜牧、蚕桑和养鱼等领域。《齐民要术》虽然诞生于北魏，但实际上是秦汉以来黄河流域农业生产技术的系统总结。

5. 农学思想和理论体系的丰富

吴天钧在《〈吕氏春秋〉的农学思想及启示》（载《农业考古》，2006年第3期）一文中指出，作为我国现存的最早的农史文献，《吕氏春秋》卷末四篇农学论文，是我国古代农学理论化的典型代表。其主要表现在对农业生产本质和规律的整体认识上，即农业是由天、地、人三大要素与作物构成的有机系统，通常称之为农业"三才"理论。农业"三才"理论对农业生产与环境因素的整体揭示，有利于管理者把农业生产作为一个系统来看待，充分考虑所涉及的多种因素；对农业生产要素各自功能的揭示，则有利于管理者对不同要素采取相应的管理办法。

钟祥财在《中国农业思想史》（82页，上海：上海社会科学院出版社，1997）一书中指出，《氾胜之书》对当时的各种农田耕种法进行了全面的记述，而能体现氾胜之农业思想的，则是他在书中关于综合经营、综合利用、重视工效、提高经济效益等问题的论述。《氾胜之书》对农业生产的管理过程作过简洁的说明，他指出："凡耕之本，在于趣时和土，务粪泽，早锄早获。"[1]这里所说的趣时，就是不失时机地遵守自然规律的要求，适时地安排农活，而和土和浇粪、锄草、收获等环节则强调人的劳动的重要性。这种既重视自然因素、又肯定人的作用的观点，是全面和正确的。《氾胜之书》还说，在农业生产中，"农士惰勤，其功力十倍"，只要"得时之和，适地之宜，田虽薄恶，收可亩十石"[2]。这种见解比先秦时期李悝的尽地力之教又有所发展。为了提高土地效益，他强调对作物的综合利用，避免浪费。

郝福为、张法瑞在《试论古代"三才"理论生态观与现代生态农业发展》（载《安

---

[1] 万国鼎辑释：《氾胜之书辑释·耕田》，21页，北京：中华书局，1957。
[2] 万国鼎辑释：《氾胜之书辑释·耕田》，27页，北京：中华书局，1957。

徽农业科学》，2014年第14期）一文中指出，我国古代农业主张和谐统一的生态观。"三才"理论强调天地人物的和谐统一。《吕氏春秋·上农》中将农业生产视为天、地、稼、人四个因素组成的整体，强调人们在农业生产中要实现天、地、稼、人的和谐统一，这是对"三才"理论最为经典的论述。《氾胜之书·耕田》认为农业生产的基本原则就在于抓紧农时，增施粪肥，注意保墒，及早锄地，及早收获。六个环节密切配合，体现了人与物的密切关系，这就充分说明了《氾胜之书》对于天地人物在农业生产中和谐统一的重视。《齐民要术·种谷》中说："凡谷，成熟有早晚，苗秆有高下，收实有多少，质性有强弱，米味有美恶，粒实有息耗。地势有良薄，山泽有异宜。"然后，据此得出了"顺天时，量地力，则用力少而成功多。任情返道，劳而无获"[1]的结论。这就提醒人们一定要重视天地人物的和谐统一，才能达到事半功倍的效果。否则，就可能事倍功半，甚至无功而返。

郭文韬在《略论中国古代的"耕道论"》（载《耕作与栽培》，1986年第3期）一文中指出，我国古代在生产实践中不断探索土壤耕作的理论与技术，产生了"耕道论"。所谓"耕道论"，就是有关土壤耕作原理和原则的理论说明。"三才论"是"耕道论"的哲学基础。以天时，地利，人和为主要内容的"三才论"，作为朴素的唯物论，给人们提出了尊重客观规律，认识客观规律，按照客观规律进行农业耕作的任务。"三才论"作为自发的辩证法，既要求人们认识与掌握客观规律性，又要求人们充分发挥主观能动性，从而为我国农业精耕细作优良传统的形成和发展奠定了理论基础。耕道论是劳动人民长期探索自然奥秘的丰硕成果，它是我国传统农学的重要内容之一。

中国自古便是农业大国，在农业上取得了诸多伟大成就，显示了中国古人的聪明智慧。从刀耕火种到铁器牛耕，从井田阡陌到区田代田，从粗放经营到精耕细作，每一次进步不仅是经验的积累，更是中国古人对"耕道"的不懈追求。土地养育了人，人与自然应该和谐相处，农业技术的每一次进步都是人与自然的一次磨合。古人从不隐晦对自然的热爱和对生命的敬畏，诸如"敬天法祖"之类的成语经常见到，今人更应该将其发扬光大。师法古人，探究人与自然的和谐发展是当今时代的重要课题。

---

[1] （后魏）贾思勰：《齐民要术卷一·种谷第三》，见缪启愉、缪桂龙：《齐民要术译注》，58页，上海：上海古籍出版社，2006。

微课设计

微课设计一：《齐民要术》中的古代农学思想

✏️ **设计意图**

通过引导学生分析史料，了解《齐民要术》在中外农业史当中的地位，理解《齐民要术》这部农学典籍所包含的古代农学思想，探究中国古代农业文明中所蕴含的哲学理念和思维方法。

✏️ **设计方案**

教师讲述： 所谓齐民，就是平民百姓的意思，要术则是指谋生的重要方法。四字合起来就是老百姓从事生产的重要技术知识。作者贾思勰，生活在北魏时期。

一、《齐民要术》的历史地位

材料呈现：

材料一 以前的农业文献无论是专书或者单篇，规模都很狭小，从来没有涉及大农业各门类的，与《要术》相比真是天差地远，就是农书专著如《氾胜之书》只有3700来字，《四民月令》只有3200多字，相差也太远了。

《要术》有多方面的科学技术成就……非以前任何文献所能企及。……

……

……只有《要术》是保存至今最早最完整的农书，而且都是大部头农书，更显得有划时代的重要性。

——缪启愉：《齐民要术》，37～38页，北京：中国国际广播出版社，2011

材料二 据统计，《齐民要术》全书正文、子注引录的历代文献材料超过总篇幅一半以上。①据著名农业科技史家石声汉先生对《齐民要术》所征引的历史文献所进行的

① 梁家勉：《〈齐民要术〉的撰者、注者和撰期》，载《华南农业科学》，1957（3）。

统计，认为《齐民要术》征引先前文献达164种之多，如果不同各家注本都归入所注本，不重复计算，仍有157种。[1]另据学者考证，《齐民要术》一书，计引经部30种，史部65种，子部41种，集部19种，无书名可考者还有数十种。[2]

——赵美岚、黎康：《齐民要术中的科学方法辨析》，载《农业考古》，2010年第4期

教师设问： 阅读材料后归纳，《齐民要术》这部著作有何特点？它在中国农业史上具有怎样的地位？

教师引导学生分析： 从材料中可以看出，《齐民要术》比起之前的著作，文字更加详尽，内容更加丰富，所记录的农作物种类数量大幅增加，且通俗易懂，不仅是中国古代农业的集大成之作，而且其农学理论水平较前朝有了很大提升，可谓当时最尖端的农业科技著作。另外，《齐民要术》还引用了大量的前朝农学著作，开创了中国古代农书著作创作体系，对之前的农业研究起到很大的继承和保存的作用。

二、《齐民要术》的农学思想

（一）农本思想

材料三　夫珠、玉、金、银，饥不可食，寒不可衣……粟、米、布、帛……一日不得而饥寒至。是故明君贵五谷而贱金玉。……民可百年无货，不可一朝有饥，故食为至急。

——缪启愉、缪桂龙：《齐民要术译注》，5页，上海：上海古籍出版社，2006

教师设问： 阅读材料并思考，《齐民要术》一书是如何看待农业在国计民生中的地位和作用的？《齐民要术》书中认为统治者应该如何看待农业？

教师引导学生分析： 从材料来看，《齐农要术》一书认为农业是保障生存的物质基础，统治者应该以农为本，把农业生产视为治国为政的第一要务。

（二）生态农业思想

材料四　《齐民要术卷一·耕田第一》……强调无论各种地块，无论春耕秋耕，所耕土壤水分必须干湿得当。在土壤水分干湿适度时耕地，利于土壤疏松，既不起坚硬土块，也形不成粘条，耕地质量有保证，且耕地阻力相对较小，省力省时。在水旱不调时，耕地宁干勿湿。

---

[1] 参见石声汉：《从〈齐民要术〉看中国古代的农业科学知识》，4～8页，北京：科学出版社，1957。
[2] 曾雄生：《中国农学史》，261页，福州：福建人民出版社，2008。

《齐民要术·杂说》……强调观察田地情况，干湿得当。秋收后，先耕种荞麦的地，后耕其余的地。一定要耕深耕细，不能贪多。根据干湿情况，随时用劳盖磨使土壤切实以保墒。

——孙金荣：《〈齐民要术〉研究》，172页，山东大学2014年博士学位论文

材料五　其（桑）下常斸（音同"竹"，挖的意思）掘，种菉豆（即绿豆）、小豆。二豆良美润泽，益桑。

种楮（楮，音同楚，落叶乔木，树皮可造纸）必须和麻子漫散之，即劳。秋冬仍留麻勿刈，为楮作暖。若不和麻子种，率多冻死。

——缪启愉、缪桂龙：《齐民要术译注》，311页、340页，

上海：上海古籍出版社，2006

教师设问：根据材料四思考，耕种时把握土壤的干湿程度对耕地质量有怎样的影响？材料五中介绍了桑和楮的种植方法，它们有什么共同特点呢？这种特点反映出《齐民要术》中对农业生态系统有怎样的认识呢？

教师引导学生分析：《齐民要术》一书认为耕地时使土壤保持合适的干湿度可以更好地保护土壤，而且土壤的干湿度在不同的季节有不同的要求。桑和楮的种植方法非常重视对农业生态系统中光、热、水、气等非生物环境条件的充分利用，主张通过间作、套种、混种等来最大限度的发挥光、热、水、气等环境因子的增产作用。良好的农业生态系统不仅有利于农业生产的顺利进行，还有利于对自然环境的保护和生物的多样性等。因此，要重视对生态系统的调整与优化，以此取得最佳的经济效益和生态效益。

（三）农业生产辩证观

材料六　耕田的时机必须干湿得当，既不能太干燥，也不能太潮湿。……耕田的深浅也应根据实际情况而确定。……良田宜种晚，薄田宜种早。但良田不一定非要晚，早亦无害；薄田则一定不能晚。山田种强苗，以避风霜；泽田种弱苗，以求华实。

——盛邦跃：《试论〈齐民要术〉的主要哲学思想》，载《中国农史》，2000年第3期

材料七　凡人家营田，须量己力，宁可少好，不可多恶。

谚曰：顷不比亩善，谓多恶不如少善也。

——缪启愉、缪桂龙：《齐民要术译注》，19页、77页，

上海：上海古籍出版社，2006

教师设问：阅读材料并归纳，在农业生产中存在怎样的对立关系？应该如何来处理这些对立关系呢？

教师引导学生分析：从材料中可以看出，农业生产中存在干湿、深浅、多少、善恶等矛盾对立的关系。材料六主张运用辩证思维的方法，根据具体的时机，因时制宜、因地制宜。例如，耕田时必须把握土壤湿度，既不能太湿，也不能太干；耕田的深浅也应根据实际情况确定等。

教师引导学生小结：《齐民要术》中蕴含的农本思想和辩证观念，对于我国古代农业的发展作出了突出的贡献，具有强大的生命力。我们今天应该汲取这种优秀思想，重视农业在社会发展中的基础作用，顺应自然，爱护自然，形成今后人与自然和谐发展的观念，走生态农业发展道路，以实现农业的可持续发展，并最终建立一个生态文明的社会。

设计点评

本微课试图从《齐民要术》一书所包含的社会历史观、自然哲学观和辩证观三个方面来解读这部农学名著。微课展现了丰富的材料，从多个角度对《齐民要术》这部著作进行了解读。学生通过学习，对古代统治者的重农思想和古代农人的生态农学观念、辩证思想有了全新的认识。对本书的研究和发掘，对于提升现代人类对古典著作重读和重视的意识，会有很大的帮助。

微课设计二：前事不忘，后事之师
——中国古代农业对现代农业危机的启示

设计意图

通过指导学生了解古代农人在农业生产实践中重视环境保护和尊重自然规律的农学思想，并思考应该如何改善现存的农业生态问题和应对未来农业发展的需求，引导学生正确认识古代农学的价值，树立从历史中汲取智慧的意识。

✏️ 设计方案

教师讲述： 英国著名学者贝尔纳曾说过，人类从作为一个猎人或农夫一开始就"从事着推翻自然界的平衡以利自己"的活动，直到现在人类干涉自然界平衡的破坏达到了空前尖锐的程度。作为自我调节系统的自然界具有强大的再生能力和自我修复能力，然而现代人类的破坏性影响已经超过了自然系统的自我调节和再生能力，从而使不同水平的自然系统濒临自我修复的极限。自然界是均衡与和谐的，但若超出界限，则必然会产生不利于人类的种种后果。

一、我国现代农业危机从何来

材料呈现：

材料一　1990—2010年，城镇扩展是导致中国耕地面积减少的主要原因。前10年，城镇扩展占用耕地占该时期耕地减少总面积的45.96%；后10年，城镇扩展占用耕地占该时期耕地减少面积的55.44%。随着中国城市化进程的加快，建设用地占用耕地的年均速率已由1990—2000年的每年约200万亩，激增到2000—2010年的每年300万亩以上，因此耕地保护与城镇化之间的矛盾进一步凸显。

刘洛、徐新良、刘纪远等：《1990—2010年中国耕地变化对粮食生产潜力的影响》，载《地理学报》，2014年第12期

材料二　据统计，我国每年的化肥施用量从1985年的1775.8万吨增长到2010年的6076万吨，其中氮肥的施用量所占比例最大并且也是逐年递增的。我国10%以上的耕地受化肥、农药的污染，程度较重的已达133万公顷，耕地由于化肥大量使用已使土壤有机质含量降1.5%的水平[1]。随着大棚农业和设施农业的兴起，农业棚膜、地膜的使用也带来所谓的"白色污染"。据统计，我国棚膜、地膜的覆盖面积已经超过了1333.3万公顷，其中绝大部分为不可降解塑料，农膜年残留量高达30万～40万吨，残存率达40%之多。[2]

——石梓涵：《农业污染与影响分析》，载《现代农业科技》，2011年第11期

---

[1]　参见章力建、朱立志：《我国"农业立体的污染"防治对策研究》，载《农业经济问题》，2005（2）。

[2]　国务院发展研究中心国际技术经济研究所课题组：《我国农业污染的现状及应对建议》，载《国际技术经济研究》，2006（4）。

教师设问：从以上材料可以看出我国当代农业存在什么问题？

教师引导学生分析：工业文明的发展给我国带来了巨大的财富和腾飞，原本在我国人口占多数的农民群体在经济起飞的浪潮中从农村涌向城市，加快了城镇化的步伐。而城镇的大规模扩展直接导致我国耕地面积的减少。为了增加产量，人们又大规模的使用农药和化肥，再加上农业棚膜、地膜的滥用，耕地污染十分严重。我们在不知不觉中又走上了西方已经证实走不通的一条农业发展道路上，那就是"无机农业"。其实农业生态危机远不止这些，牲畜粪便的污染、秸秆焚烧的污染、工业污水对农田的破坏等都十分的严重。

二、我国现代农业发展到哪去

在古代，农业虽是国家稳定的根基，但是对于那些从事农业生产的农民来说，他们的社会地位并不会因此而提高。尽管如此，这项看来低等的生产实践活动却孕育了无穷的智慧和哲理。

材料呈现：

材料三　长梧封人问子牢曰："君为政焉勿卤莽，治民焉勿灭裂。昔予为禾，耕而卤莽之，则其实亦卤莽而报予；芸而灭裂之，其实亦灭裂而报予。予来年变齐，深其耕而熟耰之，其禾蘩以滋，予终年厌飧。"

——（战国）庄周：《庄子集释·杂篇（则阳第二十五）》，

788页，北京：中华书局，2013

教师设问：庄子认为，在农业生产中要有所收获应该怎样去做？

教师引导学生分析：庄子以自己的亲身经历，向我们阐释了一种对待农耕事务的态度，那就是任性反道，劳而无获，顺天应时，谷不胜食。从事农业生产必须尊重客观自然规律，爱护自然环境。一味向土地索取，而不知爱护土地，后代必将无地可耕，陷于饥荒。

材料呈现：

材料四　贾思勰在《齐民要术》中认为，农业的顺利发展与自然生态环境是不可分割的，它们相互依存，密切相关，在自然生态环境遭到破坏的世界里，农业生产必然受到影响，是不可能顺利进行的。在农业生产中，人类如果对其赖以生存的自然资源不合理的利用和掠夺式的消耗以及对生态环境的严重破坏，最终的结果只能是得不偿失，使人与自然的和谐面临着最严峻的挑战，构成对人类自身的严重威胁。

——付华超：《〈齐民要术〉生态农学思想研究》，39页，

长安大学2008年硕士学位论文

教师设问： 阅读材料四思考，农业怎样才可以顺利发展？

教师引导学生分析： 农业生产不是独立进行的，从事农业生产必须要有合适的自然环境。农业要想持久顺利的发展，就要保护好自然生态环境。农业的发展是为了粮食生产，最终是为了解决人的生存问题，而在农业中遵循自然规律，合理利用农业自然资源，保护环境，坚持可持续的发展思想，则可以使人类更好的生存，使人类生活得更美好。《齐民要术》着眼于农业、社会和生态环境的协调发展，把农业生产中人对自然的认识、尊重、保护、改造统一起来。既注重人类眼前利益的获取，以满足其生活需要，又关注人类的长远利益和永续发展，包含着对人类命运的终极关怀。

材料呈现：

材料五　精耕细作是中国传统农业的基本特征。精耕细作产生的基础是"中国古代各族人民应对既定的自然条件、广度和深度空前的农业实践"。有学者提出，精耕细作为中国历史上人口的增长提供了动力和基础，在一定意义上代表了农业的发展方向。在中国人口不断增长以及土地、水、能源等自然资源日渐匮乏的今天，集约经营、精耕细作的思想乃是现代农业发展过程的指导思想。因此，在农业现代化中必须继承和发扬传统农学思想中的精耕细作传统，并从可持续发展的高度上认识"天人合一"和精耕细作的意义。

——王苏黎、陈红兵：《中国传统农学思想的传承及启示》，

载《沈阳农业大学学报（社会科学版）》，2007年第6期

教师设问： 阅读材料五思考，当今中国在农业现代化的道路上应该选择怎样的方向？

教师引导学生分析： 精耕细作的耕作体系是中国古代农人经过丰富和深入的生产实践建立起来的。面临不断增强的资源消耗和人口增长的压力，以精耕细作技术为指导，最大限度地提高土地的利用水平，从中国传统农业的智慧宝库中汲取营养，这才是未来中国农业现代化的正确方向。

材料呈现：

材料六　英国兰塞斯卡·布雷女士对我国传统农业极为推崇，她于1980年曾来我国访问，实地考察，她说："与十四世纪《王桢农书》中所描绘的那种生产力高度发

展的中国农业制度相比，中世纪的欧洲农业确实是原始的。"……她在报告中说："中国是一个人烟稠密的国家，有着集约化农业的悠久传统，依靠大量的人力劳动，主要使用有机肥料，通过一年多熟来获得较高的产量。"她还结合我国的国情，对实行农业机械化的问题提出看法，她建议："中国在采取现代西方农业特点时应该慎重从事，因为那些特点对中国的情况很可能是格格不入的。不适当的技术引进可以造成预想不到的严重后果。"

——王永厚：《我国传统农业与农业现代化》，载《中国农史》，1983年第2期

材料七　否定传统农业的现代化，将会导致农业的衰退；只有尊重农业传统搞现代化，才会使农业迅速发展。我在中国的所见所闻，更加建立起这样的信心。

——［日］饭沼二郎著、毛振琥译：《恢复传统经营方式重建日本现代农业》，

载《世界农业》，1981年第4期

教师设问：从以上材料中我们可以看出，外国农业专家如何看待中国传统农业？

教师引导学生分析：新中国成立以来，我国人口急速增长，为了解决人民的温饱问题，我国的农业发展走上了一味追求高产的"无机农业"道路。大量化肥和农药的使用对土地、环境和人们的健康造成了不可估量的损害。这种用化肥农药堆砌出来的高产方法在西方早已被抛弃。我们从这些八九十年代的书籍和论文中都能看到，外国的学者已经把解决之道瞄准在中国古代"精耕细作"的传统模式上。这对于我们国家而言，似乎该从单纯追求高产的误区中清醒过来，重新研究和审视我国的传统农业十分有必要。

教师引导学生小结：中国古代农业博大精深，在动力技术上由于时代所限比较落后，但是其耕作态度和耕作理念绝对值得肯定。古人依靠土地解决温饱，从很多古代农书当中都可以看到古人对土地的敬畏和爱护。今人受利益驱动太过，对土地的利用往往超过其承受限度。要改善农业生态环境，对古代农业思想研究和传播的必要性自不待言。

设计点评

本微课试图从中国古代农业的发展历程中去发掘古人在农业生产中的智慧，从而为现代农业发展过程中所遇到的一些问题寻找解决的方法和途径。本微课列举了最新的资料，来展现当今世界的农业环境问题，希望引起学生的注意和反思，然后又从与中国传统农业相关的一些文献著作中去寻找古人的智慧，得到一些启示。

教学资源

资源1：中国古代冶铁术的成熟

冶铁技术的发展，一般先有熟铁（块炼铁），次有生铁（铸铁），最后出现钢。我国使用铸铁比欧洲早2000年左右。根据考古资料，我国至迟春秋战国之际已掌握了生铁柔化处理技术，生产出可铸锻铁，同时又出现了块炼渗碳钢。汉代冶铁技术臻于成熟。已经能生产出白口生铁、麻口生铁、灰口生铁、黑心可铸锻铁，几乎包括了现今生铁品种的全部；同时又发明了铸铁脱碳钢和百炼钢。这些性质各异、品种不同的生铁和钢，为制造不同用途的优质农具提供了丰富的材料来源。尤其是用生铁柔化技术生产的可铸锻铁，既能够改进铁的性能，使质地硬而脆的生铁农具具有韧性，又有方法简便，成本低廉的特点，有利于铁农具的普遍推广，促成了我国古代铁农具的第一次重大变革。

——李根蟠：《中国古代农业》，67页，北京：中国国际广播出版社，2010

资源2：古代铁农具的普及

我国用铁铸农器大体始于春秋中期或稍前，到了战国中期，铁农具已在黄河中下游普及开来。人们把使用铁农具耕作看得如同用瓦锅做饭一样的普通。从青铜器出现以来金属耕具代替木石耕具的过程终于完成了（如下图）。铁器的使用，使农业劳动生产率大大提高，农业劳动者的个体独立性大大加强，两人协作的耦耕不再必要，井田制由此逐步崩坏，封建地主制由此逐步形成，而这一制度由战国延续至近世。

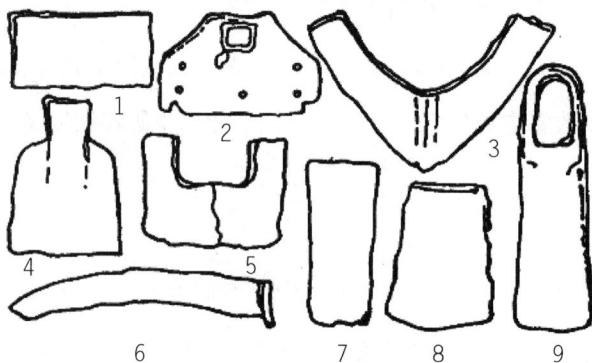

1、2. 锄　3. V字形犁　4、5. 锸　6. 镰　7、8、9. 钁

——李根蟠：《中国古代农业》，35～36页，上海：商务印书馆，1998

资源3：古代农具大发展

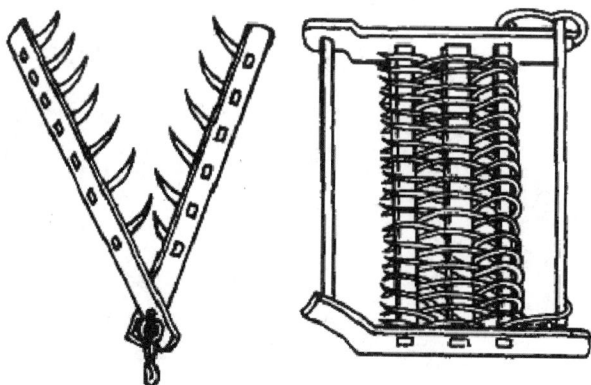

从两汉到南北朝，除耕犁继续获得改进外，还出现与之配套的耱〔（mò，末），或称耢（lào，涝）〕和耙（如下图）。耱最初只是一块长板条，继之在木架上缠以软木条而成，畜力牵引，用以碎土和平整，代替以前人工操作的木榔头——耰（yōu，忧）。对付较大的坷垃则要用畜力耙。北方旱地使用的畜力耙是由两条带铁齿的木板相交组成的人字耙，又称铁齿〔镉〕（lòu，漏）镂。西汉还出现专用播种机具耧犁（耧车），相传发明者是赵过。它的上方有一盛种用的方形木斗，下与三条中空而装有铁耧脚的木腿相连通。操作时耧脚破土开沟，种子随即通过木腿播进沟里，一人一牛，"日种一顷"，功效提高十几倍。这已是近代条播机的雏形，而西欧条播机的出现在1700年以后。汉代农具的另一重大发明是"飏（yáng，扬）扇"，即风车。摇动风车中的叶形风扇，形成定向气流，利用它可以把比重不同的籽粒（重则沉）和秕壳（轻则飏）分开，是一种巧妙的创造，比欧洲领先1400多年。谷物加工工具也有长足进步。东汉桓谭对此曾作过这样的总结："宓戏（即庖牺氏）制杵臼，万民以济，及后世加巧，因延力借身，重以践碓，而利十倍。杵臼又复设机关，用驴赢（骡）牛马，及役水而舂，其利乃百倍。"（《新语》）杵臼是最原始的谷物加工方法之一，可能起源于采猎时代，而延续至农业时代。当时人们在地上挖浅坑，铺以兽皮，置采集的谷物于其中，用木棍舂捣，即所谓"断木为杵，掘地为臼"。我国一些少数民族近世仍有类似谷物加工法。后来用石臼代替地臼，然后又利用杠杆原理改手舂为脚踏，即桓谭所说的践碓（脚碓）（如下图）。

到了东汉已出现畜力碓和水碓了。晋代杜预对水碓作了改进，称为连机碓。王祯《农书》形容这种水碓是："水轮翻转无朝暮，舂杵低昂间后先。"谷物加工工具

的另一重大创造是石转磨。到魏晋南北朝则出现了畜力连磨和水力碾磨。

总之，从战国到南北朝，尤其是两汉是我国农具发展的黄金时代，传统农具的许多重大发明创造，都出现于这一时期。

——李根蟠：《中国古代农业》，37～40页，上海：商务印书馆，1998

资源4：牛耕的普及

牛耕的出现可能比铁器早，但它的普及却比铁器晚。根据甲骨文中"犁"（𤚩、𤛮）字的形象，有人推断商代已有牛耕。但即使当时牛耕已出现，犁具一定很原始，根本不可能替代耒耜作为主要耕具的地位。春秋时已有牛耕的明确记载，有人还用牛与耕、犁等字相联系起名命字。不过，直到战国时代，牛耕并不普遍。在目前出土该时代的大量铁器中，铁犁为数甚少，而且形制原始，呈120°的V字形，没有犁壁，只能破土划沟，不能翻土作垄。大型铁铧的大批出土是在西汉中期以后。当时搜粟都尉赵过在总结群众经验基础上推广带有犁壁的大型铁铧犁，这种犁要用两头牛牵引，三个人驾驭，被称为耦犁（如右图）。从此，铁犁牛耕才在黄河流域普及开来，并逐步推向全国。

——李根蟠：《中国古代农业》，36～37页，上海：商务印书馆，1998

资源5：两汉魏晋时期北方农业之整地技术

到了汉代，对整地的要求更加严格，除了深耕，还要细锄。西汉农书《氾胜之书》对农耕已明确指出："凡耕之本，在于趣时和土，务粪泽，早锄早获。"就是要及时耕作，改良土壤，重视肥料和保墒灌溉；及早中耕，及时收获。东汉王充在《论衡·率性》中也提出"深耕细锄，厚加粪壤，免致人工，以助地力"的基本要求。都是将农业生产过程作为一个整体，而以整地为田间作业的最重要环节。深耕细锄是汉代农业生产对整地的技术要求。

到魏晋南北朝时期，北方旱地农业以精耕细作的整地技术已趋于成熟，形成了一整套耕—耙—耱的技术体系。即在耕地之后，要用耙将土块耙碎，再用耱将土耱细。

——李济宁：《古代农业》，30～31页，吉林：吉林文史出版社，2010

资源6：汉代北方农业之灌溉技术

汉代农田水利有很大发展。汉武帝对水利相当重视，修建了一大批大型水利工程。汉代也采取井灌的方式来浇灌园圃中的蔬菜。浇灌时，从井中提取井水直接倒在水沟中，水顺着水沟两边的缺口流进菜地里。井水较浅。可用桔槔汲水，井水太深，桔槔够不着，就用滑轮来提取，滑轮在汉代也成辘轳。大约在东汉末期，发明了提水效率更高的翻车（就是现在农村还在使用的手摇水车）一直是农村的主要灌溉工具，在灌溉中发挥着重要作用，也是我国灌溉机械史上的一项重大成就。

——自李济宁：《古代农业》，41～43页，吉林：吉林文史出版社，2010

资源7：《齐民要术》的哲学思想

……《齐民要术》"种谷篇……顺天时，应地利，则用力少而成功多。任情返道，劳而无获。入泉伐木，登山求鱼，手必虚；迎风散水，逆坂走丸，其势难。""任情返道"的意思是：只凭主观意愿，而违反客观自然规律。作者用入水伐木，上山求鱼，迎风泼水，逆坡滚球等现象，说明不从实际出发，违反客观规律，必然事与愿违，劳而无功。这已经不只是讲种谷技术，而是上升到了一定的理论高度，表达出朴素的唯物主义的世界观了。

……

……"栽树"篇指出"凡栽一切树木，欲记其阴阳，不令转易。阴阳易位则难生。小小栽者，不烦记也。"树木从此处移栽彼处，土壤等条件难免有变化，但作者却强调要记住树木原来的阴阳面，照原有位置栽下，否则不易成活。这表明作者并不盲目追求

"变"，而是看到"变"又看到"不变"，一切从实际出发。

……

人与自然的关来问题是中国古代思想家探讨的主要问题之一。上述分析证明，《齐民要术》对这个问题的答案是：人必须顺乎自然。……《齐民要术》不仅理论上阐述了这个道理，而且从实践上应用了这个哲学原理。其突出的例子就是对人工选择的研究。

《齐民要米》在达尔文以前一千多年就明确记载了人工选择。书中关于人工选择的记载很多，包括人工选种、人工杂交育新种和无性杂交的嫁接技术诸多方面。……

——张一仪：《对〈齐民要术〉的哲学思考》，

载《农业考古》，1998年第3期

资源8：《齐民要术》的经济思想

《齐民要术·序》虽说"舍本逐末，圣哲所非"，"商贾之事，网而不录"，但贾思勰并不一味排斥商业。《齐民要术》在作物种植、林果种植、动物畜养、货殖等诸多篇章都涉及经济贸易思想。贾思勰在《齐民要术卷七·货殖第六十二》中，引录《史记·货殖列传》和《汉书·食货志》有关商品生产和经营的内容，对司马迁《史记·货殖列传》中有关农产品通过商品流通而增值的阐述，对桑弘羊的均输政策等，给予肯定和称赞，并认为是"益国利民不朽之术"。《齐民要术》中所讲述的有关农业经济、经营管理和商业贸易的思想，涉及农产品生产与市场交换、农产品的时间价值和生产的连续性、产品存在的差异化、合理地配置生产要素、提高投资收益、提高生产规模、降低劳动成本、提出了土地经营的原则等。

——孙金荣：《〈齐民要术〉研究》，158页，山东大学2014年博士学位论文

资源9：《齐民要术》中的节俭备荒思想

……贾思勰提倡节俭，十分珍惜农民的劳动成果。他说："夫财货之生，既艰难矣，用之又无节；凡人之性，好懒惰矣，率之又不笃；加以政令失所，水旱为灾，一谷不登，贷腐相继：古今同患，所不能止也，碻乎！"在这里，贾思勰纵观历史，总结了造成灾荒和经济危机的四大原因—用之无节，率之不笃，政令失所，水旱为灾—其中人事因素占了三个，而节约列于首位。因为"穷窘之来，所由有渐"，丰收时不知积蓄，宽裕时不知精打细算，遇到困难就会束手无策，这是导致经济危机的更加经常性的原因。

……贾思勰又非常重视备荒减灾。中国是一个自然灾害经常发生的国家，在古代农业生产尚不稳定的条件下，灾荒对国计民生影响尤大。因此，历代政治家和思想家，都很重视备荒减灾。贾思勰继承了这种思想，但他不是着重从经济和社会的角度（历来思想家谈备荒，多从储备和赈济等方面想办法），而是着重从农业生产的角度来论述这个问题的。

《齐民要术》提出的备荒的办法之一是注意作物种类和品种的合理安排、早晚搭配。贾思勰提出"凡田欲早晚相杂"，"防岁道有所宜"。这是从战国时已出现的"种谷必杂五种"的思路延续下来的。二是千方百计寻找代粮植物。《齐民要术》对稗、芋、芜菁、杏、桑梅、橡子、芰（菱）等的救饥作用很重视，强调可以种植、采集、收藏这些东西以备荒。……

——董恺忱、范楚玉：《中国科学技术史（农学卷）》，233页，

北京：科学出版社，2000

资源10：新疆坎儿井的建设

新疆特殊的水利工程型式——坎儿井创始于西汉。据《汉书·西域传》记载，汉宣帝时，破羌将军辛武贤率兵至敦煌，实地勘测，开挖渠道，明渠前有6座竖井，地下有渠道贯通，将井渠中水输入明渠。在新疆一些冲积扇地区，土壤多为砂砾，渗水性强，开挖井渠，既可解决水的渗透流失问题，也可减少蒸发，是适合于这一特殊地区的施工方法。井渠法早在汉武帝时修筑龙首渠中已经使用，新疆劳动人民可能吸收了这一施工技术，应用在新疆特定的地理条件下，创造了新型的灌溉工程型式。

——闵宗殿、彭治富、王潮生：《中国古代农业科技史图说》，180页，

北京：农业出版社，1989

隋朝的灭亡

建立于581年的隋朝，仅用了八年的时间就打败了南方的陈朝，结束了西晋末年以来长达270多年的政治分裂，开创了近三百年的统一局面。隋朝的执政集团虽然在制度创新、经济发展等方面很有建树，但在农民起义的打击下，于618年被唐朝取代。强盛一时的隋朝，何以如此短命？

一、隋朝灭亡的社会因素

王三北、严文科在《隋代国家权力与私家权力的矛盾——兼论隋朝灭亡的原因》（载《西北师大学报（社会科学版）》，2002年第2期）一文中指出，隋朝的崩溃与世家大族的反对密不可分。隋朝以户计税，政府能在短时期内集聚大量粮食，主要是因为国家编户数量急增，使国家税源迅速扩大。隋朝政府为括户制定了严密的制度和完善的措施：第一，"大索"，即进行全国范围的检查，并强迫没有户籍的民众入籍；第二，"貌阅"，即对普通农民进行体貌核对，以防多报或少报年龄，诈老或诈小；第三，"析籍"，即要求累世同堂、聚族而居的世家大族，分户而居；第四，"互纠"，即鼓励百姓检举揭发户口不实之家。经过括户，十多年间国家户籍上的人口就翻了一番，这不是由于社会经济繁荣而导致的人口自然增长，而是国家依靠强大的军事和政治力量，使大量私家荫户成为国家编户。括户是国家权力对世家大族釜底抽薪的致命打击，因此世族大家对隋王朝的统治由支持转向了反对和仇视。

韩大梅在《论杨玄感李渊起兵与隋朝的灭亡》（载《辽宁师范大学学报》，1994年第6期）一文中指出，隋朝的灭亡，并不完全是农民大起义所致，其中统治阶级内部的斗争，对瓦解、推翻隋王朝起了关键性的作用。隋朝的开国大臣、司徒、尚书令、楚国公杨素之子杨玄感，袭封楚国公并担任礼部尚书，但他打着"为民请命"的口号，在黎阳起兵，这其实是上层统治集团内部矛盾逐渐激化的反映。杨玄感起兵反隋，不仅是因为私家仇怨，更主要的是反对隋炀帝紊乱的朝纲。因此，杨玄感起兵得到了许多上层官员的支持，特别是少壮派贵族的支持。各地方执掌重兵的官员，在杨玄感起兵的影响下，人怀异志，跃跃欲试，待机而动。杨玄感起兵导致了隋王朝的分崩离析，加速了隋朝的灭亡。

韩昇在《论隋朝统治集团内部斗争对隋亡的影响》（载《厦门大学学报（哲学社会科学版）》，1987年第2期）一文中指出，隋朝的灭亡，与统治集团内部的矛盾与斗争，有着非常密切的关系，这主要表现在以下三个方面。第一，来自北周统治集团的威胁。隋文帝杨坚凭借其北周政权的外戚身份，趁新帝年幼发动宫廷政变，夺取政权。北周统治集团的一部分权贵对此并不甘心，他们或在都城策划谋杀杨坚，或在地方组织军事叛乱。杨坚通过软硬两手办法，暂时缓和了这一矛盾，但来自北周集团的威胁并未从根本上消除。第二，废立太子所产生的冲击。杨广是通过阴谋使文帝废原太子、兄长杨勇，而立自己为太子的。许多元老重臣卷入其中，甚至兵戎相见、骨肉相残。为了废太子，隋文帝处死了多名高官，还有多人受到不同程度的处罚。废立太子一事，使统治集团内部出现了严重的分裂。第三，南方世族与北方元勋之间的矛盾。杨坚是在北周统治集团中一些汉族官僚和汉化鲜卑贵族的支持下获得政权的，其用人的指导思想是关中本位。杨广在取代杨勇成为太子时，遭到了一批隋朝元勋的强烈反对，而且其本人建功立业主要在江南。因此隋炀帝的用人路线是，排斥或抑制难以驾驭的元老重臣，提拔和重用江南世族。重用南方人的做法，引起北方权贵的强烈不满，从而在统治集团内部形成了南北方朝臣对立的局面。而杨玄感起兵，就是这种对立的结果与具体表现。

　　韩昇在《隋朝灭亡的经济原因》（载《领导文萃》，2013年第21期）一文中指出，"国富民穷"是隋朝瞬间垮掉的经济原因。隋朝走了一条牺牲百姓利益的"富国强兵"之路。隋政权总共存在37年，期间除了国家日常花销，以及开运河、修长城等多项巨型工程的开支外，积累的财富还够用五六十年。同朝廷的无比富强形成鲜明对照的是，百姓的生活异常艰难。朝廷的财物越积越丰，可饥民却非常多，饿死的也不少。官员追求政绩，大型工程纷纷上马，为了解决财力、物力和人力问题，各级官员则会想尽一切办法。正常的税收已经远远不能满足彰显政绩的需要，于是各级官员巧立名目出台了各种摊派项目，而这必然加重百姓的负担，激化社会矛盾。

　　孟宪实在《论隋朝的粮仓管理与隋朝的速亡》（载《中原文化研究》，2015年第4期）一文中指出，粮仓管理体制的不当也是导致隋朝富强而速亡的原因之一。以义仓为代表的粮仓，本来是为救灾减灾设计的，是民间负责管理的。但后来，设立义仓的做法为政府大规模地采用，其管理也由民间变为政府，且管理层级也逐渐由县、州提高为中央。当灾荒发生时，州县官员却不能及时放粮赈灾，百姓的需求得不到满足，粮仓充盈，却饿殍遍地。隋朝末年，不论是朝廷官员还是地方实力派或民间英雄，凡举兵造反者，无不以开仓放粮为招兵手段或善后措施，粮仓成为反叛者的战略要地。饥民涌向粮仓，希望朝廷能开仓向百姓放救济粮，但统治集团无视百姓疾苦，甚至无视百姓的生命，于是越是粮仓重地，越是矛盾激化之处。反叛者攻下朝廷管理的粮仓，不仅获得了一种战略资源，而且通过赈济灾民获得民心与民力。高度集权的粮仓管理体制不仅不能及时救助百姓，反而激化了社会矛盾，最终加速了隋朝的灭亡。可以说，富强而不与民共享，国富民穷、国强民弱是隋朝灭亡的根本原因。

　　黄冬云在《军事改革对隋朝灭亡的影响》（载《淮北煤师院学报（哲学社会科学版）》，2002年第2期）一文中指出，隋朝二世而亡，与当时的军事改革关系密切。隋文帝剥夺大将军对军队的统帅权，使十二府的统御权完全由皇帝掌握。隋文帝还改革府兵制度。府兵是中央警卫之兵，分别隶属于各地军府，驻防京城及各地要冲。府兵及其家属不入民籍而入兵籍，隶属"军府"而称"军户"。"军户"不纳赋税，集中居住于军坊；战时，军属随军队的调动而迁徙。杨坚废除兵民分籍的办法，实行兵民共籍，府兵卫士由原来南征北战、居无定所的职业兵，变为垦田种地、与民相同的兼业兵。他们平时耕作农田，闲时集中训练，并承担着轮番京师、战时出征的双重任务。兵农合一有许多积极之处，但也有其弊。士兵受田虽不纳赋，但车马之外的资粮给养完全自备。由于征发过度，士兵及其家属的负担越来越重，逃避兵役的现象日益严重，从而使兵源逐渐枯竭。

黄冬云指出，隋朝各地的警卫任务由地方的武装力量即州郡兵负责。文帝沿用北周的做法，在重要地区设置总管府，以协调中央军和地方军以及各地方军之间的关系。炀帝为加强对地方武装的控制，废除了各州的总管府。这一措施虽然加强了中央权力，但大大削弱和分散了军事实力，为农民起义的出现与发展，以及地方官员和军事将领的反隋割据提供了有利条件。另外，皇帝和中央对军事指挥权控制太死，将帅失去了快速应变的自主权，而消极、被动、坐失良机成为隋朝后期军事行动频频受挫的重要原因。

邱贤文在《隋突关系的恶化及影响——以隋王朝的灭亡为中心》（载《黑龙江史志》，2009年第21期）一文中指出，隋朝与东突厥关系的变化，也是隋朝灭亡的一个不容忽视的原因。随着东突厥力量的增强，以及隋朝三次东征高丽的失败，北疆的政治格局发生了变化。隋炀帝采取离间之策，企图分化东突厥，这使隋朝与突厥之间的矛盾日益激化。东突厥扶植反隋势力，为其提供战马，甚至直接派军队给予帮助。还大量招徕隋朝移民，其中还包括不少政治失意者。在隋朝内部危机爆发之时，东突厥的这些举措无疑加速了隋朝的灭亡。

二、隋朝灭亡的个人因素

黄育琴在《隋兴隋亡皆文帝》（载《琼州大学学报》，2000年第1期）一文中指出，隋文帝对于隋朝的灭亡有着不可推卸的责任。其理由主要有以下三个方面。第一，立法毁法，律外决罚，自毁治国正道。隋朝建立的当年，文帝即本着宽轻疏简的原则，制定了《开皇律》。然而在实施过程中，隋文帝经常以诏令的形式干预司法，这不仅违背了依法治罪的原则，使君权凌驾于法律之上，还导致社会上形成一种错误观念，即守法为懦弱、残暴为能干。第二，用官疑官，黜陟失当，自损吏治根基。对于许多官员，常因他人谗言，用而复贬、贬而复用，甚至因一点小事而重罚，以至于屡求良才却不能尽用，谏官忠臣皆惧遭罪，奸猾小人逐渐得势。第三，自察而未能察家，家法毁坏致后继失人。文帝本人躬俭治国，也要求家人生活朴素，太子杨勇常因为一些小事而受到责罚。而这又使杨广有机可乘，以伪装简朴来博取文帝欢心。文帝废杨勇而立杨广为太子，从而使父子兄弟相互猜忌，宫廷内部矛盾重重。

孙绪秀、赖红卫在《隋文帝的用人政策》（载《山东大学学报（哲学社会科学版）》，1996年第4期）一文中指出，隋文帝统治后期，长期的过度疲劳、长年孤僻的宫廷生活使杨坚性格中的猜忌心理逐渐发展起来，而昔日功臣密友的背叛作乱更加深了他对众大臣的不信任。渐渐地，隋文帝与其曾亲密无间的将相们出现隔阂，以至于在处理政事时常自以为是，率性而为，甚至对法律置若罔闻。到了晚年，文帝更加偏执，喜怒无常，背弃了他前期的重用贤才、用人不疑的政策，而是猜忌忠良、重用小人、喜听谗言，对卓有功勋的大臣动辄生疑，日益疏远乃至罢黜废退，甚至对无辜者滥开杀戒。隋文帝废嫡立宠、贬斥忠良、滥诛功臣、任用小人，使自己陷于孤立境地。

商爱玲、张鸿在《隋炀帝"以民为本"、"天下为公"思想再解析》（载《天府新论》，2009年第6期）一文中指出，隋朝覆灭的主要原因是隋炀帝的骄奢。隋炀帝的骄心有三个来源：一是依恃天资聪明，自以为全知全能，具体表现是嫉贤妒能，听不得不同意见，接连诛杀重臣。二是依恃大权在握，自以为功高德厚，便忘乎所以，具体表现是轻忽政务，耽于巡幸游乐。三是依恃国家富强，自以为可随心所欲，具体表现是好大喜功，不珍惜财力、民力。骄奢的隋炀帝试图在短时间内建立许多宏伟大业，致使营建东京洛阳新城、开凿通济渠和三度征高丽等一系列极耗国力的事叠加在一起。特别是不顾群臣劝谏，执意征高丽，且一败再败，既激化了国家政权与普通民众的矛盾，又引发了统治集团内部的恶斗。在内外交困之时，隋炀帝不仅没有将注意力转移到调整政策、稳定局面、重拾民心上来，反而再次兴兵征高丽，意欲毕其功于一役。一而再、再而三的重大失策，终于使挽救危亡的机会彻底丧失。

罗传栋在《大运河的开凿与隋炀帝的功过》（载《武汉教育学院学报》，1996年第2期）一文中指出，隋炀帝在开河过程中专横独断，急功近利；竣工以后，挥霍无度，胡作非为，祸国殃民。过度征徭，严重地摧残和消耗了社会劳动力。如大业元年开浚山阳渎，开凿通济渠，建东都洛阳三大工程同时进行，所征丁夫占全国丁男的1/3以上。在开凿运河的同时，杨广又强令人们沿河修筑御道，遍植翠柳，建造离宫、驿馆，加重了各地人民的经济负担。隋末大运河两岸各地人民的相继起义，正是对杨广暴政的有力回应。

袁刚在《暴君隋炀帝评价的论辨——关于暴君之暴的政治分析》（载《南都学坛

（人文社会科学学报）》，2002年第4期）一文中指出，虽然隋炀帝兴办的每一项工程都是利国利民的大好事，但如果将这些大好事相加，其劳役总量惊人，大大超出了当时人民所能承受的限度。不仅几项大工程几乎同一年开，而且对进度的要求极严，修千里运河仅用几个月时间，为如期完工，督役官吏必然苛暴残忍，稍有怠慢便举鞭惩罚，这不仅是严政、苛政，而且还是急政。大规模的急政使诸多德政统统走向了反面，成为系统的暴政。当然，隋炀帝也就成了大暴君。他的暴，不是对国家暴，也不是对民族暴，更不是对后代暴。相反，对国家、对民族、对后代他是有功的。隋炀帝的暴是对人民暴，是对他统治下的子民施以暴政。隋炀帝急功近利，好大喜功，不尊重民众最起码的人权——生存权、生命权，因此他成了千古暴君。

黄冬云在《隋炀帝的性格缺陷及其影响》（载《南通师范学院学报（哲学社会科学版）》，2003年第4期）一文中指出，隋炀帝独断专行、刚愎自用的性格加速了隋朝的灭亡。继位后的七年中，隋炀帝通过一系列的军事行动，臣服了东西突厥，打通了西域，征服了西南，迎来了万邦来朝的景象。隋炀帝决定远征高丽，并在人力、物力等方面做了充分的准备后，亲率百万大军水陆并进。踌躇满志的杨广要求军队的每次行动都须经他的同意，然而双方交战后，前线将领处处受牵制，一再坐失良机。首次远征以隋军的惨败而告终，但炀帝不从自身找原因，而且将责任推给各个将领。后再次进攻，结果一败再败。这种刚愎自用的性格不仅导致了军事的失败，也加速了隋朝的灭亡。

微课设计

微课设计一：国富民穷，却败帝王霸业

设计意图

通过分析隋朝国富民穷，瞬间垮掉的经济原因，使学生认识到，民众是国家的根

本，只有人民丰衣足食，生活富裕，国家才能强大，社会才能和谐。藏富于国，虽富亦穷，必败；藏富于民，是真富，必兴。

设计方案

教师讲述： 贞观二年（628），唐太宗让臣下清点隋朝的仓库，报上来的数字让人咋舌，经过隋末唐初的动乱与战争，库存量竟然还能够让唐朝使用五六十年。

隋朝的粮食是按人头来征收的。为了逃避沉重的人头税，百姓就想办法"脱籍"，即从官府的户籍上逃脱，让政府无法依据户籍来征收人头税。有一个县，全县户籍上竟然没有一个男丁，男丁全部成功"脱籍"。更多的地方，户籍里净是老弱病残的困难户。乡村的大家族，一户人家成百上千，户籍本上却只记载了几个鳏夫寡妇。面对这种现象，隋文帝采取了相应的对策。

材料呈现： ……把大批官员派到乡下，挨家挨户查验，还发明了"貌阅"的办法，"貌"是相貌，"阅"是当面看清，"貌阅"是用文字描述相貌特征，"大索貌阅"就是把山野乡村翻个遍，把人都找出来，逐个清查，将他们的相貌特征记录在户籍上，以后难以逃匿。当时没有照相技术，"貌阅"的发明相当于文字的照相。

……

……隋朝规定，不许大家族聚居，必须分房，各自立户，这项措施使得户数快速增加，官府的赋税也跟着水涨船高。

——韩昇：《隋朝灭亡的经济原因》，载《新民晚报》，2013-03-24

教师设问： 通过"大索貌阅"和"不许大家族聚居，必须分房"的办法，加强户籍管理的目的是什么？（参考答案：防止百姓逃税，增加政府收入。）

教师讲述： 隋朝刚建立的时候，全国大约有400万户、2000多万人。建国第三年清查户口后，立刻上升至近700万户、4000多万人。20年后，进一步增长到900万户、5000多万人。隋朝在大约30年的时间内，使人口增加一倍以上。如此快速的人口增长肯定不是通过自然繁育来实现的，而是彻查户口的结果。统计人口的成倍增加，使税源出现爆发性增长，从而导致官仓粮食堆积如山。

加强户籍管理，增加朝廷收入，实现富国强兵，这些本无可厚非。但隋朝总共存在38年，国家日常花销也用了38年，再加上开运河、修长城、建洛阳等，这些开支本已十分庞大。即使在这种情况下，政府还能够结余可供五六十年使用的资财，令人吃惊。隋朝一年收上来的赋税足够三年的开支，这么重的税收，百姓如何生活？但隋朝皇帝不怜百姓而惜仓库，以牺牲百姓利益的政策来富国强兵。

材料呈现：开皇五年，文帝采纳长孙平建议，令诸州以民间的传统组织——社为单位，劝募当社成员捐助谷物，设置义仓，以备水旱赈济，由当社为首的人负责管理。由于这是社办的仓，所以又称为"社仓"。开皇十五年和十六年，文帝命令西北诸州（大致为今甘肃、宁夏和陕北地区）的义仓改归州或县管理；劝募的形式也改为按户等定额征税：上户不过一石[1]，中户不过七斗，下户不过四斗。其他诸州的义仓大概以后也照此办理。

——任知：《话说中国历史——繁华的风暴（隋唐五代）》，

15页，北京：北京燕山出版社，2011

教师设问：

（1）隋文帝设"义仓"的目的是什么？（参考答案：以备水旱赈济。）

（2）"义仓"劝募形式和管理权发生了什么变化？（参考答案：从社员自愿捐助变为按户等定额征税。民间管理变为州县政府管理。）

教师讲述：义仓原本是村里的仓库，用来防备自然灾害的。但义仓普遍建立起来后，就被纳入官府的管理之下，并把民间捐助变为正式税收，硬性规定富人家每年一石，贫民也得交四斗。仅这一项农民的赋税就增加了一倍。开皇十四年（594），关中大旱，家无炊烟。但是，隋文帝不怜惜老百姓，却怜惜粮食，竟然不许开仓赈灾，而是命令百姓外出逃荒。农民得不到救助，但是每年的"义仓"缴粮却不能减少。真可谓"义仓"不义！

隋末最大一支起义军——瓦岗军攻占了洛口仓后，放粮赈济百姓，结果队伍得以迅速猛增，最盛时达到百万。李渊起兵时，便通过开仓放粮来笼络民心。在各地起义者的打击和官员的反叛中，隋朝逐渐土崩瓦解。它所积储的粮食，成为促使它灭亡的催化剂。

材料呈现：明清之际的一位学者唐甄也曾指出："立国之道无他，惟在于富。自古未有国贫而可以为国者。夫富在编户，不在府库。若编户空虚，虽府库之财积如丘山，

---

[1] 石（dàn），10斗为1石，一石约120斤。

实为贫国，不可以为国矣。"①意思就是说，民众是国家的根本，只有人民丰衣足食，生活富裕，国家的政权才能巩固。这可以作为隋朝灭亡的注脚。

——樊宪雷：《读史札记——隋朝灭亡之鉴》，《党的文献》，2007年第2期

教师设问：材料认为隋朝灭亡的原因是什么？（参考答案：国家仓库充盈，而百姓不足。）

教师引导性小结：隋朝与民争利，国家粮仓富实，却毁灭了帝王霸业。有鉴于此，唐太宗实行让利于民、藏富于民的政策，并从法律上限制子女分家，规定父母在世时子女分家就要受到处罚。唐太宗以民为本的指导思想，成就了民富国强的"贞观之治"。

设计点评

本微课教学立意深刻，充分体现了中学历史教学的价值。通过分析隋朝国富民穷、二世而亡的经济原因，有助于培养学生多视角观察问题以及多元分析的能力，以及引领学生从隋朝历史中获取经验、教训，并从中汲取历史智慧。

微课设计二：圣王之业，何以变成亡国之政

设计意图

通过分析隋炀帝欲立圣王之业却成亡国之政的事例，使学生认识到，治理国家"必须先存百姓"，若不计成本滥用民力，驱民于水火，无视民众最起码的生存权利，不尊重人权，就必然亡国。

设计方案

材料呈现：到杨广即帝位时，"户口益多，府库盈溢"。大业元年（605），全国已有8907536户，46019956口。当时渭水库边与洛阳附近的"西京太仓、东都含嘉仓、洛口仓、华州永丰仓、陕州太原仓，储米粟多者千万石，少者不减数百万石；天下义仓，又皆充满，京

---

① （明末清初）唐甄：《潜书注下篇上·存言》，332页，成都：四川人民出版社，1984。

师及并州库，布帛各数千万"①。据唐代人估算，到开皇末年，"计天下储积，得供五六十年"。

——罗传栋：《大运河的开凿与隋炀帝的功过》，

载《武汉教育学院学报》，1996年第2期

教师设问：国库拥有巨大的财富，这为隋炀帝大兴工役提供了什么条件？（参考答案：物质条件。）

教师讲述：隋炀帝手中有钱有粮，而且有权，不仅具备了经济条件，更加具备了政治条件。皇权既可以支配一切，只要皇帝一声令下，就可能化作全民行动，干出一般人难以想象的宏大事业。

材料呈现：隋开凿的南北大运河，连接着我国的钱塘江、长江、淮河、黄河与海河五大横向水系。自其凿通以来，一直是我国南北水上交通运输的重要通渠。它为我国封建社会中后期的经济繁荣与水上交通运输事业的发展，发挥了不可估量的历史作用。

——罗传栋：《大运河的开凿与隋炀帝的功过》，

载《武汉教育学院学报》，1996年第2期

教师设问：大运河的开凿，有怎样的重大意义？（参考答案：促进南北交通的发展，利于经济的繁荣。）

教师讲述：隋炀帝从发诏书到正式开工历时三个月，可见炀帝凿运河不是一时心血来潮、随心所欲之举，而是经过通盘考虑精心策划的"大业"。

材料呈现：在大业初年的半年内，隋炀帝连续下令掘长堑、营东都、凿运河、造龙舟、巡游江都、制羽仪等，役使男女数百万。而且，此役绵绵无绝期，一项工役尚未完成，新的工役又起，一次巡游刚完，马上又接着另一次巡幸。百役繁兴，六军不息，竭尽国力，大兴工役，唯其权力意志是用，根本不考虑民众的承受能力。

——袁刚：《暴君隋炀帝评价的论辩——关于暴君之暴的政治分析》，

载《南都学坛（人文社会科学学报）》，2002年第4期

教师设问：隋炀帝大兴工役，立业心切，他忽略了什么？（参考答案：民众的承受能力。）

教师讲述：仅大运河工程就动用了500多万人，占全国总人口的近十分之一，男丁不够，连妇女也被征调去充任繁重的劳役。百姓当然对此不满，隋炀帝便实行高压

---

① （唐）杜佑：《通典卷七·食货七·丁中》（全五册），157页，北京：中华书局，1988。

手段，规定凡是反抗者，不管罪行轻重，一律处斩，而且无须上报。这条长达2700多千米的大运河，仅仅用了六年的时间就修成了。隋朝是在完全依靠肩挑手挖的条件下完成的，其代价就是不惜民力。当时全国四千多万人口，各项工程的劳役就征用3000余万人，除去老弱病残几乎是全民就役。为了逃避劳役，许多走投无路的青壮农民竟自残肢体，毁去的双手称为"福手"，毁坏的双脚称为"福足"。

材料呈现：君静则民安。国家出乱子，往往起源于执政者的躁进，隋朝不顾一切地兴办大型事业就是前车之鉴。……唐太宗毫不含糊地说："为君之道，必须先存百姓。若损百姓以奉其身，犹割股以啖腹，腹饱而身毙。"①

——韩昇：《盛世是这样治理的》，载《文汇报》，2013-01-07

教师设问：唐太宗从隋亡的前车之鉴中，吸取了什么教训？（参考答案：治理国家"必须先存百姓"。）

教师引导学生小结：大型公共工程并非不能兴办，但要掌握一个"度"，这个"度"就是百姓的承受能力。不计成本滥用民力，驱民于水火，无视百姓最起码的生存权利，就必然产生暴政。执政的要务千万条，最根本的只有一条，那就是以民为本。

设计点评

本微课围绕隋炀帝的圣王之业展开设计，以大运河的开凿为切入点，在运用大量史料的基础上，对隋亡原因进行深入的分析，这有助于学生深入思考现实问题，凸显了历史教学的价值。

教学资源

资源1：隋炀帝取得帝位后，首先是大兴土木。他建东都于洛阳，修离宫40座，还建西苑16座。西苑周边两百余里。为搞这些工程，大约每月役使民工200万人，既浪费

---

① 骈宇骞、骈华译：《贞观政要卷一·君道第一》，2页，北京：中华书局，2009。

了劳动力又增大了皇室开支。第二是大搞巡幸。隋炀帝在位十三年，仅在京城住了一年，不理朝政，到处游山玩水。仅公元605年他首次游江都，就有游船数千艘，兵船数千艘，拉船民夫18万人，船只首尾相接200余里。两岸有骑兵相随，皇后、嫔妃、道士等共50多万人。他还下旨：凡他游之州县，20里之内都必须献食。据历史记载，隋炀帝仅游江都所经州县，以预征八年的租调（税收）来供奉食物，共预征三次。由此可想，当时民众的负担是何等的沉重。第三是极尽奢华。曾被隋文帝杨坚废除的一些旧的习俗，又被隋炀帝恢复了，不仅恢复了正月十五的灯会，还时常宴请各州长官，并要求百官穿着豪华，显其富贵。第四是大肆侵略。隋炀帝在位，发动了三次侵略高丽的战争，而每次战争都需要巨大的军费开支，用以造船和养军队，既加重了国家财政的负担，又使农村劳动力受到了极大影响，国家财源亦遭破坏。

——肖长中：《我国隋朝财政政策探析》，载《社会科学研究》，1995年第1期

资源2：赋役对象与耕地面积的扩大，使隋王朝有可能从民间征得更多的实物。大量谷物和绢帛从诸州输送到西京长安和东京洛阳。为便于征集物的集中和搬运，隋朝沿着漕运水道在今陕西、河南境内设置了广通（在今陕西华阴）、常平（在今河南三门峡市东南）、河阳（在今河南孟县南、黄河北岸）、黎阳（在今河南浚县）、含嘉（在今河南洛阳）、洛口（即兴洛仓，在今河南巩县东北）、回洛（在今河南洛阳）诸仓。

开皇五年，文帝采纳长孙平建议，令诸州以民间的传统组织——社为单位，劝募当社成员捐助谷物，设置义仓，以备水旱赈济，由当社为首的人负责管理。由于这是社办的仓，所以又称为"社仓"。开皇十五年和十六年，文帝命令西北诸州（大致为今甘肃、宁夏和陕北地区）的义仓改归州或县管理；劝募的形式也改为按户等定额征税：上户不过一石，中户不过七斗，下户不过四斗。其他诸州的义仓大概以后也照此办理。义仓于是成为国家可随意支用的官仓。

经过多年搜括蓄积，西京太仓、东京含嘉仓和诸转运仓所储谷物，多者曾至千万石，少者也有几百万石，各地义仓无不充盈。两京、太原国库存储的绢帛各有数千万四。隋朝仓库的富实是历史上仅见的。这固然反映了户口增长与社会生产的上升，同时也说明受田农民辛勤劳动的生产成果大部分为封建统治者所掠夺。

——任知：《话说中国历史——繁华的风暴（隋唐五代）》，

15～16页，北京：燕山出版社，2011

资源3：对于隋的灭亡，史家均归之于炀帝大业后期的暴政而导致大规模的农民起义，却忽略了世家大族在其中所起的重要作用。大业十二年，农民起义虽已遍地烽火，但均是分散流动的小股势力，尚无能力与隋军主力作战。隋王朝的军事力量还基本完好，完全有力量与农民军对抗。此时隋炀帝却匆匆南下江都，弃北方于不顾，实际上放弃了他赖以立国的中心地区，读史至此，每每不解。是不是炀帝已意识到动乱一起，世家大族盼望的时机已到，已纷纷在暗中聚集力量，要向隋王朝夺回自己失去的特权，炀帝深感内外都是敌人，大势已去，只能寄希望于偏安江左苟延残喘了。

——王三北、严文科：《隋代国家权力与私家权力的矛盾——兼论隋朝灭亡的原因》，

载《西北师大学报（社会科学版）》，2002年第2期

资源4：国家发展之路，历来存在两条根本不同的道路，一条是富民强国之路，一条是牺牲百姓利益的富国强兵之路。自从东汉王朝崩溃以来，富国强兵的主张压倒一切，到隋朝达到登峰造极。

隋朝"国富"之极

贞观二年，唐太宗让有关部门去清点隋朝国库留下来的物资，报上来的数字让人咋舌。隋朝总共统治了38年，国家日常花销也用了38年，再加上开运河、修长城等，兴建了多项巨大的国家工程，这些开支都十分庞大。唐朝的统计数据可以获得证明。1970年洛阳博物馆对隋朝含嘉仓遗址进行钻探和重点发掘，确认含嘉仓可以储存几百万石粮食，还出土了数十万斤碳化谷物。像这样的大型仓库，在洛阳附近就有七八座，可见当年仓储何等巨大。

然而，这还只是实物赋税那一部分，隋朝更重的是劳役。国家工程都由人力物力去完成，有记录的劳役，达到3000多万人次，这还不算没有记录的部分，以及地方官府的工程。

隋朝的人口，刚建立的时候大约2000多万人，20多年后达到峰值，大约5000多万人。人口构成中男女各占一半，再去掉未成年和老人、残疾人，隋朝的劳动力在最高峰的时候，国家劳役竟然高达3000多万人次，几乎所有劳动力都被征调去兴建国家工程和当兵打仗。

"人头税"与"女人国"

这么沉重的劳役租税负担，隋朝是怎样取得的呢？有这样几件法宝：大索貌阅、析

户、税外收费直至强征暴敛。

第一件法宝是"大索貌阅"。隋文帝把大批官员派到乡下，挨家挨户查验，还发明了"貌阅"的办法，"貌"是相貌，"阅"是当面看清。"貌阅"是用文字描述相貌特征，"大索貌阅"就是把山野乡村翻个遍，把人都找出来，逐个清查，将他们的相貌特征记录在户籍上，以后难以逃匿，"貌阅"的发明相当于文字的照相。

第二件法宝是析户。要知道人头税分成两块，一块按照每个人头，另一块则按户来计算。要增加税收，除了人口数要增长，户数也要增长。隋朝规定，不许大家族聚居，必须分房，各自立户，这项措施使得户数快速增加，官府的赋税也跟着水涨船高。

第三件法宝是税外加费。税外加出来的费，不像税那样有严格的管理，官吏趁机贪污在所难免。开皇十六年（596），查出主管仓库的官吏贪污7000石粟的案子，朝廷就此下令，说义仓设在民间，管理不善，造成损失，今后收归州县管理。把民间储备变为正式税收，正是朝廷的真实意图。变成国税之后，以前还说丰年多交，凶年少交，现在变成不管收成如何，一律按照户等征收。歉收之年，农民不但得不到救助，反而多了一条绞索。

通过这些措施多管齐下，官府的税收取得了飞速的增长，远远超过经济的发展。

让统治者看得满心欢喜的府库，其实是冤魂堆砌而成，这种繁荣完全是镜中水月。这就是无比强大的隋朝为什么瞬间垮掉的经济原因。

"国祚短促"

古代王朝的财政支出，最大宗的有两项，第一是官员俸禄，第二是军费。隋朝建立以后，这两项在快速地增加。

先说第一项，朝廷为了税收，就要严格管理社会，编制精密的户籍，这就需要增设官吏。增加官吏，就需要给待遇和特权，而他们也要出政绩，于是钱不够，就要再加税，产生一个恶性循环。税多增官，官多加税，官员和机构不断膨胀，一同享受特权的官僚亲属增长的更快，到王朝末日的时候，都出现了因为特权而免交租税的人口多于缴纳税收的人口的怪现象，官员和百姓的比例严重扭曲。

第二，朝廷有了大量的钱财，并不是一件好事。因为长安和洛阳是天下财富集中之地，便成为攻击的目标。唐高祖从太原起兵，长途奔袭，直取长安，因为夺取了西京府库，顿时鸟枪换大炮，招兵买马成为一支劲旅；瓦岗军的李密也深明此理，所以他一当上统帅，马上集全军之力，围攻洛阳，夺取洛阳周围的仓库，开仓放粮，百姓云集而来，瓦岗军迅速成为百万雄师，睥睨天下。隋朝拼死力聚敛财物，结果不但没能让国家稳固，反而招来造反的豪杰，帮助敌人，埋葬自己。

其实，钱多招贼，首先引来的还不是外贼，而是自己身体里潜藏的心贼，那就是恃强而骄，目空一切。唐太宗分析隋炀帝，指出因为国库太饱满了，会刺激当政者产生傲慢的心理，以为资源都掌握在自己手中，不懂得敬畏了。

隋炀帝的"奢华无道"，最突出地表现在朝廷的巨大开支上。一个是开运河，后代的人不用出钱出力，免费享受大运河的好处，尽可以歌颂隋炀帝，可是，这条长达2700多公里的大运河，仅仅用了六年的时间就修成了。如此巨大的工程，用今日现代化机械来开凿，也需要好几年的时间。一项巨型工程导致朝廷和老百姓尖锐对立。第二件事，运河修建完毕，老百姓像大旱盼雨一般祈祷朝廷能让他们歇口气，而就在这时候，隋炀帝下令大举征伐高句丽。已经活不下去的百姓再次被驱赶到生死线上。这一次隋炀帝再没有那么幸运了，民怨沸腾，众叛亲离，无比强大的隋朝很快被推翻了，隋炀帝本人也被想念家乡的卫队杀死。

显而易见，是隋炀帝无视民众，才有了全国的造反。如果说钱多招贼的话，那么是先有心贼，才有外敌。结果是内外夹攻，财尽国亡。隋朝真是个有命敛财却没命花钱的笑柄。

——韩昇：《隋朝灭亡的经济原因》，载《领导文萃》，2013年第21期

资源5：自大业元年至七年，炀帝通过讨契丹、抗突厥、征吐谷浑通西域、使赤土、巡河右、涿郡、北塞、击琉球等一系列军事和巡幸行动，已臣服了东西突厥，打通了西域，征服了西南，迎来了万邦来朝、一派国泰民安的景象。隋炀帝踌躇满志，举目四顾现在只有地处辽东的高丽仍不真心臣服，征服高丽便成了炀帝雄才拓疆，巩固隋王朝统一局面棋盘上的最后一战，此举志在必得。……然而事实并非炀帝所愿，貌似弱小、不堪一击的高丽面对隋军的进攻进行了顽强的抵抗。双方交战后不久，隋军在军事措置上的失误很快暴露出来，尤其是前线将领处处受掣制，一再坐失良机，而威权独擅的炀帝仍执迷不悟，不能相机调整。其结果可想而知，首征高丽以隋军的惨败而告终。不可一世的炀帝遭受了他有生以来前所未有的失败，自尊自大的他当然不会从自身方面去寻找失败的原因，认真总结其惨败的教训，而是将责任推给各个将领，盛怒之下他严惩了宇

文述等几名带军不利的将领。

——黄冬云：《隋炀帝的性格缺陷及其影响》，

载《南通师范学院学报（哲学社会科学版）》，2003年第4期

资源6：贞观二年，唐太宗君臣一起讨论前朝得失，唐太宗说："隋开皇十四年大旱，人多饥乏。是时仓库盈溢，竟不许赈给，乃令百姓逐粮。隋文帝不怜百姓而惜仓库，比至末年，计天下储积，得供五六十年。炀帝恃此富饶，所以奢华无道，遂致灭亡。炀帝失国，亦此之由。"[1]隋文帝史称节俭，却不爱惜百姓，其多年聚集的财富，助长了炀帝的奢华。唐太宗不由地感叹："后嗣若贤，自能保其天下；如其不肖，多积仓库，徒益其奢侈，危亡之本也。"[2]后来，清人王夫之《读通鉴论》卷十九申论说："隋文帝之俭，非俭也，吝也，不共其德而徒厚其财也。富有四海，求盈不厌，侈其多藏，重毒天下，为恶之大而已矣。"[3]因此，俭者，是俭于己而博施于众，而不是做守财奴贻害子孙后代。

——曾广开：《成由勤俭败由奢——简评中华民族的节俭观》，

载《光明日报》，2013-02-05

资源7：长久以来，我们将隋炀帝描述为昏君暴君，鲜为人知的是——隋炀帝的亡国是"极盛而衰"，并非常见的"积重难返"，他统治时期的富强程度是唐太宗统治时望尘莫及的。那时隋已平陈（平陈战争的总指挥正是当时的晋王杨广），国家统一，社会安定，周边局势稳定。到了大业五年（609），隋政府仓廪丰实，后人称赞说"隋氏之盛，极于此矣"[4]。隋炀帝大业年间的富强程度，唐朝花费了百年时间，历经了太宗、高宗、武则天等，直到唐玄宗开元年间才重新超越。

相比起隋朝大业年间，唐太宗的贞观时期似乎远非一个"黄金时代"。隋炀帝时期的富强令唐太宗艳羡不已，以至于大业年间的各项经济指标成了他心目中的"标尺"。史料中记载太宗多次向臣下询问："××数字比起大业年间如何？"魏征等大臣也常常诚实地回答他"度长计大，曾何等级"，意即"简直不成比例"。

---

① 骈宇骞、骈华译：《贞观政要卷八·辩兴亡第三十四》，222页，北京：中华书局，2009。

② 骈宇骞、骈华译：《贞观政要卷八·辩兴亡第三十四》，222页，北京：中华书局，2009。

③ （明末清初）王夫之：《读通鉴论卷十九·隋文帝》（全三册），643～644页，北京：中华书局，1975。

④ （北宋）司马光：《资治通鉴卷一百八十一·隋纪五（炀帝大业五年，609）》（第12册），5645页，北京：中华书局，1956。

一个国家可能在积贫积弱的情况下走向衰落，也有可能在国力强盛的情况下走向崩溃。今人常常谈及"效率与公平"之间的矛盾，"效率"与"公平"孰重孰轻？或有言效率为先，公平就会达到。但就隋唐历史来看并非如此，富强（"效率"）并未给隋朝带来长治久安，而对于"公平"的追求，却使得满目疮痍的唐朝在唐太宗的统治下走向稳定。

——于赓哲：《隋炀帝的"效率"与唐太宗的"公平"》，

载《人民论坛》，2009年第8期

资源8：据《隋书·食货》记载，在隋朝灭亡之前："百姓废业，屯集城堡，无以自给。然所在仓库，犹大充牣，吏皆惧法，莫肯赈救，由是益困。初皆剥树皮以食之，渐及于叶，皮叶皆尽，乃煮土或捣藁为末而食之。其后人乃相食。"[1]意思是说，隋朝灭亡之前老百姓的生活已极为困难，但国家的仓库仍然非常殷实，官吏们却因为害怕国家的严刑峻法，不敢发放粮食赈济百姓。开始的时候百姓们还能吃树皮、树叶，后来就吃土、吃稻麦的秸秆，最后甚至发展到人吃人的悲惨程度。

有史家指出："隋之亡也，民困苦而国未贫。"就是说，隋朝灭亡的原因，在于国家聚敛了太多的财富，而老百姓却因为统治者的苛政，失去了维持生存最起码的条件。财富集于国库，百姓却无以生存。

为什么会出现这种状况呢？这和隋朝的两位统治者隋文帝、隋炀帝有直接关系。据记载，隋文帝还算是一个比较有作为和注意节俭的君主，而隋炀帝则是一个十足的骄奢淫逸的昏君。范文澜在《中国通史》中如此评价："隋文帝是历史上少有的节俭皇帝。因为节俭，剥削比较减轻，民众得以安居从事生产，开皇年间，户口和财产都有巨大的增进。""隋炀帝是历史上少有的奢侈皇帝。因为奢侈，民众被剥削到无法生存的地步。民众只有起义推翻隋统治，才能找到生路。"[2]

——樊宪雷：《读史札记——隋朝灭亡之鉴》，载《党的文献》，2007年第2期

---

[1] （唐）魏征、令狐德棻：《隋书卷二四·食货志第十九》（第3册），688～689页，北京：中华书局，1973。牣（rèn），满。

[2] 范文澜：《中国通史》（第3册），111页，北京：人民出版社，2004。

三省六部制

三省六部制是中国政治制度史上的重要里程碑，经过从汉朝开始的近一千年的孕育，隋朝正式确立，唐朝加以完善，宋元明清亦有发展。隋唐三省分工明确，工作效率提高，对皇权亦有制约，中央政治体制日趋成熟，不仅对隋唐社会发展，而且对中国历史文明的进程影响重大。

一、三省六部制的渊源与形成过程

韩国磐在《略论由汉至唐三省六部制的形成》（载《厦门大学学报（哲学社会科学版）》，1988年第3期）一文中指出，隋唐三省六部制的形成不是一蹴而就的，而是从源于秦汉时期少府的属官，经过一千多年的发展，到隋唐才真正确立。秦汉时，已经出现尚书、中书、侍中，但均为九卿之一的少府的属官，是皇帝的内廷官，地位比较低，与公卿相去甚远。东汉时，尚书的办事机构称之为尚书台，权力渐重，地位益高，但仍属少府，职位不高。魏晋时尚书、中书、侍中各部门均脱离少府而成为独立的机构，即尚书台、中书省、门下省。南北朝时，尚书台也逐渐称省，同时三省各自的下属机构也都成型。这就为隋唐三省六部制的正式确立和运行奠定了基础。

王雪玲在《论唐代的封驳制度》（载《史学月刊》，2005年第9期）一文中，从门下省封驳职能入手，通过封驳制度源于两汉，南北朝时期封驳现象时有发生，到唐代大量出现，从侧面论证了三省制的形成经过了一个漫长的过程。唐代的封驳制度与三省制的发展变化、门下省和给事中职掌的演变消长有密切关系。唐初，对以皇帝诏敕的形式颁下的政令，通常情况下都是依旨行事，很少提出异议。贞观年间，唐太宗善于纳谏，十分重视对下行文书的审查与驳正，门下省的作用日益加强。从大量的封驳事例来看，明确门下省之给事中封驳诏敕的职责是在唐代中后期。

禹平、韩雪松在《曹魏侍中与三省制》（载《史学集刊》，2009年第5期）一文中，专门论述了曹魏时期侍中的发展在三省制形成过程的重要作用。汉魏时期的侍中作为皇帝的近幸之臣，具有随侍左右、顾问应对、拾遗补缺、出纳诏命、执掌机要等权力，其在政治生活中发挥着举足轻重的作用。由于当时客观的历史条件的原因，侍中本身的谏议权日益凸显，这不仅使两汉以来的谏议权延续下去，而且随着门下省权力的逐渐扩大，其逐渐成为中央政权机构的中心，侍中的谏议权最终发展成为门下省的驳议权。与此同时，侍中作为加官，对尚书省的形成也起到了重要作用。正因为如此，可以说曹魏侍中以其特殊的身份与固有的职能在三省制的形成过程中发挥了不可替代的作用。

二、三省职能和地位的变化

罗永生在《唐前期三省地位的变化》（载《历史研究》，1992年第2期）一文中指出，中书草拟、门下封驳、尚书执行是理想的三省制，只适用于唐前期；后来政事堂改为中书门下，国家行政大事都由中书门下决定，尚书省各级官员只是具体执行。唐朝初年，尚书省的地位明显高于中书、门下两省，尚书仆射成为了群相之首。到了贞观年间，唐太宗有意减轻尚书仆射的权力，并最终将其架空；同时委派亲信重臣主持门下省的工作，又在门下省设立政事堂，使三省长官同堂议事，这就确立了三省长官并重的形势。而中书省有草拟诏书之权，于是政事堂的权力逐渐偏重于主拟诏书的中书令身上，后政事堂也迁到了中书省，其地位已在尚书、门下之上。从唐玄宗开元年间开始，中书令和侍中开始兼任尚书省的长官。由于当时具有宰相身份的人非常少，而尚书省的长官都不具有宰相身份，所以具有宰相身份的中书和门下的长官便把决策和行政两项工作结合在了一起。政事堂改为中书门下，也就宣告了唐代前期理想的三省制的结束。

袁刚在《隋唐三省体制析论》（载《北京大学学报（哲学社会科学版）》，1994年第1期）一文中指出，三省不是简单的职权分立，地位也不相同。中书、门下两省，位于皇宫禁内。中书省负责批劄奏章和起草诏书，完成后送交门下。门下省发现有不妥的地方，就要驳回，直到皇帝认可后才能下达位于皇宫外的尚书省执行。可见，中书、门下两省地位要高于尚书省。而从三省的组织机构看，尚书省虽在宫外，但机构完备、人数众多；中书、门下二省，人员相对较少，这又是君主对决策权与行政权的平衡。同时袁刚在本文还指出，三省分权有两个层次，第一层是中书、门下两省共同行使的辅助决策权与尚书省的行政权的分立，第二层是在此基础上，决策权又一分为二，中书草诏，门下审核。

宁志新、董坤玉在《唐朝三省的权力格局及其地位变化》（载《河北学刊》，2008年第9期）一文中认为，隋朝三省制是以尚书省为中心，包括门下、内史二省在内的其余各类政府机构均居于尚书省之下，受其节制。而唐朝三省的地位并不完全平等，并且出现了前后的升降变化。以开元初年为界限，在此之前尚书省处于权力中心，在其之下，中书权力上升，门下下降；之后，尚书省权力一直在其他二省之下，门下省则逐渐上升，直至超越中书。

王雪玲在《论唐代的封驳制度》（载《史学月刊》，2005年第9期）一文中，对于门下省官员给事中主要职掌的封驳之权进行了研究，指出了封驳的对象包括两个方面，即皇帝的诏命和百官的奏抄。唐代前期，门下省给事中的封驳主要针对官员上奏的文书；唐代中后期，随着三省制向中书门下体制转变，门下省作为宰相机构的部分职权转移到了中书门下，而在以给事中为实际首长的门下省中，尽管还保留了对上、下行文书的审核之职，但其职权的重心已经发生转移，对上行文书的驳正逐渐减少，对制敕文书的封还成为其最主要的职掌。

三、三省制产生和职能调整的原因

韩国磐在《略论由汉至唐三省六部制的形成》（载《厦门大学学报（哲学社会科学版）》，1988年第3期）一文中指出，三省制的形成和皇权与相权的矛盾紧密联系，是君主专制逐渐加强的结果。如三省长官的由来，尚书、中书从处理奏章地位低下的事务官，发展到执掌朝政的大的政务官；侍中从多为皇帝的弄臣的内廷侍从，发展为朝堂的执政大臣。又如汉武帝时重用中书之官，且多由宦官担任；汉成帝时设置大司马、大司空与丞相并称三公；魏晋时，尚书之权被中书所分，也是同样道理。

王雪玲在《论唐代的封驳制度》（载《史学月刊》，2005年第9期）一文中，指出了封驳制度的目的与作用。封驳的目的在于追救缺失，防患于未然，而封还诏敕并加以驳正则是其最主要的方式。在权力高度集中的皇权社会，封驳制度在加强权力监督、抑制皇权膨胀等方面无疑有着积极的意义，然而这种作用也不宜高估，唐代中后期三省制的破坏在很大程度上妨碍了封驳作用的发挥，而当政者能否接受逆耳之言、给事中能否履行职责也同样决定着封驳作用的发挥。影响给事中发挥封驳作用的有三个主要因素：第一，翰林学士权力和地位不断提高，其所起草的诏令可以不经门下省由宫中直接发出；第二，宦官势力的膨胀，削弱了门下省的封驳作用；第三，君主专制本身就是对封驳制度的最大破坏。

宁志新、董坤玉在《唐朝三省的权力格局及其地位变化》（载《河北学刊》，2008年第9期）一文中指出，唐朝三省地位的升降说明了两个问题。第一，唐朝屡次调整政策，以确保三省地位的平衡及其作用的充分发挥。贞观末年，"同中书门下三品"这一宰相名号创立并使用。按这一宰相名号，对于三品及其以下的官员来说，意味着地位的升高；而对于二品、一品官员来说，则意味着地位的降低。唐中宗以后，取消了尚书省所具有的宰相机关兼行政机关的特权。这就解决了三省地位不平衡的问题，有利于三省分权及各自职能的发挥。另外，唐肃宗、唐德宗还通过一系列手段基本解决了宰相之间地位不平衡的问题，调动了每位宰相的工作主动性。第二，离皇帝寝宫越近的机构，与皇帝接触越紧密的人，就越容易获得较大权力。中书省、门下省和宫城只有一街之隔，尚书省距宫城却有三街之隔。更重要的是，中书、门下两省各有一部分设于宫城之内，时称中书内省、门下内省。正是因为这个原因，中书、门下两省的地位和权力最终超过了主掌行政大权的尚书省。总之，唐朝三省地位的升降变化，最根本的原因还是出于维护皇权的需要，也同君权与相权之争密不可分。

四、从中书门下体制看三省制变化

罗凯在《御正与纳言——兼论中书门下体制之源》（载《第七届北京大学史学论坛

论文集》，2011）一文中指出，北周时期的御正、内史两个部门既有分工，又有互补，长官协同一致，决定了一个国家的走向，这就是"内史御正"体制。内史相当于中书省，御正相当于门下省。北周末年，内史、御正是宰辅之职，共同构成内史御正决策体制。隋初，门下省完全取得审阅尚书省上行文书与封印内史省（中书省）下行文书的双重职能。唐代贞观年间，中书门下连称逐渐通行，同中书门下三品、同中书门下平章事成为宰相标志。唐代高宗、武后时期，中书、门下二省共置。之后，随着国家政治的变化，旧有的决策、行政二分体制，已不能适应越来越复杂多变的局势，于是，集决策、行政于一体的"中书门下体制"，遂应运而生。

刘后滨在《唐代中书门下体制下的三省机构与职权——兼论中古国家权力运作方式的转变》（载《历史研究》，2001年第2期）一文中认为，中书门下作为宰相施政机构，有着以中书门下名义下发的处理公务的文书"堂帖"和"堂案"，有着常设的直属"相府"的办公机构"五房"和专门的办事人员"堂后官"。这种建制说明，中书门下是最高决策兼行政机关，是超然于三省之上的宰相府；政事堂改为中书门下之后，三省与之分别存在，不过三省的机构建制和职权发生了较大变化。

王孙盈政在《论唐后期的尚书省宰相》（载《历史教学（下半月刊）》，2014年第10期）一文中指出，中书门下和尚书省毕竟是两个独立的机构，以尚书省作为国家最高行政机构的三省制是唐前期的主要行政运行体制。开元十一年（723）以后，中书门下体制形成，中书门下作为宰相机构是裁处国家政务的主体。唐代行政运行体制转型的核心在于中书门下（宰相）与尚书省地位、职能的调整，以及权力的再分配。

胡宝华在《读〈唐代中书门下体制研究〉——以唐代封驳制度为中心》（载《中国史研究》，2014年第1期）一文中指出，历史上一些重要制度的建立往往都需要一个历史过程，如"封还"虽然出现于汉代，但其后的历史条件遏制了它的正常发展，直至隋唐时期才形成了完善的封驳制度。尚书、中书、门下三省的名称早在汉魏时期即已有之，但一直到了隋唐之际才逐渐到了日臻完善的程度。中书门下体制的发展过程也是如此。唐玄宗开元十一年以后，中书门下体制虽然从形式上建立了，但是距离真正意义上的运作还有一定的距离。直到北宋，中书门下体制与五房行政机构所具有的功能才得到全面展现。

樊树志在《国史十六讲》（118页，北京：中华书局，2006）中指出，唐初宰相多至一二十人，重大事务都有政事堂会议讨论，唐玄宗时期，宠信个别宰相如姚崇、宋璟，以及李林甫、杨国忠之流，这就使得唐朝前期的三省长官合议制，向宰相专权化方向发展。前期的姚崇、宋璟德才兼备，他们的专权促成了开元之治。此后只知专委而不重选相，终于造成李林甫、杨国忠专权乱政。皇帝不亲理朝政，个别宰相专擅朝政，导致政局日趋败坏，最终引发安史之乱，唐朝由盛转衰。

沙宪如在《唐代政事堂制度述评》（载《辽宁师范大学学报（社会科学版）》，2000年第6期）一文中指出，唐开元十一年（723），唐玄宗将中书省与门下省的职权合而为一，称之为"中书门下"，下设5房分主政事，有行使权力的"中书门下之印"。中书令是大权独揽的宰相，中书门下成为中央的最高权力机构，是货真价实的宰相府。门下省之名虽存，实际亡，已成为空壳，完全失去了它原本的审核封驳之权。唐玄宗改政事堂为中书门下，是变相恢复专职宰相，标志着三省长官合议被宰相专权取代，政事堂制度由此瓦解。这是在走历史的回头路，为奸相李林甫、杨国忠专权祸国大开方便之门，直接导致了安史之乱的发生。自此，大唐王朝从辉煌的顶峰一步步走向衰亡。

五、三省六部制的作用

刘曼春在《论唐代三省制》（载《史学月刊》，1984年第1期）一文中指出，在唐朝前期，三省制发挥了中央集权的威力，政治上比较清明，社会比较安定，经济发展，使唐帝国成为当时世界上的先进国家。唐后期，社会经济的重大变动，反映在政治上是统治阶级腐化，中央集权削弱，地方藩镇割据，中央宦官专权。作为中央集权国家支柱的军队、财政将倾倒，皇帝又为宦官所制，为宦官操纵的三省制，谈不上积极效能。国家官僚机器逐步陷于瘫痪，唐帝国亦随之灭亡。但三省六部制对后世的影响巨大，其中，三省制宋、元、明初仍在沿用，六部的建制则一直沿用到清末。

韩国磐在《略论由汉至唐三省六部制的形成》（载《厦门大学学报（哲学社会科学版）》，1988年第3期）一文中指出，唐代选用官吏特别重视身、言、书、判。身，指身材容貌；言，指言语表达；书，指书写草拟；判，即写判词，也包括对事情的判断和应对。这四项标准是在三省六部制的形成过程中，积累了许多选用官吏的经验的基础上总结出来。宋齐时选侍中，要选用有风貌、美姿容者。担任中书通事舍人者，要传宣诏命，应对左右，更须口齿清楚，善于应对，声调响亮。文词雅正、才学优长，才能写好判词。由于长期以来三省官吏多以容止、言辞、文章优长而见任命，积累了长时间的经验，因此，唐朝时总结出以身、言、书、判四者为选官标准。

刘后滨在《唐代中书门下体制下的三省机构与职权——兼论中古国家权力运作方式的转变》（载《历史研究》，2001年第2期）一文中认为，中书门下体制的产生是三省制发展过程中的重大变化，对唐朝和后世影响很大。第一，宰相的职衔由三省的诸位长官，发展到只有"同中书门下平章事"①唯一署衔。尽管中书门下体制下还是集体宰相制度，但宰相裁决政务实行的是轮流秉笔决事，并逐渐向首相制过渡，唐后期的"牛李党争"实为首相轮流组阁的竞争。第二，中书门下体制使皇帝与宰相之间的权力运作更加一体化。皇帝在强化最高决策权的同时，逐渐走向处理国家政务的前台；宰相则对行政事务的干涉越来越强，朝着具体事务方向发展。因此，明朝时废除丞相（宰相），六部直接对皇帝负责。第三，皇权所受制约有所增加，如中书省的中书舍人、门下省的给事中都有权对皇帝已经下旨颁行的文件封驳，甚至可以提出修改意见。这也是给事中职权发展的趋势，明清时期的给事中依然具有驳奏的言官性质。总体来看，唐代封驳制度的形成与确立，在一定程度上还是抑制了皇权的膨胀，在权力高度集中的专制社会，这是历史进步的表现。

刘啸在《隋代殿内省的成立——兼论门下省对九卿权力的侵夺》（载《学术界》，2012年第3期）一文中指出，隋朝殿内省的成立论证了三省制的进步性。汉代以来，家国不分的特性在九卿等官员身上表现得尤为明显。隋炀帝设立的殿内省是一个专门管理皇家事务的机构，此前只有殿内局，是隶属于门下省的机构之一，这说明此前门下省仍掌内廷事务。殿内局扩大为殿内省，脱离门下省之后，门下省方才成为纯粹的政务机关，为国家服务。三省制的确立也就体现了从"家、国不分"到将"家"至于"国"之下的政治体制的进步。

贾玉英在《唐宋时期三省制度变迁论略》（载《中州学刊》，2008年第6期）一文中指出，唐宋时期三省的发展和变化，对后世产生了重大影响。第一，军事职权从三省体制中分离，行政与军事分立对元明清中央政治制度产生了重要影响。从宋朝开始，尽管掌管军事机构的名称千变万化，但始终作为皇帝直接控制的独立机构而存在。第二，三省逐渐合一，为元朝中书省总理全国政务埋下了伏笔。之后中书省的一省独大，开启了沿用至今的行省制度，也成为后来明太祖废除丞相的重要理由。

---

① （唐）李林甫等：《唐六典卷九·中书省》，275页，北京：中华书局，1992。

微课设计

微课设计一：从"政事堂"看三省六部制的运行及演变

设计意图

三省六部制是唐代重要的政治制度之一，三省六部之间运行机制较为复杂、抽象，政事堂在其中起着桥梁和纽带的作用。本微课详细介绍了"政事堂"的来龙去脉，并通过一系列材料和设问，一步步地引领学生分析三省六部制的运行及演变，同时也希冀通过这个特殊的视角，让学生更好地观察并了解三省六部制的特点。

设计方案

教师介绍：政府，是国家机构的组成部分，指的是国家行政机关。但"政府"一词的本义并非如此。唐朝时，确立了负责中枢政务的"三省六部制"。"三省"是：决策机关的中书省，负责审议的门下省，具体执行的尚书省。"三省"长官共同行使宰相职权，负责处理国家政务。这些长官们日常共议国政的地方叫"政事堂"，号称"政府"。

材料呈现：每一政令的下达，都必须经由中书出令、门下审议、尚书执行的程序。然而，由于三省分工不同，见解、观点也难免人各有异，相互间"日有争论，纷纭不决"[①]，各项政令不能及时下达，以致贻误事机。为此，乃创设政事堂宰相集议制度，以救其弊。

——魏向东：《也谈唐政事堂的创设时间》，

载《苏州大学学报（哲学社会科学版）》，1987年第4期

教师设问：唐初为什么创设政事堂宰相集议制度？（参考答案：减少三省摩擦；协调三省关系；提高工作效率。）

教师引导学生分析：政事堂宰相集议制度的创设，使三省宰相能在一起办公，从而解决了因分工不同、主张各异而导致的政令不能及时下达的弊端，同时也提高了办事效率，从而完善了三省六部制。

---

① （元）马端临：《文献通考卷五十·职官考四》（全二册），455页，北京：中华书局，1986。

材料呈现：宰相们的集体也称政事堂，其名取自门下省内一个用来每日相聚和讨论重要国务的厅堂。在这个时候，宰相的职位本身并不是一个具有许多行政职责的正式职事官。每一个宰相都是抽调到这一职位来的，所以应在每天下午履行自己法定的实质性责任。对未担任三省中最高职务的那些官员的任命，明文规定使用"同中书门下三品"或"同中书门下平章事"的头衔，这样他们就有了出席有其他宰相或皇帝参加的会议的特权。

——［英］崔瑞德（Denis Twitchett）：《剑桥中国隋唐史（589—906年）》，

中国社会科学院历史研究所、西方汉学研究课题组译，

593页，北京：中国社会科学出版社，1990

教师设问：参加政事堂会议需要什么条件？（参考答案：三省最高长官或有相应头衔。）

材料呈现：再说回来，唐代中书门下省参加政事堂会议的，多时有至十几人，最少则只有两人，即中书令及门下侍中。开会时有一主席，称为"执笔"。讨论结果，由他综合记录，等于现在之书记长。此项主席轮流充任。有时一人轮十天，有时一人轮一天。大家的意见，不仅由他综合记录，而且最后文字决定之权亦在他。

——钱穆：《中国历代政治得失》，46～47页，北京：九州出版社，2012

教师设问：政事堂会议的参加者有什么特点？（参考答案：人数不固定；轮流充任主席，负责综合记录并决定文字。）

教师引导学生分析：从政事堂会议的参加者来看，其的设立一方面有助于集思广益，确保国家决策的科学性、合理性，另一方面也可以提高行政效率，避免耽误国事。政事堂最初设在门下省，说明当时门下省在三省中处于核心地位。

教师讲述：有一则熟知的故事，更能说明门下省在当时三省中的地位。贞观初年，唐太宗签署了征兵18岁以下体壮者的敕书，但魏征就是不肯署敕，结果把这事闹黄了。魏征是门下省正五品的给事中，门下省还有"一把手""二把手"呢，他只不过是个"司级干部"，居然有权阻止最高指示的下达。这是制度赋予魏征的权力，说明门下省处于三省制的核心地位，也说明皇帝的决策在三省运行机制之中，三省机关通过政事堂参与最高决策的程序已经制度化。

材料呈现：国家一切最高政令，一经政事堂会议决定后，便送尚书省执行。尚书省

是政府里最高最大的行政机构。尚书省共分六部，即吏部、户部、礼部、兵部、刑部、工部。

——钱穆：《中国历代政治得失》，47页，北京：九州出版社，2012

教师设问：政事堂通过的政令如何执行？（参考答案：经尚书省传达分六部分门别类执行。）

教师引导学生分析：六部在尚书省领导下分别主管一方面的行政事务。吏部主管人事及任用，官员必先经过考试，再由吏部分发任用，五品官以上，由宰相决定，但吏部可以提名，五品以下官，宰相不过问，全由吏部依法任用；户部掌管民政户口等事；礼部主管宗教教育事宜；兵部主管军事；刑部主管司法；工部主管建设。这样一来，一方面，决策和执行的分开有助于提高决策的科学性；另一方面，政务分类传达也有助于行政效率的提高。

材料呈现：政事堂在唐初设于门下省，为宰相议政之所。贞观之后，中书省权力渐重。武周时裴炎由侍中改任中书令，为便于政务推行，迁政事堂于中书省，但仍是宰相议政之所。

——白寿彝总主编，陈光崇分册主编：《中国通史（第六卷）：
中古时代·隋唐时期（下）》（修订本），1568～1569页，
上海：上海人民出版社，2004

教师设问：武则天时期，政事堂有何变化？（参考答案：政事堂由门下省迁至中书省，中书省地位提高、权力加重。）

教师引导学生分析：武则天时期，虽然中书省的地位和权力超过了门下省，但政事堂仍然是宰相议政的场所，而不是正式的国家机关。

材料呈现：723年，即唐玄宗在位的初年，杰出的官员张说（667—730）已注意到宰相集体的重要性在日益增长。他建议，他们的官署应作为政府的正式机构自行组成，并有自己单独的预算和铃印；这建议被接受了。宰相们的官署被称为"中书门下"，其名取自中书省和门下省这两个机构，因为这时尚书省的高级官员们已不再是当然的宰相。这个曾经是非正式的顾问集体现在有了更加适应它的权力的地位。

——［英］崔瑞德：《剑桥中国隋唐史（589—906年）》，中国社会科学院历史研究
所、西方汉学研究课题组译，593页，北京：中国社会科学出版社，1990

教师设问：唐玄宗时，政事堂又有什么变化？（参考答案：政事堂被改称"中书门下"，有了单独的财政预算和专门印章。）

材料呈现：唐玄宗时，政事堂更名"中书门下"（时已迁至中书省），并附设吏、枢机、兵、户、刑礼五房作为僚属秘书机构。宰相会议的决策写成"中书门下奏状"，报皇帝批准，付外执行。皇帝下发诏令，原则上也须经宰相通过，加盖"中书门下之印"方能生效。

——张帆：《中国古代简史（插图本）》，165页，北京：北京大学出版社，2007

教师设问："中书门下"的决策如何执行？（参考答案：经皇帝批准后交由尚书省及六部执行。）

教师引导学生分析：除了中书门下的决策经皇帝批准后交由尚书省及六部执行外，皇帝直接下发的诏令也需通过"中书门下"，盖印后方能生效。至此，政事堂制度宣告终结。政事堂被改称"中书门下"，意味着政事堂宰相集议制度的破坏。"中书门下"成为正式的宰相府，权相专权时有发生，比如李林甫、杨国忠等专权。"中书门下"一直持续到唐末。

教师引导学生小结：政事堂设于唐初，是宰相集体办公场所，体现了国家在决策上的集思广益，政令通过后经尚书省分六部执行体现了行政的高效。玄宗时期，政事堂被"中书门下"取代，单纯的宰相议事场所演变为正式的国家机关，政事堂制度宣告结束。总之，政事堂制度是唐代重要的政治制度，其可以折射出三省六部制的运行机制及演变。

设计点评

本微课以唐代"政事堂"为切入点，通过呈现一则则生动形象的材料，引导学生分析思考，让学生认识到：政事堂制度是唐代重要的政治制度，其可以折射出三省六部制的运行机制及演变规律。"政事堂"设于唐初，最初是为了避免三省互相争辩而耽误国事而设。它的设立有利于集思广益避免决策失误，同时也可以提高行政效率，避免耽误国事。"政事堂"最初在门下省，后迁至中书省，说明中书省地位日渐提高。政事堂通过的决议经尚书省分不同政务分别交六部处理。这一设计有助于引导学生从不同角度理解三省六部制的运行及演变，让学生更加深入地了解三省六部制的特点。

微课设计二：从唐代三省位置图看三省六部的权力格局及其地位变化

设计意图

　　唐代的三省六部制是古代中国政治文明的重要组成部分，体现了中国人的政治智慧。本微课以唐代三省位置图为切入点，通过一系列材料和设问引领学生分析三省六部的权力格局及其地位变化，同时也希望通过这个特殊的视角，让学生更好地理解并体会三省六部制的作用及影响。

设计方案

　　教师导入：三省六部制是唐代重要的政治制度，但唐代"三省"的具体位置大家清楚吗？

　　材料呈现：

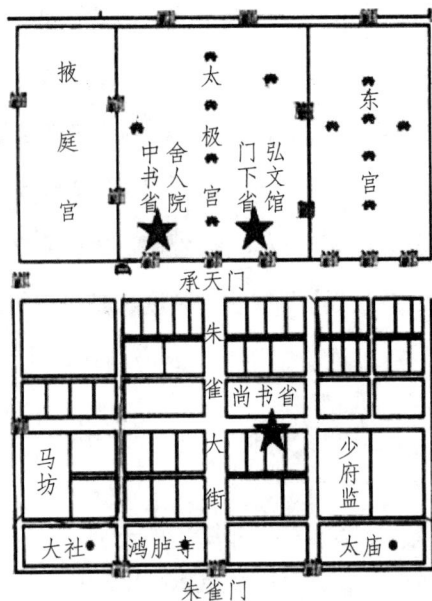

唐代三省位置图

——张帆：《中国古代简史》（插图本），164页，北京：北京大学出版社，2007

　　教师介绍：宫城和皇城是唐代长安城最重要的两个部分，宫城位于城的最北部，分为三部分，正中为太极宫（皇宫），称作"大内"，是皇帝居住和办公地，东侧是东宫，为太子居所，西侧是掖庭宫，为后宫人员的住处。皇城位于宫城以南，城北与宫城城墙之间有一条横街相隔。

教师设问：从唐代三省位置图来看，三省的分布有什么特点？（参考答案：中书省、门下省位于宫城内；尚书省在皇城，离宫城较远。）

教师引导学生分析：中书省与门下省位于太极宫（皇宫）内南侧的东西两边，尚书省则距离皇宫较远，但居于皇城中心位置。这样的布局一定程度上可以说明三省六部的权力格局，即中书省和门下省侧重于辅助决策，而尚书省侧重于行政执行。在专制时代的中国，离皇帝的远近往往能体现权力的大小，由此，从位置图看，虽然尚书省在皇城中心位置，但中书省、门下省在宫城内，其权力和地位有可能逐渐超过尚书省。

材料呈现：中书、门下同处北面宫城，共掌机要，二位一体，所以通谓"北省"或"两省"。龙朔二年（662），中书省曾改称西台，门下省改称东台，两省左右对称，东西相属，与主行政的尚书省则隔着宫墙，南北分开，时人称曰："南省务疏于北省"[1]。这种东西、南北的建制构型，其实就明确地体现着划分为两个层次的三权分立的权力结构，体现着三省的不同职能目标方向。

——袁刚：《隋唐三省体制析论》，

载《北京大学学报（哲学社会科学版）》，1994年第1期

教师设问：三省的职能有什么不同？（参考答案：中书省负责草诏制令；门下省负责审复封驳；尚书省负责行政执行。）

教师引导学生分析：唐代的三省有两个层次的分权，一是中书主草诏制令、门下主审复封驳，这成为辅助决策的两道程序；二是在此基础上两省共同行使的辅助决策权与尚书省行使的行政管理权的分立，从而形成"两个层次的三权分立的权力结构"。由此，三省担负不同的职能，这在一定程度上提高了行政效率，同时也尽可能地避免了决策的失误，有利于政治统治的加强。

材料呈现：首先，重要敕令必须经门下三级政务官审阅，大事还得向皇帝复奏，由皇帝"画可"。所谓"画可"，即皇帝在中书草拟的诏书上画一"可"或"敕"字，表示批准同意，这是诏令获得法律效力的重要手续。

——袁刚：《隋唐三省体制析论》，

载《北京大学学报（哲学社会科学版）》，1994年第1期

---

[1]（宋）曾巩：《隆平集卷第二·宰执》，10页，明万历二十六年（1598）刊本。

教师设问： 皇帝如何参与到三省六部制的运作中？（参考答案：中书省、门下省通过的敕令或诏令须经过皇帝同意。）

教师讲述： 在专制时代的中国，所有权力都是皇帝赋予的，最终要服务于皇权。中书省草拟的是皇帝的诏令，门下省审核通过后还得皇帝许可，并加盖印玺才有效，也就是说，门下诏令下达尚书执行之前，必须加盖皇帝的印玺。这道手续十分重要，只有盖了皇帝印玺的门下诏令，才具有法律效力。三省六部制的实行实际上分散了相权，从根本上加强了皇权。

材料呈现： 尚书省不是内廷决策辅助机关，其与中书、门下两省不仅职事性质不同，内部组织和工作程序也差异极大。尚书省的组织机构和人员编制都较两省庞大，有都省（又称都堂）、六部、二十四司三级机构。五品以上仆、尚、丞、郎官就有52名，六品员外郎有29名，加上令、史等吏总编制达1432名。

——袁刚：《隋唐三省体制析论》，

载《北京大学学报（哲学社会科学版）》，1994年第1期

教师设问： 尚书省与中书省、门下省相比有什么不同之处？（参考答案：负责行政执行；机构庞大；人员众多。）

材料呈现： 门下诏敕行达尚书省，须先经都省长官的审阅，若发现差错，可以"不奉诏"，甚至"封还诏书"，但一般都是奉敕力行。诏敕经都省审阅后再颁部司"详定"，各部、司要根据具体政务和行政法规，核实其可行性，并闻奏于上。

——袁刚：《隋唐三省体制析论》，

载《北京大学学报（哲学社会科学版）》，1994年第1期

教师讲述： 尚书省分工细密、权责分明，几乎包揽了全国各项行政；组织机构庞大，可分为三级；机构人员众多；对于不合适的诏书还有自己的处理意见。这是因为尚书省总汇了全国行政，需要维持一个部门齐全的官署和众多的管理人员，并且要进行细密的分工，同时确保决策的科学和可行，才能更好地履行职责。

材料呈现： 都省有都堂会议，又称"八座会议"[1]；部司有部司会议。按规定，六部尚书每天上午都往都省，有事则开会商讨，午时则在都堂会食。下午乃回本部处置部

---

[1] （北宋）欧阳修、宋祁：《新唐书卷九十九·列传第二十四·崔仁师》（第13册），3921页，北京：中华书局，1975。"八座"，指左、右仆射和六部尚书。

务。由此可见，"尚书主奉行"并不是盲目听命，作为政务官，仆、尚、丞、郎都有机会从行政的角度，对国家大政表示意见，或根据诏敕所确定的大计方针制定具体施政方案。但就尚书省的基本职责而言，其职能目标是行政管理，而不是制令决策，这一点不能混淆，毕竟是居于禁外皇城，与中枢机要相去甚远。

——袁刚：《隋唐三省体制析论》，

载《北京大学学报（哲学社会科学版）》，1994年第1期

教师设问：从所处位置看，尚书省的地位会发生什么变化？（参考答案：起初尚书省负责全国行政管理，地位较突出，居于三省核心，但由于其远在皇城，与皇帝距离较远，其地位逐渐被居于宫城的中书、门下两省超越。）

教师引导学生分析：尚书省各级机构依据行政管理这一总目标，通过权责和任务分配，构成系统协调的整体，都堂、六部、二十四司机构分工合理，编制完备，齐整划一，上下级的统属关系相当明确，三个层级间的管理幅度也较适中，形成自上而下的金字塔形结构。这说明在唐初，尚书省"事无不总"，其事权与地位相当重要，各项政务落实追求切实可行，效率也相当高。从唐代三省位置图我们可清楚地看到，尚书省居于皇城正中，诸寺、监、卫、府皆布列于其周围，所以，起初，三省中尚书省居于核心地位。

但在君主专制之下，离皇帝寝宫越近的机构，与皇帝接触越紧密的人，就越容易获得较大权力。就尚书、中书、门下三省而言，中书、门下两省在宫城内，而尚书省距宫城却有三街之隔。正是因为这个原因，中书、门下两省的地位和权力最终超过了品秩高于它们且主掌行政大权的尚书省。

教师引导学生小结：从唐代三省位置图看，中书省、门下省在宫城内，主管决策和封驳；尚书省距皇宫较远，但处于皇城中心，主管行政执行。三省在皇权专制下形成了两个层次的"三权分立"格局。起初，主管行政的尚书省是三省的中心，但君主专制下，离皇帝越近越容易得到权力，故后中书省、门下省的权力和地位逐渐超过了尚书省。唐朝三省地位的升降变化，最根本的原因还是出于维护皇权的需要，也同君权与相权之争密不可分。

✎ 设计点评

本微课以唐代三省位置图为切入点，通过呈现一则则生动形象的材料，引导学生分

析思考，让学生认识到，唐代三省位置图可以折射出三省六部的权力格局与地位变化：唐初，尚书省位于皇城中心，掌握行政执行权，在三省格局中处于中心地位，中书省和门下省主要是辅助皇帝决策，是决策辅助机构，但在皇权专制下，距离皇帝较近的中书省和门下省，其权力和地位逐渐超越了尚书省。这一设计有助于引导学生从不同角度理解皇权专制下三省六部制的权力格局及其地位变化，让学生更加深入地了解三省六部制的作用及影响。

教学资源

资源1：尚书机构在东汉时称为台，魏晋以来才称省，并成为脱离少府系统的独立的办事机构。东汉时尚书令之权颇重，是实际上的宰相之职，而魏晋以来，参赞机要乃移之于中书与门下，尚书仅执行政务而已。

中书令在西汉时称为中书谒者令，属"少府"系统。汉武帝以宦官担任中书谒者令（简称中书令），来主管文书。成帝改中书谒者令为中谒者令，不用宦官，改任士人，秩千石。此后罢省，不设此官。汉献帝时，曹操为魏王，设置秘书令。文帝黄初初年，改秘书令为中书令，中书机构此时已正式称为中书省。

——杨友庭：《三省六部制的形成及其在唐代的变化》，

载《厦门大学学报（哲学社会科学版）》，1983年第1期

资源2：中书省首长为中书令，门下省主管长官为侍中，尚书省长官为尚书令。唐分官阶为九品，第一二品官均以处元老，不负实际行政责任。三品以下，始为实际负责官吏。中书令、门下侍中及尚书令皆为三品官。若论此三省之来历，尚书本是皇宫内廷秘书，已在讲汉代制度时讲过。中书依官名论，也即是在内廷管理文件之意。侍中则是在宫中奉侍皇帝。故就官职名义言，这三个官，原先本都是内廷官。而到唐代，则全由内廷官一变而为政府外朝的执政长官，和以前性质完全不同。其实"宰"和"相"，在春秋时代也仅系封建贵族的家臣，但到秦汉则化私为公，变成了正式的政府执政官。此后宰相失职，却又有另一批皇帝内廷私臣变成了正式执政官的，便如唐代之三省。何谓

失职？因宰相职权，本该领导政府，统治全国的；后来此项职权，被皇帝夺去了，皇帝把他们的私属像中书、门下、尚书之类来代行政府宰相的职权；这是东汉以后魏晋南北朝时期的事。现在到唐代，才又把以前宰相职权正式分配给三省。换言之，亦即是把以前皇室滥用之权重交还政府。

——钱穆：《中国历代政治得失》，41～42页，北京：九州出版社，2012

资源3：现在再说中书、门下、尚书三省职权之分配。

中书主发令。政府一切最高命令，皆由中书省发出。此种最高命令，名义上是皇帝的诏书，在唐代叫作"勅"。凡属重要政事之最高命令，一定要皇帝下勅行之。但实际上皇帝自己却并不拟勅，而系中书省拟定。此所谓"定旨出命"。在中书省中，除中书令为正长官外，设有副长官"中书侍郎"。中书侍郎之下，又有"中书舍人"，员额有七八人之多。中书舍人官位并不高，而他们却有拟撰诏勅之权。遇中书发布命令，多由他们拟撰。

中国政治上的传统观念，对一意见之从违抉择，往往并不取决于多数，如西方所谓之民主精神。而中国人传统，则常求取决于贤人。春秋时即有"贤均从众"①之说。那一人贤，就采纳那一人的意见。假若双方均贤，则再来取决于多数。"贤"属质，"众"属量，中国传统重质不重量。中国人认为只要其人是贤者，就能够代表多数。不贤而仅凭数量，是无足轻重的。这一观念，反映在汉代的选举制度上，便极明显。所以国家的选举权，并不托付于社会一般民众，而径由地方长官行使之。照理，地方长官应该择贤而任。他既是一位贤长官，自能博采舆情，为国家选拔真才。这是理论。至于事实之不能全合于理论，则属另一问题。即如唐制，中书舍人拟稿，亦由诸舍人各自拟撰，是谓"五花判事"。然后再由中书令或中书侍郎就此许多初稿中选定一稿，或加补充修润，成为正式诏书，然后再呈送皇帝画一"勅"字。经画勅后，即成为皇帝的命令，然后行达门下省。所以唐代政府定旨出命之权，实操于中书省。皇帝只同意画勅而止。

待门下省主管长官侍中及副长官侍郎接获此项诏书后，即加予覆核。这是对此项命令之再审查。在门下省侍中、侍郎之下，设有若干第三级官，谓之"给事中"。给事中

---

① 原文为："善钧从众。"见杨伯峻编著：《春秋左传注·成公七年》（全四册），831页，北京：中华书局，1981。

官位并不高，但对皇帝诏书亦得参加意见。若门下省反对此项诏书，即将原诏书批注送还，称为"涂归"，意即将原诏书涂改后送还中书省重拟之意。涂归亦称"封驳""封还""驳还"等，其意义略相同。此项涂归封驳之权则属诸门下省。若以今日惯语说之，门下省所掌是一种副署权。每一命令，必须门下省副署，始得发生正式效能。如门下省不同意副署，中书命令便不得行下。

诏勑自中书定旨、门下覆审手续完成后，即送尚书省执行。尚书省则仅有执行命令之权，而于决定命令则无权过问。

——钱穆：《中国历代政治得失》，42～43页，北京：九州出版社，2012

资源4：政事堂是为了减少三省摩擦，协调三省关系，提高工作效率而设立的。三省间的纠纷，贞观初年即已出现。为避免中书、门下二省的纠缠不休，就将二省合在一起议事，并有尚书长官和各种名号宰相与议，这就是政事堂。因以中书、门下二省议事为主，故又称"门下中书"或"中书门下"。因为有宰相议事之制，故贞观八年李靖称疾告退时，太宗乃令其"三、两日一到门下中书（又记为"中书门下"）平章事"。这儿的"门下中书"或"中书门下"，即是政事堂的别称。如高宗初年中书令柳奭，因王皇后宠衰，"不敢久在枢密，频上表固辞，转为吏部，罢中书门下事"[①]。但人们往往把这儿的"门下中书"或"中书门下"理解为中书、门下二省，这是不对的。唐史中与此类似的有不少记载，如宪宗时杜佑册拜司徒、同平章事，"三、五日一入中书，平章政事"[②]，又如裴度，文宗以之为司徒、平章军国重事，"待疾损日，每三日、五日一度入中书"[③]。按玄宗时将政事堂改称中书门下，故此二例之中书，即是中书门下——政事堂的省称。显而易见，宪宗之对杜佑，文宗之对裴度，都是模拟太宗对李靖的做法。由此反推，李靖三、两日一至"平章政事"的"门下中书"或"中书门下"即是政事堂，不可能是指门下省和中书省两个单位。否则，李靖既不可能同时在两处与宰臣议政，且以老病之身也不堪跑两个机关去商讨国事，有违太宗尊老之意。

以上从宰相集议制和门下省政事堂设立这两个方面，论证了政事堂宰相集议制度创

---

① （宋）王钦若等编：《册府元龟卷三百三十三·宰辅部·罢免第二》，3929页，北京：中华书局，1960。
② （后晋）刘昫等：《旧唐书卷一百四十七·列传第九十七·杜佑》（第12册），3981页，北京：中华书局，1975。
③ （后晋）刘昫等：《旧唐书卷十七下·本纪第十七下·文宗下》（第2册），537页，北京：中华书局，1975。

设于太宗贞观初年。贞观中叶始置政事堂之说不辩而明。

由于政事堂宰相集议制度的创设，唐代大臣中勇于进谏、敢于提出和坚持正确意见的良好风气乃由此形成，贞观政治乃成为封建政治生活中的最佳时期。

——魏向东：《也谈唐政事堂的创设时间》，

载《苏州大学学报（哲学社会科学版）》，1987年第4期

资源5：唐代的六部设置。三省六部制是唐代职官设置的整体，三省是对重要最高权力的划分，将以前属于宰相的政府决策和执行权分开，由中书省、门下省和尚书省分别承担。在以皇帝和三省为核心的最高领导机构之下，政令的具体执行由六部与尚书省具体负责。唐代的六部设置于尚书省之下，分别为吏部、礼部、户部、兵部、刑部和工部，在每个部下面又设置了四个司，这样中央的领导机构为皇帝和三省，重要的执行机构就是六部和二十四司，这些机构统领着全国的行政事务。其中吏部负责考核与任免四品以下的官员（四品以上的官员由皇帝和三省决定）；户部主管国家财政税收；礼部主要负责祭祀、典礼等礼仪活动；兵部主管全国的军事力量的培养与调动，执行皇帝和尚书令的命令；刑部负责全国性重大案件的复核工作；工部主管国家的工程建设。

——赵冬云、张晓芳、牛素珍：《隋唐时期三省六部制的设置及其发展》，

载《兰台世界》，2014年第18期

资源6：从上述考察中可以看出，唐前期尚书、门下、中书三省机构在中央政治体制中的核心地位是不断变迁的。唐高祖时，尚书省在中央体制中居核心地位。太宗贞观年间，门下省取代了尚书省在中央体制中的核心地位。唐高宗与唐中宗之际，中书省又取代门下省在政治体制中的核心地位。唐玄宗开元年间，由于宰相制度的变革，中书省也失去了在中央体制中的核心地位，逐渐演变为撰写制敕的机构。自此，中书门下成了超越于三省机构之上的宰相机构。三省机构在中央政治体制中的地位全面下降。特别需要指出的是，唐玄宗开元年间改政事堂为中书门下并设置印信、公文和僚属，仅仅是宰相制度的改革，从三省制度变迁的进程看，此时三省机构在中央政治体制中的地位虽然全面下降，但"中书主出命、门下主封驳、尚书主奉行"[1]的制度依然存在。

——贾玉英：《唐宋时期三省制度变迁论略》，载《中州学刊》，2008年第6期

---

[1]（明）王鏊：《震泽长语·卷上》，11页，北京：中华书局，1985。

资源7：比较规范的三省六部制主要存在于唐朝前期。自唐玄宗时起，差遣之制流行，往往临时差委某官负责本职以外的某项工作，久之差遣遂成为其真正执掌。于是三省六部制渐趋有名无实，其官多为虚职，被新出现的差遣职务取代。如盐铁使、户部使、度支使取代户部财政权，监选使、监考使分割吏部人事权，等等。这样的状况一直持续到北宋后期。

——张帆：《中国古代简史（插图本）》，165页，北京：北京大学出版社，2007

资源8：玄宗开元十一年（723），政事堂制度发生了更大的变化。《旧唐书·职官志》载："开元十一年，中书令张说改政事堂为中书门下，其政事印，改为中书门下之印也。"[①]《新唐书·百官志》亦载："开元中，张说为相，又改政事堂号'中书门下'，列五房于其后：一曰吏房，二曰枢机房，三曰兵房，四曰户房，五曰刑礼房，分曹以主政务焉。"[②]这是将中书省与门下省的职权合而为一，故称之为"中书门下"。门下省之名虽存，实际亡，已成为空壳，完全失去了它原本的审核封驳之权。有的论者认为政事堂变为中书门下，是"政事堂制度始备"。这种认识有再讨论的必要。笔者认为，中书门下与原来的政事堂是根本上不同性质的机构。政事堂是宰相们平等议政的机构，无下属的办事部门。而中书门下则下设5房分主政事，有行使权力的"中书门下之印"。中书令是大权独揽的宰相，中书门下成为中央的最高权力机构，是货真价实的宰相府。隋代实行尚书省、中书省、门下省3省分权制，目的在于分宰相之权，便于皇帝从中驾御。唐初在3省制的基础上，实行政事堂制度，目的也在于以集体宰相制取代专职宰相制，防止权相专权篡政。唐玄宗政事堂为中书门下，是变相恢复了专职宰相制，是走了历史的回头路。可见，中书门下制非但不是政事堂制度的完备，恰恰相反，它是政事堂制度的瓦解。它为奸相李林甫、杨国忠之流专权祸国大开了方便之门，直接导致了天宝年间的大动乱，使大唐王朝从它的辉煌的顶峰上陡然跌落下来，走向了动乱、衰亡之路。

——沙宪如：《唐代政事堂制度述评》，

载《辽宁师范大学学报（社会科学版）》，2000年第6期

[①]（后晋）刘昫等：《旧唐书卷四十三·志第二十三·职官二》（第6册），1842页，北京：中华书局，1975。

[②]（北宋）欧阳修、宋祁：《新唐书卷四十六·志第三十六·百官一》（第4册），1183页，北京：中华书局，1975。

资源9：首先，唐初宰相多至一二十人，重大事务都由政事堂会议讨论，为什么开元、天宝之际会形成李林甫、杨国忠擅权乱政的局面？变乱制度的正是唐玄宗，由于他宠信个别宰相如姚崇、宋璟，以及李林甫、杨国忠之流，使得唐朝前期的三省长官合议制，向宰相专权化方向发展。前期的姚崇、宋璟德才兼备，他们的专权促成了开元之治。此后只知专委而不重选相，终于造成李林甫、杨国忠专权乱政之弊。于是乎，皇权跌落——皇帝不亲理朝政，三省制度变形——舍弃三省合议制原则，由个别宰相专擅朝政，导致政局日趋败坏。

——樊树志：《国史十六讲》，118页，北京：中华书局，2006

资源10：综上所述，经过安史之乱及其后的战争环境的冲击和促进，唐代的政治体制逐渐地由前期的三省六部制向后期的中书门下和使职差遣体制过渡，并基本稳固下来。尽管在安史之乱以前使职的差派就已经很普遍，但正是由于安史之乱的影响，使职得到了进一步的发展，使职体系才逐渐形成，并最终取代尚书六部成为政务的主要执行者。在尚书六部和使职系统职权的冲突与调整的过程中，经历过一些反复。但是，随着社会政治经济形势的变化，原有行政体制已经不适应时代的需要，必须进行调整。这种调整实际上是行政体制的转换，不是简单的不同官职之间职权的转移，最终也不可能通过对原有行政机构职权的转变来完成；而必须产生新的机制，形成新的行政体系。安史之乱以后使职体系与尚书六部职权的冲突和调整，正是这样一个行政体制转换的过程。这个过程经过晚唐五代延续到北宋前期，直到宋神宗元封年间的官制改革才最后完成。

——刘后滨：《安史之乱与唐代政治体制的演进》，

载《中国史研究》，1999年第2期

资源11："三省六部制"是隋朝建立的，其目的在于分散宰相的权力以强化君权。唐朝继承这一制度，看到的却是分散决策权力的好处，这样做可以尽量扩大制度内的民主，让不同部门相互监督，从制度上确保国家决策的民主与科学，避免政策失误和朝令夕改，通过正确的决策和保持政策的连续性。

"三省六部制"的第二大优点在于改变以往的个人施政，成为集体施政。自从秦始皇建立中央集权的专制体制以来，国家行政制度的顶端是统领百官的宰相，由他对国家行政负总责，亦即各个政府部门都接受宰相的领导，而宰相个人向皇帝负责。

如果对此权力结构用简单的图来表示的话，国家权力金字塔的顶端是宰相，皇帝就像是金字塔上的避雷针，皇帝和宰相几乎是个人对个人的关系。汉武帝设立内朝，通过身边的秘书机构直接向朝廷各个部门发号施令，要求政府部门同时向皇帝和宰相汇报，这就侵夺了相当部分的宰相权力。

隋唐的"三省六部制"便在制度上规定皇帝才是金字塔的顶端，对宰相重新定位。第一点，宰相由行政和决策部门的首长共同组成，成为制度性规定的集体班子，宰相班子是职务性、制度性规定的，不再是皇帝对某个人的提拔任免。第二点，宰相不再是个人，而是一个集体领导班子，由此构成宰相共同辅佐皇帝治理国家的政治结构。

——韩昇：《"三省六部制"从制度上避免腐败》，
载《民主与法制时报》，2014-09-18

资源12：三省分权和现代西方政体的行政、立法、司法三权分立有本质区别。中书、门下两省是以皇帝的名义草拟和颁发诏令，且门下审复的第一个手续就是向皇帝复奏画敕，最后一个手续是用皇帝的宝玺进行"印逢"，就是说其出令必须得到皇帝的批准，其工作运转受到了皇帝的严密控制，其权力完全是皇帝所赋予，而且其官员也完全由皇帝任免，不可能代表贵族的"意思"。两省都只是决策辅助机构，不是独立于皇权之外的最高立法和司法机关。

——袁刚：《隋唐三省体制析论》，
载《北京大学学报（哲学社会科学版）》，1994年第1期

"贞观之治"

学术引领

　　李世民在位期间，吸取隋朝暴虐而亡的教训，坚持以民为本，从政治、经济、文化、民族、对外、法制等诸多方面，采取了一系列整顿和改革措施，有力地促进了政治、经济、文化的恢复和发展，人民生活趋于安定，国力不断加强，出现了"贞观之治"的盛世局面，对后世乃至世界都产生了比较深远的影响。

一、"贞观之治"出现的背景及原因

　　庄昭在《试论"贞观之治"的施政方针》（载《学术研究》，1993年第4期）一文中指出，由于隋朝暴政及武德年间的腐败，唐太宗即位时面临严峻的社会现实。这主要表现在三个方面：百姓困苦，政府和民众的矛盾尖锐；统治集团内部矛盾重重；边境未宁，民族矛盾颇为尖锐。多种矛盾错综复杂，严重威胁了唐朝的统治。在这种形势下，怎样才能从武德年间的腐败政治中摆脱出来，处理好上述诸种矛盾，避免隋亡的覆辙，而求得一个长治久安的政局，这成为了当时唐太宗君臣急需解决的首要问题。围绕这一核心问题，太宗与群臣进行了深入探讨，并制定了切合当时历史实际的、正确的措施，从而开创了盛世局面。

徐耀耀在《唐太宗新论》（载《江西师范大学学报（哲学社会科学版）》，2012年第3期）一文中指出，唐太宗是古代少有的、杰出的、英明睿智的帝王，他一手打造了"贞观之治"的盛世局面。他在位时期君臣共商国是、谏诤成风，是中国古代历史上"民主"气息最为浓郁的时期。他的"爱民"思想和"克己"作风在古代统治者中十分难能可贵，屡被后世称道。与历代杰出的农民起义领袖相比，唐太宗更具王者风范。他除了具备那些杰出农民领袖所具有的非同凡响的军政素质外，还能做到居安思危，保持在胜利面前不骄不躁。

丁柏传在《〈贞观政要〉中的君臣治国思想》（载《中共中央党校学报》，2003年第3期）一文中指出，唐太宗认为只有通过学习并不断加强自身修养，才能更好地从政治国。他非常好学，当政伊始就组织臣下一起进行集体研讨式学习，讨论经典、商略政事，这对君臣治国从政帮助很大。在唐太宗君臣的学习活动中，学习历史占有重要的地位。唐太宗博览群书，以史为鉴，不断地去反思和改进自身的统治。除此之外，他还专门设馆编修历史，以便能从浩瀚的历史长河中汲取更多的养分。正是如此，唐太宗在治国从政方面的水平不断提高，从政经验不断丰富。

万泽民在《论唐太宗的"用人之道"与"贞观之治"》（载《浙江大学学报（社会科学版）》，1994年第4期）一文中指出，唐太宗的用人之道是"贞观之治"形成的因素之一。他的用人之道主要内容表现在以下两个方面：第一，唐太宗进步的人才思想。他把人才提到突出重要的地位来认识，把任贤政治与国家兴衰联系起来论证。他强调，治理国家和良匠选择栋梁之材一样，先选择任用决策机构的栋梁人才，然后才能举荐其他贤能之士，使天下之才，全力为朝廷服务。同时，他指出，用人重在任用能忠心耿耿为唐王朝效力的人才。第二，唐太宗制定并实施了一系列用人政策。他的人才政策和他进步的人才观是一致的。为了真正的选贤任能，他推行唯才是举、任人唯贤的政策，给天下才学之士提供了施展才华的机会，使他们忠心耿耿为朝廷效力；他重视学校教育和完善科举制度，为"贞观之治"提供了源源不断的人才；他把任用各级官吏的大权统归朝廷，这有利于巩固和发展中央集权；他广开言路，虚心纳谏，君臣共相匡辅，形成合力，加快了"贞观之治"的步伐。

裘斌、齐陈骏在《试论中国古代"治世"的经济成因及其当代价值—以"文景之治""贞观之治"为例》（载《学术交流》，2007年第2期）一文中指出，由于唐朝是经过长期的战争以后建立起来的，这就决定了当时社会生产不可能有高度的发展。但是，唐朝又是在农民起义对统治阶级进行了沉重打击和改造了当时束缚生产力发展的生产关系以后建立起来的，这又给社会经济的发展创造了极为有利的条件。在这种情况下，贞观君臣制定了一系列比较符合实际的、有利于生产的经济政策，从而为劳动人民的生产创造了一定的条件，促进了经济的恢复和发展。贞观时期实行的经济措施，主要表现在以下三个方面：第一，解放奴婢，驱民归农。该举措争取了劳动力，让农民能回到土地上进行生产，使社会秩序安定了下来，保证政府有了可靠的赋税来源，有利于巩固新政权。第二，奖励开垦，兴修水利。该举措扩大和保障了农业生产，促进了社会经济的恢复和发展，是统治者重视农业生产的反映。第三，轻徭薄赋，厉行节约。要保证农业的发展，仅仅解决生产过程中的一些问题显然是不够的，还需关注农业产品的分配状况。该举措的实行则激发了农民生产的积极性，促进了农业发展，有利于国家的富强和政权的稳定。

周敦耀在《浅议"贞观之治"的法治、德治及官德》（载《广西大学学报（哲学社会科学版）》，2003年第3期）一文中指出，"贞观之治"是唐太宗以德治国的结果。"家给人足"，人民安居是太平盛世的首要标志。故此，亲眼看到富隋夭亡的唐太宗，不敢有一丝懈怠。他安而不忘危，存而不忘治，治而不忘乱，始终把儒家的民水君舟的民本原则作为他德治的指导思想，也是他用以儆示后世的主导思想。为此，他采取了一系列有效措施，如实行法德合举、礼法结合，注意吏风官德的底蕴建设等。从中，我们不难窥见他的德治方略。这些都使一个刚经战争离乱的社会，在很短的时间内出现了人民安居、社会稳定的太平盛世的景象，开创了中国古代社会的黄金时代。以德治国、心存百姓，无疑是"贞观之治"出现的重要保障。

二、唐太宗治国的主要措施

1. 政治方面

（1）知人善用

万泽民在《论唐太宗的"用人之道"与"贞观之治"》（载《浙江大学学报（社会

科学版）》，1994年第4期）一文中指出，唐太宗吸取隋亡的教训，非常重视人才，把举贤任能作为治国安邦的根本。德才兼备是他选拔任用人才的基本准则，德和才两者中，德是第一位的。由于儒学在古代社会的正统地位，他把它视为治国的指导思想，自然也就把精通儒学作为选用人才的标准，并且强调优秀的德行才识只有勤奋学习才能有所成就，以此来培养符合统治阶级规范的人才，达到巩固政权的目的。

丁柏传在《〈贞观政要〉中的君臣治国思想》（载《中共中央党校学报》，2003年第3期）一文中指出，唐太宗在德才兼备的选才标准下，推行了任人唯贤、知人善任的政策。他认为，为政治国的首要条件在于选贤任能，选用人才特别要看人才的"德行""学识"。他身体力行，做到了用人不避仇嫌、不分亲疏、不讲门户、不论前后、不拘一格，求真务实，任人唯贤。这方面的典型实例就是重用魏征。此外，他认为，不能苛求人才。不是没有人才，只是没有发现。因此，他用人不求全责备，而是知人善任，用人所长，使得人尽其才，各得其所宜。如房玄龄善谋，杜如晦善断，唐太宗就任用二人共掌朝政。

许辉在《唐太宗人才思想述论》（载《学海》，1998年第3期）一文中指出，唐太宗制定了若干选才制度，保证了人才的来源和素质。他改革科举制度，通过增加考试科目和考试次数来网罗各种人才，尤其是扩大了庶族地主参政做官的机会。此外，他还推行了官员向皇帝推荐人才的制举制度和自学成才者向官府乃至皇帝自荐的自举制度，这些与科举制相互配合，弥补了科举制的不足，给特殊人才或真才实学之人提供了进身的机会。另外，为了避免官僚集团的老化，唐太宗崇奖致仕，吐故纳新。对于年老、丧失活力的官员，他制定了致仕制度，解除他们的职务，并对他们作出妥善的安排，以消除他们的后顾之忧，使他们乐于礼让和致仕。这一制度的实行对唐朝人才的吐故纳新，保持统治集团内部的活力，起着不可忽视的作用。

陈华林在《论唐太宗治国理政方略的主要特色》（载《求索》，2003年第2期）一文中指出，唐太宗认为要想治理好国家，必须建立一支精干的官吏队伍。为此，他制定了选拔考核各级官吏的严格标准。首先，他坚持德义有闻、清慎明著、公平可称、格勤非懈的"四善"标准，以德行学业为本对官吏进行实际、全面、严格的选拔。其次，他实施"二十七最"的考核标准，对各级不同官吏的政绩进行考核，排除论资排辈、任人唯亲等恶习，做到考有准则、察有标准，严格选用人才。再次，他根据"四善""二十七最"①的检验标准，通过具体的考核，把官员划分成九等，真正做到功过分明，奖罚有别。此外，他还采取了试用的办法，在试用中以便发现人才，量才施用。这也是他用人的独到之处。他不仅善于选才用人，而且在用人时信而不疑。为使贤臣才士安居其位，竭忠尽虑，他不计前嫌、不吹毛求疵，充分信任并发挥臣属的才能和主动性。

（2）虚心纳谏

齐廉允在《"贞观之治"面面观》（载《文史天地》，2013年第4期）一文中指出，李世民认为自古以来国家兴灭无常，关键就在于是否能通过纳谏防止和改正过错。他倡导和鼓励净谏，在专制体制下，实行了一定内容和形式的"民主"，使贞观年间净谏成风，政治生活趋向健康、和谐。君臣共商国是成为了"贞观之治"的特色，对巩固君臣关系和臣属的忠君思想起了一定的积极作用，有利于政权的巩固和发展。

高峰在《唐太宗的治世之道》（载《文史天地》，2006年第4期）一文中指出，为实现国家的长治久安，唐太宗积极创立和完善了各项政治制度和法规。他进行了分权制度的初步尝试，使贞观时期成为中国历史上"民主"氛围最浓郁的时期。从隋朝开始的"三省六部制"发展到贞观王朝时三省职权划分明确，相互牵制，初步体现了"民主"的特征——分权原则。更难能可贵的是，李世民的政令也要由门下省"副署"生效，从而有效地避免了皇权的独断性和随意性。这种"民主"的政治体制极大地提高了中央政府的效率，成为"贞观之治"出现的一大制度保障。

（3）完善府兵制

陈心耕在《试论唐太宗的政绩与贞观之治》（载《福建论坛（文史哲版）》，1995年第5期）一文中指出，唐太宗沿用并完善了府兵制。贞观十年，确定军府的名称为折冲府，更统军为折冲都尉，别将为果毅都尉。军府的组织和府兵的编制已完全制度化。府兵三年征选一次，凡民年20岁为兵，60岁而免。服役期间免本身租调。其特点是：农忙生产，闲时教战，战时征集，混合编制，将帅临时委派，府兵自备兵甲衣粮，战争结束后，"兵散于府，将归于朝"②，这样既避免将帅专兵跋扈，又做到

---

① （唐）李林甫等：《唐六典卷二·尚书吏部》，42页，北京：中华书局，1992。
② （北宋）欧阳修、宋祁：《新唐书卷五十·志第四十·兵》（第5册），1328页，北京：中华书局，1975。

"兵农合一"。府兵制的实行使贞观时期保持了强大的国防力量，有利于多民族国家的统一和巩固，同时又促进了农业生产，它成为"贞观之治"局面形成的又一制度保障。

2. 经济方面

（1）轻徭薄赋、劝课农桑

陈心耕在《试论唐太宗的政绩与贞观之治》（载《福建论坛（文史哲版）》，1995年第5期）一文中指出，针对唐初严重的社会问题，唐太宗从民本思想出发，在经济领域推行了一系列行之有效的制度和政策，促进了"贞观之治"局面的形成。他实行了均田制，使农民获得了一定土地，提高了农民生产的积极性。在均田制的基础上，他又实行了租庸调制，保证了农民的劳动时间，有利于农业生产的发展。他还提倡戒奢崇俭，积极推行轻徭薄赋、劝课农桑的政策，坚持与民休息，减轻了农民的负担，保证了农时，提供了足够的农业劳动力。他还重视兴修水利，完善了农业生产的基础设施建设。唐太宗采取的这一系列有利于农业生产发展的措施，使得贞观初期社会经济得以迅速恢复和发展。

江仁宝在《李世民与"贞观之治"》（载《炎黄春秋》，2004年第8期）一文中指出，唐太宗从"国以人为本，人以衣食为本"[1]的思想出发，采取了一系列恢复和发展经济的措施。为了鼓励垦荒，规定归来的流亡农民可以减免赋役，设置义仓，对有困难的给予一定的粮食救济；为了促进人口的增殖和劳动力的增加，规定青年男女需适时婚配，鼓励寡妇再嫁，释放宫女自由成家，并赎回农民因灾荒卖掉的子女和被突厥掠夺去的人口。所有这些，都为农业生产提供了足够的资源和劳动力。

（2）发展商业

高峰在《唐太宗的治世之道》（载《文史天地》，2006年第4期）一文中指出，李世民高瞻远瞩为商业发展提供了许多便利条件。与大多数古代王朝"重农抑商"不同，李世民倡导发展商业经济，许多当时世界著名的商业城市、大都会在这时涌现定型，闻名世界的"丝绸之路"在唐帝国时才达到它的最高使用价值，成为整个世界的黄金走廊。这也是中国古代经济在唐王朝得到实质性发展的主要原因，也是"贞观之治"高度繁荣

---

① 骈宇骞、骈骅译：《贞观政要卷八·务农第三十》，206页，北京：中华书局，2009。

的原因之一。

3. 文化方面

（1）办学校，兴科举

万泽民在《论唐太宗的"用人之道"与"贞观之治"》（载《浙江大学学报（社会科学版）》，1994年第4期）一文中指出，唐太宗大办学校，大兴科举。首先完善和发展了学校教育制度，建立了从中央到地方的三级官学制，各级、各地学校成为培养人才的重要基地。其次对学校教育采取了一系列新举措，提高了教育的质量和公平性。再次亲临学府指导工作，表示对学校教育的关怀。他对学校教育的重视，为朝廷源源不断地输送了大批人才，为唐王朝的长治久安进行了较早的人才储备。他还健全和完善隋以来的科举制度，把它作为选拔官吏的主要手段。科举取士把读书、应考和做官联系起来，以才选用，为真才实学之士铺垫了进身之阶，尤其是庶族寒门可以加入统治阶级队伍中来，尽为统治者所用。

陈心耕在《试论唐太宗的政绩与贞观之治》（载《福建论坛（文史哲版）》，1995年第5期）一文中指出，唐太宗非常重视文化教育，积极培养人才。这主要表现在两个方面：第一，加强中央教育领导机构。在中央设立统管学校的国子监。它作为全国最高学府，是国家培养人才最集中的机构。其下有六学二馆，生徒有一定限制，每旬皆有考试，要求严格。这有利于培养高素质的人才。第二，学校教育以经学为中心。唐太宗组织人员编写教材，颁布全国，作为学校统一课本。这有利于培养符合统治阶级德行规范的人才。

（2）推行三教并行的国策

朱伟东、邵志国、邓攀在《论初唐的社会和谐及其成因》（载《唐都学刊》，2005年第5期）一文中指出，文化的和谐有序促成了"贞观之治"的出现。文化的和谐，指的是多种文化的融合与共同繁荣。随着社会经济的发展，社会秩序的稳定，贞观时期的思想文化也开始逐渐呈现出繁荣和谐的局面。唐太宗正式确立了三教并行的国策，对于儒、道、佛一体扶植，以利己用。这不但缓和了统治集团内部的矛盾，而且造就了唐王朝一种自信、开放的文化心态，促使它以博大的胸怀去吸收异族外域文化，实现了本土文化与外来文化的和谐共存，从而为"贞观之治"的出现提供了良好的文化氛围和丰富的文化资源。

4. 民族关系和对外关系方面

（1）灵活、务实的民族政策

朱伟东、邵志国、邓攀在《论初唐的社会和谐及其成因》（载《唐都学刊》，2005年第5期）一文中指出，夷汉的和谐有序促成了"贞观之治"的出现。夷汉的和谐，指的是中央政权和周边少数民族的和谐。唐太宗充分认识到一个王朝若想长治久安，须要内政和外交双管齐下，因此，他采取了灵活、务实的民族政策。对于屡犯边疆、公开对抗者，他借鉴隋亡教训，克服急功近利、穷兵黩武的缺陷，注意从现实出发，量力而行，在冷静分析的基础上制定正确的战争策略，进行武力征服。对于降服或者内附者，他则奉行"夷狄亦人，以德治之，可使如一家"[①]的开明理念，推行以羁縻为主的和平民族政策，对少数民族不轻易用兵，且以诚信相待。唐太宗恩威并举的民族策略使得大唐帝国的威望空前鼎盛，达到了"四夷咸服"的目的，同时也促进了民族和谐，加强了民族间的文化和政治交流，极大地推动了唐代社会的发展和繁荣，为"贞观之治"的出现赢得了一个和谐的外部环境。

（2）开放和包容的对外政策

陈心耕在《试论唐太宗的政绩与贞观之治》（载《福建论坛（文史哲版）》，1995年第5期）一文中指出，在有效改善同少数民族关系的同时，唐太宗以开放的姿态与世界交往。对外交通的发达，促使中外频繁的经济文化交流。唐太宗时，我国的茶叶、丝绸、陶瓷器等大量销往亚洲各国。造纸术通过大食传到非洲和欧洲，促进了西方文化事业的发展，周边邻国等遣使和唐朝往来，并派人到长安留学。在中华文明外传的同时，唐朝也积极吸收其他国家的技术、文化、艺术等文明成果。中外频繁的经济文化交流，丰富了各自的精神文明和物质文明，同时，在这个过程中，唐王朝的国际影响力不断扩大。

5. 法制建设方面

（1）高度重视法治建设

王炤、魏文超在《初唐盛世的法治成因》（载《安徽史学》，2011年第4期）一文中指出，唐前期统治者重视法制建设是推动大唐盛世出现的重要因素之一。具体表现在以

---

① （北宋）王溥：《唐会要卷九十四·北突厥》（全三册），1690页，北京：中华书局股份有限公司，1955。

下四个方面：

第一，立法思想是法制建设的重要组成部分，是制定法律制度的思想基础。初唐时期，统治者就吸取前代败国亡身的教训，明确了立法公平的指导思想，把法律作为衡量人们行为的统一标准，不能任凭个人，特别是皇帝个人的意志和利益来对待立法和执法，这在等级森严的专制社会是难能可贵的。同时还确定了宽平简约的立法思想，法令条文简明易知、刑罚宽仁，不但提高了官吏执法的正确性，保证了法律的公正，还减轻了劳动人民严刑峻法下的痛苦，缓和了社会矛盾，稳定了政治秩序。统治集团还制定了立法稳定的指导思想，认为法律应与时俱进，但不可多变。对待立法或修改法律，不可朝令夕改，应持慎重态度，严格秉承立法程序，甚至可采用刑罚手段来维护法律的稳定。这有利于维护法律的尊严和权威，也可取信于民，促进社会的稳定发展。上述立法指导思想与唐初的民本思想是一致的，有利于唐朝的长治久安。

第二，在初唐立法思想的指导下，统治者建立起一套比较完备的法律体系。该体系由律、令、格、式四种法律形式构成。所谓律，指的是唐代刑事法律，是各种违法行为的惩罚条文，是唐代最主要的法律形式，具有绝对的权威性和相对的稳定性。所谓令，指的是规定国家制度的行政管理法规，范围广泛。所谓格，指的是唐代或前代皇帝针对具体违法行为进行特别规定的汇编，是对律的补充和变通条例。所谓式，指的是国家机关行政活动的细则。令、式规定国家的规章制度和行为规范，而律、格则规定违反令、式所负的法律责任。四者综合为用，形成以律为主，令、格、式为辅的周密的法律体系，内容多样，实现了对社会的全面调整，有利于唐初社会秩序的稳定和经济的发展。

第三，初唐统治者建立的法律体系使唐代做到了"有法可依"，但是一个良好的法治不能只停留在纸面上，而应该用"有法必依"将其用于现实，以匡正社会秩序。当时的统治者就十分重视法律的贯彻实施，贞观君臣践行了这一点。李世民带头守法，并且制定了定罪量刑以事实为依据、罪刑相适应、罪刑法定等若干原则，责令执法官吏要依法办事、规范执法，这维护了法律的严肃性和相对独立性，保证了法律的公正性，也加强了法律的落实和执行力度，基本实现了古代社会的以法治国。

第四，以法治国重在以法治权，以法治权则重在以法治官，初唐统治者制订了一系列法律制度来加强对官吏的选拔与管理。依照唐代法律规定的考核范围和标准，执行严格的考核程序，对官员评定等级，并分别予以不同的奖赏和惩罚。同时，为了更好地保证官风清正，唐代法律还严格规定了官吏的法律责任。这些规定为初唐打造了一支高效廉洁的官僚队伍，有利于初唐的政治清明。

（2）法德合举的治国方略

周敦耀在《浅议"贞观之治"的法治、德治及官德》（载《广西大学学报（哲学社会科学版）》，2003年第3期）一文中指出，"贞观之治"与唐太宗的法德合举的治国方略密不可分。唐太宗在编订或修改律令时强调以礼统法，实行宽简的原则，并将改革祭孔礼列为重要内容。改革后的律令称为《唐律》。之后，他又组织人员撰写了《律疏》。这两部律法被后世统称为《唐律疏义》。《唐律疏议》以"一准乎礼"[①]为指导思想，以礼统法，把宗法伦理作灵魂，是一部典型的儒家法典，也是中国古代社会的法典典范。它的实施有利于减轻劳动人民严刑峻法下的痛苦，有利于缓和社会矛盾、稳定政治秩序，对"贞观之治"及唐王朝有不可磨灭的文治之功。

三、"贞观之治"的影响及启示

王佐在《贞观之治的启示》（载《科学决策》，2007年第3期）一文中指出，贞观君臣高超的治国方略不仅创造了贞观盛世，而且给当今中国构建和谐社会带来了深刻的启示。具体表现在以下三个方面：

第一，成功化解社会矛盾是社会达到平衡和谐的基础。贞观君臣充分吸取暴隋灭亡的经验教训，确立了"以民为本"的治国理念。在这一理念指导下，唐太宗提出了许多切实可行的"与民休息"的措施：如提倡节俭、选用廉吏；轻徭薄赋、劝课农桑；兴修水利、推行均田制和租庸调制等。这些措施在唐太宗身体力行、率先示范的推动下，得到了有效的贯彻执行，从而成功化解了社会矛盾，为"贞观之治"的出现奠定了基础。

---

① （清）纪昀总纂：《四库全书总目提要卷八十二·史部三十八·政书类二》（全四册），2161页，石家庄：河北人民出版社，2000。

第二，引进制约机制是成功建设和谐社会的关键。唐太宗为避免重蹈隋亡覆辙，建立起了三套重要的"制约"机制：一是中央三省（中书省、门下省、尚书省）之间的相互制约平衡；二是中央政府对地方政府的有力监督制约；三是贞观年间群臣对皇帝的制约。通过这些机制，既保障了唐初政治清明，又促进了社会的发展。这些成功经验告诉我们：必要的制约机制不仅能使政策完善、政令通畅，而且还能促使社会上下层之间保持较为有效的沟通和互动。

第三，非凡的气度和胸襟是构建和谐社会的必要条件。开放的胸襟是贞观时代的一个重要特征，在一个开放的世界中博采众长成就了一代伟大的文明。从这个意义上说，贞观时期提出的"以民为本"治国理念具有普世价值。

刘秋红在《唐贞观之治时期国家管理团队建设绩效和启示》（载《学术论坛》，2012年第7期）一文中指出，"贞观之治"的出现主要应归结于其有一支配合默契运转高效的国家管理团队，它的成功经验对后世有着重大的借鉴意义。这主要表现在以下三个方面：

第一，团队成员之间因共同的愿景而密切合作。唐太宗吸取隋亡教训，从民本出发，以开放的精神和包容的心态，摒弃唐初党派利益之争，整合人才资源，打造了一支以他为核心，把百姓安康乐业作为毕生追求目标的国家管理团队。共同的价值观和团队愿景极大地提高了这支队伍的凝聚力，君臣同心，锐意进取，从政治、经济、文化、外交、军事、人事等方面进行了大刀阔斧的改革，使得贞观时期官吏忠于职守，人民安居乐业，呈现了一派盛世景象。

第二，人才的优化配置使团队迸发了强有劲的生命力。面对人才济济的局面，唐太宗知人善任、量才授职、唯才是用，并且注重人才在年龄、知识结构的梯次搭配，这使得团队成员之间在业务和思想上实现了互补，有利于集体智慧的发挥，提升了团队整体的水平，打造了一支高效的管理团队。

第三，激励的高层次性激发了团队成员的积极性。为了进一步促使国家的长治久安，唐太宗采取了适当的激励措施以增进国家管理团队的绩效。他率先垂范，以身作则，同时，制定考课制度奖励恪尽职守、一心为公的国家管理人员，以榜样激励群臣。这使得贞观一朝政治清明，经济发展迅速。

微课设计

微课设计一：从昭陵之"魂"看"贞观之治"

设计意图

通过提供相关史料，让学生认识"贞观之治"这一盛世出现的原因，并希望学生能以史为鉴，进而认识"贞观之治"对后世的影响及启示。

设计方案

教师导入：昭陵，被誉为"天下名陵"，是唐太宗的长眠之地。逝者已去，英魂长存。就让我们一起走近昭陵，对唐太宗及"贞观之治"探究一二。

教师讲述：昭陵，是唐太宗李世民与文德皇后长孙氏的合葬陵墓。从唐贞观十年（636）文德皇后长孙氏首葬，至贞观二十三年（649）埋葬唐太宗，再到开元二十九年（741），昭陵建设持续了一百余年。

材料呈现：

材料一　帝复为文刻之石，称"皇后节俭，遗言薄葬，以为'盗贼之心，止求珍货，既无珍货，复何所求。'朕之本志，亦复如此。王者以天下为家，何必物在陵中，乃为己有。今因九嵕山①为陵，凿石之工才百余人，数十日而毕。不藏金玉，人马、器皿，皆用土木，形具而已，庶几奸盗息心，存没无累，当使百世子孙奉以为法。"

——（北宋）司马光：《资治通鉴卷第一百九十四·唐纪十（太宗贞观十年，636）》

（第13册），6122～6123页，北京：中华书局，1956

材料二　太宗谓侍臣曰："君臣本同治乱，共安危，若主纳忠谏，臣进直言，斯故君臣合契，古来所重。若君自贤，臣不匡正，欲不危亡，不可得也。君失其国，臣亦不能独全其家。至如隋炀帝暴虐，臣下钳口，卒令不闻其过，遂至灭亡。虞世基等，寻亦

---

① 嵕（zōng），古代把小的山梁称为嵕。九嵕山，数峰并峙的山。陕西、湖北等省均有此山名。

诛死。前事不远，朕与卿等可得不慎，无为后所嗤！"

——骈宇骞、骈骅译：《贞观政要卷三·君臣鉴戒第六》，

68页，北京：中华书局，2009

教师设问：阅读材料，说明唐太宗在治家和执政方面的观念分别是什么？这体现了唐太宗哪些优秀品质？这对于"贞观之治"出现有何作用？

教师引导学生分析：材料一体现了唐太宗在丧葬方面主张薄葬，这从侧面说明了他勤俭持家的观念。材料二体现了唐太宗君臣共治的执政观念。两种观念则都体现了唐太宗对权力有超强的自制力，他并未因自己位高权重而恣情纵欲、滥用职权，也并未因自己高高在上而一意孤行、偏听偏信。相反，他戒奢崇俭，并能从谏如流，这在古代统治者中是难能可贵的。正是唐太宗卓尔不凡的"克己"作风、广阔胸怀和治国智慧，才实现了贞观时期社会矛盾的缓解，君臣集思广益下的高效执政，从而促进了当时经济的发展和政治的清明。

教师讲述：唐太宗作为最高统治者，其个人魅力无疑是"贞观之治"形成的一个重要原因。但是，唐帝国这艘大船在航行过程中，单靠英明睿智的舵手一人是无法走得平稳的，还需要很多能力超群的水手从旁辅助。

教师讲述：昭陵共有180余座陪葬墓，是中国历代帝王陵园中规模最大、陪葬墓最多的一座。其中，许多贞观时期的良臣猛将就陪葬于此，如魏征墓、房玄龄墓、阿史那社尔墓、程咬金墓等。他们生前就紧密围绕在唐太宗身边，至死竭忠尽虑。

材料呈现：

材料一　上曰："长孙无忌善避嫌疑，应物敏速，决断事理，古人不过；而总兵攻战，非其所长。高士廉涉猎古今，心术明达，临难不改节，当官无朋党；所乏者骨鲠规谏耳。唐俭言辞辩捷，善和解人；事朕三十年，遂无言及于献替。杨师道性行纯和，自无愆违；而情实怯懦，缓急不可得力。岑文本性质敦厚，文章华赡；而持论恒据经远，自当不负于物。刘洎性最坚贞，有利益；然其意尚然诺，私于朋友。马周见事敏速，性甚贞正，论量人物，直道而言，朕比任使，多能称意。褚遂良学问稍长，性亦坚正，每写忠诚，亲附于朕，譬如飞鸟依人，人自怜之。"

——（北宋）司马光：《资治通鉴卷第一百九十七·唐纪十三（太宗贞观十八年，

644）》（第13册），6210页，北京：中华书局，1956

563

材料二　庚寅，葬文皇帝于昭陵，庙号太宗。阿史那社尔、契苾何力请杀身殉葬。上遣人谕以先旨不许。蛮夷君长为先帝所擒服者颉利等十四人，皆琢石为其像，刻名列于北司马门内。

——（北宋）司马光：《资治通鉴卷第一百九十九·唐纪十五（太宗贞观二十三年，649）》（第13册），6269页，北京：中华书局，1956

教师设问：透过两则材料，我们可以发现，贞观一朝，人才济济。根据材料指出，促成贞观时期人才队伍形成的原因是什么？这支队伍对"贞观之治"的出现有何作用？

教师引导学生分析：材料一体现了唐太宗在用人上知人善任，能根据人才的不同特点加以合适的任用，使得人才各得其所、各尽其能。材料二体现了他在用人上唯才是举，不讲亲疏远近、不看门户高低、不论故旧仇嫌、不分地区民族，从而笼络了一大批精英人物，并赢得了他们的尊重和爱戴。正是唐太宗开明、进步的人才思想和用人政策，打造了一支高效的管理团队，这对于贞观时期政治的稳定和政策的有效实施起了重要作用。

教师讲述：以唐太宗为首的贞观团队深知"水能载舟，亦能覆舟"的道理，他们把百姓安乐作为毕生的追求目标，锐意进取，创造了古代社会的盛世局面，并对后世有重大的借鉴意义。

教师讲述：从唐代开始，历代帝王都委派官员代表朝廷祭祀昭陵。在中国古代帝王陵墓当中，唯昭陵在其以后形成了"祭坛"。

教师设问：唐太宗及其昭陵为何对后世有如此巨大的影响力？

材料呈现：及大军回次柳城，诏集前后战亡人骸骨，设太牢致祭，亲临，哭之尽哀，军人无不洒泣。兵士观祭者，归家以言其父母，父母曰："吾儿之丧，天子哭之，死无所恨。"

——骈宇骞、骈骅译：《贞观政要卷六·仁恻第二十》，168页，北京：中华书局，2009

教师引导学生分析：这则材料是贞观时代的一个小镜头，唐太宗的这一做法赢得了百姓的信任和拥护。民众乃力量之源，唐太宗坚持"以人为本"成为盛世局面到来的重要原因。贞观时代处处闪动着以人为本的光辉，唐太宗的这一思想为后世树立了典范，是贞观时期最被后人称道的地方。

教师讲述：已知昭陵有历代皇帝祭陵碑30余通。其中，立碑最多的是清代康熙皇帝，至少有7通，其次是清代乾隆皇帝，至少在3通以上。他们皆以唐太宗为楷模，并创造了"康乾盛世"。

教师设问：综合上述材料，谈谈你对"贞观之治"的认识。

教师引导学生小结：综上所述，唐太宗在吸取隋朝灭亡教训的基础上，凭借自身高度的智慧和人格魅力，率领着一支高效的人才队伍，从民本出发，大行仁政，创造了"贞观之治"这样一个伟大的时代，给后世留下了如此丰厚的遗产。

设计点评

本微课以唐昭陵作为切入点，通过墓主、陪葬者、后人三个由近及远的层次设计及史料运用，使学生认识到，"贞观之治"的出现主要是个人、团队、民众三方共同作用的结果，体现了修身、齐家、治国、平天下之间相辅相成、缺一不可的关系，这也是昭陵之"魂"所在。在此基础上，有助于学生以史为鉴，联系现实，获得启示。

微课设计二：从年号看"贞观之治"

设计意图

以隋炀帝与唐太宗的年号作为切入点，引出两个不同时代的发展历程。通过阅读并分析材料，使学生认识到，隋炀帝和唐太宗对待民众的不同态度是使两个时代出现不同结局的根本原因，从而使学生深刻体会"国以民为本"的治国道理。

设计方案

材料呈现：

盛德大业至矣哉！富有之谓大业，日新之谓盛德。

——郭彧译注：《周易·系辞上》，361页，北京：中华书局，2006

天地之道，贞观者也。

——郭彧译注：《周易·系辞下》，378页，北京：中华书局，2006

教师介绍：材料中所呈现的大业和贞观分别是隋炀帝和唐太宗采用的年号。古代帝王年号在用词上是十分考究的，总要经过反复筛选，采用吉祥字眼，以此表达帝王对自己所开创的时代的一种寄托。

教师设问： 结合材料指出，大业和贞观的寓意分别是什么？

教师讲述： 大业寓意着富有和强盛，贞观寓意着以正道示人。

教师设问： 两个年号的寓意很好，但隋炀帝和唐太宗即位后的社会状况是怎样的呢？如他们所愿了吗？（参考答案：隋炀帝即位之初国力强盛，唐太宗即位之初国困民乏。）

材料呈现：

材料一　炀帝即位，是时户口益多，府库盈溢，乃除妇人及奴婢部曲之课。

——（唐）魏征、令狐德棻：《隋书卷二十四·志第十九·食货》（第3册），

686页，北京：中华书局，1973

材料二　国无兼年之积，何用两都之好？劳役过度，怨讟①将起。其不可三也。百姓承乱离之后，财力凋尽，天恩含育，粗见存立，饥寒犹切，生计未安，三五年间，未能复旧。奈何营未幸之都，而夺疲人之力？其不可四也。

——骈宇骞、骈骅译：《贞观政要卷二·纳谏第五》，44页，北京：中华书局，2009

教师引导学生分析： 结合材料不难看出，无论是国库积累还是人口规模，隋炀帝即位之初国力不断强盛，符合"大业"之意。相反，贞观之初，刚刚从战乱中走出来的唐朝，国力不足，社会贫困。这与"贞观"之意还有较大差距。

教师讲述： 即位之初国力差异如此明显的两个时代却在后来发生了逆转。

材料呈现：

材料一　大业四年，燕、代缘边诸郡旱。时发卒百余万筑长城，帝亲巡塞表，百姓失业，道殣相望。

八年，天下旱，百姓流亡。时发四海兵，帝亲征高丽，六军冻馁，死者十八九。

十三年，天下大旱。时郡县乡邑，悉遣筑城，发男女，无少长，皆就役。

——（唐）魏征、令狐德棻：《隋书卷二十二·志第十七·五行上》（第3册），

636页，北京：中华书局，1973

材料二　贞观二年，关中旱，大饥。太宗谓侍臣曰："水旱不调，皆为人君失德。朕德之不修，天当责朕，百姓何罪，而多困穷！闻有鬻男女者，朕甚愍焉。"乃遣御史

---

① 讟（dú），怨恨。

大夫杜淹巡检，出御府金宝赎之，还其父母。

——骈宇骞、骈骅译：《贞观政要卷六·仁恻第二十》，

168页，北京：中华书局，2009

自是天下州县，始置义仓，每有饥馑，则开仓赈给。以至高宗、则天，数十年间，义仓不许杂用。

——（后晋）刘昫等：《旧唐书卷四十九·志第二十九·食货下》（第6册），

2123页，北京：中华书局，1975

朕常欲赐天下之人，皆使富贵。今省徭薄赋，不夺其时，使比屋之人，恣其耕稼，此则富矣。

——骈宇骞、骈骅译：《贞观政要卷八·务农第三十》，

208页，北京：中华书局，2009

教师设问：

（1）根据材料分析，隋炀帝和唐太宗在对待百姓的态度上有何差异？（参考答案：暴政虐民，仁政爱民。）

（2）根据材料二指出，唐太宗据此采取了哪些措施？（参考答案：赎还流民；赈灾救荒；轻徭薄赋、劝课农桑等。）

教师引导学生分析：社会生产力一般来说处于渐进状态，劳动力（人）则是生产发展的决定因素。可惜，隋炀帝没有认清这一点。他在位时，凭借当时强大的国力，开运河、建东都、征高丽、筑长城，大有作为。这些举措确实在当时符合统一国家政治、经济的实际需要，同时也对后世产生了较大的积极影响。但不可否认的是，为此付出的财力和民力代价是十分昂贵的。他用民过度，几乎年年都有重役，加上天灾严重，对百姓而言，无疑是雪上加霜。而隋炀帝仍置百姓于不顾，继续增发徭役。与之相反，唐太宗则关心百姓疾苦，采取了一系列以人为本的措施：出资赎饥民还其父母；赈灾救荒；轻徭薄赋、劝课农桑等。

教师讲述：隋炀帝和唐太宗相比，都创造了丰功伟绩，但在与民方面一暴一仁，这导致了不同政治后果的出现。

材料呈现：

材料一　隋政不纲，行止无度，东西奔骋，靡岁获宁。遂使父子乖离，室家分析；

亲老绝晨昏之养，婴孩无抚育之恩。人怀恋本之心，家有望乡之叹。

——（清）董诰等编：《全唐文卷一（高祖）·加恩隋公卿民庶诏》（第1册），

3页，上海：上海古籍出版社，1990

商旅野次，无复盗贼，囹圄常空，马牛布野，外户不闭。又频致丰稔，米斗三四钱，行旅自京师至于岭表，自山东至于沧海，皆不赍粮，取给于路。入山东村落，行客经过者，必厚加供待，或发时有赠遗。此皆古昔未有也。

——骈宇骞、骈骅译：《贞观政要卷一·政体第二》，20页，北京：中华书局，2009

材料二 好内远礼曰炀。朋淫于家，不奉礼。去礼远众曰炀。不率礼，不亲长。

——（西汉）司马迁：《史记正义卷一百三十·太史公自序第七十·谥法解》

（第10册），30页，北京：中华书局，1959

慈惠爱民曰文。惠以成政。愍民惠礼曰文。惠而有礼。

——（西汉）司马迁：《史记正义卷一百三十·太史公自序第七十·谥法解》

（第10册），19页，北京：中华书局，1959

教师设问：结合材料指出，隋炀帝和唐太宗不同的与民态度对各自的政治结局产生了怎样的影响？（参考答案：隋炀帝丧失民心，使富隋短暂而亡，其成为历史上有名的暴君。唐太宗赢得民心，创造了"贞观之治"，其成为历史上有名的明君。）

教师引导学生分析：隋炀帝急功近利，忽视了民心，使得百姓家破人亡、背井离乡，农业生产遭到了严重破坏，最终导致民穷国困、民怨沸腾，富隋短暂而亡，隋炀帝从欲成"大业"者沦落为亡国之君，唐高祖李渊给他加的谥号为"炀"。虽然这一称号对他而言，有失公允，抹杀了他的历史功绩，但也反映和证明了背离民众必将会被民众所抛弃。相反，唐太宗吸取隋亡教训，遵循以人为本，赢得了民心，使得百姓安居乐业，农业生产得到了恢复和发展，最终实现了国泰民安、社会和谐这一"贞观"意愿，成就了"贞观之治"，唐太宗也成为一代圣王，谥号为"文"。尽管这一称号对唐太宗而言，有夸张、溢美之词，但在专制社会下，他的仁政爱民是难能可贵的，当然，政治效果也是显而易见的。

教师引导学生小结：隋炀帝和唐太宗两人不同的执政风貌，使自身所处时代发生了逆转。究其根本原因在于，治理国家时，是否重视国家的根本——人。相比之下，隋炀帝虐民，结果他的文治武功走了样；唐太宗爱民，则开创了盛世。"盖国以民为本，社稷亦为民而立，而君之尊，又系于二者之存亡，故其轻重如此。"①以史为鉴，现在仍要把以人为本作为治国的核心理念。

设计点评

本微课以隋炀帝与唐太宗的年号作为切入点，通过史料运用，对两人在时代之初、之中、结束三个阶段进行了正反对比，这有助于学生深刻认识到，人是国家的根本，赢得人心是国家兴衰、社会安定的关键，"贞观之治"出现的根本原因就在于此。

教学资源

资源1：在中国的古代史上，出现了几个影响深远的"治世"时期。所谓"治世"，主要是指国家治理的一种理想形态，侧重于国家治理的水平，强调行帝道王道，主要特征是政治风气良好，社会秩序稳定，百姓对国家政权充满信心。"治世"，和帝道王道一样，是兼有政治观念和历史时代双重意义的概念。治世的时代所指应该是较为明确的，除了尧舜之时、周之成康外，汉之文景，唐之贞观，被公认是历史上典型的治世。"文景""贞观"两个"治世"时期，当时的社会经济虽不是高度繁荣，甚至还比较"荒俭"，但社会安定，政治清明，阶级矛盾相对地比较缓和，为以后大生产的发展创造了有利的条件，如《汉书·景帝纪》赞曰："周秦之敝，罔密文峻，而奸轨不胜。汉兴，扫除烦苛，与民休息。至于孝文，加之以恭俭，孝景遵业，五六十载之间，至于移风易俗，黎民醇厚。周云成康，汉言文景，美矣！"吴兢在《贞观政要》中也发出了"此皆古昔未有也"②的感慨。

——袁斌、齐陈骏：《试论中国古代"治世"的经济成因及其当代价值——以"文景之治"、"贞观之治"为例》，载《学术交流》，2007年第2期

资源2：贞观七年，唐太宗和秘书监魏征漫谈自古以来的治理国家的得失，就说："如今大乱之后，不能急于实现大治。"魏征说："不对。大凡人在危难困苦的时候，就忧虑死

———————————
① （宋）朱熹：《四书章句集注·孟子集注卷十四：尽心章句下》，367页，北京：中华书局，1983。
② 骈宇骞、骈骅译：《贞观政要卷一·政体第二》，20页，北京：中华书局，2009。

亡，忧虑死亡就盼望天下太平；盼望天下太平，就容易进行教化。因此大动乱之后容易教化，正像饥饿的人对饮食容易满足。"太宗说："贤明的人治理好国家需要百年之久，才能消灭残虐，废除杀戮。大乱之后，要想大治，怎可在短期内做到呢？"魏征说："这话是对一般人说的，并不能用在圣明的人身上。如果圣明的人来施行教化，上下同心，人们就会像回声那样迅速响应，事情不求快也会很快推行，做到一年工夫就见成效，看来并非难事，三年成功，还该说太晚了。"太宗认为魏征说得对。封德彝等人对太宗说："夏、商、周三代以后，百姓日渐浮薄奸诈，所以秦朝专用法律治国，汉朝以仁义杂用刑法治国，都是想教化好百姓，但没有成功，怎么会可以教化而不去做呢？如果相信了魏征的话，恐怕要败乱国家。"魏征说："五帝、三王治国并没有把百姓掉换过就能把他们教化好，施行帝道就成其为帝，施行王道就成其为王，关键在于当时治理者施行教化而已。这请看古书上的记载，就可以知道。从前黄帝与蚩尤作战七十多次，乱得已很厉害，而打胜以后，就能很快太平起来。九黎作乱，颛顼出兵征讨，平定以后，仍不失其为治世。夏桀昏乱淫虐，商汤把他赶走，在汤统治之时就实现了太平。商纣专干无道的事情，周武王便起兵讨伐，到他儿子周成王在位时，也实现了太平。如果说百姓日渐浮薄奸诈，再也不会纯朴，那到现在都应变得和鬼魅一样，还能施行教化吗？"封德彝等人想不出什么话来辩驳，可是还认为魏征的话行不通。太宗坚持推行教化，毫不懈怠，几年时间，天下康复安定，突厥被打败臣服，因而对群臣说："贞观初年，人们颇有异议，认为当今必不能搞帝道、王道，只有魏征劝我推行。我听了他的话，不过几年，就做到中原安宁、边远的外族臣服。突厥从来就是中原的强敌，如今突厥的首领却佩刀值宿禁卫，部落也跟着穿戴中国衣冠。使我取得这样的成就，都是魏征的功劳。"又回头对魏征说："玉虽有美好的本质，但藏在石头里，没有好的工匠去雕琢研磨，那就和瓦块碎石没有区别。如果遇上好的工匠，就可以成为流传万代的珍宝。我虽没有好的本质被你雕琢研磨，多亏你用仁义来约束我，用道德来光大我，使我能有今天这样的功业，你也确实是一个良好的工匠啊。"

——裴汝诚、王义耀：《贞观政要选译》，22～24页，成都：巴蜀书社，1990

资源3：俗语云，伴君如伴虎。李世民贵为一朝天子，臣子进谏，若惹恼了圣上，搞不好是要掉脑袋的。自信豁达若李世民，是如何鼓励臣下进谏的呢？

一是唐太宗经常发布要求大家献言献策的命令，四品以上都要提，不提还不行。皇帝让提意见，也不能无中生有乱提，可提不出来怎么办呢？将军常何没文化，对这事一筹莫展。他家有个房客叫马周，是一个文人。常何就求他，说你帮我给皇帝、朝廷提点意见。马周满腹经纶，哗哗哗地写了二十多条。这意见以常何的名义呈上，皇帝一看，常何的文章写得真不错，问题提得也好，就对常何说，真是没想到，原来你深藏不露啊。常何就实话实说，那根本不是我写的，那是我们家房客马周写的。皇帝赶快派人请马周，派人去了，不到，再请，还不到，再接着请，李世民非要尽快见到这个人。后来马周来了，跟皇帝深夜恳谈。马周做事漂亮，他提出了不少建议，改善了长安的环境。他官越当越大，后来一直官至中书令，就是皇帝的秘书总长。

二是强化谏官功能。谏官是专门给皇帝提意见的官员：包括谏议大夫、左右拾遗、左右补阙等。谏议大夫官职为正五品上，他的责任是"侍从赞相，规谏讽喻"[1]，就是跟在皇帝身边，提出赞同或者反对意见。魏征就是谏议大夫。贞观元年春正月，李世民下令："自今中书、门下及三品以上入阁议事，皆命谏官随之，有失辄谏。"[2]就是说皇帝跟宰相们讨论问题的时候，谏官都要跟着的，也要一起参加讨论。谏官参与朝廷的最重要会议——御前会议，能够了解朝廷的重要政策，所以可以随时提出意见。隋炀帝取消谏官，而唐太宗如此重视谏官，真是有天壤之别。

三是强调各个部门要各尽其职。不同意见一定要充分表达，特别要求官员尽职，要动脑子。反对上下雷同，包括对皇帝的命令制敕的意见，也不能保留自己的意见。唐太宗认为，人人照顾面子，谁也不说真话，日积月累，就会出大问题。难违一官之小情，顿为万人之大弊，最终会导致国家祸乱。

——孟宪实：《孟宪实讲唐史：从玄武门之变到贞观之治》，132页，

桂林：广西师范大学出版社，2007

资源4：当每个朝代开国的时候，用人是不会成问题的，因为总有一大批在打天下或夺取政权中经过锻炼考验的人材，只要加以选择，不用非其才就可以。但人要衰老、要死亡，以后选用些什么人，就不太好办。都由皇帝亲自挑选吧，李世民虽自信有此本领，能够亲自挑选刺史、都督，亲自任用新人来当宰相，但传到子孙后代，就未必有此能耐，交给管人事的吏部全权办理，更不放心。有一度，他想仿照古代分封诸侯在领地世

① （唐）李林甫等：《唐六典卷八·门下省》，247页，北京：中华书局，1992。赞（zàn），同"赞"。
② （北宋）司马光：《资治通鉴卷第一百九十二·唐纪八（太宗贞观元年，627）》（第13册），6031页，北京：中华书局，1956。

袭的办法，对刺史也实行世袭制。贞观十一年（637）下诏，让他的小兄弟荆王李元景等二十一个亲王，以及长孙无忌等十四个功臣，世袭刺史。结果这种开倒车的办法遭到很多大臣包括被制定世袭者的反对，拖到贞观十三年，只好再下诏停罢。比较合适的办法是推行科举制，不靠上代的权势，不像魏晋南北朝那样用"九品中正"的办法让地方上评议谁是人材，让选拔人材的权力实际上掌握在世家士族手里，弄得"上品无寒门，下品无世族"①，而是不管是世族还是寒门老百姓，都凭自己的真本事参加考试，考上的才有可能做官，以至做到宰相、刺史等大官。这种办法在隋代已开始试行了，因为到隋代，过去的世家士族已日渐衰败，对这种不利于自己的新兴科举制度已没有能力抵制。到唐代更进一步把科举制度健全起来，由京师和州县的学校选送生徒，到长安参加尚书省举办的考试。另外不是学校出身的，也可以自己报名，作为"乡贡"，经州、县送到尚书省，参加考试。这种考试有好多种名目，经常举办的有秀才科、明经科、进士科、明法科、书科、算科，可以由生徒和乡贡的人自己选择一种应考，而出路比较好、应考者较多的是进士科和明经科。对这种从社会各阶层中选拔统治人才的办法，李世民是很重视的。据说，有一次进士科发榜，李世民看到考上的进士们从榜下鱼贯而出，高兴地对身旁的人讲："天下英雄入吾彀（gòu）中矣！"②后来唐代的重要政治人物，几乎绝大多数是科举出身。人们怀念李世民的功绩，还常常把这位太宗皇帝说成是科举制的创始人。

——黄永年：《物换星移话唐朝》，53～54页，北京：中华书局，2013

资源5：唐代实行科举选官制度。科举考试及第者，只是取得做官的资格，他们还须通过吏部的铨试，合格者才能由吏部授予官职。吏部铨试主要从"身""言""书""判"四个方面进行考察，其中以"书""判"最为重要。在任官方式上，唐代职事官与散官分离，有利于官僚队伍的稳定，领取俸禄之标准由官秩转移到官职，有利于调动有才能者的积极性，而散官则成为安抚世家大族的有效工具，而且不会增加国家财政的负担。在官吏任用的限制方面，唐代规定大功以上亲不得在同一官府任职③；亲属之间不得任直接上下级官职；亲属不得在同部门任职；官吏任官须回避本籍；凡盗窃之家、赃罪革职者、疾

---

① （元）马端临：《文献通考卷二十八·选举一》（全二册），267页，北京：中华书局，1986。
② （五代）王定保：《唐摭言卷一·述进士上篇》，3页，北京：中华书局，1959。
③ 唐代按照血缘的亲疏远近把亲属关系分为几个等级，大功就是其中之一。大功及大功以上等级的亲属不能在同一个官府部门任职，也就是避嫌之意。"凡同事联事及勾检之官，皆不得注大功以上亲。"见（唐）李林甫等：《唐六典卷第二·尚书吏部》，28页，北京：中华书局，1992。

病者及不良生活习惯者也不得入仕。所有这些制度都有力地保证了官僚队伍的高效廉洁。

　　——王炤、魏文超：《初唐盛世的法治成因》，载《安徽史学》，2011年第4期

　　资源6：因为经过战乱，户口数字大大下降，在发展生产的同时，还得奖励增殖人口。在贞观元年（627），李世民就下了个叫地方官劝勉民间嫁娶的诏书，规定男的年满二十，女的年满十五，就可以结婚。还鼓励鳏（guān）夫、寡妇再婚，并且把老百姓是否婚姻及时，鳏夫、寡妇再婚的人数是多还是少，户口是增加还是减少，作为考核刺史、县令政绩的一个标准。另外，生了男孩的，有时还给予物质奖励。如贞观三年，下诏赏赐孝义之家和年八十以上老人的同时，还规定当年妇人生了男孩的，一律赐粟一石。因为当时的生产主要是农业，男的多了，就增加农业生产的劳动力。

　　农业生产最怕天灾，而贞观元年到三年之间，偏偏连年有天灾，连年闹灾荒。贞观元年六月，山东诸州大旱；八月，关东和河南、陇右沿边诸州霜害秋稼，关中也闹饥荒，发生卖儿卖女的事情。贞观二年，天下到处闹蝗灾，河南、河北大霜成灾，闹饥荒。贞观三年，关中诸州闹旱灾，其他广大地区闹水灾。李世民对此极为重视，作出了种种救灾的措施。一是前面说过的减免山东地区贞观元年的租赋。再是在贞观二年四月下诏叫天下州县都设置"义仓"，规定不管是谁的田地，每亩缴纳二升粟、麦或粳稻，存贮到义仓里，闹灾荒时就开仓救济灾民，或者借贷给灾民作为种子，秋收后再偿还。根据史书记载，开义仓救荒的事情在贞观年间就有好多次，说明设置义仓在当时确实对老百姓有点好处。贞观二年蝗虫成灾那一次，李世民亲自到禁苑看庄稼，抓了几枚正在吃庄稼的蝗虫，说："人以谷为命，而汝食之，是害于百姓。百姓有过，在予一人，尔其有灵，但当蚀我心，无害百姓！"[1]说罢，把蝗虫吞下了肚子。当然，我们今天懂得，对待害虫只有发动群众把它消灭，李世民这种认为蝗虫是上天降灾，要用自己的心脏来代替庄稼受灾的做法，是迷信的、不明智的，甚至很可能是故意做个样子给老百姓看。但是封建社会的老百姓知道了，也真可能被感动，多少能起点稳定人心的作用。

　　——黄永年：《物换星移话唐朝》，46～47页，北京：中华书局，2013

　　资源7：唐太宗袭用府兵制比前代更为完备。贞观十年，确定军府的名称为折冲府，更统军为折冲都尉，别将为果毅都尉。军府的组织和府兵的编制已完全制度化。府兵三

---

[1] 骈宇骞、骈骅译：《贞观政要卷八·务农第三十》，206页，北京：中华书局，2009。

年征选一次，凡民年20岁为兵，60岁而免。服役期间免本身租调。其特点是：农忙生产，闲时教战，战时征集，混合编制，将帅临时委派，府兵自备兵甲衣粮，战争结束后，"兵散于府，将归于朝"，这样既避免将帅专兵跋扈，又做到"兵农合一"。府兵制的实行使贞观时期保持强大的国防力量，有利于多民族国家的统一和巩固，这乃是"贞观之治"局面形成的重要保障。

——陈心耕：《试论唐太宗的政绩与贞观之治》，

载《福建论坛（文史哲版）》，1995年第5期

资源8：唐太宗强调执法公正，法不阿私，要求"人有所犯，一一于法"[①]，"法之所行，无舍亲昵"[②]。贞观九年（635）八月，岷州都督高甑生因延误军期被主将李靖处罚。高甑生心生愤恨，诬告李靖谋反。其诬告行径被查实后，被判处发配边疆的徒刑。有人对唐太宗说，高甑生是陛下当秦王时的功臣，请宽赦其罪。唐太宗说，高甑生是我的旧部，建有功勋，但他违背李靖军令，又犯诬告之罪，于法当判徒刑，我虽内心感怀其功勋，但不能违法赦免其罪。贞观十一年（637），唐太宗的儿子吴王李恪任职安州都督，多次出行打猎，严重损毁当地百姓嘉禾财产。侍御史柳范上表弹奏李恪。唐太宗并不袒护，结果李恪被罢免官职。贞观十七年（643），唐太宗的外甥洋州刺史赵节参与太子李承乾谋反，罪当处死。太宗的姐姐长广公主向太宗求情，"以首击地，泣谢子罪"。太宗"亦拜泣曰：'赏不避仇雠，罚不阿亲戚，此天下至公之道，不敢违也，以是负姊。'"[③]贞观十二年（638），唐太宗的叔父江夏王李道宗"坐赃下狱"[④]，即因贪污罪被捕坐牢。李道宗为皇室至亲，又屡立战功，但唐太宗并不赦免其罪，而是批评叔父贪得无厌，说："道宗俸料甚高，宴赐不少，足有余财，而贪婪如此，使人嗟惋，岂不鄙乎！"[⑤]果断罢免李道宗的官爵并削夺其封邑。由上可见，唐太宗能够不徇私情，执法严正。宋代史学家司马光就此评论道："唐太宗不以天下大器私其所爱，以杜祸乱之原，可谓能远谋矣！"[⑥]

---

① 骈宇骞、骈骅译：《贞观政要卷五·公平第十六》，148页，北京：中华书局，2009。

② （宋）王钦若等：《册府元龟卷一百五十七·帝王部·诫励第二》（全四册），315页，北京：中华书局，1989。

③ （北宋）司马光：《资治通鉴卷第一百九十七·唐纪十三（太宗贞观十七年，643）》（第13册），6197页，北京：中华书局，1956。

④ （后晋）刘昫等：《旧唐书卷六十·宗室列传第十》（第7册），2355页，北京：中华书局，1975。

⑤ （后晋）刘昫等：《旧唐书卷六十·宗室列传第十》（第7册），2355页，北京：中华书局，1975。

⑥ （北宋）司马光：《资治通鉴卷第一百九十七·唐纪十三（太宗贞观十七年，643）》（第13册），6197页，北京：中华书局，1956。

中国封建社会时期，皇帝权力极大，"口含天宪"①"诏敕入律"，皇帝的言辞或以皇帝名义发布的诏、敕、令、制、赦、德音等文告可视同法律。但唐太宗并不这么想当然，而是有着自己的清醒和自觉。唐太宗认为"不可轻出诏令，必须审定，以为永式"②，命令大臣们"诏敕疑有不稳便，必须执言，无得妄有畏惧，知而寝默"③，不能轻易以自己所颁布的诏敕等代替国家法律。唐太宗这样强调，在实际执法过程中也能够身体力行。贞观七年（633），贝州郇县县令裴仁轨私自役使门夫犯法，唐太宗一时愤恨，下制书令杀之。殿中侍御史李乾祐上奏说："法令者，陛下制之于上，率土遵之于下，与天下共之，非陛下独有也。（裴）仁轨犯轻罪而致极刑，使乖画一之理。臣职守宪司，不敢奉制。"④唐太宗听从谏言，收回成命，依法从轻处罚裴仁轨并褒奖李乾祐。同年九月，举行科举考试，有的考生欺诈造假。唐太宗出于气愤，颁布敕令，令造假考生自首，若不自首即处以死刑。大理少卿戴胄并不奉敕，而是依据法律，判决造假考生不自首而被查出者流刑。唐太宗很不满意，对戴胄说："朕下敕不首者死，今断从流，是示天下以不信。"戴胄回答说："陛下既付所司，臣不敢亏法。"唐太宗又说："卿自守法，而令我失信邪？"戴胄接着说："法者，国家所以布大信于天下；言者，当时喜怒之发耳。陛下发一朝之忿而许杀之，既知不可而置之于法，此乃忍小忿而存大信。若顺忿违信，臣窃为陛下惜之。"唐太宗立刻醒悟，对戴胄说，我有过失，"公能正之，朕何忧也"⑤。贞观八年（634），陕县县丞皇甫德参上书言事，由于言辞激切，唐太宗欲治其诽谤之罪。魏徵及时进谏，说臣下上书非言辞激切不足以引起皇帝重视，实非诽谤，不应定罪。唐太宗采纳魏徵的谏言，认识到了自己的错失，下令赐给皇甫德参20段绢帛以示奖励。唐太宗知过而能改，及时纠错，保障了法律的权威。

——刘玉峰：《唐太宗：立法与执法并行》，载《学习时报》，2015-03-16

资源9：贞观六年，唐太宗到监狱里视察，那年全国有近四百名死刑犯，都集中到大理寺的监狱。唐太宗一个一个地询问，大家都说犯了死罪，死有余辜，不冤枉。认罪态度良好，法官的审判也很公平。所以唐太宗就有点受感动，就跟这些死囚说，我跟

---

① （南朝·宋）范晔等：《后汉书卷七十八·宦者列传第六十八》（第9册），2509页，北京：中华书局，1965。
② 骈宇骞、骈骅译：《贞观政要卷八·赦令第三十二》，218页，北京：中华书局，2009。
③ 骈宇骞、骈骅译：《贞观政要卷一·政体第二》，12页，北京：中华书局，2009。
④ （后晋）刘昫等：《旧唐书卷八十七·李昭德列传第三十七》（第9册），2853页，北京：中华书局，1975。
⑤ （唐）杜佑：《通典卷一百六十九·刑法七·守正》（全五册），4372页，北京：中华书局，1988。

你们立一个君子之约，现在是冬天，放你们回去，来年秋收之后，咱们再在这里集合。四百死囚就离开了监狱，都回家过了一年。第二年的秋后，一个不少全都回来了。这是太宗时期有名的"四百死囚来归狱"的故事。我们现在经常会问这样的问题，假如生命剩了最后几天，你应该怎么怎么过？大家说一定好好过，一天当一年过。其实唐太宗那时候就做了这么一件事，给了死囚们最后一年的机会，这一年他们过得一定很好，而且也可能认识到了生命的价值和尊严。所以第二年一个不少全部回来。这事儿当时也感动了唐太宗，把所有的人都赦免了。

这不仅是珍惜生命的故事，也是顺应人性的故事，还得了人心，典型的"双赢"。不是所有的皇帝都会如此重视死囚犯的生命，也不是所有的皇帝都有唐太宗这般的自信，所以，只有唐太宗才能精彩地导演这出人性悲喜剧。"怨女三千出后宫，死囚四百来归狱"①，这是贞观时期创造的一个奇迹。

——孟宪实：《孟宪实讲唐史：从玄武门之变到贞观之治》，

162～163页，桂林：广西师范大学出版社，2007

资源10：李世民在兴儒学的同时，对佛、道两家采取了抑制政策。抑制不同于禁止，在群众中有一定基础的东西，是很难用行政命令把它禁绝的。过去北魏太武帝拓跋焘信道灭佛，北周武帝宇文邕连佛、道一起灭，结果本人一死，佛、道还不仍旧昌盛起来。李世民不想再这么蛮干，他容许信教自由，包括南北朝时候从波斯传进来的火祆教，贞观时传进来的基督教支派景教，都容许在长安、洛阳建立寺院，何况佛寺和道观，更何况道教假托的创始人老子李耳，也被他们李家拉来当作了始祖，李世民还在传说为老子故乡的亳（bó）州修了个大大的老君庙。因此，无论信佛、信道，他一概不予干涉，官员中像当过宰相的萧瑀，失宠后要求出家当和尚，他都马上批准。民间凡所建佛寺，雕造几尊佛像，他更概不过问，当年父亲李渊也为保佑二郎健康造过佛像呢，只要不借此聚众闹事就可以。而且为了收买民心，他自己还下诏给邠州、汾州、氾水等七个当年打过大仗的地方，建佛寺立碑铭，来超度敌我双方阵亡将士的亡灵。但是，无论信佛、信道，都不能超过了对儒学的尊崇，因为儒学是维护李家统治的精神支柱，信佛、信道决不能突破儒家那套政治理论体系。李世民在贞观五

---

① 原文为："怨女三千放出宫，死囚四百来归狱。"见（唐）白居易：《七德舞》，见朱金城、朱易安：《白居易诗集导读》，85页，成都：巴蜀书社，1988。

年（631），明确地宣言："佛道设教，本是为行善事，难道可以使僧尼、道士等妄自尊崇、坐受父母之拜？这样做是损害风俗，悖乱礼经，应立即禁断，仍让百姓致拜于父母。"①不准他们只顾宗教而违背了尊敬父母的孔门遗训。对从印度回来的玄奘，李世民在欣赏他的学问、才能的同时，曾多次希望他还俗做官，到自己身边参与朝政，虔诚的佛教大师玄奘当然婉言谢绝。李世民请玄奘撰写《大唐西域记》，目的也不是为了了解中亚、印度的佛学，而是让玄奘提供情报。可见在李世民这位崇儒尊孔者的头脑中，政治的重要是大大超过了宗教。

——黄永年：《物换星移话唐朝》，66～67页，北京：中华书局，2013

资源11：唐帝国是当时世界最为文明强盛的国家，首都长安是世界性的大都会。那时的唐帝国是世界各国仁人志士心目中的"阳光地带"，各国的才俊冒着生命危险也要往唐帝国跑。来自世界各国的外交使节，在看到唐帝国的高度繁荣和文明之后，就不想回国，千方百计地要留下。中国高度发展的文化，使来到中国的各国人民，大多数以成为中国人为荣。不仅首都长安，全国各地都有来自国外的"侨民"在当地定居，尤其是新兴的商业城市，仅广州一城的西洋侨民就有二十万人以上。贞观王朝是中国历史上少有的开放王朝，外国人入境和中国人出境并没有太严格的限制，既不担心中国人出去后忘本忘祖，也不担心外国人进来后喧宾夺主。仅这一点就说明贞观王朝的高度自信，深信自己的国家是世界上最文明富强的土地，不担心外来文化把自己淹没。贞观王朝的国民素质是如此之高，对外国侨民既不歧视也不奉迎，既不盲目排外也不"拿来主义"，一副不卑不亢的大国民气度和王者风范。外国人在中国享有和中国人一样的公民权利，不但可以发财致富，还可以从政当官。来自阿拉伯帝国和日本的侨民就有不少在中国担任官职的，有的还担任高级官员。

唐帝国除了接受大批的外国移民外，还接收一批又一批的外国留学生来中国学习先进文化，仅日本的官派公费留学生就接收了七批，每批都有几百人。民间自费留学生则远远超过此数。这些日本留学生学成归国后，在日本进行了第一次现代化运动"大化改新"，也就是中国化运动，上至典章制度，下至服饰风俗，全部仿效当时的贞观王朝。

——高峰：《唐太宗的治世之道》，载《文史天地》，2006年第4期

---

① 原文为："佛道设教，本行善事，岂遣僧尼道士等妄自尊崇，坐受父母之拜？损害风俗，悖乱礼经，宜即禁断，仍令致拜于父母。"见（唐）吴兢撰，骈宇骞、骈骅译：《贞观政要卷七·礼乐第二十九》，194页，北京：中华书局，2009。

资源12：昭陵在长安西边醴泉县（今陕西礼泉）九嵕（zōng）山的最高峰上，是李世民生前亲自选定的地点。贞观十年长孙皇后死后，就先葬进陵里。这时把李世民的灵柩送进地下的玄宫，和她合葬到一起。玄宫里照例陈设了生前用过的衣饰、器具和大量金宝、珠玉，东西厢还排列着放置石函的石床。石函的铁匣里，珍藏着李世民最心爱的法书名画，著名的《兰亭序》据说也在里面。地面上的气势当然更雄伟，陵园的周围长达六十公里，有垣墙围绕，中间有祭祀用的献殿，有供李世民灵魂活动的寝宫。垣墙背面也和大内一样叫玄武门，门外陈列着降服或亲附"天可汗"李世民的十四位少数民族首领石像。前面讲到过的突厥颉利可汗、吐谷浑乌地也拔勒豆可汗、吐蕃赞普松赞干布、高昌王麴智盛，以及焉耆王、于阗王，都在其中。门内东西两边陈列李世民打天下时牺牲了的战马的石刻浮雕，有平薛仁杲时的白蹄乌，平宋金刚时的特勒骠，平王世充、窦建德时的青骓（zhuī），平东都时的飒露紫，平刘黑闼时的拳毛䯄（guā），也就是后人通称的"昭陵六骏"，用来宣扬李世民的战功。陵园外围，还先后陪葬有妃嫔、皇子、公主、将相大臣文武百官以及少数民族将军等，一共一百五十六座坟墓。如果李世民地下有灵，也有这些人像生前那样给他摆出内廷外朝的排场。

——黄永年：《物换星移话唐朝》，88～89页，北京：中华书局，2013

资源13："贞观之治"之所以脍炙人口，一个很大的原因是由于在一个世纪以后出现的吴兢《贞观政要》一书的影响。该书乃唐太宗与臣下的问答集，通过具体的问答，对于君臣之间应有的关系、从事政治最为重要的东西等问题进行了梳理解说。倘若要追究一下这本书的主旨的话，似乎可以这样归纳：作为君主来说，应该怎样对待臣下们的意见（谏言），如何把握好分寸，推行宽容的政治；另一方面，作为臣子则要公正清廉、不畏权势、勇于纳谏、克己奉公。后世的人们通过《贞观政要》一书，将贞观之治看作君主政治的理想形态。

实际上，有关这一时期唐太宗认真虚心地听取魏徵等谏官的意见，在房玄龄、杜如晦等大臣的大力支持下执政的记载，在当时的史料中随处可见。由此我们可以说，太宗之所以如此重视谏言政治，是因为之前有一个不听臣下的劝谏、一意孤行而导致亡国的君主——隋炀帝。正是为了不重蹈隋炀帝的覆辙，唐太宗才身体力行，努力把自己的形象打造成为一个善政的实践者。然而，我们如果仅仅这样来看待唐太宗的话，那就流于简单化了。

唐太宗与隋炀帝都是次子，而且两人都有并不光彩的过去：即都是通过杀死兄长才得以掌权。另一方面，从作为皇帝的资质来看，冷静地比较两者，就会发现无论在把握未来的构想能力和行动能力方面，还是在学问以及文学素养等方面，隋炀帝都要高出一筹；作为一位统治者来说，唐太宗并没有任何方面超过隋炀帝。唐太宗也清楚地知道，如果不另辟蹊径的话，自己只能步隋炀帝之后尘。所以唐太宗遂把隋炀帝塑造成为一个彻头彻尾的恶棍和反面典型，并通过重视臣子的谏言这一策略，竭力在各方面与炀帝进行对比，千方百计地打造自己的明君形象，借以洗刷因玄武门之变而带来的阴影。

唐太宗非常在意人们如何评价自己的政绩。侍从君主左右的起居舍人和起居郎负责记录君主的公开言论以及行动，并且以《起居注》之名将记录传诸后世。按照当时的规定，《起居注》是不能让君主本人看的，而唐太宗却按捺不住想看《起居注》的欲望。有一次，太宗委婉地暗示了此意，结果被负责编辑《起居注》的杜正伦婉拒说：皇帝的言行都要在《起居注》里记下来，以流传后世，请皇上专心于政务。还有一次，唐太宗又要求看《起居注》，亦被负责记录的褚遂良拒绝。褚遂良说："史官书人君言动，备记善恶，庶几人君不敢为非，未尝自取而观之也！"①

虽说如此，史官们是否能完全拒绝唐太宗的要求呢？《起居注》中所描写的唐太宗完全是一代明君的形象，而对于玄武门之变的情况则轻描淡写，模糊不清。由此推测，唐太宗很可能看过这些《起居注》。与此同时，唐太宗也非常重视史书的编纂。贞观十年，命魏徵牵头负责编写记载隋朝历史的《隋书》，详细地记载了隋炀帝的暴政以及隋末的动乱。《隋书》成书于显庆元年（656）。

在这些记录（史书）中，唐太宗的意图都被鲜明地反映了出来，并因此而确立起了后世对于这一段历史的评价基准。的确，唐太宗可以归入有能力的皇帝这一类人物，正是他促使了政治上相对稳定的贞观时期的出现。但是我以为，并不能因此就轻易地断言，唐太宗一定就像后来被人们所追捧的那样是一代明君，而隋炀帝则完全是一个十恶不赦的暴君。对于这一方面的善恶判断，似乎应该更慎重一些。

——［日］气贺泽保规：《绚烂的世界帝国：隋唐时代》，石晓军译，

82～85页，桂林：广西师范大学出版社，2014

---

① （北宋）司马光：《资治通鉴卷第一百九十六·唐纪十二（太宗贞观十六年，642）》（第13册），6175页，北京：中华书局，1956。

"开元盛世"

学术引领

　　唐玄宗开元年间（713—741），在结束了武则天时期以来的政治动荡后，社会稳定，政治清明，经济快速发展，文化异常繁荣，继"贞观之治"之后，唐朝出现了又一个盛世局面，被称为"开元之治"或"开元盛世"。但盛世局面下，各种矛盾和问题暗中涌动，最终引发天宝年间的混乱，唐朝由盛转衰。

一、盛世局面出现原因

1. 政治方面

　　谭英华在《论开元之治》（载《社会科学研究》，1980年第3期）一文中指出，武则天执政时期，她的种种政策和措施固然有其积极的一面。不过，整体来看，从武则天临朝称制到睿宗即位共二十多年的统治，给唐代经济、政治以及社会风气造成的混乱，也是无可否认的历史事实。经历了武则天到睿宗时期的政治动荡之后，民心思定，民心思治。以唐玄宗为首的统治集团适应时代的需要，推行安定政局，休养生息和发展生产的方针。唐玄宗有意效法太宗，比较能用贤和纳谏的。在唐玄宗用贤纳谏、克己虚怀的影响下，匡辅唐玄宗的卿相大臣，在国家大政上多能做到捐弃成见，上下一心，励精求治，从而在十年左右的时间创造了唐王朝的第二个"盛世"。

张岂之、张国刚、杨树森在《中国历史·隋唐辽宋金卷》（20～21页，北京：高等教育出版社，2001）中指出，协调关系和稳定政局是唐玄宗开元初年政治的重心。唐玄宗先后任用姚崇、宋璟、张九龄等人为相，反对酷吏政治，防止后宫外戚干政，对宗室成员给予优厚待遇，但不给予军政实权。同时肃清武则天和韦皇后余党，贬斥一批恃功要权的功臣，有效地遏制了内乱的萌发。在此基础上，唐玄宗还整顿吏治，裁汰冗官，严格地方官吏的选拔与考核。对食封的贵族加以抑制，对佛教也采取了打击政策，大批僧尼还俗，并下令不得建新的佛寺。由于采取了这些措施，社会安定，政治清明，经济也得到发展。

岑仲勉在《隋唐史》（187～189页，石家庄：河北教育出版社，2000）一书中指出，唐朝开元之治盛世局面的开创，与开元时期的贤相姚崇、宋璟的努力密不可分。但是，姚崇和宋璟二人执政分别不过三年多，开元时期能开创盛世局面，还有其他因素。首先，由于突厥内部矛盾和唐朝的打击，突厥与唐朝关系缓和。开元末期之前，吐蕃与唐朝基本无大规模战争。东北各民族不能对唐朝构成重大威胁。边境的相对稳定给唐朝提供了休养生息的机会。其次，政府本着宽仁的原则行政，百姓得以安居乐业。这些都是开元之治局面出现的原因。

2. 经济方面

王双怀在《试论开元时期的经济政策》（见史念海主编：《唐史论丛（第7辑）》，280～306页，西安：陕西师范大学出版社，1998）一文中从生产、分配、交换、消费等环节入手，对开元时期的经济政策进行了详细的分析。在生产政策方面，唐玄宗把"劝课农桑"提到很高的地位，一再督促不夺农时、兴修水利、防病治病、捕蝗抗灾等具体措施的执行，"劝课农桑"成为地方官的经常性任务和重要考核内容。同时规范均田制，经过两次修订，开元时期的均田制度在土地测量、土地分配和土地使用等方面更加详备。唐玄宗君臣还努力扩大屯田规模，在解决军粮问题同时，推动了农业的发展。在分配政策方面，唐玄宗坚持轻徭薄赋，开元时期修订的租庸调法更加的全面和细致，虽然在分配方面存在着不公平，但民众总体负担相较其他时期是较轻的，增加了劳动者生产的积极性和再生产的能力。在交换政策方面，开元时期政府并没有过度的抑制商业发展，和后代相比，对商人征收的税种较少，税额也较轻。政府加强对市场的管理，通过平准署、常平署等平抑市场物价，维护了正常商品贸易。在消费政策方面，唐玄宗在开元时期厉行节用省费，裁撤冗官，缩减宗室的封户，发布禁止奢侈的制敕。为解决关中地区物资不足的问题，又大力整顿和发展漕运，在加强经济联系的同时平衡消费。

赵克尧在《开元盛世形成的原因初探——唐玄宗经济思想与措施一瞥》（载《学术月刊》，1989年第10期）一文中指出，唐玄宗在经济思想上比较务实的提出"富而后教"[①]，把富置于教之上，又把足食富民摆在富国之前，努力发展生产，力争实现家给人足的目标。同时，唐玄宗尊崇道教，推崇清静无为，在经济思想上体现为少私寡欲，节俭戒奢，赋役有节。在具体经济措施方面，唐玄宗大力支持宇文融进行括户，即要求逃亡户口或回归故乡，或在当地入籍。政府还核实土地占有状况，将非法侵占的土地收回重新分配给无地人口。这些措施对于抑制土地兼并，稳定社会秩序，促进农业发展起到积极作用。唐玄宗重视兴修水利，在他当政时期的大部分水利工程都修建于开元前期。唐玄宗还进行了币制改革，增开铜矿，加置钱炉，改进铜矿管理方式，减低冶炼成本，推动了商品经济的发展。

3. 文化方面

杜晓勤在《唐开元中前期士风之变》（载《中国史研究》，1997年第1期）一文中指出，唐玄宗以贞观年间"君臣合德"之事为范本，对以姚崇、宋璟、张说为代表的一批协心治国的大臣们礼遇甚佳。这就在很大程度上激发了开元士人的进仕热情，使他们产生强烈的"君臣遇合"、建功立业的政治抱负。唐玄宗接受了以礼乐文教佐佑王化的文治思想，文人学士出身的官员地位日益提高，大批盛唐士子怀着远大的政治抱负踊跃入仕。唐玄宗大力推崇儒家思想，并由推崇儒家之学术转为重视儒家之经世功能。国家除了重视古训、典章、仪礼诸学外，更加强调儒学的经世精神和治国之道。开元中期，科举考试中及第的士子多是明适时之务、究帝王之道的文士，而绝少章句经术之儒。与武后和中宗朝的士人相比，开元士人普遍具有更为强烈的功名意

[①] （后晋）刘昫等：《旧唐书卷一百五·宇文融列传第五十五》（第10册），3220页，北京：中华书局，1975。

识、济世意识和进取精神。

樊树志在《国史概要（第2版）》（173~175页，上海：复旦大学出版社，2000）一书中指出，在文化上，唐人既不是魏晋以前汉人的简单延续，也不是胡人单向地融入汉族，而是汉胡互化产生的民族共同体。这个共同体不断地与域内和周边的胡人，以及来唐的外国人混融互化，不断汲取新鲜血液，因而更加生机勃勃，充满活力。唐朝文化特别是盛唐文化的繁荣昌盛，离不开当时奉行立足于我、夷为我用的文化开放政策，在继承传统文化的基础上，大量吸收外来文化，为唐文化提供了融合的广度和深度。这种对外来文化的兼收并蓄，为我所用的胸襟与气度，是唐朝有别于其他王朝的高明之处。

二、盛世局面背后的危机

1. 均田制的破坏

宁可在《中国经济通史·隋唐五代经济卷》（658页，北京：经济日报出版社，2008）一书中指出，均田制下虽然对每户的土地额度作出明确的规定，实际上均田户占田不足在唐代前期就已经存在。尽管如此，唐代前期均田户占有的土地还是比较接近均田令规定的数额，因为经过隋末农民大起义的扫荡，官僚、贵族和地主受到致命打击，出现了大量的荒芜土地，这为唐代初期实行均田制创造了客观条件。同时，唐代前期吏治清明，行政效率比较高，定期还授土地的制度被严格遵循。另外，鉴于隋末农民起义的爆发，唐政府对于土地兼并的限制比较有力。随着高宗、武则天时期开始对均田制中永业田与口分田买卖限制的不断放松，土地兼并日益激烈，地主、贵族、官僚兼并土地的势头得不到遏制，均田户占有的土地不断减少，土地占有不均的情况日益严重。在这种情况下，均田户还得按均田足额上缴租庸调，他们已经承受不了如此沉重的经济负担，而唐政府为了保证财政的收入，不会因此而减免均田户的租庸调额。均田户或者逃离国家的户籍，或者变为地主的隐户，在玄宗时期均田制已经走到了它的尽头。随着均田制的瓦解，以均田制为基础的租庸调制难以维持，国势日渐衰落。

牟发松在《唐玄宗朝土地关系的矛盾及其调整略论》（载《武汉大学学报（社会科学版）》，1992年第3期）中指出，唐玄宗即位时，均田制已经问题重重。唐玄宗兴修水利，发展农业，节约开支，规范税赋，减轻农夫负担，尽最大可能保护小农生产。同时唐玄宗两次修订、颁布均田法令，制度条文远比前朝周密完备。维护均田制的强硬手段，莫过于支持宇文融重新核查户籍和土地，强制逃户重新纳入国家户籍，将占田超过限定的土地收回重新分配。但人口的急剧增加使实际授田不足成为普遍现象，另一方面土地兼并使大土地所有制急剧膨胀，国有土地和自耕农的小块土地正在向地主田庄集中，再加上均田户承担的力役和兵役日益繁重，均田户大量逃亡，最终均田制逐步走向瓦解。

2. 宰相政治的得失

胡如雷在《唐"开元之治"时期宰相政治探微》（载《历史研究》，1994年第1期）一文中认为，开元年间，政局稳定得以长期维持多年，是同当时的宰相政治分不开的。唐玄宗在开元年间的宰相任用问题上把握着三个原则：第一个原则是宰相设置少而精，特别注意要"擢用贤俊"，这样选拔出的宰相多是人才中的精英，最高执政集团比较精干，也减少了不必要的人际矛盾。唐玄宗择相是兼重才德的，但他还是把德摆在首位，看重的是一个人在政治、道德上是否作风正派。第二个原则是尽量不轻易重用功臣为相，为防止功臣因功自重，一些在诛伐武三思、韦皇后、太平公主等政治斗争中立下功劳的大臣，多离开京城，被贬到地方任刺史。第三个原则是尽可能不用皇亲国戚为宰辅，《宰相表》所列的同中书门下三品中无一人是重要皇族或国戚。因此开元朝的宰相大都作风正派，为官清直，贤相满朝的宰相政治成为维护政治稳定、开创"开元之治"的重要原因。但开元年间的宰相政治也存在一些问题。首先是有些宰相实际处于被架空的地位，起不了真正的作用，如开元初期，姚崇"独当重任"。其次，专制主义中央集权下官僚政治的通病，即派系斗争、人事矛盾特别复杂。开元前期政事堂中虽有矛盾，如姚崇和张说，但宦风的主流是好的。随着政治斗争的发展，开元二十四年，张九龄罢参知政事，形成李林甫一派独霸政事堂的局面。从政治上讲，开元之治在这一年已寿终正寝。

李鸿宾在《唐玄宗择相与开元天宝年间中枢政局》（载《文献》，1995年第3期）一文中指出，唐玄宗在不同时期有着不同的择相用人方针，唐玄宗择相方针的变化直接影响了政局的稳定，进而影响了唐朝国势的盛衰。开元前期，唐玄宗励精图治，知人善任，在择相中注重协调宰相之间的关系。唐玄宗先用精于吏治，勇于开拓的姚崇大胆改革，后用老成持正的宋璟稳定朝纲。因两人个性鲜明，唐玄宗又选拔性格软弱谦让的人同时为相，防止了宰相间的摩擦影响决策。这样，唐朝的中枢政局相对稳定，保证了决策效率,使国力日益的兴盛。开元中期以后,各种新旧势力相互交织,不同利益之间纷争冲突,纵横上下,分合联结。玄宗在选人策略上也转变为中杂用文学之士、吏员出身和军事将领,欲收其所长,又利用其间的矛盾使其互相牵制,皇帝则驾驭其上。这种平衡制衡策略,使每任宰相都充分利用自己的长处和优势,力争有所建树,开元中期以后的政局变化莫测而又正常运转,经济、文化总体呈发展态势,但是政治的不稳定为国势转衰埋下了隐患。开元后期和天宝年间,李林甫利用唐玄宗安于享乐,怠于政事的机会,大肆排斥异己。唐玄宗的驾驭宰相的制衡之策失败,李林甫独揽大权,后唐玄宗虽有察觉,但终成尾大不掉之势,无力挽回。

樊树志在《国史概要(第2版)》(190~191页,上海:复旦大学出版社,2000)一书中提出,唐初皇帝与三省互相制约,共同治政,构成相对和谐的政治体制。唐初宰相多至一二十人,重大事务由政事堂会议讨论。唐玄宗即位后,重用姚崇、宋璟,朝政由三省长官合议逐渐向宰相专权化方向发展。至此三省制度变形,舍弃了三省合议的原则,转而委任个别亲信宰相裁决政事。如委任得贤,固然无妨,一旦委任得奸,必然导致政局败坏。唐玄宗重用姚崇、宋璟而成开元之治,是选相与专委成功的统一,但此后只专委而不重选相,最终造成李林甫、杨国忠的专权用事,政局败坏。

3. 节度使与宦官权力的膨胀

沙宪如在《唐代节度使的再探讨》(载《史学集刊》,1994年第2期)一文中指出,节度使从高宗永徽年间始设,经武周、中宗、睿宗至玄宗即位的六十年间,其权势虽然是呈不断提高的趋势,但是却有严格的限制。节度使权势的恶性膨胀,以致于最后发展到祸乱国家,则是在玄宗统治时期。唐玄宗崇尚武功,为了加强对边疆地区的控制,进行扩土拓疆,玄宗即位后便不断地在边疆地区增兵,又先后增设了八个节度使,最终节度使的边镇兵达到中央禁军的四倍,改变了唐朝初年"内重外轻"的军事格局。开元后期对节度使的权力制衡遭到破坏,节度使不仅把军内大权集于一身,而且还把地方的行政、财赋等大权也集于一身。府兵制的瓦解使节度使可以自行募兵,所属军事力量逐渐发展为节度使的私人武装。但是对节度使的作用应该分阶段、有区别的具体分析。唐王朝疆域辽阔,与边疆少数民族的战事频繁,在西北和东北地区划分固定的防区,由节度使镇守,节度使权力较大,牵制较少,战时可以便宜行事,从而有利于战争胜利,对唐王朝保卫边防、开拓疆域、弘扬国威,是起了重要作用的。

安禄山的叛乱表面上是由节度使权力膨胀造成的，实际上是唐朝诸多的、深刻的社会矛盾的一个爆发。节度使的权力无限制地扩大，其根本原因在于政治腐败，而安禄山的叛乱正是腐败政治的必然结果。

岑仲勉在《隋唐史》（189～192页，石家庄：河北教育出版社，2000）一书中提出，中唐之后的危机形成于开元时期。首先是藩镇问题，唐朝节度使一职正式形成于开元时期，据《唐六典》记载，开元二十五年"凡天下之节度使有八"[1]。而藩镇之祸，不是因为设置节度使，而是赋予节度使的职权太重，终成尾大不掉之势。其次是宦官问题，唐玄宗时期，内侍宦官授予官职者远超前代，书院、监军、出使、教坊等事务皆委任宦官，监军职权甚至超过节度使。宦官高力士深得唐玄宗信任，每日进奏，必先呈高力士，然后上奏玄宗，小事高力士便可决定。宇文融、李林甫、杨国忠、安禄山等人都通过高力士谋取高位，可谓开中唐以后宦官干政之先声。这些都为唐朝国势的衰落埋下隐患。

4. 唐玄宗的个人因素

樊树志在《国史概要（第2版）》（171～172页、189～190页，上海：复旦大学出版社，2000）一书中提出，从政治上看，开元之治不过是对"贞观之治"的学步而已。唐玄宗首先恢复了贞观时期"以宽仁为理本"[2]的法治原则，选用贤能，轻刑慎罚。其次，唐玄宗时期改革租庸调的赋役制度，重新核实户籍等措施，是贞观时期轻徭薄赋原则的延续。开元之治"依贞观故事"，但唐玄宗不如唐太宗，不知"守成难"，不知"慎终如始"，一旦取得了盛世的成就，便忘乎所以。开元晚期，唐玄宗"在位岁久，渐肆奢欲，怠于政事"[3]，至于天宝时期的混乱，无非是开元晚期政治的继续恶化。唐玄宗的骄纵助长了李林甫的奸恶，李林甫的奸恶助长了唐玄宗的昏庸。唐玄宗独宠杨玉环，重用杨国忠，使朝政更加败坏。

吕思勉在《隋唐五代史（上册）》（152～161页，上海：上海古籍出版社，2005）一书中提出，唐玄宗开元、天宝年间并不是唐朝盛衰治乱的分界线。由乱到治，必须

---

[1] （唐）李林甫等：《唐六典尚书后部卷第五》，157页，北京：中华书局，1992。

[2] （后晋）刘昫等：《旧唐书卷一百一十八·杨炎列传第六十八》（第10册），3420页，北京：中华书局，1975。

[3] （北宋）司马光：《资治通鉴卷二百一十四·唐纪三十（玄宗开元二十四年，736）》（第15册），6823页，北京：中华书局，1956。

找到导致乱世的原因，并予以更正。但唐玄宗放纵淫乱等行为一切无异于前人，虽然在即位之初，不得不稍事整顿，然积习已深，最终重蹈前人覆辙。在专制时代，国家兴盛关键是依靠士大夫的气节，而这是唐朝最缺乏的。前代长孙无忌、褚遂良等也曾结党弄权，武则天时期更不必说，玄宗身边大臣也大多是奉承狡诈之人。虽然在姚崇、宋璟的辅佐下出现一时的治世，但时间短暂，开元九年张说为相，劝玄宗封禅，骄纵之势再次萌发。玄宗即位，禁止修建佛寺，裁汰僧尼，将宫中金银玩物销毁以供国用，罢两京织锦坊，多次颁布敕令禁奢侈。这些措施有胜于无，但这些不过是权宜之计，难以持久。之后玄宗封禅泰山，在长安与洛阳大兴土木，选数百乐工在梨园研习音律等，奢靡之风又起。玄宗另有失德之处是好色，先宠爱武惠妃，后宠爱杨贵妃，疏于朝政，贪图享乐，极尽奢靡。为增加政府收入，聚敛财富，唐玄宗重用理财官员。御史宇文融主持全国的户籍和土地核实，得钱数百万贯，深得玄宗的赏识。杨崇礼及其子杨慎矜、韦坚等人，都因负责赋税、转运等事务，尽其所能聚各地财富于京城，最终得到玄宗的重用。为取得皇帝的欢心，聚敛之臣的不断盘剥最终导致小农生产被破坏，土地兼并盛行。

谢元鲁在《再论唐玄宗杨贵妃与安史之乱的关系》（载《社会科学研究》，2005年第3期）一文中，从个人行为模式和心理转换的角度对唐玄宗后期所谓的"老年昏聩""色荒志怠"进行了分析。玄宗从开元后期起，对政事的厌倦以及对音乐艺术和爱情的追求的心理转变，首先来源于对生命短促和老境将至的切身感受。从开元后期到天宝初年的这一时期，玄宗却在个人情感上不断遭受重大的挫折与打击。第一个挫折与打击，是兄弟们的相继去世。虽然出于政治原因，玄宗对自己的兄弟严格监控，但依然保留浓厚的兄弟之情，特别是在音律上造诣颇高，为玄宗敬重的大哥宁王李宪过世，对唐玄宗打击颇大。第二个打击来自唐玄宗宠爱的武惠妃去世。玄宗虽身为帝王，但经过开元后期诸兄弟与武惠妃相继辞世的打击，对生命匆促的悲凉之音，同样心追身受。他一方面企图从道术仙方中追求生命的永恒，而在内心的情感方面，则开始了一个由压制情感到放纵情感的过程。开元后期玄宗个人情感和人生价值追求的转变原因，其次来源于他从青年时代起对音乐舞蹈艺术的酷爱与追求。开元前期，成为盛世明君的追求，使他暂时把国政放在首要地位，把主要的精力和时间放在国政上，无暇顾及和有意压抑个人的兴趣与爱好。到开元后期，玄宗执政已久，天下大治，他便开始倦怠政事，性格中被压抑的率性浪漫另一面也开始逐渐显露出来。杨玉环的入宫适逢其时，她的惊世美貌、善解人意的性格，对音乐舞蹈的极高天赋以及与玄宗一致的审美情趣，满足了玄宗的个人潜在性格与长期压抑的兴趣爱好的能量释放，使她很快与玄宗心心相印，正好填补唐玄宗感情与艺术才能缺乏知音的巨大空白。但帝王毕竟与普通人不同，他掌握着绝对的权力与巨大的财富。当君主把个人的情感与兴趣爱好放在比国家政事更重要的位置上，就很容易转化成为国家与社会的灾难和个人的悲剧。

三、"开元盛世"的启示

胡海亮在《从开元盛世到安史之乱的历史启迪》（载《中共山西省委党校学报》，2014年第3期）一文中指出，唐玄宗前期励精图治，开创前所未有的繁荣盛世局面，后期怠于政事，纲纪废弛，最终导致安史之乱，唐朝由盛转衰。从"开元盛世"到"安史之乱"的鲜明反差，给后世不断提供可资借鉴的历史启迪。主要包括：①治平难，致乱易。治国要时刻保持清醒，保持谨慎；②防微杜渐。不能对小问题视而不见，纵而不管，对于事关政局稳定的重大因素，更需见微知著，睹始知终，筹划周全，以防万一；③尊贤而兴，用媚而衰。治国理政重在用人，应以治国为先，选拔品学兼优的人才以备国用，拒绝谄媚钻营之人；④成由勤俭败由奢。禁止奢侈是励精图治的长效药。

孔祥军在《改革·开放·创新——从开元盛世看"中国梦"的实现》（载《中共石家庄市委党校学报》，2014年第6期）一文中指出，汲取历史上"开元盛世"时期统治者的经验和教训，对"中国梦"的实现，中华民族的伟大复兴，有很强的现实意义。主要包括：第一，改革创新，与时俱进。我们要坚持制度创新，持续不断的推进改革，不满足现状，不因循守旧，与时俱进的推动经济又好又快的发展；第二，海纳百川，兼容并蓄。坚守中华民族的文化本位和文化立场，博采众长、兼容并蓄，吸纳世界各国文明的精华部分为我所用；第三，更新吏治，依法反腐。国家治理关键在于吏治，为政清廉才能取信于民，秉公用权才能赢得人心；第四，推动经济持续健康发展。发展才是硬道理，坚持以经济建设为中心，坚持科学发展观，不断为"中国梦"的实现夯实物质基础；第五，重建中华文化道德体系；第六，空谈误国，实干兴邦。"中国梦"的实现关键在于落实，在实干中推动发展。

微课设计一：从"救时宰相"姚崇看开元政治

设计意图

姚崇是唐朝开元初期的宰相之一，深得唐玄宗的信任。本微课通过姚崇任宰相期间的几件典型事件的分析，帮助学生了解开元时期的政治状况，进而体会"开元盛世"局面出现的政治原因。

设计方案

教师导入：姚崇是唐初名臣，在武则天时期就位居宰辅。唐睿宗时，姚崇因反对太平公主干政，被罢免宰相，贬到地方为官，每到一地都深得百姓拥戴。开元元年七月，唐玄宗平定太平公主等人的谋乱。十月，乘在新丰进行军事演习之机，唐玄宗召回了姚崇，欲加重用。

材料呈现：姚崇针对当时的弊端丛生，给玄宗建言十事，大意是：实行仁政，不贪边功，法行自近，宦官不参与朝政，拒绝租赋外的贡献，戚属不任台省官，对朝臣要以礼相待，纳谏从善，杜绝佛道的寺观营造，以两汉外戚专权为鉴戒。

——田廷柱：《姚崇传》，载《唐史论丛》，1987年第2期

教师讲述：这十点建议实际上是姚崇日后施政的纲要，正好与唐玄宗整顿朝纲，振兴唐王朝的政治理想不谋而合。唐玄宗欣然接受了这十点建议，并再次任命姚崇为宰相。针对当时的政治混乱，吏治腐败等问题，姚崇辅佐唐玄宗进行了大刀阔斧的改革。

材料呈现：薛王李业的舅舅王仙童骄横不法，仗势欺压百姓，遭到御史的弹劾，将依法定罪。李业闻讯后，立即到玄宗那里求情，玄宗下令重新审理此案，旨在宽免。姚崇、卢怀慎知道后，当即上奏说："王仙童罪证确凿无疑，御史的弹劾也无枉言，不能舍而不问。"姚崇坚持法行自近，即便是皇戚、近臣犯罪，也决不宽贷。玄宗只好同意

依法惩治，"由是贵戚束手"。①

同年闰二月，申王李成义私自把本府中的录事（流外官，从九品）阎楚珪破格提拔为府中参军（正七品上），玄宗业已批准。姚崇、卢怀慎闻讯后，即刻上奏玄宗，表示反对。他说："以前已得圣旨，说王公、驸马有奏请，不是墨勒都不得批准。我们认为量材授官，权力应归有关部门；如果因亲故私恩，就能得到官爵的恩惠，这是重蹈以前的旧辙，必然会败坏纲纪。"姚崇坚持任人唯贤，终于迫使玄宗收回成命。从此，制止了私人请托的歪风。②

——田廷柱：《姚崇传》，载《唐史论丛》，1987年第2期

教师设问：姚崇两次迫使唐玄宗收回成命起到怎样的效果？（参考答案：抑制了宗室亲贵和功臣的权势，规范了官员的选拔。）

教师补充：开元时期的唐玄宗以贞观年间的太宗皇帝为榜样，奖励直谏的大臣，善于接受建议，以身作则，带动了政治风气的转变。

教师讲述：开元三年五月，山东发生严重的蝗虫灾害。在"天命论"思想的影响下，大家都认为是天灾，再加上当时佛教盛行，人们都不愿杀生，因此百姓不敢捕杀，朝臣也一筹莫展。姚崇力排众议，主张捕杀蝗虫，向各地派御史监督捕杀工作。在朝廷的一片反对声中，唐玄宗也开始犹豫不定。姚崇再次阐述了他的观点：

材料呈现："庸儒拘泥，不知变通。事情有违经而合道的，也有反道而适权变的。北魏、后秦时曾发生过蝗灾，因不忍心扑杀，草木都被吃光。因蝗灾严重，甚至出现了人相食的惨象。""如今山东蝗虫比比皆是，仍繁息不止，实在罕见。况且，河北、河南贮备不多，倘若农业不收，岂能免遭流离之苦？事关安危，不能胶柱鼓瑟。即使不能完全扑尽，犹胜姑息成灾。"

——田廷柱：《姚崇传》，载《唐史论丛》，1987年第2期

教师设问：姚崇力主扑杀蝗虫的理由是什么？（参考答案：历史上蝗灾的教训，捕

---

① 原文为："姚崇、卢怀慎等奏：'仙童罪状明白，御史所言无所枉，不可纵舍。'上从之。由是贵戚束手。"见（北宋）司马光：《资治通鉴卷二百一十一·唐纪二十七（玄宗开元二年，714）》（第14册），6696页，北京：中华书局，1956。
② 原文为："姚崇、卢怀慎上言：'先尝得旨，云王公、驸马有所奏请，非墨敕皆勿行。臣窃以量材授官，当归有司；若缘亲故之恩，得以官爵为惠，踵习近事，实紊纪纲。'事遂寝。"见（北宋）司马光：《资治通鉴卷二百一十一·唐纪二十七（玄宗开元二年，714）》（第14册），6697页，北京：中华书局，1956。

杀蝗虫事关百姓生计，国家安危。）

教师讲述：在姚崇的劝说下，唐玄宗下定决心捕杀蝗虫，最终避免了一场因蝗灾而带来的大饥荒。

教师介绍：姚崇在开元四年十二月辞去宰相职务，但唐玄宗在重大问题上依然会询问姚崇的建议，可见唐玄宗对姚崇的充分信任。在姚崇等人的辅佐下，唐玄宗结束了武则天、中宗、睿宗以来政治动荡，吏治日渐清明，生产不断发展，盛世局面日益显现。姚崇也被同僚称为"救时宰相"。

教师引导学生小结：从姚崇担任宰相期间的种种事迹，我们不难发现开元前期，在唐玄宗君臣的共同努力下，唐朝的政治总体趋向稳定，在法令执行、官员任命等方面日渐规范。

开元前期的唐玄宗积极进取，知人善用，善于纳谏，因此推动了开元前期政治局面的好转。唐玄宗君臣在政策制定方面也敢于突破传统观念的束缚，更多地从经济发展、社会稳定、百姓生计的角度出发调整政策，以务实的精神推动了唐朝社会政治经济进步，为"开元盛世"局面的出现打下了良好的基础。

✎ **设计点评**

本微课通过开元年间姚崇担任宰相时期的几件典型事件，生动地展示了开元前期唐朝的政治状况、执政理念、君臣关系等。将复杂和抽象的政治改革，通过浅显易懂的具体事例展示给学生，易于体会和理解，符合中学生的认知水平。

微课设计二：从唐三彩看盛唐气象

✎ **设计意图**

唐三彩是中国陶文化发展到高级阶段的产物。唐朝开元年间是唐三彩发展的鼎盛期，唐三彩中大量写实的作品很好地诠释了开元年间的盛唐气象。本微课通过介绍唐三彩的发展概况，对几件典型的人物俑和动物俑进行赏析，让学生直观地体会"开元盛世"时期唐朝的社会与文化。

设计方案

教师导入：唐三彩是一种盛行于唐代的陶器，以黄、白、绿为基本釉色，后来人们习惯地把这类陶器称为唐三彩。盛唐时期是唐三彩发展的鼎盛时期，唐三彩的出现和发展与唐代厚葬之风盛行有着密切关系。

材料呈现：王公百官，竞为厚葬，偶人像马，雕饰如生，徒以炫耀路人，本不因心致礼。更相扇慕，破产倾资，风俗流行，遂下兼士庶。

——（后晋）刘昫等：《旧唐书卷四十五·志第二十五·舆服》（第6册），

1958页，北京：中华书局，1975

教师设问：材料反映了唐代怎样的社会风气？（参考答案：无论贵族还是百姓都流行厚葬，三彩俑成为重要的陪葬品。）

教师讲述：公卿贵族们把生活中的文武侍卫、妻妾奴婢、马牛骆驼以及生活用品等，用唐三彩的形式制作出来用于陪葬，这正说明唐三彩的中大量作品是对盛唐生活的真实反映。陪葬前还会安排庞大的仪仗抬着各种精美的三彩俑通街炫耀，这种用三彩俑陪葬的风气逐渐受到社会中下层的效仿。厚葬风气的盛行也恰好说明了盛唐时期经济快速发展，社会财富在不断地增加。

材料呈现：

——阎存良：《古陶珍宝：唐三彩》，94页，天津：百花文艺出版社，2005

教师讲述：这是陕西乾县出土的三彩骑马女俑。马凝神伫立，肌腱清晰，形体肥硕浑圆，有静中欲动的美感。唐人爱骏马，马是唐朝贵族阶层最主要的交通工具。随着唐朝的强盛，东西方交通的通畅，中亚出产的良马不断传入中国，为三彩马的创造提供了丰富的素材。骑马的女俑头戴胡帽，身着窄袖紧身大翻领左衽胡服，神采奕奕，英姿勃发。唐朝妇女在服饰方面盛行胡装，偏爱戎装，不仅审美独特，突出个性，而且敢于大胆尝试，另外唐朝妇女骑马出行，胡服骑射也是比较常见。唐朝女性以胖为美的风尚，更是与两汉魏晋追求轮廓线条和清瘦骨象迥然不同。唐三彩的人物俑中女性占很大的比重，这一切都与唐朝妇女较高的社会地位密不可分。唐朝的国力强盛，统治者有着充分的自信和力量，因此对人身的禁锢比前代有所放松，社会各方面都比较开放、开明。这种开放和气度影响到了女性的生活，唐朝女性的束缚较少，地位较其他朝代明显较高。

教师设问：通过三彩骑马女俑的介绍，我们能了解到盛唐社会中的哪些特点呢？（参考答案：国力强盛，民族间的大融合，社会的开明开放，妇女地位较高。）

材料呈现：

——阎存良：《古陶珍宝：唐三彩》，130～131页，天津：百花文艺出版社，2005

教师讲述：这两件器物一件为三彩骑马驾鹰猎俑，武士同样身着胡装，端坐马上，一驯服的猎鹰立于武士手上。另一件为三彩骑马狩猎俑，马背上的武士雄姿英发，仰面侧身，凝视高空中飞翔的猎物，双臂做满弓待发状。狩猎是唐朝时贵族们主要的娱乐活动之一，放鹰打猎更是盛行于盛唐，而雕、鹘、鹞等猎鹰大多为域外进贡。强盛的唐朝保持着对周边少数民族的控制或威慑，稀有的猛禽和草原的良马一样，都是少数民族进贡的重要物品。

教师设问：通过三彩骑马驾鹰猎俑和三彩骑马狩猎俑的介绍，我们能了解到盛唐社会中的哪些特点呢？（参考答案：国力的强盛，贵族的尚武风气。）

材料呈现：

——阎存良：《古陶珍宝：唐三彩》，159页、166页，天津：百花文艺出版社，2005

教师讲述：图片中的两件作品分别是三彩胡人骑驼俑和三彩乐人乘驼俑，都生动地展示了骆驼的形象。唐朝中外交流频繁，丝绸之路上活跃着各国的商人，面对一路上复杂恶劣的自然环境，骆驼成为最得力的行旅坐骑。两件作品中的人物都为胡人形象，盛唐时的长安各国和各民族商贾云集，是重要的国际化大都市。唐三彩的骆驼俑以盛唐最多，伴随大量胡人俑的出现，充分说明大唐王朝与外国和周边民族交往日益频繁。在三彩乐人乘驼俑中，乐人手中的琵琶格外引人注目。琵琶是从西域传入中原的，是唐代最时髦、最流行的乐器，西安出土的大量乐人俑中，几乎都有琵琶的出现。可见，民族之间、中外之间除经济交流外，文化艺术的交流也十分频繁。

教师设问：通过三彩胡人骑驼俑和三彩乐人乘驼俑的介绍，我们能了解到盛唐社会中的哪些特点呢？（参考答案：中外经济和文化交流频繁。）

教师介绍：唐三彩随着唐朝文化的辐射很快传播到世界各地，特别是东亚和中亚等国。东亚和中亚国家不仅学习唐朝的手工技艺，更是模仿唐朝的风俗习惯，审美意趣，出现了"新罗三彩""波斯三彩""奈良三彩",反映出当时唐朝文化在亚洲地区的领先地位。

教师引导学生小结: 盛唐高度发达的物质文明给高度发展的艺术奠定了坚实的经济基础,发达的经济与繁荣的文化促成了开放、包容的气度,又进一步吸引周边民族和世界各地区的人物、资源、文化汇集于此,而这一切无不渗透于唐三彩作品之中。唐三彩以其写实的风格和形神兼备的艺术表现力,为我们生动地展示了大唐的盛世气象。

✎ **设计点评**

本微课通过对唐三彩的介绍,生动地展示了盛唐时期唐朝社会生活的各个方面,并且从中体会唐朝国力的强盛,民族间的和谐,以及强盛的唐王朝在当时世界中的优势地位。整体设计从唐三彩入手,小中见大,有助于学生全面地了解唐朝的社会状况。

教学资源

资源1:尽人皆知,开元年间,政局稳定得以长期维持多年,是同当时的宰相政治分不开的。史称:"开元中,上急于为理,尤注意于宰辅。"[1]为什么唐玄宗特别重视宰相呢?原来在他思想中存在着一个突出的念头,就是恢复"贞观之治"时期的君明臣直。大家知道,"贞观之治"最著名的两条是:纳谏与任用魏征、房玄龄、杜如晦等贤相。对前者,玄宗在开元前期是尽量师法的;对于后者,也努力做到像太宗一样,尽量擢用贤良,即所谓"开元之盛,所置辅佐,皆得贤才。"[2]

在这种思想路线下,玄宗的置相原则是少而精。有一次玄宗在便殿与诸学士宴饮,席间他问李白:"我朝与天后之朝何如?"白答曰:"天后朝政出多门,国由奸幸,任人之道,如小儿市瓜,不择香味,惟拣肥大者;我朝任人,如淘沙取金,剖石采玉,皆得

---

[1] (唐)郑处诲、(唐)裴庭裕:《明皇杂录卷上》,12页,北京:中华书局,1994。

[2] (北宋)欧阳修、宋祁:《新唐书卷一百二十七·裴耀卿列传第五十二》(第14册),4455页,北京:中华书局,1975。

其精粹者。"①这一用人原则显然来源于接受历史的教训。武则天执政时期，在用人方面的主要考虑是看一个人对她的态度如何。只要能为我所用，一概加以收买，因此所拔擢的人中自然不免鱼龙混杂，良莠不齐，并且引起奔竞之风甚嚣尘上。中宗又大搞所谓"斜封官"，"官爵逾滥"②，宦风更加走向浊乱。玄宗正是有鉴于此，才特别注意要"擢用贤俊"③的。自武则天以来，官僚集团恶性膨胀，宰相班子也受到了冲击和影响，玄宗针对这一弊政加以改革，史称："先天以前，宰相多至十余人；开元之后，常二至三人。"④这种少而精的原则特别重要，它的好处主要是：首先，皇帝用人得以做到"淘沙取金，剖石采玉"，选拔的多是人才中的精英；其次，善于趋竞的小人感到相位难得，趋附的气焰不免有所收敛；最后，中央最高权力集团比较精干，自然也减少了一些不必要的人际矛盾。

——胡如雷：《唐"开元之治"时期宰相政治探微》，载《历史研究》，1994年第1期

资源2：玄宗深知"治民必先治吏"的道理，他执政后，立即废除了中宗以来的大量"斜封官"。所谓斜封官，是指不按正常程序考察任命，而是通过特殊关系用非正式公文"墨敕"委任的官员，类似于今天的"走后门"。开元二年，他又大规模地罢免了武后中宗时任命的员外官、试官和检校官。这些官员，都是正式编制之外为享受待遇而任用的。玄宗对此大加整顿，在一定程度上端正了官场风气。为了纠正唐初以来重京官轻外官的习惯，玄宗强调地方官与京官的交流，重视刺史县令的选用。开元四年，他亲自考察新任命的县令，"问安人策一道"，把较差的四十五人遣返回家，贬斥了主持县令选任的吏部侍郎卢从愿和李朝隐。开元十一年，他又亲自挑选了一批中央政府有声望的诸司长官出任地方刺史，并赐宴赐诗饯行。史称："玄宗自初即位，励精政事，常自选太守、县令，告戒以言，而良吏布州县，民获安乐。"⑤

——张岂之：《中国历史十五讲》，51~52页，北京：北京大学出版社，2003

---

① （五代）王仁裕：《开元天宝遗事下卷·任人如市瓜》，见丁如明辑校：《开元天宝遗事十种》，105页，上海：上海古籍出版社，1985。
② （宋）王若钦等：《册府元龟卷一五九·帝王部·革弊一》（第2册），1922页，北京：中华书局，1960。
③ （唐）刘𫗧：《隋唐嘉话卷下》，47页，北京：中华书局，1979。
④ （宋）王若钦等：《册府元龟卷三〇八·宰辅部·总序》（第4册），3627页，北京：中华书局，1960。
⑤ （北宋）欧阳修、宋祁：《新唐书卷五十六·志第四十六·刑法》（第5册），1415页，北京：中华书局，1975。

资源3：据记载，开元二十五年（737）全国判死刑仅五十九人，大理寺狱院里一片冷落景象，乌鹊竟在树上筑了巢。可见"以宽仁为理本"取得了类似贞观之治的成效。在法制建设中最值得注意的是，唐玄宗下令编纂《唐六典》——中国现存最早的行政法典，这部三十五卷的巨著，历时十六年，于开元二十六年编成，成为开元盛世政治体制完备化的集中反映。

——樊树志：《国史概要》，第2版，171页，上海：复旦大学出版社，2000

资源4：唐初以来，凡"食实封"的贵族由国家照实封户数把课户拨给封主，租调由封主自己征收。开始时封主不过二三十家，封户最多的千余户；到玄宗时封主已达140余家，封户最多的达万户以上。加之封主收租调时常超额征收，百般勒索，封户破产逃亡很多。开元三年规定，封主应得的租调由政府统一征收后送往京师，封主再到京师领取，不准自己到封地催征。凡子孙承袭者，封户递减1/5。

——张岂之、张国刚、杨树森：《中国历史·隋唐辽宋金卷》，21页，

北京：高等教育出版社，2001

资源5：唐承隋制，继续实行均田制以及与此相配套的租庸调制。租庸调制是一种以人丁为对象的赋役制度，因而政府对户籍、丁口极为重视。由于社会条件的变化，均田制在唐朝逐渐成为一纸具文。《资治通鉴》的编者之一刘恕说："魏、齐、周、隋，兵革不息，农民少而旷土多，故均田之制存。至唐承平日久，丁口滋众，官无闲田，不复给授，故田制为空文。"[①]依附于均田的租庸调制便发生问题，首当其冲的是逃户增多。唐玄宗试图在局部地区对逃户采取检括措施，并且辅之以恢复常平仓、义仓的积谷备荒功能，以缓解这个社会问题。监察御史宇文融拟议检括逃户的具体方法，唐玄宗任他为推勾使，依据簿籍检括逃户，并且公布优惠条例——免征六年徭役、租庸调，使逃户重新附籍。这一举措使近百万逃户重新成为国家的编户齐民，为开元盛世奠定了基础，杜佑《通典》把括户的成功与开元盛世联系起来，是独具卓识的。

——樊树志：《国史概要》，第2版，171～172页，上海：复旦大学出版社，2000

资源6：开元二年（714）在华阴西二十里，开敷水渠，用来排泄山洪。开元五年（717），因漕渠水量不足，影响运输，刺史樊忱调派民工重修此渠，排导敷水入漕渠，

①（宋）王应麟辑：《玉海卷一百七十六·食货·田制》（修订本，第5册），3234页，扬州：广陵书社，2003。

补济漕渠水量，客观上有利农业生产。开元四年（716），在华县西南，引乔峪水灌溉。同年，修罗文渠，引小敷峪水分几支灌田，并筑堤坝排泄山洪，变水害为水利。开元七年（719），同州刺史姜师度，组织人民开洛水渠，引洛水灌大荔东部一带农田，又开通灵陂，引黄河水灌溉通灵陂（今大荔县东）一带地方。此地区原为一片荒草丛生，荆榛遍野之地，经灌溉后，开垦出二千多顷盛产粳稻的沃田。李元纮任京兆尹时，"诸王公权要之家，皆缘（郑、白）渠立硙，以害水田，"元纮"令吏人一切毁之，百姓大获其利"[1]。除关中外，全国各地还兴修许多水利工程。如：蔡州新息县修玉梁渠，灌溉田三十余万亩；晋阳文水县，开甘泉渠和灵长渠，溉田数十万亩；明州鄞县开小江湖，溉田八百顷等。总计玄宗执政44年期间，全国共建五十六项农田水利工程[2]。相当于唐朝总数20%以上。

——潘镛：《论唐玄宗李隆基》，载《云南社会科学》，1993年第2期

资源7：武德中期，全国在籍编户仅200万户，贞观初期也不满300万户，不及隋朝最高户数的三分之一；到开元二十八年（740）增至841万户、4814万口，天宝十三年（754）增至906.9万户、5288万口。武德、贞观时期，"土旷民稀"[3]"率土霜俭"[4]，到开元、天宝时期，"耕者益力，四海之内，高山绝壑，耒耜亦满"[5]，耕地面积达八亿亩左右。天宝八年（749）中央政府直属的北仓、含嘉仓，储存粮食达1245万石。考古发掘表明，这些粮食来自苏州、徐州、德州、邢州、冀州等地。开元年间人说："人家粮储，皆及数岁"[6]，可见民间藏粮也极丰富。这是连年丰收所带来的一派富庶景象，据杜佑《通典》记载，当时天下无贵物，两京（长安、洛阳）米价每斗不过二十

---

[1] （后晋）刘昫等：《旧唐书卷九十八·李元纮列传第四十八》（第9册），3073～3074页，北京：中华书局，1975。硙（wèi），石磨。

[2] 据《新唐书·地理志》记载，蔡州新息县"西北五十里有隋故玉梁渠，开元中，令薛务增濬，溉田三千余顷"；晋阳文水县"东北五十里有甘泉渠，二十五里有荡沙渠，二十里有灵长渠，有千亩渠俱引文谷水，传溉田数千顷，皆开元二年令戴谦所凿"；明州鄞县"南二里有小江湖，溉田八百顷，开元中令王元纬置，民立祠祀之。东二十五里有西湖，溉田五百顷，天宝二年令陆南金开广之。"分别见（北宋）欧阳修、宋祁：《新唐书卷三十八·志二十八·地理志二》、《新唐书卷三十九·志二十九·地理志三》、《新唐书卷四十一·志三十一·地理志五》（第4册），989页、1004页、1061页，北京：中华书局，1975。

[3] 《罢差科徭役诏》，见（清）董诰：《全唐文卷二·高祖皇帝》（第1册），33页，北京：中华书局，1983。

[4] （北宋）欧阳修、宋祁：《新唐书卷九十八·马周列传第二十三》（第13册），3898页，北京：中华书局，1975。霜俭，意为严霜使庄稼歉收。

[5] （唐）元结：《元次山集卷第九·问进士第三》，140页，北京：中华书局，1960。

[6] （唐）元结：《元次山集卷第九·问进士第三》，140页，北京：中华书局，1960。

文，面粉每斗三十二文，青、齐等州谷每斗五文，绢每匹二百一十文。按唐初一匹绢换一斗粟的比价来衡量，反映了粮食价格的大幅下跌趋势，因此"海内富安，行者虽万里，不持寸兵"。

——樊树志：《国史概要》，第2版，172页，上海：复旦大学出版社，2000

资源8：盛唐以后，征战日多，赏赐多不兑现，军人社会地位下降，有财产者厌恶服役、特别是土地兼并严重，均田制破坏，军资无所依靠，府兵制逐渐为募兵制所替代。玄宗开元十年（722），开始大规模募兵。募兵已具有雇佣兵性质，兵员素质低下，战时一触即溃，平时横行市井。军费开支因募兵制的施行而转嫁于民间，使社会负担日重。募兵制度既是唐由盛转衰的原因之一，也是中国传统社会后期尚武精神隳丧的根源。

盛唐时期，在边疆地区建立节度使制度，统辖边境野战军队，其兵员已经职业化，且以骑兵为主，军力强盛。但极易于被长期握兵的将帅所利用，最后引发了安史之乱。

——张岂之：《中国历史十五讲》，221～222页，北京：北京大学出版社，2003

资源9：唐朝前期充满了文化宽容气概，跨越国界的贸易远远超过了汉朝的盛况，与周边或远方国家的文化交流也跃上了新高度，表现出对外来文明异乎寻常的欢迎与接纳。唐文化特别是盛唐文化的繁荣昌盛，仰赖于一种积极的文化政策——立足于我、夷为我用，这是必须以充分的自信心为底蕴的。伊佩霞《剑桥插图中国史》指出："与20世纪前中国历史上任何其他时代相比（除了20世纪），初唐和中唐时的中国人自信心最强，最愿意接受不同的新鲜事物。或许是因为来自异邦的世界性宗教使中国同波斯以东的所有其他亚洲国家建立了联系，或许是因为当时很多世族豪门为胡人后裔，或许是因为中国有强大的军事力量镇守丝绸之路，保证了商旅畅通无阻……总之，这个时期的中国人非常愿意向世界敞开自己，希望得到其他国家优秀的东西。"[①]

——樊树志：《国史十六讲》，102～103页，北京：中华书局，2006

资源10：这种对外来文化兼收并蓄、为我所用的胸襟与气度，是唐朝有别于其他朝代的高明之处。正如鲁迅所说："那时我们的祖先们，对于自己的文化抱有极坚强的把握，决不轻易动摇他们的自信力；同时对于别系的文化抱有恢廓的胸襟与极精严的抉

---

① ［美］伊佩霞（Patricia Buckley Ebrey）：《剑桥插图中国史》，赵世瑜、赵世玲、张宏艳译，82～84页，济南：山东画报出版社，2001。

择，决不轻易地崇拜或轻易地唾弃"；"凡取用外来事物的时候，就如将彼俘来一样，自由驱使，决不介怀"。

盛唐社会的自由开放、放任自流，艺坛的思想奔涌、百花齐放，培育了一大批艺术天才，这个时期的诗歌、音乐、舞蹈、书法、绘画都是空前绝后的，它们交相辉映，勾勒出美妙绝伦的盛唐气象。

——樊树志：《国史十六讲》，105页，北京：中华书局，2006

资源11：开元盛世的形成不是唐玄宗个人的创造，如果没有唐初以来百余年间社会生产力的发展和社会财富的积累，他是无法成为盛世之君的。而且，唐玄宗思想上还有守旧的因素，他希望继承太宗的事业，力图"改中宗之政，依贞观故事"[①]，为此，曾竭力维持唐初各项重要制度。开元十年和开元廿五年，唐玄宗两次重新颁布均田令，并屡次下诏限制土地买卖，表明维护均田制的决心。先天二年正月，下令缩短服兵役年限，开元六年又下令改折冲府兵三岁一简为六岁一简，企图通过减轻府兵负担来保证兵源和军队的稳定，以挽救府兵制。但是，作为一个政治家，唐玄宗杰出之处在于不固执己见，不墨守成规，善于从实际情况出发，作出正确的选择，随历史潮流前进。他虽然一再重申田令，但在括户时，又不刻板地坚持唐初有关田地、户籍的法令而有所变通调整。当他看到府兵无可挽救，便毅然废止，改行募兵。在这些地方，唐玄宗表现出非凡的才干、智慧和魄力，正因为如此，他才能凭藉历史提供的客观条件，成为著名的盛世之君。

——阎守诚：《唐玄宗与开元盛世》，载《晋阳学刊》，1990年第4期

---

① （唐）刘𫗧：《隋唐嘉话卷上》，47页，北京：中华书局，1979。

后 记

　　本书是教育部基础教育课程教材发展中心何成刚主持编写的"史学阅读与微课设计"丛书中的一册。

　　王燕纯（广东省东莞市常平镇振兴中学）撰写"北京人、考古、化石"；黄文明（安徽阜阳市第十一中学）撰写"甲骨文与青铜器"；石晓琴（江苏省昆山经济技术开发区高级中学）撰写"春秋时期的诸侯争霸"；王燕（安徽阜阳市第十一中学）撰写"商鞅变法"；梁松（安徽淮北市实验高级中学）撰写"先秦儒学"；谭睿凤（安徽淮北市第十二中学）撰写"春秋战国时期的百家争鸣"；马燕辉（广东省东莞市常平镇振兴中学）撰写"秦始皇创立专制主义中央集权"；张克州（江苏昆山市第二中学）、沈为慧（江苏省昆山中学）撰写"秦朝的文化""秦朝的灭亡"；高春秋（广东省东莞市南城中学）撰写"文景之治"；陈海彬（广东省东莞市常平镇振兴中学）撰写"汉武帝"；陈仲（福建福州第十八中学）撰写"汉朝的'大一统'"；陈丽（广东省东莞市南城阳光实验中学）撰写"丝绸之路（隋唐前）"；何学保（安徽阜阳市城郊中学）撰写"光武中兴"；王珂（广东省东莞市常平中学初中部）撰写"司马迁与《史记》"；何静霞（广东省东莞市寮步镇香市中学）撰写"造纸术"；王慧（广东省东莞市东华初级中学）撰写"张仲景、华佗和李时珍"；唐晓红（江苏昆山高新区吴淞江学校）、沈为慧撰写"淝水之战"；付欣（安徽淮北市实验高级中学）撰写"北魏孝文帝改革"；孟晶（广东省东莞市寮步镇香市中学）撰写"中国古代北方农业的成熟"；何成刚、代宁华（江苏苏州文昌实验中学校）撰写"隋朝的灭亡"；董志伟（河北正定中学）撰写"三省六部制"；马莉静（河北省石家庄市鹿泉区第一中学）撰写"贞观之治"；张大伟（河北省石家庄二中实验学校）撰写"开元盛世"。

何成刚（教育部基础教育课程教材发展中心）、郑继明（广东省东莞市常平镇振兴中学）、闫璟（西安市教育科学研究所）、邢新宝（石家庄市教育科学研究所）参与了全书的修改完善和统稿定稿工作。

感谢闫璟、华春勇（陕西师范大学附属中学）、张艳（西安市爱知中学）、焦鹏（西安市西光中学）、徐丽（西安交通大学附属中学）、汪洋（西安市高新技术产业开发区第三中学）、王颖（安康市教学研究室）为本书的前期写作提供了有价值的阅读文献、史学资源与教学思路。

感谢苏州市历史学科名师发展共同体、昆山市名师发展联谊会、广东省东莞市郑继明初中历史名师工作室、安徽省赵剑峰高中历史特级教师工作室、淮北市赵剑峰高中历史名师工作室、昆山市中学历史名师工作室、石家庄市高中历史邢新宝工作坊、阜阳市颍东区何学保中学历史名师工作室、苏州高新区仲尧明中学历史名师工作室，以及广东省东莞市厚街湖景中学李志先老师对写作的大力支持。感谢为本书间接提供大量史学研究成果的专家学者。感谢《中学历史教学参考》《历史教学》《历史教学问题》《中学历史教学》等刊物为部分研究成果发表提供的专业支持。感谢北京师范大学出版社唐正才和徐杰老师为本书所付出的努力和智慧。